BASTEI
LÜBBE

Joseph Goebbels
Tagebücher 1945

Einführung
Rolf Hochhuth

BASTEI
LÜBBE

BASTEI-LÜBBE-TASCHENBUCH
Band 60005

Lizenzausgabe: Gustav Lübbe Verlag GmbH, Bergisch Gladbach
Printed in Western Germany 1980
Einbandgestaltung:
Gesamtherstellung: Ebner Ulm
ISBN 3-404-01368-9

Der Preis dieses Buches versteht sich einschließlich der gesetzlichen Mehrwertsteuer

Inhalt

Einführung
Goebbels in seinen Tagebüchern

»Hegel, Darwin, Nietzsche: sie wurden die tatsächliche Todesursache von vielen Millionen. Gedanken töten, Worte sind verbrecherischer als irgendein Mord, Gedanken rächen sich an Helden und Herden.«
Gottfried Benn, »Zum Thema Geschichte«, 1943

I.

Frauenbataillone in Berlin aufzustellen redete Goebbels seinem Führer Adolf Hitler am 5. März 1945 ein; auf Standgerichte glaubte er noch am 14. März verzichten zu können, solange der Volksgerichtshof in Berlin bleibe. Er hatte gerade diktiert: »Der Führer erklärt mir, daß nunmehr die fliegenden Standgerichte unter General Hübner ihre Tätigkeit aufgenommen haben. Als erster ist der kommandierende General, der für die Nichtsprengung der Remagener Brücke verantwortlich war, zum Tode verurteilt und gleich zwei Stunden später erschossen worden. Das ist wenigstens ein Lichtzeichen.« Als er am 9. März in Schlesien den von ihm außerordentlich bewunderten Feldmarschall Schörner besucht, lobt er, wie viele deutsche Soldaten Schörner hängen lasse: »Eine große Hilfe leistet Schörner bei all dieser Arbeit mein Mitarbeiter Todenhöfer.« Und am 1. April hofft er auf eine Wende im Bombenkrieg durch den Einsatz deutscher »Rammjäger«: die Piloten sollten sich samt ihrem Flugzeug in die englischen und amerikanischen Bomber hineinrammen, um sie – und sich – damit zum Absturz zu bringen: »Man verspricht sich davon einen außerordentlichen Erfolg.« Jedoch für die »beste Meldung der letzten Zeit hält der Führer die, daß Roosevelt auf der Jaltaer Konferenz Stalin das Zugeständnis gemacht hat, die deutschen Gefangenen aus dem Westen als Arbeitssklaven in die Sowjetunion überführen zu lassen. Solche und ähnliche Meldungen würden sicherlich dazu beitragen, die Kampfmoral unserer Truppen zu heben, denn wir müssen ja irgendwo im Westen stehen bleiben.«

Die Echtheit dieses Tagebuchs wird verbürgt von jenen beiden Beamten seines Ministeriums, die es nach dem Diktat des Ministers stenographiert haben und die heute noch leben. Ihre Expertise allein kann verhindern, daß man in solchen Zitaten eine bösartige Parodie vermutet. Tatsächlich hätte ein aus London gespeister antinazistischer Propagandasender, selbst von abgebrühten Zynikern bedient, nicht witziger die Furcht vor dem Selbstmord ausmalen können, die Goebbels und Hitler auf immer neue Einfälle brachte, den Termin ihres Abtretens aus der Geschichte um Wochen und zuletzt nur noch um Tage hinauszuzögern. Es ist mehr als ein Zufall, es ist ein Symbol, das die ganze überquellende Liebe Hitlers zu »seinem« Volke veranschaulicht, daß die letzten Photos, die überhaupt von ihm existieren, dreizehn-, vierzehn- oder sechzehnjährige Jungen zeigen, denen er Orden anheftet oder die Wangen tätschelt, weil sie für ihn gekämpft haben – allein dafür gekämpft, daß er und die Familie Goebbels im Bunker unter der zerbombten Reichskanzlei einige wenige Tage länger vegetieren konnten, bevor sie mit sich und deshalb endlich auch mit dem Morden droben in den Straßen Schluß machten.

Am 14. März gratulierte wie jedes Jahr Frau Magda Goebbels mit ihren Kindern Helga, Hilde, Helmut, Holde, Hedda und Heide, von denen er sie entbunden hatte, dem Gynäkologen Stoeckel zum Geburtstag. Sie sagte: »Heute, mein lieber Herr Geheimrat, können wir nicht richtig feiern. Wenn aber der Herr Stalin bald genug haben wird und wenn Hitler an der Spitze des geeinten Europas Rußland besiegt hat, dann feiern wir Ihren Geburtstag wieder so schön wie früher.« Vom Fenster des vierundsiebzigjährigen Stoeckel sah man auf Barrikaden. Frau Goebbels fragte Frau Stoeckel, was das zu bedeuten habe, und »hörte« – was sie selbstverständlich wußte –, es seien Barrikaden für den Straßenkampf. Stoeckel: »Und Frau Magda darauf im schönsten Optimismus: ›Ach, das ist nur zur Beruhigung für das Volk gemacht, praktisch hat das nichts zu bedeuten.‹«

Sie schauspielerte noch vollendeter als ihr Mann, dem Stoekkel zu diesem Zeitpunkt längst nichts mehr geglaubt hätte; Stoeckel jedoch hielt es für möglich, daß Frau Goebbels noch immer politisch ahnungslos sei. Der Arzt wußte nicht, was Frau Goebbels schon zwei Monate zuvor zu Wilfred von Oven, einem Pressereferenten ihres Mannes, gesagte hatte und was dieser am 21. Januar in sein Tagebuch schrieb: »Mein Mann und ich haben schon längst mit dem Leben abgeschlossen ... Worüber ich aber jetzt noch nicht hinwegkam, das ist das Schicksal der Kinder. Gewiß sagt mir die Vernunft, daß ich sie nicht einer Zukunft überlassen darf, in der sie als unsere Kinder der jüdischen Rachsucht schutz- und rechtlos ausgeliefert wären.« Goebbels erinnerte sie an Friedrich den Großen, dessen Leben in der glorifizierten Gestaltung Carlyles er kürzlich Hitler zu lesen gebracht hatte. Frau Goebbels antwortete: »... aber Friedrich der Große hatte keine Kinder.« Und am 29. Januar notiert von Oven: »Frau Goebbels weint jetzt hemmungslos. Sie ist noch immer zu keinem Entschluß über das Schicksal ihrer Kinder gekommen ...«

Von den »kleinen Leuten« Berlins verabschiedete sich nach neunzehn Jahren ihr Gauleiter Goebbels, dem es als Sohn des Kleinbürgertums in höherem Maß als jedem anderen Nationalsozialisten geglückt war, auch viele von denen, die, wie es im Volksmund hieß, »bereits hinter der roten Fahne hermarschiert sind, als noch gar kein Hakenkreuz draufgenäht war«, zu Mitläufern und Mitkämpfern Hitlers zu überreden, durch eine »Maßnahme«, die er im vorletzten seiner erhaltenen Tagebuch-Diktate am 8. April so verbucht: »In Berlin-Rahnsdorf haben zum ersten Male seit Beginn des Krieges kleinere Volksaufläufe stattgefunden. 200 Männer und Frauen haben zwei Bäckerläden gestürmt und sich dort die Brote genommen ... Auch wenn die Lebensmittelversorgung augenblicklich nicht gerade vom besten ist, so ist es auf der anderen Seite ganz unmöglich, solche Vorgänge stillschweigend hinzunehmen ... Die Rädelsführer werden im Laufe des Nachmittags schon vom Volksgericht zum ... Tode verurteilt, ein Mann und zwei Frauen. Bei einer Frau liegt der Fall wesentlich milder, so daß ich mich hier zu einer Begnadigung entschließe. Die beiden anderen ... lasse ich noch in der Nacht enthaupten.«

Sonst hatte Goebbels, seit dem 24. Juli 1944 auch »Generalbevollmächtigter für den totalen Kriegseinsatz«, längst nichts mehr zu tun. Die Amerikaner hatten an diesem 8. April 1945 bereits Erfurt in Thüringen besetzt, die Russen den Wiener Ostbahnhof und das Westufer der Oder. Und da Goebbels jetzt nur noch Tagebuch diktieren oder seine deutschen »Volksgenossen und -genossinnen« exekutieren lassen konnte, war er – außer Hitler der energiegeladenste aller Nazis – jetzt ganz und gar jener Krankheit erlegen, deren Ausbruch vom 9. Juli 1941 datiert, seit er nicht länger selber sein Tagebuch schrieb, sondern es seinem Stenographen Richard Otte oder dessen Vertreter Otto Jacobs zu diktieren begann: der Logorrhöe. Er diktierte durchschnittlich dreißig Maschinenseiten pro Tag – das umfangreichste der erhaltenen Diktate ist ganze hundert Seiten länger –, allerdings getippt mit einer speziell großen Type, auf der sogenannten »Führer-Maschine«, deshalb so genannt, weil Hitler nie mit Brille in der Öffentlichkeit auftreten wollte und seine Reden, auch seine Erlasse, nur auf einer solchen Maschine schreiben ließ.

Goebbels diktierte tagtäglich bis zu seiner Übersiedlung in den Bunker der Reichskanzlei, und schon damals galt sein Blick weit mehr der Nachwelt als der Gegenwart. So allein ist auch seine letzte Tat, die Vergiftung seiner sechs Kinder, zu begreifen: er nahm sie mit in seinen und seiner Frau Selbstmord, auf den er sich nachweislich – laut einem Gespräch mit von Oven – schont seit dem 27. August 1943 gefaßt gemacht hatte, wobei »seine Gedanken nur noch auf dieses eine Ziel gerichtet waren: auf den Effekt in der Geschichte«. Sein Mitarbeiter Werner Stephan beobachtete übereinstimmend mit anderen: «Wer den Goebbelsschen Nachruhm zu gefährden drohte, den suchte er zu vernichten, so Männer seines persönlichen Stabes, die unter Vorwänden das Weite suchten. Durch Polizeifunk befahl er, sie festzunehmen und sofort zu exekutieren.« Stephan bestätigt auch, daß die Hauptsorge von Goebbels jetzt die Erhaltung seines Tagebuches war; er betraute damit den »Reichsgeheimniskrämer« Otte und befahl ihm, von einer Schreibmaschinenkopie Mikrofilme anzufertigen und die Kopie dann zu verbrennen. Das Original wurde vermutlich zu großen Teilen von den Russen im Bunker der Reichskanzlei erbeutet. Aus anderen, in den Trümmern der Wilhelmstraße von einem Altwarenhändler aufgelesenen Teilen wurde später die erste von Louis P. Lochner 1948 veranstaltete Auswahl publiziert.

Goebbels lebte zuletzt nur noch für sein Tagebuch. Daher also – und wegen zunehmender Wirkungslosigkeit in Amt und Organisation des totalen Krieges – seine Logorrhöe: eine unermüdliche Rede- und Diktiersucht, die sich übrigens schon ankündigte in überlangen Tisch- und Nachtischgesprächen, wie von Oven sie auszugsweise ab Juni 1943 notiert hat. Je weniger Goebbels auf den Tisch brachte, auch im übertragenen Sinne, desto länger redete er bei Tisch. Unter der Fülle des Tagebuchmaterials stöhnte schon der Amerikaner Louis P. Lochner, der seine Auswahl aus nicht weniger als siebentausendeinhundert Maschinenseiten herausgekürzt hatte.

Goebbels' krankhafte Redesucht bestimmte auch seinen Stil. Sie brachte Blüten zu Papier, um die der von ihm verbotene Komiker Werner Finck ihn beneidet hätte. Nach der Besetzung Kassels durch Pattons dritte Armee heißt es da: »Die Bevölkerung glaubte erwarten zu können, daß unsere Gauleiter in ihrem Gau kämpfen und, wenn nötig, in ihm fallen. Das ist in keinem Falle der Fall gewesen.« Am 13. März 1945 soll irgendwo im Osten »der Versuch gemacht werden, den Feind endgültig ins Laufen zu bringen«. Am 12. März hatte er beschlossen, im Westen alle deutschen Pfarrer ermorden zu lassen – »hier werden wir für unsere Terrorgruppen ein reiches Betätigungsfeld finden« –, die mit den Angloamerikanern zusammenarbeiteten. Der Führer habe die Absicht, »an diesen Pfarrern ein Standgericht vollziehen zu lassen, das ihnen unvergeßlich bleiben wird«.

Und noch ein wenig später, als die Amerikaner bereits in Gotha sind, nennt er Deutschlands Agonie einen Schweißausbruch: »Wir stehen in der kritischsten Gefahr dieses Krieges, und man hat manchmal den Eindruck, als erlebte das kämpfende deutsche Volk einen Schweißausbruch auf dem Höhepunkt der Kriegskrise, von dem der Nichtkenner nicht weiß, ob dieser Schweißausbruch zum Tode oder zur Gesundung führen wird.« Auf der gleichen Seite macht er sich vor, der Führer werde eine »kriegsentscheidende Tat vollbracht« haben, wenn es ihm nur gelinge, »die Situation im Westen wieder halbwegs zu bereinigen« – als ob die Mitte Thüringens überhaupt noch »Westen« genannt werden könnte! »Der Feind ist hier bis Gotha vorgedrungen. Wir haben ihm augenblicklich nichts entgegenzusetzen, da wir unsere Offensivkräfte vorläufig noch nicht verschleißen wollten.« Ohne Frage glaubte er, was er diktierte; denn diese Sätze galten seinem Journal – und nicht etwa der Irreführung der Öffentlichkeit.

Fast im gleichen Maß wie sein Führer war Goebbels längst nicht mehr »von dieser Welt«. Das bestätigt auch die Fahrlässigkeit, mit der er, der jahrelang mit Sorgfalt im Tagebuch die Ermordung der Juden mehr verschleiert als offenbart hatte, obwohl er am 27. März 1942 die Ausrottungsverfahren fast detailliert beschrieb, jetzt, am 14. März 1945, und gleichsam unbesorgt um seinen Nachruhm, zugab, Juden müsse man »wie die Ratten totschlagen. In Deutschland haben wir das ja Gott sei Dank schon redlich besorgt. Ich hoffe, daß die Welt sich daran ein Beispiel nehmen wird.«

Aufschlußreich ist seine hysterische Reaktion auf eine Banalität, nämlich auf die Nachricht vom 18. März aus Washington, daß der Feind beabsichtige, das ganze Reichsgebiet zu besetzen – nichts Überraschendes, da er ja weite Teile Deutschlands bereits besetzt hatte. Goebbels aber kommentiert: »Darüber hinausgehende Forderungen stellt er *[der Feind]* vorläufig noch nicht. Vielleicht kommt noch die, daß wir uns alle zuvor aufhängen oder erschießen müssen.«

Das freilich hatten nicht die Amerikaner gesagt, sondern *er* sagte sich das ganz natürlich seit Wochen und Monaten jeden Tag. Und er fügte hinzu: »Der Vernichtungswille des Feindes treibt heute die sonderbarsten Blüten. Die Racheexzesse, die in der englischen und amerikanischen Judenpresse zu verzeichnen sind, spotten jeden Vergleiches.«

Hatte er vergessen, wie viele – meist sogar neutrale – Länder die Wehrmacht Hitlers unter seinem, des Propagandaministers, sich überschlagenden Jubelgeheul besetzt hatte? Und daß er selber – nur ein Beispiel – schon am Vortage der Besetzung Norwegens und Dänemarks in sein Tagebuch geschrieben hatte: »Der Führer ... entwickelt mir seine Pläne: heute früh um 5.15 h werden Dänemark und Norwegen militärisch besetzt ... Verhalten die Könige sich honett, können sie bleiben. Aber die beiden Länder geben wir nie wieder heraus«? Die toten Juden, deren Ermordung er gegen seine Überzeugung propagiert hatte, belasteten jetzt vielleicht doch sein Gewissen.

Goebbels war bis zu seiner Ernennung zum Gauleiter von Berlin jahrelang mit einer Halbjüdin verlobt gewesen. Und Magda Goebbels verdankte es einem Juden namens Friedländer, nicht als uneheliche Tochter eines Dienstmädchens aufgewachsen zu sein, sondern in behaglichen Verhältnissen bei einem jüdischen Kaufmann, der Magdas Mutter geheiratet hatte und Magda ein wohlhabendes Elternhaus, die sorgfältigste Erziehung und eine Ausbildung in mehreren Fremdsprachen und teuren ausländischen Internaten zukommen ließ. Das Verhalten von Magda und Joseph Goebbels gegenüber ihren jüdischen Wohltätern und Mentoren wie seinem Heidelberger Doktor-Vater, wie Friedrich Gundolf oder auch Onkel Cohnen, von dem er in der tiefsten Not seiner Studentenjahre manchmal Geld geschenkt bekam, ist ekelhaft. Juden hatten ihnen so viel Gutes getan wie sonst nur noch Adolf Hitler und Josephs Eltern.

Goebbels, im Gegensatz zu Himmler und Hitler, *wußte*, wie auch Hermann Göring, was er tat; auch was er den Juden antat, die er, wie Göring, genauer kannte als die beiden anderen Hauptschuldigen an Auschwitz. Gehaßt hat er sie nicht – mit Ausnahme einiger »Presse-Juden«, die seine Mitarbeit in ihrer »Rotations-Synagoge«, um die er sich zäh bemühte, abgewiesen hatten. Am 4. April 1945 diktierte Goebbels über die Konferenz von San Francisco, auf der die Juden den Antisemitismus in der ganzen Welt ächten lassen wollten: »Das würde den Juden so in den Kram passen, daß, nachdem sie die schauderhaftesten Verbrechen gegen die Menschheit begangen haben, nun der Menschheit verboten werden sollte, darüber überhaupt nachzudenken.« Welche Verbrechen der Juden er hier im Sinn hatte, sagte er nicht. Vermutlich dachte er jetzt doch zuweilen an seine Aufsätze im »Reich«, in denen etwa gestanden hatte: »In dieser geschichtlichen Auseinandersetzung ist jeder Jude unser Feind, gleichgültig ob er im polnischen Ghetto vegetiert, in Berlin oder Hamburg sein Dasein fristet oder in New York in die Kriegstrompete bläst. Die Juden sind doch auch Menschen? Dasselbe trifft auf Raubmörder, Kindesvergewaltiger, Zuhälter auch zu. Die Juden sind eine parasitäre Rasse, die sich wie faulender Schimmel auf die Kulturen gesunder Völker legt. Dagegen gibt es nur ein Mittel: einen Schnitt machen und abstoßen. Unerbittlich kalte Härte! Die Tatsache, daß der Jude noch unter uns lebt, ist kein Beweis, daß er auch zu uns gehört. Genau so wie der Floh nicht dadurch zum Haustier wird, daß er sich im Hause aufhält.«

»Floh« – er meinte jenen weniger als ein Prozent betragenden Teil der Deutschen, aus deren Mitte die hervorgegangen waren, die 25 Prozent der Nobelpreise für Deutschland gewonnen hatten; er wußte auch, daß 1914–18 auf deutscher Seite mehr als zwölftausend Juden gefallen waren.

Wer Goebbels für herausragend intelligent gehalten hat – ein Ruf, den er noch heute bei nahezu allen genießt, die nie einen Blick in seine Tagebücher getan haben –, dem erteilt auch der Goebbels-Biograph Werner Stephan, der 1949 ein höchst informatives Buch über seinen ehemaligen Chef veröffentlichte, eine Belehrung: »Goebbels äußerte sich sehr erstaunt, daß der *[oben zitierte]* Hetzartikel fast im gesamten Ausland, ›sogar in England‹, groß abgedruckt worden sei. Ob man denn dort nicht erkenne, daß das für die Juden in der ganzen Welt gefährlich sei? Er begriff nicht, daß er nicht den gehaßten ›Fremdrassigen‹, wohl aber dem deutschen Volk durch derartige Veröffentlichungen den furchtbarsten Schlag versetzte.«

Niemand wird je so enthüllend und vernichtend über Goebbels schreiben können wie er selber in seinem Journal. Er wurde durch dieses Tagebuch zum George Grosz seiner selbst.

II.

Als der Biograph Sieburg es auf sich nahm, Robespierre zu zeichnen, konnte er nicht umhin, eine Frage zu erörtern, die sich auch dem aufdrängt, der anhand der Tagebücher von Joseph Goebbels dessen Gestalt zu skizzieren oder ihn wenigstens zu verstehen versucht: »Ist es möglich, die Erscheinung eines Sterblichen ohne Zuneigung zu beschreiben? Bedarf man nicht wenigstens eines Hauches von Sympathie für sein Wesen?« In der Tat, Sympathie ist der Schlüssel zum Verständnis eines Charakters – weshalb auch so viele Psychologen ihre Patienten nicht verstehen, sondern nur verdächtigen: sie haben eine nur finanzielle Beziehung zu ihnen, während Erkenntnis ohne Eros nicht denkbar ist. Wo die Sympathie aber ausbleibt, wo man nicht einmal mit Sieburg sagen kann: »Achtung ist das wärmste Gefühl, das dieser Mann uns abzuringen vermag« (denn wie könnte man einen Menschen achten, der wie nur sehr wenige andere Adolf Hitler geholfen hat, Europa zwischen zwei Weltmächten aufzuteilen), da muß man weitersuchen, bis doch noch das Wohlwollen sich einstellt, auf das jeder Mensch, über den wir nicht schweigen, mindestens für die Zeit *vor* seinen Verbrechen Anspruch hat.

Joseph Goebbels erweckt viel Verständnis für sich, sogar Sympathie auf Zeit, wenn man jenes Tagebuch liest – noch ist es nicht publiziert –, das er mit sechsundzwanzig Jahren begann und in das er vier Monate später eintragen konnte, heute sei das erste Exemplar der ersten Zeitung in sein Elternhaus gelangt, die er als Redakteur betreut und zum größten Teil selber geschrieben habe. Auch Mitgefühl für die Tatsache, daß er an Hitler geraten ist, empfindet man, wenn man seine noch ungedruckten Notizen zu einer Autobiographie liest: »Erinnerungsblätter«, die er im Juli und August 1924 schrieb, also vor seinem Eintritt in die Nachfolge-Partei der seit dem Münchner Putsch vom 9. November 1923 verbotenen NSDAP. (Daß er der Partei bereits 1922 beigetreten sei, als er sich nicht für Politik, sondern für Erlösungsliteratur interessierte, ist eine seiner frühen Lügen.)

Verständnis für seine Anfälligkeit für die Nazis erweckt jenes frühe Tagebuch, das er noch nicht in der Zuversicht verfaßte, eine politische Karriere vór sich zu haben, auch deshalb, weil es das vergleichsweise ehrlichste ist. Damals fühlte er sich noch nicht »verpflichtet«, Mitmenschen und Dinge und vor allen sich selber so darzustellen, wie die Nachwelt sie sehen sollte.

Begonnen am 27. Juni 1924 mit dem Vorsatz, » ... einfacher im Denken, größer in der Liebe, vertrauender in der Hoffnung, glühender im Glauben und bescheidener im Reden« zu werden, endet das mir vorliegende Bruchstück, abgeschlossen am 6. Oktober des gleichen Jahres, mit der Versicherung: »Wir müssen Gott suchen, dazu sind wir auf der Welt.« Goebbels ist als Literat ein ausgeprägt spätpubertäres, lyrisch-subjektives Talent, mit nichts und niemandem beschäftigt als mit sich selber und mit Gott, aber mit keinem einzigen überpersönlichen Problem der Epoche, etwa dem Klassenkampf, den Kriegsfolgen, den Wirtschaftsproblemen, der Geschichte, der Natur oder auch mit der Liebe eines *anderen*, Frau oder Mann.

»Glühender im Glauben«: ein nichtkirchlicher Akademiker, der als schon Erwachsener den Ersten Weltkrieg und die Besetzung des Rheinlandes durch die Sieger erlebt hat; der sich als Schüler nicht bereit erklärt, Priester zu werden, obgleich die Eltern dann die Mühsal losgewesen wären, sein Studium mit monatlich fünfzig Mark mitzufinanzieren (im wesentlichen finanzierte es dann doch die Kirche durch ein zinsloses Darlehen); ein Dr. phil., der seinen jüdischen Professor Gundolf von allen akademischen Lehrern am höchsten bewunderte und auch bei einem Juden mit adligem Namen promoviert hat; ein geborener Demagoge, der noch in Hitlers Weltkrieg belustigt den von ihm verbotenen jüdischen Satiriker Robert Neumann und den Aufklärer Erich Kästner im engsten Kreis zitierte; ein Journalist, der Witz hatte, wenn auch keinen Funken Selbstironie – wie kann ein solcher Mensch mit siebenundzwanzig Jahren in einem intimen Journal geloben, »glühender im Glauben« zu werden? An wen oder was will er glauben?

Jesus Christus, der Mann, den sich die Kirche – nach Meinung von Goebbels – unbefugterweise als Galionsfigur angeeignet hat, stand damals dem einst so eifrigen Meßdiener, der im Abitur eine Eins in Religion gehabt hat, durchaus noch als Vorbild vor Augen. Allerdings nicht jener Jesus, von dem die Priester sprachen, überhaupt nicht der, der angeblich aufgefahren war in den Himmel, sondern ein Jesus dieser Erde, dieser Zeit – ein Ausgestoßener, ein Freund der Entrechteten, also: der Deutschen, die Goebbels damals, dem deutschnationalen und völkischen Klischee der Jahre nach Compiègne verhaftet, für jene hielt, die von den Alliierten, den Marxisten und den Juden um den Sieg auf den Schlachtfeldern 1914–18 betrogen worden waren.

Goebbels hatte nicht mitkämpfen dürfen. Er hatte sich 1914 einen Tag lang weinend in sein Zimmer eingeschlossen, als der Militärarzt ihn kaum angesehen hatte, diesen Kriegsfreiwilligen, der in einem wahrhaft erstaunlichen Besessensein von Wunschdenken die Illusion gehegt hatte, das von Natur Unmögliche möglich machen und seinen Eintritt in die Armee erzwingen zu können – trotz seines Klumpfußes. Tragischer Anfang: vom Militär ebenso ignoriert zu werden wie einst von den Mädchen auf dem Tanzboden, wohin auch der Schüler Goebbels mit seinen Klassenkameraden gegangen war. Das erklärt viel. Zum Beispiel seinen »Glauben« an den Dolchstoß, der angeblich ein siegreiches deutsches Heer daran gehindert hatte, in Paris einzuziehen. Goebbels hatte kein Schlachtfeld gesehen, keine Kugel zu fürchten gehabt: wer hätte ihn darüber aufklären sollen, daß Deutschland schon diesen ersten der beiden Weltkriege nicht mehr hatte gewinnen können, nachdem die Proklamierung des uneingeschränkten U-Boot-Kriegs den fast unerklärlichen Sieg der kaiserlichen Armee über Rußland verjuxt und die USA in den Krieg hineingezerrt hatte? Wenn Hindenburg später eingestand: »Es ging über unsere Kraft«, so hatte er das niemals öffentlich jenen Demagogen ins Gesicht gesagt, die ihn, »im Felde unbesiegt«, als ungeschlagenen Feldherrn priesen.

Der nicht mehr junge, politisch gleichwohl noch pubertierende Goebbels, der sich gerade damals Woche für Woche ohne jeden Erfolg beim »Berliner Tageblatt« bewarb und – das bleibt typisch für ihn – diese Niederlagen sogar im Tagebuch verschweigt, dieser Goebbels setzt das Wort »Jude« allmählich als Synonym für Kapitalist ein und für Republik und für Parlamentarismus. Tatsächlich sind die von ihm am meisten bewunderten Publizisten jene Liberalen, die erstens glänzend schreiben, zweitens seine Mitarbeit abweisen und drittens oft Juden sind.

Daß es auch ausgesprochen deutschnational-bornierte Juden in der Presse gibt, die mit dem gleichen chauvinistischen Elan wie einst von 1908 bis 1915 der Jude Maximilian Harden Hetzreden gegen Homosexuelle und gegen die Alliierten drukken lassen, etwa der in Theresienstadt umgekommene frühere Herausgeber der »Süddeutschen Monatshefte« Paul Nikolaus Cossmann: das *weiß* Goebbels gewiß. Aber er erwähnt es nicht, weil er – ob es nun um Juden geht oder nicht – grundsätzlich Schriftsteller und Politiker als Juden bezeichnet, wenn sie ihn ablehnen oder sein Mißfallen dadurch erregen, daß sie eine andere politische Meinung haben: dann sind sie Juden. Sonst kann er sie durchaus bewundern, so den Romancier Jakob Wassermann, den er von allen Autoren zuerst in seinem Tagebuch erwähnt, ohne auch nur anzudeuten, daß Wassermann Jude ist. Offenbar sind Elend und Enttäuschung viel leichter zu ertragen, wenn man weiß, wen man dafür verantwortlich machen will. Hier lernt Goebbels, was er dann zu beispielloser Meisterschaft weiterentwickeln wird: ein Feindbild zu projizieren. Und das Ziel zu finden für seine elementare Demagogie, die nie so bis auf den Grund zu analysieren sein wird, daß sich die Frage beantworten ließe, ob später Wut und Enthusiasmus seine Reden aufluden oder ob umgekehrt das Reden die Wut und den Enthusiasmus des Redners auf den Siedepunkt und seine Hörer zum Orgasmus brachten.

Aber soweit ist es noch lange nicht – noch werden Jahre vergehen, bis Goebbels seine erste Rede halten darf. Doch dieses notgedrungen ganz private Tagebuch – privat, weil sein Schreiber noch immer ohne Beruf ist, obwohl er schon seit über zwei Jahren, seit dem 21. April 1922, den Dr. phil. hat – beantwortet auch die entscheidende Frage im Werdegang seines Verfassers: wie konnte der Siebenundzwanzigjährige so bald alle Bedenken, die zweifellos sehr stark ihn ihm gewesen waren, gegen Hitlers zentralen »Programm«-Punkt zurückstellen: gegen dessen Antisemitismus? Proletarier und Kleinbürger, zu denen Goebbels von Herkunft und Einkommen durchaus zu rechnen war, waren in Westeuropa zwar häufig Antisemiten, weil sie vom jüdischen Proletariat Osteuropas so gut wie nichts wußten und meistens nur jene Juden kannten, denen der wirtschaftliche Aufstieg ins Besitzbürgertum geglückt war. Die nichtjüdischen Besitzlosen verabscheuten im wohlhabenden Juden – doch kaum anders als im wohlhabenden Nichtjuden – den Bürger, dem es besserging als ihnen; rassische Urteile oder Vorurteile fällten sie schon deshalb nicht, weil »Reinheit des Blutes« für sie nicht einmal ein Begriff war. Auch Hitler und seine »Endlöser« haben stets so argumentiert, daß selbst sehr große Deutsche wie Bismarck oder Friedrich II. ihr ausgeprägtes Wohlwollen gegenüber den Juden nur mit ihrer völligen Ahnungslosigkeit gegenüber den »rassischen Gefahren«, die angeblich dem »deutschen Volkskörper« durch Juden drohten, entschuldigen könnten. Es war bekannt, daß Bismarck sich vor seiner Tafelrunde in Versailles dafür ausgesprochen hat, Junker-Familien durch Ehen mit Jüdinnen »aufzuforsten«, und es für vorteilhaft hielt, daß man »einen christlichen Hengst von deutscher Zucht mit einer jüdischen Stute zusammenbringt ... es gibt auch keine üble Rasse. Ich weiß nicht, was ich meinen Söhnen einmal raten werde.«

Für Goebbels, der in seiner Jugend nicht einmal die vom Katholizismus gepflegte Abart des Antisemitismus, die religiöse, ernst nahm, der sich als wegweisenden geistigen Mentor einen Juden »hielt« und der seinem meistgeliebten Mädchen, als er schon die ganze klassische Literatur kannte, ausgerechnet Heines »Buch der Lieder« widmete, waren rassische Irrlehren bedeutungslos, solange er noch – bei jedem Blick in den Spiegel – Selbstironie aufgebracht haben kann und sein geistiges Selbstbestimmungsrecht gegenüber den wissenschaftlich absurden Nazi-Lehren bewahrte; doch hat er diese eigene Meinung bald und für den Rest seines Lebens völlig aufgegeben.

Dem heranwachsenden und dann längst erwachsenen, aber politisch bis zu seinem siebenundzwanzigsten Jahr noch immer richtungslosen Goebbels braucht der Antisemitismus seines künftigen Führers nicht ein Greuel gewesen zu sein – niemand außer Hitler hielt zu dieser Zeit die späteren Greueltaten an den Juden für durchführbar oder auch nur wünschenswert –, sondern nur lächerlich. Ob nun der in Not Geld schickende Onkel Cohnen der autobiographischen Skizze von 1924 jener geistige Wegbereiter außerhalb der Schule war, dem der Schüler Goebbels vermutlich verdankte, daß er – nach den Märchenbüchern – »Buddenbrooks« als erstes einschlagendes Lektüre-Erlebnis notieren konnte (im Elternhaus kann niemand ihn auf Thomas Mann hingewiesen haben), oder ob Goebbels seine jüdischen Universitätslehrer oder seine sehr geliebte halbjüdische Verlobte oder auch nur sich selber ansah, der er weder hervorragend »arisch« wirkte noch der Idealgestalt von Nietzsches »blonder Bestie« entsprach: Hitlers Rassenlehre kann er nicht ernst genommen haben. Und doch wurde er 1941/42 als Gauleiter von Berlin einer der eifrigsten Ausrotter der Epoche, vehement bemüht, dem Führer die Freude zu machen, ihm Berlin als »judenfrei« melden zu können – und zwar so rasch, daß selbst die Rüstungsindustrie sich gegen die Deportation jüdischer Arbeiter auflehnte. Bei seiner ersten Begegnung mit dem Volksschullehrer Julius Streicher – dem 1946 in Nürnberg gehängten Herausgeber des antisemitischen Hetzblattes »Der Stürmer« – notierte Goebbels am 19. August 1924: »Er redet direkt von der antisemitischen Frage. Der Fanatiker mit den eingekniffenen Lippen. Berserker. Vielleicht etwas pathologisch. Aber er ist gut so. Auch die haben wir nötig. Für die Massen zu packen. Hitler soll ja auch etwas davon haben.«

Bemerkenswert schon hier, wie plötzlich der Stil des stilistisch immer bemühten Philologen Goebbels nicht nur verkommt, sondern sogar gegen die Grammatik verstößt: »Für« – statt: »Um« die Massen zu packen! Das wird später, je hemmungsloser er schimpft, in den Tagebüchern epidemisch werden. Ebenso bemerkenswert aber auch, daß schon der Siebenundzwanzigjährige, der noch instinktsicher angewidert ist von dem pathologischen Streicher, dann sofort umfällt. Goebbels war der hörigste aller Hitler-Diener, und zwar – was dieses Zitat belegt – schon zu einer Zeit, als er Hitler noch nie gesehen hatte und noch keineswegs, wie später nach seiner ehewidrigen Eskapade von 1938, völlig auf das Wohlwollen Hitlers angewiesen war, der allein ihn gegen alle anderen hochgestellten Nazis hielt, über die Goebbels wörtlich das gleiche hätte schreiben können wie in der frühen Autobiographie über seine Mitschüler: »Meine Kameraden liebten mich nicht. Kameraden haben mich nie geliebt, außer Richard Flisges.«

Wieweit eigentlich hat die Tatsache, daß nicht nur alle Karikaturisten außerhalb Deutschlands nach 1933 ihre besten Späße aus dem Mißverhältnis zwischen den »arischen« Lehren der Nationalsozialisten und der körperlichen Gestalt des NS-Werbeleiters zogen, sondern daß höchstgestellte Nazis selber schon 1927 die »Rassereinheit« des Gauleiters von Berlin bespöttelten, den kleinen Jupp aus der Dahlener Straße in Rheydt dazu gezwungen, durch Hetze gegen die Juden zu »beweisen«, daß er »Voll-Arier« sei? Helmut Heiber, der eine unersetzliche Goebbels-Biographie schrieb, hat als Nachtrag eines von ihm herausgegebenen Goebbels-Tagebuchs von 1925/26 das Anti-Goebbels-Pamphlet abgedruckt, das der spätere Gauleiter von Ostpreußen, der in Hitlers Krieg dann zum Ukrainer-Schlächter gewordene Erich Koch, vermutlich auf Betreiben von Gregor Strasser 1927 in seiner Zeitschrift »Der nationale Sozialist« unter dem Titel »Folgen der Rassenmischung« veröffentlichte. Goebbels verlangte nicht nur – unter Rücktrittsdrohungen – eine einstimmige Loyalitätserklärung der Berliner Unterführer seines Gaues, sondern auch den persönlichen Schutz Hitlers gegen Erich Kochs Unterstellungen. Der hatte zwar Goebbels in seinem alle Vorurteile der Nazis zusammenballenden Hetz-Erguß nicht genannt, dennoch war jedem führenden Partei-Mitglied klar, daß Koch Goebbels gemeint hatte, als er schrieb: »Die körperliche Harmonie wird gestört … durch Mißgestaltungen, Unförmigkeiten einzelner Körperteile. Ich möchte in diesem Zusammenhang nur auf das niedersächsische Wort hinweisen: Hüte dich vor einem Gezeichneten! … König Richard III. von England aus dem Hause York war ein Mustertyp der Verworfenheit. Er ließ seine beiden Neffen im Tower ermorden … seine Frau ließ er im Wochenbett erdrosseln. Und siehe da: er war bucklig und hinkte. Gleich ihm hinkte auch der Hofnarr von Franz I. von Frankreich, der bekannt, berüchtigt und verrufen war durch seine Gehässigkeiten, seine Intrigen und Verleumdungen … Talleyrand besaß einen Klumpfuß. Sein Charakter ist bekannt. Man kann kaum das Wort ›Charakter‹ für ihn anweden.« Erich Koch wußte nicht – sonst hätte er es ohne Zweifel händereibend auch noch angebracht –, daß es nach einer deutschen Kaiserwahl-Ordnung des frühen Mittelalters verboten war, einen Krüppel zum Kaiser zu wählen; was bekanntlich dazu führte, daß die Gefolgsleute eines Kandidaten für die Wahl zum Kaiser dessen Konkurrenten einfach eine Hand abhauen oder ein Auge ausstechen lassen mußten, um ihn zur Kandidatur untauglich zu machen. Dieser »Rassismus« der Alten, der sie veranlaßte, einem körperlich Lädierten den Zugang zur Spitze der Macht kategorisch zu verlegen, mag auf der Erfahrung beruht haben, daß tatsächlich »Einarmige« – auch im übertragenen Sinne, wie im zwanzigsten Jahrhundert auf so folgenreiche Weise Wilhelm II. und Stalin – unberechenbarer sind als körperlich Normale. Wer kann wissen, ob die infernalische Grausamkeit Friedrichs des Großen (»Kerls, wollt ihr denn ewig leben?«), Robespierres und Hitlers nicht zusammenhängt mit dem, was ihre Zeitgenossen vermuten ließ, keiner dieser drei – außer in seiner Jugend Friedrich von Preußen – habe befreiende sexuelle Beziehungen zu Frauen oder Freunden? Goebbels, dem seit seinem neunzehnten Lebensjahr – als er noch keinerlei Macht hatte, mit großen Filmrollen zu winken – schöne Frauen entscheidend geholfen haben, seinen quälenden Minderwertigkeitskomplex abzubauen, hat dennoch entsetzlich wegen des (nach von Oven) zeitweilig bis zur Hüfte hinauf geschienten Beines gelitten. Auf Erich Kochs niederträchtigen Aufsatz antwortete er deshalb – statt einfach zu schweigen, zumal eine solche Schmiererei in einem obskuren Winkelblatt keinerlei Antwort erforderte –, »daß ich den Klumpfuß durch einen Unglücksfall als 13 bis 14jähriger Gymnasiast erhalten habe, so daß vom Rassenstandpunkt aus keinerlei ungünstige Schlüsse daran geknüpft werden können, was sonst berechtigt wäre«.

Ob Goebbels hier die Wahrheit sagte, ist unüberprüfbar. Es war nicht einmal der Fuß allein, der ihm zu schaffen machte. Goebbels war auch der kürzeste und schmächtigste unter seinen Klassenkameraden, wog noch als Familienvater nur hundert Pfund und hatte einen im Verhältnis zu seinem Körper übergroßen Kopf; nur er, er allein, konnte auf die groteske Vermutung kommen, Schiller ähnlich zu sehen, obwohl seine sehr eindrucksvollen, immer leidenschaftlich »aufgeheizten«, großen dunkelbraunen Augen ebenso wie sein Aggressionsgehabe an Savonarola erinnerten und das Volk ihn den »Schrumpfgermanen« nannte. Doch der Fuß war sein Trauma. Noch anderthalb Jahre vor seinem Selbstmord sagte er zu von Oven: »Die schlimmste Strafe, die sich jemand für mich ausdenken kann, ist das Abschreiten einer Ehrenkompanie. Und doch läßt sich das nicht immer vermeiden. Aber wenn das Frontabschreiten auf dem Programm irgendeiner Veranstaltung steht, dann habe ich schon nächtelang vorher Albträume.«

Doch nicht nur die Gemeinheit des Schicksals, ihn zum einzigen unter Abermillionen von Hinterhermarschierern zu machen, der nicht wie alle anderen Stiefel dazu anziehen konnte, sondern auch die parteiwidrige Mitgift, in einer Meute von vorwiegend kinnlastigen Mikrozephalen Intellekt zu haben, hat ihn mehr belastet als erfreut. Er hat denn auch die Intellektuellen nahezu ebenso emsig bespuckt wie die Juden, sofern Intellektueller und Jude für ihn nicht einfach ein und dasselbe war. In den Augen der führenden Nazis, und vermutlich auch in seinen eigenen, haben ihn denn auch sein Verstand, seine Formulierungskraft, sein Stilgefühl – die übrigens alle sehr nachließen mit den fortschreitenden Kriegsereignissen – viel nachhaltiger »verkrüppelt« als sein Fuß. Die größte Genugtuung seines Lebens erfuhr er durch die Äußerung Hitlers, Goebbels sei der einzige Redner, den er anhören könne, ohne einzuschlafen: diese Bemerkung »rehabilitierte« ihn im Kreise derer – und das waren fast falle –, die Geist schlechthin als »jüdischen Geist« in dem Maß verachteten, in dem er ihnen selber fehlte.

Aber diese frühe Autobiographie und das Tagebuch von 1924 schlüsseln nicht nur seinen Charakter auf, sondern zwingen den Leser, obgleich der doch nun weiß, welches »Produkt« später die Macht aus dem zerquälten, bettelarmen Doktor der

Philosophie werden ließ, dennoch zum Mitgefühl. Normale Zeiten – das heißt, nicht von entwürdigender Massenarbeitslosigkeit zerrüttete – hätten aus Paul Joseph Goebbels einen normalen Mitbürger werden lassen, gleichviel, ob er nun zwei gradegewachsene Füße gehabt hätte oder nicht. Pathologisch ließ nicht der kranke Fuß ihn werden, sondern die Macht. Pathologisch wie jeden, dem Macht zufällt und die Illusion, nicht auch ihr zugefallen zu sein. Und das deutsche Volk – außer jenem einzigen tragischen Landsmann, dem noch heute fast unbekannten Ingenieur Dr. Hans Kummerow, der enthauptet wurde, weil er 1942 versucht hatte, Goebbels mit der Brücke nach Schwanenwerder in die Luft zu sprengen –, dieses Volk, das er wie keiner außer Hitler mit verdorben hat, hat auch ihn verdorben durch seine orgiastische Zustimmung zu den Reden des »literarischen Feuerbestatters«, wie Erich Kästner Goebbels nach der Bücherverbrennung von 1934 auf dem Platz vor der Berliner Universität nannte.

III.

Als der seit Jahren erwerbslose Dr. Paul Joseph Goebbels – durchaus noch kein Nationalsozialist – 1924 Hitlers Partei beitrat, weil man ihm als Gegenleistung für das nicht allzu geringe Gehalt von monatlich hundert Mark stabilisierten Geldes die Redaktion der Elberfelder Samstagszeitung »Völkische Freiheit« anbot, schrieb zu Landsberg in komfortabler Festungshaft – so gut hatte er noch nie gewohnt – Adolf Hitler gerade »Mein Kampf«. Pharisäer müßte sein und wohlstandsverdummt, wer es heute dem damals siebenundzwanzigjährigen Dr. phil. verübelte, die erste beste Redaktionsstelle gierig ergriffen zu haben, die ihm endlich, sein Traum seit Jahren, hingehalten wurde. Sich nur dies vorzustellen: daß er noch immer, sogar noch ein Jahr später, obgleich er in Latein Nachhilfestunden gab und ein wenig heimbuchhalterte, seinem stets vorbildlich für ihn sorgenden Vater, der selbst nur dreihundert Mark im Monat für sechs Esser heimbrachte, auf der Tasche liegen mußte! Wie ihn das täglich demütigte und zuweilen mit Haß auflud gegen diesen schon kaum mehr Vater, schon Wohltäter zu nennenden Erzeuger!

Nach einer guten Dissertation über einen Berliner Dramatiker der Romantik noch das Oberlehrer-Examen abzulegen, was ihn vielleicht, aber nicht sicher vor Erwerbslosigkeit bewahrt hätte, dazu konnte Goebbels sich nie entschließen: vermutlich aus dem sehr verständlichen Grund, daß ein klumpfüßiger Schulmeister noch erbarmungsloser von den Kindern gehänselt, ja im Wortsinne ver-»teufelt« würde als ein hinkender Mitschüler.

Seine Braut hatte ihn in Köln bei der Dresdner Bank als Börsenausrufer untergebracht.

Lange hielt Goebbels dort nicht aus: auch dies kann einem Germanisten, der sich zum *homme de lettres* berufen fühlt, kaum verdacht werden. Sein Haß auf den Kapitalismus, den er auch noch verachtete, als er längst von Hitler zum reichen Mann und Besitzer eleganter Landhäuser gemacht worden war und der ihm noch in den letzten Kriegsjahren einen Separatfrieden mit Rußland viel verlockender erscheinen ließ als einen Frieden mit den Westmächten, dürfte bei der Dresdner Bank noch heftiger entwickelt worden sein als im kümmerlichen Elternhaus, in dem die Familie abends zusammensaß, um für die kleine Lampendochtfabrik, in der Vater Goebbels es zuletzt zum Prokuristen gebracht hatte, noch Heimarbeit zu leisten – natürlich in der Küche, denn die gute Stube durfte von allen Kindern nur Joseph betreten, um Klavier zu üben. Für einen ganzen Monatslohn hatte Friedrich Goebbels seinem Sohn ein Klavier, ein gebrauchtes, gekauft.

Einen Dr. phil, der noch mit siebenundzwanzig Jahren im Tagebuch die Frage begrübelt, ob er die zwanzig Mark aufbringen kann, die er braucht, um seine Braut in einem Kölner Hotelzimmer zu treffen; und der *jahrelang* ohne Verdienst herumsitzt, aber vor unabreagiertem Betätigungsdrang geradezu kocht, weil er nicht einmal wie seine Klassenkameraden in den Krieg hatte ziehen dürfen: kann man einen solchen Mann verachten, weil er endlich zu Hitler ging?

IV.

Wer 1977 in einem vergleichsweise geordneten Staat wie der Bundesrepublik, die aber auch schon bei mehr als einer Million Arbeitslosen »angekommen« ist, mit jenen Abiturienten spricht, die aufgrund eines ungesetzlichen Numerus clausus jahrelang vom Studium ausgeschlossen werden, der bekommt inmitten des heutigen Klassenfriedens ein Gefühl dafür, um wieviel staatsverdrossener jene Bürger der jungen Weimarer Republik gewesen sein müssen, die jahrelang von Verdienst oder Studium ausgesperrt waren. Viel Liebe kann dieser ersten deutschen Republik – obwohl ihre schwachen Machthaber weniger Schuld daran hatten als der Versailler Vertrag und später die Weltwirtschaftskrise – von den Nachkriegsopfern zwischen 1925 und dem Einzug Hitlers in die Reichskanzlei nicht entgegengebracht worden sein. Wer wirft den ersten Stein? Wenn Stresemann auch ein bedeutender Politiker war, der unendlich viel erreichte und *dafür* von Goebbels unermüdlich verleumdet wurde: wer Goebbels beurteilen will, darf nie übersehen, was für furchtbare Jahre in schmachvoller Armut dieser Akademiker unverschuldet in dieser Republik hatte absitzen müssen. Auch heute muß man sich fragen, wieso ein Staat, dessen Parlamentarier in Bund, Ländern und Gemeinden sich persönlich auf Kosten dieses Staates glänzend bezahlen und altersversorgen lassen, von jungen Menschen Loyalität verlangt, wenn er nicht einmal fähig ist, ihnen eine Lehrstelle oder einen Studienplatz zu beschaffen. Terrorismus geht ja nicht nur von Jungen aus, sondern auch von Behörden, die junge Menschen zur Arbeitslosigkeit verdammen. Warum hätten die Altersgenossen von Dr. Joseph Goebbels nach vierjährigem Kriegerdasein und entbehrungsreichem Studium gegenüber der Weimarer Republik Loyalität üben sollen, wenn diese

Republik sie arbeitslos herumvegetieren ließ? Auch Goebbels kam nachweislich nur deshalb zu Hitler, weil er sonst nirgendwo unterkommen konnte, so zäh er es auch immer wieder versucht hat. Die Sache mit dem Bein – aus der oft zu viel gemacht wird – hatte er längst einigermaßen kompensiert dank seinen Erfolgen an der Universität und bei Frauen; sein Minderwertigkeitskomplex hatte vorwiegend keine körperliche Ursache mehr, sondern eine soziale: er war bettelarm und ohne Hoffnung, das ändern zu können.

Dies und dies allein machte ihn, der vor 1925 nicht einmal politisch interessiert, geschweige denn *engagiert* war, zu einem Radikalen. *Das* allein vertrieb ihn aus dem Lager der Demokratie: sie gab ihm nichts zu fressen! Selbst Brecht und Weill sangen drei Jahre später, erst komme das Fressen, dann die Moral ...

Goebbels hatte sich noch nicht einmal als Redner entdeckt. Er wollte dichten, was er nicht konnte, und wollte Artikel schreiben, was er nicht schlechter gemacht hätte als jene, die ihre Erzeugnisse tatsächlich – im Gegensatz zu Goebbels – zum Druck brachten. Mit einem Wort: seine ebenso legitime wie unbändige und noch richtungslose Sehnsucht, tätig zu sein, trieb Goebbels zunächst nicht zu Adolf Hitler, sondern zu Theodor Wolff. Als Chefredakteur einer der einflußreichsten Zeitungen des Reiches – vor und nach 1914 – war Wolff seit langem eine Institution; er war schon 1898 zum »Berliner Tageblatt« gekommen, nachdem er in noch jüngeren Jahren die »Freie Bühne« mitgegründet hatte, eine Zeitschrift, die zum Sammelbecken nicht des – wie der Kaiser argwöhnte – linken, sondern nur des neuen kulturellen Lebens geworden war, als dessen führender Repräsentant Gerhart Hauptmann in die Geschichte einging. Goebbels hat Wolff umworben wie keinen anderen.

Wolff war das Leitbild des ehrgeizigen Goebbels, weil auch Goebbels einmal eine erste Rolle spielen wollte und würde. Eine erste – das war klar. Wo – das war nicht klar. Goebbels war nicht der Mann, seine Artikel irgendwem zuzusenden. Er sandte sie »natürlich« an den feinsten Journalisten der Nation, an Theodor Wolff. Der Biograph Heiber nennt die schier unglaubliche Zahl: fünfzig Artikel habe Goebbels vergebens eingesandt. Fünfzig. Daß nicht *einer* gedruckt wurde, obgleich zweifellos mancher fürs »Tageblatt« gut genug gewesen wäre; daß sich Goebbels dennoch bei demselben allmächtigen Wolff – und wieder vergeblich – um eine Stellung als Redakteur bewarb: das spricht einmal für die wahnwitzige Zähigkeit des Abgewiesenen; es spricht aber auch für die Tatsache, daß Macht einen Juden nicht weniger verdirbt als einen Christen. Muß man annehmen, der Schriftsteller Theodor Wolff sei nie auf den Gedanken gekommen, dieser namenlose Doktor aus Rheydt, der ihm so hartnäckig – und gewiß oft mit Begleitbriefen, die seine qualvollen Lebensumstände beleuchteten – seine Mitarbeit antrug, habe ein freundliches, aufmunterndes Wort und vielleicht sogar die Annahme des einen oder anderen seiner Aufsätze verdient?

Der Weltgeist, was immer das sein mag, ließ es noch dazu kommen, daß der fünfundsiebzigjährige Wolff, beizeiten vor den Nazis emigriert, aus Frankreich ins Reich zurückdeportiert wurde, wo er in Sachsenhausen umkam. Rachsucht aus verschmähter Liebe war stets der stärkste und widerlichste Motor, der je Geschichten wie Geschichte gemacht hat: und dem entspricht die Qualität der »Geschichte«.

Goebbels stellte alle persönlichen und überpersönlichen Bedenken gegen Hitler und dessen »Ziele« zurück, weil er mehr noch durch Not als durch Charakter zu einem geradezu elementaren Karrieristen geworden war – wie übrigens Hitler selber, der in »Mein Kampf« zugab: »Das Niederdrückende lag nur in der vollständigen Nichtbeachtung, unter der ich damals am meisten litt.« Wenn aber einer – wie so sehr viele andere – durch Not zum Karrieristen wird: ist er dann nicht schon halb entschuldigt? Entschuldigt wie Millionen Arbeitslose, die auf einen Mann hereinfielen, der ihnen nicht nur Arbeit und Brot *versprach*, sondern ihnen auch beides *gab*?

V.

Goebbels, um keine Illusion über ihn aufkommen zu lassen, hat alle Verbrechen Hitlers mit verschuldet. Er hat sie großmächtig angepriesen, selbst dann, wenn er aus Klugheit, Instinkt, Berechnung dagegen war; selbst dann, wenn er vorher versucht hatte, Hitler durch eine Unterredung von seinen Vorhaben abzubringen – wie etwa von der Entfesselung des Zweiten Weltkrieges und wie (vermutlich) von der »Endlösung«. Doch da Goebbels immerhin intelligenter und schlauer war als nahezu alle anderen Mitmacher des engsten Kreises, zwar nicht in der Wehrmacht, aber in der Partei, wiegt natürlich auch seine Mitschuld schwerer und die Charakterlosigkeit, gegen die eigene Vernunft propagandistisch verkauft zu haben, was Hitler befahl. Gegen den Krieg war Goebbels schon aus eingefleischtem Widerwillen gegen das Militär, speziell gegen das preußische. Er wußte und sagte es auch: wenn selbst der Führer seinen braunen Parteirock mit dem feldgrauen der Armee vertauscht habe, würde automatisch nicht mehr die Partei, deren Exponent Goebbels war, sondern die Wehrmacht die erste Rolle im Staate spielen.

Die Tötung der Juden hätte Goebbels, bis Hitler sie durch die Wannsee-Konferenz endgültig auch für Westeuropa in die Wege leiten ließ, gewiß gern ebenso bis zum »Endsieg« verschoben wie die Niederknüppelung der christlichen Kirchen. (Goebbels wollte wie Hitler – und er war ja *immer* Hitlers Meinung, sobald der sich einmal festgelegt hatte – die Kirchen durch Entzug aller wirtschaftlichen Mittel nach dem Kriege abwürgen.)

Einmal aber scheint er doch mit Hitler sanft gerungen zu haben, um ihm die »Endlösung« wenigstens für die Dauer des Krieges auszureden. Am 7. März 1942 las er – wie dem Tagebuch zu entnehmen ist – das Protokoll der unter Heydrichs Vorsitz und im Beisein Eichmanns zusammengetretenen Wannsee-Konferenz, bei der die Ausrottung der Juden Westeuropas im Detail abgesprochen worden war. Nachdem er dieses, wie ich glaube, monströseste Dokument der Weltgeschichte durchgearbeitet hatte, diktierte Goebbels: »Das ergibt eine Unmenge von außerordentlich delikaten Fragen. Was geschieht mit den Halbjuden, was geschieht mit den jüdisch Versippten, Verschwägerten, Verheirateten? Wir werden also hier noch einiges zu tun bekommen, und im Rahmen der Lösung dieses Problems werden sich gewiß auch noch eine ganze Menge von persönlichen Tragödien abspielen. Aber das ist unvermeidlich. Jetzt ist die Situation reif, die Judenfrage einer endgültigen Lösung zuzuführen. Spätere Generationen werden nicht mehr die Tatkraft und auch nicht mehr die Wachheit des Instinkts besitzen. Darum tun wir gut daran, hier radikal und konsequent vorzugehen. Was wir uns heute als Last aufbürden, wird für unsere Nachkommen ein Vorteil und ein Glück sein.«

Eine Woche später war Gobbels wieder einmal im Hauptquartier – zu jenen stundenlangen Gesprächen binnen eines oder zweier Tage, die Hitler ihm (und sich) zuweilen gewährte und die Goebbels stets wie ein Gottesdienst »aufluden«. Hitler hatte den schwersten Winter seines Lebens hinter sich. Er sagte Goebbels (und später haben Jodl und Keitl als Angeklagte in Nürnberg das bestätigt): »Wäre er [Hitler] nur einen Augenblick schwach geworden, so wäre die Front [vor Moskau] ins Rutschen gekommen, und es hätte sich eine Katastrophe vorbereitet, die die napoleonische noch weit in den Schatten gestellt hätte. Dann wären Millionen braver Soldaten dem Tod des Hungers und des Erfrierens preisgegeben gewesen … Im übrigen hat der Führer für die sowjetische Kriegsführung eine ziemliche Hochachtung. Das brutale Durchgreifen Stalins hat die russische Front gerettet …«

Hitler klagte ihm stundenlang bewegt, wie furchtbar dieser Winter für *ihn* gewesen sei, an der Seite seiner feigen und dummen Generale, die natürlich allein die Katastrophe der (nicht einmal mit Pelzen und Handschuhen versorgten) Armee im russischen Winter verschuldet hätten.

So kam Goebbels erst – und kläglich kurz und sanft – »zum

Schluß« noch dazu, dem strapazierten Diktator wegen der »Judenfrage« (vermutlich) seine Vorbehalte zu machen. Doch muß er schreiben: »... hier bleibt der Führer nach wie vor unerbittlich, die Juden müssen aus Europa heraus, wenn nötig unter Anwendung der brutalsten Mittel. In der Kirchenfrage will der Führer im Augenblick noch nicht aktiv werden. Das möchte er sich am liebsten für Kriegsende aufsparen ...«

Und gleich darauf sprechen beide von Hitlers kleinem Hund, den man dem Führer zum Geschenk gemacht hat und an dem sein ganzes Herz hängt. »Dieser Hund darf sich in seinem Bunker alles erlauben. Er ist im Augenblick derjenige, der ihm am nächsten steht.«

Ein Satz also über jene Untat der überlieferten Geschichte, der Millionen zum Opfer fielen, und dann sofort von Hitlers Liebling, dem Hund – wie zuvor von den Kindern des Besuchers: »Der Führer erkundigt sich eingehend nach allen zu Hause, wie es Helga, Hilde und vor allem Holde geht, wie es der ganzen Familie geht, was sie macht und treibt ...Ich nehme mir ernsthaft vor, nach dem Kriege mich mit meiner Familie noch mehr um ihn zu kümmern, vor allem im Hinblick darauf, daß das jetzt während des Krieges ja überhaupt nicht möglich ist.«

Möglicherweise hat Goebbels beim nächsten Treffen am 27. April noch einmal einen zaghaften Vorstoß gegen die radikalste Lösung unternommen; mehr versteckt als aufschlußreich diktiert er: »Ich spreche mit dem Führer noch einmal ausführlich die Judenfrage durch. Sein Standpunkt diesem Problem gegenüber ist unerbittlich. Er will die Juden absolut aus Europa herausdrängen. Das ist auch richtig so. Die Juden haben unserem Erdteil so viel Leid zugefügt, daß die härteste Strafe, die man über sie verhängen kann, immer noch zu milde ist ...«

Wie die härteste, die Todesstrafe an den Juden vollstreckt wurde, das hatte Goebbels genau einen Monat früher so beschrieben: »Aus dem Generalgouvernement werden jetzt, bei Lublin beginnend, die Juden nach dem Osten abgeschoben. Es wird hier ein ziemlich barbarisches und nicht näher zu beschreibendes Verfahren angewandt, und von den Juden selbst bleibt nicht mehr viel übrig. Im großen kann man wohl feststellen, daß 60 Prozent davon liquidiert werden müssen, während nur noch 40 Prozent zur Arbeit eingesetzt werden können. Der ehemalige Gauleiter von Wien, der diese Aktion durchführt, tut das mit ziemlicher Umsicht und auch mit einem Verfahren, das nicht allzu auffällig wirkt. An den Juden wird ein Strafgericht vollzogen, das zwar barbarisch ist, das sie aber vollauf verdient haben. Die Prophezeiung, die der Führer ihnen für die Herbeiführung eines neuen Weltkrieges mit auf den Weg gegeben hat, beginnt sich in der furchtbarsten Weise zu verwirklichen ...«

Welche Prophezeiung Hitlers war das? Es war sein »Versprechen« im Reichstag bei Kriegsbeginn, wenn es abermals zu einem Krieg in Europa komme, dann werde am Ende dieses Krieges »die Auslöschung der jüdischen Rasse« in Europa stehen. Das hatte jeder Erwachsene auf dieser Welt gehört. Er hat es dann abermals zu hören bekommen, als Hitler am 8. November 1942, wiederum in einer über alle Sender verbreiteten Münchner November-Putsch-Gedenkrede, mit direktem Bezug auf die seit Februar des gleichen Jahres angelaufene »Endlösung« durch Vergasung sagte: »Sie werden sich noch erinnern an die Reichstagssitzung, in der ich erklärte: Wenn das Judentum sich etwa einbildet, einen internationalen Weltkrieg zur Ausrottung der europäischen Rassen herbeiführen zu können, so wird das Ergebnis nicht die Ausrottung der europäischen Rassen, sondern die Ausrottung des Judentums in Europa sein. (Beifall). Sie haben mich immer als Propheten ausgelacht. Von denen, die damals lachten, lachen unzählige nicht mehr. (Vereinzeltes Lachen, Beifall). Die jetzt noch lachen, werden in einiger Zeit vielleicht auch nicht mehr lachen. (Gelächter, starker Beifall). Diese Welle wird sich über Europa hinaus über die ganze Welt verbreiten.«

Jedermann hörte das. Fast jedermann bestritt nach Hitlers Tod, von der Ermordung der Juden gewußt zu haben. Aber ihren eigentlichen Triumph erlebte die Geschichtsschreibung erst in unseren Tagen, 1977 – und seitdem hat man den Verdacht, daß Geschichtsschreibung die Fortsetzung des Krieges mit schlimmeren Mitteln ist –, als von einem bedeutenden Historiker, keinem Deutschen, ernsthaft bestritten wurde, daß es Hitler gewesen sei, der die Ausrottung der Juden angeordnet habe. Ja, mehr noch, selbst Hitler habe erst 1943 davon erfahren, daß die Juden in Europa vergast würden. Goebbels, der die Vergasung in Europa denn doch zu riskant fand, hat schon ein Jahr nach ihrem Beginn im März 1943 ängstlich ins Tagebuch geschrieben, er sei sich mit Göring darin einig, ihr beiderseitiger Wunsch nach einem Separatfrieden, sei es mit den Westmächten, sei es mit den Russen, scheitere an der »Judenfrage« – das war das beste Tarnwort für Vergasung. Und da Goebbels spätestens mit der Einsicht, daß der Krieg ohne einen Separatfrieden nicht mehr zu gewinnen sei – also vom Winter 1944/45 an –, überhaupt jedes Denken durch Wunschdenken ersetzt hatte, fügte er trotzig hinzu, es sei nur gut, daß man wegen der Juden längst »die Schiffe hinter sich« verbrannt habe.

VI.

Ob man dem Redner Goebbels – der Schreiber war mittelmäßig – das Prädikat *genial* zugestehen will, ist angesichts seiner Erfolge, die jedenfalls im Wortsinne »umwerfend« waren, eine überflüssige Erörterung. Der Redner Goebbels hat möglicherweise im gleichen Maß wie die Arbeitslosigkeit Berlin für Hitler »erobert«. Der Redner ließ als instinktsicherer Demagoge und Provokateur auf der Straße praktizieren, was verbal nicht immer völlig »hingehauen« hatte. Gab es wegen einer seiner Reden Ende der zwanziger Jahre in Berlin kein Geschrei und kein Polizeiverbot, so schickte er Schläger zum Kurfürstendamm, die, in SA-Uniform oder – war diese wieder einmal verboten – jedenfalls als Nazis erkennbar, Passanten ins Gesicht schlugen, die »jüdisch« aussahen und sich demnach zuschulden kommen ließen, daß sie am Leben waren – was zwölf, dreizehn Jahre später bekanntlich ausreichte, von Goebbels-Hörigen ermordet zu werden.

Als Hitler an der Macht war, hatte Goebbels im Grunde für ihn getan, was er leisten konnte; aus Angst, mehr aber noch aus Überzeugung parierte das Volk nun ohnehin. Erst der Griff nach Ländern, die Hitler noch nicht um Verstand und Abwehrwillen gebracht hatte, ließ seinen Propagandaminister wieder unentbehrlich werden. Und als das Kriegsglück endlich die Seite gewechselt hatte, brauchte er ihn für die Bearbeitung des deutschen Volkes. Die triumphalste Rede hielt Goebbels am 18. Februar 1943, als er die Sportpalast-Berliner derartig um den Verstand brachte, daß sie – der Staatstheater-Intendant Heinrich George, Kommunist vor 1933 und nach 1945, ebenso wie die namenlose Rote-Kreuz-Schwester – suizidlüstern einstimmten in das Totale-Kriegs-Geschrei des Ministers. Der jedoch habe beim Verlassen des Rednerpults »eiskalt« zu Vertrauten gesagt: »Das war die Stunde der Idiotie; hätte ich gerufen, springt aus dem Fenster, die hätten auch das getan.«

Ich habe längst aufgehört, das zu glauben. Es wäre absurd, auch nur für möglich zu halten, daß Goebbels so abfällig über seine wirkungsvollste Rede und über seine Hörer – denen er ja dankbar war für die Raserei, mit der sie ihn honorierten – geurteilt habe. Alle seine Tagebücher strafen dieses Zitat Lügen – selbst wenn er aus Eitelkeit, und er war neben Göring der eitelste aller Nationalsozialisten, dergleichen gesagt haben sollte. »Eiskalt« – das war eine der von ihm am häufigsten strapazierten Vokabeln, und immer positiv gemeint. Er liebte das Wort, weil es nicht eine Minute zutraf auf *ihn*. Goebbels war nie kalt, weil er ein »glühender Gläubiger« war und sein wollte; er haßte das Denken derart, daß er es der »Miesmacherei« gleichsetzte – und dies allein erklärt, warum er neben Speer der einzige Intellektuelle war, den Hitler ertrug: er hatte seinen Intellekt seinem Glauben an den Führer völlig untergeordnet – wie so manche jener erzgescheiten Kirchenfürsten, die ihre Skepsis gegen jedermann richten, nur nie gegen die

Dogmen ihrer alleinseligmachenden Kirche. Goebbels war nie erzgescheit, nicht nur, weil zu glauben ihm – das hat er oft betont – über alles ging (Auch Kardinälen geht der Glaube über alles), sondern auch, weil er an Hitler glaubte. »Das deutsche Volk braucht nicht zu wissen, was der Führer plant; es wünscht es auch gar nicht zu wissen«, sagte er an Hitlers Geburtstag 1941. Er redete sich das auch selber ein; längst hatte er die Erfahrung machen müssen, daß Hitler sogar *ihm* nie sagte, was er plante. Vom Rußlandfeldzug abgesehen, vor dessen Ausbruch Hitler ihn zur Tarnung geräuschvoll russische Fahnen in großem Stil einkaufen ließ, um einen bevorstehenden Staatsbesuch Stalins in Berlin vorzutäuschen – von dieser *einen* »grandiosen« Unternehmung abgesehen, erfuhr Goebbels von allen anderen nie schon im Planungsstadium, sondern erst am Vortage: das belegen seine Tagebücher.

Und Goebbels sagte noch 1941: »Hitler gehört uns. Er hat unser Volk zu dem gemacht, was es heute ist. Wo wären wir, wäre er nicht gekommen! Laßt uns zum Höchsten beten: Wir wünschen uns, was wir immer gewünscht haben, möge er uns bleiben, was er uns war und was er uns ist: unser Hitler.« Dem Führer war dieser Byzantinismus nicht nur nicht widerlich, sondern ein Bedürfnis; auch er sagte am 8. November 1943: »Wenn einmal in kommenden Jahrhunderten die Geschichtsschreibung, unbeeinflußt vom Für und Wider einer streitenden Zeit, diese Jahre der nationalsozialistischen Neugeburt kritisch überprüfen wird, dann kann sie wohl kaum an der Feststellung vorbeikommen, daß es sich hier um den wunderbarsten Sieg des Glaubens gegenüber den vermeintlichen Elementen des sachlich Möglichen gehandelt hat.«

Werner Stephan berichtet, daß Goebbels auch gegen Bismarcks Wort von der Politik als der »Kunst des Möglichen« offen polemisiert hat, nur um den Verstand und das Maß aus der Politik herauszueskamotieren – und *den* Weg zu finden, den Goebbels vermutlich gesucht hat, als er zu Hitler ging: den Weg des Glaubens, des Wunders. Goebbels schrieb: »Wir haben gelernt, daß Politik nicht mehr die Kunst des Möglichen ist, wir glauben an das Wunder, an das Unmögliche und Unerreichbare. Für uns ist die Politik das Wunder des Unmöglichen. Uns kümmert die Kunst der gegebenen Möglichkeiten einen Dreck!« Wunder, Glaube, Gott – noch am 7. Januar 1945 schrieb Goebbels im »Reich«: »Wer an der Führung dieses Volkes beteiligt zu sein die Ehre hat, kann seinen Dienst an ihm nur als Gottesdienst empfinden.«

Die kirchliche Erziehung hatte nicht verhindertn können, daß Goebbels ein Intellektueller wurde, und das will die Kirche ja auch niemals verhindern: es genügt ihr, dafür zu sorgen – und das schaffte sie auch bei Goebbels und für dessen ganzes Leben –, daß der Intellekt sich nie verselbständigt, sondern immer Diener des Glaubens bleibt. So sehr blieb Goebbels ein Gläubiger, daß, als er Jesus verloren hatte, Hitler dessen Stellung im Herzen und Hirn seines Jüngers einnehmen konnte, ja daß Goebbels über seinem Glauben seinen Intellekt zuweilen nahezu einbüßte. Denn was immer ein Intellektueller sein mag: es kann nur Wahrheiten für ihn geben: sogenannte »Glaubens-Wahrheiten« – ein Worte-Gespann, das sich selbst aufhebt – müßten für ihn eine *contradictio in adiecto* bleiben. Dennoch ist belegt, daß Goebbels auch im Hinblick auf die »Ratschlüsse« seines Führers das Jesuiten-Bekenntnis »credo, quia absurdum est« oft wiederholt hat, mit tödlichem Ernst – tödlich für den, der das ablehnte. Der Religiöse denkt, was er glaubt; der Intellektuelle glaubt, was er denkt. Goebbels zählte immer zu jenen Religiösen, die nur die Uniform ändern, wenn sie sich heutzutage Ideologen nennen. Hierher gehört auch Goethes schreckliche Erkenntnis, daß der Verstand nichts vermag, wo das Gefühl dominiert; schlimmer noch: daß der Intellektuelle nur bessere »Begründungen« findet als andere, um zu rechtfertigen, daß er sich vom Glauben, vom Gefühl leiten läßt. Goebbels war sinnlich, war schönheits-versessen. So liebte er von früh auf – zumal angesichts der Armseligkeit seines Eltern-Reihenhäuschens – den Prunk seiner Kirche und ihrer Feste. Von ihren Regiekünsten, denen er selber »verdankte«, im Glauben verankert und vom Denken »erlöst« zu sein, lernte er bei seinen Inszenierungen der Nazi-Feiern, an deren Glanz gemessen die Feiern des Kaiserreichs sparsames Provinztheater waren. Und auf jeder dritten Seite seiner Tagebücher ist zu lesen, daß er eine von stürmischen Ovationen »getragene« Rede einem Sieg auf dem Schlachtfeld für gleichwertig hielt.

Er war ohne Frage maßlos ich-versessen, realitätsblind, was die Einschätzung seiner persönlichen Beiträge zum Verlauf des Krieges – wenn auch nicht zu dessen Entstehung – betraf. Und er war das erste Opfer seiner Propaganda – eben weil er ein dem intellektuellen Rausch ergebener Irrationalist war. Schon erwachsen, gab er es schriftlich: »Es ist nicht so sehr von Belang, *woran* wir glauben; nur *daß* wir glauben.« Glaube hatte für ihn einen Wert an sich. Er definiert nicht, was Glaube meint, er meint wohl: ein Ziel haben oder einen Gott, den man sich auch selber machen muß, sofern er nicht da ist. In seinem 1929 erschienenen Roman »Michael« schreibt er: »Je größer und ragender ich Gott mache, desto größer und ragender bin ich selbst.« Aufschlußreich, daß er Gott ausgerechnet jene zwei Eigenschaften zuschreiben, andichten will, die ihm selber, Joseph Goebbels, schon im Vergleich auch nur mit seinen Schulkameraden gefehlt haben wie sonst keine: groß und »ragend« zu sein!

Sein Biograph Heiber belegt, daß Goebbels gerade deshalb an Hitler zu »glauben« vermochte, weil er einen Führer, einen Halt, einen Gott, einen Ernährer brauchte – und nicht etwa wegen dessen »Richtung«, dessen Politik, die Goebbels bisher kaum interessiert hatte: » ... wird Goebbels das Gneisenau-Drama von Wolfgang Goetz sehen und später bekennen, daß ihm ein Satz daraus, der so ähnlich ja auch im ›Michael‹ steht, ›auf immer unvergessen‹ geblieben sei: ›Gott gebe euch Ziele – gleichgültig, welche!‹ Denn darin wird er seine eigene Lage vom Herbst 1924 wiedererkennen, als *er* ein Ziel fand – gleichgültig, welches. Da alles andere schiefgegangen ist, hat nun also auch er beschlossen, Politiker zu werden.«

Der Glaube, Politiker werden zu *müssen*, ist da, sobald er sich eingesteht, überhaupt endlich etwas werden zu müssen. Wagte er doch kaum noch, seinem Vater, der ihn mühsam ernährte, in die Augen zu sehen, was er oft anmerkt, um dann – gemäß der Tatsache, daß man den haßt, dem man viel verdankt – hämisch über seinen »spießigen« Ernährer herzuziehen, aber immer ungeheuchelt liebevoll über die Mutter zu schreiben. Auch später ist für ihn der Glaube an den Sieg nahezu identisch mit dem errungenen Sieg: zwar war er selber angesichts des wachsenden Mißgeschicks der Deutschen auf dem Schlachtfeld immer häufiger depressiv, aber er war nie nüchtern. Wer dem Glauben an sich einen solchen Wert beilegt, der läßt auch Untertanen enthaupten, weil sie zweifeln. Nicht anders hat seine maßgebende Lehrmeisterin, die Kirche, jahrhundertelang Zweifler verbrannt. »Den Menschen muß doch gesagt werden, was sie zu glauben haben«, dekretierte er kategorisch. Und er folgerte von sich auf andere: Er selber war eben in nichts so stark wie im Glauben, er war darin sogar *noch* stärker als im Reden. Die eigenen Reden und Artikel waren für ihn denn auch der Hauptquell seiner Stärke im Glauben.

Er glaubte sich selber jedes Wort – in einem Maß, das es fast verbietet, ihn einen Lügner zu nennen, obgleich er mehr Lügen werbewirksam unter die Leute gebracht haben dürfte als irgendein Mensch des 20. Jahrhunderts. Er riß mit, er überzeugte, weil er mitgerissen und überzeugt war. (Kleists berühmte Schrift über »Die allmähliche Verfertigung der Gedanken beim Reden« muß seit der historischen Erfahrung Joseph Goebbels' ergänzt werden durch eine Abhandlung über die Entstehung des Glaubens durch Reden.) Wenn er groteskerweise am 30. August 1924 im Weimarer Schiller-Haus notierte: »Da hängt ein Bild von Schiller. Ich meine, eine Ähnlichkeit im Schnitt mit mir feststellen zu können. Eine Dame steht vor dem Bild, betrachtet es aufmerksam, schaut mich einen Augenblick an und wird dann ganz verwundert ... Ich merke es, sie hat auch diese Ähnlichkeit entdeckt« – er hatte wirklich *eine* Ähnlichkeit mit Schiller, dem Thomas Mann nachgesagt hat, der Dramatiker habe weniger die Sprache besessen, als daß vielmehr »die Sprache *ihn* besaß«. Frau Miller sagt zum Musikus: »Wie du doch den Augenblick in Feuer und Flamme siehst!« Und der Präsident zu Ferdinand: »Wo in aller Welt bringst du das Maul her, Junge?«

Sprache: dieses Wort weckt eine falsche Vorstellung dann, wenn man – wie bei Schiller – an den *Schreiber* Goebbels denkt oder an den Tagebuch-Diktierer: dessen Prosa war ganz unkünstlerisch, verbraucht, parolendumm, leitartikelpathetisch, unwitzig, einschläfernd, unpointiert, in keiner Weise geschaffen, ihn oder Leser mitzureißen. Doch hier war der Redner Goebbels gemeint. Auf *den* trifft zu, daß die Rede *ihn*, nicht er die Rede machte. Zwar hat er sie pedantisch mehrmals niedergeschrieben, bevor er sie hielt; aber schon früh, am 18. September 1924, notierte er: »Man sagt, ich hätte glänzend geredet. Frei reden ist leichter als vom Blatt reden. Die Gedanken kommen mir wie von selbst.« Eben, das Reden und die Resonanz ejakulierten sie.

Die Rede und der »Empfängniskoller« seiner Hörerinnen und Hörer machten *ihn*, den Redner – und besonders der Beifall der Frauen. Joachim C. Fest hat analysiert, daß auch Hitler erst durch den Kontakt mit den Massen, nach dem ersten Zwischenruf auf volle Touren kam; es gab natürlich nur positive Zwischenrufe, auch bei Goebbels, als er Minister geworden war. Oppositionelle Zwischenrufer hätte man schon deshalb nicht mehr zur Enthauptung schleifen können, weil die Massen im Saale sie gelyncht hätten. Lange war das her – wenn es nicht überhaupt ein Witz gewesen ist –, daß Goebbels auf seine Behauptung, alle führenden Männer der »Bewegung« lebten auf das bescheidenste, von einem Berliner Arbeiter den Zuruf erhielt: »Du bist wohl lange nicht mehr zu Hause jewesen?«

Wie dann der erste Beifall die Redner rauschhaft steigerte! Fest beschreibt, wie Hitler zuweilen »im Furor der Beschwörung die geballten Fäuste vor das Gesicht zog und die Augen schloß, hingegeben den Exaltationen seiner versetzten Sexualität«. Und Heiber, der auch an Hitler beobachtete, daß dessen

Reden »Ausflüsse der Sinnlichkeit waren, beinahe so etwas wie sexuelle Aktionen«, hält es für nötig, darauf hinzuweisen, daß Goebbels – anders als Hitler – »die Bedürfnisse seines Körpers auf dem normalen Wege abreagierte«. Das ist sicher. Doch Heibers Unterscheidung, die Reden des Doktors seien »Produkte der Intelligenz gewesen, jene Hitlers aber sexuelle Eruptionen«, übersieht, daß Goebbels, der sich unzählige Male selber als »Prediger« bezeichnet hat, nicht kraft seiner Intelligenz, sondern dank seinem Glauben ebenso die Massen hinriß wie ihn die Masse. Der größte Teil des deutschen Volkes hat ja im gleichen Unmaß an Hitler geglaubt, wie er das nach dem 8. Mai 1945 geleugnet hat.

Der von Fest so genannte »Empfängniskoller«, den auch der Gläubige Goebbels auslöste, hat beide gleichermaßen überwältigt, den Redner wie den Angesprochenen. Übereinstimmend wie in keinem einzigen anderen Punkt überliefern *alle* Mitarbeiter des Ministers, daß dessen Besuche bei Hitler ihn in eine Hochstimmung versetzt haben wie den Gläubigen, wenn er seinen Heiland traf. Auch in den dunkelsten Stunden des Krieges kam Goebbels optimistenstramm und strahlend von allen Audienzen bei Hitler ins Ministerium zurück, nur nicht von einer einzigen: am 18. Oktober 1944, als Hitler es abgelehnt hatte, die Denkschrift des Ministers über auswärtige Politik zu lesen und Goebbels zum Nachfolger Ribbentrops zu machen.

Und wie Hitler Goebbels im Glauben stärkte, schafften das außer Hitler nur noch die eigenen Reden, das Publikum, der Kontakt mit denen, die gekommen waren, seine Predigten mitzuerleben. Gewiß, auch von seinen Leitartikeln im »Reich« war er dermaßen begeistert, daß er fast jede Woche im Tagebuch breit und schamlos die Anteilnahme angeblich der ganzen Welt, auch der Feinde, oder mindestens deren Angst und Bestürzung über seine »Reich«-Auslassungen festhielt – ein total würdeloser Schriftsteller, wenn man bedenkt, daß er doch selber gewußt hat: wer es wagte, ihn offen zu kritisieren, würde in Deutschland aufs Schafott gebracht, zuweilen durch ihn, Goebbels, persönlich; doch der Beifall der Eingeschüchterten genügte ihm noch nicht.

Auch weniger Eingeschüchterte – also die aus Angst vor ihm auf Zehenspitzen gehenden Familienmitglieder und Ministeriums-Unterlinge – mußten ihm sagen, wie fabelhaft er wieder einmal in dieser Woche mit seinem Aufsatz den Kern der Dinge getroffen habe. Sein Pressereferent Wilfred von Oven, der ein Goebbels hoch rühmendes Buch »Finale Furioso« schrieb – überarbeitete Tagebücher –, beobachtete, wie Frau Magda am Mittagstisch die braunen Savonarola-Augen ihres ewig erfolgsgierigen Gatten aufleuchten machte, sooft sie vor dem leicht zu Begeisternden dessen »Reich«-Artikel pries, die er selber mehrmals noch enthusiastisch durchlas, wenn sie ihm gedruckt ins Haus kamen.

Doch alles, was er schrieb, konnte ihn – da der Kontakt zu Lesern nicht so unmittelbar gegeben ist wie beim Reden der zu Hörern – bei weitem nicht so in Rage, in »Glauben« versetzen wie Besuche bei Hitler und wie seine eigenen Ansprachen. Am 18. April 1940 notiert er, eine von Hunderten ähnlicher Eintragungen im Tagebuch: »Sportpalast überfüllt ... Ich halte die Rede. In guter Form. Bombenstimmung. Ich glaube, das gibt einen großen Erfolg. Unser Volk ist wunderbar. Das Englandlied klingt wie ein Schwur. Wie so eine Versammlung einen doch immer wieder auflädt.« Einen – das ist er selbst, der von Goebbels und dessen Glauben am meisten berauschte aller Anwesenden.

Goebbels schrieb, genau zu der Zeit, als er Hitler die Tötung der Juden (vielleicht) auszureden versucht hat, an dessen 53. Geburtstag 1942: »Wenn der Führer spricht, ist das wie ein Gottesdienst.« Und er schrieb: »Aus der Glut und Begeisterung, mit der sich die Millionenmassen Hitler und seiner Idee hingaben, meinte man den Schrei herauszuhören, der Deutschland zur Zeit der Kreuzzüge erbeben ließ: ›Gott will es!‹« Und Werner Stephan zitiert noch dieses prediger-hafte Kirchendeutsch: »Adolf Hitler allein hat sich nie getäuscht. Die Dutzendweisen und Besserwisser pfuschten ihm ins Handwerk. Er aber erfüllte wie ein Diener Gottes das Gesetz.«

Diese Lobgesänge auf den einzigen Brotgeber, den er je hatte, stimmte Goebbels nicht als Heuchler an, sondern als mitreißender, weil mitgerissener Gläubiger, der endlich den von ihm gefürchteten und gehaßten Intellektualismus, der ihn in der Pubertät angefallen und verunsichert und ihn um seine geistige Heimat im Christentum geprellt hatte, überwunden und zu seinem Führer hingefunden hatte. Uralt in ihm war der Glaube, sein Halt, sein Ur-Verlangen. Störend in ihn eingebrochen war die Vernunft, war der »Liberalismus«, waren die »Juden« – sprich: der Geist des modernen Europa, der Hochschule, der Literatur, soweit sie nicht mehr Erbauungslektüre war. Und so gewährte er ihr, der Vernunft, nur soviel Hausrecht wie nötig, um die Universität zu bestehen; denn sie störte seinen Trieb zu glauben, seine Lust nach Anschluß im Absoluten, denen er – das belegen die frühen Schriften – sofort wieder erlag, als er, schon promoviert, aber ohne Studienkameraden, wieder allein saß im Stübchen seines Vaterhäuschens. Da schrieb er: »Ich bin ein deutscher Kommunist.« Und: »Ein Hungerpastor bin ich.« Er las Wassermanns »Christian Wahnschaffe«, die Christusnovelle »St. Sebastian vom Wedding« von Franz Herwig, Hauptmanns »Narr in Christo« und notierte: »Aber wie weit steht der ›Narr‹ noch hinter Dostojewskis ›Idiot‹! Rußland wird den neuen Christusglauben mit all der jungen Inbrunst ...«

Dann nahm er sich die Vertreter des liberalen Geistes vor. Das waren, neben anderen, jene Juden, die ihm seine Manuskripte zurücksandten, so daß er – angeheizt durch den Haß auf Maximilian Harden, der jetzt so »international« war wie noch kürzlich »alldeutsch« – am 2. Juli 1924 bereits einige Juden namentlich aufzählt: »Herrn Warburg, Herrn Louis Hagen, Herrn Nathan«, die er »mit etlichen anderen gelben Lümmeln im Viehwagen über irgendeine Grenze geschoben« haben möchte. Und warum? Weil »der Geist eine Gefahr ist für uns. Wir müssen den Geist überwinden. Der Geist quält uns und treibt uns von Katastrophe zu Katastrophe. Nur im reinen Herzen findet der gepeinigte Mensch Erlösung von dem Elend. Über den Geist hinaus zum reinen Menschen!«

Wie aktuell: daß von abgerichteten Dogmatikern, Ideologen, Religiösen, von »Gläubigen«, von Fanatikern als »bürgerlich« und als liberal oder »scheißliberal«,wie das heute heißt, verketzert und für überwindenswert erklärt wird, was in Wahrheit der Geist der Aufklärung ist! Daß Goebbels möglich war in jenem Volk, das den Autor des »Nathan« hervorgebracht hat, ist die Mahnung an uns, daß wir geistig ankämpfen müssen gegen die Tatsache, uns jedes Jahr um weitere 365 Tage zu entfernen von der Aufklärung.

Ich zeigte hier die allein negativen Aspekte eines »Glaubens«, ja seine mörderischen am Beispiel eines zum Antichristen übergelaufenen Meßdieners. Doch soll das nicht dem Verankertsein im Religiösen schlechthin den unschätzbaren Wert eines ethischen Regulativs absprechen – im Gegenteil. Gerade zur Hitler-Zeit haben christlich noch gebundene Soldaten und Zivilisten, allen voran die Italiener und die Dänen, nachweislich ihren jüdischen Mitbürgern bei weitem solches Unrecht nicht zugefügt wie die betont Unreligiösen. Ja mehr: dieses Tagebuch, eine Quelle allerersten Ranges natürlich nur deshalb, weil Goebbels es *nicht* zur Veröffentlichung bestimmt, sondern nur als Materialsammlung für sich selber, den späteren Geschichte-Schreiber, gedacht hatte – dieses Tagebuch liest sich wie der negative Kommentar zu den ältesten Parabeln der Weltliteratur, zu Herodot, zum Alten Testament, zu den griechischen Tragikern. Denn alle Mahnrufe an den Menschen, die zuerst in diesen ewigen Gesetzbüchern der Gesittung ausgesprochen werden: daß der Herr mit Blindheit schlage, wen er verderben wolle; daß niemand sich vor dem Tode glücklich preisen dürfe; daß schon der Tag deines Sieges »dein Ende zeugt« (König Ödipus) – sie alle werden von Joseph Goebbels in seinem Journal, speziell jeweils am Vorabend der Überfälle auf Skandinavien, auf Jugoslawien und auf Rußland, in einer derart hohnlachend dummen, Gott und

Mensch verachtenden Weise in den Wind geschlagen mit beinahe jeder einzelnen Eintragung, daß die entsetzliche Todesstunde des Verfassers mit seinen unschuldigen sechs Kindern einen fast religiös stimmt. So furchtbar folgerichtig ist sie.

Salzburg, Juli 1977 Rolf Hochhuth

Die Wiedergabe der Tagebuchniederschriften folgt Wort für Wort, auch orthographisch, der Filmkopie der Originale. Schreib- und Flüchtigkeitsfehler wurden in engem Einvernehmen mit Herrn Otto Jacobs, der in jenen Monaten das Tagebuchdiktat aufnahm und die Niederschrift besorgte, korrigiert.

Gewisse Besonderheiten der Schreibweise, die von der allgemein verbindlichen Rechtsschreibung abweichen, wurden beibehalten, um dem Leser ein möglichst getreues Bild dieser unter so ungewöhnlichen Bedingungen zustande gekommenen Diktatniederschriften zu vermitteln.

Irrtümliche Angaben, die dem damaligen Wissensstand des Autors und seines Stenographen entsprachen, wurden, soweit feststellbar, in den Registern richtiggestellt.

Nicht völlig leserliche Textstellen stehen in eckigen Klammern, Hinweise auf Lücken oder unkenntliche Textstellen in eckigen Klammern *kursiv*.

Tagebucheintragungen

Wir müssen so sein, wie Friedrich der Grosse gewesen ist, und uns auch so benehmen. Der Führer stimmt mir völlig zu, wenn ich ihm sage, dass es unser Ehrgeiz sein soll, dafür zu sorgen, dass, wenn in Deutschland einmal in 150 Jahren eine gleich grosse Krise auftaucht, unsere Enkel sich auf uns als das heroische Beispiel der Standhaftigkeit berufen können. Auch die stoisch-philosophische Haltung zu den Menschen und zu den Ereignissen, die der Führer heute einnimmt, erinnert stark an Friedrich den Grossen. Er sagt mir zum Beispiel, dass es nötig sei, für sein Volk zu arbeiten, aber dass auch das nur begrenztes Menschenwerk sein könne. Wer wisse, wann wieder einmal ein Mondeinbruch in die Erde stattfinde und diese

28. Februar 1945 *Mittwoch*

[S. 52–59 der Diktatniederschrift, S. 1–51 fehlen]

Wir müssen so sein, wie Friedrich der Grosse gewesen ist, und uns auch so benehmen. Der Führer stimmt mir völlig zu, wenn ich ihm sage, dass es unser Ehrgeiz sein soll, dafür zu sorgen, dass, wenn in Deutschland einmal in 150 Jahren eine gleich grosse Krise auftaucht, unsere Enkel sich auf uns als das heroische Beispiel der Standhaftigkeit berufen können. Auch die stoisch-philosophische Haltung zu den Menschen und zu den Ereignissen, die der Führer heute einnimmt, erinnert stark an Friedrich den Grossen. Er sagt mir zum Beispiel, dass es nötig sei, für sein Volk zu arbeiten, aber dass auch das nur begrenztes Menschenwerk sein könne. Wer wisse, wann wieder einmal ein Mondeinbruch in die Erde stattfinde und dieser ganze Planet in Feuer und Asche aufgehen könne. Trotzdem aber müsse es unsere Aufgabe sein, unsere Pflicht zu erfüllen bis zum letzten. In diesen Dingen ist der Führer auch ein Stoiker und ganz ein Jünger Friedrichs des Grossen. Ihm eifert er bewusst und unbewusst nach. Das muss auch für uns alle ein Vorbild und ein Beispiel sein. Wie gerne wollten wir dieses Vorbild und Beispiel aus vollstem Herzen nachahmen. Wenn Göring nicht so völlig ausserhalb der Reihe stände. Er ist kein Nationalsozialist, sondern ein Sybarit, von einem Jünger Friedrichs des Grossen ganz zu schweigen. Welch eine vornehme und imponierende Erscheinung gibt demgegenüber Dönitz ab. Er ist, wie der Führer mir erklärte, der beste Mann seiner Waffe. Wie er überhaupt mit der Marine immer nur erfreulichste Erfahrungen gemacht habe. Auch Raeder sei von grossem Format gewesen; jedenfalls habe er ihm gegenüber eine blinde Treue an den Tag gelegt und seine Waffe in einem Geist erzogen, der sie heute dazu befähige, die Scharte der deutschen Kriegsmarine aus dem Weltkrieg wieder auszuwetzen. Es ist schade, dass so ein Mann nicht die Partei repräsentiert, sondern dass diese repräsentiert wird durch Göring, der mit der Partei soviel zu tun hat wie die Kuh mit der Strahlenforschung. Aber, wie gesagt, dieses Problem muss nun gelöst werden. Es hat keinen Zweck mehr, an den Dingen vorbeizureden, und es nützt dem Führer auch gar nichts, wenn man ihn durch Schweigen schont.

Die Aussprache, die ich über dieses meines Erachtens kardinalste Problem unserer Kriegführung mit dem Führer habe, verläuft sehr dramatisch und stürmisch. Aber der Führer gibt mir in jedem Punkt recht. Ich fühle zwar, dass es ihn etwas verbittert, dass diese Dinge so weit gediehen sind, nicht aber, dass ich sie so brüsk und offen ausspreche. Im Gegenteil, er lobt mich sehr deshalb, bekennt sich offen und rückhaltlos zu mir und hat seine Freude daran, dass ich wenigstens aus meiner Meinung keinen Hehl mache. Ich erzähle ihm, dass ich in den letzten Tagen das Buch von Carlyle über Friedrich den Grossen gelesen habe. Der Führer selbst kennt das Buch sehr genau. Ich erzähle ihm einige Kapitel daraus, die ihn auf das tiefste ergreifen. So müssen wir sein, und so werden wir auch sein. Wenn einer wie Göring völlig aus der Reihe tanzt, dann muss er zur Raison gerufen werden. Ordenbehängte Narren und eitle, parfümierte Gecken gehören nicht an die Kriegführung. Entweder ändern sie sich, oder sie müssen eliminiert werden. Ich werde nicht ruhen und nicht rasten, bis der Führer hier Ordnung geschaffen hat. Er muss Göring innerlich und äusserlich ummodeln oder ihm den Stuhl vor die Tür setzen. Es ist beispielsweise eine grobe Stillosigkeit, dass der erste Offizier des Reiches in dieser Situation des Krieges in einer silbergrauen Uniform herumläuft. Welch ein weibisches Betragen den Ereignissen gegenüber! Hoffentlich gelingt es nun dem Führer, aus Göring wieder einen Mann zu machen. Der Führer ist froh, dass seine Frau nun auf den Obersalzberg übersiedelt ist, die auf ihn nur einen schlechten Einfluss ausgeübt habe. Wie ja überhaupt die ganze Umgebung von Göring keinen Schuss Pulver wert ist. Sie hat seinen Hang zur Weichlichkeit und zur Genußsucht nur gefördert statt eingedämmt. Der Führer lobt dagegen sehr die Einfachheit und Klarheit in meiner Familie Lebensführung. So nur auch können wir der heutigen Zeit gerecht werden.

Ich habe den überzeugenden Eindruck, dass diese Aussprache mit dem Führer absolut gesessen hat. Sie war nötig, und auch der Zeitpunkt war durchaus gelegen. Die Unterredung geht so laut vor sich, dass die Adjutanten draussen an der Tür mithören können. Sie sind auf das äusserste erfreut. Diese braven Jungens haben nur ein Interesse daran, dass die Partei wieder zu ihrem eigentlichen Kern und Wesen zurückgeführt wird, weil hier allein die Möglichkeit gegeben ist, dem Krieg eine Wendung zu geben. Alle diese jungen Leute stehen auf meiner Seite und sehen in mir ihren Sprecher, der dem Führer unumwunden das sage, was gesagt werden muss. Am Tisch der Reichskanzlei sitzt ein müder Haufen von Offizieren beim Abendessen. Ich grüsse ihn kaum. Diese Menschen sind mir so fremd, wie mir Menschen überhaupt nur fremd sein können.

Zu Hause habe ich einen Berg von Arbeit zu erledigen. Aber das geht jetzt sehr schnell und rüstig vorwärts, denn ich habe mir direkt eine Last vom Herzen heruntergeredet.

Wir haben am Abend wieder auf Berlin den Mosquito-Angriff vom Dienst.

Die Lage im Westen bereitet mir grösste Sorgen. Was soll werden, wenn tatsächlich der Feind hier einen Durchbruch erzielt? Aber wir wollen nicht gleich das Schlimmste annehmen. Ausschlaggebend ist, dass es mir gelungen ist, nun wenigstens in der Grundfrage unserer Kriegführung eine klare Bahn zu schaffen.

Auch in der Nacht kommen die verfluchten Engländer wieder mit ihren Mosquitos nach Berlin und rauben einem die wenigen Stunden Schlaf, die man heute nötiger hat denn je.

1. März 1945 *Donnerstag*

[S. 1–33]

Gestern:

Militärische Lage:

In Ungarn keine besonderen Ereignisse. Im slowakischen Raum wurden mehrere heftige Angriffe des Feindes bei Altsohl abgewiesen. Im ganzen schlesischen Abschnitt bis auf den Raum südlich von Breslau keine Kämpfe von Bedeutung. Bei Schwarzwasser wurde eine feindliche Frontausbuchtung im eigenen Angriff wieder beseitigt. Mehrere feindliche Angriffe zwischen Strehlen und Görlitz wurden bis auf einen Einbruch bei Lauban abgewiesen. Der Feind konnte in den Nordrand von Lauban eindringen. Sehr heftig waren auch die Angriffe des Feindes bei Goldberg, die aber sämtlich vergeblich blieben. Die Häuserkämpfe am Südrand von Breslau dauern an. Örtliche Angriffe der Sowjets bei Forst und Guben scheiterten. Im Oderabschnitt konnten die Bolschewisten ihren Brückenkopf bei Lebus durch einen örtlichen Angriff geringfügig erweitern. Südlich von Pyritz wurde ein stärkerer örtlicher Feindangriff abgewiesen. Im Raum zwischen Rummelsburg und Neustettin konnten die Bolschewisten ihren Einbruch weiter vertiefen. Sie nahmen Neustettin und drangen an der Bahn Neustettin–Kolberg und Neustettin–Falkenburg einige Kilometer weiter nach Westen vor. Der Versuch des Feindes, über Bublitz hinaus in Richtung Köslin vorzustossen, wurde verhindert. Über Pollnow hinaus gelangte der Feind in Richtung Schlawe bis nach Latzig. In diesem Abschnitt vernichtete die Alarmeinheit eines Fliegerhorstes

1. März 1945, (Donnerstag)

Gestern:

Militärische Lage:

In Ungarn keine besonderen Ereignisse. Im slowakischen Raum wurden mehrere heftige Angriffe des Feindes bei Altsohl abgewiesen. Im ganzen schlesischen Abschnitt bis auf den Raum südlich von Breslau keine Kämpfe von Bedeutung. Bei Schwarzwasser wurde eine feindliche Frontausbuchtung im eigenen Angriff wieder beseitigt. Mehrere feindliche Angriffe zwischen Strehlen und Görlitz wurden bis auf einen Einbruch bei Lauban abgewiesen. Der Feind konnte in den Nordrand von Lauban eindringen. Sehr heftig waren auch die Angriffe des Feindes bei Goldberg, die aber sämtlich vergeblich blieben. Die Häuserkämpfe am aus Stolp, die bei Pollnow eingesetzt war, mit 15 Panzerfäusten 11 feindliche Panzer und hatte dabei nur einen Mann Verlust. Im Abschnitt nördlich von Konitz bis zur Weichsel wurden zahlreiche örtliche Angriffe des Feindes, besonders bei Heiderode, abgewiesen; lediglich nördlich von Konitz gelang dem Feind ein Einbruch. In Ostpreussen waren die Kämpfe im allgemeinen nicht ganz so lebhaft wie in den Vortagen. Besonders heftig waren die Angriffe nördlich von Zinten. Unsere Verteidiger errangen auch gestern wieder einen vollen Abwehrerfolg. Auch in Kurland wurden die heftigen Angriffe des Feindes erneut abgewiesen.

An der Westfront konnten die Engländer und Kanadier südlich von Goch trotz heftiger Angriffe nur geringen örtlichen Geländegewinn erzielen. Die meisten Angriffe wurden abgewiesen. Im Grossangriffsraum der Amerikaner hat der Feind nunmehr seine sämtlichen operativen Panzerreserven eingesetzt und versucht nun, weiter nach Osten durchzustossen. Bis jetzt hat er nirgendwo die operative Bewegungsfreiheit erreicht oder einen Durchbruch erzielt, jedoch weiter nicht unbedeutend an Gelände gewinnen können. Über Erkelenz hinaus stiess er entlang der Bahn weiter in Richtung auf Rheydt vor, ebenso an der Strasse von Erkelenz nach München-Gladbach. Die Kämpfe spielen sich hier ungefähr 3 bis 5 km westlich und südwestlich der Vororte von Rheydt ab. Die deutschen Verbände leisten überall heftigen Widerstand und fügen dem Feind hohe Verluste zu. Ausserdem werden laufend Gegenangriffe geführt. Im Abschnitt nordöstlich und östlich von Jülich konnte der Feind ebenfalls weiter Boden gewinnen. Er steht hier mit seinen Angriffsspitzen am Erft-Abschnitt, auf dem Westufer der Erft. Er hat damit etwa die Hälfte des Weges zwischen Jülich und Köln erreicht. Südlich davon kam er an der Strasse Düren–Köln bis in die Gegend von Blatzheim. Auch an der Eifelfront gehen die harten Kämpfe weiter. Der Feind hat hier eine weitere Division eingesetzt, die bei Hagenau abgezogen und dort durch eine französische Division ersetzt worden war. Der Feind versucht offenbar, in der Senke von Bitburg bis nach Wittlich vorzustossen. Nördlich von Bitburg ist er weiter in Richtung auf den Fluss Kyll vorgekommen. Von Süden her konnte er in Bitburg eindringen. Nördlich von Welschbillig überschritt er die Strasse Bitburg–Trier. Südlich von Trier, wo die Amerikaner bis Zerf vorgedrungen waren, vertieften sie ihren Einbruch bis in die Nähe des Ruwer-Abschnittes. Nach Anlage der feindlichen Operationen kann vermutet werden, daß er mit seinen Flügelkräften südlich von Bitburg und nördlich von Zerf eindreht, um Trier zu nehmen.

Von der italienischen Front werden keine besonderen Kampfhandlungen gemeldet.

Die feindliche Lufttätigkeit im Osten war ziemlich lebhaft. Insgesamt waren auf sowjetischer Seite etwa 1200 Flugzeuge eingesetzt, mit der Masse im Einbruchsraum in Pommern. Auch die eigene Lufttätigkeit war ziemlich stark und erfolgreich. Es wurden wieder zahlreiche feindliche Panzer und Sturmgeschütze vernichtet und Kolonnen bekämpft. Bei Polangen versenkten unsere Schlachtflieger ein feindliches Schnellboot.

Im Westen war die Tätigkeit der feindlichen Tiefflieger und zweimotorigen Bomber wegen der ungünstigen Wetterlage etwas schwächer als sonst.

Ins Reichsgebiet flogen 1100 amerikanische viermotorige Bomber mit starkem Jagdschutz zu Angriffen auf Verkehrsanlagen in Halle und Leipzig ein. Nachmittags griffen 150 britische Bomber unter Jagdschutz Verkehrsziele in Dortmund, Castrop-Rauxel und Recklinghausen an. Etwa 300 Britenbomber führten einen Angriff auf Mainz. Aus Italien flogen 600 amerikanische viermotorige Bomber ein, die Industrie- und Verkehrsziele im Raum von Augsburg angriffen. Etwa 80 Maschinen dieses Verbandes führten einen Teilangriff auf Salzburg. Bisher werden 20 Abschüsse gemeldet. In der Nacht erfolgte ein zweimaliger Störangriff von je etwa 70 Mosquitos gegen Berlin.

*

Die Engländer und Amerikaner verbreiten augenblicklich über die Westlage Alarmnachrichten. Sie behaupten, dass ihnen ein Durchbruch auf der ganzen Linie gelungen sei und dass sie – wie insbesondere Montgomery betont – nunmehr gezwungen wären, eine Nachrichtensperre einzurichten, um uns keine Mitteilungen zukommen zu lassen, die uns von Wert sein könnten. Die Amerikaner insbesondere prahlen, dass sie bereits 15 km vor Köln ständen und das Erreichen des Rheines für sie nur noch eine Kleinigkeit sei. Allerdings wird diese Meinung schon im Laufe des Tages einer gründlichen Revision unterzogen. Der Widerstand, der von unseren Truppen geleistet wird, ist so enorm, dass auch die Feindseite zugeben muss, dass von einem Zusammenbruch der deutschen Front auch nicht im entferntesten die Rede sein kann.

Bis zum Abend wird man dann wieder ganz kleinlaut. Gerade das engliche Hauptquartier betont auf das kategorischste, dass man von einem Durchbruch gar nicht sprechen könne. Man ist also offenbar zu weit vorgeprellt, hat die ersten Auffanglinien unserer Verteidigung für die endgültige Front gehalten und ist dann erst auf den enormen Widerstand gestossen, der jetzt den feindlichen Angriffsdivisionen so viel zu schaffen macht. Die Verluste des Feindes sind enorm. Die Amerikaner haben Berge von Toten zu verzeichnen, woraus sie in ihrer Presse auch gar keinen Hehl mehr machen. Dazu kommen die ausserordentlichen Verluste, die sie auf der Insel Iwojima erleiden. Kurz und gut, wir befinden uns augenblicklich in einem Stadium der Kriegführung, in dem wir durch Beibringung von Verlusten dem Feinde den meisten Respekt abnötigen können. Das macht auch zweifellos in der angloamerikanischen Öffentlichkeit den tiefsten Eindruck.

Am Abend behauptet man mit einem Male in London, dass Rundstedt seine Taktik geändert habe, dass er sich nicht in den ersten Linien zum Kampf stelle, sondern die angreifenden Engländer und Amerikaner in den rückwärtigen Linien aufzufangen versuche, was für die feindlichen Angriffstruppen von einer sehr schädlichen Auswirkung sein könne.

Im Unterhaus findet die Debatte über die Krim-Konferenz statt. Eine Reihe von oppositionellen Tory-Abgeordneten hat zu dem von der Regierung gebilligten Vertrauensantrag einen Zusatzantrag gestellt, der für das Verhältnis zwischen England und seinen Alliierten von einer ziemlich verfänglichen Bedeutung ist. Um diesen Zusatzantrag geht der Kampf. Die Regierung Churchill wendet sich mit Händen und Füssen gegen die Annahme dieses Zusatzantrages, und die Opposition wagt natürlich nicht, den Antrag soweit zu forcieren, dass sie zum offenen Misstrauen schreitet. Der stellvertretende Führer der Labour-Party, Greenwood, wendet sich in seiner Debatte-Rede sehr scharf gegen die Behandlung, die Polen auf der Krim-Konferenz zuteil geworden ist, und auch auf Seiten der konservativen Partei sind ausserordentlich harte Oppositionsreden zu vernehmen. Aber es steht ausser Zweifel, dass Churchill ungefährdet aus dieser Debatte hervorgehen wird. England ist zu schwach, als dass es sich ausgerechnet in diesem Stadium des Krieges eine Regierungskrise von so weittragenden Folgen leisten könnte. Es ist mitgegangen, es wird mitgefangen, und es wird mitgehangen. Es hat den Weg nach unten angetreten und muss nun weiter in seinem grossen Dilemma bleiben.

Die Kritik, die an den Jaltaer Beschlüssen geübt wird, stammt in der Hauptsache von Tory-Kreisen. Jene Tory-Gruppe, die den Inner Circle bildet, ist ja schon seit längerem an der Arbeit, um Churchill entweder auf den richtigen Weg zurück oder ihn zum Sturz zu bringen. Man sagt in diesen Kreisen Polen und meint natürlich Deutschland. Aber diese Opposition ist im Augenblick für uns von einer unerheblichen Bedeutung. Sie kann nicht zum Zuge kommen, aus den eben geschilderten Gründen.

Sehr alarmierend hat Churchills Bemerkung über die Schiffahrtslage gewirkt. Ein Regierungsvertreter erklärt obendrein noch im Oberhaus, dass die Alliierten zwar niemals so viele Schiffe gehabt hätten wie jetzt, dass aber auch noch niemals ein so ausserordentlicher Schiffsmangel geherrscht habe. Wenn in diese Situation unsere neue U-Boot-Operation hineinplatzt, so wird das für die angloamerikanische Kriegführung unter Umständen von verhängnisvollster Auswirkung sein können.

Eden hat einem internen Kreise des Unterhauses zur Kenntnis gebracht, dass Churchill in Jalta nicht, wie vermutet wurde, Geheimabkommen abgeschlossen habe. Diese Frage ist für die Führung der Debatte im Unterhaus von einer ausschlaggebenden Bedeutung.

Über amerikanische Quellen erfahren wir, dass Pétain schon im November 1940 einen Geheimvertrag mit England abgeschlossen habe des Inhalts, dass Frankreich im günstigen Augenblick wieder in den Krieg gegen Deutschland eintreten werde. Dieser Vertrag sei hinter Lavals Rücken getätigt worden. Ich halte das für absolut möglich. Pétain hat uns hinters Licht geführt, und Laval hat wahrscheinlich auch davon Bescheid gewusst. Umsonst haben beide ja nicht den Wunsch geäussert, beim Fortschreiten der angloamerikanischen Invasion in Paris zu bleiben. Ich glaube, sie haben kein hochnotpeinliches Kriegsverfahren zu erwarten gehabt.

In den USA sind jetzt stärkere Streikbewegungen in Erscheinung getreten, und zwar machen diese sich vor allem auf dem Rüstungssektor bemerkbar. Solche Erscheinungen sind jetzt sowohl in England wie auch in Amerika an der Tagesordnung. Sie zeigen symptomatisch die tiefgehende politische Krise auf, die in den westlichen Feindländern herrscht.

Der bekannte amerikanische Journalist von Wiegand schreibt einen Artikel über die bolschewistische Weltgefahr, der ganz genau nach seinem letzten Artikel unter der Überschrift »Das Jahr 2000« ausgerichtet ist. Dieser Artikel von Wiegand stellt, da er in sämtlichen Hearst-Blättern veröffentlicht wird, eine wahre Pressesensation dar. Unsere Thesen sind hier in einem Umfange aufgenommen, der wahrhaft staunenerregend wirkt. Die Hearst-Blätter sind ja seit jeher antibolschewistisch eingestellt gewesen; aber dass sie sich in der jetzigen Kriegslage so weit hervorwagen, scheint mir doch einigermassen bezeichnend zu sein. Jedenfalls wird auch

Roosevelt, wenn er sich nunmehr der amerikanischen Öffentlichkeit stellt, auf eine starke Opposition stossen.

In Rumänien geht der Kampf um das Kabinett Radescu weiter. Die Bolschewisten scheinen die Absicht zu haben, tabula rasa zu machen. Sie verlangen den Rücktritt Radescus und die Einrichtung einer demokratischen Volksregierung, wie sie sagen, mit anderen Worten, eines bolschewistischen Sowjets. Der bekannte bolschewistische Massenschlächter Wyschinski ist jetzt in Bukarest eingetroffen. Er wird sicherlich ganze Arbeit machen.

Bolschewistische Greueltaten laufen jetzt bei uns ohne Zahl ein. Sie sind von einer schauerlichen Realistik und können gar nicht mehr überboten werden. Ich habe die Absicht, diese Greuelberichte nunmehr der internationalen Öffentlichkeit bekanntzugeben. Ich werde das bei einem Presseempfang der in- und ausländischen Presse in Berlin tun, bei dem Generaloberst Guderian den Befehl Schukows an die sowjetischen Truppen vor dem Angriff aus dem Baranow-Brückenkopf bekanntgeben soll. Dieser Befehl hat ja gewissermassen den bolschewistischen Greueltaten die Richtung angegeben. Wenn ich auch nicht annehme, dass davon eine unmittelbare politische Wirkung zu erwarten steht, so wird doch eine Wirkung auf längere Dauer nicht ausbleiben.

Mittags habe ich eine ausführliche Aussprache mit General Wlassow. General Wlassow ist ein äusserst intelligenter und energischer russischer Heerführer, der auf mich einen sehr seriösen Eindruck macht. Wir unterhalten uns zuerst über das allgemeine Verhältnis zwischen dem russischen und dem deutschen Volk. Er ist der Meinung, dass Russland nur gerettet werden könne, wenn es aus der bolschewistischen Ideologie befreit werde und sich eine ähnliche Ideologie zu eigen mache, wie sie das deutsche Volk im Nationalsozialismus besitze. Er charakterisiert mir Stalin als einen ausserordentlich verschlagenen, wahrhaft jesuitischen Menschen, dem kein Wort zu glauben sei. Der Bolschewismus habe im russischen Volke bis zum Ausbruch des Krieges nur verhältnismässig wenig bewusste und fanatische Anhänger gehabt. Es sei aber Stalin gelungen, bei unserem Vormarsch in die sowjetischen Gebiete den Krieg gegen uns zu einer heiligen vaterländischen Sache zu machen, was von einer ausschlaggebenden Bedeutung war. Wlassow schildert mir die Tage in Moskau bei der drohenden Umklammerung im Spätherbst 1940. Die gesamte sowjetische Führung habe damals bereits die Nerven verloren; nur Stalin sei derjenige gewesen, der weiter bei seinem Widerstand verharrte, wenn auch er schon stark angeschlagen gewesen sei. Die Situation war damals fast ungefähr so, wie sie bei uns im Augenblick ist. Auch bei uns ist es ja der Führer, der den Widerstand um jeden Preis proklamiert und auch alle anderen immer wieder dazu emporreisst.

Die Unterredung mit General Wlassow ist für mich sehr ermutigend. Ich erfahre aus ihr, dass die Sowjetunion genau dieselben Krisen hat durchmachen müssen, die wir jetzt durchzumachen haben, und dass es aus diesen Krisen immer einen Ausweg gibt, wenn man entschlossen ist, sich ihnen nicht zu beugen.

Wir besprechen dann zusammen die Methodik unserer Propaganda dem Bolschewismus gegenüber. Wlassow betont – meines Erachtens mit Recht –, dass der Bolschewismus eine ausserordentlich geschickte und gefährliche Propaganda betreibe. Die Propaganda sei überhaupt die stärkste Seite seiner politischen Wirksamkeit. So sei es auch zu erklären, dass die deutsche Propaganda im bolschewistischen Regime besonders hart angegriffen werde. Ich sei nach dem Führer derjenige, der in der bolschewistischen Öffentlichkeit die schärfste und ablehnendste Kritik erfahre. Unsere Propaganda den russischen Völkern gegenüber hat sich – darin stimme ich Wlassow bei – ungefähr in den Bahnen zu bewegen, die Wlassow in seiner bekannten Proklamation niedergelegt hat. Es wäre in unserer Ostpolitik sehr viel zu erreichen gewesen, wenn wir nach den Grundsätzen, die hier von Wlassow verfochten werden, schon im Jahre 1941 und 42 verfahren hätten. Aber unsere Versäumnisse in dieser Beziehung lassen sich nur sehr schwer wieder einholen.

Ich betonte schon, dass Wlassow mir ein hervorragender Kopf zu sein scheint. Sein Wissen von der bolschewistischen Ideologie und Praxis kann für uns sehr wertvoll werden. In seiner Begleitung befindet sich General Schilenkow, der seinerzeit in der bolschewistischen Partei in Moskau eine ausschlaggebende Rolle gespielt hat. Ich werde General Wlassow in der nächsten Woche erneut empfangen, um mit ihm einige praktische Fragen unserer Propaganda zu besprechen. Interessant sind vor allem die Ausführungen, die Wlassow über die Interna der bolschewistischen Hierarchie macht. Praktisch regiere in Russland Stalin mit diktatorischen Vollmachten. Er versuche, die Juden für sich auszunutzen, während die Juden versuchen, ihn für sich auszunutzen. Auch einem gegebenen Wort Stalins sei in keiner Weise zu trauen. Stalin sei ein höchst verschlagener, listiger Bauer, der nach dem Grundsatz verfahre, dass der Zweck jedes Mittel heilige. Wie jämmerlich wirkt ihm gegenüber beispielsweise der Duce. Er lässt jetzt durch seine Zeitungen erklären, dass der Faschismus die Absicht habe, zum Zwei-Parteien-System zurückzukehren. Das ist wieder ein neuer Tick der völlig aus den Fugen geratenen faschistischen Intellektualität, die in diesem Stadium des Krieges zu allem anderen auch noch Abschied von ihren eigentlichen Grundsätzen nimmt.

Ich bespreche mit dem Berliner Verteidigungsrat Fragen der Verteidigung der Reichshauptstadt. Ich kann mich dabei auf die mir von General Wlassow gemachten Eröffnungen stützen. General von Hauenschild bekommt jetzt die meisten seiner Truppenkontingente aus Berlin abgezogen, insbesondere die Schulen und die Fahnenjunker. Infolgedessen fehlt es ihm an allen Ecken und Enden an Soldaten. Wir müssen also das zweite Volkssturmaufgebot einziehen, eventuell auch dazu übergehen, Frauenbataillone aufzustellen. Ich mache sogar den Vorschlag, aus den Gefängnissen und Konzentrationslagern Sträflinge mit leichteren Strafen zu sehr scharf geführten Einheiten zusammenzufassen. Wie mir General Wlassow mitteilte, hat sich das bei der seinerzeitigen Verteidigung von Moskau ausserordentlich gut bewährt. Damals habe Stalin ihn gefragt, ob er bereit sei, eine Gefangenen-Division aufzustellen. Er hätte sie aufgestellt unter der Voraussetzung, dass er für tapfere Taten Amnestie gewähren könne. Die Sträflings-Division habe sich auf das hervorragendste geschlagen. Warum sollte das in der jetzigen Notlage nicht auch bei uns durchgeführt werden können?

Es ist wieder den ganzen Tag über eine Serie schwerster Luftangriffe auf das westliche Reichsgebiet herniedergeprasselt. Es ist kaum noch möglich, sie einzeln anzuführen. Wir stehen diesem Wüten des feindlichen Luftkrieges völlig wehrlos gegenüber.

Ich bin jetzt dabei, für die Einziehung der Wehrmacht ein neues System auszuarbeiten. Die bisherigen Methoden der Einziehung haben sich als für das jetzige Kriegsstadium zu umständlich erwiesen. Die Post funktioniert nicht, die meisten Karteien sind zerstört – kurz und gut, wir müssen jetzt etwas summarischer vorgehen, damit die für die Wehrmacht freigestellten KV-Kräfte nicht manchmal vier und fünf Wochen warten, bis sie in die Kasernen übergeführt werden. Auch der Finanzminister Graf Krosigk schreibt mir in dieser Beziehung einen sehr instruktiven Brief. Auch er hat in seinem Amtsbereich festgestellt, dass Einziehungen von freigestellten KV-Leuten manchmal über einen Monat auf sich warten lassen.

Weiterhin bin ich dabei, die Wehrmacht-Bautruppen einer gründlichen Überprüfung zu unterziehen. Wir zählen augenblicklich noch 250 000 Mann innerhalb dieser Wehrmacht-Bautruppen, die mindestens gut zur Hälfte völlig überflüssig sind. Die Front-OT kann deren Aufgaben mit übernehmen, und damit können die Wehrmacht-Bautruppen freigestellt werden.

Ich freue mich sehr darüber, dass nun die Zeitung »Front und Heimat« in weitaus grösserem Umfange an die Fronttruppe herangebracht wird. Die bisher bestehenden Transportschwierigkeiten haben sich zum grossen Teil lösen lassen. Es wird mir der Vorschlag gemacht, die Zeitung jetzt dreimal in der Woche erscheinen zu lassen, ich halte das auch für nötig, aber leider wird das wahrscheinlich an der Papierfrage scheitern. Die Wiederherstellung der moralischen Widerstandskraft unserer Truppen ist jetzt von einer ausschlaggebenden Bedeutung.

Abends um 7 Uhr wird meine Rede über den Rundfunk übertragen. Ich höre mir sie selbst noch einmal an. Vortrag und Stil sind ausgezeichnet, und ich verspreche mir davon wenigstens einige Wirkung, wenn ich natürlich auch nicht in der Lage war, mit positiven Erfolgen als besten Argumenten aufzuwarten. Aber das Volk ist ja schon zufrieden, wenn man ihm heute wenigstens eine Stunde lang einmal gut zuspricht. Über die Wirkung im Lande werde ich erst in den nächsten Tagen Näheres erfahren. Gottlob geht die Rede ohne ernste Luftstörung vor sich, wenn wir auch gerade zum Schluss in Berlin wieder einen Mosquito-Angriff vom Dienst erhalten. Ich bringe sie trotzdem glücklich unter Dach und Fach.

In der Abendlage wird gemeldet, dass es unseren Truppen im Westen gelungen ist, den angloamerikanischen Vormarsch wieder zum Stehen zu bringen. Sie haben den ganzen Tag über, wenn auch unter stärkster Beanspruchung, ihre Stellungen gehalten. Der Feind ist nirgendwo weitergekommen. Von einem Durchbruch kann überhaupt keine Rede sein. An diesem Tage verzeichnen wir also einen enormen Abwehrerfolg. Es sind sehr starke Panzerabschüsse zu verzeichnen.

Unangenehm hat sich dagegen die Lage im Raum von Bitburg gestaltet. Hier jedoch sind Gegenmassnahmen im Gange, die uns wahrscheinlich etwas Entlastung verschaffen werden.

Auch im Osten ist der Feind in Hinterpommern nicht weiter vorwärtsgekommen. Wir sind seinen Angriffsspitzen von beiden Seiten in die Flanke gestossen, so dass sie haltmachen mussten, um nicht von ihren rückwärtigen Linien abgeschnitten zu werden. Man hofft, die hier etwas kritische Lage bereinigen zu können. Starke Angriffe haben im Raum der ganzen Heeresgruppe Weichsel stattgefunden. Sie sind aber gottlob abgewehrt worden. Sonst sind keine Ereignisse von grösserer

Bedeutung zu verzeichnen als nur, dass die Kämpfe in Breslau sich nunmehr langsam dem Zentrum nähern und mit grösster Erbitterung ausgefochten werden.

Der Führer hat mir Anweisung gegeben, in der deutschen Presse längere Abhandlungen über den Punischen Krieg zu veröffentlichen. Der Punische Krieg ist ja neben dem Siebenjährigen Krieg das grosse Beispiel, nach dem wir uns heute ausrichten können und ausrichten müssen. Eigentlich passt er auf unsere Situation noch besser als der Siebenjährige Krieg, denn es handelt sich ja im Punischen Krieg mehr um eine weltgeschichtliche Entscheidung, die sich über mehrere Jahrhunderte ausgewirkt hat. Auch ist ja die Auseinandersetzung zwischen Rom und Karthago, genau wie die heutige Auseinandersetzung über Europa, nicht in einem Kriege entschieden worden, und es kam auf die Tapferkeit des römischen Volkes und seiner Führung an, ob die darauf folgende antike Welt von Rom oder Karthago geführt wurde.

2. März 1945 *Freitag*

[S. 1–28]

Gestern:

Militärische Lage:

An der Ostfront lag der Schwerpunkt in Ostpreußen, wo die Sowjets erneut unter stärkstem Einsatz erfolglos angriffen.

Im slowakischen Raum liessen die Angriffe gegen Altsohl an Heftigkeit nach. An der schlesischen Front gruppiert der Feind um. Er führte verschiedene erfolglose Angriffe in Bataillonsstärke zwischen Strehlen und Görlitz. Besonders heftig waren die Kämpfe bei Lauban. Am Südrand von Breslau halten die schweren Häuser- und Straßenkämpfe an. An der Neisse-Front keine besonderen Kampfhandlungen bis auf Angriffe gegen Guben, wo am Nord- und Ostrand der Stadt gekämpft wird. Am Oderabschnitt wurde ein feindlicher Einbruch bei Göritz wieder beseitigt. Im pommerschen Raum traten die Sowjets zwischen Arnswalde und Kallies mit starken Kräften zum Angriff nach Norden an. Gleichzeitig griffen sie erneut bei Pyritz an, wo sie abgewiesen wurden. Zwischen Arnswalde und Kallies erzielten sie geringe Einbrüche. Es kann sich hier um einen größeren Angriff zur Erreichung eines Durchbruchs handeln, wahrscheinlich ist jedoch die Absicht, unsere Kräfte zu fesseln, um die Bereinigung im Raum Neustettin-Rummelsburg zu verhindern. Dieser Einbruchsraum wurde durch westliche und östliche Riegelstellungen lokalisiert, auch nach Norden konnte der Feind nicht weiter vordringen. Nähere Meldungen über den Verlauf eigener Maßnahmen liegen noch nicht vor. Zwischen Heiderode und der Weichsel geführte örtliche Angriffe des Feindes blieben erfolglos. – In Kurland flaute die Angriffstätigkeit ab.

An der Westfront hatte der Feind im Raum südlich Goch wiederum keinen Erfolg. Einbrüche wurden in eigenen Gegenangriffen bereinigt.

Der Großangriff der Amerikaner zwischen Aachen und Köln steht auf seinem Höhepunkt. Der Feind hat alle ihm zur Verfügung stehenden Kräfte nunmehr eingesetzt. Die eigene Truppe kämpft vorbildlich; sie verteidigt sich nicht nur hartnäckig, sondern ging an zahlreichen Abschnitten auch zu erfolgreichen Gegenangriffen zur Bereinigung von Einbrüchen über. Der Feind konnte am gestrigen Tage nur unwesentlich Gelände gewinnen. Die Kämpfe spielen sich etwa 12 km westlich München-Gladbach und 3 km südwestlich München-Gladbach ab, ferner etwa 5 km südlich Rheydt und 3 km westlich Grevenbroich. Zwischen Rheydt und Grevenbroich sind Gegenangriffe im Gange. An der Erft scheiterten alle feindlichen Angriffe unter schweren Feindverlusten. Auch hier setzten an zahlreichen Stellen eigene Gegenangriffe ein. Im Abschnitt östlich Düren steht der Feind am Steffel-Bach und südlich Düren etwa 6 km nordwestlich und 9 km westlich von Zülpich. Am gestrigen Tage wurden rund 200 amerikanische Panzer im Großangriffsraum vernichtet. Im Abschnitt beiderseits Prüm lebte die örtliche Kampftätigkeit wieder auf. Zahlreiche Angriffe wurden abgewiesen; Gegenangriffe setzten ein. Südlich Prüm konnte der Feind an einigen Stellen die Prüm überschreiten. Im Abschnitt Bitburg konnte der Feind nur zwischen Bitburg und Welschbillig an einigen Stellen etwas weiter gegen die Kyll vordringen. Auch hier wurden die Einbrüche in harten Kämpfen zum Stehen gebracht und teilweise in Gegenangriffen zurückgewiesen. Der Schwerpunkt der Angriffe verlagerte sich hier nach Süden, ebenso wie im Abschnitt zwischen Saar und Ruwer der Feind nach Norden eindrehte, so daß die Absicht, Trier zu nehmen, sich deutlicher abzeichnet. An der Straße von Zerf nach Trier drang der Feind bis Pellingen vor.

In Italien halten die örtlichen Gebirgskämpfe südöstlich Bologna an.

Im Osten wieder lebhafte feindliche Lufttätigkeit über Ostpreußen. Die eigene Lufttätigkeit war im Raum Breslau und im Einbruchsraum Rummelsburg erfolgreich.

Im westlichen Kampfraum herrschte rege Tieffliegertätigkeit und starke Jagdbombertätigkeit mit Schwerpunkt Münsterland und Rheinland-Westfalen. Eigene Tieffliegerbekämpfung erzielte 10 Abschüsse.

1100 viermotorige Bomber griffen Kassel und den westfälischen Raum an. Ein schwächerer englicher Kampfverband griff das Ruhrgebiet und Ziele im Raum Gelsenkirchen und Essen an. Abschußerfolge sind noch nicht gemeldet.

Nächtliche Störangriffe von 70 Mosquitos gegen Berlin. Etwa 10 Mosquitos waren über Nürnberg und im Raum München.

Im Februar wurden durch Streitkräfte der Kriegsmarine, besonders durch Unterseeboote, 41 Schiffe mit 200480 BRT versenkt, außerdem 5 Zerstörer und 6 Sicherungsfahrzeuge. Torpediert wurden 13 Schiffe mit 75900 BRT und 3 Bewacher. Durch die Kriegsmarine wurden im Monat Februar 651000 Flüchtlinge ins Reich evakuiert.

*

Die Feindseite beurteilt jetzt die Möglichkeiten und Chancen in der englisch-amerikanischen Westoffensive etwas skeptischer. Vor allem ist man ausserordentlich verwundert und erstaunt über den harten Widerstand, den unsere Truppen dem Vordringen der Amerikaner im München–Gladbach–Rheydter Raum entgegenstellen. Man spricht von fanatischen Kämpfern, die sich einander überbieten an Tapferkeit und an Entschlossenheit. Auch General Montgomery ist jetzt in seiner Beurteilung sehr viel vorsichtiger geworden. Er hatte ja vor einigen Tagen nach seiner alten Gewohnheit den Mund etwas voll genommen; nun muss er einen peinlichen Rückzieher machen.

Im Unterhaus tagt immer noch die Debatte über die Krim-Konferenz. Sie geht in sehr erregten Formen vor sich. Churchill hat eine beachtliche Opposition zu verzeichnen, wenn diese auch politisch im Augenblick noch nicht aktiv werden kann. Die Angst vor dem Überhandnehmen des Bolschewismus ist in der englischen Öffentlichkeit weit verbreitet. Man wagt jedoch nicht, davon öffentlich zu sprechen, um Stalin und den Kreml nicht zu verstimmen. Infolgedessen wird auch der Zusatzantrag, den einige Tories zum Vertrauensantrag für Churchill eingebracht haben und der sich auf die polnischen Fragen in einer kritischen Weise bezieht, mit 396 gegen 25 Stimmen abgelehnt. Das heisst mit anderen Worten, dass über 200 Abgeordnete sich der Stimme enthalten haben und wahrscheinlich auch zu der besagten Opposition gehören, aber im Augenblick noch nicht wagen, öffentlich hervorzutreten. Das Unterhaus macht wiederum einen Kniefall vor den Alliierten, sowohl vor den Amerikanern wie insbesondere vor den Sowjets. Nur vereinzelt sind Stimmen zu vernehmen wie die eines massgebenden konservativen Abgeordneten, der öffentlich erklärt, dass Churchill auf der Krim-Konferenz England ein politisches Dünkirchen beigebracht habe und dass Europa schnurgerade in die Botmässigkeit des Bolschewismus hineintaumele. Leider sind, wie gesagt, diese Stimmen nur vereinzelt zu verzeichnen, und sie können im Augenblick noch nicht praktisch in Funktion treten. Ein konservativer Abgeordneter legt sein Unterhaus-Mandat nieder, weil er die Churchillsche Politik nicht mehr weiter mitmachen will und decken kann. Aber wie gesagt, wir haben im Augenblick noch keine Veranlassung, auf diese Entwicklung irgendwelche Hoffnungen zu setzen.

Eden muss die aufbegehrende Opposition durch eine Churchills Rede fortsetzende Erklärung niederzukämpfen versuchen. Seine Erklärung ist ausserordentlich kleinlaut gehalten. Er stottert eine Entschuldigung nach der anderen herunter, insbesondere in der Polen-Frage. Er behauptet, dass England sich seine Stellung dem Lubliner Sowjet gegenüber weiterhin vorbehalten und seine Taten abwarten wolle. Die Eden-Erklärung ist ein jämmerliches Gewäsch und zeigt die Ohnmacht Englands im gegenwärtigen Kriegsstadium, die ausschließlich auf die verfehlte Kriegführung und Kriegspolitik Churchills zurückzuführen ist. Trotzdem bekommt dieser ein Vertrauensvotum, und zwar mit 403 gegen 0 Stimmen. Aber ich habe doch den Eindruck, dass er einen Pyrrhus-Sieg erringt, denn immerhin treten wiederum 200 Stimmen des Unterhauses nicht in Erscheinung, und die Kritik gegen die Beschlüsse von Jalte ist doch in der englischen Öffentlichkeit und insbesondere im Unterhaus so stark gewesen, dass man annehmen kann, sehr viele Abgeordnete haben nur für Churchill gestimmt, um ein kriegspolitisches Desastre für England zu vermeiden.

Nicht nur in London, sondern auch in Washington wächst die eben geschilderte Opposition. Der USA-Kongress gibt durch den Mund einzelner Abgeordneter seinen Widerwillen gegen die Jaltaer Beschlüsse bekannt. Immer wieder muss dabei betont werden, dass man zwar nur von der polnischen Frage spricht, in Wirklichkeit aber den Bolschewismus einerseits und Deutschland andererseits meint. Man erinnert jetzt schon Roosevelt daran, dass auch Wilson eine ähnliche Amerika bindende Kriegspolitik betrieben habe, die später vom Kongress kaltschnäutzig annulliert wurde. Roosevelt muss in einem Presse-Interview kleinlaut eingestehen, dass über Japan auf der Jaltaer Konferenz überhaupt nicht gesprochen worden ist. Ich halte das auch für sehr leicht möglich. Stalin wird sich geweigert haben, ohne weiteres sich in den ostasiatischen Konflikt hineinziehen zu lassen. In dem Presse-Interview Roosevelts sind übrigens einige versteckte Freundlichkeiten uns gegenüber enthalten, aber ich glaube, dass die mehr propagandistischen als tatsächlichen Motiven entspringen.

Unterdes geht der Kreml im Falle Rumänien sehr über die Jaltaer Beschlüsse hinweg und sucht hier fertige Tatsachen zu schaffen. Nachdem das Kabinett Radescu zurückgetreten ist, wollen die Bolschewisten nun, wie sie in ihrer Presse erklären, die Dinge in Rumänien mit drakonischen Mitteln und schnellstens bereinigen. Der Rücktritt Radescus war nach dem Druck der Sowjets nicht zu vermeiden, und es muss jetzt abgewartet werden, wie der König sich mit seiner Hofclique in der weiteren Behandlung des rumänischen Konflikts benimmt. Jedenfalls hat der Rücktritt Radescus in der englisch-amerikanischen Öffentlichkeit das peinlichste Aufsehen erregt. Selbst die »Times« wird jetzt etwas ungeduldig und nimmt die Kreml-Politik sehr hart an. Ich glaube, dass die »Times« noch sehr oft Gelegenheit haben wird, sich über die Eigenmächtigkeiten des Kremls zu beschweren.

Vor mir liegt ein Befehl des Marschalls Konjew an die Sowjettruppen. Marschall Konjew wendet sich in diesem Befehl gegen die überhandnehmenden Plünderungen der Sowjetsoldaten in den deutschen Ostgebieten. Es werden hier einzelne Fälle angeführt, die genau den bei uns vorliegenden Unterlagen entsprechen. Die Sowjetsoldaten bemächtigen sich in den deutschen Ostgebieten vor allem der Branntweinvorräte, betrinken sich sinnlos, kleiden sich in Zivil, setzen sich Hut und Zylinder auf und fahren mit Fahrrädern gen Osten. Konjew fordert die Kommandeure auf, schärfstens gegen diesen Zerfall der Sowjettruppen anzugehen. Auch befiehlt er, dass Brandstifftungen und Plünderungen nur nach Befehl durchgeführt werden dürfen. Die Charakterisierung, die er diesen Vorgängen gibt, ist ausserordentlich aufschlussreich. Man kann ihr entnehmen, dass wir es in der Tat bei den Sowjetsoldaten mit dem Auswurf der Steppe zu tun haben. Bei uns liegen dementsprechende Greuelberichte aus den Ostgebieten vor. Sie sind wahrhaft schreckenerregend. Man kann sie im einzelnen gar nicht wiedergeben. Vor allem aus Oberschlesien ist jetzt ein Material eingelaufen, das erschütternd ist. In einzelnen Dörfern und Städten sind alle Frauen zwischen zehn und 70 Jahren ungezählte Male vergewaltigt worden. Das scheint auf einen Befehl von oben zurückzugehen, denn das Benehmen der sowjetischen Soldateska lässt auf eine ausgesprochene Systematik schliessen.

Wir werden nun mit unserer Großkampagne dagegen im In-

und Auslande beginnen. Generaloberst Guderian hat sich bereit erklärt, den bekannten Aufruf des Marschalls Schukow vor der in- und ausländischen Presse zu verlesen und dann eine Reihe von Offizieren öffentlich vernehmen zu lassen, die aus Posen in unsere Linien zurückgekehrt sind und die angerichteten Verwüstungen und begangenen Greueltaten mit eigenen Augen ungezählte Male gesehen haben.

In Spanien macht man jetzt in Falangismus. Es sind ein paar von Kommunisten ermordete Falangisten beerdigt worden. Die spanische Presse nimmt das zum Anlass, eine ausgesprochene antibolschewistische Kampagne zu starten. Aber dahinter steht natürlich kein politischer Ernst. Franco ist eine ausgesprochene Krampfhenne. Er bläht sich, wenn ihm die Gelegenheit günstig erscheint, ungeheuer auf; wenn die Gelegenheit aber vorbeigegangen ist, dann wird er wieder kleinlaut und feige.

Obergruppenführer Steiner hat von Himmler den Auftrag bekommen, alle Truppenverbände, die sich in der Heimat befinden, in die rückwärtigen Frontgebiete im Osten und im Westen zu stationieren. Ausserdem soll er aus den durch mich ausgekämmten Einheiten des Ersatzheeres eine neue 9. Armee aufstellen. Es handelt sich hier um ein sehr grosszügiges Projekt, dem ich meine wärmste Unterstützung leihen will. Es ist ein Unfug, dass heute noch beispielsweise in Nürnberg oder in Bayreuth Wehrmachteinheiten zur Ausbildung stehen. Richtig ist, sie in den brandenburgischen und pommerschen hinteren Frontraum zu legen, damit, wenn die Sowjets einmal irgendwo durchstossen, sie zum Eingreifen bereit sind. Ich wäre gern bereit, diese Gebiete, wenn sie überbelegt werden müssten, von der Zivilbevölkerung aufzulockern oder ganz zu räumen, denn sicherlich werden unsere Frauen ihre Städte und Dörfer lieber verlassen, wenn die deutschen, als wenn die Sowjetsoldaten dort Einzug halten. Steiner macht übrigens auf mich einen hervorragenden Eindruck. Er ist energisch und zielbewusst und fasst seine Aufgabe mit grossem Elan an.

Im übrigen wollen wir die rückwärtigen Frontgebiete nicht

nur im Osten, sondern auch im Westen durch unsere auszubildenden Einheiten vollstopfen. Dann haben wir wenigstens im dringenden Notfall etwas zur Verfügung.

Der Luftkrieg feiert weiterhin seine tollsten Orgien. Wir sind demgegenüber völlig wehrlos. Das Reich wird allmählich in eine absolute Wüste verwandelt. Die Verantwortung dafür hat Göring mit seiner Luftwaffe zu tragen. Sie ist auch nicht mehr im mindesten in der Lage, abwehrmässig irgendwie in Erscheinung zu treten.

Wir sind schon gezwungen und werden bald noch mehr gezwungen sein, unsere Lebensmittelrationen ausserordentlich stark einzuschränken. Der Verlust der Ostgebiete macht sich jetzt auf das schmerzhafteste bemerkbar. Backe ist gar nicht in der Lage, überhaupt eine übersichtliche Ernährungsbilanz aufzustellen, da er nicht weiss, was ihm im Augenblick zur Verfügung steht und in Zukunft zur Verfügung stehen wird. Wir werden schon sehr bald gezwungen sein, die Lebensmittelrationen in den wichtigsten Zuteilungen, nämlich bei Fett und bei Brot, bis zu zwischen 35 und 50 Prozent zu senken. Damit sinken sie praktisch unter das erträgliche Existenzminimum hinunter. Zum Teil müssen diese Senkungen sofort vorgenommen werden; zum Teil haben wir damit noch bis zum 9. April Zeit. Man kann sich vorstellen, wie sie auf die Öffentlichkeit wirken werden. Selbst bei der Rückeroberung unserer Ostgebiete werden wir an stärksten Kürzungen nicht vorbeikommen. Zu allem anderen Leid, das unser Volk ertragen muss, wird jetzt auch noch der Hunger hinzutreten. Aber eine andere Möglichkeit, als in diesem Kampf weiter tapfer zu bestehen zu versuchen, gibt es bekanntlich nicht.

Die Auswirkungen meiner Rundfunkrede sind geteilt. Man hatte natürlich in der Öffentlichkeit mehr Positives erwartet, das heisst, dass ich in der Lage gewesen wäre, dem Volke realere Hoffnungen zu geben als nur die des Bestehens auf seiner Tapferkeit. Leider aber bin ich dazu nicht in der Lage. Wenn man z.B. an meiner Rede kritisiert, dass ich mich nur in vagen Ausdrücken über den Luftkrieg geäussert hätte, so trage nicht ich, sondern trägt Göring daran die Schuld. Ich hätte schon lieber etwas Positiveres über die Luftwaffe gesagt, wenn die Luftwaffe in der Lage wäre, etwas Positiveres zu leisten. Im übrigen glaube ich, dass die Rede weiterhin erst in nächster Zeit eine grössere Tiefenwirkung erreichen wird. Die dort vorgetragenen Argumente wenden sich mehr an die starken Herzen im Lande. Sobald wir die wieder restlos zum Entschluss des Weiterkämpfens gewonnen haben, werden sie die breite Masse auch wieder mit sich reissen.

Die Abendlage ist wieder etwas kritischer. Der Feind hat im Westen erneut stärkstens angegriffen. Er hat zwar jetzt seine gesamten Reserven in den Kampf hineingeworfen, aber auch wiederum beachtliche Fortschritte erzielt. Er steht nun in meiner Heimatstadt Rheydt und am Rande von München-Gladbach. Seine Panzerkräfte treten mit einer ungeheuren Wucht auf. Sie haben auch schon den Rand von Grevenbroich erreicht und einige Brückenköpfe über die Erft, die wir als neue Verteidigungslinie gedacht hatten, gebildet. Der Feind hat sehr starke Verluste zu verzeichnen. Aber diese starken Verluste sind für ihn erträglich, wenn er weiter vorwärtskommt. Auch im Raum von Prüm und Trier hat er Fortschritte erreicht. Er steht jetzt 6 km vor Trier. Die Stadt wird unter Umständen in den nächsten 24 Stunden gefährdet sein. Erfreulich ist wenigstens in diesen deprimierenden Nachrichten die, dass ihm an keiner Stelle ein Durchbruch gelungen ist. Das ist ja wohl auch das Ausschlaggebende.

Im Osten haben sich zwei neue Grossangriffsstellungen herausgebildet, und zwar im Raum von Zobten und in Hinterpommern. Was die hinterpommersche Front anlangt, so hat der Feind im Raum von Arnswalde einige tiefere Einbrüche erzielt. Es scheint, dass sich die These des Führers, die ich mir auch zu eigen gemacht habe, bestätigt, dass die Sowjets nicht zuerst gegen Berlin verstossen wollen, sondern den Versuch machen werden, Pommern aufzuspalten und abzutrennen. Auch bei Neustettin ist der Feind weiter nach Norden vorgestossen. Wir versuchen, ihm mit zwar nicht sehr starken Kräften in die Flanke hineinzufallen. In Breslau toben härteste Strassenkämpfe. Wir wollen dort durch Luftlandetruppen helfend eingreifen. In Ostpreussen haben unsere Soldaten wiederum einen klaren Abwehrerfolg erzielt.

Erneute starke Einflüge den ganzen Tag über in das ganze Reich, insbesondere auf Wien, Ulm und Augsburg. Über die Frage des Luftkrieges äussert man sich am besten nicht mehr. Hier kann man nur mit Hamlet sagen: Der Rest ist Schweigen!

3. März 1945 *Sonnabend*

[S. 1–32]

Gestern:

Militärische Lage:

Der Schwerpunkt der Kämpfe im Osten lag wieder im Raum Neustettin–Rummelsburg, wo feindliche Panzerspitzen längs der Straße Bublitz–Köslin und längs der Straße Bublitz–Schlawe nach Nordwesten und Norden bis südlich Köslin und Schlawe vorstießen. Eigene Angriffe aus dem Raum Rummelsburg zum Abschneiden der durchgebrochenen feindlichen Kräfte gewannen Gelände, schlugen aber noch nicht endgültig durch. Um unsere eigenen Gegenangriffe zu stören, griff der Feind nördlich Schlochau nach Norden an und drang hier einige Kilometer in Richtung der Straße Rummelsburg–Bütow vor.

Der zweite Schwerpunkt lag in Ostpreußen, wo sowjetische Angriffe erneut abgeschlagen wurden. Die dort tagelang unter schwierigsten Bedingungen kämpfenden deutschen Truppen haben wieder Hervorragendes geleistet.

An der übrigen Front sind zwei feindliche Einbrüche bis zu 10 km Tiefe zwischen Reetz und Kallies bemerkenswert. Sonst keine Veränderungen der Lage.

An der Westfront drang der Feind im kanadisch-englischen Abschnitt einige Kilometer weiter nach Süden vor und wurde hier in einer Linie Sonsbeck–Kevelaer aufgefangen. Im amerikanischen Angriffsabschnitt liegt der Schwerpunkt im Raum Gladbach–Rheydt, wo der Feind nach Nordosten weiter vorzudringen versucht. Zwischen Venlo und Dülken wurde eine eigene Verteidigungslinie als Flankenschutz nach Norden bezogen. Die Amerikaner drangen in München-Gladbach und Rheydt ein und stehen jetzt zwischen Rheydt und Neuss im Kampf mit zum Gegenangriff angetretenen deutschen Kräften. Neuss und Düsseldorf liegen unter feindlichem Artilleriefeuer. Im Erft-Abschnitt hatte der Feind nur örtliche Erfolge. Östlich Düren konnten die Amerikaner in Richtung gegen den Erft-Abschnitt weiter Boden gewinnen. Köln liegt ebenfalls unter Artilleriebeschuß.

Im Raum Bitburg hatten die Amerikaner nur geringe örtliche Erfolge. Im Raum südlich Trier gelang es ihnen, in einem Vorstoß nach Norden den Ostrand der Stadt Trier zu erreichen.

Ins Reichsgebiet flogen etwa 1200 amerikanische Bomber ein, die Angriffe auf Ziele in Süd- und Südwestdeutschland durchführten. Ein starker britischer Kampfverband griff Orte in Westdeutschland, Mannheim, Ludwigshafen und den Raum Dortmund an. Den ganzen Tag über herrschte lebhafte feindliche Jagdbombertätigkeit am Mittelrhein und im rheinisch-westfälischen Industriegebiet.

Aus Italien Einflug von etwa 800 amerikanischen viermotorigen Bombern zu Angriffen auf Moosbierbaum, ein Nebenangriff richtete sich gegen Marburg. Nachts Störangriffe gegen Berlin und Erfurt. Abschußmeldungen liegen noch nicht vor.

*

Die Lage im Westen nimmt an Bedrohlichkeit zu. Die Feindseite triumphiert wieder einmal in überschwenglicher Weise. Auf der anderen Seite allerdings ist beispielsweise der amerikanische Kriegsminister Stimson gezwungen, die ausserordentlich hohen Verluste der Amerikaner bei den jetzigen Operationen rückhaltlos einzugestehen. Er spricht davon, dass unsere Soldaten wie wilde Fanatiker kämpften und dass von einer Erlahmung des deutschen Widerstandes vorläufig überhaupt nicht gesprochen werden könne. Es wäre sehr schlimm, wenn wir im Westen nicht wenigstens am Rhein uns halten könnten. Ein weiteres Vordringen der Amerikaner würde auch unsere politische Kriegsthese in wesentlichen Teilen über den Haufen werfen. Wir leben jetzt in einem Stadium dieses gigantischen Ringens, in dem alles auf Spitz und Knopf steht und das Schicksal des Reiches manchmal an einem seidenen Faden hängt.

Die Unterhaus-Debatte ist nunmehr abgeschlossen. Eden hat in einem Schlusswort noch einmal einen Appell an das sogenannte österreichische Volk gerichtet, sich vom Deutschen Reich zu trennen, und dann einen wahren Eiertanz um die Frage Polen aufgeführt. Er erklärt dummdreist, dass der Lubliner Ausschuss von den Engländern nicht anerkannt worden sei, ja, dass die Vertreter dieses Ausschusses, die kürzlich einen Besuch in London gemacht hätten, einen ausserordentlich ungünstigen Eindruck hervorgerufen hätten. In Jalta sei man angeblich auch gegen diesen Lubliner Ausschuss eingestellt gewesen. Allerdings spricht er in diesem Zusammenhang nicht etwa von Stalin. Sehr erbost ist man in London darüber, dass der Lubliner Ausschuss jetzt die Familienangehörigen der Londoner Exilpolen kaltschnäuzig verhaftet, so z.B. die Frau des polnischen Exilpremiers Arciszewski. Eden erklärt, dass England sich mit den USA beraten wolle, was daraufhin zu tun sei. Es wird natürlich gar nichts getan werden, da England nicht in der Lage ist, etwas zu tun. Es kommt jetzt nicht darauf an, was England will, sondern was England kann, und können tut es gar nichts mehr. Jedenfalls ist die Unterhaus-Debatte so verlaufen, dass Churchill beim Verlassen des Unterhauses von einigen Abgeordneten auf die Schultern geklopft wird. Das lässt er ganz breitspurig durch das Reuter-Büro in die Welt hinausfunken. Er hat es wohl nötig, denn seine Situation ist trotz des für ihn so eindeutig durchgegangenen Vertrauensvotums ausserordentlich prekär geworden.

Auch im Oberhaus hat man die Jaltaer Besprechungen nach Strich und Faden durchkritisiert. Der Polen-Fall ist sozusagen das Schulbeispiel für die englische Glaubwürdigkeit in der Welt. Man attestiert Churchill jetzt, dass er durch das ihm erteilte Vertrauensvotum nicht etwa einen Blankoscheck für seine Unterwürfigkeitspolitik dem Kreml gegenüber erhalten habe. Aber das scheint mir im Augenblick doch nur Herumgerede um das eigentliche Problem zu sein. Mit England ist gegenwärtig politisch nichts zu erwarten, noch weniger von den Vereinigten Staaten aus.

Roosevelt stellt sich nun dem Kongress. Seine Rede ist ein Sammelsurium von Phrasen und Wiedergequabbele seiner alten Schlagworte, ohne dass man daraus etwas Näheres über die Jaltaer Beschlüsse entnehmen könnte. Er spricht vom kommenden Weltfrieden, von der Atlantik-Charta, auf der er nach wie vor bestehe, dass es die Aufgabe der Feindmächte sei, zuerst einmal das Reich k. o. zu schlagen und sich dann erst mit anderen Problemen zu beschäftigen, dass dieser k. o.-Schlag mit wenigen Verlusten durchgeführt werden solle, dass dafür auf der Feindseite volle Einigkeit herrschen müsse, dass eine Koordinierung der militärischen Operationen in eindeutigster Weise in Jalta erreicht worden sei, und dass die Vereinigten Staaten nach wie vor auf dem Standpunkt der bedingungslosen Kapitulation verharrten. Die Feindseite wolle dem deutschen Volke nichts Böses zufügen; aber der Nazismus und Militarismus müssten beseitigt werden, dann habe sogar Deutschland ein Anrecht auf ein gutes Leben im Zusammenhang mit den anderen Völkern der Erde. Kurz und gut, wir haben hier eine Neuauflage der verführerischen Phrasen, die Roosevelt immer dann, wenn er politische Erfolge zu erstreben versucht, von sich gibt. Geradezu unverschämt ist es, wenn Roosevelt anführt, dass er die Zerstörungen in Sewastopol gesehen habe. Er habe daraus geschlossen, dass zwischen christlichem Anstand und Nazismus kein Zusammenleben möglich sei. Von den furchtbaren Zerstörungen, die die amerikanische Luftwaffe in unbefestigten und unverteidigten deutschen Städten täglich anrichtet, spricht er natürlich nicht. Kurz und gut, es lohnt sich kaum, auf diese Roosevelt-Rede überhaupt einzugehen. Sie ist zu verlogen und zu dummdreist, als dass eine Polemik dagegen gestartet werden könnte. Ich bin jetzt überhaupt der Meinung, dass wir uns mit den Reden ausländischer Staatsmänner in der deutschen Öffentlichkeit etwas weniger beschäftigen müssen. Sie überschütten die Welt täglich mit neuen Erklärungen, und auch wenn man damit polemisiert, machen wir doch indirekt Propaganda dafür. Interessant an Roosevelts Erklärung ist nur, dass er von einem lang andauernden Krieg gegen Japan spricht. Er bereitet also die amerikanische Öffentlichkeit darauf vor, dass sie für seinen Grössenwahn noch erhebliche Opfer zu bringen habe.

König Michael von Rumänien beauftragt jetzt den Prinzen Stirbey mit der Bildung eines neuen Kabinetts. Prinz Stirbey ist derjenige, der seinerzeit mit den Angloamerikanern über das Ausbrechen der Rumänen aus unserer Koalition vorverhandelt hat. Offenbar will die rumänische Hofclique in ihrer Ausweglosigkeit sich nun an die Angloamerikaner anlehnen, um damit einen Schutz gegen die Sowjets zu finden.

In einer Aussprache mit Sepp Dietrich gibt er mir Aufschluss über die nächsten Aufgaben, die der Führer ihm gestellt hat. Er hofft, etwa in sechs Tagen zu den schon häufiger hier angeführten Operationen im ungarischen Raum starten zu können. Er rechnet damit, dass diese Operationen etwa zehn bis 12 Tage dauern werden. Es wäre dabei, wenn alles gutgeht, ein enormer Erfolg zu erwarten. Dann aber glaubt er, in 14 Tagen für weitere Operationen im deutschen Ostraum zur Verfügung zu stehen. Bis jetzt ist es gelungen, den Aufmarsch der 6. Panzerarmee im ungarischen Raum auch vor den Augen des Feindes zu tarnen; wenigstens werden Gegenmassnahmen von seiner Seite vorläufig nicht verzeichnet. Alles in allem gesehen also können wir damit rechnen, dass Ende März grössere Operationen auch im deutschen Ostraum möglich sind. Bis dahin haben wir noch eine erhebliche Durststrecke zu durchschreiten.

Dietrich übt in seinen Ausführungen eine ziemlich unverhohlene Kritik an den Massnahmen des Führers. Er beschwert sich darüber, dass der Führer seinen militärischen Mitarbeitern zuwenig freie Hand gebe und diese Entwicklung schon so ausgeartet sei, dass der Führer jetzt sogar den Einsatz einer einzelnen Kompanie bestimme. Aber Dietrich kann das nicht beurteilen. Der Führer ist nicht in der Lage, sich auf seine militärischen Berater zu verlassen. Sie haben ihn so oft belogen und hinters Licht geführt, dass er sich jetzt auch um jede Einzelheit kümmern muss. Gott sei Dank kümmert er sich darum, denn täte er das nicht, dann stände die Sache noch schlechter, als sie ohnehin schon steht.

Aus einem ausführlichen Bericht über die Lage in Schlesien entnehme ich, dass es Schörner gelungen ist, doch wieder zu halbwegs festen Verteidigungslinien zu kommen. Aber an den verschiedensten Punkten ist andererseits wieder festzustellen, dass unsere Kräfte zu schwach sind, um Gegenoperationen durchzuführen. Die Sowjets wenden hier ihre alte Taktik an, dass sie Schwerpunkte bilden und dadurch immer wieder die Gefahr entsteht, dass sie einen Durchbruch erzielen.

Im übrigen wird die Lage der Sowjets etwa folgendermaßen geschildert: Die Bewaffnung ihrer Truppen ist ausserordentlich gut; aber sie leiden mehr und mehr an Menschenmangel. Ihre angreifende Infanterie setzt sich zum grossen Teil aus in unserem Ostraum aufgefangenen Ostarbeitern und Polen zusammen. Die Verpflegung wird als halbwegs ausreichend geschildert. Die Polen haben sich den Sowjets gegenüber im Generalgouvernement sehr abweisend verhalten. Sie wissen ganz genau, was ihnen droht, wenn die Sowjets einmal freie Hand haben. Im grossen und ganzen könne man bei den sowjetischen Panzerkräften von einer guten Disziplin sprechen. Dagegen seien die Infanteriehaufen in einer ziemlich desolaten Verfassung. Der Sowjetsoldat sei kriegsmüde. Man könne ihn jetzt nur aufrechterhalten mit der Hoffnung, dass er bald in Berlin sei und damit der Krieg ein Ende finde.

Aus Rumänien wird berichtet, dass die gesamte rumänische Öffentlichkeit nur noch mit Sehnsucht an die Zeit zurückdenke, in der die Deutschen das Land besetzt hielten. Aber leider kommt diese Erkenntnis zu spät. Die Eiserne Garde hat mittlerweile mit ihrer Arbeit begonnen. Aber wie die Entwicklung in Rumänien selbst zeigt, schauen die Sowjets ihr sehr scharf auf die Finger.

Der Luftkrieg ist weiterhin das grosse Leidensthema der gegenwärtigen Lage. Die Angloamerikaner haben wieder sehr schwere Angriffe im Westen und Südosten des Reiches durchgeführt mit Schäden, die im einzelnen gar nicht nachgezeichnet werden können. Die Situation wird von Tag zu Tag unerträglicher, und wir besitzen keinerlei Möglichkeit, uns gegen diese Entwicklung zur Wehr zu setzen.

Die Evakuierung läuft nun in halbwegs geordneten Bahnen. Es ist die Frage, ob wir dem Wunsche des Führer entsprechend tatsächlich grössere Massen von deutschen Evakuierten nach Dänemark verbringen können. Man weiss nicht, wie sich hier die Entwicklung in nächster Zeit anlassen wird.

Wir werden nun doch dazu übergehen, Berlin langsam wenigstens etwas aufzulockern. Sollte sich für die Reichshauptstadt eine prekäre Situation ergeben, so hätte man wenigstens einen Teil der Bevölkerung aus der Stadt herausgeschafft.

Durch den Krieg, insbesondere durch den Luftkrieg, sind im Reich bisher etwa sechs Millionen Wohnungen völlig zerstört worden. Das bedeutet in dem Gesamtsatz von 23 Millionen Wohnungen, die das Reich im Jahre 1939 besaß, einen erschreckenden Prozentsatz. Im ganzen kann man augenblicklich von einem Fehlbedarf von neun Millionen Wohnungen im Reich sprechen. Wir werden also nach dem Krieg auf diesem Gebiet eine monumentale Aufgabe zu meistern haben. Allerdings glaube ich, dass wir mit modernen Bauerstellungsmethoden hier sehr viel erreichen können. Wenn man vor dem Kriege rechnete, dass ein Bauarbeiter pro Jahr eine Wohnung erstellte, so müsste es möglich sein, durch eine Rationalisierung dieses Prozesses diesen Prozentsatz zu halbieren. Das heisst also, wenn wir neun Millionen Wohnungen zu erstellen hätten und eine Million Bauarbeiter dafür ansetzten, könnte es möglich sein, das ganze Wohnungsproblem in etwa vier bis fünf Jahren überhaupt zu lösen.

Stuckart teilt mir mit, dass das OKW und OKH insgesamt für

etwa 54000 Mann ausreichend Quartiere in Thüringen bestellt hat. Wie kann ein militärischer Führungsapparat, der über eine solche Kopfstärke verfügt, überhaupt noch führen! Das Bleigewicht dieser Kopfstärke hemmt ihn ja so, dass er überhaupt nicht mehr zu improvisatorischem Arbeiten in der Lage ist.

In der Lage der deutschen Heimatfront werden nunmehr folgende Beobachtungen angestellt: Das Volk befindet sich verhältnismässig noch gut intakt. Es wird allerdings zuviel auf die Offiziere geschimpft. Man sucht ihnen die Schuld an allen Rückschlägen zuzuschieben, was natürlich in der Truppe selbst zu einer erheblichen Verminderung der Autorität führt. Es ist zu billig, die Niederlagen der letzten zwei Jahre auf Sabotage durch Offiziere zurückzuführen. So einfach liegen die Dinge denn doch nicht. Ich habe mich deshalb entschlossen, in dieser Frage bei nächster Gelegenheit – vielleicht bei einem Besuch an der Front – ein befreiendes Wort vor der Öffentlichkeit zu sprechen, denn es geht nicht an, dass wir jetzt in der kritischen Situation den Kampf darüber beginnen, wer eigentlich die Schuld trägt. Man sieht schon an der Auflokkerung der Grussdisziplin, wie solche Debatten auf die Dauer die Truppe nur demoralisieren. Auch das Deserteurunwesen ist bedenklich angestiegen. Man vermutet, dass sich in den Großstädten des Reiches Zehntausende von Soldaten befinden, die angeblich versprengt sind, in Wirklichkeit aber sich vom Frontdienst drücken wollen. Ich plädiere deshalb auch mit aller Energie dafür, dass nunmehr für die gesamte Wehrmacht der Urlaub gesperrt wird. In dieser kritischen Situation hat kein Soldat auf Urlaub zu fahren, sondern haben alle die Pflicht, zu kämpfen.

In den bei mir einlaufenden Briefen wird erheblich Kritik an unserer Kriegführung insgesamt, aber jetzt auch am Führer persönlich geübt. Das Volk findet aus dem gegenwärtigen Dilemma keinen Ausweg mehr. Insbesondere fürchtet es, dass nach dem Verlust unserer Ostprovinzen sehr bald stärkste Einschränkungen auf dem Lebensmittelsektor notwendig werden, was ja auch in der Tat der Fall sein wird. Wir werden hier vielleicht die gefährlichsten Schwierigkeiten zu erwarten haben.

Das Verhalten Greisers wird in einer ganzen Reihe von Briefen mit Worten schärfster Kritik belegt. Er ist ja auch eine einzige Schande für die Partei.

Immer wieder laufen bei mir Massen von Briefen ein, in denen meine publizistische und rednerische Tätigkeit mit grössten Lobsprüchen bedacht wird. Meine letzte Rede hat im allgemeinen gut gewirkt. Sie konnte natürlich nicht durchschlagend sein, da ich ja keine militärischen Erfolge, sondern nur Rückschläge aufzuführen hatte. Einerseits lobt man besonders die Ruhe, mit der ich meine Ausführungen zum Vortrag gebracht habe; andererseits aber wird auch hin und wieder gefordert, dass ich mit einer größeren Verve ins Zeug ginge. Aber ich glaube, der grössere Teil des Volkes ist jetzt besser durch Gelassenheit als durch Hysterie anzusprechen.

Speer ist jetzt an der Arbeit, das Verkehrsnetz wieder frei zu machen. Er hat zur Instandsetzung unserer Verschiebebahnhöfe 800 000 Arbeiter insbesondere im Westen zum Einsatz gebracht. Gelingt es uns einmal, die Verschiebebahnhöfe wieder frei zu machen, dann wird auch der Verkehr wieder glattgehen und werden unsere vielfach festliegenden Züge wieder in Bewegung kommen. Hier liegt überhaupt das Kernproblem unseres so sehr darniederliegenden Transportwesens. Speer ist in diesem Punkte der richtige Mann am richtigen Platz. Er versteht es, eine enorme Schwierigkeit in ihrer Wurzel zu fassen. Im übrigen hat Speer sich hundertprozentig für die von Krosigk vorgeschlagene Finanzreform eingesetzt, was ja auch ganz richtig ist. Wir müssen in der Geldfrage wieder festen Boden unter die Füße bekommen.

Ich lese Denkschriften von Gneisenau und Scharnhorst über die Vorbereitung des Volkskrieges aus dem Jahre 1808. Es ist damals genau so gewesen wie heute, und wir mussen uns mit genau denselben Mitteln gegen den Feind zur Wehr setzen, wie das vor den Befreiungskriegen der Fall gewesen ist.

In Berlin haben wir ausserordentliche Schwierigkeiten

wegen Mangels an Energie zu verzeichnen. Unsere Energiewerke in Berlin selbst, aber auch unsere Energiefernzuleitungen sind sehr stark angeschlagen, so dass wir dadurch in der Reichshauptstadt selbst in den wichtigsten Rüstungsdisziplinen grösste Arbeitslosigkeit zu verzeichnen haben. Auch für unsere Alarmierung im Luftkrieg wirkt sich das sehr böse aus. Wir sind zeitweilig gar nicht in der Lage, unser Alarmsystem überhaupt in Tätigkeit zu setzen.

Der Treibstoff für die Reichshauptstadt ist noch mehr verkürzt worden. Wir sind jetzt, wie Schach mit Recht bemerkt, kaum noch in der Lage, unsere Feuerzeuge zu füllen.

Eine lange Aussprache habe ich mit Gauleiter Eggeling, der mir seine Sorgen um die Reichsführung zum Vortrag bringt. Alles, was er im einzelnen zu kritisieren hat, ist mir wohl bekannt. Er kann nichts Neues hinzufügen. Insbesondere wenden sich seine Ausführungen gegen Göring, und er gibt seiner Verwunderung Ausdruck, dass der Führer ihn noch immer nicht zum alten Eisen geworfen hat. Die Gauleiter sind verzweifelt über die Entschlußlosigkeit des Führers in den wichtigsten Personalfragen, und sie beschwören mich – wie jetzt wieder Eggeling – auf das eindringlichste, unermüdlich beim Führer zu kämpfen, um ihn wenigstens zu bewegen, in der Führung der Luftwaffe und der Führung der deutschen Aussenpolitik eine Änderung eintreten zu lassen.

Ich habe einen erheblichen Ärger über die Zeitschrift »Das Reich«. Es ist in ihr wieder ein Artikel von Schwarz van Berk erschienen, der direkt unseren allgemeinen Thesen widerspricht. Das »Reich« zeichnet sich überhaupt dadurch aus, dass es eine Art von Aussenseiterrolle spielt. Ich werde dagegen jetzt energisch einschreiten. Das »Reich« hat vielmehr die Aufgabe, unsere allgemeinen Thesen möglichst intelligent, möglichst scharf und möglichst durchschlagend zu vertreten und nicht eigene Wege zu gehen.

Die Abendlage ist nicht erfreulich. Der Feind ist in Krefeld eingedrungen. Er steht vor Neuss, hat also damit beträchtliche Raumerfolge in einem Gebiet errungen, das für uns fast lebenswichtig ist. Der Erft-Abschnitt hat Gott sei Dank im grossen und ganzen gehalten. Von einem Durchbruch kann im Augenblick noch nicht gesprochen werden. Aber die Lage ist sehr prekär geworden. Wir werden wahrscheinlich im Venloer Raum unsere Truppen zurückziehen müssen, da sie sonst Gefahr laufen, abgeschnitten zu werden. Die Stadt Trier ist eingeschlossen. Alles in allem gesehen also düstere Ausblicke für die nächsten Tage.

Auch im Osten sind unsere Maßnahmen nicht so durchgeschlagen, wie wir eigentlich erwartet hatten, insbesondere die, die wir in Hinterpommern zur Abschneidung der vorgestossenen sowjetischen Panzerspitzen eingeleitet hatten. Sie sind bisher ohne Erfolg geblieben. Der Feind schleust seine Kräfte weiter durch und nimmt auf unsere Gegenstösse keinerlei Rücksicht. Bei Arnswalde ist dem Feind ein tieferer Einbruch gelungen. Dagegen sind seine Vorstösse bei Zobten abgeschlagen worden.

Ich bekomme eine traurige Nachricht. Mein alter Freund und Mitarbeiter Eugen Hadamovsky ist, an der Spitze seiner Kompanie stürmend, gefallen. Er erhielt einen Herzschuss und war gleich tot. In ihm verliere ich einen meiner Weggenossen, die mich seit vielen Jahren unermüdlich und treu begleitet haben. Ich werde ihm ein ehrendes Andenken bewahren. Wieviel kostbares Blut wird nicht in diesem Kriege geopfert! Aber wenn man die Weltkrise, die wir augenblicklich durchstehen, ruhigen Sinnes betrachtet, so könnte man vielleicht auf den Gedanken kommen, dass Hadamovsky um das Los, das er erwählt hat, nur zu beneiden ist.

4. März 1945 *Sonntag*

[S. 1–30 (+ S. 14a)]

Gestern:

Militärische Lage:

Im Osten liegt der Schwerpunkt nach wie vor im pommerschen Raum, wo der Feind mit massierten Kräften versucht, unsere Nordflanke aufzuspalten und einzudrücken. Zwischen Köslin und Schlawe überschritten feindliche Kräfte an dem Flüßchen Grabow die Straße Köslin-Stolp. Der deutsche Gegenangriff aus dem Raum von Rummelsburg heraus nach Südwesten, durch den Rummelsburg selbst zurückerobert wurde, drang noch etwa 10 km südlich Rummelsburg vor, stieß dann aber auf stärksten feindlichen Widerstand und schlug nicht weiter durch. Unsere Linie verläuft jetzt etwa 10 km nordwestlich und westlich von Rummelsburg und dann in Richtung Osten über Heiderode bis an die Weichsel. Die linke Flanke des Einbruchsraumes von Neustettin-Bublitz-Köslin verläuft etwa 20 km westlich von Neustettin in Richtung Norden. Auch hier konnten unsere Gegenangriffe nach anfänglichen Geländegewinnen nicht weiter durchdringen. Der feindliche Druck nach Westen zur Erweiterung des Einbruchsraumes hielt an, ohne daß der Gegner weiteren Geländegewinn erzielen konnte. Ein zweiter Schwerpunkt liegt im Einbruchsraum nördlich von Reetz. Hier griff der Feind mit Panzerkräften nach Norden an und drang mit einzelnen Panzerspitzen an der Bahn und Straße Stargard–Köslin bis südlich Labes vor. Andere Kräfte wandten sich nördlich von Reetz in Richtung Stargard nach Westen. Gleichzeitig griffen die Sowjets aus dem Raum

Arnswalde nach Norden an und überschritten bei Zachan die Bahn Stargard–Reetz. Auch bei Pyritz und westlich davon zwischen Pyritz und Bahn griff der Feind in Richtung Stettin an und erzielte Einbrüche von 6 bis 8 km Tiefe. Pyritz fiel in feindliche Hand.

Im slowakischen Raum setzte der Feind seine heftigen örtlichen Angriffe südlich von Schemnitz und östlich von Altsohl fort. An der anschließenden Front bis Breslau nichts von Bedeutung. Die Angriffe gegen unsere Zobtenstellung ließen gestern etwas an Stärke nach und wurden sämtlich abgewiesen. Zwischen Löwenberg und Lauban und zwischen Lauban und dem Raum nordöstlich von Görlitz gewannen eigene Angriffe nach Norden und Nordwesten bis zu 8 km Boden. An der Neisse- und Oderfront keine besonderen Ereignisse. Lediglich südlich Küstrin konnte der Feind seinen Brückenkopf westlich von Göritz um einige 100 m bis an das Höhengelände ausdehnen. Die heftigen Angriffe der Sowjets gegen Ostpreußen scheiterten erneut an dem unerschütterlichen Widerstand unserer Verteidigung. Nur bei Zinten gelang dem Feind ein geringfügiger örtlicher Einbruch. In Kurland war es ruhiger.

Im Westen liegt der Schwerpunkt der amerikanischen Großangriffe im Raum zwischen Neuss, Krefeld und Venlo. Nachdem der Feind am Vortage bis an den Rand von Neuss gelangt war, drang er gestern durch Neuss bis an die Rheinbrücken vor. Nördlich davon gelangte er entlang der Straße Neuss–Mœrs etwa 10 km weiter vor. Südlich von Krefeld kam er bis an den am Südrand gelegenen Bahnhof der Stadt. Hier sind schwere Häuserkämpfe im Gange. Aus dem Raum Venlo heraus erreichte der Feind die Niers, südwestlich von Kempen. Gleichzeitig setzten die Engländer und Kanadier ihre Angriffe aus dem Raum Goch nach Süden fort, ohne wesentliche Erfolge erzielen zu können. Der Hauptdruck richtete sich hier gegen Xanten. Die Versuche des Feindes, unsere neue Linie von Sonsbeck bis Kevelaer einzudrücken, scheiterten. Die Hauptkämpfe spielen sich in dem etwa 10 km westlich von Xanten gelegenen Wald ab. Im Erft-Abschnitt und im Raum südlich von Düren setzte der Feind seine außerordentlich heftigen Angriffe fort, ohne daß hier die Lage eine wesentliche Änderung erfuhr. Zwischen Neuss und Grevenbroich an der Straße von Jülich nach Neuss stieß ein eigener Angriff in die Flanke des Feindes. In Grevenbroich konnte der Feind eindringen und auch südlich davon etwas an Boden gewinnen. Am Erft-Abschnitt selbst wurden die Angriffe des Feindes abgewiesen, einige Einbrüche in eigenen Gegenangriffen bereinigt. Nördlich von Zülpich konnte der Feind etwas weiter in Richtung auf Bonn vordringen. Hier stehen unsere Truppen noch westlich der Erft. In der Eifel kam es beiderseits Prüm wieder zu heftigen Feindangriffen mit geringfügigen örtlichen Einbrüchen. Im Raum von Trier verstärkte der Feind seinen Druck von Norden nach Süden; er wurde hier in einer Linie etwa 4 bis 5 km nördlich und nordwestlich der Stadt aufgefangen. Von Trier konnte der Feind bis an die Mosel-Südbrücke vordringen. Im Abschnitt von Zerf hielt der feindliche Druck an; alle Angriffe wurden indes abgewiesen.

Aus Italien werden keine besonderen Kampfhandlungen gemeldet.

Im westlichen frontnahen Raum herrschte gestern eine sehr lebhafte feindliche Lufttätigkeit. Schwerpunkte des Einsatzes der feindlichen Jagdbomber und zweimotorigen Verbände waren das Münsterland, das Rhein-Main-Gebiet, Rheinland und Westfalen.

Ins Reichsgebiet flogen etwa 1250 amerikanische viermotorige Bomber mit starkem Jagdschutz zu Angriffen auf Dresden, Schwarzheide, Böhlen, Espenheim, Chemnitz und Magdeburg ein. 350 britische viermotorige Bomber mit Jagdschutz griffen Köln und Ziele im frontnahen Gebiet an. In Köln wurde der Dom schwer beschädigt. Etwa 150 britische Bomber mit Jagdschutz führten Angriffe auf Verkehrsziele im Raum Koblenz-Neuwied. Jäger und Flak schossen nach den bisherigen Meldungen 35 Feindmaschinen ab.

Aus Italien griffen etwa 350 amerikanische viermotorige

Bomber Linz an. Vereinzelte Bombenabwürfe auf Villach und Graz.

Nachts verminte ein schwächerer englischer Kampfverband im Skagerrak. Störangriffe richteten sich gegen Berlin und Kassel. Drei Mosquitos wurden abgeschossen.

*

Wir machen augenblicklich im Westen eine ausserordentliche schwere Belastung durch. Die dort angerollte Entwicklung gibt zu stärksten Bedenken Anlass, und es wird unter Umständen notwendig sein, dass wir uns auf den Rhein zurückziehen, wenn es nicht vorher möglich erscheint, uns im Erft-Abschnitt zu halten. Einen solchen Verlauf der Dinge hatten wir uns eigentlich nicht vorgestellt, wenngleich auf der anderen Seite nicht übersehen werden darf, dass natürlich der Rhein fur uns eine denkbar gute Verteidigungslinie ist. An Rüstungspotential verlieren wir in diesem Gebiet nur wenig, da das dort früher vorhandene Rüstungspotential zum grössten Teil durch die feindlichen Luftangriffe vernichtet worden ist. An sich ist natürlich diese Entwicklung ziemlich desolat; aber was nutzt es, darüber zu klagen. Wir müssen versuchen, uns an irgendeiner Stelle zu halten, gleichgültig wo, um den weiteren Lauf der politischen Entwicklung abzuwarten. Diese allerdings gibt uns zu stärkeren Hoffnungen Anlass.

Es hat nunmehr auch in den USA ein richtiges Kriegsleben Platz gegriffen, was den Amerikanern natürlich nur wenig Freude bereitet. Wie einige Vertrauensmänner uns mitteilen, ist der Krieg nun auch in den Vereinigten Staaten zu einer Tageserscheinung geworden. Allerdings steht das amerikanische Volk ihm nicht mit derselben inneren Standhaftigkeit gegenüber wie z.B. das deutsche oder das russische Volk. Ein Streik folgt dem anderen, und diesmal sind die Grubenarbeiter an der Reihe.

Auch in England hat das Streikfieber wieder um sich gegriffen. Die Dock- und Hafenarbeiter treten wegen geringfügiger

Anlässe in den Ausstand. Hinter diesen Streiks entdeckt man, ohne scharf zuschauen zu brauchen, politische Beweggründe. Der Kreml hat hier seine Hand im Spiele.

Ein geradezu sensationelles Eingeständnis macht die »Daily Mail«, indem sie erklärt, dass ich derjenige gewesen sei, der allein seit zwei Jahren den polnischen Fall richtig charakterisiert und die englische Nachgiebigkeit dem Kreml gegenüber zutreffend prophezeit habe. Churchill findet in dieser Auslassung eine selten scharfe Kritik. Die »Daily Mail« stellt sich im grossen und ganzen auf unseren Standpunkt in der Beurteilung des Polen-Problems und macht Churchill zum Vorwurf, dass er nur immer monoton den Schlachtruf »Schlagt die Hunnen!« wiederhole, unterdes aber England allmählich vor die Hunde komme.

Überhaupt erfreue ich mich im Augenblick einer ausserordentlich guten Beurteilung, sowohl in der neutralen als sogar in der feindlichen Presse. Neutrale Blätter, z.B. sozialdemokratische Blätter aus Stockholm, loben meine letzte Rundfunkrede über den grünen Klee und preisen mich als einen Zauberkünstler der politischen Psychologie und als geschicktesten Propagandisten, über den die Welt heute verfüge. Es ist ja auch in der Tat so, dass es einer ungeheuren Anpassungsfähigkeit bedarf, um im gegenwärtigen Stadium des Krieges sowohl zum eigenen Volk wie auch zu der Welt in einer Art und Weise zu sprechen, dass man einerseits die Wahrheit sagt, aber andererseits dem deutschen Siegesglauben keinen Abbruch tut.

De Gaulle hat ein wahres winselndes Gejammer in seiner letzten Rede vor der französischen Nationalversammlung angestimmt. Er gibt an dem desolaten Zustand, in dem sich Frankreich augenblicklich befindet, den Alliierten einwandfrei die Schuld. Frankreich könne nicht leben und könne nicht sterben. Es herrsche im französischen Volk eine Massenarbeitslosigkeit, wie sie bisher in der französischen Geschichte noch nicht zu verzeichnen gewesen sei.

Dasselbe ist übrigens auch in Belgien der Fall. Das Land

steht mitten in einer Hungersnot. Auch die belgische Regierung ergeht sich in schwersten Anklagen gegen die Westalliierten, die nicht in der Lage sind, auch nur die geringste Tonnage für die Versorgung der Völker in Westeuropa zur Verfügung zu stellen.

Die rumänische Entwicklung geht ganz nach den Wünschen des Kremls. Es war ein verzweifelter Rettungsversuch des Königshauses, den Prinzen Stirbey zum Ministerpräsidenten zu ernennen. Man wollte damit eine stärkere Anlehnung bei den Angloamerikanern finden, aber durch diese Rechnung hat der Kreml dadurch einen Strich gemacht, dass Wyschinski, der Vertreter Stalins in Rumänien, rundweg die Kandidatur des Prinzen Stirbey abgelehnt und Petru Groza als rumänischen Ministerpräsidenten den Weg freigemacht hat. Petru Groza ist ein ausgesprochener intellektueller Linksradikalist. Man kann hier also schon nicht mehr von einem Kerenski, sondern muss vielmehr schon von einem kleinen Lenin sprechen. Es wird nicht lange mehr dauern, dann wird der verräterische rumänische Hof samt seinem Knabenkönig Michael abgesetzt und Rumänien selbst als neue Sowjetrepublik der Sowjetunion eingegliedert.

Die Amerikaner möchten gern einen polnischen Kirchenfürsten zum Premierminister in Polen machen. Ich glaube, im Kreml wird man sich krank lachen über diesen Vorschlag, denn Stalin hat sicherlich nicht einen Augenblick daran gedacht, den Lubliner Ausschuss zu reformieren oder gar fallenzulassen. Das war ein kleines Morgengeschenk für die Jalta-Konferenz, das aber nach Abschluss der Konferenz stillschweigend wieder vom Schenkenden zurückgenommen wird.

Die Sowjets haben uns durch ihren Vorstoss in Hinterpommern wiederum in eine etwas kritische Situation hineingebracht. Wir hatten das zwar nicht erwartet, aber es stand ja eigentlich zu erwarten, denn wir sind an allen Frontteilen zu schwach. Die Sowjets haben es deshalb sehr einfach, irgendwo einen Schwerpunkt zu bilden und dann durchzustossen, und wir müssen dann unsere Verbände wie die Feuerwehr an die brennenden Frontstellen schicken, um notdürftig nach schweren Einbussen die Sache wieder zu flicken.

Über Schweden kommen alarmierende Meldungen aus Finnland. Danach haben die Sowjets jetzt jeden Verkehr Helsinkis nach dem Auslande gesperrt, ein Zeichen dafür, dass sie die Absicht haben, das rumänische Beispiel in Finnland zu wiederholen. Die Lage hat sich hier ausserordentlich verschärft, was in London stärksten Unwillen erregt. Es ist in Finnland eine Situation eingetreten, die unter Umständen sehr bald zur Explosion kommen wird. In Stockholm ist man darüber geradezu bestürzt; allerdings haben die Schweden keinen Grund, den Überraschten zu spielen, denn sie sind es ja gewesen, die den Finnen immer wieder zugeraten haben, den verhängnisvollen Weg des Zusammengehens mit der Sowjetunion zu beschreiten.

Ich habe mittags eine längere Aussprache mit Stuckart über das Evakuierungsproblem. Stuckart berichtet mir über die bisher auf diesem Gebiet getroffenen, die schon vorbereiteten und die noch zu treffenden Massnahmen. Insgesamt sind im ganzen Reichsgebiet jetzt etwa 17 Millionen Menschen evakuiert. Dieser Prozentsatz ist geradezu erschreckend. Die einzelnen Gaue sind zu 400 Prozent überbelegt. Man kann sich vorstellen, welche Verhältnisse hier herrschen. Zugute kommt uns allerdings der an sich luxuriöse Wohnungsstandart, den wir vor dem Kriege gehalten haben. Stuckart war gezwungen, Hals über Kopf in der Nacht auch grosse Teile von Hinterpommern zu räumen. Hier werden etwa 800 000 Menschen wieder in Bewegung gesetzt. Sie müssen zum großen Teil durch Schiffstransporte weggeschafft werden, da die Sowjets durch ihren Vorstoss die Landstrassen schon überschritten haben. Das Reich ist nun ziemlich eng geworden. Infolgedessen haben wir uns dazu entschlossen, aus dem Westen nicht mehr zu evakuieren. Im Westen muss man auch bei einem Vormarsch der Angloamerikaner die Sache auf sich beruhen lassen. Wenn wir auch den Westen völlig frei machten, so würden wir im Innern des Reiches eine derartige Überbesetzung erhalten, dass die Menschen praktisch gar nicht mehr unterzubringen wären.

Ich bespreche mit Stuckart auch eine vorläufige Auflockerung und evtl. im Notfall notwendig werdende Evakuierung von Frauen und Kindern aus Berlin. Stuckart hat schon entsprechende Vorbereitungen getroffen, so dass uns Quartiere immerhin bis zu einer Summe von 1,5 Millionen Menschen zur Verfügung stehen. Es wäre schön, wenn ich diese überhaupt niemals in Anspruch zu nehmen brauchte; aber es ist gut, dass man sich auch für den schlimmsten Fall einstellt, um so eher wird man bestrebt sein, den besseren Fall zu garantieren.

Übrigens teilte mir Stuckart offiziell mit, dass er, sollte Berlin angegriffen oder eingeschlossen werden, die feste Absicht habe, in Berlin selbst zu bleiben, was mir übrigens auch noch eine ganze Reihe von anderen Ministern und Staatssekretären mitgeteilt haben. Alle sind sich klar darüber, dass ein Kampf um Berlin auch die Entscheidung dieses Schicksalskampfes unseres Volkes bringen würde.

Ich habe eine sehr ernste Auseinandersetzung mit dem Chefredakteur des »Reiches«, Sparing, über die letzten Entgleisungen, die das »Reich« sich hat zuschulden kommen lassen. Diese werden jetzt rigoros abgestellt. Ich habe keine Lust, das »Reich« allmählich zu einem Defaitistenorgan ausarten zu lassen. Das »Reich« hat seinem Namen Ehre zu machen. Vor allem hat es in dieser Zeit ein kämpferisches Gesicht zu tragen und die Fahne unseres Widerstandes zu entfalten. Das »Reich« hat im Kampf unseres Volkes um seine Freiheit und seine Gleichberechtigung heute dieselbe Funktion zu erfüllen, wie etwa der »Angriff« im Kampf um die innere Macht. Infolgedessen geht es nicht an, dass das »Reich« sich immer wieder in intellektuellen Schwätzereien ergeht. Es soll die deutschen Kriegsthesen in einer möglichst intelligenten, radikalen und geist- und willenssprühnenden Form zum Vortrag bringen.

Hauptmann Klaas berichtet mir über seine Massnahmen zur Verbreitung von »Front und Heimat« an der Front. Wir haben es jetzt einesteils leichter, die Zeitung den Soldaten in die

Hand zu geben, andererseits aber schwerer. Leichter insofern, als die Wege zur Front kürzer geworden sind, schwerer insofern, als diese Wege durch die zerbrochenen Transportverbindungen ausserordentlich kompliziert sind. Trotzdem müssen wir alles daransetzen, den Soldaten zweimal, nach Möglichkeit sogar dreimal in der Woche eine gute politische Zeitung in die Hand zu geben. Ich finde dabei vor allem bei der Abteilung WPr im OKW nur wenig Unterstützung. Diese Abteilung ist jetzt von seiten einer Kommission zur Überprüfung des totalen Kriegseinsatzes überholt worden. Es stellt sich dabei heraus, dass etwa 550 Offiziere und Mannschaften aus ihr freigestellt werden können. Ich habe die Absicht, die gesamte Wehrmacht-Propaganda in einer neuen Abteilung im Propagandaministerium selbst zusammenzufassen und nur noch eine kleine Restabteilung im OKW zu belassen, die die Aufgabe hätte, die von der Wehrmachtpropagandaabteilung im Propagandaministerium erstellten politisch-propagandistischen Richtlinien technisch-organisatorisch durchzuführen. Ich habe auf diese Weise zwei Fliegen mit einer Klappe geschlagen, einerseits für die Front beträchtlichen Mannschaftsersatz zu stellen, andererseits aber auch endlich eine Koordinierung der politischen und militärischen Propaganda durchzuführen, die dringend notwendig ist und eigentlich schon bei Beginn des Krieges vonnöten gewesen wäre.

Wieder hat der feindliche Luftterror schwer über deutschem Gebiet gewütet. Dresden, Chemnitz, Magdeburg und Linz sind angegriffen worden. Wir haben an die 70 Abschüsse zu verzeichnen. Das reicht natürlich bei weitem nicht aus, um dem Feind das Einfliegen in deutsches Reichsgebiet zu verleiden; es ist aber immer besser als gar nichts. In den letzten Tagen hatten wir ja kaum Abschüsse zu verzeichnen.

Ich bespreche mit meinen Mitarbeitern auf dem Gebiete des totalen Kriegseinsatzes ein Problem, das augenblicklich für den Mannschaftsersatz in der Wehrmacht von ausschlaggebender Bedeutung ist. Im ganzen Reichsgebiet wird darüber geklagt, dass Soldaten zu Tausenden auf der Bahn hin und her fahren, zum Teil mit Marschbefehl, zum Teil aber auch ohne solchen. Diese Soldaten stellen ein beachtliches Kontingent unserer Wehrmacht dar und können nach den bisher vorliegenden Unterlagen praktisch gar nicht erfasst werden. Das soll nunmehr geschehen. Es soll an der Front nur noch ein Kommandierender General das Recht haben, einen Soldaten mit Marschbefehl in die Heimat zu versehen. Im übrigen wollen wir Soldaten, die einen solchen Marschbefehl nicht besitzen, sofort an den Bahnhöfen auffangen und zu neuen Divisionen zusammenstellen. Ich glaube, es wird erstaunlich sein, wieviel Truppen wir dadurch freimachen. Im übrigen bin ich überhaupt der Meinung, dass wir nicht nur auf diesem, sondern auf einer Reihe von anderen Gebieten rigorose Massnahmen treffen müssen, um zu neuen Truppenverbänden zu kommen. Die gegenwärtige Organisation der deutschen Wehrmacht stammt noch aus der guten alten Zeit, wo wir uns Luxus mit Menscheneinsatz leisten konnten. Diese Zeit aber ist nun endgültig dahin, und auch die Wehrmacht ist gezwungen, aus den neu gegebenen Umständen ihre Konsequenzen zu ziehen.

Ich bin den Nachmittag beschäftigt mit Korrekturen an meinem neuen Buch »Das Gesetz des Krieges«, das in einer Massenauflage in einem handlichen Format herauskommen soll. Dieses Buch enthält keine aktuellen, sondern vielmehr grundsätzliche Artikel zum Kriege, zu seiner Philosophie und zu seinen Grundthesen, die ich in den vergangen Jahren im »Reich« oder im »Völkischen Beobachter« veröffentlicht habe. Das von Model dazu geschriebene Vorwort ist ausgezeichnet und für micht sehr schmeichelhaft.

Am Abend sind die Nachrichten, die aus dem Westen eintreffen, nur sehr spärlich. Der Druck im Angriffsraum der Amerikaner hat noch beträchtlich zugenommen. Wir versuchen durch einige Gegenmassnahmen, ihn etwas abzumildern. Wie die Lage raumlich gesehen beschaffen ist, das ist bis um Mitternacht noch nicht zu erfahren.

In Hinterpommern hat sich eine weitere Verschlechterung ergeben. Die Sowjets sind an den beiden Angriffsflanken eingedreht und planen offenbar einen Kessel. Wir führen in diesen bedrohten Raum einiges an Entsatz zu, um diesen sowjetischen Plan zu zerschlagen. Schivelbein ist verlorengegangen. Unsere Truppen kämpfen hervorragend. Es kann keine Rede davon sein, dass die gegenwärtige Krise auf ihre Demoralisation zurückzuführen sei.

An der Oder-Front hat sich keine Veränderung ergeben. Am Zobten sind alle sowjetischen Angriffe abgewehrt worden, und in Görlitz haben wir sogar, wenn auch bescheidene, Angriffserfolge.

Der Führer hat einen Besuch an der Ostfront beim 1. Korps gemacht. Der Besuch galt vor allem der Division »Döberitz« und »Berlin«. Die Wirkung des Führer-Besuches an der Front war bei Offizieren und bei der Truppe enorm. Ich hielte es für richtig, wenn der Führer jetzt häufiger an die Front führe, damit endlich der widerlichen Gerüchtemacherei ein Ende gemacht wird, dass der Führer sich um die Front nicht genügend bekümmere. Er tut das ja, allerdings auf eine andere Weise, als primitive Soldatengehirne sich das vorstellen können. Trotzdem aber wäre es aus psychologischen Gründen notwendig, dass der Führer sich auch rein persönlich und menschlich der Front so zeigte, wie er wirklich ist.

Am Abend wird im Rundfunk eine Rede von Gauleiter Hanke aus der eingeschlossenen Festung Breslau übertragen. Sie ist von ergreifender Eindringlichkeit und atmet eine Würde und eine Höhe der politischen Moral, die Bewunderung verdient. Wenn alle unsere Gauleiter im Osten so wären und so arbeiteten wie Hanke, dann stände es besser um unsere Sache, als es wirklich um sie steht. Hanke ist unter unseren Ostgauleitern die überragende Figur. Man merkt ihm die Berliner Schule an.

Wir haben am Abend wieder die regulären Mosquito-Angriffe auf Berlin. Die Bevölkerung der Reichshauptstadt hat sich schon langsam daran gewöhnt, jeden Abend eine oder zwei Stunden im Luftschutzkeller verbringen zu müssen.

5. März 1945 *Montag*

[S. 1–44 (+ S. 7a)]

Gestern:

Militärische Lage:

An der pommerschen Front halten die schweren Kämpfe mit den nach Norden vordringenden Sowjets an. Aus seinem Einbruchsraum zwischen Dramburg und Labes kam der Feind bis hart südlich Regenwalde und Schivelbein vor. Östlich Schivelbein überschritt er die Bahn Schivelbein–Bad Polzin. Feindliche Spitzen stehen etwa 20 km südöstlich von Naugard. Aus dem Raum Arnswalde in Richtung Stargard drängte der Feind unsere Linie bis hart östlich und südlich Stargard zurück. Zwischen Pyritz und Bahn stiessen die Bolschewisten bis in die Gegend 15 km östlich Greifenhagen vor. Aus dem Einbruchsraum Bublitz–Rummelsburg heraus, wo unsere Gegenangriffe nicht durchschlugen, konnte der Feind weiter nach Westen vordringen. Er steht jetzt etwa 10 km südöstlich und nordöstlich von Belgrad sowie Köslin und Schlawe. Auch in Richtung Osten konnte der Feind an der Straße nach Bütow einige Kilometer Boden gewinnen. Von hier aus besteht wieder eine eigene zusammenhängende Front, die etwa 20 km südlich von Bütow im allgemeinen in südöstlicher Richtung bis Mewe verläuft. In heftigen Kämpfen konnte der Feind in Graudenz, das er in Brand geschossen hat, tiefer eindringen. Die Besatzung kämpft noch. In Ostpreußen setzte er seine Angriffe besonders nördlich von Zinten erfolglos fort. Auch die heftigen Angriffe gegen Königsberg von Norden wurden abgewiesen. In Samland brachten eigene örtliche Angriffsunternehmungen weiteren Geländegewinn. Bei Preekuln wurden mehrere regimentsstarke Angriffe des Feindes zerschlagen, mit einer Wiederaufnahme der Grossangriffe des Feindes ist in den nächsten Tagen zu rechnen. – An der Oder- und Neisse-Front keine besonderen Ereignisse. Die feindlichen Brückenköpfe nördlich Fürstenberg und südlich Guben wurden in eigenen Angriffen weiter eingeengt. Zwischen Görlitz und Löwenberg wurden in eigenen Angriffen örtliche Geländegewinne erzielt. Stärkere Angriffe des Feindes aus Goldberg nach Süden und gegen den Zobten wurden abgewiesen, feindliche Bereitstellungen am Zobten durch Artilleriefeuer zerschlagen. Starke sowjetische Angriffe von Norden und Süden gegen Breslau scheiterten. Südlich von Oppeln wurde ein feindlicher Brückenkopf eingeengt. Östlich von Schwarzwasser werden sowjetische Truppenansammlungen beobachtet.

In der Slowakei konnte der Feind unsere Linien südlich Schemnitz und östlich Altsohl etwas zurückdrängen.

Im Westen setzten die englischen und kanadischen Divisionen ihre Angriffe zwischen Maas und Rhein erfolglos fort. Südwestlich Xanten wurden sie in eigenen Gegenangriffen zurückgeworfen. Zwischen Krefeld und Geldern drangen die Amerikaner weiter vor. Der Feind steht hier etwa 5 km östlich von Geldern. Östlich von Kempen konnte er die Strasse Krefeld–Geldern überschreiten. Im Raum zwischen Krefeld und Moers spielen sich lebhafte Kämpfe ab. Auf dem Westufer des Rheins bestand gegenüber von Düsseldorf bei Oberkassel ein eigener Brückenkopf. Im Frontalangriff gegen den Raum Köln wurde der Feind an der Straße Grevenbroich–Köln etwa 6 km südöstlich von Grevenbroich aufgefangen. Beiderseits der Straße Jülich–Köln überschritten die Amerikaner den Erft-Abschnitt in Richtung Köln. Sie stehen hier etwa 20 km nordwestlich und südwestlich von Köln in harten Kämpfen mit unseren Truppen. Zwischen Düren und Euskirchen nahm der Feind Zülpich. In der Eifel hielten die örtlichen Kämpfe beiderseits Prüm ohne wesentliche Änderung der Lage an. Östlich Bitburg überschritt der Feind an zwei Stellen die Kyll. Nördlich von Trier drangen feindliche Panzer bis Ehrang an der Kyll vor. Im Ostteil von Trier finden Häuserkämpfe statt. Im Raum von Forbach kam es nur zu örtlichen Kämpfen.

Von der italienischen Front liegen keine besonderen Meldungen vor.

An der Ostfront herrschte lebhafte feindliche Lufttätigkeit im pommerschen Raum und im Oder-Abschnitt. Der Schwerpunkt des eigenen Einsatzes lag im schlesischen Raum.

Im westlichen Frontgebiet herrschte den ganzen Tag über rege feindliche Lufttätigkeit von zweimotorigen Bombern, Jagdbombern und Tieffliegern mit dem Schwerpunkt Mittelrhein, Münsterland und rheinisch-westfälisches Industriegebiet. Angriffe gegen den Raum Stuttgart und Wiesbaden.

Etwa 1100 amerikanische viermotorige Bomber mit starkem Jagdschutz führten Angriffe in Mittel-, West- und Nordwestdeutschland, u. a. gegen Chemnitz, Magdeburg, Hannover, Braunschweig, Bielefeld, Hildesheim, Schwarzheide, Gütersloh, Erfurt, Plauen, Nienburg, Peine und Nienhagen. Jäger und Flak schossen nach den bisherigen Meldungen 20 Feindmaschinen ab. In der Nacht griffen etwa 500 britische viermotorige Bomber Dortmund und den Dortmund-Ems-Kanal an. Störangriffe auf Berlin, Würzburg und Emden. Bisher 14 Abschüsse.

*

Ein schwieriges Problem erwächst uns jetzt daraus, daß unsere Bevölkerung in den von den Angloamerikanern eroberten Westgebieten sich ihnen gegenüber verhältnismäßig günstig verhält. Ich hatte das eigentlich nicht erwartet; insbesondere hatte ich geglaubt, daß der Volkssturm sich besser schlüge, als er das in Tatsache getan hat. Aber man muß immer mit in Betracht ziehen, daß diese Bevölkerung durch den Luftkrieg so schweres Leid erfahren hat, daß sie völlig zermürbt ist. Es kann also angenommen werden, daß, wenn sie sich wieder etwas erholt hat, sie auch wieder ihre alte Haltung zurückgewinnen wird. Jedenfalls machen die Angloamerikaner mit dem Entgegenkommen, das diese Bevölkerung ihnen entgegenträgt, außerordentlich große Reklame. Sie sind sich allerdings im klaren darüber, daß die hier gezeigte Freundlichkeit eine Art von Katzenfreundlichkeit ist.

Im Westfeindlager ist weiterhin eine außerordentlich scharfe Kritik an den Beschlüssen von Jalta festzustellen. Diese ist sowohl in England als auch in den Vereinigten Staaten noch ständig im Wachsen. Das Mißtrauen gegen den Kreml hält an und wird durch die Entwicklung in Rumänien und Finnland weiter genährt. Eine Reihe von USA-Senatoren haben sich sehr massiv gegen Roosevelts Politik ausgesprochen. Aber ich kann immer nur wieder betonen, daß diese Anzeichen einer beginnenden Erkenntnis vorläufig noch ohne jeden politischen Belang sind.

Wichtiger allerdings sind die in England sowohl wie in den USA immer wieder aufflackernden Arbeiterstreiks. Diese lassen doch auf ein bedenkliches Nachlassen der Moral, insbesondere der Arbeiterschaft, in den beiden Westfeindstaaten schließen. Die Streiks entstehen meistens aus nichtigsten Ursachen, ein Beweis dafür, daß dahinter die regelnde Hand des Kremls steht.

Auch die Lage in Serbien wird von englisch-amerikanischen Korrespondenten als außerordentlich düster geschildert. Tito ist fleißig an der Arbeit, den ganzen serbischen Raum in die Einflußsphäre des Kremls hinüberzuführen. Die in Serbien herrschende Hungersnot bietet dazu die besten Voraussetzungen.

Bemerkenswert ist eine Erklärung des USA-Außenamtes, daß die Vereinigten Staaten weiterhin die baltischen Staaten anerkennen und den diplomatischen Vertretern dieser Staaten exterritoriale Rechte einräumen. Man kann diese Erklärung der USA kaum noch verstehen. Die ganze politische Kriegslage grenzt nahezu an Wahnsinn. Sie überschlägt sich in hysterischen Gegensätzen, die für den Außenstehenden überhaupt nicht mehr durchschaubar sind.

Unterdes aber schafft Stalin weiterhin militärische Tatsachen, die ihm Roosevelt und Churchill gegenüber die Vorhand geben. In Pommern ist für uns eine wahrhaft desolate Lage entstanden. Die Entwicklung gibt zu den stärksten Befürchtungen Anlaß. Unsere dortige Front ist gänzlich aufgerissen, und im Augenblick ist nicht ersichtlich, wie wir hier wieder zu festen Verteidigungslinien kommen könnten. Eine Reihe unserer wertvollsten Verbände sind in diesem Raum entweder abgeschnitten oder sogar eingeschlossen. Wir versuchen natürlich, von der Front vor Berlin dorthin zu führen, was überhaupt hier entbehrt werden kann; aber das ist für Stalin wieder eine Einladung, möglichst bald den Stoß nach Berlin zu wagen.

In Finnland ist die Entwicklung jetzt so weit gediehen, daß die finnische Regierung Deutschland den Krieg erklärt. Man halte sich folgendes vor Augen: Mannerheim kapituliert, um Finnland in den Frieden überzuführen. Daraufhin wird die nationale Führungsschicht langsam abgewürgt. Nunmehr schneidet Stalin den Verkehr Finnlands mit der Außenwelt ab, und dann muß Finnland auf umgekehrte Weise wieder in den Krieg eintreten. Das ist das Resultat der Mannerheimschen Politik. So weitsichtig operiert ein Marschall, wenn er sich auf den glitschigen Boden der Politik begibt.

Auch der Weg Rumäniens geht glattweg ins Chaos hinein, und ich glaube, Finnland wird Rumänien nicht lange mehr nachstehen wollen. Die Sowjets fordern jetzt die noch übrig gebliebenen Führer des ehemaligen finnischen Widerstandes; u.a. sind sie gerade an der Arbeit, Ryti kaltzustellen.

Es herrscht im Reich ein schauderhaftes Wetter: Schnee, Regen, Kälte und ein eisiger Wind. Ich nutze den Sonntag dazu aus, mich etwas auszuruhen. Aber die Arbeit darf natürlich keine Unterbrechung erfahren.

Leider haben in den vergangenen 24 Stunden wieder schwerste Luftangriffe auf das deutsche Reichsgebiet stattgefunden. Sie sind im einzelnen überhaupt nicht mehr zu registrieren. Die Amerikaner fliegen fast widerstandslos über deutschem Reichsgebiet herum und zerstören eine Stadt nach der anderen und fügen unserem Rüstungspotential einen Schaden zu, der überhaupt nicht mehr repariert werden kann.

Ich habe die Möglichkeit, mich den Mittag über etwas mit Lektüre zu beschäftigen. Insbesondere fesselt mich jetzt das Buch von Carlyle über Friedrich den Großen. Welch ein Beispiel für uns, und welcher Trost und welche Aufrichtung in diesen schlimmen Tagen! Man kann sein Herz an dieser Darstellung immer wieder erheben. Es hat Zeiten in der preußisch-deutschen Geschichte gegeben, in denen das Schicksal des Staates und des Volkes noch mehr auf des Messers Schneide stand als heute. Damals waren es einzelne große Männer, die Volk und Staat retteten; jetzt muß dasselbe wieder der Fall sein.

Allerdings ist die militärische Entwicklung so, daß es manchmal scheint, wir hätten nur noch geringe Hoffnungen, auf diesem Gebiet etwas Sichtbares zu leisten. Im Westen hat der Feind im Laufe des Sonntags an mehreren Stellen den Rhein erreicht. Hier sind die Rheinbrücken von uns gesprengt worden. Der Brückenkopf, den wir um Neuss herum bilden wollten, erscheint jetzt schon als stark angeschlagen. Der Feind ist noch 8 km von Köln entfernt. Er hat zwar seit Beginn seiner Offensive 960 Panzer verloren; aber was macht ihm das bei seiner Materialüberlegenheit aus! Er ist immer wieder in der Lage, seine Materialausfälle zu ersetzen. Fassen kann man ihn nur bei seinen Blutverlusten.

Noch schlimmer ist die Lage im Osten. Sie hat sich insbesondere im pommerschen Raum außerordentlich verschlechtert. Die Einbrüche oder vielmehr der Durchbruch, der hier vom Feind erzielt worden ist, ist außerordentlich verhängnisvoll. Die sowjetischen Panzer stehen bereits vor Kolberg. Unsere pommersche Stellung kann als völlig aufgerissen angesehen werden. Der Feind hat seine beiden Keile vereinigen können; innerhalb dieser Keile stecken noch sehr starke deutsche Kräfte, und er ist eben im Begriff, um sie herum drei verhängnisvolle Kessel zu bilden. Das ist eine Entwicklung, die geradezu zerschmetternd wirkt. Dazu hat der Feind noch stärkste Angriffe auf Breslau durchgeführt; er ist jetzt schon im Kern der Stadt angelangt. Im Raum von Lauban ist unglücklicherweise auch unser eigener Angriff wieder zum Stehen gekommen. Dazu rechnen wir mit einem baldigen Großangriff der Sowjets auf den Mährisch-Ostrauer Raum. Hier müßten wir eigentlich in der Lage sein, dem feindlichen Ansturm erfolgreich zu begegnen; denn wenn wir das Mährisch-Ostrauer Industriegebiet auch noch verlieren, dann kann man sich kaum noch vorstellen, wie wir mit unserer Rüstungskapazität auch nur zur Not auskommen könnten.

Ich bin abends zu einem längeren Vortrag beim Führer. Ich finde ihn im Gegensatz zum letzten Mal etwas niedergedrückt, was ja auch durch die militärische Entwicklung erklärlich ist. Auch ist er gesundheitlich etwas behindert; sein Nervenzittern an der linken Hand hat sehr zugenommen, was ich mit Entsetzen bemerke. Sein Besuch an der Front am vergangenen Sonnabend ist sehr gut verlaufen. Der Führer hat von dort starke Eindrücke mitgenommen. Die Generalität hat sich auf das beste gezeigt, und die Soldaten haben dem Führer zugejubelt. Aber leider weigert sich der Führer, über seinen Besuch an der Front eine Pressenotiz herauszugeben. Sie wäre heute so nötig wie das tägliche Brot.

Was die Lage im Osten anlangt, so hofft der Führer, in Pommern doch noch die Dinge bereinigen zu können. Er hat jetzt stärkere Formationen in Marsch gesetzt, die an den kritischen Stellen Luft schaffen sollen. Allerdings fürchte ich, daß diese Einheiten nicht ausreichen werden, um dem Sowjetansturm wirkungsvoll zu begegnen. Es ist außerordentlich schwierig, eine einmal aufgerissene Front wieder in Ordnung zu bringen. Dazu kommt noch, daß Himmler an einer infektiösen Krankheit darniederliegt; allerdings führt er seine Heeresgruppe vom Bett aus weiter, aber man weiß ja, mit welchen Schwierigkeiten das verbunden ist.

Der Führer weist wieder darauf hin, daß er im Gegensatz zum Generalstab den Stoß der Sowjets zuerst gegen Pommern und nicht gegen Berlin erwartet hat. Der Führer hat also mit seiner Prognose wieder einmal recht behalten. Trotzdem hat der Generalstab die Kräfte falsch eingesetzt, indem er sie im Oderraum vor Berlin massierte. Himmler war auch der Meinung, daß der Stoß zuerst auf Berlin gehen werde. Der Führer meint, er habe sich von seinem Generalstab beschwatzen lassen. Aber jetzt ist es zu spät, den Irrtum wiedergutzumachen. Wir müssen jetzt wieder dazu übergehen, aufgerissene Löcher notdürftig zu stopfen. Es ist für mich unerfindlich, wie der Führer sich, wenn er einmal eine so klare Einsicht besitzt, dem Generalstab gegenüber nicht durchsetzen kann; denn schließlich ist er doch der Führer und hat er doch zu befehlen. Es ist zwar richtig, wenn der Führer sagt, wir müßten die Ostlage relativ sehen und sie in Vergleich setzen zu der Situation, die wir etwa vor vier Wochen verzeichneten. Insofern hat er recht, wenn er erklärt, daß trotzdem heute noch eine Erleichterung festzustellen sei. Vor vier Wochen war doch die Situation so, daß die meisten Militärexperten unsere Chancen als absolut verloren ansahen. Wie der Führer mit Recht bemerkt, packte man im Geiste schon in Berlin und gab die Reichshauptstadt verloren. Wenn der Führer damals nicht selbst nach Berlin gekommen wäre und die Dinge an sich gerissen hätte, ständen wir heute vielleicht schon an der Elbe.

Ich berichte dem Führer ausführlich über meine Unterredung mit General Wlassow, insbesondere über die Mittel, die er im Auftrage Stalins angewandt hat, um im Spätherbst 1941 Moskau zu retten. Die Sowjetunion befand sich in genau derselben Situation, in der wir uns heute befinden. Aber damals hat sie entscheidendste Maßnahmen getroffen, zu denen den verschiedensten maßgebenden Männern bei uns heute die Nerven und auch die Tatkraft fehlen. Ich trage dem Führer meinen Plan vor, die auf der Achse befindlichen Soldaten aufzufangen und sie zu neuen Regimentern zusammenzustellen. Der Führer gibt diesem Plan seine Billigung. Auch ist er damit einverstanden, daß wir in Berlin nunmehr Frauenbataillone aufstellen. Es gibt unzählige Frauen, die sich jetzt zum

Frontdienst melden, und der Führer ist auch der Meinung, daß diese, soweit sie freiwillig kommen, zweifellos fanatisch kämpfen werden. Man müßte sie in der zweiten Linie einsetzen; dann würde den Männern schon die Lust vergehen, in der ersten Linie zu retirieren.

Was die Schlesienfront anlangt, so sieht der Führer diese vorläufig als stabilisiert an. Er ist über die Arbeit, die hier von Schörner geleistet worden ist, sehr zufrieden. Auch die Tätigkeit Hankes findet sein höchstes Lob. Er hat die Rede Hankes im Rundfunk gehört, und sie hat ihm gut gefallen.

Einige Sorge hat der Führer um das Mährisch-Ostrauer Industriegebiet. In diesem Raum haben die Sowjets sehr stark massiert, und man muß in einigen Tagen hier den feindlichen Stoß erwarten. Hier ist der Führer entschlossen, unter allen Umständen zu halten, d. h. wenn unsere Kräfte dazu ausreichen. Am 6. März, also am kommenden Dienstag, soll unser Stoß in Ungarn beginnen. Der Führer fürchtet, daß der Feind über unsere Massierungen in diesem Raum schon Bescheid weiß und sich entsprechend darauf vorbereitet hat. Trotzdem hofft er, daß unsere Maßnahmen zu einem vollen Erfolg führen werden. Wir haben ja hier auch erstklassige Truppen unter der Führung von Sepp Dietrich zum Angriff bereitstehen.

Der Generalstab sieht jetzt die Notwendigkeit unseres Stoßes in Ungarn ein. Er hatte sich bisher dagegen mit Händen und Füßen gesträubt, daß wir hier zuerst aktiv werden sollten. Nun aber ist ihm vor allem an der Frage der Benzinversorgung klar geworden, daß wir in Ungarn unter allen Umständen bestehen müssen, wenn wir nicht überhaupt unseren motorisierten Krieg gänzlich zum Erliegen bringen wollen. Der Führer hat recht, wenn er erklärt, daß Stalin über eine ganze Reihe hervorragender Heerführer verfügt, aber keinen genialen Strategen besitzt; denn hätte er diesen, so wäre der sowjetische Stoß nicht etwa im Baranow-Brückenkopf durchgeführt worden, sondern im ungarischen Raum. Hätte man uns das ungarische und das Wiener Öl genommen, dann wären wir damit zu einer Gegenoffensive, wie wir sie im Ostraum planen, überhaupt nicht mehr fähig gewesen.

Große Sorge bereitet dem Führer natürlich auch die Lage im Westen. Auch hier kann man die Front als in großem Umfang aufgerissen ansehen. Trotzdem ist der Führer der Meinung, daß es uns gelingen müßte, den Rhein zu halten, denn dieser stelle eine hervorragende Verteidigungsbarriere dar. Er hat Befehl gegeben, unter allen Umständen so zu operieren, daß wir über den Rhein hinüber nach Westen noch einige Brückenköpfe halten könnten. Es fehlt im Westen mehr an Waffen als an Soldaten. Trotzdem ist der Führer der Meinung, daß wir soviel wie möglich an Soldaten in die Kasernen hineinbringen und ausbilden müssen; denn das Fehlen von Waffen enthebt uns natürlich nicht der Pflicht, die entsprechenden Truppenkontingente für eventuelle Notstände bereitzuhalten.

Model hat im Westen etwas die Kontrolle verloren. Aber man kann ihm dafür keine Schuld zuschieben. Der Westen war eben zu schwach besetzt. Wenn wir im Westen tatsächlich nicht mehr halten könnten, dann fiele damit auch, wie ich dem Führer eindringlich vor Augen halte, unsere letzte politische Kriegsthese in sich zusammen, denn kämen die Angloamerikaner bis nach Mitteldeutschland vor, dann würden sie nicht die geringste Veranlassung verspüren, mit uns überhaupt ins Gespräch zu kommen.

Unsere Aufgabe muß jetzt die sein, unter allen Umständen auf den Beinen stehen zu bleiben. Die Krise im Feindlager wächst zwar zu beträchtlichen Dimensionen an, aber es ist doch die Frage, ob sie schon zur Explosion kommt, solange wir noch halbwegs uns zur Wehr setzen können. Das ist aber die Voraussetzung einer erfolgreichen Beendigung des Krieges, daß die Krise im Feindlager aufplatzt, ehe wir am Boden liegen.

Der Führer wendet sich wieder in scharfen Ausführungen gegen den Generalstab. Aber ich lege ihm die Frage vor, was das denn ernsthaft nutzen könnte. Er sollte doch den Generalstab zum Teufel schicken, wenn er ihm so große Schwierigkeiten macht. Demgegenüber zitiert der Führer Bismarck, der einmal erklärt habe, er wäre mit den Dänen, den Oesterreichern und den Franzosen fertig geworden, nicht aber mit der Bürokratie des Reiches. Allerdings hat Bismarck auch nicht soviel Macht besessen, wie der Führer sie heute besitzt. Es ist zwar richtig, wenn der Führer erklärt, daß auch die Heeresreform in Frankreich nicht im Verlauf der Französischen Revolution, sondern erst im Verlauf der Napoleonischen Kriege vor sich gegangen sei. Stalin allerdings hat diese Heeresreform rechtzeitig durchgeführt, und darum hat er heute den Vorteil davon. Wenn sie uns heute durch unsere Niederlagen aufgezwungen wird, so kommt sie, um endgültig zum Erfolg zu führen, reichlich spät. Aber nach wie vor ist der Führer der Meinung, daß es uns gelingen müsse, uns im Westen und im Osten irgendwie wieder zu festigen. Wie das im einzelnen zu geschehen habe, darüber ist er sich selbst im Augenblick noch nicht klar.

Sehr energisch wendet sich der Führer dagegen, daß wir Hilfsmaßnahmen für die angloamerikanischen Kriegsgefangenen einleiten, die jetzt aus dem Osten in die Nähe von Berlin übergeführt worden sind. Es handelt sich um etwa 78 000 Mann, die nicht mehr richtig verpflegt werden können, die verlaust und zum großen Teil ruhrerkrankt sind. Man kann ihnen unter den heutigen Verhältnissen kaum helfen. Vielleicht wird es doch möglich sein, das Genfer Rote Kreuz einzuschalten, um ihnen wieder halbwegs eine menschliche Basis ihrer Existenz zu verschaffen.

Was die Beurteilung der politischen Lage anlangt, so ist der Führer hier sehr hoffnungsfreudig. Auch er bemerkt mit Befriedigung, daß die politische Krise im Feindlager wächst. Aber ich halte ihm entgegen, daß dieses Vorwärtsschreiten der Krise doch zu langsam für uns vor sich geht. Es ist die Frage, ob wir es abwarten können, bis diese Krise endgültig zum Reifen kommt. Recht hat der Führer, wenn er erklärt, daß England sehr kriegsmüde sei. Auch ihm ist die Meldung aus Washington aufgefallen, daß die USA weiterhin die baltischen Staaten anerkennen. Es scheint also, daß hinter den Kulissen sich ein erheblicher Krach zwischen dem angloamerikanischen und dem sowjetischen Lager abspielt. Aber der Krach ist, wie ich immer wieder betonen muß, nicht durchschlagend, um uns im Augenblick eine Erleichterung zu verschaffen.

Der Führer ist der Überzeugung, daß, wenn eine Macht im Feindlager mit uns zuerst ins Gespräch kommen wollte, das unter allen Umständen die Sowjetunion sein werde. Stalin habe mit den Anglo-Amerikanern die größten Schwierigkeiten, und er gehöre nun auch zu den Staaten, die aus dem Kriege Beute mit nach Hause bringen wollten, genauso wie wir. Infolgedessen würde eines Tages die Stunde kommen, in der ihm die ewige Auseinandersetzung mit den Anglo-Amerikanern leid würde und er sich nach anderen Möglichkeiten umschaue. Seine Taktik in Rumänien und Finnland sei, so betont der Führer, für die Anglo-Amerikaner geradezu alarmierend, von der Polenfrage ganz zu schweigen. Für San Franzisco sieht der Führer ein ziemliches diplomatisches Fiasko voraus. Aber Voraussetzung dafür, daß wir mit der einen oder der anderen Seite ins Gespräch kommen können, ist, daß wir einen militärischen Erfolg haben. Auch Stalin muß zuerst Federn lassen, ehe er mit uns etwas zu schaffen haben will.

Es ist richtig, wenn der Führer betont, daß Stalin am ehesten in der Lage wäre, einen Kurswechsel in der Kriegspolitik durchzuführen; denn er braucht auf seine öffentliche Meinung keine Rücksicht zu nehmen. Etwas anderes ist das mit England. Es ist ganz unerheblich, ob Churchill eine andere Kriegspolitik treiben wollte; wenn das der Fall wäre, er könnte es nicht. Er ist von den innerpolitischen Kräften, die zum Teil schon halb bolschewistischen Charakter tragen, zu abhängig, von Roosevelt ganz zu schweigen, dem nicht einmal die geringste Absicht in der Richtung nachzusagen ist.

Als Ziel schwebt dem Führer vor, eine Möglichkeit der Verständigung mit der Sowjetunion zu finden und dann den Kampf gegen England mit brutalster Energie weiter fortzusetzen. Denn England ist ja immer der Störenfried in Europa gewesen. Würde es aus Europa endgültig herausgefegt, dann hätten wir wenigstens für eine gewisse Zeit Ruhe.

Die sowjetischen Greuel sind natürlich furchtbar und bilden für die Konzeption des Führers ein starkes Handicap. Aber auch die Mongolen haben ja, so wie die Sowjets heute, in Europa gehaust, ohne daß damit die politische Entwicklung der damaligen Auseinandersetzungen gehandicapt worden wäre. Die Stürme aus dem Osten kommen und vergehen, und Europa muß mit ihnen fertig werden.

Ich trage dem Führer meinen Propagandaplan zur Publizierung der sowjetischen Greuel vor, und auch meine Absicht, dabei Guderian einzusetzen. Der Führer ist mit diesem Plan sehr einverstanden. Er billigt es, daß ausgesprochene Nationalsozialisten sich bei der Publizierung der sowjetischen Greuel etwas zurückhalten, da unsere Nachrichten damit eine größere internationale Glaubwürdigkeit erhalten. Jedenfalls ist es notwendig, in der Beurteilung des Bolschewismus absolute Klarheit zu schaffen. Die Greuel sind so entsetzlich, daß man das Volk darüber nicht in Unkenntnis lassen darf. Das Herz erstarrt einem in der Brust, wenn man die darüber vorliegenden Berichte liest. Aber was nutzt es, darüber zu klagen! Wir müssen irgendwie versuchen, aus dem Dilemma herauszukommen, das jetzt Dimensionen angenommen hat, die wahrhaft schreckenerregend sind.

Ich komme dann auch noch auf das Thema Luftwaffe zu sprechen. Der Führer ergeht sich Göring und der Luftwaffe gegenüber in einer hemmungslosen Kritik. Er sieht in Göring den eigentlichen Sündenbock für den Verfall der Luftwaffe. Aber ich lege ihm die Frage vor, warum er dann in der Führung der Luftwaffe keine Änderung eintreten lasse. Der Führer meint, daß kein geeigneter Nachfolger da sei. Die Experten der Industrie seien den Experten der Luftwaffe haushoch überlegen. Aus der Luftwaffe selbst sei kein führender Kopf hervorgegangen. – Es sind jetzt zum ersten Mal Me 262 als Jäger eingesetzt worden, und sie haben beträchtliche Erfolge erzielt. Der Führer ist jetzt doch etwas schwankend geworden, ob man die Me 262 nicht doch in großem Stil zur Jagdabwehr einsetzen kann. Er hegt hier einige Hoffnungen. Sonst sieht er in der Luftwaffe nur einen einzigen großen Bruchladen. Aber das haben wir ja alle seit langem gewußt, alle haben es dem Führer immer wieder vor Augen gehalten; aber es ist in der Führung der Luftwaffe eben nichts geändert worden, und darauf ist ihr Verfall zurückzuführen.

Ich teile dem Führer mit, daß Hadamovsky an der Ostfront gefallen ist, was ihn sehr erschüttert. Er bittet mich, dafür zu sorgen, daß Dr. Naumann unter keinen Umständen an die Front geht. Wir müßten jetzt unsere Führungsschicht nach Möglichkeit zusammenhalten, da wir sie in diesen Kriesenzeiten dringendst benötigen.

Ich kann noch einige Nachträge zur Dresdener Katastrophe anfügen. Der Führer erzählt mir, daß Frau Raubal ihm einen zorn- und empörungsprühenden Brief geschrieben hat. Sie hat sich in der Dresdener Katastrophe außerordentlich tapfer benommen.

In diesem Zusammenhang berichte ich dem Führer auch, daß Magda mit den Kindern unter allen Umständen, auch wenn Berlin angegriffen und eingeschlossen würde, bei mir bleiben will. Der Führer billigt das nach einigem Schwanken.

Der Fall Fromm wird von mir beim Führer zum Vortrag gebracht. Fromm hat zweifellos, weil er sich vor dem Feind, nämlich vor den Putschisten des 20. Juli, feige benommen hat, den Tod verdient. Aber bei der jetzigen Führung des Volksgerichtshofs ist gegen ihn kein Todesurteil zu erwarten. Der Führer kommt doch wieder auf den Gedanken zurück, Frank zum Präsidenten des Volksgerichtshofs zu ernennen. Er sei zwar keine Idealfigur, immerhin aber ein politischer Richter. Sonst stehe uns ja niemand zur Verfügung, und ich kann ihm auch keine andere Kandidatur namhaft machen.

Im ganzen gesehen macht der Führer wiederum auf mich einen sehr starken Eindruck. Er ist auch durch die furchtbaren Schläge, die wir jetzt wieder empfangen, völlig unerschüttert geblieben. In seiner Standhaftigkeit ist er bewundernswert.

Wenn einer die jetzige Krise meistert, dann ist er es. Kein anderer ist weit und breit zu entdecken, der ihm auch nur entfernt das Wasser reichen könnte.

Jedenfalls muß für uns jetzt der Grundsatz vorherrschen: Wir wollen diesen Kampf unter allen Umständen erfolgreich meistern; wenn das aber nicht möglich wäre, ihn ehrenvoll bestehen. Wir tun gut daran, mit allem zu rechnen und die Brücken hinter uns abzubrechen. Dann wird man am ehesten unsere Fahne zum Siege führen können.

Ich habe dann noch eine kurze Aussprache mit Botschafter Hewel. Er erzählt mir, daß Ribbentrop jetzt eifrigst bemüht ist, Fäden nach den Westländern zu spinnen, daß das aber im Augenblick ohne jede Aussicht sei. Sowohl von der englischen als auch von der amerikanischen Seite sei nicht das geringste Entgegenkommen zu verzeichnen. Churchill und Roosevelt verhielten sich völlig ablehnend. Sowohl über unsere Stockholmer wie auch über unsere Verbindungen über den Vatikan hätten wir das in aller Deutlichkeit erfahren. Es ist ja auch klar, daß politisch im Augenblick nichts zu machen ist, wenn wir militärisch keine Erfolge aufzuweisen haben. Man könnte also immer wieder in den Ruf ausbrechen: Ein Königreich für einen Erfolg! Was die Inangriffnahme politischer Möglichkeiten zur Beendigung des Krieges anlangt, so ist es dafür im Augenblick einerseits zu spät und andererseits zu früh. Die jetzige Situation bietet dazu keinerlei Chancen. Hewel meint auch, daß unsere U-Boot-Erfolge im Feindlager jetzt nicht mehr durchschlagen; sie kämen zu spät. Sowohl die englische als auch die amerikanische Seite verfolge nach wie vor das Ziel, uns zuerst zu vernichten und dann zu sehen, was danach komme. Hewel berichtet mir, daß Ribbentrop im Jahre 1941/42 dem Führer verschiedentlich vorgetragen habe, Frieden mit Moskau zu schließen, da in spätestens Jahresfrist das amerikanische Rüstungspotential auf dem Kriegsschauplatz erscheinen werde; aber der Führer habe das kategorisch abgelehnt. Ich glaube nicht, daß das den Tatsachen entspricht. Jedenfalls hätte auch in dem Falle Ribbentrop insofern einen schweren Fehler

Richter.Sonst stehe uns ja niemand zur Verfügung, und ich kann ihm auch keine andere Kandidatur namhaft machen.

Im ganzen gesehen macht der Führer wiederum auf mich einen sehr starken Eindruck. Er ist auch durch die furchtbaren Schläge, die wir jetzt wieder empfangen, völlig unerschüttert geblieben . In seiner Standhaftigkeit ist er bewundernswert. Wenn einer die jetzige Krise meistert, dann ist er es. Kein anderer ist weit und breit zu entdecken, der ihm auch nur entfernt das Wasser reichen könnte.

Jedenfalls muß für uns jetzt der Grundsatz vorherrschen! Wir wollen diesen Kampf unter allen Umständen erfolgreich meistern; wenn das aber nicht möglich wäre, ihn ehrenvoll bestehen. Wir tun gut dern, mit allem zu rechnen und die Brücken hinter uns abzubrechen. Dann wird man am ehesten unsere Fahne zum Siege führen können.

Ich habe dann noch eine kurze Aussprache mit Botschafter Hewel. Er erzählt mir, daß Ribbentrop jetzt eifrigst bemüht ist, Fäden nach den Westländern zu spinnen, daß das aber im Augenblick ohne jede Aussicht sei. Sowohl von der englischen als auch vonder amerikanischen Seite sei nicht das geringste Entgegenkommen zu verzeichnen. Churchill und Roosevelt verhielten sich völlig ablehnend. Sowohl über unsere Stockholmer wie auch über unsere Verbindungen über den Vatikan hätten wir das in aller Deutlichkeit erfahren. Es ist ja auch klar, daß politisch im Augenblick nichts gemacht, als er sich für diesen Plan nicht entsprechende Bundesgenossen unter den anderen Mitarbeitern des Führers gesichert hat. Er hat eben die Außenpolitik zu einer Geheimwissenschaft gemacht, die nur er verstand, und nun scheitert er an seinen eigenen Thesen. Hewel sieht unsere Chancen, politisch etwas für unseren Erfolg zu tun, als ziemlich aussichtslos an. Ich bin nach wie vor der Meinung, daß Ribbentrop in der Hauptsache daran die Schuld trägt. Wenn Hewel mir erzählt, daß Ribbentrop im Augenblick ganz mutlos sei, so kann mir das nicht imponieren. Ribbentrop hat eine härtere Strafe als Mutlosigkeit und Depression verdient. Er ist der böse Geist des Führers gewesen, der ihn von einer Maßlosigkeit in die andere hineingetrieben hat.

In der Reichskanzlei herrscht eine ziemlich desolate Stimmung. Ich gehe am liebsten gar nicht mehr hin, weil man von dieser Stimmung immer wieder angesteckt wird. Die Generalität läßt die Köpfe hängen, und nur der Führer ist der einzige, der in dieser Situation obenauf bleibt.

Ich fahre abends spät nach Hause zurück und stürze mich in die Arbeit. Sie ist doch immer wieder die beste Medizin.

6. März 1945 *Dienstag*

[S. 1–26, S. 19 verdeckt]

Gestern:

Militärische Lage:

In der Ostslowakei scheiterten bis auf einige Einbrüche sämtliche Angriffe des Feindes im Raum von Schemnitz, Altsohl und Nikolas. An der gesamten Oderfront bis in den Raum von Goldberg fanden keine besonderen Kampfhandlungen statt. Im Raum Breslau sind Umgruppierungen des Feindes im Gange. Der eigene Angriff bei Lauban erzielte bei geringen eigenen Verlusten weiteren Geländegewinn, im Oderabschnitt kam es nur zu örtlichen Kämpfen in den Brückenköpfen ohne Veränderung der Lage.

Im pommerschen Raum herrscht Bewegungskrieg. Im einzelnen gewannen die Sowjets nördlich Pyritz Boden und drangen von Nordosten in Stargard ein, wurden jedoch in der Linie Plathe–Raugard abgewehrt. Kolberg ist eingeschlossen. In Köslin finden Straßenkämpfe statt. Die eigenen Truppen zwischen Belgard und Kolberg weichen befehlsgemäß auf den Raum Greifenberg aus. Der Stoß nach Norden im mittelpommerschen Raum wurde südwestlich Bütow, bei Schlawe und westlich davon aufgefangen. Starke sowjetische Truppenkonzentrationen im Raum Heiderode. Massierte Angriffe einer Sowjetarmee westlich Grosswollental wurden in der Tiefe des Hauptkampffeldes aufgefangen und abgewehrt. Um die Festung Graudenz toben schwerste Kämpfe. – In Ostpreußen wurden an der gesamten Front bataillonsstarke Angriffe abgewehrt. – Ebenso wurden in Kurland hefte Angriffe der Sowjets bei

Preekuln und im Raum südöstlich Frauenburg in erfolgreichen Gegenangriffen zum Scheitern gebracht.

Im Westen drangen die Engländer in Fortsetzung ihrer massierten Angriffe bis an die Bahnlinie von Geldern nach Wesel vor. Die aus dem Raum von Venlo seit Tagen angreifenden Kräfte stehen mit Angriffsspitzen ungefähr 6 km westlich der Straße Xanten–Moers im Raum nordwestlich Moers. Am Rhein wurden Angriffe gegen die Brückenköpfe bei Homberg und nördlich Düsseldorf abgewehrt. Die Rheinbrücken von Duisburg, Krefeld und Düsseldorf wurden gesprengt. Im Raum zwischen Düsseldorf und Köln haben starke Feindkräfte gegen den zähen Widerstand unserer Truppen mit Angriffsspitzen die Bahnlinie Neuss–Köln erreicht. Unmittelbar westlich Köln sind wechselvolle Kämpfe im Gange. Aus dem Raum von Zülpich greifen starke feindliche Kräfte in Richtung Euskirchen an. An der Urfttalsperre nahm der Feind Gemünd. Südlich davon ebenso wie im Raum von Euskirchen und westlich von Köln sind eigene Gegenangriffe im Gange. Im Prüm-Abschnitt gewannen die amerikanischen Angriffe weiter Boden und drückten die eigenen Linien einige Kilometer zurück. Über den Kyll-Abschnitt konnte der Gegner kleinere Brückenköpfe bilden. In Trier wird nach wie vor heftig gekämpft. Im Raum Zerf, bei Forbach und Reipertsweiler nur örtliche Kämpfe.

In Italien dauern die Kämpfe um einzelne Gebirgsmassive weiter an. Am Senio und bei Faenca wurden feindliche Angriffe abgeschlagen. – Die Lufttätigkeit an den Fronten war infolge ungünstiger Witterung etwas geringer als an den Vortagen.

Ins Reichsgebiet flogen bei Tage 900 amerikanische viermotorige Bomber mit starkem Jagdschutz zu Angriffen auf Verkehrs- und Industrieziele und Fliegerhorste in Südwest- und Süddeutschland ein. Ein schwächerer britischer Kampfverband griff Industrie- und Verkehrsziele im Raum von Gelsenkirchen an. Von Süden flog ein starker amerikanischer viermotoriger Bomber-Verband in die Ostmark ein mit Angriffen auf

Industrie- und Verkehrsziele im Raum Wiener-Neustadt. Bei Nacht wurde die Deutsche Bucht vermint. Außerdem Störangriffe schneller Kampfflugzeuge auf Berlin und Bremen.

*

Die täglichen OKW-Berichte bieten in den letzten Tagen wieder ein trostloses Bild. Sowohl was die Lage in Pommern, als auch, was die im Westen anlangt, haben wir im Augenblick keine besonders günstigen Nachrichten zu verbreiten. Ganz im Gegenteil. Man kann sich vorstellen, wie das auf das deutsche Volk wirkt, das ohnehin durch die schweren Schläge der letzten Wochen sehr deprimiert ist. Es wäre dringend notwendig, dass wir wenigstens an einer Stelle wieder einen Erfolg aufzuweisen hätten. Ich hoffe ja, dass das in den nächsten Tagen im ungarischen Raum der Fall sein wird. Aber dieser interessiert das deutsche Volk nicht so sehr, obschon er für uns von einer kriegsentscheidenden Bedeutung ist. Inwiefern, das kann man in Hinsicht auf das feindliche Ausland dem deutschen Volke nicht gut klarmachen. Sonst aber verursacht fast jeder OKW-Bericht in der deutschen Öffentlichkeit einen enormen Schock. Wenn man sich auch vielfach damit abgefunden hat, dass wir im Augenblick sehr schwere Schläge über uns haben ergehen zu lassen, so erzeugt das auf die Dauer doch nicht Fanatismus, sondern eine Art von Fatalismus, was aber Gott sei Dank nicht dazu führt, dass die Menschen ihre tägliche Pflicht im Kampf oder in der Arbeit verabsäumen.

In den Westfeindstaaten ist man natürlich wieder hoch auf dem Baum. Man jubiliert, dass es Eisenhower gelungen ist, unsere Front bis an den Rhein zurückzudrücken. Für mich sind geradezu beschämend die Nachrichten, dass die Stadt Rheydt die Amerikaner mit weissen Fahnen empfangen habe. Ich kann mir das nicht recht vorstellen, vor allem auch nicht, dass eine solche weisse Fahne auf meinem eigenen Geburtshause geweht habe. Aber ich weiss im Augenblick nicht einmal, wer überhaupt in diesem Hause wohnt, und ich kann mir schon vorstellen, dass Evakuierte oder Bombengeschädigte eine solche Wahnsinnstat begangen hätten. Für die Amerikaner ist das natürlich eine Sensation erster Klasse, genauso, wie es für mich beschämend und demütigend ist. Aber ich werde, wenn wir wieder einmal nach Rheydt zurückkommen, diesen Fall aufzuklären versuchen.

Im übrigen aber ist man sich im westlichen Feindlager darüber im klaren, dass unser Rückzug über den Rhein durchaus geordnet vor sich geht und dass es Eisenhower nicht gelungen ist, unsere Front wesentlich zu zerbrechen oder unsere Armeen zu vernichten. Man sieht im Rhein eine ausserordentlich schwer zu nehmende und gefährliche Verteidigungsbarriere, vor allem, wenn es uns gelingen sollte, soviel Zeit zu gewinnen, ihn richtiggehend in Verteidigungszustand zu versetzen. Jedenfalls ist man sich darüber klar, dass der deutsche Widerstand im Westen nicht im mindesten als gebrochen angesehen werden kann.

Eisenhower vergnügt sich jetzt damit, an die noch im westlichen Rheingebiet in unserem Besitz befindlichen Städte, die wir verteidigen wollen, Übergabebedingungen zu erlassen. Diese Übergabebedingungen werden natürlich mit Hohn zurückgewiesen.

Bezeichnend ist eine längere Reuter-Auslassung des Inhalts, dass unsere Lage durchaus nicht so katastrophal sei, wie man das im allgemeinen in London annähme. Wir könnten noch genügend Waffen produzieren, und auch unser Menschenpotential sei durchaus unerschöpft. Von einer nahen Beendigung des Krieges könne deshalb keine Rede sein. Das deutsche Herz sei durch die letzten Schläge nicht getroffen worden. Erhebliche Schwierigkeiten sieht Reuter für uns nur auf dem Ernährungssektor gegeben, was ja auch in der Tat der Fall ist. Hier werden wir wahrscheinlich in den nächsten drei, vier Monaten die ausserordentlichste Krise zu erwarten haben.

Zum zweiten Male sind jetzt deutsche Schnellflugzeuge in der Nacht über London gewesen, was natürlich in der englischen Öffentlichkeit erhebliches Aufsehen verursacht. Man hat es nicht für möglich gehalten, dass wir dazu überhaupt noch in der Lage wären. Der englische Innenminister muss jetzt für das Londoner Gebiet wieder die Verdunkelung einführen, was natürlich nicht zur Hebung der Stimmung des britischen Volkes beitragen wird.

Grosse Hoffnungen setze ich auf die desolaten Verhältnisse im englisch-amerikanischen Hinterland. Die Hungersnot beispielsweise in Frankreich und in Belgien nimmt geradezu groteske Formen an. Der Tonnagemangel bei den Engländern und Amerikanern ist schon so spürbar, dass sie nicht in der Lage sind, auch nur ein paar Schiffe für die Lebensmittelversorgung der Westvölker zur Verfügung zu stellen. Wenn wir also mit unserer U-Boot-Waffe in diese so angespannte Tonnagesituation wirksam hineingreifen, dann können wir hier unter Umständen dem Krieg im Westen ein wesentlich anderes Gesicht geben. Wiederum kann der OKW-Bericht melden, dass 44 000 tons englisch-amerikanischer Tonnage versenkt worden sind.

Die Entwicklung in den von den Sowjets besetzten Staaten verläuft genau nach dem vorgeschriebenen Programm, und zwar sowohl in Serbien als in Finnland als in Rumänien. Was Serbien anlangt, so suchen die Sowjets zuerst durch eine steigende Hungersnot das Volk für die Bolschewisierung reif zu machen. In Rumänien ist man bereits weiter. Hier wird durch die Tätigkeit der Eisernen Front Terror und Provokation ausgegeben, und die Sowjets ziehen daraus die Folgerung, in Rumänien tabula rasa zu machen. Man spricht von faschistischer Frechheit und bezichtigt dieser im sowjetischen Jargon übelsten Untugend die rumänischen Politiker, die vor allem mit den Engländern und Amerikanern gemeinsame Sache machen möchten. Allerdings finden sie dabei vor allem in London nur wenig Gegenliebe. Die Engländer sind heute zu verschüchtert und zu ohnmächtig, als dass sie es wagen können, den Sowjets offen entgegenzutreten.

Was die Lage in der Sowjetunion selbst anlangt, so ist wohl auch hier eine sehr starke Kriegsmüdigkeit vorherrschend.

Man wollte eigentlich schon nach Gelingen der Baranow-Offensive Kriegsschluss machen, aber die Siegeshysterie hat – wie aus vertraulichen Berichten hervorgeht – Stalin augenblicklich völlig mit Beschlag belegt. Er halte das Seydlitz-Komitee bereit, um es evtl. als provisorische deutsche Regierung einzusetzen, wenn sich dazu eine psychologische Möglichkeit biete und er es wagen könnte, die Engländer und Amerikaner so offen zu provozieren.

In Japan hofft man auf eine weitere Aufrechterhaltung der sowjetischen Neutralität im Pazifik-Konflikt. Die Sowjets seien – so argumentieren die Japaner – gezwungen gewesen, so viele Truppen von der mandschurischen Front zurückzuziehen, dass sie einen Eintritt in den pazifischen Konflikt überhaupt nicht wagen könnten.

In Tokio selbst sind einige massgebende Politiker an der Arbeit, um das gegenwärtige Kabinett Koiso zu stürzen und einen kompromisslerischen Kurs einzuschlagen. Vorläufig aber haben sie keine Aussicht, damit zu Rande zu kommen.

In den Weststaaten wächst die Angst vor den Sowjets, insbesondere auch in der militärischen Führung der Weststaaten. Eisenhower beispielsweise hat sich kürzlich einem Vertrauensmann gegenüber geäussert, dass, wenn es den Engländern und Amerikanern nicht gelänge, im Westen endgültig durchzubrechen, der Krieg politisch für sie in Europa verloren gehen würde.

Die Lage in Pommern gibt natürlich zu stärksten Bedenken Anlass, wenngleich Guderian immer noch der Meinung ist, dass es durch Gegenstösse gelingen werde, sie wieder zu bereinigen. Das Kartenbild ist einfach schauderhaft. Aber man kann eine Situation nicht nur nach dem Kartenbild beurteilen.

Unser ehemaliger Gouverneur von Warschau, Dr. Fischer, ist als Gefangener in die Hände der Sowjets gefallen. Er wird sicherlich ein furchtbares Los zu erwarten haben. Ich hatte von ihm auch nicht erwartet, dass er im letzten Augenblick die Charakterstärke gefunden hätte, sich durch Selbstentleibung den Konsequenzen zu entziehen, die ihm jetzt drohen.

Der ehemalige italienische Generalstabschef Roatta ist aus dem Militärgefängnis in Rom entflohen. Auf seine Wiederergreifung sind eine Million Lire ausgesetzt. Dieser Verräter wird jetzt von beiden Seiten attackiert. Sein Verrat ist ihm schlecht zu stehen gekommen.

Luftterror ohne Grenzen! Man kann ihn im einzelnen in seinen Auswirkungen gar nicht mehr registrieren. Die ewige Frage, die immer gestellt ist, ist die: Wo bleiben unsere Jäger? Sie wird in der Führung wie im Volke mit wachsender Dringlichkeit erhoben. Man *[Lücke im Text: die ganze Seite 19 des Originals wurde offenbar versehentlich beim Kopieren durch ein anderes Blatt verdeckt]* Hinterland begeben, sich zu Gruppen zusammenzuschliessen und bei Kontrollen einfach behaupten, ihre Offiziere hätten sie im Stich gelassen. Sie versuchen, sich damit ein Alibi für ihre eigene Feigheit zu verschaffen.

Bei der Beratung des Berliner Verteidigungsrates kommt es zu einem erheblichen Krach mit General Schönfeld, der als Vertreter für den erkrankten General Hauenschild eine unqualifizierbare Kritik an dem unter der Verantwortung der Wehrmacht vor sich gehenden Bau von Verteidigungsanlagen übt. Es ist seit jeher Mode bei der Wehrmacht gewesen, alles, was schief geht, den politischen Stellen zuzuschieben. So auch in diesem Falle. Aber ich setze mich gegen diese etwas plumpe und dummdreiste Art sehr energisch und mit massiven Argumenten zur Wehr. Jedenfalls fordere ich jetzt, dass mir in Berlin wöchentlich eine Verteidigungsbilanz vorgelegt wird, und zwar mit klarer Beantwortung der Frage, wieviel Lebensmittel, wieviel Benzin, wieviel Waffen, wieviel Munition und wieviel wehrhafte Soldaten wir zur Verteidigung der Reichshauptstadt jeweilig zur Verfügung haben. Ich sehe mich gezwungen, einen solchen Bericht wöchentlich anzufordern, weil natürlich in diesen elementaren Unterlagen der Verteidigung der Reichshauptstadt eine starke Fluktuation bemerkbar ist und ich bei einer bedrohlichen Entwicklung innerhalb dieser Fluktuation tatkräftig eingreifen will und muss. Die Wehrmacht gibt mir diese Unterlagen nur sehr ungern, weil sie damit eine klare Rechnung auflegen muss. Aber sie wird an dieser Forderung nicht vorbeikommen.

Speer hat nunmehr, nachdem er die Eisenbahn unter seine Obhut genommen hat, die weitere Abgabe von k.v.-Kräften der Eisenbahn verweigert und fordert sogar von der Wehrmacht Herausgabe von k.v.-Kräften. Ich hatte diese Schwierigkeiten erwartet; aber trotzdem werden die für die Reichsbahn angesetzten Bauprüfungskommissionen weiterhin ihre Arbeit versehen.

Wir sind in der Frage der Kontrolle der ungezählten Soldaten, die auf der Achse liegen, noch nicht weitergekommen. Es ist sehr schwer, ein einfaches und durchschlagendes Verfahren zu finden.

Der Tag bringt eine Unmasse von Arbeit.

In der Abendlage zeigt sich, was die Westfront anlangt, keine wesentliche Veränderung, nur insofern, als der Feind nun in breiten Streifen bereits an den Rhein gelangt ist. Gott sei Dank aber ist es uns trotzdem in den Fällen unmittelbarer Bedrohung immer gelungen, die Rheinbrücken rechtzeitig zu sprengen. Das Kampfbild im Westen ist natürlich auch alles andere als erfreulich; aber immerhin können wir uns im Augenblick der Hoffnung schmeicheln, dass es uns gelingen wird, den Rhein als feste Verteidigungsbarriere zu halten, ohne dass es den Engländern und Amerikanern gelingen wird, über den Rhein hinüber Brückenköpfe zu bilden. Im Gegenteil, wir wollen selbst auf der linken Rheinseite solche Brückenköpfe halten.

Was die Ostlage anlangt, so geht unser Angriff im Laubaner Raum gut voran. Wir haben zwar keine beträchtlichen Bodengewinne, aber die Sowjets erleiden schwere Verluste. Unter Umständen gelingt uns eine kleine Umschliessung, wenn auch bescheidenen Umfanges. Die Sowjets ziehen jetzt aus dem Raum von Fürstenberg Truppen und Material nach, allem Anschein nach nach Oberschlesien. Der vom Führer schon vorausgesagte Stoss gegen Mährisch-Ostrau scheint unmittelbar bevorzustehen. Berlin ist also im Augenblick noch nicht in direkter Gefahr. Die Lage in Breslau hat sich nicht wesentlich verändert. Dagegen ist die Entwicklung in Pommern weiterhin dramatisch und unerfreulich. Der Feind hat Belgrad und Köslin in seinen Besitz genommen. Der Kampfkommandant von Kolberg – wenn man ihm diesen Titel überhaupt zuerkennen will – hat beim Führer den Antrag gestellt, Kolberg kampflos dem Feind zu übergeben. Der Führer hat ihn gleich ab- und einen jungen Offizier an seine Stelle gesetzt. Haben denn diese verkommenen Generäle überhaupt kein geschichtliches Empfinden und Verantwortungsgefühl, und hat ein Kampfkommandant von Kolberg zur jetzigen Zeit viel mehr den Ehrgeiz, einem Lucadou als einem Gneisenau nachzueifern?

Wir sind nunmehr daran, für den pommerschen Raum unsere Gegenmassnahmen in grösserem Stile vorzubereiten. Ich hoffe, dass sie bald in Gang gesetzt werden können. Am Dienstag ist ja auch unser Angriff im ungarischen Raum zu erwarten. Wenn beide Aktionen gelängen, dann würden wir natürlich fein heraus sein. Aber diese Hoffnungen sind wohl zu weit gespannt, als dass sie sich beide erfüllen könnten. In Ostpreussen hat sich die Lage etwas verschärft dadurch, dass die Sowjets einige tiefere Einbrüche erzielen konnten. Aber man hofft, damit fertig zu werden.

Wir sitzen am Abend wieder stundenlang im Luftschutzbunker. Berlin wird von Mosquitos angegriffen. Unterdes gehen wieder schwere Terrorangriffe auf sächsische Städte. Wahrscheinlich ist diesmal Chemnitz an der Reihe. Hoffentlich passiert hier nicht eine Katastrophe wie vor einiger Zeit in Dresden.

7. März 1945 *Mittwoch*

[S. 1–45]

Gestern:

Militärische Lage:

In Ungarn fanden keine besonderen Kampfhandlungen statt. In der Slowakei setzte der Feind seine Angriffe im Raum von Schemnitz und Altsohl fort.

Im Abschnitt östlich von Mährisch-Ostrau bis in die Gegend von Oppeln sowie zwischen Oppeln und Lauban trifft der Feind weiterhin Angriffsvorbereitungen, so daß mit einem Versuch der Sowjets, auch diese Front aufzuspalten, gerechnet werden muß. Deutscherseits werden die Angriffe im Raum von Görlitz, Lauban und Löwenberg fortgesetzt, um auf diese Weise den Feind an den verschiedensten Stellen immer wieder zu beunruhigen, seine Truppenkonzentrationen zu stören und einen so geschlossenen starken Angriff wie in Pommern zu verhindern. Bei den gestrigen eigenen Angriffen im Raum Görlitz wurden weitere örtliche Erfolge erzielt. Auch bei Guben konnten die deutschen Truppen ihre Stellungen verbessern. Bei Lebus wurde ein regimentsstarker Angriff des Feindes bis auf einen ganz geringfügigen Einbruch von 100 m Tiefe abgewiesen.

Der Schwerpunkt der Kämpfe lag auch gestern wieder im pommerschen Raum, wo es dem Feind durch Zusammenziehung seiner Kräfte gelungen ist, unsere langgestreckte Front zwischen Oder und Königsberg aufzuspalten und seinen Durchbruch wesentlich zu verbreitern. Nördlich an Naugard vorbeistoßend gelangte der Feind bis in den Raum von Wollin und nach Cammin. In diesem breiten Durchbruchsraum befinden sich überall noch deutsche Kräfte, zum Teil – wie in Kolberg und Belgrad – als lose eingeschlossene Besatzungen, andrerseits aber auch Hauptkampfkräfte und geschlossen und gut kämpfende Verbände, die ohne Zweifel in dem Augenblick von besonderer Bedeutung sein werden, wenn es zu einem größeren Bereinigungsunternehmen unsererseits kommt. Diese Kräfte stehen im Gebiet zwischen Bad Polzin und Dramburg. Stärkere Kräfte, u. a. auch die Panzer-Division »Schlesien«, sind in der Heranführung begriffen. Die Angriffe der Sowjets gegen Kolberg und Belgard wurden abgewiesen. Die westliche Abgrenzungslinie des feindlichen Einbruchsraumes verläuft jetzt etwa östlich Wollin bis nördlich Naugard, östlich an Naugard vorbei bis hart westlich Stargard und erreicht von hier aus in der Gegend von Schwedt die Oder. Die östliche Abgrenzungslinie verläuft etwa von Regenwalde bis Schlawe, das in unserer Hand ist, zwischen Rummelsburg und Bütow und erreicht bei Heiderode wieder die Sperrlinie zwischen Heiderode und der Weichsel. Nach Osten hin hat der Feind also seinen Einbruchsraum nicht wesentlich erweitern können; sämtliche zwischen Rummelsburg, Heiderode und Hade geführten feindlichen Angriffe wurden zerschlagen.

Die Angriffe der Sowjets in Ostpreußen waren infolge der an den Vortagen erlittenen schweren Verluste weniger stark. Eine Änderung der Lage trat nicht ein. Auch bei Königsberg fanden keine besonderen Kampfhandlungen statt. In Kurland waren die Angriffe des Feindes bei Preekuln schwächer. Dagegen trat der Feind südlich von Frauenburg mit stärkeren Kräften und Schlachtfliegerunterstützung zu neuen Angriffen an, konnte aber nur einige örtliche Einbrüche erzielen, die sofort aufgefangen wurden. Alle anderen Angriffe scheiterten.

Im Westen gelang es den anglo-amerikanischen Angriffsverbänden, unsere Verteidigungslinie zwischen Köln und Xanten auf den Rhein zurückzudrücken. Allerdings bestehen noch einige Brückenköpfe auf dem linken Rheinufer, so beispielsweise mit einem Radius von etwa 15 km um Wesel einschließlich Xanten, in den Flußschleifen bei Rheinberg, bei Orsoy und gegenüber von Hamborn, Duisburg und Düsseldorf. Überall hat der Feind in den heftigen Kämpfen starke Material- und Menschenverluste davongetragen, bis es schließlich seiner Übermacht gelang, uns bis an den Rhein zurückzudrängen. Auch die Verluste auf eigener Seite waren schwer. Bei Köln steht der Feind jetzt am Nord-, Nordwest- und Westrand der äußeren Stadtbezirke. Südlich davon spielen sich die Kämpfe etwa im Zuge der Linie äußerster Westrand von Köln, westlich Brühl und der Straße Brühl–Euskirchen ab. Euskirchen fiel in feindliche Hand. Über Euskirchen hinaus konnte der Gegner in Richtung auf Bonn nur 2 bis 3 km, in Richtung auf Münstereifel etwa 6 bis 7 km vordringen. Der südliche Drehpunkt der anglo-amerikanischen Offensive liegt im Raum zwischen Gemünd und Schleiden; von hier ab nach Süden besteht wieder die alte Eifelfront. Man glaubt aber, daß auch diese auf die Dauer nicht gehalten werden kann. Durch einen feindlichen Vorstoß nordwestlich von Prüm ist jetzt wieder eine erhebliche Frontausbuchtung nach Westen entstanden. Der Feind ist hier bis in die Gegend 10 km nordwestlich Gerolstein vorgedrungen. Einen weiteren unangenehmen Einbruch erzielte der Gegner aus dem Raum nordwestlich von Bitburg heraus, wo von Kyllburg aus etwa 60 Panzer längs der Straße Bitburg–Daun nach Nordosten vorstießen und bis nach Heidenbach, etwa 12 km südwestlich von Daun, gelangten. Bis jetzt konnten die Feindpanzer noch nicht aufgehalten werden. Auch östlich von Bitburg stieß der Feind in Richtung Wittlich etwa 5 bis 6 km weiter vor und steht jetzt rund 15 km westlich von Wittlich. Nördlich von Trier wurden mehrere feindliche Angriffe abgewiesen; östlich von Trier erreichten die Amerikaner an einigen Stellen den Ruwer-Abschnitt und überschritten die Straße von Ruwer nach Hermeskeil.

Im Raum von Forbach finden weiterhin heftige Bunkerkämpfe statt. Die Lage blieb jedoch unverändert.

In Italien nimmt die Kampftätigkeit weiter zu. Man kann zwar noch nicht von einer Großoffensive sprechen, doch sind überall lebhafte Angriffskämpfe im Gange, insbesondere im Raum nördlich von Porretta bei Vergato, wo der Feind seinen Angriffsabschnitt verbreitern, gegen heftigen deutschen Widerstand aber nur geringfügige örtliche Einbrüche erzielen konnte.

Die sehr starke feindliche Lufttätigkeit im Osten richtete sich hauptsächlich gegen Breslau, das von etwa 1200 sowjetischen Flugzeugen in rollenden Einsätzen bombardiert wurde. In der Innenstadt entstanden zahlreiche Brände. In Kurland herrschte starke feindliche Schlachtfliegertätigkeit. Die eigene Lufttätigkeit im Osten war mittelstark und richtete sich hauptsächlich gegen den pommerschen Raum.

Im westlichen Frontgebiet waren den ganzen Tag über zahlreiche feindliche zweimotorige Bomber und Jäger mit Schwerpunkt Münsterland, Rheinland, Westfalen und Mittelrheingebiet tätig. – Ins Reichgebiet flogen am Tage etwa 800 amerikanische viermotorige Bomber mit fast gleich starkem Jagdschutz zu Angriffen gegen Nordwest-und Mitteldeutschland sowie gegen das Protektorat ein. Die Angriffe richteten sich u. a. gegen Harburg-Wilhelmsburg, Chemnitz, Plauen, Raum Pilsen, Hannover und Nürnberg. Hauptsächlich wurden Industrie- und Verkehrsziele angegriffen. Ein schwächerer englischer viermotoriger Verband von etwa 120 Bombern griff im Ruhrgebiet Industrie- und Verkehrsziele im Raum Gelsenkirchen an. Bisher werden 11 Abschüsse gemeldet.

In der Nacht erfolgte ein Einflug eines aus 600 Bombern bestehenden britischen viermotorigen Verbandes unter Mosquitoführung und Jagdgeleit zum Angriff auf Chemnitz. Störangriffe von Mosquitomaschinen richteten sich gegen Berlin, Hannover, Braunschweig und Wiesbaden. Von Süden her führte ein schwächerer britischer Kampfverband einen Störangriff auf Graz. Von Osten erfolgten laufend Einflüge sowjetischer Störflugzeuge in den Raum von Stettin.

59 eigene Nachtjäger erzielten 20 Abschüsse.

*

Die angloamerikanischen Militärexperten sind sehr unglücklich darüber, dass, wie sie sagen, die deutschen Armeen über den Rhein entkommen sind, und zwar, wie sie ausdrücklich hinzufügen, in voller Ordnung. Sie erklären deshalb, dass eine neue Invasion notwendig sein würde, da der Rhein ein ähnliches Hindernis für militärische Operationen darstelle wie seinerzeit der Kanal. Man ist sich also klar darüber, dass man einen vollen Sieg bei der Offensive im Westen nicht erreicht hat. Das Ziel, das Eisenhower sich gesetzt hätte, nämlich die deutschen Armeen zu vernichten, habe nicht verwirklicht werden können. Man spricht von einer Gefangenenzahl von 45 000; aber auch das reicht der Feindseite nicht aus, um mehr Hoffnungen als bisher auf eine baldige Beendigung des Krieges zu schöpfen.

Besonderes Lob finden bei den englisch-amerikanischen Militärexperten unsere Nachhuten, die sich ja auch in der Tat mit einem phantastischen Kampfesmut schlagen. Ihnen ist es hauptsächlich zu verdanken, dass der Rückzug über den Rhein gedeckt werden konnte.

Es wird vermutlich jetzt wieder im Westen eine Zeit des Wartens einsetzen, denn die Engländer und Amerikaner machen ja bekanntlich keine allzu gewagten Sachen und werden sich deshalb hüten, ohne ihre Nachschublinien gesichert und den Übergang über den Rhein planmässig vorbereitet zu haben, diesen zu wagen. Und trotzdem drängt die Zeit auf der Gegenseite wie noch nie. Man fürchtet, dass der U-Boot-Krieg nunmehr erhebliche Lücken in die feindliche Tonnage hineinreissen werde und dass damit das Elend in den feindbesetzten Westgebieten noch grösser werden könnte, von den Versorgungsschwierigkeiten für die angloamerikanischen Divisionen an der Front ganz zu schweigen. Es ist charakteristisch, dass englische Zeitungen in allem Freimut feststellen, dass Churchill und ich bei unseren Feststellungen in der letzten Woche gemeinsam recht gehabt hätten, als wir betonten, dass das Tonnageproblem für die nächsten Monate das ausschlaggebende auf der westlichen Feindseite werden würde. Hier liegt für uns eine erhebliche Hoffnung. Unsere U-Boote müssen fleissig an der Arbeit bleiben, und vor allem steht es zu erwarten, dass nunmehr auch der neue Typ zum Einsatz kommt, der ja vermutlich viel grössere Ergebnisse erzielen wird als unsere alten U-Boote, die nunmehr mit dem Schnorchel versehen sind.

Rundstedt findet in der Feindpresse wieder eine ausgesprochen gute Note. Ihm wird es vor allem zugeschrieben, dass unsere Truppen im wesentlichen ungefährdet über den Rhein entkamen. Vor dem Rhein hat man eine ausgesprochene Angst. Die Engländer und Amerikaner sind sich natürlich im klaren darüber, dass sie mitten im deutschen Land eine Invasion wie im vergangenen Sommer nicht durchführen können. Dazu sind sie hier von zu vielen starken Handicaps umgeben.

Churchill macht natürlich wieder einen Besuch bei den Truppen auf deutschem Boden. Er aalt sich in der Sonne seines Ruhmes. Er war bei Eisenhower und Montgomery. Sicherlich hat Montgomery ihm einige Eifersüchteleien vorgetragen, die ja zwischen ihm und Eisenhower an der Tagesordnung sind.

Sehr ernst beurteilt der britische Luftfahrtminister Sinclair unsere erneuten Luftangriffe auf das britische Heimatland. Man nimmt diese militärisch zwar nicht allzu tragisch; aber sie drücken allem Anschein nach weiter auf die englische Stimmung, vor allem, da die seit längerem aufgehobene Verdunkelung in Südengland und in London wieder eingeführt werden muss. Es scheint auch, dass unser V-Beschuss weiterhin in der britischen Hauptstadt grosse Verheerungen anrichtet, wenigstens so grosse, dass die englische Stimmung dadurch weiter nachhaltig beeinflusst wird.

Die Streiks in England schiessen wieder wie Pilze aus der Erde. Offenbar hat die britische Arbeiterschaft den Eindruck, dass der Krieg im großen ganzen gewonnen und dass es nun für sie an der Zeit sei, ihre sozialen Forderungen geltend zu machen. 10 000 Hafenarbeiter streiken in London. Militär muss eingesetzt werden, um das kriegswichtigste Gut zur Verladung zu bringen.

Aus einem aussenpolitischen Lagebericht, den Bohle mir, zusammengesetzt aus den Berichten seiner Auslandsvertreter, vorlegt, entnehme ich ungefähr folgendes:

Die allgemeine Auffassung im englischen Volk verstärkt sich immer mehr, dass alle innen- und aussenpolitischen Schwierigkeiten, das wirtschaftliche Problem und die ganze Misere dieses Winters in England allein darauf zurückzuführen seien, dass der Krieg nicht im Herbst 1944 beendet werden konnte und die Regierung keine Alternative in ihren Plänen vorbereitet hatte. Die Winterschlacht in den Ardennen, zusammen mit der Intensivierung der Vergeltunsbeschiessung Londons, der offene Ausbruch feindseligen Zanks mit USA und die Angst vor der nicht zu kontrollierenden Politik Moskaus haben bis Mitte Januar die Krise so weit gebracht, dass die Forderung nach einem sofortigen Kriegsende sehr allgemein wurde. Selbstverständlich geschah das in der festen Überzeugung, die Gefahr eines deutschen Sieges sei ein für allemal vorbei, und es bleibe nur die Geschicklichkeit der Politik übrig, durch schnelle Verhandlungen mit Deutschland den Krieg so gut wie gewonnen abzuschliessen. Daher die plötzliche scharfe Kritik an der Unvernunft der Regierung von allen denjenigen, die offen weiter die bedingungslose Kapitulation propagierten. Auch der Blutverlust der Amerikaner in Frankreich flösste den Engländern erheblichen Schrecken ein, denn er zeigte, was eine Fortsetzung des Krieges auch der englischen Armee noch würde bringen können, nachdem England es hatte vermeiden können, selber in all den Jahren allzu grosse Blutopfer zu bringen. – Gegenüber dieser populären Stimmung und Auffassung standen die schwerwiegenden Fakten, denen sich die Regierung gegenübersah: erstens, dass England und wichtige Positionen des Empires sowie Frankreich praktisch von amerikanischen Armeen besetzt sind, zweitens, dass die Casablanca-Vereinbarung von der bedingungslosen Kapitulation auch unter dem Eindruck des bolschewistischen Vordringens auf dem Balkan bei Roosevelt keine Milderung erfuhr und deshalb von England selbst unter sehr schweren Opfern eingehalten werden muss, drittens, dass die militärischen Operationen Sowjetrußlands noch selbständiger und unabhängiger sind als die der Amerikaner von England und deshalb bei einem Bruch der vereinbarten Bindungen Englands Ziele und Wünsche in Europa nur noch problematischer werden. Die äusserste Verschärfung der Greuelpropaganda über das deutsche Volk zusammen mit der betonten Herausstellung der Fortsetzung eines brutalsten Vernichtungskrieges mit dem Ziel der bedingungslosen Kapitulation bewiesen den starren Willen der Regierung, sich gegen alle Stimmungen der Bevölkerung durchzusetzen. Das Aufhören aller echten Opposition im Parlament, wie sie bei gleicher Zusammensetzung noch 1940 und 1941 in Erscheinung trat, der Rückzug oder die Unterdrükkung aller revolutionären Elemente und Bewegungen und vor allem die praktisch nicht ersetzbare Führung Churchills machen es der Regierung verhältnismässig leicht, sich über alle Kritik hinwegzusetzen. – Inzwischen hat sich die Auffassung Churchills und seiner Gefolgschaft über den Krieg und die Friedensziele klar herauskristallisiert. England müsse am absoluten Sieg über Deutschland direkt beteiligt sein und könne dann nur zusammen mit USA und Sowjetrussland aus dem europäischen Konflikt heraus. Der unerwartet weite Einbruch der russischen Offensive machte es noch dringlicher, mit eigenen Operationen aktiv zu bleiben und mit Stalin zur schleunigsten Einigung über das Problem zu kommen, von welchem Gesichtspunkt aus Deutschland, ja Mitteleuropa, bei einem Zusammenbruch Deutschlands besetzt und verwaltet werden soll. Moskau hat ganz klar zu verstehen gegeben, dass es prinzipiell und praktisch ausgeschlossen sei, dass ein von Sowjetrussland besetztes Gebiet durch Einmischung internationaler Kommissionen oder durch eine angelsächsische Beteiligung an der militärischen Besetzung und zivilen Verwaltung beeinträchtigt werden dürfe. Die Hauptsorge Englands ist, dass Moskau eine sowjethörige Regierung, zum mindesten in dem von ihm besetzten Teil Deutschlands, etablieren werde (Stichwort Seydlitz-Regierung) und damit ein kommunistisches, Moskau verbündetes Deutschland entstehen könnte, das nicht nur die Brücke zum kommunistischen Frankreich und Belgien bilden, sondern die politische und weltanschauliche Richtung ganz Europas bestimmen würde. – Sosehr auch in England die Begeisterung für Sowjetrußland schon nachgelassen hat und in der City und in weiten Kreisen der oberen Mittelklasse ein ausgesprochen antirussischer Kurs angestrebt wird, sowenig kann praktisch England auf die Freundschaft und das Einvernehmen mit Sowjetrussland, koste es was es wolle, vorläufig verzichten. Dies um so weniger, als Amerika sich in seiner Aussenpolitik auf keinem Sektor bereitgefunden hat, England in einem festen Stand gegen Moskau zu unterstützen. Im Gegenteil hat Roosevelt noch bei jeder Gelegenheit bewiesen, dass er auf Kosten Englands das Verhältnis Amerikas zu Sowjetrussland noch zu verbessern und zu intensivieren trachtet. In dieser Beziehung sind japanische Politiker offenbar der Auffassung, dass Amerika erst dann seine Haltung gegenüber Sowjetrussland ändern werde, wenn der Krieg gegen Japan siegreich beendet ist bezw. nicht mehr von dem Wohlwollen Sowjetrusslands oder seiner eventuellen Beteiligung abhängt. Auch gibt es viele Anzeichen dafür, dass die Moskauer Regierung ihrerseits grossen Wert auf die Freundschaft mit Amerika legt und sie immer gegen England auszuspielen bereit ist. – Bei den Verhandlungen mit Stalin hat England eine Hauptfrage zu regeln: Stalin muss zur Antwort gezwungen werden, ob Sowjetrussland bis auf weiteres das von ihm besetzte Gebiet in Europa als sowjetische Einflußspäre betrachtet, in welchem die anderen Alliierten überhaupt nicht mitzureden haben, sei es nun Polen, Rumänien oder Jugoslawien, sei es in dem so weit besetzten Deutschland. Wird eine interalliierte Regelung von Moskau abgelehnt, so wird England mit oder ohne Hilfe Amerikas das gleiche für sich in bezug auf Westeuropa bzw. Italien und eventuell ein zurückerobertes Norwegen und Dänemark fordern. Es gibt vielerlei Anzeichen dafür, dass Amerika nach Beendigung des Krieges in Europa, ja sogar schon zu einem früheren Zeitpunkt, das Gros der in Europa kämpfenden Armeen herausziehen will. Es würde ganz im Sinne der gegenwärtigen Politik Amerikas sein, einer politischen Auseinandersetzung zwischen England bezw. Westeuropa und Sowjetrussland aus dem Wege zu gehen. Das Schicksal Europas interessiert Amerika tatsächlich überhaupt nicht, es sei denn, es in dem Zustand militärischer und weltwirtschaftlicher Impotenz zu halten. – Nach der Auffassung führender Londoner Wirtschaftspolitiker ergibt sich folgende Lage für England: 1. Nur wenn Deutschland bedingungslos besiegt ist, kann England das Erbe der Führung und der wirtschaftlichen Nutzniessung wenigstens der mittel- und westeuropäischen Länder antreten. 2. Das kann nur im guten Einvernehmen und bei einer klaren Abgrenzung der sowjetrussischen Einflussgebiete geschehen. 3. Die Amerikaner sind im Grunde nicht fähig noch daran interessiert, sich im einzelnen um die europäischen Länder und Staaten zu kümmern oder sie zu beherrschen. 4. Alle Länder, die nicht in unmittelbare Abhängigkeit von Russland geraten sind, werden sich sowohl aus wirtschaftlicher Notwendigkeit wie aus politischer Angst vor Sowjetrussland an England anschliessen. Das erwartet man sogar von einem geschlagenen Deutschland, falls es nicht noch im Zuge der von England gedachten Schlussphase des Krieges Sowjetrussland in die Klauen fällt. – Insgesamt ist man in London jetzt noch überzeugt, dass durch einen außenpolitischen Vergleich mit Moskau eine kommunistische Revolution in Westeuropa verhindert werden kann und dann mit Hilfe des demokratisch-parlamentarischen Systems die Kommunisten immer in der Minderheit gehalten werden können, vorausgesetzt, dass man aller sowjetischen Einflussnahme die jetzt angestrebten Grenzen setzen kann. Andernfalls scheint England entschlossen, durch militärische Besetzungen sich seine Einflussnahme bis lange in eine Nachkriegszeit zu erhalten.

Dieser Bericht ist zwar beim Tagen der Jalta-Konferenz geschrieben worden; immerhin aber scheint er mir im grossen ganzen die politische Feindlage richtig zu charakterisieren.

Man kann aus ihm entnehmen, dass im Augenblick für uns politische Chancen nicht gegeben sind. Aber das kann sich ja von Tag zu Tag ändern, vor allem, wenn die Entwicklung in den von den Sowjets besetzten Gebieten weiter ein so rapides Tempo anschlägt wie in den letzten Tagen.

Bohle legt mir ausserdem noch eine Denkschrift über die Reform unseres diplomatischen Dienstes vor, die er dem Führer einreichen wollte. Diese Denkschrift enthält viele brauchbare Gedanken; aber für brauchbare Gedanken wird ja augenblicklich bei uns nicht viel gegeben. Unser diplomatischer Dienst hätte vor Jahren schon reformiert werden müssen. Dass das versäumt worden ist, das haben wir jetzt teuer zu bezahlen. Auf der anderen Seite aber haben wir jetzt sowohl in dieser wie in mancher anderen Frage nicht mehr Zeit genug, um uns mit langwierigen Reformen abzugeben. Wir leben sozusagen von der Hand in den Mund.

Auch ein anderes Exposé, das Bohle dem Führer eingereicht hat und das über die allgemeine Kriegspolitik handelt, entspricht nur den allgemein schon zwischen dem Führer und mir häufig geäusserten Gedankengängen. Bohle sagte also damit dem Führer nichts Neues. Charakteristisch ist dabei nur, dass Bormann sich für die Zukunft weigert, solche Exposés dem Führer vorzulegen, da er sich in aussenpolitische Angelegenheiten nicht hineinmischen wolle, im übrigen aber Ribbentrop selbst für solche Gedankengänge jetzt so zugänglich wäre, dass man sie unmittelbar an ihn heranbringen könne. Ich halte das für ziemlich zwecklos. Ribbentrop ist auf der Feindseite so abgeschrieben, dass er vermutlich nicht dazu geeignet ist, nach London oder nach Washington Fäden zu spinnen.

Was die feindbesetzten Westgebiete anlangt, so ist hier ein ständiges, zwar langsames, aber ununterbrochenes Anwachsen der Krise festzustellen. Die hungernden Hinterländer der englisch-amerikanischen Front stellen für uns eine grosse Hoffnung dar. Hier bildet sich eine politische Opposition, die direkt in den Bolschewismus auszumünden scheint, was die Engländer natürlich vor allem auf dem Westen unseres Kontinents nicht gebrauchen können. Hungerdemonstrationen sind von Tag zu Tag mehr festzustellen, und zwar fast in ganz Europa. Es ist Churchill und Roosevelt schon gelungen, diesen Erdteil in ein furchtbares Chaos hineinzuschleudern. Man bekommt Berichte über die Lebensmittellage vor allem in den besetzten Westgebieten, die einem das Blut in den Adern erstarren lassen. Wenn es auch nicht anzunehmen ist, dass die Engländer aus humanitären Gründen darauf Rücksicht nehmen, so werden sie doch gezwungen sein, darauf zu reagieren, wenn für sie militärische Nachteile dadurch entstehen könnten, und das wird vermutlich in absehbarer Zeit der Fall sein.

Es ist geradezu naiv, wenn die englische Regierung erklären lässt, dass sie nunmehr in Rumänien vermitteln wolle. Wollen schon, aber können, das ist die Frage. Die Sowjets werden sich jede Einmischung in diese Entwicklung verbitten.

In Kroatien herrscht, nach einem Bericht, der mir vorgelegt wird, ein grauenhaftes Durcheinander. Die Ustaschen führen ein Terrorregiment, das jeder Beschreibung spottet. Tito ist der lachende Dritte dabei. Er erweist sich tatsächlich als ein Volksführer von hohen Graden. Ihm gegenüber ist der Poglavnik eine wahrhaft armselige Figur. Er wird nur gehalten durch die deutsche Militärmacht. Im übrigen aber habe ich den Eindruck, als wenn unsere Soldaten in diesem Raum des Südostens lediglich das Chaos verteidigten. Die Verhältnisse sind hier so durcheinandergeraten, dass man nicht mehr hindurchfindet.

Eine sensationelle Meldung kommt aus Helsinki. Mannerheim sei erkrankt und habe sein Amt an den Ministerpräsidenten Paasikivi abgetreten. Die Erkrankung wird ganz offen als diplomatischer Art geschildert. Er könne seinen Dienst nicht mehr versehen. Mit anderen Worten, die Bolschewisten sind nunmehr in Finnland des trockenen Tones satt geworden und wollen Taten sehen. In Schweden hat die Meldung von der Erkrankung Mannerheims einen erheblichen Schock hervorgerufen. Die Stockholmer Blätter tun so, als hätten sie eine solche Entwicklung in keiner Weise voraussehen können. Dabei sind sie es gewesen, die vor Monaten den Finnen zuredeten, mit den Sowjets ein Arrangement zu treffen und aus dem Kriege auszutreten. Nunmehr sind alle Prophezeiungen eingetroffen, die wir dieser Entwicklung mit auf den Weg gegeben haben.

Die militärische Lage in Pommern ergibt sich weiterhin als ausserordentlich bedrohlich. Wir kommen anscheinend mit unseren Gegenmassnahmen zu spät. Zum Teil sind die Sowjets auch in sie hineingestossen, so dass von einem geregelten Aufmarsch nicht mehr die Rede sein kann. Es ist in der letzten Zeit immer so gewesen, dass wir zu einer großen und durchschlagenden militärischen Aktion nicht mehr fähig waren. Bei dem seinerzeitigen Sacharow-Unternehmen im Küstriner Raum haben sich die Truppen des Generals Wlassow hervorragend geschlagen. Es ist geradezu beschämend, wenn in einem Erlebnisbericht von den Offizieren dieser Truppen festgestellt wird, daß sie den Eindruck gehabt hätten, die deutschen Soldaten seien müde und abgekämpft und wollten nicht mehr gegen den Feind vorgehen. Ewig hätten sie den russischen Offizieren und vor allem den sowjetischen Gefangenen in den Ohren gelegen mit der Frage: »Wie werden bei den Sowjets die deutschen Gefangenen behandelt?« Offenbar also spielen sehr viele mit dem Gedanken, einmal in die sowjetische Gefangenschaft hineinzugeraten. Auch hieraus kann man ersehen, dass wir, was die Frontlage anlangt, den Bogen weit überspannt haben. Wir besitzen nicht mehr soviel militärische Kraft, um an einem entscheidenden Punkt wieder einen entscheidenden Sieg zu erringen. Wlassow selbst vertritt den Standpunkt, dass die Sowjets zwar Soldaten und Waffen genug besitzen, dass sie aber vor fast unlösbaren Schwierigkeiten in der Nachschubfrage stehen. Im Oder-Raum verfügten sie über eine Unmenge von Panzern; aber es fehlt ihnen das Benzin. Wenn wir in diese Bereitstellungen tief hineinstossen könnten, so hätten wir dabei sicherlich einen grossen operativen Erfolg zu erwarten. Aber hier ist eben die Frage: wenn wir könnten! Auch die Umnagelung der Bahngleise von Schmalspur auf Breitspur mache in unseren besetzten Ostgebieten erhebliche Schwierigkeiten. Umgekehrt ginge es natürlich sehr viel einfacher. Wlassow ist der Meinung, dass die Sowjets nicht direkt gegen Berlin, sondern zuerst gegen Dresden vorstossen wollen, vorausgesetzt, dass wir ihnen nicht mit einem Stoss unsererseits zuvorkommen. Auch die sowjetischen Soldaten seien ausserordentlich kriegsmüde; aber sie seien von einem infernalischen Hass gegen alles Deutsche erfüllt, was auf eine raffinierte bolschewistische Propaganda zurückgeleitet werden müsse. Wenn Wlassow sagt, Stalin sei in Russland der verhassteste Mann, so ist das natürlich pro domo gesagt. Richtig aber ist seine Behauptung, dass die Sowjets an erheblichem Menschenmangel leiden. Sie haben alle rückwärtigen Gebiete mit Frauen bestellt, und darauf allein ist es zurückzuführen, dass sie noch über erstaunliche Infanteriekontingente verfügen.

Die Rede Hankes aus Breslau hat in der deutschen Öffentlichkeit eine ungeheure Wirkung hervorgerufen. Endlich einmal hat ein nationalsozialistischer Gauleiter ein mannhaftes Wort gefunden, und zwar aus einer eingeschlossenen Festung, die er verteidigt, sehr im Gegensatz zu Greiser, der eine nicht eingeschlossene Stadt vorzeitig verlassen hat.

Die Wirkung meiner letzten Rundfunkrede macht sich jetzt auch langsam bemerkbar. Ich bekomme viele Funksprüche von der Front, die sich mit meinen Darlegungen absolut solidarisch erklären.

Chemnitz ist in den letzten 24 Stunden dreimal sehr schwer angegriffen worden. Es ist uns kaum möglich, mit der Stadt eine Verbindung aufzunehmen. Es scheint, dass sich hier ein ähnlicher Vorgang abgespielt hat wie kürzlich in Dresden. Die sächsischen Städte müssen den seinerzeit glücklichen Umstand, dass sie so lange nicht von der Luft aus angegriffen wurden, jetzt sehr teuer bezahlen.

Die verschiedensten Dienststellen in Partei, Wehrmacht und Staat geben jetzt in erheblichem Umfange k. v.-Kräfte für den Fronteinsatz ab. Allmählich hat es sich doch herumgesprochen, wie ernst die Frontlage ist, und wie dringend es daher notwendig erscheint, Soldaten flottzumachen. Post, Forst und

Verwaltung bieten mir freiwillig ihre Kontingente an.

Ich habe mittags mit den zuständigen Herren aus dem Wehrersatzwesen eine Besprechung über eine radikale Vereinfachung unseres Einziehungswesens. Die Offiziere aus dem Wehrersatzwesen machen auf mich einen absolut unzulänglichen, müden und senilen Eindruck. Solche Typen also haben während des ganzen Krieges das Einziehungswesen beherrscht. Man kann sich vorstellen, wie es bürokratisch überwuchert ist und welcher tiefen Einschnitte es bedarf, um es dem jetzigen Stand unserer militärischen Lage anzupassen. Jedenfalls bin ich entschlossen, hier mit radikalen Mitteln helfend einzugreifen.

Am Abend wird gemeldet, dass die Amerikaner sich in Köln schon bis an den Westbahnhof durchgeboxt haben. Südöstlich Neuss haben sie unseren Brückenkopf aufgespalten und damit wesentlich verkleinert. Bei Krefeld haben sie versucht, einen Übergang über den Rhein zu finden. Hier sind sie allerdings abgeschlagen worden. Die Lage im Raum von Euskirchen gestaltet sich im Augenblick etwas stabiler, und auch in der Schnee-Eifel haben unsere Truppen im grossen ganzen gehalten. Bei Trier laufen deutsche Gegenmassnahmen an, von denen man sich wenigstens eine zeitliche oder örtliche Entspannung der Lage verspricht.

Unser grosser Angriff mit der Armee Sepp Dietrichs in Ungarn hat begonnen. Es sind vorläufig dafür noch keine Prognosen zu stellen. Die ersten Meldungen besagen sozusagen nichts, nur, dass unsere Truppen sehr harten Widerstand gefunden haben und daher räumlich am ersten Tag nicht allzu stark durchgeschlagen sind. Der Feind trifft bereits Gegenmassnahmen, vor allem durch Einsatz sehr starker Luftkräfte. Im Kampfraum von Lauban haben wir weiterhin geringen Geländegewinn zu verzeichnen. Die Operation soll hier fortgesetzt werden, um die Bolschewisten zum Abziehen von Kräften vor allem aus dem Mährisch-Ostrauer Raum zu zwingen. Die beiden Arme, die bei Lauban vorgestossen sind, haben sich noch nicht vereinigen können, aber Schörner hofft, dass das gelingen wird. Dann würden wir auf einige Beute rechnen können. Bis jetzt sind in diesem Raum 136 feindliche Panzer abgeschossen worden. Der Feind hat sehr heftig unseren Brükkenkopf bei Schwedt angegriffen. Er will offenbar bei seinem nächsten Vorstoss – sei es in welcher Richtung auch immer – nicht mehr in den Flanken bedroht sein. Im pommerschen Raum konnte er seine Operationen weiter ausdehnen. Wir stehen hier weiterhin in einer sehr ernsten Krise, während in Ostpreussen und in Kurland alles gehalten hat.

Abends ist Gruppenführer Alvensleben, der Höhere SS- und Polizeiführer von Dresden, bei mir zu Besuch. Er schildert mir die Katastrophe von Dresden in den grausigsten Farben. Es hat sich tatsächlich hier eine Tragödie abgespielt wie selten überhaupt in der Geschichte der Menschheit und auch wohl kaum noch einmal im Verlaufe dieses Krieges. Jetzt beginnt das Leben in Dresden langsam wieder aus den Ruinen zu erwachen. Alvensleben war bei Himmler zu Besuch, der krank in Hohenlychen liegt. Er hat mit Himmler die ganze militärische und politische Kriegslage besprochen und dabei scharfe Attakken gegen Göring und Ribbentrop geritten. Himmler hat dabei den Wunsch geäussert, mich möglichst bald einmal zu sprechen. Ich setze mich abends noch mit ihm in Verbindung, und wir verabreden einen Besuch von mir bei ihm im Laufe des morgigen Mittwoch. Ich will dann mit ihm einmal nicht nur die Kriegslage, sondern vor allem auch alle anstehenden Personalien in der politischen und militärischen Führung des Reiches besprechen. Es scheint mir jetzt an der Zeit zu sein, dass man sich über die zu treffenden einschneidenden Massnahmen auf allen Gebieten klar wird. Sehr viel Zeit haben wir nicht mehr zu verlieren.

8. März 1945 *Donnerstag*

[S. 1–33]

Gestern:

Militärische Lage:

Im ungarischen Raum hatten eigene stärkere örtliche Angriffe zwischen Plattensee und Drau gute Erfolge und drangen im Raum von Kaposvar etwa 6 bis 8 km in Richtung Osiek vor. Gleichzeitig wurde von Süden aus dem Raum Virovitiszar über die Drau nach Norden gleichfalls etwa 6 bis 8 km Boden gewonnen. Auch bei den Angriffen vom Ostzipfel des Plattensees, im Raum südlich Stuhlweißenburg, nach Süden und Osten kam es zu guten Anfangserfolgen.

Im slowakischen Raum setzte der Feind seine starken Angriffe bei Schemnitz und Altsohl fort. An der anschließenden Front bis in die Gegend von Mährisch-Ostrau keine besonderen Kampfhandlungen. Die feindlichen Truppenzusammenziehungen gegen Mährisch-Ostrau und im Raum von Oppeln werden weiter verstärkt. Vor Breslau nichts Neues. Bataillonsstarke Feindangriffe gegen Zobten und bei Goldberg wurden abgewiesen, während eigene örtliche Angriffsunternehmungen zwischen Görlitz und Bunzlau weiter gute Erfolge brachten. Kleine sowjetische Kräftegruppen wurden eingeschlossen und zum Teil vernichtet. Nördlich Guben erzielten wir Stellungsverbesserungen. Im Oderabschnitt lebte die Kampftätigkeit etwas auf. Stärkere Angriffe des Feindes bei Lebus sowie von Norden, Süden und Osten gegen Küstrin und regimentsstarke Angriffe gegen unseren Brückenkopf von Zehden blieben vergeblich.

Der Schwerpunkt der Kämpfe lag wieder im pommerschen Raum. Im Stettiner Raum verläuft unsere Stellung etwa aus dem Brückenkopf von Schwedt heraus bis westlich Stargard und von hier aus nördlich von Gollnow bis Siepenitz. Der Feind griff diese Stellung an verschiedenen Stellen an und erzielte östlich von Friedrichswalde und nördlich von Gollnow Einbrüche von 5 bis 6 km Tiefe, alle anderen Angriffe wurden abgewiesen. Nördlich von Cammin erreichten die Bolschewisten bei Bad Dievenow die Küste. Unsere eigenen Verbände kämpfen sich weiter zurück und stehen jetzt westlich von Belgard bei Greifenberg und südlich von Regenwalde. An der östlichen Flanke des Einbruchsraumes, wo von Schlawe bis südlich Bütow eine deutsche Abwehrfront besteht, griff der Feind nur schwächer an. Sehr heftig waren dagegen seine Angriffe an der Front nördlich von Heiderode bis zur Weichsel. Hier gelangen ihm tiefe Einbrüche bis in den Raum 20 km südlich von Berent, bis zur Bahnlinie Berent–Schöneck und bis Pr.Stargard.

In Ostpreußen waren die feindlichen Angriffe schwächer und wurden sämtlich abgewiesen. Auch in Kurland blieben erneute starke Angriffe südlich von Frauenburg ohne Erfolg.

An der Westfront konzentrierten die Anglo-Amerikaner ihre Anstrengungen hauptsächlich darauf, die verschiedenen kleineren und größeren deutschen Brückenköpfe auf dem linken Rheinufer zwischen Köln und Xanten einzudrücken. Nördlich von Xanten angreifender Feind wurde abgewiesen, und auch der Brückenkopf um Wesel herum wurde nur unwesentlich eingeengt. Dagegen gelang es dem Gegner, unseren Brückenkopf bei Rheinberg sowie die südlich davon gelegenen Brükkenköpfe bis Köln einzudrücken. Rheinberg ist damit in feindlicher Hand. Im Kampfraum von Köln verstärkte der Feind seinen Druck. Die Kämpfe finden einige 100 m westlich des Domes statt. Auch an der Rheinstraße von Köln nach Bonn finden heftige Kämpfe statt. Zwischen Köln und Bonn drang der Feind weiter nach Westen vor und steht hier etwa 12 km nordwestlich und südwestlich von Bonn. Aus dem Raum Euskirchen heraus stieß er sowohl auf der Straße nach Bonn als auch nach Neuenahr vor. Rheinbach ging verloren. Unsere Verteidigungslinie biegt dann südlich von Rheinbach nach Westen um und verläuft etwa 3 km nördlich von Münstereifel bis in die Gegend von Schleiden.

Im Eifelraum hat sich die Lage weiter verschärft. Unter Ausnutzung der schwachen deutschen Besetzung drang der Feind an der Oberen Kyll bis in den Raum von Birgel etwa 25 km nordöstlich Prüm und in den Wald südlich von Gerolstein vor. Gepanzerte Aufklärungskräfte stießen an der Straße Bitburg–Daun–Cochem weit nach Osten vor, überschritten die Straße Cochem–Adenau und stehen jetzt etwa 10 km nordwestlich von Cochem. In den Wäldern nördlich von Trier zwischen Bitburg und Wittlich sind heftige Kämpfe im Gange, ebenso südlich von Trier zwischen der Ruwer und Zerf. Bei Forbach kam es nur zu örtlichen Kämpfen. Der Feind verstärkt hier jedoch, so daß mit der Wiederaufnahme größerer Angriffe gerechnet werden muß.

Aus Italien werden keine besonderen Kampfhandlungen gemeldet. Ein kleineres feindliches Landungsunternehmen hinter unserer Hauptkampflinie im Adria-Abschnitt wurde zerschlagen.

Im Osten wurden im eigenen Lufteinsatz 21 Sowjetflugzeuge abgeschossen.

Im westlichen Frontraum herrschte gestern infolge des ungünstigen Wetters nur schwächere Tätigkeit zweimotoriger Bomber und Jagdbomber mit Schwerpunkt Münsterland, Rheinland und Westfalen.

In Italien war die feindliche Jagdbombertätigkeit im gesamten Frontgebiet sehr lebhaft. Ins Reichsgebiet flogen etwa 150 britische Bomber ein, die Angriffe im Gebiet von Rheine durchführten. In der Nacht griffen etwa 150 Britenbomber Sassnitz an. Schwächere britische Bomberverbände führten erneut einen Störangriff auf Berlin.

*

Obschon die westliche Feindseite immer noch auf das tiefste von dem phantastischen Kampfgeist unserer Truppen im Westen beeindruckt ist, kann man doch andererseits von unserer Seite aus feststellen, dass die Moral unserer Soldaten langsam im Abfallen ist. Das ist auch erklärlich angesichts der Tatsache, daß sie nun seit Wochen und Monaten fast ununterbrochen im Kampf stehen. Irgendwo hört die physische Widerstandskraft auf. Das gilt auch in gewissem Umfange für die Bevölkerung in dem westdeutschen Raume. Es sind im ganzen etwa drei Millionen Menschen in dem Gebiet, das die Engländer und Amerikaner jetzt erobert haben, zurückgeblieben. Sie waren wohl einfach nicht mehr in der Lage, zu evakuieren, und wir hatten ja auch keinen besonderen Druck dahintergesetzt, da wir im Reichsgebiet nicht mehr über genügend Platz verfügen, um so grosse Massen von Menschen aufzunehmen.

Eisenhower geht mit sehr scharfen Befehlen gegen diese Bevölkerung vor. Sie darf ihre Wohnungen nicht verlassen und wird auch sonst nach allen Regeln der Kunst drangsaliert. Aber sie scheint auch zum Teil froh zu sein, dass nun mit den Luftangriffen Schluss geworden ist. Überall in unserer Kriegführung kann man feststellen, dass das Grundübel, das an allen Fronten zu unserer desolaten Lage geführt hat, im Mangel an Luftverteidigung zu sehen ist. Hier haben eigentlich unsere Rückschläge begonnen.

Churchill hat zum ersten Male die Erfolge seines Luftkrieges selbst in Augenschein genommen. Er war in Jülich und hat, wie Reuter berichtet, mit behaglicher Miene auf das Trümmerfeld von Jülich bis Aachen hinuntergeschaut. Ein Ebenbild Neros, der, als Rom brannte, über der Ewigen Stadt sass und die Leier schlug. Ein besseres Symbol für den chaotischen Verfall, in den die englisch-amerikanische Politik Europa gestürzt hat, kann man sich schlecht denken.

Bei seiner Fahrt durch die besetzten Gebiete hält Churchill auch eine Rede an die alliierten Truppen. Sie ist gespickt mit den alten, monotonen Hassausbrüchen gegen die Hunnen.

Neues zur Kriegslage hat dieser Herr nicht vorzubringen, der in Wirklichkeit der Totengräber Europas genannt werden kann. Er sollte sich lieber etwas mehr um die in England an allen Ecken und Enden neu aufflammenden Streiks bekümmern, die wie eine Welle über die britischen Heimatinseln gehen.

Die Lage in und um Köln ist ziemlich trostlos geworden. Der Widerstand unserer Volkssturmbataillone hat, wie zu erwarten war, nicht gehalten. Hier sehen die Engländer und die Amerikaner zum ersten Mal eine grosse Stadt, die völlig in Ruinen verwandelt worden ist, was sie doch auf das tiefste beeindrukken wird. Aber ich glaube nicht, dass sie deshalb im Luftkrieg haltmachen, sondern ihn noch weiter intensivieren werden, denn sie werden sicherlich glauben, dass sie auf diese Weise den Krieg schnellstens zu Ende führen können.

Auch in Köln werden seitens der Besatzungsbehörden die schärfsten Massnahmen gegen die Bevölkerung erlassen. Das kann für uns nur angenehm sein, denn es wird den etwas sinkenden moralischen Widerstand unserer Menschen in der Heimat stärken. Diese Menschen können ja andererseits verstanden werden. Sie sind übermüdet und so abgekämpft, dass sie schon eine Nacht Ruhe auf das wärmste begrüssen. Aber sie brauchen sich nur einmal auszuschlafen, dann sind sie wieder auf dem Posten.

Dass in Köln kaum Widerstand geleistet worden ist, kann ich mir nicht erklären. Die Stadt war doch von Grohé in einen so starken Verteidigungszustand gesetzt worden, dass man hätte annehmen müssen, sie würde den Amerikanern erheblichen Widerstand leisten und ihnen sehr grosse Material- und Blutverluste abzwingen. Das ist aber, wie es scheint, nicht der Fall gewesen. Geradezu beschämend sind die Meldungen, dass der Feind in Köln fast nur noch wehrfähige Männer angefunden hat. Hätte man uns diese rechtzeitig für die Front zur Verfügung gestellt, dann stände es jetzt besser, als es leider tatsächlich steht.

Die Lage im Westen gibt natürlich weiterhin und vermehrt

zu den grössten Besorgnissen Anlass, vor allem, da die Alliierten nun Millionenmassen deutscher Bevölkerung in ihre Hand bekommen. Sie versuchen, diese auf irgendeine Weise zu verwalten und zu regieren. Es ist auch wieder bezeichnend, dass sie in allem Zynismus mitteilen, dass sich dafür am besten die Pfarrer eignen. Sie stellten sich den alliierten Truppen in jeder Weise zur Verfügung. Ich habe seit jeher nichts anderes erwartet. Nur die Jugend zeige sich ausserordentlich renitent, und mit dieser sei rundweg nichts mehr anzufangen. Ein HJ-Junge, der wegen Krankheit in ein Lazarett übergeführt wurde, habe sich darüber beschwert, dass er nicht zu Gefängnis verurteilt wurde.

Die schweren Verwüstungen, die die feindlichen Luftwaffen in deutschen Städten anrichten, veranlassen die engliche Regierung, immer wieder auf die Zerstörung von London hinzuweisen. Dadurch erfährt man ausserordentlich interessante Tatsachen, so z. B., dass die britische Hauptstadt nunmehr zu einem Drittel völlig verwüstet ist.

Eden hat im Unterhaus wieder einmal das Kriegsverbrecherthema angeschnitten. Er hat Ribbentrop und mich als die ersten und grössten deutschen Kriegsverbrecher bezeichnet. Das stellt für mich nur eine grosse Ehre dar, und diese Charakterisierung kann man schliesslich ertragen. Im übrigen gibt Eden nur faule Begründungen für die Tatsache, dass die Engländer sich auf der Jaltaer Konferenz mit der Abtretung Ostpreussens an Polen einverstanden erklärt haben.

Der europäische Sozialistenkongress tagte in London. Er stellt ein unverhältnismässig milderes Programm als Bedingung für die deutsche Kapitulation auf.

Die englische Labour-Party hat in der letzten Zeit eine gewisse Wandlung durchgemacht insofern, als sie bei dem schroffen Kriegskurs Churchills offenbar nicht mehr richtig mitzumachen scheint. Sie ist sicherlich durch die radikale Welle, die sich jetzt auch in England bemerkbar macht, etwas argwöhnisch geworden und fürchtet, dass ihr die breite Masse aus den Händen rutscht.

Die Meldungen des aussenpolitischen Lageberichtes sind alle auf denselben Grundtenor abgestimmt, nämlich, dass die Alliierten in keiner Weise die Absicht haben, uns irgendein Entgegenkommen zu zeigen, dass sie mit der Sowjetunion militärisch in voller Übereinstimmung handeln, dass sie beispielsweise jetzt starke Lebensmitteltransporte durch die Dardanellen hindurchschleusen, um den Sowjets in ihrer stark angespannten Nahrungsmittellage auszuhelfen. Aus Japan wird berichtet, dass ein starker Konflikt zwischen der gemässigten und der radikalen Kriegführung entstanden ist, genau wie bei uns. Die gemässigte Kriegführung stützt sich vor alle allem auf die Flotte, die radikale Kriegführung auf das Heer, das ja seit jeher in Japan ausserordentlich intransigent eingestellt gewesen ist.

Die Finnland-Krise wächst ununterbrochen weiter. Sie erregt im feindlichen und vor allem im neutralen Ausland riesiges Aufsehen. Die schwedische Presse tut ausserordentlich erstaunt; aber sie hat, aus den schon häufiger hier dargelegten Gründen, keinerlei Veranlassung dazu.

Die Flucht des Verrätergenerals Roatta hat in Italien eine sehr ernste Regierungskrise hervorgerufen. In Rom tobt ein roter Aufstand von erheblichen Ausmassen. Die Kommunisten haben riesige Umzüge veranstaltet und auf dem Kapitol die rote Fahne gehisst. Bonomi ist in grosse Schwierigkeiten hineingeraten. Der Aufstand trägt ausgesprochen kommunistischen Charakter, worauf die Engländer besonders hinweisen. Aber ich glaube nicht, dass sie aus dieser Tatsache irgendwelche Konsequenzen ziehen.

Die Erklärung Guderians über die bolschewistischen Greueltaten vor der in- und ausländischen Presse in Berlin hat nicht den Erfolg gehabt, den ich mir eigentlich davon versprochen hatte. Guderian hat etwas zu pathetisch und zu blumig gesprochen, und auch die vernommenen Zeugen waren durch vorherige Aussagen bei den verschiedensten Stellen wohl etwas zu belastet, als dass sie noch frisch und ungehemmt vortragen konnten. Das ist auch ein Grund, warum diese Veranstaltung in der neutralen Presse nicht den Niederschlag findet, den ich mir eigentlich davon erwartet hatte. In Stockholm werden die Aussagen entweder verhöhnt oder totgelacht. Man kann nur Mitleid haben für diese dahinsinkende bürgerliche Welt, deren Vertreter zu den sprichwörtlich bekannten allergrössten Kälbern gehören, die sich ihre Metzger selber wählen.

Über den Luftkrieg verlohnt es sich kaum noch etwas auszusagen. Wir werden Tag und Nacht ununterbrochen bombardiert und haben dadurch schwerste Schäden in unserem Wohnungs- und Rüstungspotential. Den feindlichen Luftarmaden gegenüber haben wir nichts Nennenswertes entgegenzusetzen. Die letzte Nacht war Sassnitz an der Reihe. Dort ist der Rest unserer Kriegsflotte sehr stark gerupft worden. Ein Bericht aus Chemnitz besagt mir, dass dort eine ziemlich verzweifelte Lage herrscht. Wir müssen Reichshilfe mobil machen, um der Stadt aus dem Gröbsten herauszuhelfen.

General Gottberg hat im Auftrage von Himmler nunmehr die grosse Aktion zur Erfassung von herumreisenden Soldaten auf den Bahnhöfen gestartet. Er hat damit vorerst einen erklecklichen Erfolg zu verzeichnen. Aber die Aktion kann natürlich nicht beliebig lange fortgesetzt werden, weil dadurch natürlich auch eine Reihe von wichtigsten Dienstreisen unterbunden werden. Im übrigen sollte sich das OKW in seinen eigenen höheren und höchsten Dienststellen einmal um frontverwendungsfähige Soldaten umschauen. Es wird mir berichtet, dass Keitel schon 110 Züge zur Evakuierung des OKW und des OKH für Berlin hat bereitstellen lassen. Diese Ausreisser werden niemals klug werden. Ich möchte wissen, wo sie eigentlich einmal den Entschluss fassen werden, nun – koste es was es wolle – stehen zu bleiben und zu verteidigen.

Für Berlin tauchen ununterbrochen neue und schwierigste Probleme und Sorgen auf. Die Reichshauptstadt befindet sich augenblicklich in einer ausserordentlich angespannten Lage nach allen Richtungen hin, und dabei muss ich auch noch dauernd bemüht bleiben, sie für eine kommende Verteidigung sattelfest zu machen. Man kann sich vorstellen, was alles dazugehört. Nachmittags fahre ich zu Himmler heraus, um mit ihm eine längere Besprechung abzuhalten. Die Fahrt durch Berlin ist für mich einigermassen erschütternd. Ich sehe nach längerer Zeit wieder einmal das Ruinenfeld, in das die Reichshauptstadt verwandelt worden ist. Aber überall kann man auch bemerken, dass Barrikaden wie Pilze aus dem Boden schiessen. Hätten wir genug Soldaten und Waffen, so könnte Berlin auf beliebig lange Zeit verteidigt werden. Unterwegs treffen wir Trecks über Trecks, vor allem von Schwarzmeer-Deutschen. Was da unter der Marke deutsch in das Reich hineinströmt, ist nicht gerade erheiternd. Ich glaube, dass im Westen mehr Germanen mit Gewalt in das Reich eindringen, als im Osten Germanen friedlich in das Reich kommen.

Die Fahrt durch Mecklenburg ist wie eine Erquickung. Das Land ist völlig unzerstört und atmet tiefen Frieden. Man könnte bei flüchtigem Hinschauen gar nicht bemerken, dass überhaupt Krieg ist.

Himmler befindet sich in Hohenlychen, um sich etwas auskurieren zu lassen. Er hat eine schlimme Angina durchgemacht, die eben im Abklingen ist. Er macht mir einen leicht angeknockten Eindruck. Trotzdem können wir uns sehr ausführlich über alle anstehenden Fragen unterhalten. Himmler hält sich im allgemeinen sehr gut. Er gehört zu unseren stärksten Persönlichkeiten. In meiner zweistündigen Besprechung mit ihm kann ich feststellen, dass wir in der Beurteilung der allgemeinen Lage völlig übereinstimmen, so dass ich darüber kaum etwas auszusagen brauche. Er wendet sich in schärfsten Ausdrücken gegen Göring und Ribbentrop, die er als die beiden Fehlerquellen unserer allgemeinen Kriegführung bezeichnet, womit er ja absolut recht hat. Aber er weiss auch nicht, wie man den Führer dazu bringen könnte, sich von beiden zu trennen und an ihre Stelle neue, starke Persönlichkeiten zu setzen. Ich berichte ihm von meiner vorletzten Unterredung mit dem Führer, in der ich den Führer darauf aufmerksam gemacht habe, dass das Beibehalten insbesondere von Göring zu einer Staatskrise zu führen droht, wenn nicht schon geführt hat. Himmler erkundigt sich eingehend danach, wie diese Auslassungen auf den Führer gewirkt haben. Der Führer war zwar davon sehr beeindruckt, aber Konsequenzen hat er im Augenblick noch nicht daraus gezogen.

Was die Fronten anlangt, so ist Himmler darüber sehr besorgt, insbesondere über die Entwicklung in Pommern und im Westen. Aber mehr Sorge macht ihm augenblicklich noch die Ernährung, die sich ja auch für nächsten Monate ziemlich trostlos gestalten wird. Die Moral der Truppe ist zweifellos angeschlagen. Das gibt Himmler auch aus den Erfahrungen der Heeresgruppe Weichsel zu. Dazu kommt, dass wir weder auf dem militärischen noch auf dem zivilen Sektor über eine starke zentrale Führung verfügen, weil alles an den Führer selbst herangetragen werden muss und das nur in einer geringen Anzahl der Fälle überhaupt gemacht werden kann. Überall stehen einer erfolgreichen Kriegführung Göring und Ribbentrop im Wege. Aber was kann man tun? Man kann den Führer ja schliesslich nicht mit Gewalt zwingen, sich von beiden zu trennen. Himmler fasst die Situation richtig zusammen in den Worten, der Verstand sagt ihm, dass wir nur noch wenig Hoffnung haben, den Krieg militärisch zu gewinnen; der Instinkt aber sagt ihm, dass sich über kurz oder lang eine politische Möglichkeit eröffnen wird, um ihn doch noch zu unseren Gunsten zu wenden. Himmler sieht diese mehr im Westen als im Osten gegeben. Er glaubt, dass England zur Besinnung kommen würde, was ich einigermassen bezweifle. Himmler ist, wie sich aus seinen Ausführungen ergibt, ganz nach dem Westen orientiert; vom Osten erwartet er überhaupt nichts. Ich glaube, dass eher im Osten etwas zu erreichen wäre, da Stalin mir realistischer zu sein scheint als die englisch-amerikanischen Amokläufer. Aber wir müssen uns natürlich klar darüber sein, dass, wenn es uns gelingen würde, einen Frieden zu erreichen, dieser klein und bescheiden sein wird. Voraussetzung dafür ist, dass wir irgendwo stehen bleiben, denn wenn wir am Boden liegen, dann können wir nicht mehr mit dem Feind verhandeln. Es muß also jetzt die ganze Kraft des Reiches auf dieses eine Ziel konzentriert werden.

Himmler ist damit einverstanden, dass wir jetzt die in Kasernen befindlichen auszubildenden Truppeneinheiten als Polster hinter die West- und hinter die Ostfront legen. Jüttner hat sich dagegen bisher mit Händen und Füssen gesträubt. Himmler wird deshalb Jüttner zu sich bestellen und ihm den Marsch blasen. General Kleiner, der nächste Mitarbeiter Jüttners, ist auch sein Einbläser, und er segelt vollkommen noch den Kurs von Generaloberst Fromm.

Auch über Fromm spreche ich mit Himmler ausführlich. Kaltenbrunner hat am Morgen noch dafür gesorgt, dass der gerade laufende Prozess gegen Fromm etwas energischer geführt wird, als das offenbar der Fall ist. Fromm hat in der ersten Phase dieses Prozesses absolut die Verhandlungsführung an sich gerissen.

Es herrscht bei Himmler eine sehr nette, bescheidene und absolut nationalsozialistische Atmosphäre, was ausserordentlich wohltuend wirkt. Man kann sich nur freuen, dass wenigsten bei Himmler noch der alte nationalsozialistische Geist vorherrschend ist. Auf der Heimfahrt habe ich Gelegenheit, alles, was wir besprochen haben, noch einmal gründlich zu überlegen. Die Fahrt durch ein dunkelndes und sich verdüsterndes Land ist sehr eindrucksvoll. Immer wieder fahren wir an wandernden Trecks vorbei, die fast wie eine Symbolisierung dieses gigantischen Krieges erscheinen.

Kaum in Berlin angekommen, muss ich mich schon wieder in die Arbeit stürzen, die in den wenigen Stunden, dass ich weg war, wieder zu einigen Bergen angewachsen ist.

Was die Abendlage anlangt, so wird aus Ungarn berichtet, dass unsere Truppen dort ausserordentlich harten Widerstand finden. Sie konnten deshalb noch keine grösseren räumlichen Erfolge erzielen. In Pommern hat sich eine weitere Verschlechterung ergeben, ebenso in Westpreussen. Es besteht hier die Gefahr, dass unsere Truppen erneut in einzelne Teile aufgespalten werden. Unser Angriffsunternehmen bei Lauban hat einige Erfolge erzielt.

Gauleiter Stöhr ruft micht an und beklagt sich bitter über die sinkende Moral innerhalb der Truppe, die ja leider in der Tat festzustellen ist. Die Bevölkerung wird zum Teil davon angesteckt, und Stöhr möchte sich nun in seinem Gau über den Drahtfunk an die Öffentlichkeit wenden, um zu versuchen, die Moral wieder etwas zu festigen.

Der Feind ist über Bonn in Richtung Koblenz vorgestossen. Hier ist das Kartenbild völlig verwirrend. Man wird versuchen, westlich der Mosel eine neue Verteidigungslinie aufzubauen; aber es ist sehr die Frage, ob das noch gelingen wird.

Dr. Naumann war in meinem Auftrage beim Führer, um ihm die Frage der Evakuierung der obersten Führungsstellen des Reiches und der Wehrmacht aus Berlin vorzutragen. Der Führer ist der Meinung, dass man eine solche wenigstens vorbereiten sollte. Ich wäre ja an sich froh, wenn diese hohen Dienststellen aus Berlin schleunigst verschwänden, denn sie stellen keine Stärkung der Kampfmoral der Reichshauptstadt dar. Man sollte sie also – und darin hat der Führer völlig recht – langsam heraussickern lassen, ohne dass das öffentlich Aufsehen erregt.

Naumann ist von der Unterredung mit dem Führer tief beeindruckt. Der Führer hat sich in bester und festester Form gezeigt. Wenn die Lage auch ausserordentlich ernst und bedrohlich ist, so stellt er doch den ruhenden Pol in der Erscheinungen Flucht dar. Solange er noch an der Spitze des Reiches steht, braucht man die Fahne nicht sinken zu lassen.

9. März 1945 *Freitag*

[S. 1–39]

Gestern:

Militärische Lage:

Im Angriff über die Drau wurden gegen starken feindlichen Widerstand zwei Brückenköpfe gebildet. Zwischen Drau und Plattensee wurde der eigene Angriff gegen heftige feindliche Gegenangriffe fortgesetzt. Ebenso konnten die Angriffe zwischen Plattensee und Donau südöstlich und südlich Stuhlweißenburg weiteren erheblichen Geländegewinn erzielen. Zwei ungarische Städte wurden zurückerobert. In der Mittel-Slowakei scheiterten bis auf wenige örtliche Einbrüche alle feindlichen Angriffe an den bisherigen Brennpunkten. An der gesamten Front bis nach Lauban fanden nur Kampfhandlungen von örtlicher Bedeutung statt. In der Festung Breslau wurde im Südteil weitergekämpft. Das eigene Angriffsunternehmen von Lauban ist abgeschlossen. Dabei wurde die 3. sowjetische Garde-Panzer-Armee so angeschlagen, daß sie in absehbarer Zeit nicht zum Einsatz kommen kann. An der Oderfront bis Küstrin keine Veränderung der Lage. Küstrin selbst wurde wiederum sehr stark, aber erfolglos von Südosten und Nordwesten angegriffen.

Im pommerschen Raum scheiterten starke Panzerangriffe an der Stellung südlich Stettin, während es den Sowjets gelang, nördlich Stargard bis nach Altdamm vorzudringen. Damit ist die Gefahr der Aufspaltung des Stettiner Brückenkopfes gegeben. Nach schweren Kämpfen konnte der Gegner in Gollnow eindringen. Ebenso gelang es ihm, den Brückenkopf von Wollin einzudrücken. Kolberg wehrte Angriffe am Stadtrand ab. Die Ausweitung des sowjetischen Einbruchsraumes nach Nordosten gelang dem Feind durch die Inbesitznahme von Schlawe und Zitzewitz. Die sowjetischen Angriffe aus dem Raum von Heiderode errangen weiteren Bodengewinn. Bei Neukrug wurden die Angriffe am östlichen Verteidigungsring von Danzig aufgefangen. Zwischen Marienburg und Elbing führten die Sowjets mit aus dem ostpreussischen Raum herangeführten neuen Kräften sehr starke Angriffe und erzielten hierbei einen tieferen Einbruch bis an die Straße von Marienburg nach Tiegenhof.

Im ostpreußischen Kampfraum war die Gefechtstätigkeit geringer.

Im kurländischen Raum wurde südöstlich Frauenburg der Angriff von 14 sowjetischen Divisionen nach ersten Anfangserfolgen am Abend durch erfolgreiche Gegenangriffe zum Scheitern gebracht.

Während an der Westfront im Brückenkopf Wesel ein voller Abwehrerfolg erzielt wurde, konnte der Gegner in Köln sowie beiderseits Brühl die eigenen Kräfte weiter zurückdrücken. Östlich Euskirchen stiess der Feind mit starken Panzerkräften in das Ahrtal vor und erreichte Neuenahr. Nördlich Cochem konnte der Feind weiter in Richtung Koblenz Boden gewinnen. Seine Versuche, den Einbruch nach Süden zu erweitern, scheiterten. Zwischen Kyllburg und Ehrang sowie nordöstlich Trier dauern heftige Kämpfe mit nach Osten angreifendem Feind an. An der Ruwer finden wechselvolle Kämpfe statt. Die übrigen Kampfhandlungen an der Westfront haben nur örtliche Bedeutung.

Die feindliche Lufttätigkeit war an der Ostfront in den Schwerpunkträumen sehr lebhaft. Eigener Einsatz von Panzerschlachtflugzeugen hauptsächlich im pommerschen Raum. In Luftkämpfen wurden neun sowjetische Flugzeuge abgeschossen.

Im Westen war infolge ungünstiger Witterung die Einflugtätigkeit gering.

Ins Reichsgebiet flogen am Tage amerikanische Bomber Angriffe auf Verkehrs- und Industrieziele im westfälischen und mitteldeutschen Raum. Bei Nacht griff ein starker britischer Kampfverband, durch Störflugzeuge geführt, in der Hauptsache Hamburg, Hemmingstedt, Dessau und Leipzig an. Die Reichshauptstadt wurde zweimal durch schnelle Kampfflugzeuge angegriffen. Nachtjäger erzielten 41 sichere und zwei wahrscheinliche Abschüsse – sämtlich Bomber. Flakerfolge sind noch nicht gemeldet.

*

Die westliche Feindseite behauptet einerseits, dass unsere Truppen heldenhaften und zähen Widerstand leisten und der englisch-amerikanische Siegesweg mit Blut gedüngt werden müsse, andererseits aber, dass die Bevölkerung dem Feind sehr offenherzig entgegentrete und dass das Aufstecken weisser Fahnen auf den Häusern zu einer Regelmäßigkeit geworden sei. Ich glaube, dass diese Meldungen zum Teil richtig sind, zum Teil Falsches enthalten. Jedenfalls steht fest, dass grössere Gruppen unserer Truppen in keinem Fall kapituliert haben, sondern – soweit ihre Möglichkeiten und ihre Waffen überhaupt reichen – Widerstand um jeden Preis leisten. Man ist sich darüber auch im Feindlager völlig klar. Trotzdem sieht man ein nahes Kriegsende gegeben. Exchange Telegraph beispielsweise berichtet, dass man in amtlichen englischen Kreisen davon überzeugt sei, dass der Krieg in Kürze zu Ende gehen werde, dass man auf die letzten Kämpfe in Deutschland keine Rücksicht mehr zu nehmen brauche, dass das Kriegsende einfach durch eine Proklamation des englischen Königs angekündigt werden könne. Auf einen nach Meinung der Engländer von uns beabsichtigten illegalen Widerstand gibt man nicht viel mehr. Man glaubt, dass das deutsche Volk schon so zermürbt sei, dass es dazu keine Fähigkeiten mehr besitze. Offenbar hat sich Churchill angesichts der innerenglischen Stimmung gezwungen gesehen, den Termin des Kriegsschlusses wieder einmal etwas näher zu präzisieren. Er spricht jetzt von zwei Monaten, die der Krieg noch dauern werde. Er habe keine Absicht, eine deutsche Regierung überhaupt anzuerkennen. Das deutsche Volk werde ausschliesslich von den Besatzungsbehörden regiert werden. Wie sich die zukünftige Welt im Gehirn eines britischen Plutokraten abmalt! Man kann sich wohl in London gar nicht vorstellen, dass ein Volk von 80 Millionen zu einer solchen Lösung niemals seine Hand bieten würde und dass eher Europa in einem Chaos und in Flammen und Rauch versänke, als dass es sich einer solchen Auflösung unterwürfe.

Am Abend kommt aus Eisenhowers Hauptquartier die alarmierende Nachricht, dass es den Amerikanern gelungen sei, einen kleinen Brückenkopf auf dem rechten Rheinufer zu bilden. Ich kann diese Nachricht nicht mehr genau kontrollieren, da die Nachrichtenverbindungen mit dem Westen nicht klappen. Ich halte aber diese Nachricht für ziemlich ausgeschlossen. Strassenkämpfe spielen sich in Bonn und in Godesberg ab. Tiefsten Eindruck machen auf die Engländer und Amerikaner die Zerstörungen, die sie in Köln vorgefunden haben. Sie sehen hier zum ersten Male, welche verheerenden Wirkungen ihre fortgesetzten Luftbombardements nach sich ziehen, und ich fürchte, dass sie sich dadurch nur ermuntern lassen werden, in dieser barbarischen Kriegführung weiter fortzufahren, ja, sie noch erheblich zu intensivieren.

Was das Verhalten unserer Bevölkerung dem Feind gegenüber anlangt, so wird es sehr zwiespältig geschildert. Einerseits sagt man, dass mit dieser Bevölkerung überhaupt nichts anzufangen sei, da sie im Innern nazistisch geblieben wäre; andererseits aber wird auch vielfach behauptet, dass sie dem Feind in einer devoten Haltung gegenübertrete. Man kann diese Frage im Augenblick noch nicht endgültig klären. Man muss zuerst einmal die ersten Wirren einer militärischen Aktion abwarten und zusehen, bis die Dinge sich wieder gesetzt haben. Dann wird der Feind schon zu verspüren bekommen, wie das nationalsozialistische Deutschland auf seine Brutalitäten reagiert.

Eine einzige große Hoffnung bleibt uns augenblicklich noch im U-Boot-Krieg. Dieser macht der westlichen Feindseite erhebliche Sorgen. Dass ausgerechnet jetzt unsere U-Boote wieder aktiv werden, hatte man nicht erwartet. Andererseits aber ist man darüber ausserordentlich schockiert, denn die feindliche Tonnagelage ist, insbesondere durch die Ausweitung des Pazifikkrieges, für die Engländer und Amerikaner so gespannt geworden, dass sie kein Schiff entbehren können. Es ist deshalb verständlich, dass vor allem von Washington aus immer wieder erklärt wird, die USA hätten ein gesteigertes Interesse daran, den Krieg in Europa möglichst schnell zu beendigen. Wir haben demgegenüber ein gesteigertes Interesse daran, ihn möglichst lange hinzuziehen und dem amerikanischen Kriegsminister, der den eben charakterisierten Wunsch zum Ausdruck gebracht hat, einen dicken Strich durch seine Rechnung zu machen.

Dass man gewillt ist, nun auch auf psychologischem Gebiet gröberes Geschütz aufzufahren, ersieht man aus einer Reihe von Schwindelmeldungen, die jetzt vor allem von London aus in die Welt gesetzt werden. Man spricht von ernsten Unruhen in München, von einer Filmrevolte, die angeblich in Babelsberg gegen die Regierung stattgefunden und bei der ich eine höchst undankbare Rolle gespielt hätte. Man kolportiert eine gefälschte Rede des Führers vom 24. Februar vor den Gauleitern, die so hahnebüchenen Unsinn bringt, dass es sich gar nicht verlohnt, sie überhaupt wiederzugeben. Man richtet an die Berliner Bevölkerung den Aufruf, vor dem beginnenden Sowjetansturm zu kapitulieren. Kurz und gut, es ist wieder einmal der Teufel los, und die Feindseite lässt alle Minen springen, um dem deutschen Volke in dieser so ausserordentlich kritischen Zeit auch noch die innere Gelassenheit zu nehmen. Ich glaube allerdings, dass es nicht notwendig ist, darauf in unserer inneren Propaganda zu reagieren. Jeder Deutsche weiss heute ganz genau, was er zu tun hat, da er sich in jeder Weise darüber im klaren ist, was ihm drohen würde, wenn der Feind sein Ziel erreichte. Dem feindlichen Ausland gegenüber lasse ich diese Schwindelmeldungen durch ein kurzes, kategorisches Dementi abfertigen.

Erfreulich ist in all diesem Wirrwarr, dass die politische Krise auf der Feindseite weiter wächst. Sie entzündet sich immer noch am Kommuniqué von Jalta. Die amerikanischen Blätter gehen jetzt mehr aus sich heraus. Sie werfen den sogenannten »Grossen Drei« vor, dass sie versucht hätten, die Uhr der Geschichte zurückzustellen, und dass sich das wie immer so auch in diesem Falle auf das bitterste rächen werde.

Die Japaner fangen jetzt auch allmählich an, den Ernst der Lage zu erkennen. Die Tokioter Zeitungen schreiben von der Möglichkeit einer amerikanischen Landung auf dem japanischen Mutterland und dass die japanische Nation sich wie ein Mann dagegen erheben werde. Es ist ganz gut, dass die Japaner jetzt auch etwas in die unmittelbare Schusslinie hineingezogen werden; sie werden dann wahrscheinlich viel grössere Anstrengungen gegen den Feind unternehmen, als das bisher leider der Fall gewesen ist.

In Rumänien sind in der letzten Zeit die Legionäre fleissig an der Arbeit, um den Sowjets Schwierigkeiten zu machen. Wir unsererseits sind dabei, eine große Partisanenorganisation in den besetzten deutschen Ostgebieten zu organisieren. Das dauert zwar eine geraume Zeit, bis eine solche Partisanenorganisation in Tätigkeit treten kann; immerhin aber kann man sich einiges davon versprechen.

In Moskau droht man uns jetzt eine Zangenbewegung gegen Berlin an. Ich fürchte, dass man eine solche auch beabsichtigt, nachdem die Sowjets durch ihren Vorstoss in Pommern ihre tiefe Flanke zum grossen Teil abgedeckt haben. Die Vorbereitungen im Oder-Frontteil vor Berlin allerdings lassen nicht darauf schliessen, dass sie im Augenblick eine gegen die Reichshauptstadt gerichtete militärische Operation planen. Ich glaube auch, dass dazu im gegenwärtigen Zeitpunkt ihre Kräfte nicht ausreichen. Sie müssten immerhin zwei intakte Armeen ansetzen, um gegen eine Stadt wie Berlin aktiv vorzugehen. Diese stehen ihnen gegenwärtig nicht zur Verfügung.

In Ostpreussen hat nun Rendulic Ordnung geschaffen. Aus einem seiner Berichte entnehme ich, dass er, als er die Heeresgruppe übernahm, 16000 Versprengte zählte. Die hat er in kurzer Zeit auf 400 heruntergedrückt, und zwar mit ziemlich brutalen Mitteln. Er arbeitet in diesem Punkte genauso wie Schörner und Model. Es scheint, dass Rendulic den Ehrgeiz hat, sich in die Reihe unserer ersten modernen Heerführer hineinzudienen.

Der Duce hat eine ausserordentlich feste und sichere Rede gehalten. Diese Rede ist auf den Grundakkord abgestimmt: Deutschland kann nicht geschlagen werden. Wenn das italienische Volk so dächte bzw. gedacht hätte wie der Duce, dann hätte der Krieg einen ganz anderen Verlauf genommen. Aber das italienische Volk ist des Duce nicht wert und verdient keinen Schuss Pulver.

Der Luftkrieg hat wieder verheerend in den letzten 24 Stunden über dem deutschen Reichsgebiet gehaust. Magdeburg und vor allem Dessau waren an der Reihe. In Dessau sind Flächenbrände entstanden; der grösste Teil der Stadt ist dadurch niedergelegt worden. Wieder eine deutsche Stadt, die zum grössten Teil dem Erdboden gleichgemacht wird. Dazu kommen Meldungen aus letzthin angegriffenen Städten, insbesondere aus Chemnitz, die einem graue Haare machen können. Furchtbar wirkt demgegenüber immer wieder, dass wir dem feindlichen Luftkrieg kein nennenswertes Abwehrmittel entgegenzusetzen haben.

Von der Parteikanzlei wird nunmehr ein Sondereinsatz zur Hebung der Moral der Truppe geplant. Jeder Gau soll fünf ausgesuchte politische Leiter, die im Offiziersrang stehen, zur Verfügung stellen, um den Versuch zu machen, die absinkende Moral der Truppen wieder hochzuheben. Die Demoralisationserscheinungen sind jetzt vor allem auch im Westen festzustellen, ein Beweis dafür, dass es durchaus nicht stimmt, was mir kürzlich auf meinen Vorschlag, aus der Genfer Konvention auszutreten, entgegengehalten wurde, nämlich, dass die Moral unserer Truppe im Westen nur deshalb hielte, weil der Soldat einem fairen Gegner gegenüberstände. Die Desertionen haben einen ziemlich beachtlichen Umfang angenommen. Die Bevölkerung vor allem im Westen leistet diesen Desertionen gewissermassen Vorschub. Was soll man auch im Augenblick von ihr anderes erwarten, da sie den Feind mit weissen Fahnen empfängt. Im Brückenkopf Neuss beispielsweise haben sich im Verlaufe einer Nacht sehr beachtliche Mengen von Soldaten aus dem Kampffeld herausgeschlichen. Auch hierdurch wird wieder erwiesen, dass wir die ganze Kriegführung übertourt haben und sie jetzt dem Volke über dem Kopf zusammenzuschlagen droht. Immer wieder wird betont, dass die feindlichen Luftbombardements daran die Schuld tragen. Man kann das auch verstehen, dass, wenn ein Volk jahrelang einer feindlichen Waffenwirkung gegenübergestellt ist, gegen die es selbst kein Abwehrmittel besitzt, es langsam den Mut sinken lässt.

Eine ausgekochte Wut herrscht gegen den letzten Artikel von Dr. Ley, in dem er geschrieben hat, der Luftkrieg habe uns so arm gemacht, dass wir das gewissermassen als Erleichterung verspürten, und die letzten Luftangriffe auf Dresden habe die deutsche Bevölkerung mit einem sichtlichen Aufatmen zur Kenntnis genommen. Man kann bei den Artikeln von Dr. Ley immer sehr leicht feststellen, was er meint; leider drückt er es in taktisch so ungeschickten Sätzen aus, dass sie in der Öffentlichkeit stärksten Widerwillen erregen. Er ist ein Publizist, wie er nicht sein soll.

Ich fahre mittags zu einem Besuch nach Görlitz. Das Wetter ist klar und frostig. Über der Landschaft liegt eine wunderbare Sonne. Nachdem man das Trümmerfeld von Berlin hinter sich hat, kommt man in ein Gebiet hinein, das scheinbar vom Kriege noch gänzlich unberührt ist. Man fühlt sich direkt glücklich, wieder einmal freies Land und freie Luft zu atmen. Nicht nur in Berlin, sondern auch unterwegs sind überall Barrikaden aufgebaut gegen einen sowjetischen Panzervorstoss. Das Volk auf dem platten Lande lebt noch ein ziemlich ungestörtes Leben. Man kann es darum beneiden. Die Fahrt geht an Dresden vorbei über Bautzen, das wie im tiefsten Frieden liegt. Bautzen ist noch gänzlich unzerstört und bietet deshalb einen erquickenden Anblick. Dann aber kommt man unmittelbar in das Frontgebiet hinein. Wir fahren lange Zeit dicht an der Front vorbei. In der Ferne sieht man hin und wieder feindliche oder deutsche Kanonenschüsse aufblitzen. Kurz vor Görlitz müssen wir eine kurze Pause machen. An unseren Wagen tritt eine Frauengruppe heran, die mich mit einer überschwenglichen Freude begrüsst. Man sieht also doch, dass wir im Volke selbst noch einen starken Vertrauensvorrat und eine unverbrauchte Autoritätsstellung besitzen. Wir müssen sie nur in Gebrauch nehmen. Das heisst, wenn der Nationalsozialismus als reine Idee vor dem Volke wieder in Erscheinung träte, losgelöst und befreit von allen Korruptions- und Zeiterscheinungen, dann würde er auch heute noch die siegreich durchschlagende grosse Idee unseres Jahrhunderts sein.

Gegen 2 Uhr mittags kommen wir in Görlitz an. Die Stadt bietet einen merkwürdigen Anblick. Frauen gibt es kaum noch; sie sind mit ihren Kindern längst evakuiert. Görlitz ist eine Stadt der Männer geworden.

Kreisleiter Malitz, ein früherer Berliner Ortsgruppenleiter, empfängt mich in Görlitz. Er hat die Verteidigung der Stadt in einen fabelhaften Zustand versetzt und ist fest entschlossen, sie unter allen Umständen zusammen mit der Wehrmacht zu halten. Generaloberst Schörner ist eigens aus seinem Hauptquartier gekommen, um an meinem Besuch in Görlitz teilzunehmen. Er stellt mir seine Offiziere vor, die einen fabelhaften Eindruck machen. Man sieht, dass Schörner an ihnen ein grossartiges Erziehungswerk geleistet hat. Jedenfalls ist hier von Defaitismus nicht das geringste zu verspüren.

Ich mache dann gleich mit Schörner zusammen eine Fahrt nach Lauban, das am Morgen erst durch unsere Truppen vom Feind gesäubert worden ist. Unterwegs berichtet mir Schörner über die Lage seiner Heeresgruppe. Er hat den Angriff im

Raum von Lauban angesetzt, um den Feind in Bewegung zu bringen, was ihm auch gelungen ist. Er hat bei dieser Aktion den grössten Teil eines feindlichen Panzerkorps zerschlagen, ohne dass unsere Truppen erhebliche Verluste erlitten. Er ist der Meinung, dass, wenn man den Bolschewisten offensiv richtig anpackt, er unter allen Umständen zu schlagen ist. Seine Infanterie sei völlig desolat; er stütze seine Kriegführung ausschliesslich auf seine materielle Übermacht, insbesondere an Panzern. Was Breslau anlangt, so glaubt Schörner, dass er die Stadt in einigen Wochen wieder befreien kann. Er hatte eigentlich schon bei der Aktion von Lauban die Absicht dazu; leider musste er seine Angriffsdivisionen für unsere Abwehr in Pommern zur Verfügung stellen und konnte deshalb die Lauban-Aktion nicht weiter fortsetzen.

Sehr besorgt ist Schörner um die Entwicklung im Mährisch-Ostrauer Raum. Hier erwartet er den nächsten grossen Stoss der Sowjets, und deshalb muß er jetzt schon vorsorgen. Er hat deshalb gerade einen neuen Angriff im Raum von Ratibor angesetzt, der am Morgen angelaufen ist und von dem er sich einiges verspricht. Überhaupt besteht jetzt sein Prinzip darin, den Feind zu beunruhigen, ihm Schwierigkeiten zu machen und damit ihn zu zwingen, Bewegungen durchzuführen, die die Konsolidation seiner Fronten langsam auflöst.

Schörner ist eine ausgesprochene Führungspersönlichkeit. Was er mir im einzelnen über seine Methoden zur Hebung der Moral vorträgt, ist grossartig und zeugt nicht nur für sein Feldherrntalent, sondern auch für seine überlegene politische Einsicht. Er geht mit ganz neuen, modernen Methoden vor. Er ist kein Schreibtisch- und Kartengeneral; die grösste Zeit des Tages verbringt er bei der kämpfenden Truppe, zu der er ein zwar hartes, aber doch sehr vertrautes Verhältnis hat. Insbesondere hat er sich die sogenannten »trainierten Versprengten« aufs Korn genommen. Unter »trainierten Versprengten« versteht er jene Soldaten, die es immer wieder verstehen, sich in kritischen Situationen von der Truppe abzusetzen und unter irgendeinem Vorwand in das Hinterland zu verschwinden. Er geht mit solchen Figuren ziemlich brutal um, lässt sie am nächsten Baum aufhängen und ihnen ein Schild beigeben, auf dem steht: »Ich bin ein Deserteur und habe mich geweigert, deutsche Frauen und Kinder zu beschützen«. Das wirkt natürlich auf die anderen Deserteure oder solche, die es werden wollen, sehr abschreckend.

Eine große Hilfe leistet Schörner bei all dieser Arbeit mein Mitarbeiter Todenhöfer, auf den er grosse Stücke hält. Todenhöfer ist auch mit nach Görlitz gekommen und freut sich unbändig, mich wiederzusehen. Schörner erzählt mir, dass Todenhöfer ihm vor allem in der politischen Formulierung seiner Aufrufe und Befehle wertvollste Dienste leistet.

Wir kommen unterdessen in Lauban an. Die Stadt ist durch die vorangegangenen Kämpfe ziemlich stark mitgenommen. Natürlich ist ein einziger englisch-amerikanischer Luftangriff auf eine Stadt viel verheerender als ein tagelang andauerndes Artillerieduell. Immerhin aber wirkt eine so zerstörte Stadt im schlesischen Raum, der sonst noch ziemlich unbehelligt vom Kriege geblieben ist, etwas abschreckend.

Auf dem Marktplatz in Lauban, der völlig zerstört ist, haben Fallschirmjäger, die bei der Operation von Lauban sehr ruhmvoll beteiligt waren, Aufstellung genommen. Schörner spricht zu den Truppen und findet in seiner Rede die rühmendsten Worte für mich und für meine Arbeit. Er preist insbesondere meinen ständigen und unermüdlichen Kampf für einen totalen Krieg und wünscht diesen Bestrebungen Glück. Er sagt, dass ich als einer der wenigen Männer das Ohr der Front in vollem Umfange besässe. Ich antworte darauf mit einem sehr starken Appell an die Moral der Truppe und vor allem an die geschichtlichen Aufgaben, die sie heute zu versehen hat. In der Tat bietet ja auch das Lokalkolorit dazu die besten Voraussetzungen. In diesem Raum gibt es kaum eine Stadt und kaum ein Dorf, in dem Friedrich der Große nicht einen seiner Siege erfochten oder eine seiner Niederlagen erlitten hat.

Unter den aufmarschierten Soldaten entdecke ich als Leutnant meinen alten Mitarbeiter Haegert, der sich innerhalb der

Grossdeutschland-Verbände wieder zur Front gemeldet hat. Er ist auf das tiefste ergriffen, mich wiederzusehen. Am Flügel der aufmarschierten Truppe steht ein Hitler-Junge von 16 Jahren, der sich eben das EK geholt hat.

Sowohl der Marktplatz in Lauban als auch der Anfahrts- und Abfahrtsweg sind übersät mit abgeschossenen feindlichen Panzern. Hier haben unsere Abwehrwaffen tatsächlich ganze Arbeit gemacht. Es beschleicht einen ein heimliches Grauen, diese ungetümen, roboterhaften Stahlkolosse zu sehen, mit denen Stalin Europa unterjochen will.

Schörner muss dann wieder in sein Hauptquartier zurückfahren, weil er die neue Operation bei Ratibor führen muss. Unser Abschied verläuft ausserordentlich freundschaftlich. Ich habe Schörner direkt in mein Herz geschlossen.

Wir fahren dann unmittelbar an die Front. Von einer Beobachtungsstelle aus kann ich auf der Gegenseite den sowjetischen Aufmarsch sehen. In diesem Bezirk hat sich die Schlacht um Lauban abgespielt. Die Offiziere, die mich begleiten, berichten mir über die Kampfmoral des Feindes. Sie ist nicht besonders hochstehend. Sie vertreten immer wieder den Standpunkt, dass, wenn man ihn hart anfasse, er bald ins Laufen kommen muss. Allerdings muss man ihm wenigstens eine gewisse Masse von Material entgegenstellen können. Seine Verluste bei der Schlacht um Lauban sind enorm gewesen. Unsere Soldaten kennen, nachdem sie die Greueltaten der Sowjets in Augenschein genommen haben, keinen Pardon mehr. Sie schlagen die Sowjets mit dem Spaten und mit dem Gewehrkolben tot. Die Grausamkeiten, die sich die Sowjets haben zuschulden kommen lassen, sind unbeschreiblich. Man kann an allen Ecken und Enden dieses Weges Beispiele, die furchtbarste Zeugnisse sind, finden.

Wir machen dann einen kurzen Besuch bei einer Artilleriestellung, die mir zu Ehren eine gepfefferte Salve gegen die Sowjets abschiesst. Die Offiziere und Soldaten stellen bestes Menschenmaterial dar. Es ist erfrischend, sich mit ihnen zu unterhalten. Allerdings darf man nicht vergessen, dass sie aus den Eliteverbänden des Grossdeutschland-Korps stammen, das ja immer eine besondere Personenauslese betrieben hat. Mein Besuch vorn bei der Truppe löst dort die grösste Freude aus. Man sieht es an den Gesichtern der Männer, wie befriedigt und beglückt sie sind, mich so weit vorn zu sehen. Der Feind gibt augenblicklich Ruhe. Er scheint seine Wunden zu lecken, die er bei der Schlacht um Lauban erlitten hat. Nur hin und wieder grüsst er mit einigen Artilleriesalven herüber.

Wir fahren dann nach Görlitz zurück. Im Hotel, das einen durchaus friedensmässigen Eindruck macht, habe ich dann endlose Debatten mit politischen Leitern und Offizieren, die natürlich etwas Näheres über den Krieg erfahren wollen. Das heisst aber nicht, dass sie niedergedrückt wären. Ganz im Gegenteil, es herrscht hier ein Kampfgeist wie in der guten alten Zeit. General Graeser, der im Kriege ein Bein verloren hat, ist zwar im Typ etwas von der alten Schule. Trotzdem aber benimmt er sich grossartig. Hervorragend ist der junge General Mäder, der Chef der Führer-Grenadier-Division, die hauptsächlich den Kampf um Lauban bestritten hat. Mit 35 Jahren schon hat er seine Generalsepauletten. Die Stimmung, die in diesem Kreise herrscht, ist direkt ansteckend. Von Defaitismus keine Spur. Das merke ich dann auch, als ich in der überfüllten Stadthalle vor Soldaten und Volkssturmmännern spreche. Ich finde hier ein Publikum, das für meine Darlegungen völlig aufgeschlossen ist. Meine Rede ist ganz auf Kampf und Durchhalten eingestellt. Ich halte den Männern die Parolen der jetzigen Situation vor Augen und erhärte sie durch eine Reihe von geschichtlichen Beispielen, die vor allem in diesem Raum durchaus überzeugend wirken. Man kann sich vorstellen, welche Effekte eine solche Rede bei einer solchen Versammlung erzielt. Ich fühle mich ganz glücklich und losgelöst und bin froh, endlich einmal aus der Berliner Atmosphäre entwischt zu sein.

Im Hotel wird uns ein Essen vorgesetzt, an dem alles dran ist. In Görlitz ist man ernährungsmässig noch aufs beste gestellt, da grosse Fleisch- und Fettvorräte aus den von den

Sowjets besetzten Gebieten zurücktransporiert worden sind, die nun unter allen Umständen aufgegessen werden müssen. Immer wieder stelle ich fest, dass bei diesen Männern ein fester Glaube an den Sieg und an den Führer vorherrscht. Die Offiziere aus diesem Kampfraum benehmen sich mir persönlich gegenüber fabelhaft. Man merkt, dass meine langjährige Arbeit bei ihnen grösstes Vertrauen erweckt hat. Bis spät abends sitze ich mit ihnen zusammen. Es sind schöne Stunden, die direkt erholsam wirken.

Dann fahren wir nach Berlin zurück. 40 km lang müssen wir direkt hinter der sowjetischen Front her fahren. Man sieht über der Front die Leuchtkugeln aufsteigen und hin und wieder eine Artilleriesalve aufblitzen. Es fällt natürlich schwer, den richtigen Weg zu finden, da die Front hier sehr kraus verläuft und die gewagtesten Windungen macht. Aber es gelingt uns dann doch, uns aus dem Gewirr herauszufinden und bei Cottbus die Autobahn zu erreichen. Dann geht es in schnellster Fahrt nach Berlin zurück. Ich bin froh, wieder in meine alte liebe Reichshauptstadt zurückzukehren. Zu Hause finde ich einen Berg von Arbeit vor. Magda hat wieder ihre Gesichtsschmerzen und leidet sehr darunter. Das können wir im Augenblick nicht gebrauchen. Ich bin hundemüde, komme aber nur wenige Stunden zum Schlafen.

10. März 1945 *Sonnabend*

[S. 1–30]

Gestern:

Militärische Lage:

Im gesamten ungarischen Raum schreiten die eigenen Angriffsunternehmungen weiter fort. Besonders beachtlich sind die Erfolge am Malom-Kanal sowie südwestlich von Stuhlweißenburg.

In der Südslowakei ist der feindliche Druck beiderseits Schemnitz nach wie vor sehr stark. Nach einigen Einbrüchen wurde der Feind in der Tiefe des Hauptkampffeldes aufgefangen. Bei Altsohl und Nikolas wurden seine Angriffe abgewiesen. Im Raum nördlich von Ratibor stießen deutsche Verbände überraschend von Westen und Nordwesten her in Richtung Südosten in die Aufmarschbewegungen des Feindes hinein und brachten hier die sowjetischen Bereitstellungen erheblich durcheinander. Im Südteil von Breslau wurden in Gegenangriffen einige Häuserblocks zurückerobert. Das Unternehmen von Lauban ist inzwischen abgeschlossen; die deutschen Truppen gehen jetzt wieder zur Verteidigung über. Hier ist eine Armee des Feindes erheblich angeschlagen und die wichtige Bahnlinie Görlitz–Greifenberg–Hirschberg freigekämpft worden. In Guben wurde der in den Ostteil eingedrungene Feind wieder herausgedrückt. Auch im Brückenkopf Lebus wurden die heftig angreifenden Sowjets im Gegenangriff zurückgeschlagen und die eigene Stellung verbessert. Sehr heftige Angriffe richtete der Feind von Süden, Südwesten und Norden her gegen Küstrin. Während die Angriffe von Süden und Südwesten her abgeschlagen werden konnten, gelang es den Bolschewisten, von Norden her in die Stadt einzudringen und einen Straßenzug in ihren Besitz zu bringen.

In Pommern hat die Lage durch ein weiteres Eindrücken unseres Brückenkopfes um Stettin eine Verschärfung erfahren. Die neue Linie verläuft jetzt nördlich von Pölitz bis Altdamm, das sich noch in unserem Besitz befindet, und von hier aus nach Greifenhagen. Bei Altdamm und Greifenhagen griff der Feind sehr heftig an, konnte aber aufgefangen bezw. abgewehrt werden. Der Versuch der Bolschewisten, auf die Insel Wollin zu gelangen, scheiterte. Von Treptow aus gelangte der Feind bis nach Bad Horst an die Küste. In Kolberg ist die Lage unverändert. Eine stärkere deutsche Kräftegruppe steht noch im Raum von Greifenberg. Sie versuchte zunächst, sich nach Westen durchzuschlagen, und hat sich inzwischen, da sie dort nicht durchkam, nach Nordwesten gewendet. An der östlichen Flanke des Einbruchsraumes in der Gegend von Stolp und Bütow keine Änderung der Lage. Dagegen gelang es den Sowjets, aus dem Einbruchsraum nördlich von Heiderode bis an den äusseren Festungsring von Danzig heranzukommen. Die vordersten Teile wurden bei Zuckau abgewehrt. Der Vorstoß der Sowjets zwischen Marienburg und Elbing wurde im Gegenangriff zum Stehen gebracht.

In Ostpreußen gruppiert der Feind um, so daß mit einem Wiederaufleben der Angriffstätigkeit in allernächster Zeit gerechnet werden muß.

Im Westen griff der Feind beiderseits Xanten und südlich davon erneut sehr stark an. Zum Teil wurden die Angriffe abgewehrt; zum Teil gelangen dem Feind aber auch tiefere Einbrüche in den Brückenkopf. Die Kämpfe sind hier außerordentlich schwer. Im Südteil des Kölner Brückenkopfes erzielte der Feind einen Einbruch bis an die Bahnlinie Köln–Bonn. In Bonn sind heftige Straßenkämpfe im Gange, ebenso in Bad Godesberg. Gepanzerte Kräfte aus dem Raum Ahrweiler gelangten zum Teil über die Brücke bei Remagen auf das Ostufer des Rheins. Es handelt sich hier um eine Panzerabteilung und drei Infanterie-Bataillone. Der Vorstoß wurde bei Linz abgeriegelt und aufgefangen. Gegenmaßnahmen wurden sofort eingeleitet. In der Nacht wurde die Brücke von Stuka-Flugzeugen angegriffen und beschädigt; es ist aber möglich, daß sie immer noch benutzbar ist. Südlich von Remagen stieß der Feind auf dem Westufer des Rheins in Richtung Niederbreisig vor. Im Einbruchsraum der Eifel gelangten feindliche Panzerspitzen bis 4 km westlich von Koblenz. Starke Angriffe gegen die Abschirmungsfronten im Norden und Süden des Einbruchsraumes wurden abgewehrt. Bemerkenswert ist aber ein von Euskirchen nach Süden vorgehender feindlicher Panzerstoß, der offenbar die Aufgabe hat, die noch haltenden Teile der deutschen Front zum Einsturz zu bringen, so daß die am Kyll-Abschnitt stehenden eigenen Verbände kämpfend auf eine etwa 4 bis 5 km weiter östlich liegende neue Stellung zurückgegangen sind. Der ziemlich scharf nachdrängende Gegner wurde an der neuen Linie abgewiesen. Ebenso sind unsere Kräfte im Raum von Hillesheim vor der drohenden Umklammerung in die Gegend des Nürburgringes und das Gelände westlich davon ausgewichen. In den neuen Stellungen wurden die Angriffe des Feindes abgewiesen. Im Kampfraum von Trier versuchte der Feind seinen Einbruchsraum in Richtung Osten gegen die Mosel zu erweitern. Er stieß über die Ruwer in Richtung auf Kent vor, wurde dann aber aufgefangen. Südlich von Trier sind nach wie vor amerikanische Kräfte eingeschlossen; die Kämpfe dauern dort noch an.

An der übrigen Westfront fanden keine Kampfhandlungen von Bedeutung statt.

Von der italienischen Front liegen keine besonderen Meldungen vor.

Im Osten war die feindliche Lufttätigkeit gestern sehr stark. Sie richtete sich hauptsächlich gegen frontnahe Ortschaften und gegen den Nachschubverkehr. Allein im Mittelabschnitt wurden 1400 Einflüge festgestellt. Auch der eigene Lufteinsatz war recht umfangreich. So waren im Mittelabschnitt 365 deutsche Schlachtflugzeuge eingesetzt. Insgesamt wurden 16

Feindmaschinen abgeschossen.

An der Westfront herrschte wegen schlechten Wetters nur geringe feindliche Lufttätigkeit.

Im Reichsgebiet führten die drei amerikanischen Bomberdivisionen Angriffe auf Siegen, Frankfurt·, Bad Homburg, Giessen, Dortmund, Recklinghausen, Essen, Bochum und Wuppertal. Von Süden flog ein starker amerikanischer Verband Angriffe auf Marburg und Kapfenberg. Kein eigener Jagdeinsatz. Die Erfolgsmeldungen der Flak stehen noch aus. Gegen 21 Uhr griffen etwa 300 britische Bomber Kassel an. Ein aus etwa 200 Maschinen bestehender Mosquito-Verband führte einen Angriff auf Hamburg. 60 Mosquitos wandten sich gegen Berlin, weitere 20 gegen Osnabrück. Einzelne Bombenabwürfe auf Bremen.

*

Die englischen Blätter berichten, dass Churchill bei einem Besuch von Aachen eine höhnische Freude zur Schau getragen habe. Er hätte sich ausserordentlich befriedigt über das Ausmaß der dort durch den Luftterror angerichteten Schäden geäussert. Das passt ganz zu ihm. Er ist ein Amokläufer erster Sorte. Aber nicht nur wir werden sein Wirken zu beklagen haben, sondern viel mehr noch das englische Volk, das sich in einem heillosen Augenblick seiner politischen Entwicklung in seine Arme geworfen hat. Die Engländer erklären jetzt rund heraus in ihrer Presse, dass fünf Millionen Deutsche wahrscheinlich nach dem Kriege verhungern müssten, weil sie nicht daran denken wollten, für sie Lebensmittel zu beschaffen. Das passt auch zu ihrer Mentalität. Aber das kann uns nicht beirren. Die Engländer haben sich völlig in ihre Hassidee verrannt und werden am Ende selbst ihr Opfer sein. Dass sie jetzt den Terrorcharakter des Luftkrieges gegen uns offen zugeben, ist auch besonders charakteristisch. Sie nehmen nun keinerlei Rücksicht mehr auf die öffentliche Meinung der Welt. Aber ich glaube, dass uns das auf die Dauer sehr von Vorteil sein wird, denn so verroht ist die öffentliche Weltmeinung denn doch noch nicht, dass sie ein so zynisches Gebaren auf die Dauer widerspruchslos entgegennehmen würde.

Wenn man die englisch-amerikanischen Berichte über die in Köln angerichteten Zerstörungen liest, möchte man fast auf den Gedanken kommen, dass wir die schöne Hansestadt in ein Ruinenfeld verwandelt hätten. Vor allem die Amerikaner werfen uns vor, dass wir durch die Fortsetzung des Krieges diese Schäden angerichtet haben. Eine Welt der Widersprüche, der Lüge und der Heuchelei, wie man sie sich schlimmer in der blühendsten Phantasie nicht vorstellen kann. Aber ich nehme an, dass aus diesen furchtbaren Irrungen und Missverständnissen eine schönere, bessere Welt entstehen wird.

In London trägt man jetzt einen übertriebenen Friedensoptimismus zur Schau. Man glaubt nach der jüngsten Erklärung der britischen Regierung, dass der Krieg jeden Tag zu Ende gehen könnte. Allerdings hat man auf der Feindseite auch die grösste Eile, denn vor allem die Engländer sehen doch langsam ein, dass, je länger der Krieg dauert, sie um so mehr ihren mächtigen Bundesgenossen, insbesondere den Sowjets gegenüber ins Hintertreffen geraten. Bei uns stehen die Dinge natürlich auch nicht zum besten. Insbesondere hat sich jetzt im Westen ein ziemlich starker Einbruch in die Kriegsmoral vollzogen, die hier langsam abzusinken beginnt. Man darf zwar die dafür vorliegenden Anzeichen nicht überschätzen. Bei so verlustreichen militärischen Aktionen ist es ja immer noch festzustellen gewesen, dass Teile unserer Soldaten und auch Teile unserer Zivilbevölkerung die Nerven verloren. Es ist weit übertrieben, wenn hinzugefügt wird, dass unsere Bevölkerung die Soldaten am Schiessen verhinderte. Es mag hier und da ein Verrückter einen solchen Zwischenfall hervorgerufen haben, aber das ist beileibe nicht die Regel. Die Kriegschlusspsychose, die hier und da Platz gegriffen hat, ist allgemein in der Welt verbreitet. Die Massen der Völker möchten lieber heute als morgen den Krieg beendigen. Es fragt sich nur, wie er beendigt werden soll.

Die Entwicklung im Westen gibt natürlich zu den stärksten militärischen Besorgnissen Anlass. Sie haben den Führer veranlasst, nun Kesselring nach Berlin kommen zu lassen. Eventuell wird er nach einer Aussprache mit ihm ihn an die Stelle von Rundstedt setzen. Rundstedt ist zu alt geworden und operiert zu sehr nach Weltkriegsbegriffen, als dass er einer Entwicklung, wie sie sich im Westen Bahn gebrochen hat, Herr werden könnte. Ganz verheerend wirkt sich die Tatsache aus, dass es den Amerikanern gelungen ist, die Rheinbrücke bei Remagen unbeschädigt in ihren Besitz zu bekommen und auf der rechten Rheinseite einen Brückenkopf zu bilden. Dagegen sollen nun in großem Stile Gegenmassnahmen anlaufen, weil sich natürlich jeder über die Bedrohung, die durch einen rechtsrheinischen Brückenkopf für uns gegeben ist, im klaren ist. In der Nacht werden schon Jus angesetzt, die einen Teil der Brücke zerstören; aber man weiss nocht nicht, ob die Brücke dadurch für die Amerikaner unbrauchbar geworden ist. Im Feindlager ist man über diese Nachricht natürlich glücklich. Man tut schon so, als habe man das ganze rechte Rheinufer in Besitz. In der Tat ist es ja eine tolle Schweinerei, dass die Remagener Brücke nicht rechtzeitig gesprengt worden ist. Sie konnte von den Amerikanern kampflos genommen werden.

Die Sowjets zeigen in ihrer Presse für den Krieg im Westen keinerlei Interesse. Sie tun ihn mit ein paar nichtssagenden Zeilen ab und widmen dafür einen grossen Teil ihrer Publizistik den politischen Vorgängen in Rumänien, die ja auch für sie von grösserem Belang sind. Die Angloamerikaner müssen sich von Moskau eine Behandlung gefallen lassen, die geradezu empörend ist. Aber sie besitzen ja keine Machtmittel, um sich dagegen irgendwie zur Wehr zu setzen. Höchstens können sie hin und wieder durch eine wachsende Kritik in ihrer Presse auf die Unverschämtheiten der Sowjets reagieren.

Das Ergebnis von Jalta wird weiterhin scharf attackiert, und zwar sowohl in den USA wie in der englischen Öffentlichkeit. Man nimmt sich vor allem die Lösung des Polenproblems vor; in Wirklichkeit aber meint man natürlich die Behandlung des

Deutschland-Problems, denn hier liegt eigentlich der Hund begraben. Jedoch ist diese Kritik sehr mässig, und die Angst vor Moskau überschattet doch alle anderen Motive der Angloamerikaner.

Die Sowjets üben im Bereich des ehemaligen Polens weiterhin ihre blutige Terrorherrschaft aus, ohne sich durch die englisch-amerikanischen Einsprüche darin behindern zu lassen. Sie nehmen auf Churchill und Roosevelt keinerlei Rücksicht. Eine neue Verhaftungswelle geht über das Land, der vor allem die polnischen Nationalisten zum Opfer fallen.

In Rumänien verläuft die Entwicklung planmässig, d.h. nach dem Willen des Kremls. Als Pikanterie kann verzeichnet werden, dass der vergangene rumänische Ministerpräsident Radescu sich in die englische Botschaft geflüchtet hat, worüber man in Moskau ein groteskes Erstaunen heuchelt.

Der japanische Ministerpräsident Koiso legt in einer Ansprache den Ernst der Lage dar, der ja tatsächlich für die Japaner in ausgesprochenem Umfange gegeben ist. Er plädiert daher für eine Mobilisierung aller japanischen Kräfte für die Kriegszwecke. Japan macht jetzt eine ähnliche Entwicklung durch wie wir vor etwa zwei Jahren. Ich hoffe, dass es andere Folgerungen daraus zieht, als wir das damals getan haben, denn es müsste eigentlich durch das deutsche Beispiel hinreichend belehrt sein, wohin es führt, wenn man seine Kriegsmassnahmen zu spät trifft.

Die Sowjets klagen sehr über die zunehmende Sabotagetätigkeit hinter ihrer Front. Es ist durchaus nicht so, dass sie das Hinterland absolut in der Hand hätten, zumal sie dort nur wenig Truppenteile stehen lassen können. Sie legen weiterhin alles ins Schaufenster, um die nächsten Stösse gegen uns vorzubereiten.

Was militärische Erfolge auch auf politischem Felde für Konsequenzen nach sich ziehen, sieht man jetzt bei den neutralen Staaten. Die Schweden ergehen sich in prosowjetischen Freundlichkeiten, die gar nicht mehr überboten werden können. Wenn die schwedischen Pfeffersäcke allerdings glauben, dass sie sich damit die Sympathie des Kremls erwerben können, dann befinden sie sich in einem verhängnisvollen Irrtum. Der Kreml lässt überhaupt nichts gelten, was nicht ausgesprochen bolschewistisch ist. Anlehnungsversuche an ihn werden meistens vom Bolschewismus mit Stössen gegen den Magen beantwortet.

Terboven hat wieder einen erheblichen Krach mit der schwedischen Regierung, und zwar wegen des Grenzverkehrs. Die Schweden suchen sich immer wieder mit uns in der norwegischen Frage anzulegen, um sich damit den Beifall der Engländer und Amerikaner zu erwerben. Terboven hat an den Führer eine Denkschrift über die Handhabung des Oberbefehles in Norwegen im Ernstfall eingereicht. Er macht darin den Vorschlag, dass er hinter Boehme stellvertretender Oberbefehlshaber werden soll, damit er die Gewähr hat, dass im Ernstfalle auch politisch richtig gehandelt wird. Ich glaube nicht, dass der Führer auf diesen Vorschlag eingehen kann.

Geradezu grotesk mutet es an, dass die Norweger jetzt auf eine Befreiung vom deutschen Joch durch die Sowjets hoffen. Sie würden sich wundern, wenn diese Befreiung Wirklichkeit würde.

Die Tschechen sind nunmehr leicht renitent geworden. Man ersieht das aus einer Zunahme der Sabotagetätigkeit. Diese ist darauf zurückzuführen, dass niemand im tschechischen Volke mehr an einen deutschen Sieg glaubt und die oppositionellen Elemente sich für die Zukunft ein Alibi verschaffen wollen.

Die Massnahmen, die jetzt in Ungarn getroffen werden zur Aufstellung eines Arbeitsdienstes nach deutschem Muster, kommen reichlich spät. Den Ungarn ist kaum noch zu helfen. Sie haben ihre Stunde verpasst und können jetzt von den kriegführenden Grossmächten nur noch als Voraussetzung ihrer Kriegführung angesehen werden.

Ich empfange mittags eine grössere Delegation im Reich tätiger fremdvölkischer Arbeiter, die mir Adressen ihrer Bereitschaft zur Mitarbeit vortragen. Ich antworte darauf in einer sehr dezidierten Rede, in der ich unser kommendes

Europa-Programm auf der Grundlage einer sozialistischen Neuordnung des Kontinents zum Vortrag bringe. Ich verspreche mir von dieser Rede, wenn sie in den Zeitungen der fremdvölkischen Arbeiter veröffentlicht wird, einige Wirkung. Diese fremdvölkischen Arbeiter sind zum grossen Teil durch die Verhältnisse im Reich auf unsere Seite gezogen worden. Kehren sie nach dem Kriege in ihre Heimatländer zurück, so werden sie sicherlich unsere besten Propagandisten sein.

Im Luftkrieg wird die Serie der schweren Angriffe gegen unsere grossen Städte forgesetzt. Diesmal sind Kassel, Hamburg und Bad Homburg an der Reihe. Dass die Amerikaner Bad Homburg angreifen, ist auf reine Terrorabsichten zurückzuführen. Die Berichte, die über Dessau vorliegen, sind ganz schrecklich. Die Stadt ist zum grössten Teil vernichtet worden.

Bei den bei mir eingelaufenen Briefeingängen ist das bisher tiefste Tief der deutschen Kriegsstimmung festzustellen. Die Briefschreiber beklagen sich über die defaitistische Haltung grosser Frontteile, aber auch über die gewaltigen Stimmungseinbrüche in der heimatlichen Zivilbevölkerung. Selbst die Optimisten fangen jetzt an wankend zu werden, ein Zeichen dafür, dass wir uns auf dem Höhepunkt der Krise befinden. Der Reichsmarschall wird fast in allen Briefen als das Karnickel bezeichnet, das die deutschen Rückschläge an allen Fronten verschuldet habe. Dass er immer noch im Amt bleibt, ist für viele Briefschreiber ein Zeichen dafür, dass wir uns in einer latenten Staatskrise befinden.

OKW und OKH wollen im Ernstfall aus Berlin etwa 50000 Mann evakuieren. So gross sind also unsere militärischen Führungsapparate! Man kann sich vorstellen, dass nichts Nennenswertes an schöpferischer Leistung dabei herauskommt.

Die Anlegung eines Mannschaftspolsters hinter der Ost- und Westfront ist nun in ein neues Stadium eingetreten. Jüttner hat energisch gegen meinen Plan opponiert und ihn zum Teil auch torpediert. Es sollen jetzt nur die Ersatzeinheiten aus vier Wehrkreisen in die rückwärtigen Frontgebiete gelegt werden. Im ganzen handelt es sich hier um 40000 Mann, was natürlich für den gedachten Zweck zuwenig ist; immerhin aber stellt es mehr dar als nichts, und ich werde weiterhin in der von mir erstrebten Richtung bohren, um am Ende doch noch zum gewünschten Ziel zu kommen.

Generaloberst Fromm ist wegen Feigheit vor dem Feinde zum Tode verurteilt worden. Er hat dieses Urteil voll und ganz verdient. Es konnte ihm zwar nicht nachgewiesen werden, dass er am 20. Juli beteiligt war; aber er hat auch nicht die ihm pflichtgemäss obliegenden Massnahmen getroffen, um den 20. Juli zu verhindern.

Ich habe eine lange Aussprache mit Marrenbach über die Leitartikel von Dr. Ley. Er hat sich letzthin unter dem Titel »Ohne Gepäck« einige Eskapaden geleistet, die gar nicht mehr erträglich sind. So schreibt er zum Beispiel über die Vernichtung von Dresden, dass sie vom deutschen Volke mit einem Aufatmen begrüsst worden sei, da wir jetzt auch unsere letzte Kulturstadt verloren hätten. So kann man natürlich den Luftkrieg nicht behandeln. Wenn ich diese Beweisführung für richtig anerkennen wollte, dann müsste ich als letzte Schlussfolgerung daraus ziehen, dass es das beste wäre, wir würden das Reich überhaupt dem Feind überlassen, da wir dann nicht das geringste Gepäck mehr mitzuschleppen hätten.

Am Abend wird aus dem Westen leider gemeldet, dass es immer noch nicht gelungen ist, den Brückenkopf bei Remagen zu beseitigen. Es sind dort improvisatorische Gegenmassnahmen getroffen worden, die allerdings nicht durchgeschlagen sind. Im Kampfraum von Koblenz nach Norden hin schlagen sich einige Gruppen noch immer bis an den Rhein zurück.

Die Unterredung zwischen dem Führer und Kesselring ist günstig verlaufen. Wahrscheinlich wird Kesselring nunmehr anstelle von Rundstedt die Westfront übernehmen.

Aus Ungarn sind gute Nachrichten eingetroffen. Es ist der 6. Panzer-Armee gelungen, in die feindlichen Verteidigungsstellungen tiefe Einbrüche zu erzielen. Man versucht jetzt, in den Rücken des Feindes zu gelangen, um seine Streitkräfte zu vernichten, und glaubt damit einen beachtlichen Teil seiner Front zum Einsturz bringen zu können. Die Sowjets wehren sich natürlich mit Händen und Füssen; aber hoffentlich gelingt es Sepp Dietrich, sich mit dem Plan des Führers durchzusetzen. Die Kampfhandlungen bei Ratibor sind im ganzen gut verlaufen, wenn sie auch nur örtlichen Charakters sind. Wir sind bis Steinau vorgerückt und haben die dort stehende sowjetische Besatzung eingeschlossen. Der Feind ist in den nordöstlichen Teil von Küstrin eingedrungen. Der Brükkenkopf bei Altdamm wurde wieder sehr massiv angegriffen, und es ist dem Feind wiederum gelungen, tief einzubrechen und den Brückenkopf weiter zu verengen. In Westpreussen steht es ausgesprochen schlecht. Hier stösst der Feind in Richtung Zoppot vor. Für Forster in Danzig ist damit eine sehr prekäre Lage gegeben. Die Situation in Ostpreussen hat sich nicht verändert. Das Frontbild ist also jetzt wieder flüssig geworden, aber Gott sei Dank nicht nur zu unseren Ungunsten, sondern auch in bescheidenem Umfange zu unseren Gunsten. Hoffentlich wird sich diese für uns positive Tendenz weiter auswirken. Wir haben einen militärischen Erfolg jetzt so nötig wie das tägliche Brot.

11. März 1945 *Sonntag*

[S. 1-27]

Gestern:

Militärische Lage:

In Ungarn wurden in den deutschenAngriffsunternehmungen auch gestern weitere örtliche Fortschritte erzielt. Besonders erfreulich verläuft die Entwicklung im Raum zwischen Plattensee und Donau, wo unser Angriff längs des Malom-Kanals auf breiter Front weiter vorgeht. Stärkere feindliche Gegenangriffe gegen die Flanken wurden abgewehrt.

In der Slowakei scheiterten sämtliche Feindangriffe bei Schemnitz, Altsohl, Briesen und Nikolas. Im Raum von Schwarzwasser herrscht lebhafte feindliche Aufklärungstätigkeit. Nördlich von Ratibor wurden heftige Gegenangriffe gegen unseren Vorstoß in den feindlichen Brückenkopf zum Scheitern gebracht. In Breslau griff der Feind im Nordteil vergeblich an, während im Süden noch erbittert gekämpft wird. Bei Striegau macht ein eigenes örtliches Angriffsunternehmen gute Fortschritte. Auch bei Guben setzten die deutschen Truppen ihre Angriffe fort und erzielten weitere Stellungsverbesserungen. Nördlich von Forst wurde ein kleinerer sowjetischer Brückenkopf über die Neisse im Angriff zerschlagen. In Fortsetzung seiner starken Angriffe auf Küstrin konnte der Feind von Norden und Osten her weiter in die Stadt eindringen, so daß jetzt noch im Südwestteil der Stadt ein eigener Brückenkopf über die Oder besteht. Aus dem deutschen Brückenkopf bei Zehden wurde in einem örtlichen Angriff unsere Front weiter vorgeschoben.

Im Kampfraum von Stettin hat sich die Lage nicht wesentlich verändert. Der Feinddruck ist nach wie vor sehr stark, insbesondere unmittelbar westlich von Stargard, wo feindliche Spitzen bis an die Reichsautobahn vordringen konnten. Die feindlichen Angriffe gegen den Abschnitt Wollin scheiterten. Die deutsche Kräftegruppe aus dem Raum Greifenberg hat sich weiter in Richtung Nordwesten durchgeschlagen und befindet sich im Vorgehen auf Dievenow, nachdem sie durch Unterstützung der Kriegsmarine von See her eine weitere Verstärkung erfahren hat. Starke Angriffe von allen Seiten her auf Kolberg wurden, allerdings unter ziemlich schweren Verlusten der Besatzung, abgewehrt. Im Raum von Stolp ist die Lage unverändert. Die neue Frontlinie verläuft jetzt von Bütow bis zum Nordrand von Berent, biegt von Zuckau aus in Richtung Südosten ab bis hart nördlich Dirschau, erreicht dann den Nogat-Abschnitt und mündet über Neuteich und Tiegenhof an die Küste aus. Angriffe gegen die neue Frontlinie wurden sämtlich abgewiesen. Marienburg ist zur Hälfte noch in eigener Hand.

In Ostpreußen war die Kampftätigkeit gering.

An der Kurland-Front waren die Angriffe südostwärts Frauenburg wiederum sehr heftig. Außer geringfügigen Einbrüchen wurden aber auch hier sämtliche Angriffe abgewehrt.

An der Westfront wurden die Kämpfe im Brückenkopf Wesel mit größter Erbitterung fortgeführt. Trotz schwerster Artillerievorbereitung von bisher kaum gekanntem Ausmaß erzielten die Kanadier jedoch nur verhältnismäßig geringe Einbrüche, die über einen Geländegewinn von etwa 1 ½ km nicht hinausgingen. Im Süden des Brückenkopfes wurden alle Angriffe zum Teil in Gegenangriffen unter schweren Verlusten für den Feind abgeschlagen. Weiter südlich bis in den Raum von Köln fanden keine besonderen Kampfhandlungen statt. Südlich von Köln wurde der dort noch bestehende deutsche Brückenkopf eingeengt. In Bonn wird nach wie vor heftig gekämpft. Der feindliche Brückenkopf bei Remagen ist zwar abgeriegelt, bis jetzt jedoch noch nicht zerschlagen. Es gelang dem Feind, ihn nach Norden und Süden etwas zu erweitern. Der Druck aus dem Raum von Ahrweiler nach Süden hält an. Im allgemeinen wurden die vordringenden feindlichen Kräfte in der Linie Adenau-Nürburgring-Kempenich aufgefangen. An der ganzen übrigen Abriegelungsfront des Einbruchsraumes nach Süden scheiterten auch gestern wieder alle Angriffe. Auch die Angriffe westlich von Wittlich wurden in einer 3 km zurückverlegten neuen Stellung aufgefangen bzw. abgewehrt. Im Raum Trier und südlich davon ist die Lage unverändert.

Von der italienischen Front liegen keine besonderen Meldungen vor.

An der Ostfront war die feindliche Lufttätigkeit besonders stark im ostpreußischen Raum, bei Stettin und Küstrin sowie in Kurland. Allein im Mittelabschnitt wurden 2 100 Einflüge gezählt. Besonders heftige Luftangriffe richtete der Feind gegen Königsberg und Breslau. Bei eigenem Schlachtfliegereinsatz im ungarischen Raum und an den Brennpunkten im Mittelabschnitt der Ostfront wurden wieder gute Erfolge erzielt.

Im Westen war die Lufttätigkeit wegen ungünstiger Wetterlage geringer, an der italienischen Front dagegen sehr lebhaft. Ins Reichsgebiet flogen starke amerikanische viermotorige Bomberverbände mit Jagdschutz zu Angriffen auf Verkehrs- und Industrieziele in Westdeutschland ein. Betroffen wurden insbesondere Kassel, Frankfurt/Main, Münster, Osnabrück und Rheine.

Außerdem herrschte starke Tätigkeit zweimotoriger Bomber mit Schwerpunkt Mittelrheingebiet. Von Süden her griffen etwa 500 viermotorige amerikanische Bomber mit Jagdschutz Graz an. Ein Nebenangriff richtete sich gegen Klagenfurt. Eigener Jagdeinsatz fand nicht statt. Die Flak meldet bisher sechs Abschüsse, 60 bis 80 schnelle Kampfflugzeuge griffen in den Abendstunden die Reichshauptstadt an.

Einheiten der Kriegsmarine führten ein Kommandounternehmen an der westfranzösischen Küste gegen Granville. Dem Feind wurden blutige Verluste zugefügt, außerdem wurden deutsche Gefangene befreit und zurückgeführt. Fünf Schiffe mit 4 800 BRT, 14 Kähne, fünf Lokomotiven und Waggons, 10 Kraftfahrzeuge, ein U-Bootsbunker und ein Treibstofflager wurden vernichtet. Die Schleuse wurde erneut zerstört. Der Dampfer »Esquout« wurde mit eigener Kraft eingebracht. Die Stadt Granville steht in Flammen.

*

Der U-Boot-Bericht von Churchill und Roosevelt ist dieses Mal etwas düsterer gestimmt als beim letzten Mal. Die beiden Kriegsverbrecher sprechen zwar von einer mässigen Anzahl von feindlichen Schiffen, die versenkt worden sind; immerhin aber ist aus ihrer Erklärung die steigende Besorgnis des westlichen Feindlagers herauszulesen, dass unsere U-Boote jetzt weiterhin aktiv werden und die sowieso so angespannte feindliche Tonnagelage über den Haufen werfen.

Sonst ist man in den USA und in England von einem wahren Siegesrausch befangen. Man glaubt vor allem, weil man die Brücke von Remagen gewonnen hat, dass nun der Krieg schnell zu Ende gehen werde. In London behauptet man übrigens, dass die Remagener Brücke durch Verrat in die Hand des Feindes gekommen sei. Sie sei zur Sprengung vorbereitet gewesen; aber der zuständige Offizier habe die Sprengung praktisch nicht durchgeführt. Ich kann mir vorstellen, dass das den Tatsachen entspricht.

In London hatte man Gerüchte verbreitet, dass der Führer die Absicht hätte, in der Nacht zum Freitag ausgerechnet pünktlich um 12 Uhr zu kapitulieren. Diese voreilige Hoffnung ist ja nun gründlich ins Wasser gefallen. Von einer Kapitulation ist in Deutschland nicht das geringste zu bemerken, wenngleich wir natürlich heute Schwierigkeiten zu überwinden haben, die über das normale Maß weit hinausgehen.

Die Moral unserer Truppen und unserer Bevölkerung im Westen hat ausserordentlich gelitten. Der Führer hat deshalb General Hübner nach dem Westen entsandt und ihm weitestgehende Vollmachten zur Verfügung gestellt. Man kann im

Westen jetzt nur noch etwas mit brutalen Massnahmen erreichen, sonst wird man der Entwicklung nicht mehr Herr. Die Westfront befindet sich jetzt in einem ähnlichen Zustand wie vor etwa sieben, acht Wochen die Ostfront. Hier gilt es nun mit eiserner Hand durchzugreifen. Sowohl was die Zivilbevölkerung, als auch was die Truppe anlangt, hat insbesondere durch die feindlichen Luftangriffe die moralische Haltung sehr schwer gelitten. Aber wir haben die Hoffnung, daß es General Hübner gelingen wird, durch sein Auftreten die Dinge sehr schnell wieder zu fangen.

Am meisten ärgere ich mich über das Benehmen der Bevölkerung in meiner Heimatstadt Rheydt. Die Amerikaner stimmen darüber ein wahres Triumphgeschrei an. Ein Herr Vogelsang, der mir von früher als ein ausgemachter nationalsozialistischer Spiesser bekannt ist, hat sich der amerikanischen Besatzungsbehörde als Oberbürgermeister zur Verfügung gestellt. Er erklärte dabei, dass er nur auf meinen Druck und Zwang hin in die Partei eingetreten sei, sonst aber mit ihr nichts zu tun habe. Ich werde mir diesen Herrn etwas näher aufs Korn nehmen. Ich bereite eine Aktion vor, um ihn bei erster bester Gelegenheit niederlegen zu lassen. Diese Aktion soll von Berliner Parteigenossen durchgeführt werden, die auf solche Akte schon gedrillt sind. Ich bespreche das in allen Einzelheiten mit Schach. Ich will die Sache nicht überstürzen, sondern sorgsam vorbereiten, damit sie unter allen Umständen zum Erfolg führt. Ich glaube, das wird einerseits bei den feindlichen Besatzungsbehörden, andererseits aber auch bei der linksrheinischen Bevölkerung seinen Eindruck nicht verfehlen.

Natürlich haben die Amerikaner, wie das zu erwarten war, in Rheydt als der ersten besetzten Stadt eine sogenannte freie deutsche Zeitung eröffnet. Sie suchen mich damit zu kränken und bezeichnen die Tatsache, dass ausgerechnet in Rheydt eine solche Zeitung erscheint, als eine Ironie der Weltgeschichte. Aber der Triumph, den sie dabei zur Schau tragen, erscheint mir etwas verfrüht zu sein. Ich werde schon Mittel und Wege wissen, um wenigstens in Rheydt wieder die Ordnung herzustellen.

Amerikanische und englische Blätter berichten von der Haltung unserer Gefangenen im Westen, die sie als ausgezeichnet darstellen. Die Gefangenen stehen, wie die Korrespondenten berichten, nach wie vor auf dem Standpunkt, dass Deutschland unbedingt den Krieg gewinnen müsse. Ein Berliner hat einen amerikanischen Korrespondenten auf seine etwas vorwitzigen Fragen Antworten gegeben, wie sie mir besser auch nicht eingefallen wären. Alle Gefangenen, so wird in diesen Berichten erklärt, seien von einem mystischen Glauben an Hitler erfüllt. Das ist ja auch die Grundlage unseres kämpferischen Weiterbestehens.

Die »Daily Mail« macht sich zum Wortführer einer großen englischen Opposition, wenn sie darlegt, dass das Vertrauensvotum, das Churchill bei der letzten Abstimmung im Unterhaus bekommen habe, nur eine Täuschung darstelle. In Wirklichkeit sei die Kritik an Churchill und seiner Politik ein in England weit verbreitetes Übel. Man sollte nicht glauben, dass die Abstimmung des Unterhauses die wahre Meinung des englischen Volkes darstelle. Das entspricht auch durchaus unseren Vermutungen.

Eine ganze Reihe von anderen englischen Blättern ergehen sich in scharfen Attacken gegen die hemdsärmelige Politik und Diplomatie des Kremls. Aber wie ich schon häufiger betonte, diese Anzapfungen überschreiten noch nicht das erträgliche Mass und können nicht als zukunftsversprechend für unsere gegenwärtigen Kriegschancen angesehen werden.

Roosevelt soll sich nun mit der Deportation von Millionen Deutschen nach der Sowjetunion einverstanden erklärt haben. Die Sowjetunion wolle, so wird erklärt, von Deutschland 800 bis 1 000 Milliarden Goldrubel Kriegsentschädigung verlangen. Die astronomische Summe soll in Arbeitsleistung abgetragen werden. Man kennt das ja. Die Sowjets treiben eine Politik mit weiter Planmässigkeit; aber sie übertreiben ihre Forderungen so, dass sie sich zum Schluss doch überstürzen werden.

Frankreich zählt heute mehr Arbeitslose als in der Vorkriegszeit. Es ist also dem de-Gaulle-Regime trotz der an allen Ecken und Enden in Frankreich wartenden Arbeit nicht gelungen, dieses elementarsten Problems des Zusammenlebens eines Volkes Herr zu werden.

Die Japaner melden, daß sie in Französisch-Indochina sich selbständig gemacht hätten.Die französischen Behörden haben ihnen dort so grosse Schwierigkeiten bereitet, dass sie nun Massnahmen getroffen haben, um sich vor einem offenbar geplanten Verrat zu sichern.

Die Amerikaner haben schwere Brandbombenangriffe auf Tokio durchgeführt. Sie betreiben darüber eine ausgesprochene Renommage; aber es scheint in der Tat so zu sein, dass in Tokio weit ausgedehnte Brände entstanden sind. Die Japaner bekommen jetzt auch den Luftkrieg von der Seite zu kennen, von der wir ihn seit langem schon kennen.

Berichte aus dem Baltikum besagen, dass die baltische Bevölkerung von einer tiefen Sehnsucht nach Rückkehr der Deutschen erfüllt sei. Aber diese Sehnsucht kommt jetzt wohl verspätet; die baltischen Völker hätten dieser Sehnsucht besser in den Jahren 1941 und 42 und 43 durch aktive Teilnahme am Kriege gegen die Sowjetunion Ausdruck gegeben. Die bürgerlichen Staaten treffen ihre Entschlüsse immer zu spät, und der Bolschewismus hat den Vorteil davon. In den baltischen Staaten soll die antisowjetische Partisanentätigkeit ausserordentlich stark verbreitet sein. Der Nachschub der Sowjets würde dadurch immer stärker gefährdet.

Die Schweiz stellt den Transitverkehr mit uns unter dem Druck der Angloamerikaner ein. Die Schweiz ist ein armseliges staatliches Gebilde, das nur noch in Zeitungsartikeln eine nationale Souveränität besitzt.

Der Luftkrieg über dem Reichsgebiet tobt immer weiter. Die Berichte darüber klingen fast monoton, aber sie enthalten soviel Leid und Elend, dass man gar nicht wagt, im einzelnen darüber nachzudenken. Der Führer hat nun entschieden, dass der Jahrgang 1928 aus dem Volkssturm radikal herausgezogen werden soll. Das bedeutet auch einiges für uns in Berlin, denn wir haben hier 5 000 HJ-Jungen aus dem Jahrgang 1928 in unseren Verteidigungsstellungen stehen. Die müssen wir nun für die neu aufzustellenden Divisionen abgeben. Aber die neu aufzustellenden Divisionen sind ja eine unserer grossen Hoffnungen für die Zukunft, so dass man sich daran nicht vorbeidrücken kann.

Es ist bezeichnend, dass in den Beratungen für den totalen Kriegseinsatz jetzt der Vorschlag gemacht wird, die gesamte Luftwaffe überhaupt abzuschaffen, und das, was von ihr an Kriegstüchtigkeit überhaupt noch übrig geblieben sei, auf die anderen Wehrmachtsteile zu übertragen. Das wäre eigentlich die vernünftigste Lösung, denn die Luftwaffe ist in ihrem heutigen Zustand keinen Schuss Pulver wert. Sie besteht nur aus einer einzigen grossen Korruptionswerkstätte.

Mir wird nun zum ersten Male die von mir verlangte Verteidigungsbilanz der Reichshauptstadt für eine Woche vorgelegt. Im ganzen gesehen ist diese Bilanz ausserordentlich zufriedenstellend. Nach den Unterlagen, die mir dort unterbreitet werden, könnte man eigentlich annehmen, dass Berlin, auch wenn es eingeschlossen wäre, sich mit dem, was jetzt an Soldaten, Waffen, Lebensmitteln und Kohle vorhanden ist, etwa acht Wochen halten könnte. Das ist eine lange Zeit, und in acht Wochen kann sich sehr viel ereignen. Jedenfalls haben wir hervorragend vorgearbeitet, und vor allem muss man ja noch mit in Betracht ziehen, dass, wenn für Berlin der ernsteste Ernst der Stunde gegeben wäre, ja auch noch eine Unmenge von Soldaten und Waffen in die Stadt hineinströmen würde, die wir zu einer kraftvollen Verteidigung einzusetzen in der Lage wären.

Am Abend kommt die Nachricht, dass es immer noch nicht gelungen ist, den Brückenkopf von Remagen zu beseitigen. Im Gegenteil, die Amerikaner haben ihn noch verstärkt und versuchen, ihn weiter auszuweiten. Das ergibt für uns eine unangenehme Situation. Mir wird zwar mitgeteilt, dass vom Oberbefehlshaber West grössere Gegenmassnahmen für den Nachmittag und für die Nacht durchgeführt werden sollen; aber bisher haben wir ja immer noch feststellen müssen, dass solche Gegenmassnahmen nur in den seltensten Fällen zum Erfolg führen. Hier aber müssen wir zu einem Erfolg kommen, denn wenn die Amerikaner sich weiterhin auf dem rechten Rheinufer halten, dann besitzen sie damit eine Basis zum weiteren Vorgehen, und aus dem kleinen Ansatz eines Brückenkopfes, den wir jetzt verzeichnen, wird dann – wie so oft schon – eine Eiterbeule, deren Inhalt sich bald über die lebenswichtigen Organe des Reiches ergiessen wird.

Sonst haben sich im Westen keine wesentlichen Veränderungen ergeben. Unser Brückenkopf von Xanten ist weiter eingeengt worden. Im Osten lässt sich die Entwicklung in Ungarn vorläufig günstig an. Unser Einbruchsraum ist weiter nach Westen verbreitert worden. Man kann hier schon nachgerade von einem Durchbruch sprechen. Wir haben die feindliche Front in einer Breite von 25 km aufgerissen und eine Tiefe von ebenfalls 25 km erreicht. Auch ist der Einbruchsraum zum Plattensee hin erweitert worden, so dass wir also hier von einem beachtlichen Anfangserfolg sprechen können. In der Slowakei geht das Kampfgewoge hin und her. Der sowjetische Grossangriff bei Schwarzwasser ist nicht in dem Umfange angelaufen, wie wir eigentlich befürchtet hatten. Bisher ist Schörner damit fertig geworden. In Breslau toben härteste Strassenkämpfe. Der Feind hat versucht, Striegau wieder freizukämpfen; aber diese Versuche sind abgeschlagen worden. Bei Frankfurt und bei Küstrin konnten die Sowjets weitere sehr unangenehme Einbrüche erzielen. Im Stettiner Kampfraum nichts Neues. Die Besatzung von Kolberg hat alle Angriffe des Feindes unter schweren Verlusten für ihn zurückgeschlagen. Bei Danzig hat sich die Krise für unsere Truppen weiter verstärkt. Hier ist ein neuer neuralgischer Punkt für die Ostlage gegeben.

Wir haben jetzt seit Wochen ununterbrochen jeden Abend einen Mosquito-Angriff auf die Reichshauptstadt. Die letzten Angriffe sind etwas schwerer gewesen als die vorangegangenen. Es scheint, dass der Feind stärkere Spreng- und Brandmittel zum Abwurf bringt. Jedenfalls können die Mosquito-Angriffe jetzt nicht mehr wie bisher auf die leichte Schulter genommen werden. Im übrigen aber sind sie natürlich nicht mit den Terrorangriffen zu vergleichen, die auf die Städte des Westens geflogen werden. Was den Gesamtluftkrieg anlangt, so können wir in Berlin, obschon die Stadt in weiten Teilen ein einziges Trümmerfeld ist, im großen und ganzen zufrieden sein.

12. März 1945 *Montag*

[S. 8-56, S. 1-7 fehlen]

[Handschriftlicher Eintrag: 12.3.45 Bl. 1-7. Mil.Lage]

Die Westmächte haben augenblicklich für uns nur noch Spott und Hohn übrig. Sie fühlen sich auf der Höhe der Situation und tuen so, als hätten sie den Krieg bereits gewonnen. Sie halten unsere Moral für stark angeschlagen und geben uns keinerlei Siegesaussichten mehr. Der Volkssturm ist nach ihren Darstellungen eine müde Altemänner-Garde. Die Bevölkerung der besetzten Gebiete habe schon vom nationalsozialistischen Regime und von der nationalsozialistischen Führung Abschied genommen; sie lege ihnen gegenüber eine devote Unterwürfigkeit an den Tag, die geradezu peinlich wirke. Von einer geordneten deutschen Verwaltung könne weder in den besetzten noch in den unbesetzten Gebieten mehr die Rede sein. Das spiele aber gar keine Rolle, da der Feind sowieso nicht die Absicht habe, in Deutschland eine Regierung in Tätigkeit treten zu lassen. Kurz und gut, das Reich wird wie eine Negerkolonie in Afrika behandelt. Außerdem hätten die Engländer und Amerikaner noch vor, uns von Nordwesten aus anzugreifen; ja, Schukow trage sich sogar mit dem Plan, in Pommern durchzubrechen und irgendwo in der nordwestdeutschen Tiefebene den Angloamerikanern die Hand zu reichen.

So ungefähr wird die weitere Entwicklung des Krieges in London, allerdings nicht so sehr in Washington, dargestellt. In Washington ist man etwas realistischer. Was die Engländer mit

12.3.45
M 1-7. Lal. Lage.

[Die Westmächte haben augenblicklich für uns nu

noch Spott und Hohn übrig. Sie fühlen sich auf der

Höhe der Situation und tun so, als hätten sie den

Krieg bereits gewonnen. Sie halten unsere Moral f

stark angeschlagen und geben uns keinerlei Siegss-

aussichten mehr. Der Volkssturm ist nach ihren Da

stellungen eine müde Altemänner-Garde. Die Bevölk

rung der besetzten Gebiete habe schon vom nationa

sozialistischen Regime und von der nationalsozial

schen Führung Abschied genommen; sie lege ihnen g

genuber eine devote Unterwürfigkeitanden Tag, die

geradezu peinlich wirke. Von einer geordneten deu

schen Verwaltung konne weder in den besetzten noc

in den unbesetzten Gebieten mehr dieRede sein. Da

solchen Meldungen bezwecken, ist leicht ersichtlich. Sie wollen ihrem müden Volk Mut zusprechen, und nachdem die Sowjets und Amerikaner für sie militärische Erfolge erringen, brüsten sie sich nun ihrerseits damit. Dass Berlin bisher noch nicht in die Hand des Feindes gefallen ist, wird grosszügigerweise darauf zurückgeführt, dass die Sowjets gar nicht die Absicht gehabt hätten, die Reichshauptstadt in einem Frontalangriff zu nehmen. Im Gegenteil, sie verfolgten wichtigere militärische Ziele. Kurz und gut, alles, was jetzt von der westlichen Feindseite in der Öffentlichkeit verbreitet wird, ist ganz auf unsere Nervenkraft gerichtet. Wenn man allerdings glaubt, uns damit kopfscheu zu machen, so befindet man sich in einem verhängnisvollen Irrtum. Im übrigen kann uns das furchtbar gleichgültig lassen, was die Engländer augenblicklich denken und sagen. Solche Panikmeldungen haben sich noch nie rentiert, wenn sie nicht unmittelbar zum Erfolg führen. Und davon kann ja bei uns keine Rede sein. Ich nehme an, dass in London in wenigen Tagen die alte Katzenjammerstimmung Einzug halten wird.

Der Brückenkopf Wesel ist nunmehr von uns geräumt worden, und zwar unter stärkstem englisch-kanadischem Druck. Der Brückenkopf bei Remagen besteht weiter. Hier zeigt sich ein ewiges Hin und Her der Kämpfe. Bis jetzt ist es uns trotz grösster Anstrengungen noch nicht gelungen, ihn auszuräumen, und es ist sehr die Frage, ob es überhaupt gelingen wird.

Immer wieder wird auf der Feindseite das Problem erörtert, ob die Sowjets den Japanern den Krieg erklären werden. Der Kreml muß sich hier nun bald entscheiden, da der sowjetisch-japanische Nichtangriffspakt im nächsten Monat entweder stillschweigend verlängert wird oder gekündigt werden muss. Auf der Westseite ist man sich der sowjetischen Absicht, die Japaner anzugreifen, durchaus sicher. Aber ich glaube, Stalin wird sich unter keinen Umständen, nur um den Engländern und vor allem den Amerikanern einen Gefallen zu tun, in das Pazifik-Abenteuer hineinreissen laßen.

Die bolschewistische Gefahr wird jetzt auch in England in

aller Klarheit erkannt. Die Blätter machen gar keinen Hehl mehr daraus. Aber es ist jetzt nicht mehr erheblich, was die Engländer denken und empfinden, sondern was sie zu tun in der Lage sind. Und das ist gleich Null. Die englischen Pressestimmen gegen das Überhandnehmen des Bolschewismus in Europa sind nur Notschreie einer gepressten Volksseele, die sich keinen Ausweg mehr weiss. In Wirklichkeit handelt es sich bei diesen Stimmen auch nicht um solche von Aussenseitern; was diese Aussenseiter heute über die bolschewistische Gefahr sagen, ist wahrscheinlich die Meinung der ganzen englischen Führungsschicht, die allerdings von ihrer Meinung keinen Gebrauch machen kann.

Es wird behauptet, dass der Papst die Absicht habe, in der Polenfrage aktiv zu werden und eine Vermittlung zu versuchen. Er wird damit bei Stalin an den Rechten kommen. Stalin hat sich in den Kopf gesetzt – man kann das auch verstehen –, in der Polenfrage überhaupt mit niemandem mehr zu verhandeln. Wie stark er schon seinen Willen durchgesetzt hat, mag man daraus ersehen, dass nun auch der ehemalige polnische Exilminister Mikolajczyk die Absicht hat, sich dem Willen des Kremls zu unterwerfen. Zwar unter Protest; aber was kosten heute solche Proteste noch. Im übrigen haben die Polen ja nur die Wahl, entweder gewaltsam ausgerottet zu werden, oder sich dem Kreml zu beugen. Vor den Augen ihrer Führungsschicht steht das böse Beispiel von Bulgarien, wo bisher 1 200 der führenden Männer hingerichtet worden sind. Eine runde Sache, die sich sehen lassen kann.

Im Osten verläuft die Entwicklung für uns etwas erfreulicher. Unsere Offensive in Ungarn hat sich gut angelassen. Allerdings sind die räumlichen Erfolge noch nicht so gross, dass wir absolut über den Berg wären. Wir müssen wohl noch ein paar Tage warten, um ein endgültiges Urteil über die Offensive abgeben zu können. Es ist Schörner gelungen, die sehr starken Angriffe bei Schwarzwasser ohne ernstere Einbussen abzuschlagen. Das ist ein grosser Erfolg.

Wiederum haben in Rom sehr schwere kommunistische

Unruhen stattgefunden. Die englisch-amerikanische Besatzung ist dagegen gänzlich machtlos, da diese Unruhen unter dem Schutz des Kremls stehen. Die Bonomi-Regierung macht den Eindruck von Greisen, die auf dem Dach sitzen und sich nicht zu helfen wissen. Sie glaubt, der Unruhen durch besonders scharfe antifaschistische Gesetze Herr zu werden. Aber das hilft jetzt nichts mehr. Im Gegenteil, es wird von allen Stellen mitgeteilt, dass der Faschismus im feindbesetzten Italien eine gewisse Renaissance erlebe.

Der Sonntag verläuft an sich etwas ruhiger. Ich kann ihn damit verbringen, etwas Lektüre zu betreiben und die aufgelaufene Arbeit der Woche aufzuarbeiten.

Im Luftkrieg ist das alte Lied zu verzeichnen. Die frontnahen Städte im Westen sind jetzt angegriffen worden. Viel zu zerstören gibt es dort nicht mehr.

Die Moral unserer Truppen und Zivilbevolkerung im Westen muss als etwas angeschlagen angesehen werden. Es stellt sich hier eine ähnliche Entwicklung heraus wie vor etwa sieben Wochen im Osten. Wir müssen also alles daransetzen, die Standfestigkeit unserer Truppen und unserer Zivilbevölkerung im Westen wieder in die Reihe zu bringen.

Der Heldengedenktag wird durch eine Kranzniederlegung durch Göring am zerstörten Heldenehrenmal begangen. Ausserdem gibt der Führer einen Aufruf an die Soldaten heraus. In diesem Aufruf wiederholt er noch einmal unsere alten Kriegsthesen. Der Aufruf ist von einer männlichen Entschlossenheit getragen, die ausserordentlich überzeugend wirkt.

Für den Abend bereiten wir eine Rundfunkübertragung über Schlesien vor, in der auch mein Besuch in Lauban und Teile meiner Rede in Görlitz enthalten sind. Diese Rundfunkübertragung wirkt sich ausserordentlich positiv aus, da sie einen starken kämpferischen Geist atmet. Meine Rede in Görlitz ist auch in der Presse hervorragend gebracht worden. Ich bin der Meinung, dass solche Kundgebungen augenblicklich ihre Wirkung nicht verfehlen können. Wir müssen das Volk immer wieder auf die Grundthesen unserer Kriegsführung zurückführen und ihm klarmachen, dass es keine andere Wahl hat, als zu kämpfen oder zu sterben.

Am Abend wird gemeldet, dass der Brückenkopf bei Remagen immer noch weiter besteht. Es ist unseren Anstrengungen nicht gelungen, ihn auszuräumen. Die Amerikaner sind im Besitz einer Eisenbahnbrücke und haben daneben noch zwei Pontonbrücken über den Rhein geschlagen. Allerdings ist es ihnen nicht gelungen, den Brückenkopf weiter auszuweiten, da er von uns unter Kontrolle gehalten wird. Die in dem Brückenkopf befindlichen amerikanischen Truppen werden schwer von unserer Artillerie beschossen. Der Großteil unserer Einheiten ist nunmehr an der unteren Mosel angekommen. Sonst hat sich im Westen im Laufe des Tages keine sensationelle Veränderung ergeben.

Unsere Offensive in Ungarn macht langsame, aber sichere Fortschritte. Im grossen und ganzen kann man die Entwicklung als erfreulich bezeichnen. Unser Einbruchsraum ist wesentlich vergrössert worden. Wir sind auch am Velencz-See weiter vorwärtsgekommen, so dass man also jetzt von einer richtigen Großoffensive sprechen kann.

Schörner hat wiederum bei Schwarzwasser alles zurückgeschlagen, obschon die Sowjets mit einem Großangriff erster Klasse angetreten sind. Auch im Raum von Ratibor, wo der Feind alles daransetzt, den verlorenen Raum zurückzugewinnen, sind alle Angriffe abgeschlagen worden. In Striegau ist Schörner mit der eingeschlossenen sowjetischen Besatzung noch nicht fertig geworden; aber er hofft, dass er bis zum Montag die Sache in Ordnung bringen kann, da wir bis dahin eine Pressedelegation von neutralen und deutschen Journalisten in die Stadt schicken wollen, um die dort angerichteten Greuel zu besichtigen. Bei Guben sind geringe eigene Stellungsverbesserungen zu verzeichnen. Im Stettiner Raum ergibt sich keine Verschlechterung. Allerdings ist in Westpreussen die Lage ausserordentlich kritisch geworden. Hier ist augenblicklich der neuralgische Punkt der Ostfront gegeben.

Ich bin abends mehrere Stunden beim Führer zu Besuch. Der

Führer macht auf mich einen ausserordentlich sicheren und festen Eindruck, und auch gesundheitlich scheint er mir in bester Form zu sein. Ich übermittle ihm ein mir noch zur Verfügung stehendes Exemplar von Carlyles »Friedrich der Große«, das ihm grosse Freude bereitet. Er betont dabei, dass es die großen Vorbilder sind, an denen wir uns heute aufrichten müssen, und dass Friedrich der Grosse darunter die exzeptionellste Persönlichkeit darstellt. Es müsse unser Ehrgeiz sein, auch in unserer Zeit ein Beispiel zu geben, dass spätere Geschlechter sich in ähnlichen Krisen und Belastungen ebenso auf uns berufen können, wie wir uns heute auf die Heroen in der Geschichte der Vergangenheit berufen müssten.

Ich berichte dem Führer dann ausführlich von meinem Besuch in Lauban. Der Führer ist auch der Meinung, dass Schörner einer unserer hervorragendsten Heerführer ist. Er will ihn als nächsten Mann des Heeres zum Feldmarschall befördern. Es sei Schörner gelungen, die Front in seinem Kampfraum im wesentlichen zu stabilisieren. Auf ihn sei es zurückzuführen, dass die Moral der Truppe dort so hervorragend gehoben worden sei.

Ich berichte dem Führer von den radikalen Methoden, die Schörner zur Erreichung dieses Zieles anwendet. Deserteure finden bei ihm keine Gnade. Sie werden am nächsten Baum aufgeknüpft, und ihnen wird ein Schild um den Hals gehängt mit der Aufschrift: »Ich bin ein Deserteur. Ich habe mich geweigert, deutsche Frauen und Kinder zu beschützen, und bin deshalb aufgehängt worden.« Solche Methoden wirken natürlich. Jedenfalls weiss der Soldat im Kampfraum Schörners, dass er vorne sterben kann und hinten sterben muss. Das ist eine ganz gute Lehre, die sich jeder sicherlich zu Gemüte führen wird.

Die Zurückschlagung der sowjetischen Angriffe bei Schwarzwasser und das Halten bei Ratibor hat bis zur Stunde noch unseren Mährisch-Ostrauer Raum, der für unser Kriegspotential so ausserordentlich wichtig ist, gesichert. Der Führer betont noch einmal, dass seiner Meinung nach die Sowjets nicht die Absicht hätten, auf Berlin loszumarschieren. Er habe das schon seit längerer Zeit seinen Generälen immer wieder erklärt, allerdings, sie hätten ihm kein Gehör schenken wollen. Hätten sie das getan, so wäre die Tragödie in Pommern nicht entstanden. Man habe die zur Verfügung stehenden Kräfte vor Berlin massiert, anstatt sie in den pommerschen Raum zu legen, um dort den zu erwartenden sowjetischen Stoss aufzufangen. Der Führer schiebt einen grossen Teil der Schuld unmittelbar Himmler zu. Er sagt, er habe Himmler immer und immer wieder aufgefordert, unsere Truppen in den pommerschen Raum hineinzuziehen. Himmler habe sich durch die wiederholten Hinweise der Abteilung Fremde Heere dazu verleiten lassen, an den Stoss nach Berlin zu glauben und dementsprechend zu disponieren. Ich frage den Führer, warum er denn in solchen wichtigsten Fragen unserer Kriegführung nicht einfach Befehle erteile. Der Führer antwortet mir darauf, dass ihm das nicht viel nütze, denn selbst wenn er klare Befehle erteile, so würden sie durch heimliche Sabotage immer wieder inhibiert. Er macht in diesem Zusammenhang Himmler die schwersten Vorwürfe. Er habe klar befohlen, dass im pommerschen Raum starke Pakriegel aufgebaut werden sollen; die dafür notwendige Pak aber sei nicht oder zu spät angekommen und habe nicht mehr helfen können. Himmler ist also offenbar schon bei seinem ersten Start als Heerführer dem Generalstab zum Opfer gefallen. Der Führer wirft ihm direkten Ungehorsam vor und hat die Absicht, ihm beim nächsten Mal sehr ernsthaft seine Meinung zu sagen und ihm klarzumachen, dass, wenn sich ein solcher Fall wiederholen sollte, ein nicht mehr reparabler Bruch zwischen ihm und Himmler entstehen werde. Himmler wird sich das zur Lehre dienen lassen, und ich will auch selbst in diesem Sinne mit ihm sprechen. Ich habe es überhaupt für falsch gehalten, dass Himmler sich mit der Führung einer Heeresgruppe hat betrauen lassen. Das kann in dieser Situation nicht seine Aufgabe sein, vor allem nicht, wenn daraus die Gefahr eines Bruchs zwischen ihm und dem Führer entsteht. Himmler hat sich damit vorläufig seine

Avancen als Oberbefehlshaber des Heeres verscherzt. Der Führer ist mit ihm sehr unzufrieden. Er ist der Überzeugung, dass Pommern zu halten gewesen wäre, wenn man seinen Befehl klar und eindeutig befolgt hätte. Jetzt sind Hunderttausende von Pommern dem Wüten der bolschewistischen Soldateska zum Opfer gefallen. Auch hier ist der Führer der Meinung, dass das Himmler mit auf sein Konto nehmen müsse. Er will dem um sich greifenden Ungehorsam der Generalität dadurch jetzt vorbeugen, dass er fliegende Standgerichte unter General Hübner einrichtet, die die Aufgabe haben, jede Renitenz bei der Wehrmachtführung sofortigst zu untersuchen, zur Aburteilung zu bringen und die Schuldigen füsilieren zu lassen. Es geht ja nicht an, dass in dieser kritischen Kriegsphase jeder tun und lassen kann, was er will. Aber ich glaube, der Führer fasst das Problem doch nicht bei der Wurzel an. Er müsste unbedingt die Wehrmachtspitze säubern, denn wenn die Wehrmachtspitze nicht in Ordnung ist, dann kann man sich nicht wundern, dass die unteren Organe ihren eigenen Weg gehen. Der Führer antwortet mir darauf, dass er keinen Mann hat, der beispielsweise Oberbefehlshaber des Heeres werden könnte. Er hat recht, wenn er erklärt, hätte er Himmler dazu gemacht, so wäre jetzt die Katastrophe noch grösser, als sie ohnehin schon ist. Er will jetzt junge, an der Front bewährte Soldaten in den Offiziersstand hineinberufen lassen, ohne Rücksicht darauf, ob sie mit Messer und Gabel zu essen verstehen. Ritterkreuzträger aus dem Mannschaftsstand sollen aus der kämpfenden Truppe herausgezogen und zu Offizieren herangebildet werden. Der Führer verspricht sich für unseren Nachwuchs sehr viel davon. Er verweist auf seine Erfahrungen aus dem Weltkrieg, wo es nicht möglich gewesen wäre, einen noch so renommierten Soldaten in den Offiziersstand hineinzubringen, wenn er nicht die gesellschaftliche Vorbildung mitgebracht hätte. Aber was heisst in dieser kritischen Zeit gesellschaftliche Vorbildung. Wir müssen alles daransetzen, Männer als Führer an die Front zu bekommen, ohne Rücksicht darauf, ob sie das gesellschaftliche Zeug zur Führung mitbringen.

Diese Massnahmen sind alle sehr gut und sicherlich auch durchschlagend. Aber sie kommen reichlich spät, wenn nicht zu spät.

Ich berichte dem Führer ausführlich über die von mir gesammelten Eindrücke bei meinem Besuch in Lauban. Ich schildere ihm ausführlich die Greuel, die wir dort zu Gesicht bekommen haben. Der Führer ist meiner Meinung, dass wir nun eine Propaganda der Rache gegen die Sowjets entfalten müssen. Nach dem Osten müssen wir jetzt unsere Offensivkräfte wenden. Im Osten fällt die Entscheidung. Die Sowjets müssen Blut über Blut lassen; dann eventuell ist die Möglichkeit gegeben, den Kreml zur Besinnung zu bringen. Für unsere Truppen kommt jetzt alles darauf an, stehen zu bleiben und den Bolschewistenschreck zu überwinden. Dass wir, wenn wir zu einer Offensive wirklich massiert antreten, auch mit Erfolg antreten, das zeigt die Entwicklung in Ungarn, die der Führer für sehr vielversprechend hält. Hoffentlich geht sie in diesem Stile weiter.

Jedenfalls ist der Führer der Meinung, dass die von mir eingeleitete Greuelpropaganda durchaus richtig ist und weiter durchgeführt werden muss.

Was den Westen anlangt, so neigt hier der Führer meiner Meinung zu, dass es sich um eine ausgemachte Pleite handelte. Rundstedt ist wohl auch der Führung des Kampfes im Westen nicht gewachsen gewesen. Er ist zu alt und stammt noch aus einer Schule, die für den modernen Krieg nicht geeignet ist. Der Führer hat ihn deshalb abgelöst und Kesselring an seine Seite gestellt. Gleich am Abend wird er noch Rundstedt empfangen, um ihm das vorzutragen. Rundstedt ist natürlich ein durchaus anständiger Offizier, der uns vor allem bei der Liquidierung des 20. Juli grosse Dienste geleistet hat. Darum will der Führer auch – ich schlage ihm das eindringlich vor –, dass die Ablösung Rundstedts in den honorigsten Formen vor sich geht.

Mit Model ist der Führer im allgemeinen zufrieden. Aber er hat sich unter Rundstedt nicht richtig auswirken können.

Hätte man Model den gesamten Westen gegeben, so wäre damit seine Heeresgruppe nicht in der Verfassung gewesen, in der sie sich tatsächlich gezeigt hat.

Was die Moral im Westen anlangt, so müssen wir nun zum Teil mit gewalttätigen Mitteln versuchen, sie wieder zu heben. Die Bevölkerung wird schon bald wieder in Form kommen, auch in den Gebieten, die der Feind besetzt hat. Man kann verstehen, dass sie nach den monatelang andauernden schweren Luftangriffen etwas die Nerven verloren hat. Aber das wird sich erfahrungsgemäss schnell wieder wenden, sobald die Luftangriffe abgestoppt sind und nun der Hunger Einkehr halten wird. Dass hier und da in den Städten weisse Fahnen gehisst worden sind, als die Angloamerikaner kamen, das darf man nicht allzu tragisch nehmen. Jedenfalls ist der Führer der festen Überzeugung, dass es uns ein Leichtes sein wird, in den nächsten Wochen diese Bevölkerung wieder auf unsere Seite zu bringen. Ich berichte ihm ausführlich über die Verhältnisse in meiner Heimatstadt Rheydt, auch, dass ich die Absicht habe, den von den Amerikanern eingesetzten Oberbürgermeister Vogelsang durch eine von mir zusammengestellte Berliner Terrorgruppe niederlegen zu lassen. Der Führer ist damit durchaus einverstanden. Überhaupt werden wir jetzt dazu übergehen, in den feindbesetzten Gebieten die Partisanentätigkeit in Fluss zu bringen. Ich werde in Rheydt damit einen schönen Anfang machen können. Vor allem die Pfarrer haben sich den Angloamerikanern zur Verfügung gestellt. Hier werden wir für unsere Terrorgruppen ein reiches Betätigungsfeld finden. Im übrigen hat der Führer die Absicht, wenn wir das Gebiet wieder zurückerobern, an diesen Pfarrern ein Standgericht vollziehen zu lassen, das ihnen unvergesslich bleiben wird.

Der Brückenkopf von Remagen bereitet dem Führer erhebliche Sorgen. Andererseits aber ist er der Meinung, dass er für uns auch gewisse Vorteile bietet. Wären die Amerikaner hier nicht auf eine weiche Stelle gestossen, an der sie über den Rhein vorrücken konnten, so hätten sie sich wahrscheinlich sofort gegen die Mosel gewandt, und unsere Auffanglinien an der Mosel waren damals noch nicht aufgebaut, so dass die Gefahr bestanden hätte, dass die Mosel in breiter Front überschritten worden wäre, was der Führer jetzt für ausgeschlossen hält. Immerhin muss man annehmen, dass das Nichtsprengen der Remagener Brücke unter Umständen auf Sabotage oder wenigstens auf schwere Fahrlässigkeit zurückzuführen ist. Der Führer hat darüber eine Untersuchung angeordnet und wird gegen die Schuldigen mit der Todesstrafe vorgehen. Den Brükkenkopf selbst hält der Führer für eine ausgesprochene Fistel der Amerikaner. Er hat jetzt den Brückenkopf mit schweren Waffen umrahmt, die die Aufgabe haben, den in den Brückenkopf massierten amerikanischen Kräften schwerste Blutverluste abzuverlangen. Unter Umständen also wird der Brückenkopf für die Amerikaner keine reine Freude sein. Der Führer ist der Meinung, dass es uns gelingen muss, die Linie Rhein-Mosel im grossen ganzen zu halten. Das wäre ja immerhin noch erträglich, wenn wir dabei auch auf wichtigstes deutsches Gebiet vorläufig verzichten müssten. Dass in Trier die ausgebaute Bunkerlinie des Westwalles fast kampflos aufgegeben worden ist, hat dem Führer grösste Sorge bereitet. Er erzählt mir, dass er geradezu in Raserei geraten sei, als ihm das mitgeteilt wurde. Aber was will man machen. Es gibt eben bestimmte Arten von Offizieren, die den Anforderungen des Krieges einfach nicht mehr gewachsen sind, vor allem auch moralisch nicht. Auch in diesem Gebiet haben wir viele deutsche Menschen verloren, die nun in die Botmässigkeit des Feindes geraten sind. Es wird unsere Aufgabe sein, sie über den Rundfunk weiterhin politisch zu bearbeiten, und es wird uns wohl gelingen, auch dabei schnellstens Erfolge zu erringen.

Was den Westen anlangt, so ist der Führer allerdings der Meinung, dass wir schon halbwegs mit der Entwicklung zufrieden sein können, wenn wir auch ausserordentlich schwere Verluste hinnehmen mussten. Auch hier handelt es sich darum, unter allen Umständen stehen zu bleiben und den

Feind in festen Auffanglinien zum Stoppen zu bringen.

Es ist alles angesetzt worden, um die Eisenbahnbrücke bei Remagen und die beiden daneben errichteten Pontonbrücken des Feindes zu zerstören, und zwar werden dabei die Luftwaffe und auch Kleinwaffen der Kriegsmarine in grösstem Stile eingesetzt. Im übrigen befindet sich der Feind in diesem Gebiet rechts des Rheines in einem für ihn ausserordentlich ungünstigen Gelände, in dem er sich zu weiträumigen Operationen nur sehr schlecht entfalten kann.

Über den Luftkrieg ist eigentlich nichts Neues nachzutragen. Ich berichte dem Führer, dass die letzten Mosquito-Angriffe auf Berlin sehr schwer gewesen sind. Auch das hat der Führer vorausgesagt. Die Mosquito-Angriffe werden für uns für das kommende Frühjahr und den kommenden Sommer sicherlich eine schwere Belastung darstellen, da die Mosquito-Flugzeuge schwer oder fast gar nicht abzuschiessen sind. Über den Luftterror des Feindes schweigt man am besten. Der Führer hat Göring wieder ein paarmal hart drangenommen, aber ohne Erfolg. Er ist als Persönlichkeit völlig abgefallen und in Lethargie versunken. Der Führer äussert sich darüber sehr eindeutig. Aber es ist ausgeschlossen, ihn zu irgendeiner Personalveränderung innerhalb der Luftwaffe zu bewegen, ja nicht einmal dazu, wenigstens Göring einen leistungsfähigen Staatssekretär im Luftfahrtministerium aufzuzwingen, was ich immer wieder vorschlage. Der Führer verspricht sich davon nicht allzuviel; ausserdem behauptet er, niemanden zu haben, der diese Aufgabe übernehmen könnte. Ich erkläre dagegen, dass dieser Staatssekretär wenigsetns in dem Tohuwabohu der Luftwaffe einige Ordnung schaffen könnte; der Führer aber meint, dass, wenn er das überhaupt versuchen wollte, Göring ihn schnellstens totmachen würde, denn er könne keine Persönlichkeit von Format um sich haben, obschon er ja gar keine Veranlassung hat, von ihr etwas zu fürchten, denn der Führer wird ihn ja doch niemals fallenlassen. Welch eine Tragödie ist das mit unserer Luftwaffe! Sie ist völlig auf den Hund gekommen, und man sieht auch keine Möglichkeit, sie wieder emporzuführen.

Sie hat einfach den Boden unter den Füssen verloren.

In meiner Kritik an der Person Görings und an der Luftwaffe insgesamt werde ich jetzt dem Führer gegenüber sehr massiv. Ich lege ihm die eindeutige Frage vor, ob denn schliesslich das deutsche Volk an dem Versagen seiner Luftwaffe zugrundegehen solle, denn all unsere Rückschläge sind ja letzten Endes auf ihr Versagen zurückzuführen. Der Führer gibt das alles zu, aber wie ich schon betonte, lässt er sich zu einer personellen Veränderung innerhalb der Luftwaffe nicht herbei. Ich bitte ihn, wenigstens die um sich greifende Korruption in der Luftwaffe zu beseitigen. Er glaubt, dass das nicht mit einem Schlage gelingen könne, sondern dass wir hier langsam operieren müssten, dass man versuchen müsse, Göring mehr und mehr seiner Machtstellung zu entkleiden und ihn zu einer blossen Dekorationsfigur zu machen. So habe er z.B. den SS-Obergruppenführer Kammler damit beauftragt, den gesicherten Transport für unsere Jagdflugzeuge an ihre Bestimmungshäfen zu organisieren. Selbst dazu ist die Luftwaffe nicht einmal mehr in der Lage. Welche Schande für sie und ihre Waffenehre! Aber was soll man anders machen, als dass man dem Übel von den verschiedensten Seiten aus zu Leibe rückt. Allerdings mache ich dem Führer gegenüber keinen Hehl mehr aus der Tatsache, dass das Versagen der Luftwaffe nun allmählich auch für ihn selbst zu den schlimmsten Folgen führt. Das Volk wirft ihm vor, dass er in dem Dilemma des Luftkrieges keine Entscheidung fällt, denn jedermann weiss ja, dass dieses Dilemma auf Görings Schuldkonto kommt. Das Volk lässt sich natürlich in seiner gegenwärtigen Not auch nicht mit dem Argument überzeugen, das der Führer immer wieder anführt, er müsse Göring gegenüber die germanische Treue halten. Das hilft nichts, denn schliesslich können wir unter diesem Prinzip nicht zugrundegehen.

Ich schildere dem Führer einige Einzelheiten aus der Luftwaffe, die nur bei den Überprüfungsmassnahmen zum totalen Kriegseinsatz zur Kenntnis gekommen sind. Der Führer kennt sie zum grossen Teil, sie erregen ihn gar nicht, sondern runden nur das Bild ab, das er sich über Göring und über die Luftwaffe bereits gemacht hat. Ich bin trotzdem der Meinung, dass ich in dem angedeuteten Sinne weiterbohren muss, und zwar nach dem Prinzip: Steter Tropfen höhlt den Stein.

Was die politische Kriegslage anlangt, so habe ich den Eindruck, dass sich hier beim Führer langsam eine neue Konzeption abzuzeichnen beginnt. Er hat diese auch schon mit Ribbentrop besprochen und mit ihm eine völlige Übereinstimmung erzielt. Ich rate dem Führer dringend an, nunmehr einen Befehl herauszugeben, dass das politische Geschwätz unter den Prominenten in Staat und Partei über die Kriegslage aufhören muss. Das schwächt nur die Entschlossenheit und Kampfkraft. Es dürfen nur wenige sein, die über die politischen Hintergründe des Krieges offen untereinander sprechen. Der Führer ist auch dieser Meinung. So erzählt er mir beispielsweise, dass Göring kürzlich bei ihm gewesen sei mit der Forderung, politisch eine neue Atmosphäre dem Feindlager gegenüber zu schaffen. Der Führer habe ihm darauf zur Antwort gegeben, er solle sich lieber damit beschäftigen, eine neue Luftatmosphäre zu schaffen, was ja auch unbedingt richtig ist.

Was das Lager unserer Feinde anlangt, so ist der Führer nach wie vor der Überzeugung, dass die gegnerische Koalition auseinanderbrechen wird. Er glaubt aber nicht mehr, dass das von England ausgehen wird, denn wenn England auch eine bessere Einsicht gewonnen habe, so sei die von unerheblicher Bedeutung. Es komme jetzt nicht mehr darauf an, was England wolle, sondern nur darauf, was England könne, und können tue es eben gar nichts mehr. Die Opposition gegen den Churchillschen Kurs sei unbedeutend, und soweit sie nicht unbedeutend sei, könne und dürfe sie sich nicht äussern. Churchill selbst sei ein Amokläufer, der sich nun einmal das irrsinnige Ziel in den Kopf gesetzt habe, Deutschland zu vernichten, gleichgültig, ob England auch dabei zugrundegehe. Also bleibe uns nichts anderes übrig, als uns nach anderen Möglichkeiten umzuschauen. Das sei vielleicht auch ganz gut so, denn wenn wir irgendwann ein Arrangement mit dem Osten treffen könnten, dann hätten wir damit auch die Gelegenheit, England endgültig den Todesstoss zu versetzen, und damit würde sicherlich dieser Krieg überhaupt erst einen wirklichen Sinn bekommen.

Was die Vereinigten Staaten anlangt, so wollen sie Europa als Konkurrenz ausschalten, und deshalb haben sie an einer weiteren Aufrechterhaltung dessen, was wir Abendland nennen, überhaupt kein Interesse. Ausserdem hätten sie die Absicht, die Sowjets in den Pazifik-Krieg hineinzuzerren, und würden dafür jedes Opfer in Europa bringen. Im übrigen ist auch eine Umdrehung der Kriegspolitik in England und den Vereinigten Staaten deshalb sehr schwierig, wenn nicht gar unmöglich, weil Roosevelt sowohl wie vor allem Churchill zuviel Rücksicht auf ihre öffentliche Meinung nehmen müssen. Das fällt beim Kreml gänzlich aus, und Stalin ist in der Lage, seine Kriegspolitik in einer Nacht um 180 Grad zu drehen. Es müsste also unser Ziel sein, die Sowjets im Osten wieder zurückzutreiben und ihnen dabei ausserordentlich hohe Blut- und Materialverluste abzuzwingen. Dann würde sich eventuell der Kreml uns gegenüber gefügiger zeigen. Ein Sonderfrieden mit ihm würde die Kriegslage natürlich radikal verändern. Dieser Sonderfrieden würde natürlich nicht unsere Ziele von 1941 erfüllen; aber der Führer hofft dabei doch zu einer Teilung Polens zu kommen, Ungarn und Kroatien zur deutschen Hoheit zuschlagen zu können und Operationsfreiheit gegen den Westen zu gewinnen. Das wäre natürlich ein Ziel, das des Schweisses der Besten lohnt. Den Krieg im Osten zu beseitigen und im Westen operativ zu werden – welch eine schöne Vorstellung! Deshalb ist der Führer auch der Meinung, man solle gegen den Osten Rache, gegen den Westen aber Hass predigen. Der Westen hat schliesslich diesen Krieg verursacht und hat ihn auch zu diesen furchtbaren Ausweitungen geführt. Ihm haben wir unsere zerstörten Städte und in Schutt und Asche gelegten Kulturdenkmäler zu verdanken. Wenn es also gelänge, die Angloamerikaner mit einer Rückendeckung im Osten zurückzuwerfen, dann wäre auch ohne weiteres das

Ziel erreicht, England als den ewigen Störenfried in Europa für alle Zukunft auszuschalten.

Das Programm, das der Führer mir hier entwickelt, ist grosszügig und überzeugend. Nur krankt es vorläufig daran, dass keine Möglichkeit zu seiner Verwirklichung gegeben ist. Diese Möglichkeit muss erst durch unsere Soldaten im Osten geschaffen werden. Wir haben als Voraussetzung dafür einige respektable Siege nötig; aber nach Lage der Dinge könnte angenommen werden, dass diese zu erreichen wären. Daran ist alles zu setzen. Dafür müssen wir arbeiten, dafür müßen wir kämpfen, und dafür müssen wir die Moral unseres Volkes unter allen Umständen wieder auf den alten Stand zurückführen.

Ich berichte dem Führer Einzelheiten von meiner Fahrt nach Lauban, insbesondere von der Abendfahrt hinter der bolschewistischen Front. Der Führer ist sehr betroffen darüber, dass ich so lange hinter der Front her gefahren bin; es wäre unausdenkbar, wenn ich bei dieser Gelegenheit dem Feind in die Hände gefallen wäre. Im übrigen teilt der Führer meine Meinung, dass wir jetzt gegen den bolschewistischen Terror einen organisierten Gegenterror anzusetzen haben. Wir müssen den Bolschewistenschreck unter allen Umständen überwinden, und das wird auch gelingen.

Die Unterredung, die ich an diesem Sonntagabend mit dem Führer habe, spielt sich in offenster Form ab. Der Führer hält mir gegenüber in keiner Weise mehr zurück. Zwar habe ich in den eigentlich wichtigsten Kriegsfragen auch diesmal keinen praktischen Erfolg errungen. Aber ich glaube, wie ich schon betonte, dass steter Tropfen auch hier den Stein höhlen wird. Ich bin sehr glücklich, dass der Führer sich körperlich, seelisch und geistig in einer so ausserordentlich frischen und widerstandsfähigen Form befindet.

Im Vorzimmer des Führers warten seine Generäle. Ein müder Verein, der geradezu deprimierend wirkt. Es ist beschämend, dass der Führer so wenige respektable militärische Mitarbeiter gefunden hat. In diesem Kreise ist er selbst nur die einzige überragende Persönlichkeit. Warum aber hat sich um ihn kein Kreis von Gneisenaus und Scharnhorsts gebildet! Ich würde es für meine schönste Aufgabe halten, dem Führer einen solchen Kreis zu suchen und zur Verfügung zu stellen. Es ist geradezu bejammernswert, wenn man bei einer Unterhaltung mit dieser Art von Generalität erlebt, dass General Jodl sich in einer nichtigen Frage des Rechtes des Besuches von Luftschutzbunkern aufplustert, als wenn es sich um ein weltgeschichtliches Ereignis handelte. Von so kleinem Format sind die meisten militärischen Berater des Führers!

Ich finde zu Hause eine Unmenge von Arbeit vor. Wieder der Mosquito-Angriff vom Dienst. Ich nehme allerdings diese Angriffe jetzt nicht mehr so leicht wie bisher, da sie uns doch beachtlichen Schaden zufügen. – Abends wird die neue Wochenschau vorgeführt. Sie enthält Bildszenen aus Lauban und Görlitz, die wahrhaft ergreifend wirken. Auch der Besuch des Führers an der Front ist darin enthalten. Kurz und gut, diese Wochenschau stellt einen Bildstreifen dar, mit dem wir wirklich einmal wieder propagandistisch wirken können. Leider kann die Wochenschau jetzt nur in unregelmässigen Abständen erscheinen, da uns das nötige Rohmaterial und auch die Versandmöglichkeiten zum regelmässigen Erscheinen fehlen. Aber umso mehr müssen wir bestrebt sein, die unregelmässig erscheinende Wochenschau möglichst wirkungsvoll zu machen.

Das war ein ereignisreicher Sonntag. Ich halte es überhaupt für gut, dass ich an Sonntagabenden regelmässig zum Führer hingehe, um mich mit ihm ausführlich auszusprechen, dafür aber die sonstigen Abendbesuche ausfallen zu lassen. Eine Unterredung mit dem Führer pro Woche, in solcher Ausführlichkeit und in solcher Eindringlichkeit, wirkt meiner Ansicht nach nachhaltiger als ein Gespräch an jedem Abend, bei dem nicht viel herauskommt.

13. März 1945 *Dienstag*

[S. 1-32]

Gestern:

Militärische Lage:

Im ungarischen Raum erzielten unsere Angriffe wenn auch teilweise nur geringe Fortschritte. Die Sowjets verstärken sich durch Zuführungen bulgarischer und rumänischer Verbände. In der Slowakei wurden an den Schwerpunkten im Raum Schemnitz und Altsohl alle Angriffe des Feindes in der Tiefe des Hauptkampffeldes abgewiesen. Im Raum von Schwarzwasser, wo der Feind den ganzen Tag überheftig angriff, wurde auch gestern wieder ein voller Abwehrerfolg erzielt, ebenso im Brückenkopf nördlich von Ratibor, in dem sehr starke Gegenangriffe der Sowjets abgewiesen wurden Die Besatzung der Festung Breslau wehrte schwächere Angriffe von Norden her ab und eroberte im Südteil der Stadt im Angriff einzelne Häuserblocks zurück. Die bei Striegau eingeschlossenen sowjetischen Kräfte sind in vier Kampfgruppen aufgespalten worden, von denen zwei bereits vernichtet sind und die übrigen beiden jetzt ihrer Vernichtung entgegengehen. An der Neisse-Front keine besonderen Kampfhandlungen. Zwischen Frankfurt und Küstrin sowie bei Lebus und Göritz wurde der den ganzen Tag über mit insgesamt fünf Schützendivisionen angreifende Feind erfolgreich abgewehrt. In Küstrin wurde in eigenen Gegenangriffen am Vortage verlorengegangenes Gelände zurückerobert. Im Raum Stettin konnten sowjetische Angriffe südlich Stettin an unserem Brückenkopf erfolgreich abgewehrt werden. Die aus dem Raum von

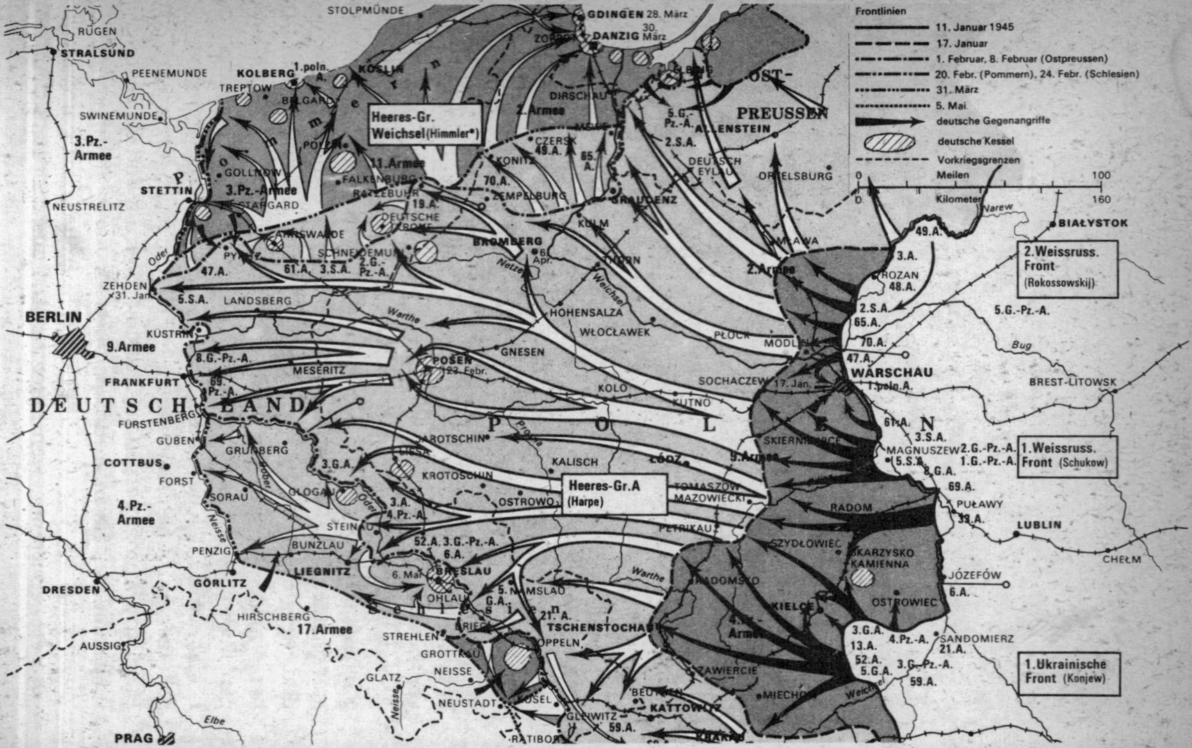

Frontlinien
11. Januar 1945
17. Januar
1. Februar, 8. Februar (Ostpreussen)
20. Febr. (Pommern), 24. Febr. (Schlesien)
31. März
5. Mai
deutsche Gegenangriffe
deutsche Kessel
Vorkriegsgrenzen
Meilen
Kilometer
0
100
160
Heeres-Gr. Weichsel (Himmler*)
Heeres-Gr. A (Harpe)
2. Weissruss. Front (Rokossowskij)
1. Weissruss. Front (Schukow)
1. Ukrainische Front (Konjew)
DEUTSCHLAND
POLEN
OST-PREUSSEN
BERLIN
STETTIN
STRALSUND
RÜGEN
PEENEMUNDE
SWINEMUNDE
NEUSTRELITZ
STOLPMÜNDE
KOLBERG
TREPTOW
BELGARD
KÖSLIN
GOLLNOW
STARGARD
FALKENBURG
RATZEBUHR
DEUTSCHE KRONE
SCHNEIDEMÜHL
ARNSWALDE
PYRITZ
ZEHDEN 31. Jan.
KÜSTRIN
FRANKFURT
FÜRSTENBERG
GUBEN
COTTBUS
FORST
SORAU
GRÜNBERG
GLOGAU
STEINAU
BUNZLAU
LIEGNITZ
PENZIG
GÖRLITZ
DRESDEN
HIRSCHBERG
AUSSIG
PRAG
GLATZ
NEISSE
NEUSTADT
GROTTKAU
STREHLEN
BRIEG
OHLAU
BRESLAU 6. Mai
NAMSLAU
OPPELN
KOSEL
RATIBOR
GLEIWITZ
BEUTHEN
KATTOWITZ
KRAKAU
TSCHENSTOCHAU
ZAWIERCIE
MIECHOW
KIELCE
RADOMSKO
SZYDŁOWIEC
SKARZYSKO KAMIENNA
OSTROWIEC
SANDOMIERZ
JÓZEFÓW
LUBLIN
CHEŁM
PUŁAWY
MAGNUSZEW
RADOM
PETRIKAU
TOMASZOW MAZOWIECKI
ŁODZ
SKIERNIEWICE
KUTNO
KOLO
SOCHACZEW
WARSCHAU 17. Jan.
MODLIN
PŁOCK
WŁOCŁAWEK
HOHENSALZA
GNESEN
POSEN 23. Febr.
MESERITZ
LANDSBERG
KALISCH
OSTROWO
KROTOSCHIN
JAROTSCHIN
LISSA
BROMBERG 6. Apr.
THORN
KULM
GRAUDENZ
ZEMPELBURG
KONITZ
CZERSK
DIRSCHAU
ZOPPOT
GDINGEN 28. März
DANZIG 30. März
DEUTSCH EYLAU
ALLENSTEIN
ORTELSBURG
MŁAWA
ROZAN
BIAŁYSTOK
BREST-LITOWSK
Narew
Bug
Weichsel
Netze
Warthe
Oder
Neisse
Bober
Prosna
Elbe
3.Pz.-Armee
9.Armee
4.Pz.-Armee
17.Armee
11.Armee
2.Armee
3.Pz.-Armee
9.Armee
4.Pz.-Armee
1.poln. A.
47.A.
5.S.A.
61.A.
3.S.A.
2.G.-Pz.-A.
8.G.-Pz.-A.
69. Pz.-A.
19.A.
70.A.
49.A.
65.A.
5.G.-Pz.-A.
2.S.A.
3.A.
48.A.
47.A.
1.poln.A.
61.A.
3.S.A.
5.S.A.
8.G.A.
69.A.
33.A.
2.G.-Pz.-A.
1.G.-Pz.-A.
6.A.
3.G.A.
13.A.
52.A.
5.G.A.
4.Pz.-A.
3.G.-Pz.-A.
21.A.
59.A.
3.G.A.
3.A.
4.Pz.-A.
52.A.
3.G.-Pz.-A.
6.A.
5.G.A.
21.A.
59.A.

Greifenberg sich zurückkämpfende deutsche Kräftegruppe wurde in Dievenow von eigenen Kräften aufgenommen. In Westpreußen kämpfen unsere Truppen in einer weiteren Brükkenkopfstellung um Gotenhafen und Danzig. Sie wehrten dort alle feindlichen Angriffe ab. In Ostpreußen wurden regimentsstarke Feindangriffe bei Zinten abgewiesen. Im übrigen herrscht an der ganzen Front lebhafte sowjetische Aufklärungstätigkeit, so daß mit einem Wiederaufleben stärkerer Kampfhandlungen in den nächsten Tagen gerechnet werden muß.

An der Kurland-Front wurde gestern erneut ein voller Abwehrerfolg im Raum von Frauenburg errungen.

An der Westfront kam es im Raum Nimwegen-Emmerich zu lebhaftem Artilleriefeuer. Außerdem ist seit gestern eine lebhafte feindliche Aufklärungstätigkeit im Gange, so daß damit gerechnet werden muß, daß auch in diesem Abschnitt neue feindliche Angriffshandlungen bevorstehen. An der gesamten Rheinfront bis nach Remagen außer vereinzelten Artilleriekämpfen keine besonderen Ereignisse. Im feindlichen Brükkenkopf Remagen werden starke eigene Gegenstöße geführt. Der Feind wurde aus Honnef und von den Höhen nordöstlich der Stadt geworfen. Gegen feindliche Angriffe nach Osten sind Gegenangriffe im Gange. Auch aus Hönningen wurde der Feind wieder zurückgedrängt. Südlich von Linz sind Gegenangriffe gegen die Rheinstraße im Gange. Zwischen Ahr und Mosel wurden unsere Rheinbrückenköpfe bei Neuwied und Engers zurückgenommen, während die Brückenköpfe bei Niederbreisig und Niederbrohl gehalten wurden. Ebenso halten sich eigene Brückenköpfe über die Mosel bei Gondorf und Moselkern. Zwischen der Voreifel und der Moselfront geht der Feind weiter in Richtung auf die Mosel vor. Feindliche Spitzen stehen westlich der großen Moselschleife bei Traben-Trarbach.

An den übrigen Abschnitten der Westfront nur örtliche Gefechtstätigkeit und Stoßtruppunternehmungen.

In Italien fanden keine besonderen Kampfhandlungen statt.

An der Ostfront herrschte gestern auf beiden Seiten lebhafte

Lufttätigkeit in den Schwerpunkträumen. Der eigene Einsatz war besonders stark in Ungarn und im Mittelabschnitt der Ostfront. Jäger erzielten insgesamt 65 Abschüsse. Die Brücke bei Göritz wurde durch Schlachtflieger getroffen und zerstört.

An der Westfront war die Lufttätigkeit gering.

Ins Reichsgebiet flogen am Tage starke amerikanische viermotorige Bomberverbände mit Jagdschutz zu Angriffen auf Hafenanlagen von Hamburg, Kiel und Bremen ein. Am Nachmittag griffen 500 britische Kampfflugzeuge mit Jagdschutz Essen und weitere Orte im Ruhrgebiet an. Starke zweimotorige Bomberverbände operierten im Rhein-Main-Gebiet, im Münsterland und Industriebezirk. In der Nacht führten schnelle Kampfflugzeuge Störangriffe auf Berlin und Magdeburg.

*

Die Stimmung im deutschen Volke, in der Heimat sowohl wie an der Front, sinkt immer tiefer ab. Die Reichspropagandaämter klagen in ihren Berichten ausserordentlich darüber. Das Volk glaube, vor einer völligen Aussichtslosigkeit unserer Kriegschancen zu stehen. In seiner Kritik an der Kriegführung im allgemeinen macht es nun auch vor dem Führer nicht mehr halt. Es wird ihm vor allem vorgeworfen, dass er in den entscheidenden Kriegsfragen, vor allem solcher personeller Art, keine Entschlüsse fasse. Insbesondere wird hier der Fall Göring herangezogen. Der Führer hätte längst schon in der Führung der Luftwaffe eine personelle Umänderung vornehmen müssen. Dass das nicht geschieht, ist dem Volke entweder ein Zeichen dafür, dass er nicht weiss, wie die Dinge eigentlich liegen, dann wäre es sehr schlimm, oder dass er es weiß und keine Änderung trifft, dann wäre es noch schlimmer. Allerdings wird immer wieder darauf hingewiesen, dass die gegenwärtige Stimmungslage nicht mit einem ausgesprochenen Defaitismus verwechselt werden dürfe. Das Volk tue weiterhin seine Pflicht, und auch der Frontsoldat wehre sich, soweit ihm überhaupt noch eine Möglichkeit dazu übrig bleibe. Allerdings würden solche Möglichkeiten immer begrenzter, und zwar in der Hauptsache durch die Überlegenheit des Feindes in der Luft. Der Luftterror, der ununterbrochen über das deutsche Heimatgebiet einherbricht, macht das Volk völlig mutlos. Man fühlt sich ihm gegenüber in einer derartigen Ohnmacht, dass keiner mehr sieht, wie aus diesem Dilemma ein Ausweg gefunden werden kann. Vor allem die völlige Lähmung des Verkehrs in Westdeutschland trägt dazu bei, die pessimistische Stimmung des deutschen Volkes zu steigern.

Was die Ostfront anlangt, so anerkennt man zwar eine gewisse Stabilisierung der Front, aber man erwartet doch in nächster Zeit einen sowjetischen Vorstoss auf Berlin und auf Dresden und glaubt, dass hier die eigentliche Entscheidung des Krieges fallen werde. Man hofft allerdings, dass wir noch genügend Reserven zur Verfügung hätten, um diesen Stoss aufzufangen.

Die letzte Führer-Proklamation zum 24. Februar hat ausserordentlich gut gewirkt, vor allem, dass der Führer in einer so festen und sicheren Weise die allgemeine Kriegslage charakterisiert und dem deutschen Volke insofern eine Hoffnung gegeben habe, als er betonte, dass die entscheidende Wende des Krieges noch in diesem Jahre zu erwarten sei.

Für den Krieg im Osten wird nur einem einzigen Gefühl der Rache Ausdruck gegeben.Die Greueltaten, die die Bolschewisten begangen haben, werden nun von allen Volksgenossen geglaubt. Es gibt niemanden mehr, der unsere Warnungen in den Wind schlägt. Aber man weiss auch, dass durch die Vorstösse der Sowjets unsere Ernährungslage in ein sehr kritisches Stadium hineingeraten ist, und man zweifelt daran, dass es uns gelingen wird, diese Schwierigkeiten halbwegs zufriedenstellend zu überwinden.

Im allgemeinen allerdings kann man sagen, dass in Anbetracht der so ausserordentlich kritischen Lage das Volk immer noch eine verhältnismässig gute Haltung zur Schau trägt, wenn auch hier und da natürlich einige tiefe Einbrüche zu verzeichnen sind. Sie gleichen aber gewissermassen maserigen

Erscheinungen im Gesicht eines nicht gesunden Menschens, die kommen und vergehen.

Auch der Feind bestätigt uns nun, dass im Westen im grossen ganzen noch ein ungebrochener Kampfgeist seitens der deutschen Truppen zur Schau getragen werde. Fast alle Gefangenen wären fest vom deutschen Sieg überzeugt. Hitler stelle für sie sozusagen eine Art von nationalem Mythos dar, und die Korrespondenten fürchten, dass selbst wenn Deutschland überwunden werden könnte, er nach einer Niederlage noch um so mehr den Traum der Deutschen darstellen würde, als das bisher der Fall ist.

Man weiss auf der Feindseite noch nichts von der Personalveränderung in der Führung im Westen und faselt immer noch davon, dass Rundstedt noch einige Trümpfe in der Hand habe, die er jetzt ausspielen wolle.

Der Feind erlässt ziemlich harte Gesetze für die von ihm besetzten Städte und Dörfer. Das ist ganz gut, denn im Westen hat sich die Meinung festgesetzt, dass man mit den Amerikanern und Engländern leichteres Spiel haben würde als mit den Sowjets. Die Bevölkerung darf nur an zwei Stunden am Tage ausgehen; sonst ist sie an ihre Wohnungen gebannt. Wir hätten zweckmässigerweise auch in den besetzten Gebieten solche Methoden angewandt, dann wären die Verhältnisse nicht zu den grotesken Erscheinungen gediehen, wie wir sie tatsächlich während unserer Besetzung beispielsweise in Frankreich immer wieder verzeichnen mussten.

Der Rheinübergang bei Remagen hat an der New Yorker Börse einen Kurseinbruch in Höhe von einer Milliarde Dollar hervorgerufen. Die feindliche Börse reagiert bei glücklichen Kriegsereignissen ausserordentlich sauer, ein Beweis dafür, dass die dahinter stehenden Juden nur ein Interesse daran haben, den Krieg möglichst lange hinzuziehen.

Die feindlichen Nachrichtenbüros allerdings sind anderer Meinung. Sie glauben, dass der Krieg in zehn bis zwölf Tagen zu Ende sein würde, und dass man dann vor einer Kapitulation Deutschlands stände. Man wird im Feindlager eine arge Enttäuschung erleben, wenn wir ganz etwas anderes tun als zu kapitulieren.

Es wird von den amerikanischen Kriegsberichterstattern berichtet, dass im Brückenkopf bei Remagen die härtesten Kämpfe toben. Die Amerikaner erleiden dabei sehr hohe Verluste, was ja auch der Zweck der Übung ist. Vor allem fürchtet man, dass wir nun zu grosszügigeren Massnahmen schreiten und dass der Brückenkopf auf die Dauer nicht zu halten sei.

Mittags werde ich von Gauleiter Simon angerufen, der mir auch seine Sorge über diesen Brückenkopf vorträgt. Die Bevölkerung könne nicht verstehen, dass die Brücke von Remagen nicht rechtzeitig gesprengt worden sei. Es habe sich ein gewisser Gegensatz zwischen der Bevölkerung und der Wehrmacht herausgestellt. Die Bevölkerung werfe der Wehrmacht vor, dass sie ihr im Augenblick nicht die nötige Unterstützung angedeihen lasse. Es stimmt, dass in den Eifeldörfern die Bauern nach Möglichkeit ihre Dörfer unbeschädigt halten wollen und an einer Durchführung des Kampfes gerade auf ihrem Heimatboden kein gesteigertes Interesse haben.

Sehr grosse Sorgen machen im Westen wieder die sogenannten Versprengten. Sie tauchen ja immer auf, wenn der Feind irgendwo einen Durchbruch durch unsere Front erzielt. Dann machen sich die marodierenden Deserteure auf den Weg, spielen den von der Truppe Versprengten, spekulieren auf das Mitleid der Bevölkerung und fischen im trüben. Auch macht Simon mich mit allem Ernst darauf aufmerksam, dass die Bevölkerung im Wesetn ausserordentlich kriegsmüde sei. Das ist ja auch nicht zu vermeiden angesichts der schweren Luftbombardements, die sie nun monate- und jahrelang hat über sich ergehen lassen. Er erwartet von mir eine Ansprache an die westdeutsche Bevölkerung. Allerdings ist seine Forderung etwas naiv, dass ich ihr reale Versprechungen machen solle, wie der Krieg in den nächsten Wochen fortgesetzt werden würde. Es wäre ganz schön, wenn beispielsweise Göring, der in den glücklichen Zeiten so oft und mit Stentorstimme das Wort ergriffen hat, sich einmal zu dieser Frage äusserte, denn er ist doch wohl derjenige, der die gegenwärtige Kriegslage in der Hauptsache verschuldet hat.

Balzer ist von seiner Reise nach dem Westen zurückgekehrt. Auch er erstattet mir einen ziemlich deprimierenden Bericht und erzählt mir von den schweren Gegensätzlichkeiten zwischen der Truppe und der einheimischen Bevölkerung, betont aber auch, dass die Rückschläge im Westen in der Hauptsache darauf zurückzuführen sind, dass eben unsere Linien zu dünn besetzt waren, dass die Truppe den Befehl hatte, unter allen Umständen jeden Meter Bodens zu verteidigen, und dass, als einmal ein Durchbruch vom Feind erzielt war, kein Halten mehr möglich war. Model ist durch den Rückschlag stark deprimiert, aber sonst immer noch die dynamische Persönlichkeit, als die wir ihn alle kennen. Er fürchtet, dass, wenn es uns nicht gelingt, den Brückenkopf bei Remagen auszuräumen, die Angloamerikaner sich entweder nach Frankfurt oder in nördlicher Richtung in das Ruhrgebiet wenden werden. Model fordert deshalb eine Reihe von Divisionen an, um wenigstens die Rhein-Front halbwegs sicher bestellen zu können.

Die Angloamerikaner stecken ihre Ziele nicht so weit. Im Gegenteil behaupten sie jetzt, dass eine Kampfpause eintreten müsste, verursacht durch ihre hohen Verluste. Sie sind voll von Bewunderung für den Nazigeist, der auch in den Westkämpfen immer wieder hervortrete. Sie sind sich klar darüber, dass die nationalsozialistische Führung des Reiches unter allen Umständen weiterkämpfen werde und dass von einer Kapitulation im ernsten Sinne des Wortes überhaupt nicht gesprochen werden könne.

Eine völlig labile Lage ergibt sich immer noch in Frankreich, und zwar ist sie in der Hauptsache durch das Ernährungsproblem hervorgerufen. Die Franzosen hungern und frieren. Die Angloamerikaner nehmen auf die innere Lage ihrer Bundesgenossen nicht die geringste Rücksicht, ganz zu schweigen beispielsweise von den Italienern. Im feindbesetzten italienischen Gebiet sind jetzt Seuchen in großem Umfange aufgetreten. Eine Massensyphilis hat die Bevölkerung von Rom erfasst, die auch für das Feindlager zu den stärksten Bedenken Anlass gibt.

Dazu kommt die weiter zunehmende Kritik an den Beschlüssen von Jalta. Sie hat sowohl in London wie in Washington einen beachtlichen Grad erreicht. In Washington wird sie nur dadurch etwas gedämpft, dass die Amerikaner hoffen, dass Stalin in den Pazifik-Krieg mit eintreten wird. Er muss sich bis zum 13. April entscheiden. An diesem Tag muss entweder der sowjetisch-japanische Nichtangriffspakt gekündigt werden, oder er verlängert sich automatisch um fünf Jahre.

Eine sensationelle Nachricht erhalte ich über das neutrale Ausland über den seinerzeitigen Tod Chamberlains. Chamberlain habe nach dem Polen-Feldzug dafür plädiert, einen Kompromissfrieden mit Deutschland zu versuchen. Der eigentliche Feind Europas und damit der englischen Weltmachtstellung sei nicht etwa das Reich, sondern die Sowjetunion. Würde der Krieg weiter fortgesetzt werden, so würde er bestimmt zu einem Abnutzungskrieg ausarten. In diesem Abnutzungskrieg könne vielleicht Deutschland zugrundegehen; England werde aber bestimmt in ihm zugrundegehen. Diese Prophezeiung Chamberlains sei seinerzeit von der Churchill-Clique als das Gewäsch eines senilen und müden Mannes abgetan worden. Sie hat sich in einer erstaunlichen Weise bewahrheitet. Von englischer Seite aus wird sogar vermutet, dass Chamberlain seinerzeit vom Secret Service im Auftrage Churchills Gift gegeben worden sei. Ich glaube das zwar nicht, immerhin aber wird Churchill durch den Tod Chamberlains nicht allzusehr niedergedrückt worden sein.

Die Japaner machen jetzt in Französisch-Indochina tabula rasa. Sie setzen den französischen Militärkommandanten ab und reissen die Dinge an sich.

Aus amerikanischer Quelle vernehmen wir, dass Roosevelt die Absicht hat, auch den Tenno auf die Kriegsverbrecherliste zu setzen. Das ist sehr gut. Der Tenno geniesst in Japan göttliche Verehrung. Setzt man ihn auf die Kriegsverbrecherliste, so werden auch die kompromißsüchtigen japanischen Politiker nicht wagen, den Kampf gegen die USA einzustellen.

In England zeigt man ein steigendes Interesse an der Entwicklung in Rumänien. Radescu befindet sich immer noch auf der englischen Gesandtschaft, und die Sowjets bekommen ihn nicht heraus. Die englischen Blätter klagen die Regierung wegen ihrer Politik des Schweigens an. Sie fordern von ihr über die Entwicklung in Rumänien offenen Aufschluss, den natürlich die Regierung Churchill gar nicht geben kann.

Die Sowjets verbreiten zur Beruhigung der öffentlichen Meinung die Meldung, dass Mannerheim wieder in sein Amt zurückgekehrt sei. Offenbar soll er der jetzt beginnenden Wahlkampagne ein offizielles Mäntelchen umhängen. Allerdings betont die »Prawda« in ganz dezidierter Form, dass die finnische Wahl nicht eine innerfinnische Angelegenheit darstelle. Mit anderen Worten, die Sowjets haben die Absicht, sich in sie nach allen Regeln der Kunst einzumischen.

Ich habe mittags die Berliner Kreisleiter bei mir und gebe ihnen einen anderthalbstündigen Überblick über die augenblickliche Kriegslage und über die Aufgaben, die jetzt der Führung der Reichshauptstadt obliegen. Vor diesem Kreis kann man immer sehr frei und offen sprechen. Ich tue das sehr gern, weil ich mich unter Gesinnungsgenossen fühle.

Das Evakuierungsproblem ist jetzt wieder sehr schlimm geworden, und zwar durch die Entwicklung in Pommern. In Pommern sind etwa 3- bis 400 000 Menschen in die Hände der Sowjets gefallen. Die militärischen Ereignisse haben sich so überschlagen, dass es nicht mehr möglich war, sie rechtzeitig aus dem bedrohten Raum herauszunehmen. Sehr schwierig wird die Lage auch für die Evakuierten im Danzig-westpreussischen Raum. Forster sitzt nun auf Hunderttausenden von Menschen aus Ostpreussen, die er nicht mehr abtransportieren kann.

Schwer ist am vergangenen Tage Hamburg angegriffen worden. Offenbar will der Feind doch unsere U-Boot-Werften treffen, denn hier liegt ja für uns eine wichtige Chance des kommenden Kriegsverlaufes. Die letzten Mosquito-Angriffe auf Berlin sind immer schwerer geworden. Wir haben vor allem beachtliche Schäden in unserem Verkehrswesen zu beklagen. Die Engländer haben nun an 21 Tagen hintereinander die Reichshauptstadt jeden Abend ununterbrochen mit diesen ekelhaften Mosquitos angegriffen. Eine Abwehrmöglichkeit dagegen besteht praktisch nicht.

Die Überprüfung des Auswärtigen Amtes durch meine Mitarbeiter im totalen Kriegseinsatz führt zu den grössten Schwierigkeiten. Die Herren des Auswärtigen Amtes behandeln diese wie eine dipolmatische Großaktion. Wenn man die Berichte darüber liest, kann man nur lächeln. Das Auswärtige Amt setzt sich aus einem völlig sterilen Beamtenkörper zusammen, der nur nach Formalitäten prozediert, ein gesundes und natürliches Leben aber nicht mehr aufweist.

General Hauenschild wird für etwa drei Wochen krank sein. Das ist für uns ein schwerer Ausfall. An seine Stelle tritt General Reymann, den ich noch nicht kenne. Es sollen in Zukunft die Ämter des Festungskommandanten für Berlin und eines kommandierenden Generals voneinander getrennt werden, und zwar soll Hauenschild kommandierender General bleiben, während General Reymann die Geschäfte des Festungskommandanten übernimmt. Daraufhin werde ich ihn mir mal etwas näher anschauen, denn für diese Aufgabe muss ich einen erstklassigen Mann haben, da sie von einer ausschlaggebenden Wichtigkeit ist. Unglücklicherweise ist auch der Stadtkommandant von Berlin, General Hofmeister, ernstlich erkrankt, so dass wir also im Augenblick an militärischen Führungspersönlichkeiten in Berlin sehr arm sind. Ich werde hier schleunigst nach dem Rechten sehen, denn ein Stoss der Sowjets in Richtung Reichshauptstadt kann trotz aller gegenteiligen Anzeichen doch jeden Tag erwartet werden.

Ich schreibe nachmittags einen Leitartikel über das Thema »An die Arbeit und zu den Waffen!« In diesem Leitartikel gebe ich eine Reihe von harten und unerbittlichen Parolen für die weitere Fortsetzung des Kampfes.

Die Abendlage bringt für den Westen keine wesentliche Veränderung. Die Lage im Remagener Brückenkopf ist auch gleich geblieben. Wir sind gerade dabei, nach hier starke Verstärkungen zuzuführen. Im Raum von Emmerich übernebelt der Feind die Front und schiesst seine Artillerie ein. Hier ist also wohl der nächste Stoss zu erwarten.

Was den Osten anlangt, so geht die Entwicklung in Ungarn sehr erfreulich. Wir sind über den Sio-Fluss hinausgekommen und haben auf dem jenseitigen Ufer zwei Brückenköpfe gebildet. Das ist eine zufriedenstellende Nachricht. Jetzt soll der Versuch gemacht werden, den Feind endgültig ins Laufen zu bringen. Auch von der oberen Seite aus ist ein Durchstoss gelungen, so dass auch von hier aus wahrscheinlich marschiert werden kann. Unangenehmer ist die Entwicklung im Raum von Schwarzwasser, wo der Feind doch einen 7 km tiefen Einbruch erzielt hat. Hoffentlich wird Schörner damit fertig, denn hier geht es ja schliesslich um das für uns lebenswichtige Kohle- und Industriegebiet von Mährisch-Ostrau. Bei Ratibor blieben die feindlichen Angriffe trotz ihrer Schwere ohne jeden Erfolg. In Striegau sind nun die letzten Feindgruppen restlos vernichtet. Unsere In- und Auslandskorrespondenten können also nunmehr die Stadt besuchen. Im Danziger Raum hat sich die Entwicklung weiterhin ungünstig gestaltet. Der Feind hat nun an einzelnen Stellen die See erreicht. Die Frontentwicklung bleibt weiterhin flüssig. Teils ist sie für uns günstig, teils ist sie aber auch für uns denkbar ungünstig. Es kommt nun darauf an, ob wir im ungarischen Raum einen wirklich durchschlagenden Erfolg erzielen. Wäre das der Fall, so würden unsere Kriegschancen wieder beachtlich steigen und wir eventuell vor einem neuen Anfang stehen.

14. März 1945 *Mittwoch*

[S. 1-41]

Gestern:

Militärische Lage:

Im ungarischen Raum machte unser Angriff südöstlich des Plattensees gute Fortschritte. Über den Sio-Fluß wurden zwei Brückenköpfe gebildet. Auch südöstlich des Plattensees wurde bei Aba Gelände gewonnen. Östlich Stuhlweißenburg stieß unser durch »Tiger« geführter Panzerangriff etwa 8 km weiter in Richtung Osten vor.

Im slowakischen Raum kam es zu lebhaften Kämpfen bei Altsohl, wo der Feind wieder einige Einbrüche erzielte. Auch am Jablonka-Paß gelang dem Feind ein Einbruch. Er wurde dann aber im Gegenangriff aufgehalten und teilweise zurückgeworfen. Die schweren Angriffe der Sowjets gegen den Raum um Mährisch-Ostrau wurden bis auf einen Einbruch von etwa 3 km Tiefe erneut zerschlagen. Striegau wurde in einem schwungvollen eigenen Angriff zurückerobert. Feindliche Angriffe gegen Breslau und südlich Cosel scheiterten. An der Neisse-Front keine besonderen Ereignisse. An der Oder-Front zwischen Frankfurt und Küstrin Fortsetzung der lebhaften sowjetischen Angriffe, insbesondere bei Küstrin selbst, ohne daß der Feind irgend etwas erreichte. In diesem Kampfabschnitt sind gestern im Zeitraum von ein bis eineinhalb Stunden aus rund 100 Rohren 11 000 Schuß abgefeuert worden, ein Beweis dafür, daß die Munitionslage inzwischen eine erhebliche Verbesserung erfahren hat. Zahlreiche feindliche Bereitstellungen wurden durch dieses Artilleriefeuer zerschlagen.

Angriffe des Feindes östlich von Stettin scheiterten. Dievenow fiel in sowjetische Hand. Angriffe gegen Kolberg wurden abgewiesen. In Westpreußen griff der Feind hauptsächlich südlich und nördlich von Neustadt an. Südlich von Neustadt gelangen ihm einige Einbrüche; im Gegenangriff wurde der Feind jedoch auf die Ausgangsstellung zurückgeworfen. Weiter nördlich fiel Putzig in feindliche Hand. Der Zugang zur Putziger Nehrung ist jedoch noch in unserem Besitz. In Ostpreußen flaute die Kampftätigkeit ab.

Südlich Frauenburg, in Kurland, wurden die schweren Angriffe des Feindes wieder zerschlagen.

An der Westfront herrschte beiderseitige lebhafte Artillerietätigkeit. Besonders Leverkusen und das Hinterland von Leverkusen lagen unter schwerem feindlichen Feuer. Südlich von Düsseldorf schoben wir unsere Sicherungen bis Zons vor. Heftige Kämpfe finden im Brückenkopf Linz statt. Der Feind konnte nördlich Honnef und östlich Linz gegen heftigen Widerstand und Gegenangriffe geringfügig an Boden gewinnen. Er steht jetzt nördlich Honnef und etwa 4 ½ km östlich von Linz. An der Mosel zwischen Koblenz und Cochem und im Einbruchsraum Trier fanden nur örtliche Kämpfe statt. Südlich von Saarburg wurden mehrere Panzer abgeschossen. Bei Saarlautern und zwischen Saarbrücken und Saargemünd wurden feindliche Vorstöße abgewiesen. Im Raum von Hagenau herrschte beiderseitige lebhafte Aufklärungstätigkeit.

In Italien fanden keine besonderen Kampfhandlungen statt.

Im Westen herrschte lebhafte feindliche Jagdbomber- und Tieffliegertätigkeit. Ferner fanden stärkere Einflüge zweimotoriger Bomberverbände statt. Im eigenen Einsatz erhielten die Eisenbahn- und Pontonbrücken bei Remagen mehrere Treffer.

Etwa 1100 amerikanische viermotorige Bomber griffen Hafen- und Verkehrsanlagen in Swinemünde an. Ferner wurden Marburg/Lahn, Friedberg, Wetzlar und Frankfurt/Main angegriffen. 600 britische viermotorige Bomber griffen Ziele in Dortmund und im Raum Bochum-Gelsenkirchen an. Aus Italien erfolgte ein Angriff von etwa 550 amerikanischen viermotorigen Bombern auf Wien. Teilverbände belegten Graz und Bruck a. d. Mur mit Bomben. In der Nacht richtete sich wiederum ein Störangriff gegen Berlin. 10 Mosquitos warfen Bomben auf Magdeburg.

*

Im westlichen Feindlager ist man sich seiner Sache an der Westfront immer noch nicht sicher. Vor allem die Engländer befürchten, dass es uns durch Zeitgewinn gelingen könnte, jenseits des Rheins wieder eine neue Front aufzubauen, vor der sie eine erhebliche Angst haben. Wie die Dinge im Westen liegen, mag man daraus ersehen, dass die Engländer den sowjetischen Berichterstattern den Zutritt zur Front verweigern. Allerdings mag das auch als Gegengeschenk gedacht sein gegen die Verweigerung des Zutritts von angloamerikanischen Korrespondenten an die Ostfront, die von den Sowjets ja bisher immer noch getätigt wurde. Die Engländer und Amerikaner haben sich in der Vergangenheit sehr darüber geärgert und suchen sich jetzt wohl dafür zu rächen.

Zwischen Eisenhower und Harris ist ein lebhafter Glückwunsch-Telegrammwechsel im Gange über die Zerstörung der deutschen Städte im Westen. Dieser Telegrammwechsel ist ein Kulturdokument schimpflichster Art. Ich glaube, dass in 50 Jahren sich die europäische Menschheit nur mit Abscheu von diesem Zynismus abwenden wird. Die beiden Obergangster tun so, als sei die Zerstörung einer deutschen Kulturstadt im Westen eine Heldentat. Sie rühmen sich ihrer Grausamkeiten und Brutalitäten und beweisen damit nur, dass sie auf der Höhe ihres Triumphes die Erfolge, die sie errungen haben, nicht vertragen können und auch nicht verdienen. Immerhin ist man sich auch in Eisenhowers Hauptquartier im klaren darüber, dass immer noch ein titanischer Kampf im Westen bevorsteht. Man erklärt, dass ohne Gnade auf beiden Seiten Krieg geführt werde und dass von einer Nachgiebigkeit der deutschen Wehrmacht überhaupt keine Rede sein könne. Vor allem ist man im Hauptquartier Eisenhowers tief von der Tatsache beeindruckt, dass alle gefangengenommenen deutschen Soldaten an den Sieg und auch – wie man erklärt – mit einem fast mystischen Fanatismus an Hitler glauben.

Der Kampf um den Brückenkopf ist ausserordentlich erbittert geworden. Er kostet für uns schwere Opfer; aber auch für die Feindseite. Wie schwierig die Lage sich für die Amerikaner im Brückenkopf gestaltet, wird daraus klar, dass sie jetzt plötzlich erklären, dass dieser Brückenkopf ohne tiefere Bedeutung sei. Offenbar hängen dem Feind die Trauben etwas zu hoch. Trotzdem ist hier natürlich der neuralgische Punkt der Westfront gegeben.

Aus amerikanischen Berichten kann man entnehmen, eine wie trostlose Lage gegenwärtig in Bonn herrscht. Die Bevölkerung hungert und friert. Sie hat, nachdem die Partei und die Behörden abgezogen sind, keine Hilfe mehr. Ein kümmerlicher amerikanischer Offizier versucht, sie zu regieren. Man kann sich vorstellen, in welchen Formen das vor sich gehen wird.

Immer wieder weisen die englisch-amerikanischen Berichte darauf hin, dass die Bevölkerung im Westen in einer dumpfen Apathie verharrt. Man kann das auch durchaus verstehen, nach den furchtbaren Luftbombardements der letzten Wochen und Monate. Aber das wird sich erfahrungsgemäss schnell wieder legen. Jedenfalls kann man davon überzeugt sein, dass die Amerikaner mit der Verwaltung dieses komplizierten Gebietes erhebliche Sorgen haben werden. So einfach, wie sie sich das offenbar vorstellen, wird das nicht sein.

Die Juden melden sich wieder. Ihr Wortführer ist der bekannte und berüchtigte Leopold Schwarzschild, der jetzt in der amerikanischen Presse dafür plädiert, dass Deutschland unter keinen Umständen eine mildere Behandlung zuteil werden dürfte. Diese Juden muss man einmal, wenn man die Macht dazu besitzt, wie die Ratten totschlagen. In Deutschland haben wir das ja Gott sei Dank schon redlich besorgt. Ich hoffe, dass die Welt sich daran ein Beispiel nehmen wird.

Was die politische Kriegslage anlangt, so werden die Stimmen gegen das Überhandnehmen des Sowjeteinflusses in der Welt auch in England täglich mehr. Zu dem Chor der Kritiker gesellt sich jetzt auch der »Manchester Guardian«, der sich vor allem darüber beschwert, dass die Sowjets Rumänien so von der Aussenwelt abgeschlossen haben, dass man über die rumänische innenpolitische Entwicklung keine näheren Nachrichten mehr erhält. Das ist ja eine alte Taktik des Kremls, in dem Augenblick, in dem die Sowjets ein Land besetzt haben, vor ihm einen eisernen Vorhang herunterzulassen, um hinter ihm ihr furchtbares Blutwerk durchführen zu können.

Der Kampf um eine neue sogenannte polnische Regierung ist jetzt in Moskau entbrannt. Die Engländer und Amerikaner suchen Molotow dahin zu bewegen, wenistens Mikolajczyk in den Lubliner Ausschuss aufzunehmen. Allerdings werden die Sowjets sich nicht dazu bewegen lassen. Im Gegenteil, sie wollen in Polen allein zu bestimmen haben und bedienen sich dazu ausschliesslich des von ihnen abhängigen und ihnen hörigen Lublin-Ausschusses, der ja nur eine bolschewistische Tarnung ist.

Auch in Finnland versuchen die Bolschewisten jetzt mit allen Mitteln, die kommende Wahl zu beeinflussen. In England befürchtet man, dass es eine sogenannte baltische Wahl wird, d. h., dass die Bolschewisten diese Wahl so terrorisieren wollen wie damals in den baltischen Staaten, wo sie zum Teil über 100 Prozent der wahlfähigen Stimmen erhielten.

Stalin hat jetzt mit der angeblichen Einnahme Küstrins den 300. Tagesbefehl des Sieges herausgegeben. Diese 300 Tagesbefehle stellen für uns eine einzige Leidensskala dar. Eigentlich hätten wir schon beim dritten aufhorchen müssen; aber wir haben den 30., ohne daraus ernste Konsequenzen zu ziehen, spurlos an uns vorübergehen lassen, und nun müssen wir den 300., wenn er auch nicht ganz den Tatsachen entspricht, auf uns nehmen wie ein dunkles Verhängnis. Es ist nicht ganz unrichtig, wenn in dem Stalinschen Tagesbefehl gesagt wird, daß bei diesen 300 Etappen des bolschewistischen Sieges die deutsche Militärmaschine zum grossen Teil zertrümmert worden sei.

Der Duce hat durch die Sozialisierung der Schlüsselindustrie in Norditalien sich wieder ein gewisses Echo in der italienischen Arbeiterschaft verschafft. Jedenfalls ist es nicht so, dass diese Sozialisierung eine improvisatorische Massnahme darstellt. Im Gegenteil, nach den neu einlaufenden Berichten ist sie wohldurchdacht und vor allem psychologisch von einer erheblichen Wirkung.

Ich habe mittags eine längere Beratung mit dem Verteidigungsrat von Berlin. General Reymann, der jetzt, solange General Hauenschild erkrankt ist, die Verteidigungsaufgaben in Berlin bearbeiten und wahrscheinlich auch auf diesem Gebiet Nachfolger von General Hauenschild werden wird, macht mir seinen Antrittsbesuch. Er kann dabei keinen übertriebenen Eindruck auf mich erwecken. Es handelt sich um die typische Art von bürgerlichen Generälen, die treu und brav ihre Pflicht tun, von denen aber eine ausserordentliche Leistung wohl kaum zu erwarten ist. Es ergeben sich bei der Gesamtbilanz der Berliner Verteidigung eine Reihe von Lükken. Vor allem sind wir auf dem Munitionssektor sehr schlecht bestellt. Dieser Frage werde ich nun meine besondere Aufmerksamkeit schenken.

Bei einer Überprüfung der Berliner Bahnhöfe hat sich herausgestellt, dass eine Unmenge von Rüstungsgut – auch von Munition – irgendwo auf den Verschiebegleisen abgestellt ist. Dieses Rüstungsgut werde ich mir, soweit es eben möglich ist, für die Berliner Verteidigung anlachen.

Die Pioniere haben in Berlin Sprengungen vorbereitet, die weit über das notwendige Maß hinausgehen. Die Anlage dieser Verteidigung weist darauf hin, dass die Pioniere offenbar von der Voraussetzung ausgehen, dass sie sich im Feindesland befinden. So sollen beispielsweise im Notfall alle nach Berlin führenden Brücken gesprengt werden. Würde man wirklich zu dieser Massnahme schreiten, dann müsste die Reichshauptstadt verhungern. Ich sehe auch hier nach dem Rechten und sorge dafür, dass die Pioniere ihren Sprengauftrag nicht lediglich vom Pionierstandpunkt aus betrachten.

Vorläufig richten wir in Berlin noch keine Standgerichte ein, obschon wir eine frontnahe Stadt geworden sind. Solange der Volksgerichtshof noch in Berlin bleibt, glaube ich, mit ihm auskommen zu können.

General von Knobelsdorf hat zusammen mit Regierungspräsident Binding das Personalamt des Heeres überprüft und dort die besten Verhältnisse vorgefunden. Das Personalamt des Heeres ist die erste Wehrmachtorganisation, die völlig in Ordnung ist und an der nichts ausgesetzt werden kann. Man sieht also, dass auch hier General Burgdorf ganze Arbeit geleistet hat.

Der stellvertretende Gauleiter von Körber berichtet mir über die Überprüfungen der Luftwaffe. Hier ist das Gegenteil festzustellen. Die Luftwaffe ist ein einziger Korruptionshaufen, und man kann schon verstehen, daß Körber den Vorschlag macht, sie einfach aufzulösen bezw. auf das notwendige Mass zu beschränken, da sie sowieso ihre Aufgabe nicht mehr durchführen kann. Wenn ich mir vergegenwärtige, dass die der Luftwaffe zur Verfügung stehende Benzinmenge von 193 000 tons auf 8000 tons heruntergesunken ist, dann weiss ich, was man von der Luftwaffe erwarten kann und was nicht. Was nutzt aller Massenausstoss von neuen Jägern, wenn wir einmal kein Benzin und einmal keine Besatzung haben, um sie zum Einsatz zu bringen.

Mein Mitarbeiter Liese ist mit der Überprüfung der Wehrmacht in den Niederlanden beschäftigt. Auch dort findet er ganz liebliche Verhältnisse vor. Es befinden sich in den Niederlanden noch eine ganze Reihe von Stäben, die sich einfach aus Frankreich und aus Belgien abgesetzt haben und nun in den holländischen Dörfern ein bierfriedliches Dasein führen. Ich werde ihnen sehr bald den Garaus machen.

Der Luftkrieg ist weiterhin furchtbar. Diesmal sind Dortmund und vor allem Swinemunde an der Reihe gewesen. In Swinemunde haben die feindlichen Bomben unsere Evakuiertenmassen getroffen. Es sich eine ganze Reihe von Dampfern im Hafen von Swinemünde versenkt worden, darunter ein

Evakuiertendampfer mit 2000 Personen. Hier hat sich eine Art von Massenkatastrophe abgespielt. Dazu kommen die nachtragenden Berichte von Essen, Dessau und Chemnitz. In diesen Städten herrscht nur noch ein einziges Trümmerfeld.

Der Führer hat nun entschieden, dass trotz der ausserordentlichen Schwierigkeiten, die damit verbunden sind, im Westen weiter evakuiert werden soll. Diese Evakuierung ist praktisch gar nicht durchzuführen, weil die Bevölkerung sich einfach weigert, ihre Dörfer und Städte zu verlassen. Man müsste also Gewalt anwenden, und wo haben wir die Männer, um solche Gewalt anzuwenden, und wo die Menschen, die sich solche Gewalt gefallen lassen. Die Entscheidung, die der Führer gefällt hat, geht von ganz falschen Voraussetzungen aus. Das ersehe ich auch aus einem Bericht, den Speer nach einer Reise zum Westen über die dortige Lage bei mir erstattet. Speer hat die Verhältnisse eingehend studiert und ist zu dem Ergebnis gekommen, dass praktisch gar nicht mehr evakuiert werden kann. Speer äussert sich sehr missmutig über die getroffenen Massnahmen. Er vertritt den Standpunkt, dass es nicht die Aufgabe einer Kriegspolitik sei, ein Volk zum heroischen Untergang zu führen, was ja auch vom Führer selbst in seinem Buch »Mein Kampf« in aller Eindeutigkeit wenigstens bezüglich des ersten Weltkrieges betont worden ist. Vor allem gilt dieses Wort für die deutsche Diplomatie, die in der gegenwärtigen Kriegslage bisher keine Möglichkeit gefunden hat, Deutschland aus dem uns allmählich zertrümmernden und zerschmetternden Zweifrontenkrieg herauszuführen.

Am Abend zeigt sich in der Westlage keine wensentliche Veränderung, das heisst also, dass sie sich weiter für uns ungünstig stellt. Es ist uns nicht gelungen, den Brückenkopf bei Remagen auszuräumen. Im Gegenteil, er ist vom Feind noch weiter verstärkt worden. Es befinden sich jetzt in ihm Teile von fünf amerikanischen Divisionen. Die Engländer haben, was ausserordentlich charakteristisch ist, aus dem italienischen Raum zwei Divisionen abgezogen, und zwar eine nach Griechenland und die andere nach dem Nahen Osten.

Diese Massnahme trägt typisch antisowjetischen Charakter. Man ersieht aus ihr, dass die Gegensätze im Feindlager ausserordentlich stark geworden sind und uns zu weiteren Hoffnungen Anlass geben. In Ungarn haben unsere Truppen nur kleinere Fortschritte erzielt. Ich habe den Eindruck, dass unser Angriff ins Stocken gekommen ist, was von verhängnisvollen Folgen sein könnte. Sepp Dietrich ist es zwar gelungen, einen Brückenkopf über den Sio-Fluss zu bilden; aber es ist sehr die Frage, ob er von hier aus operativ vorgehen kann. Im Hauptquartier wenigstens gibt man der Meinung Ausdruck, dass es jetzt eigentlich losgehen müsste. Die Zügigkeit der Operationen aber wird bis zur Stunde noch völlig vermisst. Die Hoffnung jedoch wollen wir nicht sinken lassen. Der Feind hat bei Schwarzwasser ausserordentlich massiv angegriffen; aber Schörner ist ihm mit einem Gegenangriff entgegengetreten, so dass er zu keinen erheblichen räumlichen Erfolgen kommen konnte. Bei Breslau hat die Lage sich etwas beruhigt; aber wir müssen hier wohl mit weiteren schweren Angriffen demnächst rechnen. Vorstösse des Feindes im Frankfurt-Küstriner Raum blieben ohne Erfolg. Auch im Stettinger Raum hat sich keine Veränderung ergeben. Es scheint also doch, dass die Sowjets mit ihren Kräften ziemlich gebunden sind und weiträumige Operationen im Augenblick nicht durchführen können. Die Lage bei Danzig hat sich ungünstig gestaltet. Es sind weitere Feindeinbrüche zu verzeichnen, und die Stadt Danzig liegt schon unter Artilleriebeschuss. In Ostpreussen hat erneut der Grossangriff begonnen und zu einem 4 km tiefen Einbruch geführt. Man hofft aber, damit fertig zu werden. In Kurland wurden alle feindlichen Angriffe abgewiesen.

Die militärische Lage stellt sich im grossen und ganzen wieder in der Schwebe dar. Man kann über die Weiterentwicklung kein bindendes Urteil abgeben.

Am Abend haben wir auf Berlin wieder den regulären Mosquito-Angriff. Diese Mosquito-Angriffe werden jetzt von Tag zu Tag schwerer und schmerzhafter. Vor allem erleiden wir sehr grosse Schäden in unserem Berliner Verkehrswesen.

Der Mosquito-Angriff dieses Abends wird für mich besonders verhängnisvoll, weil er unser Ministerium trifft. Der ganze schöne Bau an der Wilhelmstrasse wird durch eine Mine völlig vernichtet. Thronsaal, Blaue Galerie und der von mir neuerbaute Theatersaal stellen ein einziges Trümmerfeld dar. Ich fahre gleich zum Ministerium hin und sehe mir die angerichteten Verwüstungen an. Das Herz tut einem weh, wenn man hier feststellt, dass ein so einzigartiges architetkonisches Kunstwerk wie dieses Gebäude in einer Sekunde völlig dem Erdboden gleichgemacht wird. Welche Mühe haben wir uns gegeben, den Theatersaal zu bauen, den Thronsaal und die Blaue Galerie wieder im alten Stil herzustellen! Wie sorgsam ist man mit jeder einzelnen Wandmalerei und mit jedem Möbelstück umgegangen! Und nun ist alles der Vernichtung anheimgefallen. Dazu kommt noch ein Brand, der in den Trümmern ausgebrochen ist, der um so größere Gefahr heraufbeschwört, als unter der brennenden Trümmerstätte etwa 500 Panzerfäuste aufgestapelt liegen. Ich setzte alles daran, die Feuerlöschkräfte so rechtzeitig und so massiert zum Einsatz zu bringen, dass wenigstens die Panzerfäuste nicht zur Explosion kommen.

In mir herrscht ein sehr wehmütiges Gefühl vor, da ich diese Massnahme treffe. Es ist jetzt auf den Tag genau 12 Jahre, nämlich am 13. März, dass ich in dieses Ministerium als Minister Einzug gehalten habe. Ein denkbar schlechtes Omen für die kommenden zwölf Jahre.

Alle meine Mitarbeiter sind zur Stelle – Schach, Steeg und Göhrum –, und jeder gibt sich die grösste Mühe, zu retten, was zu retten ist. Aber am schönsten Teil des Hauses ist nichts mehr zu retten. Aber was hilft alles Klagen und alle Wehmütigkeit. Wir müen auf diese Dinge Verzicht leisten und uns nur darauf konzentrieren, wenigstens die Freiheit und den Boden unseres Volkes zu erhalten. Das hindert einen aber nicht daran, wenigstens bei so schweren Verlusten, die einen menschlich so treffen, etwas deprimiert zu sein.

Der Führer ruft gleich nach dem Angriff auf das Ministerium bei mir an. Auch er ist sehr traurig darüber, dass es nun mich getroffen hat. Bisher haben wir auch bei den schwersten Angriffen auf Berlin immer noch Glück gehabt. Aber nun sind wir nicht nur einen Besitz, sondern auch eine Last los. In Zukunft brauche ich um das Ministerium nicht mehr zu zittern.

Bei allen Anwesenden bei dem Brand ist nur eine Stimme der Verachtung und des Hasses gegen Göring zu vernehmen. Alle fragen immer wieder, warum der Führer denn nicht endlich gegen ihn und die Luftwaffe handelnd einschreite.

Der Führer lässt mich dann zu einem kurzen Besuch herüberbitten. Bei der Unterredung, die ich mit ihm habe, ist er doch von meiner Darstellung sehr beeindruckt. Ich gebe ihm eine Schilderung der Verwüstungen, die angerichtet worden sind, und lege ihm vor allem die zunehmende Wucht der allabendlich stattfindenden Mosquito-Angriffe dar. Eine scharfe Kritik an Göring und an der Luftwaffe kann ich mir nicht verkneifen. Aber es ist immer dasselbe Lied, wenn man beim Führer auf dieses Thema zu sprechen kommt. Er legt einem die Gründe des Verfalls der Luftwaffe dar; aber er kann sich nicht dazu entschliessen, Konsequenzen daraus zu ziehen. Er erzählt mir, dass Göring nach den letzten Unterredungen, die der Führer mit ihm gehabt habe, ganz gebrochen gewesen sei. Aber was hilft das! Ich kann mit ihm kein Mitleid haben. Wenn er beim letzten schweren Zusammenstoss mit dem Führer etwa die Nerven verloren hat, so ist das nur eine kleine Strafe für die furchtbaren Leiden, die er dem deutschen Volke zugefügt hat und weiterhin zufügt.

Ich bitte den Führer noch einmal, endlich handelnd einzugreifen, denn so kann es ja unmöglich weitergehen. Wir dürfen ja nicht schliesslich das Volk zugrunderichten, weil wir nicht die Entschlussfreudigkeit besitzen, nun die Wurzel unseres Unglücks auszureissen. Der Führer erzählt mir, dass nun neue Jäger und Bomber im Bau sind, von denen er sich einiges verspricht. Aber das haben wir ja schon so oft gehört, dass wir nicht mehr die Kraft aufbringen, darauf noch eine besondere Hoffnung zu setzen. Im übrigen ist es auch reichlich spät – um nicht zu sagen, zu spät –, um von solchen Massnahmen noch durchschlagende Erfolge zu erwarten.

Der Führer fügt hinzu, dass er schon vor dem Kriege immer gefordert habe, dass schnelle Bomber gebaut würden, denn von schnellen Bombern, vor allem nach dem Stile von Mosquitos, habe er sich besondere Erfolge in der Bombardierung feindlicher Städte versprochen. Aber das ist, wie vieles andere, nicht gemacht worden, und es nützt gar nichts, dass der Führer heute darauf verweist, dass er zwar das Richtige gewollt, aber nicht das Richtige erzwungen hat. Auch hier hat es Göring immer besser gewusst, wie auch – wie der Führer hinzufügt – Himmler jetzt bei den Operationen im Osten, wo er mit einem Stoss nach Berlin rechnete, während er nach den Prognosen des Führers nach Pommern gehen würde, was ja auch tatsächlich der Fall gewesen ist. Der Führer zeigt mir die stenographischen Protokolle aus den in jenen Tagen stattgefundenen militärischen Lagebesprechungen, aus denen eindeutig zu ersehen ist, dass der Führer mit seinen Prognosen absolut recht behalten hat. Aber auch hier kann ich nur zur Antwort geben: Was nützen mir Erklärungen; das Volk fordert Klärungen! Es erhebt Anspruch auf Massnahmen entscheidender Art, die nun endlich diesem Wirrwarr in der gesamtmilitärischen Führung ein Ende bereiten.

Der Führer erklärt mir, dass nunmehr die fliegenden Standgerichte unter General Hübner ihre Tätigkeit aufgenommen haben. Als erster ist der kommandierende General, der für die Nichtsprengung der Remagener Brücke verantwortlich war, zum Tode verurteilt und gleich zwei Stunden später erschossen worden. Das ist wenigstens ein Lichtzeichen. Nur mit solchen Massnahmen können wir das Reich noch retten. Auch Generaloberst Fromm ist mittlerweile erschossen worden. Ich bitte den Führer eindringlich, in diesem Stile mit seinen Massnahmen fortzufahren, damit endlich einmal unsere führenden Offiziere zum Gehorsam gezwungen werden. Auch ein General, der einen nationalsozialistischen Führungsoffizier nicht zur Wirksamkeit kommen lassen wollte, wird jetzt vor das

Standgericht gestellt und wahrscheinlich zum Tode verurteilt werden.

Im Westen hatten wir vor der neuen Offensive der Angloamerikaner eine Kopfstärke von 1,5 Millionen Mann. Es ist Rundstedt nicht gelungen, daraus so viel kämpfende Truppe herauszulesen, dass er über 60 komplette Divisionen verfügte. Hier ist also offenbar der totale Krieg nur sehr oberflächlich betrieben worden, eine wahre Schande, wenn man sich die Folgen vergegenwärtigt.

Dr. Ley war im Westen und hat sich von Manteuffel einen Floh ins Ohr setzen lassen. Manteuffel hat ihn gebeten, beim Führer vorstellig zu werden, damit den Kommandierenden Generälen im Westen grössere Vollmachten gegeben würden. Aber an Vollmachten fehlt es ihnen nicht. Sie müssten nur davon Gebrauch machen. Noch niemals hat der Führer einem General einen Vorwurf deshalb gemacht, weil er Vollmachten zur Wiederherstellung der Disziplin und der Ordnung in Anspruch genommen hat, die ihm nicht zustanden, sondern höchstens, wenn er Vollmachten, die ihm zustanden, nicht dazu benutzt hat, Disziplin und Ordnung aufrechtzuerhalten. Es liegt also nicht daran, dass die militärischen Befehlshaber nicht mit genügender Befehlsgewalt ausgestattet sind. Im Gegenteil, sie gehen ihre eigenen Wege, verweigern, wenn es ihnen nicht in den Kram passt, dem Führer entweder offen oder durch stille Sabotage den Gehorsam und müssen jetzt mit brutaler Gewalt zur Ordnung gerufen werden. Der Wehrmachthochmut, der sich bisher immer von der Partei und von der politischen Führung des Staates abzusetzen pflegte, ist zu brechen, und zwar in jeder Beziehung. Der Führer muss auf allen Gebieten eine harte Kriegführung durchführen, wenn überhaupt das Volk noch gerettet wird. Es ist schon richtig, wenn er sagt, auf diese Weise werden wir aus diesem Kriege keine nationalsozialistische Wehrmacht herausführen. Aber das ist ja nicht das primäre Problem, im Vordergrund steht die Frage, wie wir überhaupt aus diesem Kriege herauskommen werden und können.

Der Führer will jetzt erneut versuchen, die Fronten fest zu stabilisieren. Er erhofft sich einige Erfolge vom U-Boot-Krieg, vor allem, wenn unsere neuen U-Boote nun in Aktion treten, die ja vorläufig noch nicht zum Kampf eingesetzt worden sind. Welch ein Unterschied zwischen Dönitz und Göring! Beide haben einen schweren technischen Rückschlag in ihren Waffen erlitten. Göring hat davor resigniert und ist daran zugrundegegangen. Dönitz hat ihn überwunden. Man sieht daran, dass Rückschläge an sich nicht vernichtend zu sein brauchen, wenn man die richtigen Konsequenzen daraus zieht. Auf diese Konsequenzen also kommt es an.

Unsere Wehrmacht ist im Heeres- und vor allem im Luftwaffenkörper noch ausserordentlich anfällig. Im Heer gibt es nur wenige Organisationen, die den modernen Erfordernissen entsprechen. Ich berichte dem Führer über die Überprüfung des Personalamtes. Er freut sich sehr, dass der Laden bei General Burgdorf in Ordnung ist. Dagegen kann ich ihm nur Absprechendes über die Überprüfung der Luftwaffe zur Kenntnis bringen. Die Luftwaffe ist eine einzige Schande für die Partei und für den gesamten Staat.

Wieder endet diese Unterredung mit meiner Bitte an den Führer, zu handeln und Durchgreifendes zu tun, um die Dinge wieder in Ordnung zu bringen. Aber vorläufig ist in dieser Beziehung bei ihm nichts zu machen.

Wir erzählen noch lange zusammen. Der Anblick des Führers wird für mich immer ergreifender. Es ist erschütternd, mit welch einer inneren Festigkeit er trotz seiner schweren körperlichen Belastungen die Dinge immer wieder an sich reisst und zu meistern versucht.

Draussen ist mittlerweile der Brand abgelöscht worden; aber das schöne Haus ist völlig vernichtet. Wir gehen jetzt an die Aufräumungsarbeiten. Vor allem wollen wir die Strasse wieder freikämmen und für die nächsten Tage für mich wieder eine Arbeitsmöglichkeit im Ministerium schaffen, denn schliesslich darf die tägliche Arbeit nicht durch die Zertrümmerung des Hauses leiden.

Zu Hause selbst verlebe ich einen etwas wehmütigen Abend. Man wird sich doch langsam klar darüber, was dieser Krieg für uns alle bedeutet. Wer hätte vor 12 Jahren gedacht, dass man das 12-Jahres-Jubiläum in einer solchen Umgebung und unter solchen Umständen begehen würde. Die ganze Familie nimmt an meiner wehmütigen Trauer teil. Wir hatten alle das Ministerium so ins Herz geschlossen. Nun gehört es der Vergangenheit an. Aber ich bin fest entschlossen, nach dem Kriege nicht nur ein neues Monumental-Ministerium – wie der Führer meint – aufzubauen, sondern dieses alte Ministerium in alter Pracht wiedererstehen zu lassen.

15. März 1945 *Donnerstag*

[S. 1-38]

Gestern:

Militärische Lage:

Die Lage an der Ostfront hat gestern keine wesentliche Veränderung erfahren. Der Schwerpunkt der Kämpfe lage im Raum Danzig und Ostpreußen.

Die Bolschewisten versuchen jetzt mit allen Kräften, den Raum Danzig und Ostpreußen auszuräumen. Im Verlauf des Großangriffes in Ostpreußen konnten sie bei Lichtenfeld und nordwestlich von Zinten tiefere Einbrüche erzielen. Der Zusammenhang der Front wurde jedoch gewahrt. Die Heftigkeit der Kämpfe erhellt aus der Tatsache, daß allein in diesem Abschnitt im Verlauf des gestrigen Tages 104 Sowjetpanzer abgeschossen wurden. Die Verbindung mit Königsberg ist zur Zeit wieder unterbrochen. Die mit Panzerunterstützung geführten Angriffe gegen Danzig und Gotenhafen wurden zerschlagen. – Der Danzig-Gotenhafener Brückenkopf ist jetzt als mit dem Kriegsschauplatz in Ostpreußen eng zusammenhängend zu einer Heeresgruppe vereinigt worden, die von Generaloberst Weiß geführt wird.

In Kurland ließen die feindlichen Angriffe an Heftigkeit nach, wie überhaupt an der ganzen Ostfront – mit Ausnahme des Danzig– ostpreußischen Raumes – die Angriffe der Sowjets wesentlich schwächer waren als sonst. Lediglich bei Kolberg griff der Feind auch gestern ziemlich heftig an. Dagegen waren seine Angriffe an der Oder-Front zwischen Frankfurt und Küstrin ebenso wie die Vorstöße gegen unseren Brückenkopf

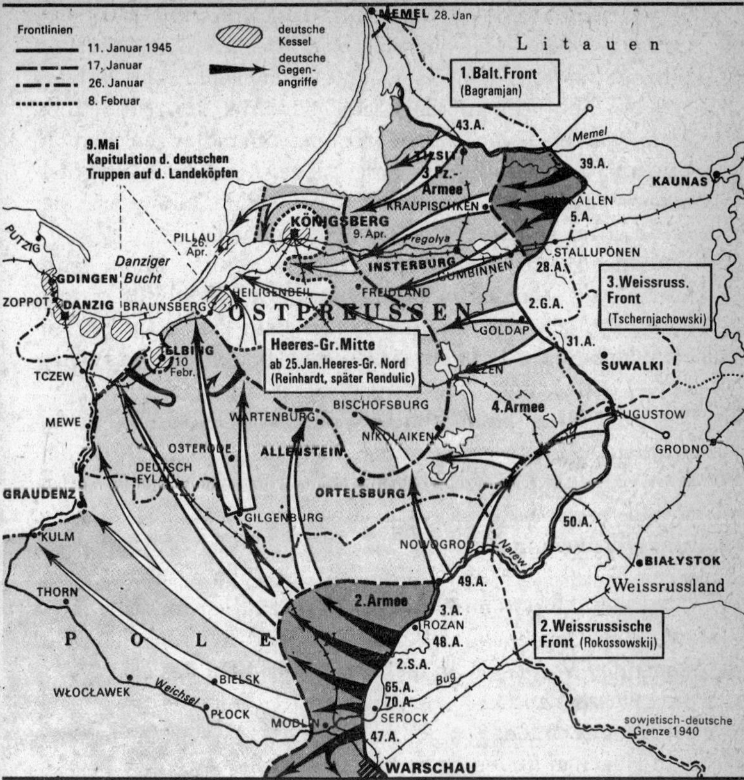

Frontlinien
11. Januar 1945
17. Januar
26. Januar
8. Februar
deutsche Kessel
deutsche Gegenangriffe
MEMEL 28. Jan
Litauen
1.Balt.Front (Bagramjan)
43.A.
Memel
39.A.
KAUNAS
TILSIT
3.Pz.-Armee
KRAUPISCHKEN
5.A.
9.Mai Kapitulation d. deutschen Truppen auf d. Landeköpfen
KÖNIGSBERG 9. Apr.
Pregolya
STALLUPÖNEN
PILLAU 26. Apr.
INSTERBURG
GUMBINNEN
28.A.
3.Weissruss. Front (Tschernjachowski)
PUTZIG
Danziger Bucht
GDINGEN
ZOPPOT
DANZIG
BRAUNSBERG
HEILIGENBEIL
FRIEDLAND
OSTPREUSSEN
2.G.A.
GOLDAP
31.A.
ELBING 10 Febr.
Heeres-Gr. Mitte ab 25.Jan.Heeres-Gr. Nord (Reinhardt, später Rendulic)
SUWALKI
TCZEW
BISCHOFSBURG
4.Armee
AUGUSTOW
MEWE
WARTENBURG
NIKOLAIKEN
GRODNO
OSTERODE
ALLENSTEIN
DEUTSCH EYLAU
GRAUDENZ
ORTELSBURG
GILGENBURG
50.A.
KULM
NOWOGROD
Narew
BIAŁYSTOK
49.A.
Weissrussland
THORN
2.Armee
3.A.
ROZAN
2.Weissrussische Front (Rokossowskij)
P O L E N
48.A.
2.S.A.
Bug
BIELSK
65.A.
WŁOCŁAWEK
Weichsel
70.A.
PŁOCK
SEROCK
MODLIN
sowjetisch-deutsche Grenze 1940
47.A.
WARSCHAU

Stettin schwächer. Im Kampf um das Gebiet von Mährisch-Ostrau wurden die sowjetischen Angriffe zwischen Bielitz und Schwarzwasser abgewiesen und vom Feind am Vortage erzielte Einbrüche im Gegenstoß bereinigt. Im schlesischen Raum fanden keine besonderen Kampfhandlungen statt. In Ungarn wurden zahlreiche Angriffe gegen unsere neuen Stellungen abgewiesen. Im slowakischen Raum konnte sich der Feind etwas näher an Altsohl heranschieben.

An der Westfront fanden gestern nur örtliche Kampfhandlungen statt, deren Schwerpunkt im Ruwer-Abschnitt, südlich von Trier, lag. Die Amerikaner erzielten hier in zahlreichen bataillons- und regimentsstarken Angriffen im oberen Teil der Ruwer einige Einbrüche von 1 bis 2 km Tiefe.

An der Rhein-Front fanden Kämpfe von Bedeutung nur im Brückenkopf von Linz-Honnef statt. In heftigen Angriffen konnten hier die Amerikaner ihren Einbruch in Richtung Nordosten und Osten erneut etwas erweitern. Die Ausweitungsversuche in Richtung Norden und Süden wurden abgewehrt. Die größte Tiefe des Brückenkopfes beträgt jetzt rd. 8 km.

An der Mosel-Front drückte der Feind unsere im Raum zwischen Cochem und Bernkastel auf dem linken Flußufer stehenden Vorposten an mehreren Stellen auf das rechte Ufer des Flusses zurück. Die Brücke bei Traben-Trarbach ist gesprengt worden.

In Hagenau finden heftige Straßenkämpfe statt.

An der italienischen Front keine Kämpfe von Bedeutung.

Im Osten war die deutsche Lufttätigkeit besonders lebhaft im ungarischen Raum, wo 11 Sowjetflugzeuge abgeschossen wurden. Im Westen lag der Schwerpunkt des eigenen Einsatzes im Raum von Linz, wo die feindlichen Brücken und Truppenansammlungen und -bewegungen bombardiert wurden.

Den ganzen Tag über herrschte im westlichen Frontraum lebhafte feindliche Jagdbomber- und Jagdtätigkeit mit dem Schwerpunkt Münsterland, Ruhr- und Rhein-Main-Gebiet. Ferner waren im Westen etwa 300 zweimotorige Feindflugzeuge eingesetzt.

Die amerikanischen Bomberdivisionen flogen gestern ins Reichsgebiet nicht ein. Etwa 400 britische viermotorige Bomber griffen Wuppertal an. Aus Italien flogen etwa 500 amerikanische viermotorige Bomber unter dem Schutz von 250 Jägern mit der Masse einen Angriff auf Regensburg. Ein schwächerer Teilverband warf Bomben im Raum von Klagenfurt und Landshut ab. Auch im süd- und südostdeutschen Raum herrschte den ganzen Tag über lebhafte feindliche Jagdtätigkeit. Nachts führten etwa 200 viermotorige Britenbomber Angriffe auf Verkehrsziele in den Räumen Recklinghausen, Gelsenkirchen und Dortmund. 80 Mosquitos waren zum Störangriff über Berlin. Die Flak schoß zwei Mosquitos ab.

*

Die vertraulichen und offiziellen Meldungen, die wir aus dem Feindlager des Westens über die zunächst geplanten militärischen Operationen erhalten, sind sehr widersprechend. Einerseits wird behauptet, dass die alliierten Truppen zuerst einmal verhalten und neu Atem schöpfen müssten; andererseits, dass man bestrebt sein werde, den Rheinübergang so schnell wie möglich zu erzwingen. Vor allem hofft man, dass das letztere zu einem sensationellen Erfolg führen werde, da man behauptet, dass uns keinerlei Reserven mehr zur Verfügung ständen. Man will also das Eisen schmieden, solange es glüht.

Die Inbesitznahme der Rheinbrücke von Remagen durch die Amerikaner wird auf Sabotage und Verrat zurückgeführt. Ich glaube auch, diese Motive spielen eine bedeutsame Rolle dabei, denn man kann es ja kaum verstehen, dass eine so wichtige Brücke unbeschädigt in die Hände des Feindes fällt, obschon sie aufs beste für die Sprengung vorbereitet war.

Der englische Kriegsminister Grigg äussert sich über die demnächstigen Kriegsaussichten Englands ausserordentlich positiv. Dem Reich annonciert er liebenswürdigerweise eine Massenhungersnot. Interessant ist an seinen Ausführungen nur, dass England nach wie vor entschlossen sei, am Pazifik-

Krieg teilzunehmen, vorausgesetzt in Parenthese natürlich, dass Roosevelt das überhaupt dulden wird. Jedenfalls müssen die Engländer in grösserem Umfange Neueinziehungen durchführen, was sicherlich bei der gegenwärtigen kritischen Kriegsmüdigkeit im englischen Volk nicht sehr ermunternd wirken wird. Man behauptet, dass während der nächsten 25 Jahre die englischen Rekruten auf deutschem Boden ausgebildet werden sollen. Die Engländer stellen immer sehr grosszügige Planungen für das nächste viertel oder halbe Jahrhundert. Sie besitzen aber keinerlei Glaubwürdigkeit, denn was in 25 oder in 50 Jahren in Europa los sein wird, darüber werden die Engländer vermutlich nur sehr wenig mitzubestimmen haben.

Das britische Empire hat bisher 1043000 Verluste zu verzeichnen. Diese Zahl sieht vorerst sehr hoch aus; aber man muss mit in Rechnung stellen, dass die Verwundeten und Gefangenen dabei mitgezählt sind. Immerhin hat England es klug verstanden, seine Bundesgenossen und Satellitenvölker für sich bluten zu lassen.

Was die Entwicklung im Westen anlangt, so warnt man nunmehr in London vor einem übertriebenen Optimismus. Man glaubt jetzt nicht mehr, dass der Krieg heute oder morgen zu Ende gehen werde. Die Amerikaner haben ausgerechnet, dass jetzt ein Fünftel des Reichsgebietes von 1939 im Osten und im Westen besetzt sei. An sich wäre das nicht das Schlimmste; aber es sind für uns ernährungs- und rüstungsmässig so wichtige Gebiete, dass der Prozentsatz von 20 rein leistungsmässig höher ausfällt.

In England wenden sich immer stärker die Bischöfe gegen das Überhandnehmen des Bolschewismus in Europa und auch gegen die Beschlüsse von Jalta. Es wird uns von unseren Vertrauensmännern, die bisher immer ziemlich seriös berichtet haben, mitgeteilt, dass Churchill in den letzten Wochen beachtlich an Popularität verloren habe, und zwar sei das hauptsächlich darauf zurückzuführen, dass er es nicht verstanden habe, den Krieg in geordnete Bahnen zu lenken, und seine

Politik darauf hinauslaufe, in Europa ein vollständiges Chaos hervorzurufen. Dieses Chaos trifft ja vorläufig die von England besetzten oder die mit ihm verbündeten Länder fast noch mehr als das deutsche Reichsgebiet. In Frankreich wütet eine ausgesprochene Hungersnot. Die Engländer kündigen den Franzosen ganz kaltschnäuzig an, dass diese Hungersnot etwa noch bis Juli andauern werde, das heisst, bis die neue Ernte zum Teil vorliege. Aus englischen Beständen könnten den Franzosen keine Lebensmittel zugeführt werden, und auch die Amerikaner halten ihre Taschen zugeknöpft.

In Frankreich hat sich eine gewisse Renaissance des Kollaborationismus ausgebreitet. Die Franzosen hören in grösstem Umfange unsere deutschen Rundfunksendungen, fast so, wie während unserer Besetzung die englischen Rundfunksendungen gehört wurden. Die Dinge liegen also, zum Teil wenigstens, umgekehrt. Wenn man sich auch an effektivem militärischen Nutzen davon nicht viel versprechen kann, so ist doch dieser Stimmungswandel in den westeuropäischen Völkern äusserst symptomatisch für die zu erwartende weitere Entwicklung.

Fast grotesk wirkt die Nachricht, dass die Palästina-Juden einen eintägigen Streik durchführen, den sie mit Gebet ausfüllen wollen, und zwar soll dieser Streik als Mitleidaktion für die Juden in Europa gedacht sein. Die Juden treiben ein sehr frevelhaftes und leichtfertiges Spiel. Man kann noch nicht genau sagen, welche Nationen am Ende des Krieges auf der Verlierer- und welche auf der Gewinnerseite stehen werden. Dass die Juden aber auf der Verliererseite zu finden sein werden, das steht wohl ausserhalb jeden Zweifels.

Immer noch ist die Frage, ob die Sowjetunion am Pazifik-Krieg teilnehmen wird, eine viel diskutierte. Stalin soll jetzt mehr und mehr den Standpunkt einnehmen, dass die Sowjetunion daran nicht unbeteiligt bleiben könnte, weil sie natürlich auch in Ostasien sehr wesentliche Interessen zu vertreten hat. Allerdings wird andererseits behauptet, dass die Amerikaner jetzt auf eine Teilnahme der Sowjetunion am Pazifik-Krieg keinen gesteigerten Wert mehr legten.

Etwas deprimierende Nachrichten kommen aus Ungarn. Dort scheint unser Angriff nicht durchschlagen zu wollen. Unsere Divisionen haben sich in den sowjetischen Verteidigungsstellungen festgefahren und stossen nun auf erhebliche Gegenstösse der Sowjets. Es ist, als wenn es mit dem Teufel zuginge. Keine unserer militärischen Aktionen, sie mochten noch so gut vorbereitet sein, sind in letzter Zeit durchgeschlagen. Stalin hat allen Grund, seine Sowjetmarschälle, die eine hervorragende militärische Führung an den Tag legen, geradezu wie Filmstars zu ehren. Es kommen darüber Nachrichten aus Moskau, die fast an die Gepflogenheiten des Paschalebens erinnern. Göring wird sicherlich bedauern, dass er ähnliche Zustände nicht auch in Deutschland einrichten kann.

Sturmzeichen sind über Finnland zu erkennen. Die Sowjets machen sich jetzt, nachdem sie den Eisernen Vorhang vor Finnland heruntergelassen haben, an die Arbeit, um das Land rücksichtslos in ihren Besitz zu bringen. Die schwedische Börse reagiert darauf mit einer Baisse. Die Juden an der schwedischen Börse tragen zum grossen Teil die Schuld an dieser Entwicklung. Sie möchten sich jetzt nur als Unschuldslämmer vorstellen, nachdem das dicke Ende zu erkennen ist.

In Rumänien spielt sich ein ausgesprochener Machtkampf zwischen den Weststaaten und der Sowjetunion ab. Die Weststaaten suchen auf diplomatischem Wege mit Rumänien wieder ins Geschäft zu kommen, während die Sowjets alle Hebel in Bewegung setzen, um das zu verhindern. Allerdings können die Sowjets in Rumänien nicht allzu scharf auftreten, weil es ihnen an Truppenkontingenten fehlt, um ihren politischen Willen durchzusetzen. Die Sowjets haben, wie aus allen Anzeichen hervorgeht, alles, was sie an militärischer Macht besitzen, ins Schaufenster gelegt, sehr im Gegensatz zu uns. Wir haben für die seinerzeitige Besetzung Rumäniens 240 000 Mann gebraucht, während die Sowjets, wie glaubhaft versichert wird, sich mit vier NKWD-Divisionen begnügen. Das genügt auch vollends. Wir Deutschen begehen in besetzten Gebieten immer den Fehler, alles selbst machen zu wollen. Einerseits haben wir dafür zuviel Kräfte verbraucht, andererseits aber die Stimmung in den besetzten Gebieten nur gegen uns eingestellt.

Der neue rumänische Ministerpräsident Groza ist ein ausgesprochener Bauernkommunist. Er stellt ein willfähriges Werkzeug des Kremls dar.

Auch in Norditalien hat sich nun die Stimmung sehr zu unseren Ungunsten gewandelt. Die Italiener gehen wieder einmal eine neue Tour, indem sie nun anfangen, mit Frankreich zu liebäugeln. In Italien ist die Sympathie für die lateinische Schwester wieder einmal erwacht. Sogar im Faschismus wird diese Tour mitgemacht. Es ist Mussolini bisher nicht gelungen, die faschistische Politik auf einen einheitlichen Nenner zu bringen.

Da im Ministerium eine Arbeitsmöglichkeit noch nicht besteht, muss ich meine gesamten Konferenzen zu Hause erledigen. Im Ministerium sieht es wüst aus. Die Telefonverbindungen im Ministeramt sind zum grossen Teil zerrissen. Das Ministeramt selbst ist in eine Trümmerstätte verwandelt. Wenn ich auch alles daransetze, möglichst schnell im Ministerium wieder eine Arbeitsmöglichkeit zu finden, so wird das doch noch einige Tage dauern.

Gauleiter Simon hat mir seinen Vertreter Neumann zur Berichterstattung über die Lage im Gau Moselland nach Berlin entsandt. Er gibt mir einige sehr interessante Aufschlüsse. Wesentlich Neues kann er mir nicht mitteilen. Dass die Stimmung in der Truppe und in der Bevölkerung stark abgesunken ist, das weiss ich ohnehin. Allerdings bestreitet Neumann energisch, dass Fälle vorgekommen seien, dass die Bevölkerung die Truppe am Kämpfen verhindert habe. Dass sie weisse Fahnen hisse, sei nur auf den Wunsch zurückzuführen, dass ihre eigenen Häuser in den Kampfhandlungen unbeschädigt blieben. Eine aktive Opposition gegen unsere Kriegführung sei nicht zu verzeichnen. Andererseits aber müsse man sich klar darüber sein,dass die Bevölkerung in den schon feindbesetzten oder bedrohten Westgebieten an einer starken Lethargie leide und den Kriegsereignissen mit Apathie gegenüberstehe. Das sei hauptsächlich auf die monatelangen, ununterbrochenen feindlichen Luftbombardements zurückzuführen.

Auch Dr. Ley, der von seiner Reise in denWesten zurückgekehrt ist, kann mir nichts eigentlich Neues mitteilen. Alles, was er berichtet, ist mir längst bekannt. Er legt mir drei Denkschriften vor, die er dem Führer eingereicht hat, über eine Neuorganisation der Wehrmacht. Diese Denkschriften haben weder Hand noch Fuss. Dr. Ley schlägt darin, wie der Führer mir schon mitteilte, vor, dass den Oberbefehlshabern der Armee oder der Heeresgruppen grössere Vollmachten zur Auskämmung der rückwärtigen Heeresgebiete übergeben werden sollten.Solche Vollmachten besitzen sie, wenn sie sie nur in Anspruch nehmen wollten. Bei Schörner beispielsweise sind die rückwärtigen Heeresgebiete ausgekämmt, während das bei Manteuffel nicht der Fall ist. Das liegt aber nicht an den Vollmachten, sondern an den Herren, die die ihnen zustehenden Vollmachten nicht ausnutzen.

Ley gibt ein etwas absprechendes Urteil über Model ab. Seine Führung sei sehr sprunghaft und nervös geworden. Die Gauleiter im Westen hielten nichts Besonderes von ihm.

Erschütternd ist der Bericht, den Ley mir über den Verlust von Köln gibt. In Köln ist der Stadtkommandant in einer Nacht dreimal gewechselt worden. Man kann sich vorstellen, dass bei einer solchen Sprunghaftigkeit der Personalpolitik die Verteidigung einer so grossen Stadt ein Ding der Unmöglichkeit ist. Die Kölner hätten sich an sich gut geschlagen bezw. schlagen wollen; aber sie hätten dazu nur wenig Gelegenheit gefunden.

Nach Ley kommt Speer zum Vortrag. Auch er ist eben aus dem Westen zurückgekehrt und gibt mir einen noch düstereren Bericht. Speer ist der Meinung, dass wirtschaftlich der Krieg sozusagen verloren sei. Die deutsche Wirtschaft könne im bisherigen Umfange noch vier Wochen durchhalten, dann würde sie allmählich in sich zerfallen. Speer bedauert sehr, dass er beim Führer über die wichtigsten Fragen keine Entscheidung erreichen kann. Er glaubt, dass der Führer durch seine physische Behinderung stark an seiner Aktivität eingebüsst habe. Richtig ist die Meinung, die Speer bezüglich der Aufrechterhaltung der Lebensbasis des deutschen Volkes vertritt. Er wendet sich scharf gegen den Standpunkt der zerstörten Erde. Er erklärt, dass, wenn dem deutschen Volke der Lebensfaden in der Ernährung und in der Wirtschaft abgeschnitten werden solle, das nicht unsere Aufgabe sein könnte, sondern Aufgabe unserer Feinde sein müsse. So verwahrt er sich auch gegen die in Berlin vorbereiteten Sprengungen von Brücken und Viadukten. Wenn diese durchgeführt würden – meint er –, dann müsste die Reichshauptstadt in kurzer Zeit verhungern. Ich habe mich ja längst schon energisch gegen diese geplanten Sprengungen gewandt und meine militärischen Mitarbeiter in Berlin angewiesen, darüber noch einen näheren Bericht zu geben, damit ich evtl. helfend einschreiten kann.

Sowohl die Berichte von Dr. Ley wie auch die von Speer wirken äusserst alarmierend. Aber ich nehme an, dass sie sehr stark unter dem Eindruck dessen stehen, was sie im Westen gesehen haben, und zu den Dingen nicht mehr den nötigen Abstand besitzen, sonst würden sie sie vermutlich anders darstellen, als sie das tatsächlich tuen. Es ist überhaupt in dieser Zeit ausschlaggebend, dass man die Dinge immer aus einer gebührenden Entfernung betrachtet. Von nahe besehen, schauen sie sich natürlich manchmal schauderhaft an. Aber der Krieg hat ja nun einmal seine Höhen und seine Tiefen, und gerade in den Tiefen kommt es darauf an, die kühle Besinnung zu bewahren und nicht die Nerven zu verlieren. Das lerne ich wieder aus der Lektüre einer Ausarbeitung über den Punischen Krieg von Professor Frank. Diese Ausarbeitung zeigt mir, was in kritischen Kriegsphasen zu tun ist und wie lange man evtl. Niederlagen auf Niederlagen hinnehmen muss, um am Ende doch den Sieg davonzutragen. Umsonst spricht man nicht von römischen Tugenden. Sie sind am reinsten im Zweiten Punischen Krieg in Erscheinung getreten und wirken heute noch für uns beispielhaft. Es muss – wie der Führer häufiger betont hat – unser Ehrgeiz sein, dafür zu sorgen, dass unser Zeitalter genauso als ein ruhmvolles und unerschütterliches in die Geschichte der Menschheit eingeht wie etwa der zweite Punische oder der Siebenjährige Krieg. Jedenfalls lasse ich mich durch Darstellungen von sogenannten Augenzeugen nicht beirren. Es kommt gar nicht in Frage, dass ich deshalb an der Sieghaftigkeit unserer Sache verzweifelte; im Gegenteil, die Schwierigkeiten, die immer wieder und fast täglich mit verstärkter Wucht auftreten, sind zu überwinden, wenn man den ernsthaften Willen dazu hat. Im übrigen beurteilt Dr. Ley die Dinge mehr aus der Perspektive des reinen Parteiredners, und Speer beurteilt sie aus der Perspektive des reinen Wirtschaftlers und Technikers. Eine staatsmännische Schau über die gegenwärtige Kriegslage besitzen beide nicht.

Der Führer hat entschieden, dass im Westen weiter geräumt werden soll, eine Entscheidung, die natürlich ungeheuer folgenschwer sein kann, denn wir wissen gar nicht, wo wir die Menschen, die im Westen evakuiert werden, überhaupt im Reich noch unterbringen sollen. Aber der Führer ist nach wie vor der Meinung, dass wir dem Feind vor allem unsere wehrfähigen Männer nicht in die Hand fallen lassen dürfen. Was das politisch bedeutet, ist vorläufig noch gar nicht zu übersehen. In Pommern sind beispielsweise 400 000 Menschen, die evakuiert werden sollten, den Sowjets in die Hände gefallen. Es hat sich hier eine ziemlich trostlose Lage ergeben, deren wir überhaupt nicht mehr Herr werden können. Besonders in Swinemünde sammeln sich die Menschenmassen, und ernähren und bekleiden für die Abtransportierung kann man sie nur in geringem Umfange. Kurz und gut, das Evakuierungsproblem ist nicht etwa gemeistert worden, sondern es tritt heute mit erneuter Schärfe wieder auf. Etwas besser stehen die Dinge in Ostpreussen; dagegen allerdings sind die Zusammenballungen in Danzig-Gotenhafen um so schlimmer geworden.

Interessant ist übrigens, dass trotz unserer nun seit Wochen eingeleiteten Mundpropaganda die Abzüge aus Berlin nur ganz gering sind. Etwa 2500 bis 3000 Menschen verlassen täglich die Reichshauptstadt. Das ist nur ein Tropfen auf einen heissen Stein. Die Berliner haben anscheinend doch ein so grosses Zutrauen zu unserer militärischen Widerstandskraft, dass sie sich augenblicklich trotz der immer sich wiederholenden feindlichen Luftangriffe in ihrer eigenen Stadt am wohlsten und am sichersten fühlen.

Was übrigens den Luftkrieg anlangt, so sollen jetzt sogenannte Todeseinsätze gegen feindliche Bomberpulks durchgeführt werden. Der Führer hat seine Zustimmung dazu gegeben, dass etwa 300 Todesflieger mit 95prozentiger Sicherheit der Selbstaufopferung sich gegen die feindlichen Bomberpulks werfen sollen, um unter allen Umständen mit je einem Jäger einen feindlichen Bomber zu Boden zu bringen. Dieser Plan ist schon seit Monaten vorgeschlagen worden, leider aber bei Göring nicht durchgedrungen. Über die Luftwaffe als Organisation und Waffe zu sprechen, erübrigt sich, denn die Korruption und Desorganisation in diesem Wehrmachtteil ist geradezu zum Himmel schreiend.

Eine Unmasse von Sorgen wird einem täglich in Berichten und in Denkschriften vor Augen geführt oder auf den Tisch gelegt. Manchmal legt man sich doch die Frage vor, wo denn überhaupt noch ein Ausweg aus diesem schlimmen Kriegsdilemma zu finden sei. Man kann in dieser kritischen Zeit die Menschen sehr gut nach ihrem Wert beurteilen lernen. Es gibt nur wenige, die standfest bleiben und unverrückbar an unseren hohen Zielen festhalten. Sie sind die eigentlich führenden Persönlichkeiten der Nation. Hier trennt sich Spreu vom Weizen.

Am Abend wird berichtet, dass die Kampflage im Brückenkopf von Remagen sich weiter für uns verschlimmert hat. Es ist dem Feind gelungen, den Brückenkopf auszudehnen, wenn auch nur in geringem Umfange. Immerhin aber wird jetzt bereits nicht mehr davon gesprochen, dass der Brückenkopf ausgeräumt werden müsse und könne. Sonst hat sich im Westen keine wesentliche Veränderung ergeben. Allerdings ist die gegenwärtig dort herrschende Ruhe die vor dem Sturm.

Kesselring hat seinen Befehl angetreten. Ich setze auf ihn einige Hoffnungen. Er ist ja Experte in der Verteidigung fast aussichtslos erscheinender Positionen.

Der Führer hat mir die Stenogramme über die Lageberichte in den kritischen Tagen vor dem sowjetischen Einbruch nach Pommern zuschicken lassen. Aus diesen Protokollen kann man eine richtige Tragödie herauslesen. Immer wieder hat der Führer in den Lagebesprechungen darauf hingewiesen, dass der sowjetische Stoss gegen Pommern gehen werde, und sich gegen die Meinung der Experten gewandt, dass er gegen Berlin gerichtet sein würde. Leider hat er es versäumt, aus seiner Meinung, die mehr auf seiner Intuition als auf seiner Erkenntnis beruhte, klare Befehle zu folgern. Infolgedessen hat jeder getan, was er wollte, auch Himmler. Die Protokolle sind ein Musterbeispiel für die Unzulänglichkeit unserer militärischen Führung. Der Führer sieht das Richtige, er teilt es auch seinen Mitarbeitern mit, aber diese ziehen daraus keine Folgerungen. Was nützen uns aber die Erkenntnisse, wenn sie nicht in die Wirklichkeit übersetzt werden. Die Erkenntnisse werden dann meistens von der Weisheit der Experten überlagert und können sich nicht auswirken. Der Führer täte besser daran, anstatt seinen militärischen Mitarbeitern lange Reden zu halten, ihnen kurze Befehle zu geben, dann aber auch mit aller brutalen Energie dafür zu sorgen, dass diese Befehle eingehalten werden. Auf die falschen Führungsmethoden und nicht auf die falsche Erkenntnis also sind in der Hauptsache die vielen Derouten zurückzuführen, die wir an den Fronten erlebt haben. Unsere Generalstäbler haben den Sowjets genau denselben Fehler zugetraut, den wir seinerzeit im Spätherbst 1941 bei der geplanten Umklammerung Moskaus gemacht haben, nämlich, stur und ohne nach links oder rechts zu schauen, auf die Reichshauptstadt des Feindes loszugehen, ohne die Flanken abzudecken. Wir sind seinerzeit dabei schwer hereingefallen. Der Führer aber hat immer wieder betont, dass die Sowjets den Fehler nicht noch einmal machen würden, was seine

Generäle ihm nicht glauben wollten. Himmler hat sich von diesen Generälen einwickeln lassen, und der Führer hat nicht ganz unrecht, wenn er erklärt, dass er darum die geschichtliche Schuld dafür trage, dass Pommern und ein grosser Teil seiner Bevölkerung in die Hände der Sowjets geraten seien.

In Ungarn wird jetzt bereits von schweren feindlichen Gegenangriffen gegen unseren Angriffsstoss gesprochen. Jedenfalls ist im Augenblick kein Vorwärtskommen mehr zu verzeichnen. Beide kämpfenden Seiten gruppieren um. Aber man weiss ja, was das zu bedeuten hat. Erfreulich dagegen sind die Nachrichten, die aus dem Raum von Schwarzwasser zu verzeichnen sind. Es ist Schörner wiederum gelungen, alle ausserordentlich starken sowjetischen Angriffe abzuwehren und zum Teil in Gegenangriffen sogar noch Boden zu gewinnen. In Breslau herrscht seit Wochen zum ersten Male Ruhe, was sehr wichtig für die kämpfende Truppe ist, da sie nun endlich einmal ausschlafen kann. Im Raum von Gotenhafen und Ostpreussen hat der Feind ausserordentlich starke Angriffe durchgeführt. Sie sind aber im grossen und ganzen abgeschlagen worden.

Wir haben am Abend wiederum einen Mosquito-Angriff auf die Reichshauptstadt und stehen damit kurz vor der Jubiläumsziffer von 25. Die Mosquito-Angriffe sind jetzt so schwer geworden, dass sie fast mit einem kleinen Grossbomber-Angriff zu vergleichen sind. Jedenfalls machen sie uns außerordentlich viel zu schaffen, insbesondere auf dem Verkehrssektor. Hier haben wir alle Hände voll zu tun, die Verkehrsmittel in Berlin halbwegs im laufenden zu halten.

16. März 1945 *Freitag*

[S. 1-32]

Gestern:

Militärische Lage:

Die Lage an der Ostfront erfuhr gestern keine wesentliche Veränderung. Der Schwerpunkt der Kämpfe lag wieder im west- und ostpreußischen Raum, wo die Sowjets ihre schweren Angriffe gegen Gotenhafen und Danzig fortsetzten. Westlich von Zoppot gelangten sie bis an die Bahnlinie Gotenhafen-Zuckau; auch weiter nördlich errang der Feind einen kleineren örtlichen Erfolg, indem er unsere Stellung nördlich von Putzig etwas weiter einengte. Alle übrigen Angriffe wurden abgewiesen. Besonders stark waren die feindlichen Versuche zur Aufspaltung unserer Verteidigungslinie in Ostpreußen. Nordwestlich von Zinten konnte der Feind etwa 3 km weiter vordringen und die Autobahn von Königsberg nach Elbing erreichen. Der Zusammenhang der Front wurde indes nach wie vor gewahrt. Insgesamt wurden in Ostpreußen gestern wieder 88 Sowjetpanzer abgeschossen. In Kurland wurden mittelstarke Angriffe des Feindes südlich von Frauenburg abgewiesen.

Von der übrigen Ostfront ist die weitere Zurückweisung starker feindlicher Angriffe gegen den Raum Mährisch-Ostrau zu melden. Sonst fanden nur örtliche Kampfhandlungen statt, in deren Verlauf wir bei Striegau und südlich von Stettin örtliche Stellungsverbesserungen erzielten. Auch im Raum Frankfurt-Küstrin war es infolge der starken Verluste des Feindes durch unser Artilleriefeuer verhältnismäßig ruhig.

In Ungarn verbreiterten wir unsere Angriffsfront durch Vorstöße zwischen Kaposvar und dem Westzipfel des Plattensees, wo wir auf einer Front von 20 bis 30 km Breite gegen stark vermintes Gelände 3 bis 4 km Boden gewannen. Über den Sio-Fluß bildeten wir einen Brückenkopf und zerschlugen den letzten feindlichen Brückenkopf über den Fluß.

Im slowakischen Raum konnte der Feind Altsohl in Besitz nehmen.

An der Westfront setzten die Amerikaner ihre heftigen Angriffe zur Verteidigung ihres Brückenkopfes von Linz erfolglos fort. Nur bei Hönningen konnten sie einige Kilometer Boden gewinnen; sonst blieb die Lage unverändert. Die Ausdehnung des Brückenkopfes beträgt in der Länge etwa 15 bis 18 km, in der Tiefe bis zu 7 km.

Der Schwerpunkt der feindlichen Angriffstätigkeit lag im Mosel-Abschnitt. Hier griffen die Amerikaner zwischen Alken und Treis in Richtung Boppard an. Sie konnten an mehreren Stellen die Mosel überschreiten und bis etwa 6 km westlich von Boppard vordringen. Auch zwischen Cochem und Bernkastel spielten sich heftige Kämpfe ab. Unsere auf dem linken Moselufer befindlichen Kräfte wurden an mehreren Stellen auf die Mosel zurückgedrückt. Sehr heftig griff der Feind auch im Ruwer-Abschnitt an, wo er etwa 2 bis 3 km Boden gewann. Unser Brückenkopf auf dem linken Saarufer zwischen Saarbrücken und Völklingen wurde zurückgenommen. Der Feind drängt scharf nach. Auch nördlich von Saargemünd verstärkt sich der feindliche Druck. In Hagenau halten die heftigen Straßenkämpfe an.

Von der italienischen Front werden nur örtliche Kampfhandlungen gemeldet.

An der Ostfront war die eigene Luftwaffe wieder besonders im ungarischen Raum tätig. Insgesamt wurden einschließlich Flak 37 Feindflugzeuge, darunter vier aus Italien einfliegende Bomber, abgeschossen.

Breslau und Glogau wurden weiter versorgt und Verwundete abtransportiert.

Im westlichen Frontgebiet herrschte wiederum lebhafte

feindliche Jagdbombertätigkeit. Eigene Jagdverbände waren zur Tieffliegerbekämpfung im Raum von Remagen eingesetzt.

Etwa 1100 viermotorige amerikanische Bomber griffen Verkehrsziele im Raum Hannover, Münster und Kassel, darunter die Städte Hannover, Hildesheim, Osnabrück und Hameln an. Teilverbände führten einen Angriff auf Rotterdam. Etwa 150 britische viermotorige Bomber flogen Angriffe gegen verschiedene Orte im Ruhrgebiet, 300 zweimotorige Bomber griffen Verkehrsziele im Raum Limburg, Gießen und Siegen an. Aus Italien flogen etwa 500 amerikanische viermotorige Bomber zu Angriffen gegen den Raum Wiener Neustadt, Graz und Klagenfurt ein. Nachts Störangriffe gegen Berlin und Wiesbaden. Ein britischer Kampfverband von etwa 350 viermotorigen Bombern griff Homburg und Zweibrücken i. d. Saarpfalz an. Etwa 200 Britenbomber richteten Angriffe auf Leuna und Lützkendorf. Nachtjäger und Flak schossen 19 feindliche Flugzeuge ab.

*

Der Brückenkopf bei Remagen besteht immer noch, und er ist sogar vom Feind erweitert worden. Allerdings leisten unsere Truppen ihm dort einen verschärften Widerstand, wie jetzt auch aus London gemeldet wird. Der Feind scheint sich im Brückenkopf sehr stark zu versammeln und hat offenbar die Absicht, einen Gewaltstoss zu versuchen. Aber das kann vermutlich noch einige Tage dauern. Jedenfalls gehen die Amerikaner ausserordentlich systematisch vor und lassen sich nicht durch ihre eigene Ungezügeltheit übertölpeln. Was den Brükkenkopf selbst anlangt, so kennt man ja eine solche Entwicklung. Wir haben sie zu oft im Osten erlebt, als dass wir darüber im unklaren sein könnten. Wenn ein Brückenkopf einmal besteht und man hat nicht mehr die Kraft, ihn auszuräumen, dann wird er meistens auch zu einer Eiterbeule, und es dauert nicht lange, dann läuft der Eiter in die lebenswichtigen Organe hinein. Allerdings haben die Amerikaner gerade in diesem Brückenkopf außerordentlich hohe Verluste, die vielleicht auf sie ernüchternd wirken werden. Sie verzeichnen an der Westfront insgesamt und auch auf dem pazifischen Kriegsschauplatz so starke Personalausfälle, dass sie jetzt in großem Stile Neueinziehungen durchführen müssen.

Churchill muss sich wieder einmal im Unterhaus peinlichen Fragen stellen. Er gibt eine Reihe von widerlichen Heucheleien über die Sympathie wieder, die England angeblich der niederländischen Bevölkerung gegenüber hege, ohne dass es in der Lage sei, ihm auch nur die geringste Hilfe zu leisten.

Die Situation in den feindbesetzten Gebieten wird immer bedrohlicher. Hier ist für uns eine grosse Chance gegeben. Vor allem können die Engländer und Amerikaner der Bevölkerung in den von ihnen besetzten Gebieten keinerlei Lebensmittelzuteilungen zuführen, woraus sich eine grosse Hungersnot entwickelt, die im einzelnen unbeschreiblich ist. Die Amerikaner sind schon nicht mehr in der Lage, überhaupt an die Engländer Lebensmittel abzuzweigen, da sie die Vorräte selbst brauchen und im eigenen Lande in erhebliche Schwierigkeiten hineingeraten sind. Vom Weissen Haus wird mitgeteilt, dass für die nächsten drei Monate Lebensmittelsendungen nach England eingestellt werden müssen. Infolgedessen ist die englische Regierung gezwungen, nun weitergehende Rationskürzungen vorzunehmen, was natürlich in London ausserordentlich sensationell wirkt. Man sieht daran, dass, während die militärische Kriegskrise voll zu unseren Ungunsten verläuft, die politische Kriegskrise zum grossen Teil wenigstens zuungunsten unserer Feinde ausschlägt. Aus diesem Grunde setzen die Engländer und Amerikaner auch alles dahinter, den Krieg in Europa möglichst bald zu einem für sie günstigen Ende zu bringen. Sie wissen, dass sonst der Erdteil glatt vor dem Hungertode steht, und das wird von ihnen ganz offen zugegeben.

Einen Teil der gegen uns gerichteten politischen Handlungen der westlichen Feindseite stellen die fast täglich wiederkehrenden Alarmgerüchte über angebliche Kapitulationsabsichten des Reiches dar. Jetzt wird wieder behauptet, dass

Rundstedt in der vergangenen Woche dem Feind die Niederlegung der Waffen angeboten habe, was natürlich von den Engländern und Amerikanern grosszügig abgelehnt worden sei. Durch diese Alarmgerüchte werden die USA in einen wahren Siegestaumel versetzt, so dass nun die inneren Gegensätze schon anfangen, virulent zu werden. Die Gewerkschaften präsentieren der Regierung ihre Rechnung. Man fordert Lohnerhöhungen oder droht mit einem Generalstreik. Kurz und gut, die englische und amerikanische Regierung bemerken sehr bald, dass ihre voreiligen Siegesmeldungen innenpolitisch auf einen sehr fruchtbaren Boden gefallen sind, infolgedessen allerdings nunmehr die inneren Oppositionscliquen anfangen, sich zu regen. Der Generalstreik hängt jetzt wie ein Damokles-Schwert über der englisch-amerikanischen Öffentlichkeit. In England ist es nicht viel besser, und man kann schon verstehen, dass »Daily Mail« in einem wehmutsvollen Artikel feststellt, dass der Krieg noch in diesem Sommer beendet werden müsse, weil sonst ganz Europa in einem Chaos versinken werde. Wir müssen also alles Interesse daran haben,. diesen Krieg hinauszuziehen, koste es, was es wolle, und wir sind auch auf dem besetn Wege dahin.

Die britische konservative Partei ist zu ihrem Parteitag in London zusammengetreten. Es ist allerdings von diesem Parteitag nichts Besonderes zu erwarten. Churchill ist absolut noch der Herr der Stunde.

Eden stellt sich im Unterhaus peinlichen Fragen über die innere Lage in Rumänien. Er muß zugeben, dass die Sowjets jede Nachrichtenübermittlung aus Rumänien inhibieren, und auch, dass Radescu aus Angst – angeblich vor seinen innerpolitischen Gegnern – in der englischen Gesandtschaft Asyl gesucht und auch gefunden habe. Die Abschneidung der Nachrichtenverbindungen mit Rumänien führt Eden auf militärische Gründe zurück, was natürlich geradezu wie ein Witz wirkt. Immerhin hat die Entwicklung in Rumänien sowohl bei den Amerikanern als auch bei den Engländern sehr starkes Unbehagen hinterlassen. Diese Entwicklung entspricht durchaus der in Polen oder der nun allmählich anlaufenden in Finnland. Jedenfalls sind sich die Angloamerikaner durchaus im klaren darüber, dass mit dem Kreml nicht gut Kirschen essen ist und dass Stalin die Gunst der Stunde für sich ausnutzt. Es wirkt fast komisch, wenn die englischen Blätter darüber Enttäuschung zur Schau tragen, aber immer wieder hinzufügen, dass gegen die Frechheiten und die Anmaßung des Kremls nicht das geringste zu machen sei.

Zum ersten Male meldet sich wieder das Komitee »Freies Deutschland«, und zwar mit einem Aufruf an die Berliner Bevölkerung. Dieser Aufruf wirkt zwar nicht im mindesten, denn die Berliner Bevölkerung nimmt davon überhaupt keine Notiz; aber man ersieht aus diesem Aufruf, dass das Komitee ausschliesslich propagandistische Aufgaben hat, für die sich bezeichnenderweise deutsche Generäle mit renommiertem Namen zur Verfügung stellen.

Mir wird vom Generalstab ein Buch mit Lebensbeschreibungen und Bildern sowjetischer Generäle und Marschälle vorgelegt. Aus diesem Buch ist unschwer Verschiedenes herauszulesen, was wir in den vergangenen Jahren versäumt haben. Diese Marschälle und Generäle sind im Durchschnitt ausserordentlich jung, fast keiner über 50 Jahre. Sie haben eine reiche politisch-revolutionäre Tätigkeit hinter sich, sind überzeugte Bolschewisten, ausserordentlich tatkräftige Menschen, und man sieht es ihren Gesichtern an, dass sie aus gutem Volksholz geschnitzt sind. Meistens handelt es sich um Söhne von Arbeitern, Schustern, Kleinbauern usw. Kurz und gut, man muss zu der peinlichen Überzeugung kommen, dass die militärische Führerschaft der Sowjetunion aus einer besseren Klasse zusammengesetzt ist als unsere eigene.

Die Waffenstillstandsbedingungen an Italien werden nun durch eine Indiskretion bekannt. Danach muss Italien alle Kosten der feindlichen Besatzung tragen. Es muss zwei Millionen Arbeiter für die Feindmächte, das heisst, für die Sowjetunion zur Verfügung stellen, die zwangsdeportiert werden. Es muss auf seinen gesamten afrikanischen Besitz verzichten und auch im Mutterland starke Gebietsabtretungen hinnehmen. Kurz und gut, es handelt sich hier um eine vorläufige Rechnung, die die Liquidierung Italiens als Grossmacht beeinhaltet. Dabei ist noch in Betracht zu ziehen, dass es sich nur um ein Waffenstillstandsabkommen handelt. Was man Italien im Frieden abzwingen wird, darüber ist vorläufig nicht die Rede.

Es haben wieder schwere Angriffe stattgefunden, diesmal auf Münster, Hamm und Wuppertal. Man fragt sich jeden Tag vergeblich, wohin das führen soll. Unser Rüstungspotential und unser Verkehrswesen werden hier in einem Umfange zerschlagen, dass man sich leicht ausrechnen kann, wann der Zeitpunkt eintreten wird, wo wir sozusagen vor dem Nichts stehen. Lähmend ist dabei auch – darauf weist auch Gauleiter Hoffmann in einem Bericht hin –, dass wir in der Luft überhaupt keine Abwehr mehr besitzen. Unsere Jäger steigen kaum auf, und unsere Flak ist zum grossen Teil an die Front gezogen. Auf die einschränkungslose Luftherrschaft des Feindes sind nicht nur unsere militärischen Rückschläge in der Hauptsache zurückzuführen, sondern auch die schweren Rückschläge in der Moral des deutschen Volkes, die natürlich gar nicht mehr übersehen werden können. Hoffmann meint, dass es zwar möglich sei, die Verkehrsschäden immer in verhältnismässig kurzer Frist zu beseitigen, dass aber die moralischen Schäden nur sehr schwer zu beseitigen seien. Vor allem sei die Moral der Truppe stark angeschlagen. Das äussert sich nicht einmal so sehr in revolutionären Erscheinungen, als vielmehr in einer allgemeinen Lethargie, die bei Offizier und Mann Platz gegriffen habe. Dasselbe sei in gewissem Umfange auch bei der Zivilbevölkerung festzustellen.

Wie Luftalarme auf lange Dauer wirken, das merken wir in Berlin. Wir sitzen mittags zwei Stunden im Luftschutzbunker, weil Oranienburg und Zossen angegriffen werden. Die Reichshauptstadt bekommt, entgegen unseren Befürchtungen, nichts Besonderes ab.

Auch aus dem Moselland bekomme ich Berichte über die abgesunkene Moral. Auch in diesen wird wieder darauf hingewiesen, dass von einer aktiven Opposition nicht die Rede sein könne, dass aber die Bevölkerung positive Argumente über unsere Siegeschancen haben müsse, um überhaupt noch an den Sieg glauben zu können.

Simon fordert mich in einem Brief auf, eine systematischere Truppenpropaganda zu betreiben. Leider ist die Truppenpropaganda bisher Sache von WPr im OKW gewesen; aber ich kann natürlich nicht warten, bis die dicken Generäle und Obersten von WPr sich einmal zu regen beginnen. Ausserdem verstehen sie auch von dieser Sache nichts. Ich setzte deshalb einen Generalbeauftragten für die Ost- und Westfront ein, der mir unmittelbar untersteht, der sich sofort in die betreffenden Gebiete zu begeben hat, dem Anweisungsbefugnis an die Propagandakompanien und auch an die Reichspropagandaämter zur Propaganda in die Wehrmacht hinein gegeben wird. Ich erhoffe mir davon eine wesentliche Erleichterung. Jedenfalls will ich die beiden Posten mit hervorragend qualifizierten Leuten besetzen.

Mittags habe ich die Propagandamitarbeiter aus dem Ministerium und der Reichspropagandaleitung – insbesondere Wächter, Borcke, Draeger und Krämer – bei mir, um ihnen einen längeren Vortrag über unsere neuen Propagandaaufgaben zu halten. Ich lege vor allem Wert darauf, dass jetzt mehr mit Kleinarbeit gearbeitet wird, dass wir mehr improvisieren und dass unsere Arbeit in der Zielsetzung systematischer gehandhabt wird. Unsere Propagandadienststellen verlassen sich zu sehr auf den Staatsapparat, der ihnen immer noch genügend Geld und Bewegungsfreiheit gibt, und infolgedessen wird unsere Propagandaarbeit etwas zu plakatartig und geht mehr in die Masse, als dass sie den einzelnen anspräche. Das muß schleunigst abgestellt werden. Wir müssen wieder eine Propaganda betreiben, wie wir sie in den besten Zeiten unseres Kampfes um die Macht betrieben haben. Auch damals besassen wir nur wenig Geld und wenig Menschen, um diese Propaganda zu betreiben. Trotzdem war sie meisterhaft und hat schliesslich zum Siege geführt.

Am Rande verdient bemerkt zu werden, dass Reichsminister Rosenberg sich immer noch weigert, das Ostministerium aufzulösen. Er nennt es jetzt zwar nicht mehr Ministerium für die besetzten Ostgebiete, weil das ja auch zu grotesk wirken würde, sondern nur Ostministerium. Er will in diesem Ministerium unsere gesamte Ostpolitik konzentrieren. Mit denselben Gründen könnte ich ein West- oder Südministerium einrichten. Es ist ein aufgelegter Blödsinn. Aber Rosenberg verteidigt hier den Prestigestandpunkt und lässt sich nicht von mir überzeugen, dass sein Ministerium längst überfällig ist. Es muss also hier eine Führer-Entscheidung herbeigeführt werden.

Am Abend zeigt sich im Westen keine wesentliche Veränderung. Das ist insofern sehr schlimm, als wir im Brückenkopf von Linz nicht weitergekommen sind; im Gegenteil, die Amerikaner haben etwas an Boden gewonnen und dehnen sich in Richtung der Autobahn nach Frankfurt aus. Sie sind noch 2 km davon entfernt. Erreichen sie sie, dann wird es sehr gefährlich. Allerdings sind in diesem Raum neue Einheiten von uns in der Zuführung begriffen. Im Mosel- und Ruwer-Raum hat die feindliche Großoffensive begonnen. Es liegen über die Erfolge noch keine näheren Meldungen vor. Man hofft im Führerhauptquartier, damit fertig zu werden. Aber man kennt das ja. Bisher ist das vor den feindlichen Offensiven immer gesagt worden; nachher hatten wir das Nachsehen.

In Ungarn sind leider nur örtliche Erfolge zu verzeichnen. Von einem zügigen Vorgehen kann gar nicht mehr die Rede sein. Im Gegenteil, unsere 6. Angriffsarmee ist jetzt schon in Verteidigung übergegangen. Bei Schwarzwasser ist der Feind trotz massierter Angriffe nicht vorwärtsgekommen, was zweifellos ein Verdienst Schörners ist. In Ostpreussen sind weitere Einbrüche zu verzeichnen, in Breslau harte Kämpfe, die sich von Stadtteil zu Stadtteil bewegen. In Gotenhafen haben wir den feindlichen Ansturm zweimal brechen können, allerdings – wie die dortige Armeeführung mitteilt – unter Einsatz unserer letzten Reserven.

Ich habe dem Führer bei der Rückgabe der Protokolle über die Lagebesprechung des Falles Pommern einen Zettel in die Mappe hineingelegt, auf den ich mit Hand geschrieben habe: »Aus diesen Protokollen ist zu ersehen, wie recht der Führer gehabt hat. Aber es wirkt erschütternd, dabei festzustellen, dass die militärischen Berater des Führers ihn nicht nur nicht verstehen, sondern seinen klaren und kategorischen Befehlen systematisch zuwiderhandeln. Wie kann ich zu solchen militärischen Beratern noch Vertrauen haben! Hier liegt meines Erachtens die Wurzel unserer Misserfolge.« Auf Grund dieser Aktennotiz ruft der Führer mich abends an. Wir sprechen kurz über den Luftkrieg, und dann kommt er auf die mir übergebenen Protokolle zu sprechen. Ich äussere ganz unverhohlen die tiefe Erschütterung, die ich bei der Lektüre empfunden habe. Der Führer gibt mir im einzelnen Erklärungen dafür, wie eine solche Entwicklung überhaupt zustandekommen konnte, und fügt hinzu, dass es genau wie im Falle Moskau oder Stalingrad gewesen sei. Er habe das Richtige gesehen; aber seine militärischen Mitarbeiter hätten ihn im Stich gelassen. Seine intuitive Erkenntnis sei immer von dem Besserwissen der Spezialisten überschrien worden, und daraus seien zum großen Teil unsere Rückschläge zu erklären. Jetzt allerdings wolle er dagegen energisch und sogar brutal vorgehen. Er wolle sich dieses Gebaren nicht mehr gefallen lassen, nachdem es zu so unheilvollen Folgen geführt habe. So seien z. B. im Falle der Brücke bei Remagen schon vier Todesurteile ausgesprochen und vollzogen worden. Nachmittags sei Himmler bei ihm gewesen, und er habe ihm eine ausserordentlich energische Standpauke gehalten. Ich verweise den Führer auf meine Durchsicht des Buches des Generalstabes über die sowjetischen Marschälle und Generäle und füge hinzu, dass ich den Eindruck hätte, dass wir mit dieser Führerauswahl überhaupt nicht konkurrieren könnten. Der Führer ist ganz meiner Meinung. Unsere Generalität ist zu alt und zu verbraucht, und sie steht dem nationalsozialistischen Gedanken- und Haltungsgut völlig fremd gegenüber. Ein grosser Teil unserer Generäle will nicht einmal den Sieg des Nationalsozialismus. Dagegen sind die Sowjetgeneräle nicht nur vom Bolschewismus fanatisch überzeugt, sondern sie kämpfen ebenso fanatisch für seinen Sieg, was natürlich der Sowjetgeneralität eine gewaltige Überlegenheit gibt. Der Führer ist entschlossen, die Wehrmacht auch noch im Kriege so weit zu reformieren, dass sie mit nationalsozialistischer Grundhaltung aus dem Kriege herauskommt. Ich füge hinzu, dass wir Deutschen zwar alles sehr spät, dass wir es dann aber um so gründlicher lernten. Das könnte vielleicht auch hier angenommen werden.

Ich habe von Hauptmann Krüger, dem NSFO der 9. Armee, Berichte bekommen über den Besuch des Führers an der Oder-Front. Dieser Besuch ist außerordentlich glanzvoll verlaufen. Der Führer hat sich den Generälen gegenüber als obsolut überlegen nicht nur im Wissen, sondern auch in den Einsichten gezeigt und damit große Bewunderung geerntet. Sein körperlicher Zustand hat einige Erschütterung hervorgerufen. Die Generäle haben sich ganz unumwunden dahin geäussert, dass die Putschisten des 20. Juli schuld an dem Nervenzittern des Führers seien, nun noch aus dem Grabe herausgeholt und in vier Teile zerrissen werden müssten.

Abends haben wir wieder einen der üblichen Mosquito-Alarme. Diese kommen nun mit einer stereotypen Regelmässigkeit jeden Abend. Allmählich wird doch die Millionenbevölkerung der Reichshauptstadt etwas nervös und hysterisch. Man kann das auch verstehen, wenn die Menschen jeden Abend unter so primitiven Schutzbedingungen in die Luftschutzkeller gehen müssen. Das ist eine Qual, die auf die Dauer an den Nerven zerrt, vor allem, wenn man die feste Überzeugung hat, dass vorläufig kein Ende dieser abendlichen Angriffe abzusehen ist.

17. März 1945 *Sonnabend*

[S. 1-34]

Gestern:

Die Sowjets sind im Osten im Raum von Mährisch-Ostrau, südlich Breslau und bei Stettin zu starken Angriffen angetreten.

Im Raum Mährisch-Ostrau liegt die Angriffsfront wie bisher zwischen Bielitz und Pawlowitz; auch nördlich von Ratibor treten die Sowjets zum Angriff an. In Richtung Oderberg konnte der Feind einen Einbruch von 5 bis 6 km Tiefe erzielen. Alle übrigen Angriffe wurden unter sehr starken Verlusten für den Feind abgewiesen. Im Raum Mährisch-Ostrau sind starke eigene Gegenmaßnahmen im Gange. Südlich von Brieg trat der Feind aus dem Raum Grottkau in Richtung Neisse an. Er konnte in erbitterten Kämpfen, in deren Verlauf er schwere Verluste erlitt, mehrere tiefe Einbrüche erzielen. Auch hier sind Gegenmaßnahmen starker deutscher Kräfte im Gange. Gleichzeitig gegen Breslau geführte heftige Angriffe scheiterten bis auf einen Einbruch im Süden der Stadt. Auch die Besatzung von Glogau wehrte schwere Angriffe von Süden her ab.

An der Neisse- und Oderfront fanden nur örtliche Kampfhandlungen statt. Ein kleiner Angriff auf Fürstenberg wurde abgewiesen und der Feind im Gegenangriff zurückgeworfen. Auch bei Lebus ergab sich keine Veränderung der Lage.

Gegen unsere Stellungen auf dem Ostufer der Oder gegenüber Stettin trat der Feind zu schweren Angriffen an. Er erreichte die Bahn Greifenhagen-Stettin und drang südöstlich von Stettin über die Autobahn bis an die Ostoder vor. Alle übrigen Angriffe, besonders östlich und südöstlich von Stettin, wurden abgewiesen. Auch hier ist die eigene Abwehr sehr stark. Insgesamt wurden gestern allein in diesem Abschnitt 77 Sowjetpanzer abgeschossen. Ein Übersetzversuch des Feindes über die Dievenow wurde abgewiesen; einzelne über den Fluß vorgedrungene Kräfte wurden im Gegenstoß zurückgeworfen. Von Osten her drang der Feind in Kolberg ein, wo heftige Straßenkämpfe entbrannt sind. Von den in Kolberg versammelten rund 50 000 Flüchtlingen sind bis vor zwei Tagen insgesamt 40 000 abtransportiert worden.

Von der Heeresgruppe Nord (Raum Danzig-Königsberg) lagen infolge von Leitungsstörungen noch keine Nachrichten vor.

In Kurland fanden nur örtliche Kampfhandlungen statt.

Im Westen ist der Feind nunmehr außer an den bisherigen Brennpunkten – am Brückenkopf von Linz, der Kassel- und Ruwer-Front – auch im Abschnitt zwischen Saarbrücken und Hagenau zum Angriff angetreten. Zweck dieser Operationen ist zweifellos, unsere Saarfront zum Einsturz zu bringen und das gesamte Gebiet südlich der Mosel, westlich des Rheins in Besitz zu nehmen.

Im Brückenkopf Linz konnte der Feind seine Einbrüche östlich von Honnef bis Ägidienberg vorteiben und damit die Autobahn erreichen. Der eigene Widerstand ist hier sehr hart, und der Feind hatte außerordentlich schwere Verluste. An den anderen Stellen des Bückenkopfes kam er nicht weiter vor.

An der Mosel zwischen Alken und Treis, wo der Feind am Vortage die Mosel überschritten hatte und in Richtung auf Boppard vorgestoßen war, wandte er sich jetzt nach Süden und steht etwa 6 km südlich der Mosel.

Im oberen Ruwer-Tal verstärkte der Feind seine Angriffe und konnte hier etwa 5 bis 6 km weiter nach Osten vordringen. Die Kämpfe spielen sich jetzt etwa 7 bis 8 km östlich des Ruwertales in der Gegend von Weiskirchen und nördlich davon ab. Zwischen Saarbrücken und Hagenau konnte der

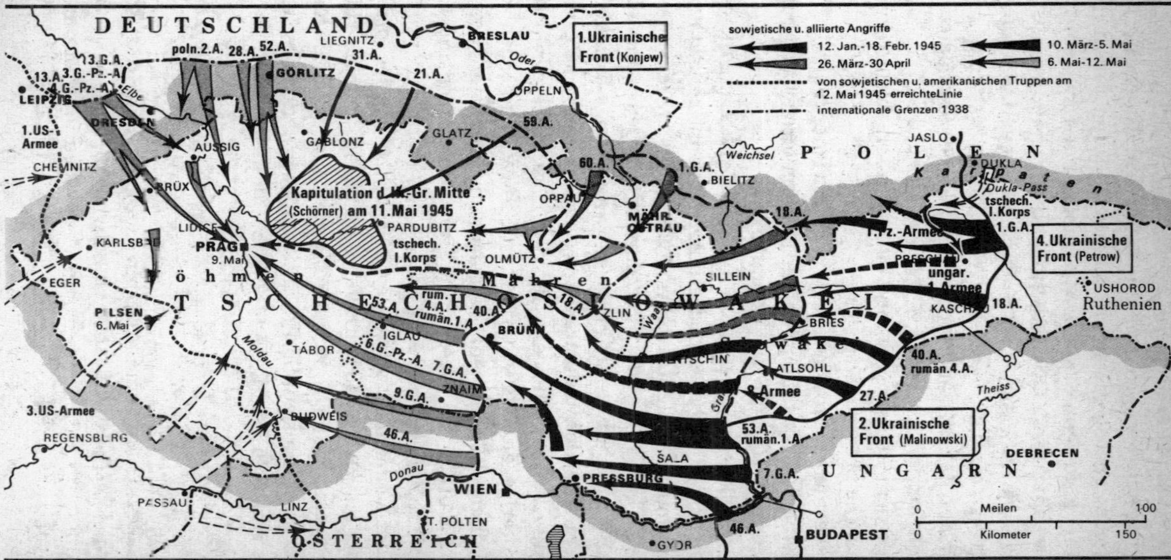

DEUTSCHLAND
POLEN
TSCHECHOSLOWAKEI
UNGARN
ÖSTERREICH
Böhmen
Mähren
Slowakei
Karpaten
Ruthenien
1. Ukrainische Front (Konjew)
4. Ukrainische Front (Petrow)
2. Ukrainische Front (Malinowski)
Kapitulation d. H.-Gr. Mitte (Schörner) am 11. Mai 1945
sowjetische u. alliierte Angriffe
12. Jan.-18. Febr. 1945
26. März-30 April
10. März-5. Mai
6. Mai-12. Mai
von sowjetischen u. amerikanischen Truppen am 12. Mai 1945 erreichte Linie
internationale Grenzen 1938
Meilen
Kilometer
0
100
150
LEIPZIG
DRESDEN
CHEMNITZ
GÖRLITZ
LIEGNITZ
BRESLAU
OPPELN
GLATZ
GABLONZ
AUSSIG
BRÜX
LIDICE
KARLSBAD
EGER
PILSEN
6. Mai
PRAG
9. Mai
PARDUBITZ
OLMÜTZ
OPPAU
MÄHR. OSTRAU
BIELITZ
JASLO
DUKLA
Dukla-Pass
SILLEIN
ZLIN
BRÜNN
IGLAU
TÁBOR
BUDWEIS
ZNAIM
WIEN
ST. PÖLTEN
LINZ
PASSAU
REGENSBURG
PRESSBURG
GYOR
ŠALA
TRENTSCHIN
ATLSOHL
BRIES
KASCHAU
PRESCHAU
USHOROD
DEBRECEN
BUDAPEST
Elbe
Oder
Weichsel
Moldau
Donau
Waag
Gran
Theiss
1.US-Armee
3.US-Armee
13.A.
3.G.A.
3.G.-Pz.-A.
4.G.-Pz.-A.
poln.2.A.
28.A.
52.A.
31.A.
21.A.
59.A.
60.A.
1.G.A.
18.A.
1.Pz.-Armee
tschech. I.Korps
ungar. 1.Armee
53.A.
rum. 4.A.
rumän.1.A.
40.A.
6.G.-Pz.-A.
7.G.A.
9.G.A.
46.A.
8.Armee
27.A.
rumän.4.A.

Feind nördlich von Saargemünd mehrere Kilometer Boden gewinnen, ebenso zwischen Saargemünd und Bitsch. Bitsch selbst ist in unserer Hand. Die Kämpfe finden im Gebiet etwa 5 km westlich und südwestlich von Bitsch statt, im Abschnitt Reichshofen-Hagenau konnte der Feind nur geringfügige örtliche Erfolge erzielen.

Von der italienischen Front liegen keine besonderen Meldungen vor.

Über dem östlichen Frontgebiet schossen unsere Jäger 30 sowjetische Flugzeuge ab.

Im westlichen Frontgebiet herrschte wieder lebhafte Tätigkeit feindlicher Jagdbomber und zweimotoriger Bomber mit Schwerpunkt Rhein-Main-Gebiet.

Ins Reichsgebiet flogen am Tage etwa 1200 amerikanische viermotorige Bomber ein, die unter starkem Jagdschutz (750 Jäger) Angriffe in der Umgebung von Berlin sowie hauptsächlich auf Industrie- und Verkehrsziele gegen Bahnanlagen durchführten. Etwa 300 britische viermotorige Bomber mit Jagdschutz griffen Industrie- und Verkehrsziele in Dortmund an. Aus Italien einfliegend führten etwa 600 amerikanische viermotorige Bomber Angriffe auf Schwarzheide, den Raum Senftenberg, Wien, Wiener Neustadt und Moosbierbaum. Insgesamt wurden bei diesen Einflügen durch Jäger und Flak 7 Abschüsse erzielt.

In der Dunkelheit griffen etwa 200 viermotorige britische Bomber Hagen an, 250 britische viermotorige Bomber Hannover. Nächtliche Störangriffe von 30 Mosquitos auf Münster und von 60 Mosquitos auf Berlin. 50 Nachtjäger und Flak schossen in der Nacht 16 Feindmaschinen ab.

*

Die Lage in den feindbesetzten Gebieten links des Rheins scheint sich sehr unglücklich zu entwickeln. Beispielsweise ist von ausserordentlich traurigen Zuständen in Köln in der Feindpresse die Rede. Die Bevölkerung sei in völlige Apathie versunken. Der Hunger wüte bereits in der Stadt, und Epidemien stellten sich in seinem Gefolge ein. Ich glaube, diese Entwicklung wird sich weiterhin noch katastrophaler gestalten, denn die Engländer und Amerikaner denken ja gar nicht daran, den Deutschen, die zurückgeblieben sind, irgendeine Hilfe zuteil werden zu lassen. Diese müssen nun ihren Ungehorsam gegen unsere Evakuierungsanordnungen teuer bezahlen.

Der britische Premierminister Churchill steht diesem Leid völlig ungerührt gegenüber. Er hält vor dem Kongress der englischen konservativen Partei eine Rede, die an düsterer Stimmung kaum noch zu übertreffen ist. Man hat Churchill selten in einer solchen Tonart reden gehört. Er wendet sich gegen die innere Opposition, die sich gegen seine Politik immer stärker bemerkbar macht, klagt sie der unnationalen Gesinnung an, gibt seine Entschlossenheit kund, den Krieg in Europa unter allen Umständen und selbst, wenn er zu einem völligen Chaos führen würde, weiter fortzusetzen. Er verlange vom Reich eine bedingungslose Kapitulation, auch wenn es in Chaos und Ruinen untergehen müsse. An sich kann uns eine solche Forderung sehr recht sein. Aber wir wehren uns energisch dagegen, dass die Presse ausgerechnet uns daraufhin als Anarchisten, die Europa in dieses furchtbare Unglück hineinstürzen, bezeichnet. Hier wird nach der bekannten Methode verfahren, dass nicht der Mörder, sondern der Ermordete schuld sei.

Im übrigen ist Churchill überzeugt, dass bald der Frieden kommen werde, dann allerdings ein langer und schwieriger Krieg in Japan bevorstehe. Grösste Not bereite den Westalliierten der Transportraummangel. Er werde dazu führen, dass nach dem Kriege noch mehrere Jahre in fast allen Teilen der Welt eine ausgewachsene Hungersnot herrschen werde. Aber das interessiert natürlich Churchill nicht im mindesten. Er wird sich vermutlich immer satt essen können. Ihm kommt es jetzt nur darauf an, in Europa zu siegen, oder das, was die Engländer siegen nennen, und das Reich zu zerstören. Wie diese Rede auch in der englischen Öffentlichkeit wirkt, kann man sich vorstellen. Die »Daily Mail« nennt sie eine ausgesprochene Dünkirchen-Rede, und das ist sie ja auch in der Tat. Churchill hat auf dem Felde der Kriegspolitik nur Niederlagen erlitten. Er muss das auch selbst unumwunden in Beantwortung einer Anfrage im Unterhaus zugeben, wenn er erklärt, dass in der Tat in Jalta eine Scheidung zwischen grossen und kleinen Nationen vorgenommen worden sei, dass die grossen Nationen, d. h., die Siegernationen – wie Churchill sie nennt – alle Rechte für sich in Anspruch nehmen könnten, die kleinen Nationen dagegen alle devoten und servilen Pflichten zu erfüllen hätten. Als Aggressor-Staat im Sinne der Jaltaer Beschlüsse wird in Zukunft nur ein kleiner Staat angesehen werden; die grossen Staaten sind zu moralisch, um Aggressionen durchzuführen. Ausserdem wollen sie sich in diesem Kriege so satt essen, dass sie vorläufig keinen Appetit mehr verspüren. Es ist geradezu grotesk, sich vorzustellen, dass etwa die Sowjetunion durch Schweden oder England durch die Schweiz angegriffen werden könnten und dann die Sowjetunion, die USA und England zusammentreten müssen, um festzustellen, dass die Schweden oder die Schweiz Aggressorstaaten wären. Dieser Unsinn ist natürlich von Stalin ausgedacht worden. Ihm kann es nur recht sein, damit ein Alibi für jedes noch so willkürliche Vorgehen gegen die kleinen neutralen Staaten zu erhalten. England und die USA haben in dieser Frage vor ihm einen Kniefall getan. Churchill beantwortet Beschwerden dagegen mit einem Achselzucken und etwa mit den Worten: »Was soll man tun? Wir sind ja völlig ohnmächtig!«

Die ganze Welt ist erfüllt von Waffenstillstandsgerüchten. Erst wird behauptet, dass Rundstedt Parlamentäre geschickt habe mit dem Angebot, die Waffen niederzulegen. Dieses Gerücht ist kompletter Unsinn. Es wird auch nach 24 Stunden von Washington aus dementiert. Allerdings hat es der New Yorker Börse dazu gedient, fleissig auf Baisse zu spekulieren. Ausserdem hat es in den USA sozusagen einen Siegestaumel hervorgerufen, der jetzt schon zu erheblichen innerpolitischen

Auswirkungen geführt hat.

Andererseits stammen diese Friedensgerüchte von der Mission, die Hesse, ein Mitarbeiter Ribbentrops, in Stockholm durchgeführt hat. Diese Mission bestand lediglich darin, mit der westlichen Gegenpartei überhaupt einmal eine Fühlung aufzunehmen. Diese Fühlungnahme wird nun über Stockholm und London in der sensationellsten Weise aufgebauscht. Man kann sich vorstellen, wie jetzt die Schlagzeilen in die ganze Weltöffentlichkeit hineinknallen. Es wirkt geradezu grotesk, dass bei diesen Nachrichten Himmler anstelle des Führers als Friedensgarant für Deutschland angegeben wird. Eine mächtige deutsche Clique habe den Kopf des Führers als Pfand angeboten. Davon ist natürlich kein Wort wahr. Das haben sich die Engländer selbst zusammengereimt. Aber auch darauf antworten sie, dass sie mehr und andere Köpfe forderten als den des Führers. In London tut man dieser Aktion gegenüber völlig uninteressiert. Allerdings ist die neutrale Welt – vor allem die neutrale Geschäftswelt – ausserordentlich rührig, da sie glaubt, hier einen Ausweg aus dem Kriege und damit aus der Bedrohung durch den Bolschewismus finden zu können. Es wäre denkbar, dass sich eine solche Entwicklung Bahn bräche, wenn unsere Truppen wenigstens die Rhein- und Mosel-Front hielten. Aber das ist – wenigstens was die Mosel anlangt – im Augenblick nicht der Fall. Die schweren Verluste, die der Feind erleidet, sind vorläufig für uns die einzige militärische Chance. Die Amerikaner schätzen jetzt die ihren auf 839 000 Mann. Das ist eine Summe, die für den gegenwärtigen Krieg zwar nicht erheblich ist, für die USA aber einige Bedeutung für sich beanspruchen kann.

Die Engländer gehen jetzt daran, in den von den Alliierten besetzten Gebieten langsam die Wirtschaft wieder in Ordnung zu bringen. Sie wollen die deutsche Kohle nach England importieren und dafür englische Kohle in das Ausland exportieren. Sie haben sich die Niederwerfung Deutschlands so gedacht, dass sie für sie einen großen Reibach darstellt. und sind sehr ungehalten darüber, dass die Amerikaner und die

Sowjets ihnen dabei Konkurrenz machen wollen.

Die Sowjets nehmen auf die englische öffentliche Meinung gar keine Rücksicht mehr. Sie gehen jetzt mit Massenverhaftungen in Polen vor, attackieren die Türkei in der Dardanellen-Frage, benutzen das in Frankreich herrschende Chaos, um Unfrieden zu stiften. Dieses Chaos äussert sich in Hungerrevolten, in öffentlichem Raub, in einem überhandnehmenden Schiebertum, kurz und gut, in Krankheitssymptomen, die gar nicht mehr übersehen werden können. Dazu kommt die Entwicklung in Rumänien, die von den Sowjets fleißig weiterbetrieben wird und in London stärksten Argwohn erregt, mehr aber auch nicht.

Ich habe mittags die in Berlin tätigen Inlandsjournalisten, Rundfunksprecher und Propagandisten zu einem großen Empfang bei mir im Hause. Ich spreche zu ihnen 1 ½ Stunden über die gegenwärtige Kriegslage und die daraus zu ziehenden Folgerungen für die Führung der Nachrichten- und Propagandapolitik. Ich glaube, gut in Form zu sein und den Herren einiges für ihre Arbeit mit auf den Weg zu geben. Jedenfalls wird sich dieser Empfang für die deutsche Presse und den deutschen Rundfunk vermutlich sehr positiv auswirken.

Es haben in den letzten 24 Stunden wieder die tollsten Luftangriffe auf deutsches Reichsgebiet stattgefunden. U. a. ist auch das OKH in Zossen ziemlich demoliert worden. Aber das wollen wir uns nicht so sehr zu Herzen nehmen. In Essen ist die Lage so, dass ein ausserordentlicher Brotmangel eingetreten ist, über den auch im Gebiet des Gaues Westfalen-Süd stark geklagt wird. Wir müssen mit Reichshilfe eingreifen; aber unsere Mehlvorräte erlauben eine grosszügige Handhabung dieser Frage nicht mehr. Schlimm ist, dass wir aus den luftangegriffenen Städten fast gar keine Nachrichten mehr erhalten. Die Telefonverbindungen sind gänzlich abgerissen; wir sind nur noch auf den Funkweg angewiesen. Aber trotzdem muss es gehen.

Ein Teil der Dienststelle von Ellgering ist jetzt gezwungen, nach Mitteldeutschland umzusiedeln, denn sie findet in Berlin kaum noch eine Arbeitsmöglichkeit. Aber Ellgering selbst soll vorläufig seine Dienststelle in Wannsee beibehalten.

Ich lasse in einer Denkschrift den Vorschlag eines grosszügigen Abbaues der Luftwaffe ausarbeiten. Die Luftwaffe schleppt heute noch einen Verwaltungs- und Personalapparat mit sich, der ihre heutigen Aufgaben und Möglichkeiten weit übertrifft. Wir müssen jetzt in der Luftwaffe sozusagen von vorn anfangen und ihren Organisations- und Personalapparat auf die ihr noch verbleibenden Möglichkeiten zurückschrauben. Die Dinge stellen sich bei nüchterner Betrachtung hier etwa folgendermassen:

Bis Ende des Monats hat die Luftwaffe insgesamt 30 000 to Benzin zur Verfügung. Ein Teil hiervon wird als allerletzte Reserve für Sonderfälle aufbewahrt. Wesentliche neue Benzinzuteilungen sind erst für den Herbst zu erwarten.Bis dahin werden von jetzt ab keine Benzinflugzeuge mehr starten außer Versorgungstransporte. – Der Benzinlage entsprechend sind alle bisher gebräuchlichen Flugzeugtypen bis auf folgende vom Rüstungsprogramm gestrichen: 1) Me 262 Strahlenjäger mit vier Kanonen (3-cm-Granaten) ausgerüstet, 2) He 162 (noch unerprobt), 3) Ta 152 einsitziger Jäger, 4) Arado 234, 5) Ju 88 als Nachtjäger. – Die Verluste der in den letzten Wochen eingesetzten Jäger haben etwa 60 Prozent durch Feindabschuss betragen. – Das Flugzeugprogramm der nächsten Monate soll erreichen (monatlich): 1) 1000 Flugzeuge Me 262 mit einer Reserve von 500 Flugzeugen und einem Bestand von 800 Maschinen in der Front, 2) 500 He 162 mit einer Reserve von 1000 Maschinen, 3) 500 Ta 152, 4) 80-100 Arado 234, 5) 50 Ju 88. – Der Schwerpunkt der Gesamtproduktion ist nach Führer-Entscheidung die Me 262, die 70 Minuten in der Luft bleiben kann und mit einer Art Dieselöl geflogen wird, von dem 44 000 to vorhanden sind und in diesem Vorrat ergänzt werden können. Reichsminister Speer wird auch das Letzte tun, um der Me 262 jeden Vorrang zu verschaffen. Die Serienproduktion ist so weit vorgeschritten, dass in zwei bis drei Monaten der Großangriff auf die feindlichen Einflüge beginnen kann. Die bisherigen

Einsätze berechtigen zu der Annahme, dass das Abschussverhältnis 5 : 1 zu unseren Gunsten ist. Erst ein kürzlicher Einsatz von 23 Me 262 hat den sicheren Abschuss von sieben Bombern und den wahrscheinlichen von vier weiteren Bombern und vier Jägern bei Verlust nur einer einzigen eigenen Maschine ergeben. Die Mosquitos werden von den Me-262-Treffern einfach zerrissen. Die Bomber sind bei vier Treffern erledigt. Nach einem Monat Kampfführung muß der angelsächsische Gegner so empfindliche Luftverluste haben, dass er seine Luftangriffe einschränkt. – Reichsminister Speer hat zur Durchführung des Me-262-Programms die Konzentrierung aller Energie – Transportfähigkeit und Arbeitskraft – auf die Me 262 befohlen. Die Rüstung kann die Maschinenteile ohne Schwierigkeiten herstellen. Die Anlage von Startbahnen – unter Verzicht auf Beton – und unter Benutzung von Autobahnen ist angelaufen. Die Maschinen stehen in von Erdwällen umgebenen Abstellbahnen mit primitiven Dächern in Wäldern versteckt, so dass auch Teppichwürfe sie nicht in grösserem Umfange erfassen können. Die Verratsmöglichkeit des Generalingenieurs Mahnke wird dabei im Auge behalten. Eine feindliche Nachahmung des Me-262-Typs erfordert zwei Jahre. – Zur Durchführung des Me-262-Programms sind sechs Sonderbeauftragte eingesetzt, darunter Dr. Degenkolb. Die Leitung des Me-262-Einsatzes haben die bewährtesten Generäle übertragen bekommen:
1) General Kammhuber (Nachtjäger), 2) General Peltz (Jagdkorps). – Was noch fehlt, ist die schnelle Bewegungsmöglichkeit der versteckten Flugzeuge zur Startbahn (mit Kettenrad 10 Minuten, mit Menschen 1 Stunde). An dieser Frage wird noch gearbeitet. Das Me-262-Programm braucht als personelle Reserve die ausgebildeten 20 000 Flugschüler, die zunächst als Eisenbahntransportschutzbrigade eingesetzt werden sollen.

Es sind damit zwar einige Aussichten für die nächste Zeit gegeben, aber allzu viele Hoffnungen soll man nicht darauf setzen, denn eine Wiederherstellung der deutschen Verteidigungskraft in der Luft ist schon so oft versprochen worden und dieses Versprechen ist so oft schon nicht gehalten worden, dass man zuerst einmal Tatsachen sehen möchte, ehe man diese Versprechen für Wirklichkeit hält.

Bei der Überprüfung der einzelnen Wehrmachtteile kommt man auf immer neue Tricks, die seitens der Heimatstäbe der Auskämmung durch den totalen Kriegseinsatz entgegengesetzt werden. Es ist sehr schwer, die freigestellten u. k.-Leute nun wirklich in die Kasernen oder an die Front zu bringen. Wir wenden hier ziemlich summarische Verfahren an, um zum Erfolg zu kommen. Die Luftwaffe hält auch hier die Spitze des passiven Widerstandes. Aber auch die verschiedensten Dienststellen des Heeres lassen sich in dieser Beziehung nicht lumpen. General von Gottberg zieht nun in meinem Auftrage freigestellte u. k.-Leute rücksichtslos an Ort und Stelle ein und sendet sie in kürzester Zeit direkt an die Front, wo sie auch hingehören.

Aus den bei mir eingelaufenen Briefeingängen ergibt sich eine tiefe Lethargie im ganzen deutschen Volk, die fast in Hoffnungslosigkeit ausartet. Es wird schärfste Kritik an der Luftwaffe, aber auch an der gesamten nationalen Führung geübt. Man wirft ihr vor, dass sie in ihrer Politik und Kriegführung zu maßlos gewesen sei, dass sie die Kriegführung vor allem in der Luft zu sehr vernachlässigt habe und darauf unser Unglück in der Hauptsache zurückzuführen sei. Was die Maßlosigkeit anbetrifft, so wird sie uns insbesondere in der Führung des Ostfeldzuges vorgeworfen, was ja auch nicht ganz unrichtig ist. Unsere Redner in den Versammlungen setzen sich nicht mehr richtig durch. Die Argumente, die nur auf historische Beispiele verweisen, ziehen nicht mehr. Meine letzte Rundfunkrede wird so oder so beurteilt. Teils zollt man ihr höchstes Lob, teils aber vermißt man darin auch positive Anhalte für die erfolgreiche weitere Fortsetzung des Krieges. Man hat das dumpfe Empfinden, dass selbst die besten Argumente bei einem Volk, das müde und abgekämpft ist, nicht mehr durchschlagen wollen.

Ich benutze die Gelegenheit, in einem Leitartikel unter der Überschrift »Die Geschichte als Lehrmeisterin« die Beweiskraft der historischen Beispiele für unsere Zeit in ins einzelne gehenden Darlegungen zur Darstellung zu bringen. Ich hoffe, dass mir das gelingt, bin mir aber klar darüber, dass in dieser Zeit wirklich überzeugend nur ein Erfolg wirken könnte. Alles andere geht dem Volke in das eine Ohr hinein und durch das andere Ohr hinaus.

Abends wird gemeldet, dass unsere Front im Raum der Saar und bei Bitsch im grossen und ganzen gehalten hat. Dagegen ist die Moselfront langsam ins Rutschen gekommen. Der Feind ist hier bis nördlich Saarbrücken vorgerückt, so dass die Gefahr entstanden ist, dass Saarbrücken von hinten umschlossen wird. Es wird von unserer Seite getan, was überhaupt nur möglich ist, um dieser Gefahr zu begegnen. Kesselring war wieder beim Führer und hat von ihm genaue Anweisungen bekommen. Man hofft, dass man der kritischen Entwicklung wieder Herr werden wird; aber ich bin in dieser Beziehung etwas skeptisch eingestellt. Ich habe schon so oft solche Hoffnungen vernommen und so oft erlebt, dass diese Hoffnungen in zwei, drei Tagen in ein Nichts zerrannen, dass ich auch hier zuerst auf Tatsachen warten will, um mir ein endgültiges Urteil zu bilden.

An der gesamten Ostfront ist die Angriffstätigkeit der Sowjets wieder augeflammt. Westlich des Velencz-Sees führt der Feind sehr starke Entlastungsangriffe durch, die aber im grossen und ganzen aufgefangen werden konnten. Unser Brückenkopf über den Sio ist ausgeweitet worden. Man will jetzt dort bald wieder zum Angriff antreten. Bei Grottkau konnte der Feind einige Einbrüche erzielen. Es handelt sich hier um einen Grossangriff erster Klasse; aber Schörner ist doch der Überzeugung, dass er seiner Herr werden wird. Dieser Grossangriff richtet sich gegen das Mährisch-Ostrauische Kohlen- und Industriegebiet, das wir unter keinen Umständen verlieren dürfen. Es sind auch von uns Gegenangriffe in diesem Raum im Gange, deren Erfolg man abwarten muß. Die Verbindung mit Küstrin ist abgerissen; aber man hofft, sie wiederherstellen zu können. In Kolberg spielen sich anscheinend die letzten Kämpfe ab. Unsere Soldaten sind dort nicht mehr in der Lage, dem Feind geordneten Widerstand zu leisten. Die Sowjets haben versucht, bis Zoppot vorzudringen; das ist ihnen aber nicht gelungen. In Ostpreußen ist die Lage so, dass der Feind zwar tiefe Einbrüche, aber keinen Durchbruch erzielt hat. Überall sind die Kämpfe in Angriff und Abwehr ausserordentlich schwer, und es steht an der gesamten Ostfront wieder einmal alles auf Spitz und Knopf.

Abends verstärken sich die Meldungen aus dem neutralen und feindlichen Lager über deutsche Friedensabsichten. Sie bestreiten jetzt die Schlagzeilen fast aller Zeitungen in aller Welt. In London verwahrt man sich energisch dagegen, dass man unsere Fühler ernstgenommen habe. Man habe sofort nach Bekanntwerden der Mission Hesses die USA und die Sowjetunion über die Gespräche unterrichtet. Man sieht darin einen deutlichen Versuch, im trüben zu fischen und die feindliche Koalition auseinanderzusprengen. Dieser Versuch findet in London eine glatte Ablehnung, während die anderen feindlichen Alliierten sich noch nicht äussern. Eine solche Ablehnung war von englischer Seite aus ja auch zu erwarten. Das Reuter-Büro erklärt, dass die deutschen Vorschläge völlig ignoriert worden seien. Nun entsteht die schwierige Frage, wie man das dem Führer sagen soll, denn der Führer war ja diesem Versuch gegenüber ausserordentlich skeptisch eingestellt, und er hat wieder einmal recht behalten. Ich glaube auch, dass er nicht sehr geschickt unternommen worden ist, sonst hätte er sicherlich zu anderen, wenigstens nicht so laut tönenden Reaktionen geführt. Im übrigen bin ich der Meinung, dass die Engländer mit der Kolportierung dieser Nachrichten sehr bald Schluss machen werden, weil sie sonst befürchten müssen, dass ihr eigenes Volk daran ein gesteigertes positives Interesse finden wird.

Meine Rede vor den Journalisten hat eine sehr tiefe Wirkung ausgeübt. Man sieht doch auch an diesem Beispiel wieder, dass, wenn man auch politisch tätige Menschen, die einen Einblick in die Dinge besitzen, richtig anspricht, man damit auch den Zugang zu ihren Herzen und auch zu ihren Gehirnen findet. Ich werde solche Empfänge jetzt häuffiger wiederholen.

Wir haben am Abend wieder den regulären Mosquitoangriff auf die Reichshauptstadt, der jetzt schon fast zur täglichen Regelmässigkeit geworden ist.

18. März 1945 *Sonntag*

[S. 1-24]

Gestern:

Militärische Lage:

An der Ostfront lag der Schwerpunkt der Kämpfe im Raum östlich und nördlich von Mährisch-Ostrau, wo der Feind sehr starke Panzerkräfte in die Schlacht warf. Im Verlauf der Kämpfe, die sich zwischen Bielitz und Cosel und nordlich von Neisse abspielen, wurden allein gestern 239 Sowjetpanzer vernichtet. Im Raum zwischen Bielitz, Schwarzheide und Pawlowitz wurden sämtliche Angriffe abgewiesen, kleinere Einbrüche teilweise im Gegenstoß wieder bereinigt. Südlich von Cosel gelangen dem Feind kleinere Einbrüche von 3 bis 4 km Tiefe, die sofort abgeriegelt wurden. Auch zwischen Glogau und Neisse konnten die Bolschewisten etwas an Boden gewinnen und bis 10 km nördlich von Neisse vordringen. Teilweise wurden auch hier die Einbrüche in Gegenangriffen sofort wieder beseitigt. Gegen Breslau und Glogau geführte bataillonsstarke Angriffe wurden sämtlich abgewiesen. An der anschließenden Front bis Stettin fanden keine besonderen Kampfhandlungen statt. Auch im Kampf um den Brückenkopf Stettin hat die Wucht der feindlichen Angriffe etwas nachgelassen. Dagegen lag starkes sowjetisches Artilleriefeuer auf unseren Linien, das nicht unerhebliche Verluste verursachte. Mehrere Kommandeure und höhere Offiziere sind gefallen. Die Angriffe des Feindes drangen jedoch nicht durch. Nur bei Greifenberg konnte er einen kleinen örtlichen Einbruch erzielen. Südöstlich von Stettin wurden die Bolschewisten im

Gegenangriff wieder etwas zurückgedrängt. In Kolberg verteidigte sich die Besatzung im Hafen. Von der Heeresgruppe Nord (Danzig-Kolberg) lagen infolge von Leitungsstörungen wiederum keine näheren Meldungen vor. Am Vortage war der Feind bei Gotenhafen in harten Kämpfen wieder etwas zurückgeworfen worden, während er den Brückenkopf Ostpreußen weiter zusammengedrängt hatte. Die harten Kämpfe werden auch gestern angehalten haben. – In Kurland kam es nur zu örtlichen Kämpfen.

Im ungarischen Raum gewann unser Angriff zwischen dem Westzipfel des Plattensees und Kaposvar auf breiter Front etwa 2 bis 3 km Boden; an den anderen Angriffsabschnitten – insbesondere im Raum von Stuhlweißenburg – trat der Feind zu starken Gegenangriffen hauptsächlich mit Infanterie an. Alle Angriffe wurden indes bis auf einen Einbruch zwischen Stuhlweißenburg und Felsögalla abgewiesen.

Nachdem es an der Westfront den Amerikanern gelungen war, die Moselhöhen zwischen Alken und Treis zu gewinnen, stießen sie von hier aus mit starken Panzerkräften nach Süden über Simmern, Bad Kreuznach und Hochstetten (längs der Straße Kreuznach-Kaiserslautern) vor. Daß dieser tiefe Durchbruch durch unsere Linien gelingen konnte, wird von seiten der militärischen Führung mit der Übermüdung der auch nicht allzu starken deutschen Abwehrkräfte und mit dem Überraschungsmoment erklärt.

Gleichzeitig griff der Feind im oberen Ruwertal östlich der Ruwer nach Westen an und erzielte auch hier einen Durchbruch von etwa 15 bis 20 km Tiefe, der ihn bis Rheinsfeld und Hermeskeil vorbrachte. Südlich davon gelangten feindliche Spitzen bis an die Gegend etwa 6 km südwestlich von Hermeskeil. Die Angriffe des Feindes zwischen Saarbrücken und dem Rhein wurden im wesentlichen bis auf geringfügige Einbrüche abgewiesen. Bitsch fiel in feindliche Hand. 5 bis 6 km nordöstlich von Bitsch gelangte der Feind bis an die frühere deutsche Reichsgrenze.

Im Brückenkopf Linz stieß der Feind von Honnef aus weiter

nach Norden vor und nahm den Drachenfels. Im Süden konnte er seinen Brückenkopf um etwa 2 bis 3 km in Richtung auf Waldbreitbach ausdehnen.

An der italienischen Front fanden keine besonderen Kampfhandlungen statt.

Im Osten war der Einsatz der deutschen Luftstreitkräfte gestern ziemlich stark. Es wurden 31 Sowjetflugzeuge abgeschossen und außerdem eine größere Anzahl von Panzern, Sturmgeschützen und Kolonnen vernichtet.

Im westlichen Frontgebiet herrschte wieder rege feindliche Jagdbombertätigkeit mit dem Schwerpunkt Mosel, Pfalz und Mittelrheingebiet. Im Raum Koblenz-Cochem und Bingen waren 122 deutsche Jäger zur Tieffliegerbekämpfung eingesetzt, die 4 Abschüsse erzielten.

Einflüge der amerikanischen Bomberdivisionen im Westen des Reiches erfolgten gestern nicht.

Von Italien aus flogen etwa 350 amerikanische viermotorige Bomber Angriffe auf Verkehrsanlagen von Wien, Korneuburg, Moosbierbaum und Wiener Neustadt; Teilverbände griffen Klagenfurt, Graz, Amstetten und St. Valentin an. Die Flak schoß 13 Feindmaschinen ab.

Nachts griff ein stärkerer englischer Kampfverband von etwa 450 Bombern mit 250 Flugzeugen Nürnberg und mit 200 Maschinen Würzburg an. In den Abendstunden erfolgt der übliche Störangriff auf Berlin. 42 gegen den englischen viermotorigen Verband eingesetzte Nachtjäger erzielten 42 Abschüsse. Fünf weitere Bomber wurden durch die Flak abgeschossen.

*

Die Friedenssondierungen des Herrn von Ribbentrop sind völlig ins Wasser gefallen. Sie begegnen sowohl bei den Amerikanern wie bei den Engländern einer einhelligen Ablehnung. Sie sind auch sehr schlecht angelegt gewesen. Ein Mann wie Hesse ist nicht dazu geeignet, dem Feindlager die nationalsozialistische Auffassung klarzumachen. Er wird selbst in der uns freundlich gesinnten neutralen Presse als Bierdeutscher bezeichnet, der in unserer guten Zeit für den Krieg mit England plädiert habe und deshalb bei der britischen Diplomatie als Feind Nr. 1 angesehen werde. Es kann deshalb nicht wundernehmen, dass sein Versuch selbst auch in dieser neutralen Presse als von vornherein aussichtslos bezeichnet wird. Es handelt sich also hier um eine missglückte Eskapade Ribbentrops, der man mit einiger Sicherheit hätte voraussagen können, dass sie zu diesem Ende führen würde.

Es ist aber andererseits auch sehr bezeichnend, dass die Engländer über die Aktion Hesses nur sehr wenig in ihrer Öffentlichkeit berichten. Sie fürchten offenbar, dass, wenn in diesem Stadium des Krieges zuviel von Friedensgerüchten gesprochen wird, das sich in sehr nachteiliger Weise auf die englische öffentliche Meinung auswirken würde. Das britische Volk ist trotz der militärischen Erfolge, die die Angloamerikaner erringen, ausserordentlich kriegsmüde, und es ist ja so, dass, wenn man auf dem Höhepunkt des Krieges allzuviel vom Frieden spricht, dieses Gerede langsam ansteckend wirkt.

Es kann kein Zweifel darüber bestehen, dass die Sondierung Hesses vom gesamten Feindlager rundweg abgelehnt wird. Andererseits aber sind die Engländer sich auch im klaren darüber, dass Hoffnungen auf eine innere Revolution in Deutschland gegen den Nationalsozialismus oder gegen die Person des Führers illusorisch sind. Man bezeichnet die in Amerika vielfach verbreiteten Kapitulationsgerüchte als ausgesprochene Börsenmanöver. Die Juden in New York spekulieren also augenblicklich offenbar auf Baisse, um Kriegs- und Rüstungsaktien möglichst billig einzukaufen.

Auch Roosevelt sieht sich veranlasst, die Kapitulationsgerüchte, die sich um die Person von Rundstedt herumrankten, zu dementieren, weil er davon unangenehme Wirkungen für die amerikanische Industrie befürchtet.

Die militärische Entwicklung im Westen verläuft sehr unglücklich. Im Moselraum ist eine ziemlich desolate Lage entstanden. Der Führer hatte geglaubt, dass die Mosel als Verteidigungslinie gehalten werden könnte. Diese Annahme hat nicht standgehalten. Es ist den Amerikanern gelungen, die Mosel in breiter Front zu überschreiten, und nun schwärmen sie im Gebiet zwischen Mosel und Rhein herum, ohne einen nennenswerten Widerstand zu finden. Dadurch ist natürlich auch unsere Saar-Front aufs schwerste gefährdet. Diese hat an sich zwar gehalten und verteidigt sich mit höchster Bravour in der Westwall-Linie; aber wir müssen doch befürchten, dass sie nun vom Rücken aus angegriffen wird. Man legt sich manchmal in Verzweiflung die Frage vor, wo unsere Soldaten denn endlich stehen bleiben wollen. Es kann nicht an der materiellen oder zahlenmässigen Unterlegenheit liegen, denn so sehr ist der Feind ihnen an dieser Front nicht überlegen. Vielfach ist in der Westfront die gefährliche Auffassung vertreten, dass man die Angloamerikaner in das Reich hineinlassen solle, damit es nicht in die Hände der Sowjets falle. Das ist natürlich eine verhängnisvolle Meinung von der gegenwärtigen Kriegslage, und wir müssen nun unter allen Umständen Massnahmen treffen, um sie zu zerstreuen. Es wäre allerdings auf der anderen Seite noch notwendiger, der Truppe und der Zivilbevölkerung einige greifbare Chancen für die Möglichkeiten unseres Sieges vor Augen zu stellen. Aber was will man ihnen sagen? Augenblicklich stehen wir auf so schwachen Beinen, dass alle Beschwichtigungsversuche über die militärische Lage kaum noch fruchten. Auch der OKW-Bericht hat einen durchaus ernsten und düsteren Ton angenommen. Jeder, der ihn mit Aufmerksamkeit liest, kann aus ihm entnehmen, dass nun im Westen ein ausgesprochener Rutsch begonnen hat, ohne dass wir wenigstens im Osten uns halbwegs zu halten in der Lage wären.

Was den Wesetn anlangt, so bringen die Amerikaner dramatische Berichte über die augenblicklichen Verhältnisse in Köln. Die Bevölkerung leidet dort die schlimmste Not. Sie ist auf ein Drittel der Lebensmittelrationen gesetzt worden, die in den Vereinigten Staaten ausgegeben werden.

Die Amerikaner sind eifrigst bemüht, überall in den von ihnen besetzten Westgebieten eine eigene Verwaltung einzurichten. Sogar im Brückenkopf von Linz haben sie derartige Massnahmen schon getroffen.

Abends wird von Washington amtlich mitgeteilt, dass selbst eine bedingungslose Kapitulation des Reiches dem Feind nicht mehr genügen wolle. Er habe unter allen Umständen die Absicht, das ganze Reichsgebiet zu besetzen. Darüber hinausgehende Forderungen stellt er vorläufig noch nicht. Vielleicht kommt noch die, dass wir uns alle zuvor aufhängen oder erschiessen müssen. Der Vernichtungswille des Feindes treibt heute die sonderbarsten Blüten. Die Racheexzesse, die in der englischen und amerikanischen Judenpresse zu verzeichnen sind, spotten jeden Vergleiches. Dabei wird ein Zynismus zur Schau getragen, der überhaupt nicht mehr zu überbieten ist. Man rühmt sich der Zerstörung deutscher Städte, ja, deutscher Kulturdenkmäler in aller Offenheit und legt damit ein Zeugnis für das gegenwärtige Zeitalter ab, das einem die Schamröte ins Gesicht treiben kann. Man hat ja auch aus der letzten Churchill-Rede entnehmen können, eine wie düstere Auffassung in führenden englischen Kreisen über die Zukunft Europas vorherrscht. Diese Rede sollte eine Sprengbombe in die konservative Partei hineinlegen. Churchill geht mit dem Plan, sowohl die konservative als auch die Labour-Party zu spalten, um aus den aufgerissenen Teilen der beiden Parteien eine neue Partei zu bilden. Es handelt sich bei Churchill um ein zerstörerisches Element. Er wird sicherlich in die Weltgeschichte eingehen als der Herostrat Europas, der durch nichts anderes seinen Namen verewigen konnte als dadurch, dass er das, was viele Geschlechter in vielen Jahrunderten aufgebaut haben, wieder zerstört.

Er trifft demnächst mit dem amerikanischen Juden Baruch zusammen, der auch einen Besuch bei Stalin machen will. Bei diesen Besprechungen soll die Ausplünderung des Reiches in allen Einzelheiten festgelegt werden. Die westliche Feindseite ist demgegenüber nicht in der Lage, auch nur auf eine einzige positive Leistung zu verweisen.

Der belgische Ministerpräsident van Acker erklärt in einem Interview rundheraus, dass wir Deutsche während der Besatzungszeit in fünf Monaten 20mal soviel Lebensmittel nach Belgien eingeführt hätten als die Alliierten. Trotzdem spielen sich diese dort als Befreier von Not und sozialem Elend auf.

Sie tuen augenblicklich ausserordentlich erstaunt über die politische Entwicklung in Rumänien. Die Sowjets haben sie dort völlig herauseskamotiert und treiben eine Politik auf eigene Faust. Der Eiserne Vorhang ist vor dem Schicksal Rumäniens niedergegangen. Was sich hinter ihm abspielt, das kommt einer teilnahmslosen Welt nicht mehr zur Kenntnis.

Benesch macht das vorsichtiger als Radescu. Er fährt gleich nach Moskau, um sich vom Kreml seine für die Tschechoslowakei geplante Regierung vorher sanktionieren zu lassen. Sie wird wahrscheinlich ein ausgesprochen kommunistisches Gesicht tragen.

Die Sowjets haben in Oberschlesien jetzt schon wieder angefangen zu arbeiten. Die Bergwerke sind in voller Tätigkeit. Die Arbeiter bekommen von der sowjetischen Verwaltung eine verkürzte erbärmliche Ernährung, aber von einem ausgesprochenen Terror ist jetzt nicht mehr die Rede. Stalin hat sicherlich die Absicht, aus Oberschlesien soviel an Kriegspotential herauszuholen, als überhaupt nur möglich ist.

In Norwegen hat jetzt eine große Sabotage- und Attentatsserie eingesetzt. Die Norweger können wahrscheinlich die Zeit, da sie unter sowjetische Kontrolle fallen, nicht mehr abwarten. Gegen diese Sabotage und Attentate allerdings wird nun mit aller Schärfe vorgegangen. Terboven wird hier ordentlich Arbeit bekommen.

Die innere Lage im Reich wird fast ausschliesslich durch den Luftkrieg bestimmt. Hier liegt unsere eigentliche Schwäche in der Gesamtkriegführung. Zum ersten Male seit längerer Zeit haben wir wieder einmal beträchtliche Nachtabschüsse zu verzeichnen, und zwar deshalb, weil unsere Nachtjäger aufgestiegen sind. Die Abschüsse in der letzten Zeitwaren so jammervoll niedrig, dass man sie im OKW-Bericht überhaupt nicht mehr erwähnen konnte.

Das Evakuierungsproblem stellt sich immer noch ausserordentlich besorgniserregend. In Pommern sollen etwa 600 000 Menschen unter die Knute der Sowjets gefallen sein. Das ist in der Hauptsache darauf zurückzuführen, dass unsere militärische Führung den Warnungen des Führers, dass der sowjetische Stoß nach Pommern gehen werde, kein Gehör geschenkt hat. Der Führer beharrt weiterhin auf seinem Standpunkt, dass auch der Westen nach Möglichkeit evakuiert werden soll. Diese Anordnung begegnet allerdings großen Schwierigkeiten, da die Menschen aus dem Westen keinerlei Lust bezeigen, sich aus dem Westen in das Innere des Reiches in unsichere Verhältnisse hinein umquartieren zu lassen.

Fast wie ein Witz wirkte es in dieser kritischen Lage des Reiches, dass Rosenberg sich immer noch nicht dazu bereitfinden lässt, das Ostministerium aufzulösen. Man könnte mit dem Knüppel dareinschlagen, denn was nützt alles gute Zureden, wenn die Borniertheit der sogenannten Prominenten einfach keine Vernunft annehmen will.

Die Aktion des Generals von Gottberg, die sich zum Ziel gesetzt hat, möglichst viele Soldaten möglichst schnell an die Front zu bringen, wird mit sehr radikalen improvisatorischen Mitteln durchgeführt. Sie zeitigt erhebliche Erfolge. Gottberg geht ausserordentlich rigoros vor; immerhin aber bringt er die Schwächlinge, die es bisher immer wieder verstanden haben, sich an einem Fronteinsatz vorbeizudrücken, wenigstens an die Front.

Die Verteidigungs-Wochenbilanz der Reichshauptstadt ist ausserordentlich günstig ausgefallen. Es ist uns gelungen, im Laufe von acht Tagen unsere Waffen- und Nahrungsmittelbestände ausserordentlich zu vergrössern. Wir könnten jetzt immerhin, wenn auch unter sehr beschränkten Verhältnissen, eine Belagerung der Reichshauptstadt auf zehn bis zwölf Wochen durchhalten. Auf verschiedenen Sektoren, insbesondere auf dem der Panzer- und Sturmgeschützgestellung, ist ein gewaltiges Ansteigen zu verzeichnen. Nur stellt die Munitionsversorgung immer noch einen beachtlichen Engpass dar. Aber ich habe schon die geeigneten Massnahmen ergriffen, um diesen Engpass zu überwinden. Es wird jetzt eine Verteidigungslinie westlich Stettin bis nach Hoppegarten errichtet. Diese Verteidigungslinie soll durch einen Ansatz von 100 000 Mann möglichst schnell erstellt werden. Auch Berlin hat dazu wesentliche Kontingente zu leisten.

Den ganzen Tag über habe ich anstrengende Arbeit zu leisten. Am Abend haben wir in Berlin wieder den gewohnten Mosquito-Angriff, der aber Gott sei Dank nicht so viel Schaden stiftet. Man nimmt ihn fast als eine tägliche Gewohnheit hin. Wesentliche Abschüsse erzielen wir bei diesen Mosquito-Angriffen nicht. Bei ihnen ist der Feind hundertprozentig im Vorteil. Wenn man sich das auf lange Sicht durchgeführt vorstellt, dann kann man schon einigermassen das Grauen bekommen. Aber auch die Feindseite hat ihre schweren Sorgen. Wenn diese auch nicht so sehr auf militärischem Gebiet liegen, so sind sie doch um so mehr auf politischem Gebiet hervortretend. Es kommt jetzt darauf an, wer in dieser Auseinandersetzung zwischen der politischen Krise auf der Feindseite und der militärischen Krise auf der eigenen Seite zuerst den Boden unter den Füßen verliert.

19. März 1945 *Montag*

[S. 1-25, S. 7 in der Paginierung übersprungen]

Gestern:

Militärische Lage:

Im ungarischen Raum erzielten die eigenen Angriffsoperationen zwischen Plattensee und Drau geringfügigen Geländegewinn. Zwischen Plattensee und dem Sarviz-Kanal wurden starke sowjetische Gegenangriffe abgewehrt und im eigenen Angriff geringfügig Gelände nach Süden gewonnen.

Im slowakischen Raum setzte der Feind seine schwerpunktmässig zusammengefassten Angriffe in Richtung auf Neusohl fort. Er konnte hier in Waldgefechten geringen Geländegewinn erzielen.

Im Raum von Schwarzwasser wurden stärkere sowjetische Angriffe abgewehrt. Heftige Angriffe des Feindes aus dem Brückenkopf nördlich von [*1 Wort unleserlich*] und im Raum von Neisse stiessen auf starken deutschen Widerstand. Die Festungen Breslau und Glogau wehrten sowjetische Angriffe von verschiedenen Seiten her ab.

An der gesamten anschliessenden Front bis nach Küstrin fanden nur örtliche Kämpfe statt.

Im pommerschen Raum setzten die Bolschewisten ihre starken Angriffe gegen den Brückenkopf von Stettin fort. Es gelang ihnen, in Altdamm einzudringen.

Zu harten Kämpfen kam es auch in Westpreussen, wo die Sowjets erneut mit starken Panzerkräften und mit stärkster Luftwaffenunterstützung die Räume von Gotenhafen und Danzig angriffen. Im grossen und ganzen wurden diese

Bln-Schöneberg
Fam. Stolz
Nachr. Ers. Abt.
Potsdam
Familie
Vogel und
Breidenstein
Vietheer
Vietheer: leb
alle

2

3

1 Überlebenszeichen und neue Anschriften (1945).

2 Ein Flüchtlingstreck in Schlesien (Winter 1944/45).

3 Straßenbild im ostpreußischen Königsberg am 29. März 1945, wenige Tage vor der Einnahme durch die Rote Armee.

4 Eines der letzten Photos von der deutschen Oder-Front (Ende März 1945).

4

5 Joseph Goebbels spricht am 11. März 1945 in der niederschlesischen Stadt Lauban nach deren Rückeroberung zu den deutschen Soldaten.

6 Anerkennender Händedruck für den »Einsatz« in Lauban.

7 Deutsche Soldaten vor Berlin im April 1945.

8

8 Deutsche Verteidigungsstellung in Berlin (Anfang Mai 1945).

9 Generalfeldmarschall Keitel, Reichsmarschall Göring und Großadmiral Dönitz nach der Kranzniederlegung am Ehrenmal Unter den Linden am 11. Marz 1945, dem Heldengedenktag.

10

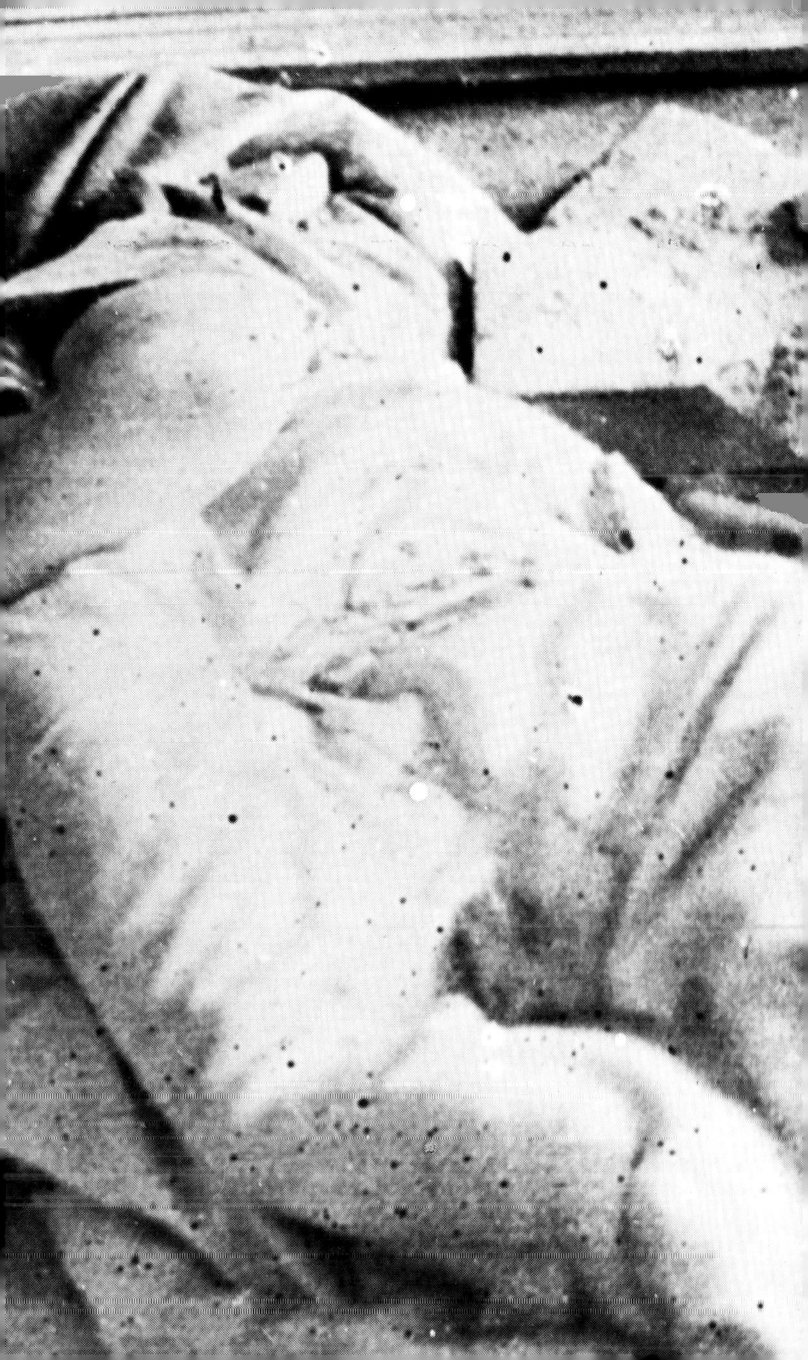

11

10 Blick in ein Krankenzimmer eines Berliner Krankenhauses nach einem schweren Bombenangriff.

11 In einem amerikanischen Panzerspähwagen fährt Winston Churchill im März 1945 durch das zerstörte Xanten.

12 Britische Panzer am 24. März 1945 vor der zerstörten Eisenbahnbrücke über den Rhein bei Wesel.

12

13 Entwaffnete deutsche Soldaten marschieren in amerikanische Gefangenschaft.

14 Gefangene Landser im April 1945 vor der Rheinbrücke bei Remagen, die als erste unzerstört in amerikanische Hände fiel.

15 Ein deutscher Soldat unterweist eine Berliner Zivilistin in der Handhabung einer Panzerfaust (Frühjahr 1945).

6

16 Der britische Feldmarschall Montgomery und US-General Ridgway auf der Behelfsbrücke über der Elbe.

17 Der sowjetische Oberbefehlshaber, Grigori Schukow, mit seinem Stab während der Kämpfe um Berlin (April 1945).

7

18 Die Familie Goebbels im Oktober 1942; vorn (von links nach rechts) Helmut, Holde, Magda Goebbels, Heide, Joseph Goebbels und Hedda, hinten (von links nach rechts) Hilde, Harald Quandt, Magda Goebbels' Sohn aus erster Ehe, und Helga.

19 Vizeadmiral Hans-Erich Voss, ständiger Vertreter des Oberbefehlshabers der Marine im Führerhauptquartier, identifiziert im Garten der Reichskanzlei vor sowjetischen Soldaten die Überreste von Joseph und Magda Goebbels.

18

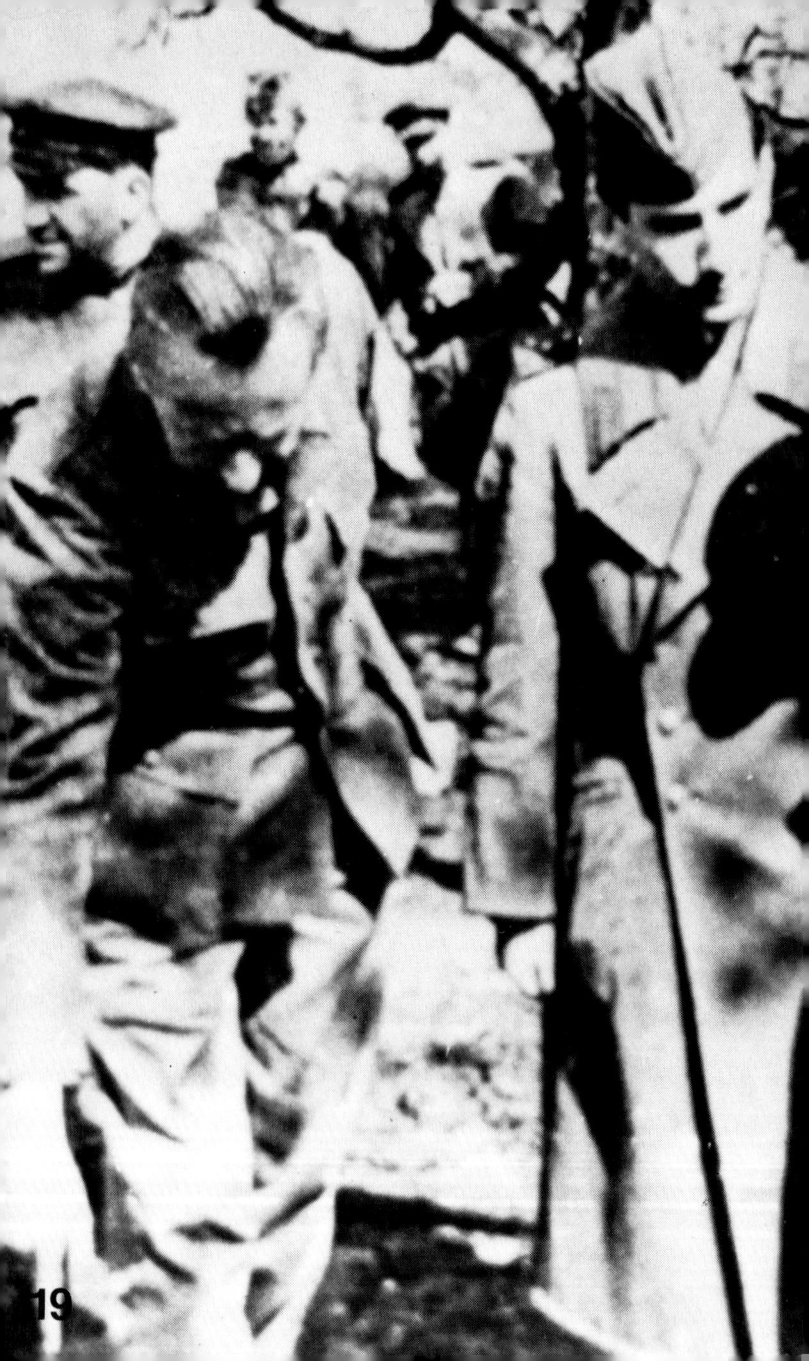

19

Angriffe abgeschlagen.

Auch die ostpreussische Bastion wehrte starke sowjetische Angriffe unter Abriegelung von Einbrüchen und unter Wahrung des Frontzusammenhanges ab. Wiederum wurden zahlreiche Feindpanzer abgeschossen.

An der Kurland-Front trat der Feind neben dem bisherigen Schwerpunkt östlich von Frauenburg jetzt auch südwestlich der Stadt nach starker Artillerievorbereitung zum Angriff an. Mit Ausnahme geringfügiger Einbrüche der Sowjets konnten auch gestern alle Angriffe abgewiesen werden.

An der Westfront wurde südwestlich von Duisburg ein feindlicher Übersetzversuch abgewiesen.

Am Mittelrhein stand der Tag im Zeichen weiterer erbitterter Kämpfe um den Brückenkopf der Amerikaner östlich von Remagen, den der Feind nur in einigen Abschnitten geringfügig erweitern konnte.

An der Niederrhein-Front beiderseitige Artillerie- und Aufklärungstätigkeit.

Im Kampfraum südlich der Mosel haben amerikanische Panzerkräfte auf breiter Front den Nahe-Abschnitt erreicht. Es sind hier drei Stossrichtungen zu erkennen: gegen den Rhein, aus dem Raum Bad Kreuznach nach Süden in den Raum des Nahe-Abschnittes und nach Westen in den Rücken unserer Saar-Front.

Starke Angriffe gegen die Westwall-Front zwischen Saarlautern, Saargemünd und Hagenau wurden unter Abriegelung von Einbrüchen abgewiesen.

Von der italienischen Front liegen keine besonderen Meldungen vor.

700 amerikanische viermotorige Bomber flogen am Vormittag von Westen her in den Raum Sachsen ein zu Angriffen auf Bitterfeld, Plauen i. Vogtl., Jena und Weimar. Ferner wurden angegriffen Neustadt a. d. Weinstrasse, Kaiserslautern und Frankenberg a. d. Eder.

Mittags griff ein stärkerer amerikanischer Verband viermotoriger Bomber Hannover und Münster an. Außerdem wurde

Recklinghausen angegriffen. Am Abend erfolgte der übliche Störangriff auf die Reichshauptstadt, der von 55 bis 60 Mosquitos durchgeführt wurde. In der Nacht richtete sich ein mittelschwerer Angriff gegen Nürnberg. Ausserdem herrschte fortlaufend rege Aufklärungstätigkeit über dem gesamten Reichsgebiet.

*

Eine einzige erfreuliche Nachricht kommt an diesem Tag, dass nämlich die Rheinbrücke bei Remagen infolge unseres dauernden Artilleriebeschusses und unserer Sprengversuche durch die Marineschwimmer zusammengestürzt ist. Die Amerikaner erklären zwar, dass das für ihre Zuführung in den Bückenkopf von Linz nichts bedeute, da sie über ausreichende Pontons verfügten, in Wirklichkeit aber werden sie diese schwere Eisenbahnbrücke natürlich sehr vermissen. Es wäre schön, wenn es uns jetzt gelänge, den Brückenkopf von Linz auszuräumen. Allerdings sind die Amerikaner augenblicklich noch so stark, dass sie statt wir räumliche Erfolge verzeichnen. Der Brückenkopf ist im Augenblick eine unserer schwersten Sorgen, abgesehen von der kritischen Lage, die sich nunmehr auch für das Saargebiet ergeben hat. Hier versuchen die Amerikaner, in unseren Rücken zu kommen und den Westwall von hinten aufzurollen, genau, wie wir das im Jahre 1940 bei der Westoffensive mit der Maginot-Linie getan haben. Es ist klar, dass alle Kräfte eingesetzt werden, um diesen Versuch zu unterbinden, aber sehr die Frage, ob das gelingen wird.

Übrigens sind wegen der Nichtsprengung der Brücke von Remagen fünf Todesurteile gegen Offiziere ergangen, die vollstreckt und im OKW-Bericht mitgeteilt wurden. Das hat natürlich einige Sensation zur Folge. Die Offiziere des OKH haben sich mit Händen und Füssen dagegen gesträubt, dass diese Nachricht in den OKW-Bericht hineinkam; aber der Führer hat sich nicht erweichen lassen, und das mit Recht, denn die Vollstreckung solcher Urteile soll ja vor allem erzieherischen

Einfluß ausüben. Wenn man sie nicht bekanntmacht, können sie das auch nicht.

Die politische Entwicklung wird jetzt mehr und mehr von der demnächst bevorstehenden Konferenz von San Francisco bestimmt. Jetzt schon ist über die Methodik dieser Konferenz und ihr Arbeitsprogramm ein ausserordentlicher Streit unter den feindlichen Koalitionspartnern entstanden. Die Vereinigten Staaten verlangen durch ihre öffentliche Meinung, dass in San Francisco feste Bindungen für die kommende Weltordnung und für die Organisation des sogenannten Weltfriedens eingegangen werden. Die Sowjets dagegen sträuben sich mit Händen und Füssen dagegen, denn sie haben natürlich alles Interesse daran, nach dem Kriege einen möglichst labilen Zustand aufrechtzuerhalten, um – wo sie eben eine Gelegenheit dazu finden – Beute zu machen. Stalin denkt also vorerst nicht daran, sich von den Amerikanern und Engländern Handfesseln anlegen zu lassen. Die Engländer spielen dabei nur eine untergeordnete Rolle. Es ist richtig, was der Abgeordnete Shinwell in einer Rede Churchill zum Vorwurf macht, nämlich, dass er keinerlei Programm besitze und deshalb nicht darauf rechnen könne, dass nach dem Kriege der zwischen der Arbeiterschaft und den Konservativen bestehende Burgfrieden weiter aufrechterhalten bleibe. Aus diesem Grunde schon hat Churchill ein Interesse daran, dass dieser Krieg in einem möglichst grossen Chaos endigt, denn nur dann kann er sich als Retter empfehlen. Er hat eine Vabanque-Politik betrieben und setzt nun seinen letzten Groschen ein, um das verlorene Vermögen Englands zurückzugewinnen.

Die Feindlage wird bisher wesentlich bestimmt durch die wachsende Lebensmittelkrise nicht nur in den besetzten, sondern auch in den kriegführenden Ländern. Selbst die USA bleiben davon nicht unberührt. Die Engländer sind sehr ungehalten darüber, dass die Amerikaner ihnen nicht mehr aushelfen wollen, aber die Amerikaner können sich, wie sie behaupten, eine Senkung der Lebensmittelrationen wegen des dadurch zu befürchtenden Einbruchs in die Kriegsmoral des amerikanischen Volkes nicht leisten. Roosevelt versucht in einer Presseerklärung, sich an einer klaren Entscheidung vorbeizudrücken. Jedenfalls sind die Engländer sich darüber im klaren, dass sie starke Senkungen der Lebensmittelrationen vornehmen müssen, wenn sie nicht im späten Frühjahr vor einer Hungerkatastrophe stehen wollen.

Das Leben in den feindbesetzten Gebieten des Westens wird als eine wahre Hölle geschildert. Das französische Volk muss für die Torheit seiner Regierung, die uns im September 1939 den Krieg erklärte, ausserordentlich teuer bezahlen. Aber es hat das auch verdient. Ebenso die Polen, die nunmehr der Weltöffentlichkeit mit Tränen in den Augen nachrechnen, dass sie bisher zehn Millionen Menschen durch Tod oder Hungersnot, Deportation und Liquidierung verloren hätten. Das ist die Strafe für den polnischen Hochmut aus dem August 1939. Wären die Polen damals auf unsere ausserordentlich milden Vorschläge eingegangen, dann hätten sie nicht einmal ein blaues Auge davongetragen. So aber laufen sie Gefahr, ihr Volk langsam durch den schleichenden Tod zu verlieren.

Die Engländer und Amerikaner sind sich einig darüber, dass die Frage Rumänien nunmehr in ein Stadium hineingeraten ist, in dem sie aktiv werden müssen. Sie versuchen deshalb, den Kreml zu konsultieren, allerdings schliesst der Kreml beide Augen und will von den von den Engländern und Amerikanern gerügten Mißständen in Rumänien nichts wissen. Die englisch-amerikanische Presse ergeht sich deshalb in einer ausserordentlich lauten Kritik über die Entwicklung in Rumänien. Es ist klar, dass Stalin alles daransetzt, in der gegenwärtigen kritischen Kriegslage möglichst viel Ernte in seine Scheuern hineinzuführen. Im übrigen wissen die Angloamerikaner nur einen Bruchteil von dem, was sich wirklich in Rumänien abspielt. Stalin hat längst den Eisernen Vorhang heruntergelassen, und hinter diesem vollzieht sich die rumänische Volkstragödie so, wie sie die rumänische Führung zwar hätte voraussehen können, wie sie sie aber andererseits auch verdient hat.

Dieser Sonntag ist für uns alles andere als ein ruhiger Tag. Ich hatte ihn eigentlich dazu ausersehen, etwas Aufräumarbeiten zu erledigen; aber durch diese Hoffnung macht mir der Feind einen dicken Strich. Es herrscht eine erschreckende Frontlage, und zwar sowohl im Osten wie auch im Westen. Am meisten Sorge bereitet uns augenblicklich die Entwicklung im Westen. Hier ist der Brückenkopf Remagen, wie ich schon betonte, weiter ausgedehnt worden; aber noch schlimmer ist, dass die Amerikaner über die Mosel in breiter Front vorgeschritten sind und nun nicht nur die Nahe-Front erreicht, sondern auch schon durchschritten haben. Es scheint, dass den feindlichen Panzerwaffen in diesem Kampfraum vorläufig kein Halt mehr geboten werden kann. Auch in Ostpreussen und im Raum von Ratibor hat sich die Entwicklung alles andere als glücklich angelassen.

Dazu kommt mittags ein schwerer Luftangriff auf die Reichshauptstadt, der uns wieder ausserordentliche Sorgen bereitet. Die Amerikaner greifen mit 1300 Bombern in Begleitung von 700 Jägern an, und wir haben ihnen im ganzen nur 28 neue Me 262 entgegenzustellen, die ausserdem nur eine halbe bis dreiviertel Stunde in der Luft bleiben können. Schon in den vorangegangenen 24 Stunden haben massive Luftbombardements auf die verschiedensten Städte des Reiches stattgefunden, und nun kommt dieser schwere Angriff auf die Reichshauptstadt. Berlin steht zwei Stunden lang unter Luftalarm. In der Hauptsache werden die östlichen und nördlichen Gebiete der Reichshauptstadt, die bisher noch ziemlich verschont geblieben waren, angegriffen. Nach dem Angriff bietet die Reichshauptstadt wieder das altgewohnte schaurige Bild. Von zu Hause aus kann ich die Brände im ganzen Regierungsviertel beobachten. Gegenüber unserem Hause brennt das Gebäude der schweizerischen Schutzmacht, die im Blücher-Palais untergebracht ist. Aber das ist nur ein Bruchteil von dem, was sich in dieser riesigen Millionenstadt abgespielt hat. Ich fahre gleich in den Befehlsstand hinüber und lasse mir von Schach einen vorläufigen Überblick über die angerichteten Schäden geben. Es ist alles andere als erhebend.

Schaub wird vom Führer hingeschickt, um sich zu informieren. Ich gebe ihm eine gute Portion von Kritik an der Luftwaffe und an Göring mit.

Daneben muß die reguläre Arbeit erledigt werden. Der Führer ruft mittags an, um sich über die Lage in Berlin zu erkundigen. Ich gebe ihm einen ganz ungeschminkten Bericht, vor allem auch über die Stimmung, die in der Bevölkerung der Reichshauptstadt auf Grund eines solchen Luftangriffes fast ohne jede Verteidigung herrscht. Der Führer glaubt, dass unsere Me 262 etwas erreicht haben; aber zahlenmässig steht das noch nicht fest. Im übrigen glaube ich nicht, dass 28 Jäger, wenn sie auch noch so schnell sind, gegen 1300 feindliche Bomber in Begleitung von 700 feindlichen Jägern etwas Nennenswertes ausrichten können.

Der Führer ist ausserordentlich beschäftigt durch die militärische Entwicklung im Westen. Er hat in der vergangenen Nacht bis morgens um 6 Uhr Lagebesprechung gehabt und ist deshalb natürlich sehr stark übermüdet. Auf die Dauer ist das ja auch nicht auszuhalten, dass er Nacht für Nacht nur zu zwei Stunden Schlaf kommt.

Die Lage in Berlin stellt sich abends etwa folgendermaßen dar. Die Brände konnten zum grossen Teil noch nicht abgelöscht werden. Im Wedding und in Niederschönau haben die Amerikaner schwere Teppichabwürfe durchgeführt, die furchtbare Verwüstungen hervorgerufen haben. Zur Zeit ruht der Verkehr in der Reichshauptstadt fast gänzlich. Das ist aber zum grossen Teil darauf zurückzuführen, dass die Elektrizitätsversorgung wegen des Ausfalles der Umschaltwerke nicht mehr funktioniert. Wir zählen über 60 000 Obdachlose und rund 500 Tote. Dazu kommen allerdings noch eine ganze Reihe von Verschüttetenstellen, von denen man nicht weiss, wie viele Menschen darunter begraben sind. Der Luftangriff ist in seiner Auswirkung mindestens so schwer wie der letzte Terrorangriff, den die Amerikaner am 28. Februar durchgeführt haben. Im ganzen ergibt sich wieder eine ziemlich tolle Situation, und wir werden in den nächsten Tagen alle Hände voll zu tun haben, um die Reichshauptstadt halbwegs wieder zu einem notdürftigen Leben zurückzuführen.

Dazu kommt dann noch die militärische Abendlage, die ausserordentlich besorgniserregend ist. In Remagen hat sich die Situation ungefähr halten können. Der Feind steht zwar immer noch auf der Autobahn; aber er wagt vorläufig von hier aus noch nicht auszuholen. In Koblenz spielen sich schwerste Strassenkämpfe ab. Die Mosel kann nicht mehr als Linie angesprochen werden. Der Feind ist in breiter Front über sie hinweggeschritten und konnte im Laufe des Tages seinen Durchbruch auch noch ausserordentlich erweitern. Er bewegt sich jetzt in Richtung auf Bingen und Mainz. Auch wir werfen in diesen Kampfraum noch einmal alle uns zur Verfügung stehenden Reserven hinein. Aber es ist wohl nicht zu erwarten, dass vor dem Rhein noch einmal Halt zu gebieten ist. Die stärkste Gefahr ist für die Saarfront gegeben, die nach dem gegenwärtigen Kartenbild überhaupt nicht mehr gehalten werden kann. Was der Verlust der Saarkohle für unser Kriegspotential bedeutet, das kann man sich an den fünf Fingern ausrechnen.

Im Osten haben wir südlich des Plattensees kleine räumliche Fortschritte zu verzeichnen; allerdings ist der Großangriff im grossen und ganzen ins Stocken gekommen. Im Raum von Oberschlesien herrschte Großkampftag. Die Sowjets haben bei Ratibor und bei Grottkau angegriffen und tiefere Einbrüche erzielt. Hier besteht die Gefahr einer feindlichen Kesselbildung, der Schörner mit allen Kräften entgegenzuwirken versucht. Man hat Hoffnung, dass ihm das gelingen wird. Wenn das überhaupt möglich ist, dann wird Schörner es möglich machen. Er hat noch einige Gegenmassnahmen in Reserve, so dass man mit einer gewissen Zuversicht der weiteren Entwicklung entgegenschauen kann. Nach fünf Tagen sowjetischen Großangriffs hat er immerhin das eine erreicht, dass dem Feind kein Durchbruch gelungen ist. Auch im Raum von Stettin und in Ostpreussen haben sich schwerste Kämpfe entwickelt, die auch zu tieferen Einbrüchen führten.Dasselbe ist an der Kurland-Front der Fall. Aber Gott sei Dank ist dem Feind nirgends ein Durchbruch gelungen. Kolberg haben wir nunmehr räumen müssen. Die Stadt, die sich mit einem so ausserordentlichen Heroismus verteidigt hat, konnte nicht mehr länger gehalten werden. Ich will dafür sorgen, dass die Räumung von Kolberg nicht im OKW-Bericht verzeichnet wird. Wir können das angesichts der starken psychologischen Folgen für den Kolberg-Film augenblicklich nicht gebrauchen.

Abends haben wir in Berlin wieder den Mosquito-Angriff vom Dienst. Die feindlichen Flugzeuge fliegen über einer noch brennenden Stadt. Man kann sich vorstellen, wie die Angloamerikaner morgen in ihrer Presse triumphieren werden.

20. März 1945 *Dienstag*

[S. 1-35]

Gestern:

Militärische Lage:

Im Osten lagen die Schwerpunkte der feindlichen Angriffe im ungarischen Raum zwischen Felsögalla und Stuhlweißenburg, im schlesischen Raum zwischen Cosel und Leobschütz, bei Stettin, im Raum Danzig-Ostpreußen und in Kurland.

In Ungarn griff der Feind zwischen Stuhlweißenburg und Felsögalla in Richtung Westen und Nordwesten gegen die von ungarischen Truppen nur schwach besetzte Front im Vertes-Gebirge an und erzielte hier mehrere tiefere Einbrüche von 15 bis 20 km Tiefe. Gegen Mor geführte Angriffe scheiterten. Zwischen Mor und Stuhlweißenburg erreichte der Feind die Bahnlinie Stuhlweißenburg-Komorn. Ein eigener Angriff südlich des Plattensees erbrachte Geländegewinne bei Marczali.

An der slowakischen Front nichts von Bedeutung.

Die schweren Angriffe des Feindes zwischen Stelitz und Schwarzwasser in Richtung auf Mährisch-Ostrau sind abgeflaut und tragen jetzt nur noch den Charakter von Fesselungsangriffen. Den Schwerpunkt verlagerten die Bolschewisten in den Raum zwischen Ratibor und Neisse. Aus dem Raum Cosel heraus drang der Feind bis in die Gegend von Leobschütz ein. Gleichzeitig erreichte er von Westen und Norden her Neustadt i. Schl. Er stieß östlich an Neisse vorbei nach Süden vor und vereinigte sich mit den aus Richtung Cosel angreifenden sowjetischen Kräften in Neustadt i. Schlesien. Die Angriffe auf Neisse scheiterten; auch eigene Angriffe aus dem Raum östlich von Neisse gegen den Einbruch des Feindes schlugen nicht durch. Nördlich Neisse setzte er seine Angriffe nach Osten und Westen vergeblich fort, um den Einbruchsraum zwischen Grottkau und Neisse in den Flanken zu verbreitern. Auch stärkere Angriffe gegen Breslau scheiterten.

An der Front bis Stettin war es verhältnismäßig ruhig. Heftige, gegen die Front vor Stettin geführte feindliche Angriffe wurden bis auf geringfügige Einbrüche zerschlagen.

Sehr schwer waren die von Schlachtfliegern unterstützten sowjetischen Angriffe gegen Danzig-Gotenhafen und den Restteil von Ostpreußen. Die gegen Danzig und Gotenhafen geführten Angriffe scheiterten im wesentlichen unter hohen blutigen und Panzerverlusten für den Feind. Westlich von Gotenhafen konnte er eine Höhe gewinnen. Gegen den Restteil unseres Brückenkopfes von Ostpreußen, der im wesentlichen nur noch die Städte Braunsberg und Heiligenbeil umfasst, wurden die schweren feindlichen Angriffe östlich von Heiligenbeil in unseren eigenen Artilleriestellungen aufgefangen. Trotz starken Munitionsmangels auf deutscher Seite wurden im Abschnitt Heiligenbeil 102 Sowjetpanzer abgeschossen. Bei Königsberg und im Samland war es gestern ruhiger.

In Kurland wurde ein Einbruch des Feindes südwestlich von Frauenburg im Gegenangriff beseitigt. Die eingebrochenen sowjetischen Teile wurden abgeschnitten und vernichtet. Nordwestlich von Frauenburg erzielte der Feind im Verlauf heftiger Angriffe einige kleinere Einbrüche, die ihn bis an die Bahn Libau-Mitau führten.

Im Westen wurde gegenüber von Duisburg ein stärkerer feindlicher Übersetzversuch bei Rheinhausen zerschlagen. Sonst an der ganzen Rheinfront bis auf den Brückenkopf von Remagen keine besonderen Kampfhandlungen. Im Brückenkopf von Remagen konnte der Feind nach schweren Angriffen in Richtung Norden und Süden geringfügig Gelände gewinnen. Im Norden steht der Feind jetzt in der Gegend nördlich von Königswinter, im Süden des Brückenkopfes spielen sich die Kämpfe zwischen Hönningen und Waldbreitbach ab. Die größte Tiefe des Brückenkopfes beträgt rund 10 km.

Im Kampfraum zwischen Mosel und Nahe gelangen dem Feind weitere Bodengewinne.Er drang in Kreuznach ein und befindet sich südlich von Kreuznach im Angriff über Hochstetten nach Süden und südwestlich im Angriff in Richtung Sobernheim, wo er die Nahe erreichte. Dagegen sind die feindlichen Kräfte von Westen und Nordwesten her bis in die Linie Kirn-Idar-Oberstein-Baumholder-Kusel-St. Wendel vorgedrungen. Von Süden nach Norden angreifend, erreichten feindliche Kräfte den Raum südlich Zweibrücken. Auch in den unteren Vogesen, südlich von Bitsch bezw. zwischen Reichshofen und Hagenau griff der Feind an, ohne daß die Lage eine wesentliche Veränderung erfuhr.

Aus Italien liegen keine besonderen Meldungen vor.

An der Ostfront war die feindliche Lufttätigkeit im ungarischen Raum und im Raum Königsberg-Danzig sehr lebhaft. So waren allein im Restteil des ostpreußischen Brückenkopfs und bei Königsberg 1200 sowjetische Schlachtflieger eingesetzt. Auch die eigene Lufttätigkeit war recht umfangreich. Es wurden 29 Feindflugzeuge abgeschossen.

Über dem westlichen Frontgebiet herrschte sehr starke feindliche Jagd- und Jagdbombertätigkeit – rund 1200 Jäger – mit dem Schwerpunkt Mittelrhein und Mosel. Auch im rückwärtigen Frontgebiet lebhafte feindliche Jagd- und Jagdbombertätigkeit mit dem Schwerpunkt Rhein-Main-Gebiet und Münsterland.

Etwa 1200 amerikanische viermotorige Bomber mit rund 700 Jägern als Begleitschutz griffen in drei Wellen Berlin an. Der Angriff erfolgte in 6- bis 7000 m Höhe, teilweise mit Erdsicht. Betroffen wurde das gesamte Stadtgebiet, mit Ausnahme der Abschnitte Wilmersdorf, Steglitz, Spandau und Zehlendorf. Der Schwerpunkt lag im Gebiet Stadtmitte und insbesondere in den nördlichen und nordöstlichen Bezirken. Am Nachmittag griff ein britischer Verband von 150 viermotorigen Bombern Industrie- und Verkehrsziele in Bochum an. Etwa 300 zweimotorige Bomber belegten die Räume von Mannheim,

Ludwigshafen, Darmstadt, Giessen, Siegen, Dortmund und Recklinghausen mit Bomben.

Gegen den Angriff auf Berlin waren 38 »Sturmvögel« (Düsenflugzeuge) eingesetzt, die 15 Abschüsse erzielten. Die Flak schoß 7 Maschinen ab.

In der Nacht erfolgte der übliche Störangriff auf Berlin, ein weiterer auf Nürnberg. Etwa 150 viermotorige britische Bomber griffen Verkehrsziele im Raum Dortmund-Bochum an. 250 Britenbomber führten einen Angriff auf Hanau mit einem Täuschungsangriff auf Kassel. Nachtjäger schossen 5 viermotorige Bomber ab. Die Abschussmeldungen der Flak liegen noch nicht vor.

Die Lage im Westen wird immer komplizierter. Nach dem Kartenbild zu urteilen, müssen wir damit rechnen, dass uns nunmehr das Saargebiet verloren geht, und zwar dadurch, dass der Feind uns in den Rücken kommt. Bingen ist bereits in seine Hand übergegangen. Es wird sehr darum gekämpft werden müssen, dass wir überhaupt die Rheinfront halten können, denn auch die Lage im Linzer Brückenkopf ist ausserordentlich kritisch geworden. Die Amerikaner drücken mit allen Kräften, und unsere Einschliessungskräfte des Brückenkopfes sind doch diesem massierten Materialansturm nicht ganz gewachsen, so dass der Feind seinen Brückenkopf zwar immer nur wenig, aber doch immer etwas erweitern kann. Und jedermann weiss ja, von welcher entscheidenden Bedeutung es ist, ob die Möglichkeit besteht, ihn hier zu fesseln, oder ob die Eiterbeule aufs neue aufbricht.

Die Amerikaner haben allerdings auch ihre besonderen Sorgen, wenn auch nicht so sehr in bezug auf Material und Personal ihrer Truppe. Die Dinge in den von ihnen besetzten Gebieten sind doch nicht so leicht zu handhaben, wie sie sich das vorgestellt haben. Jetzt beginnt schon dort die Hungersnot. Die Amerikaner sind nicht in der Lage, die Lebensmittelzufuhren zu garantieren, noch das, was an Vorräten da ist, richtig zu rationieren. Es fehlt ihnen an jeglicher verwaltungsmässiger Erfahrung, und die zurückgebliebenen deutschen Verwaltungskräfte sind ja auch nicht von der besten Sorte. Die Bevölkerung leistet jetzt den feindlichen Besatzungsmächten eine zunehmende Resistenz, so dass schon jetzt amerikanische Zeitungen darüber wehklagen, daß à la longue gesehen in den besetzten deutschen Gebieten ein Chaos und eine Hungersnot grössten Ausmasses nicht zu vermeiden sein wird. In diesem Zeitpunkt also schon beginnen die feindlichen Seifenblasen zu platzen. Die Angloamerikaner sind in der Durchführung ihrer Kriegsziele ausserordentlich steril und unbeweglich. Sie verstehen weder etwas von der Kriegspsychologie noch etwas von der Kriegsverwaltung. Sie haben einst, als wir die grossen Gebiete im Osten und Westen besetzt hielten, so tapfer über uns geschmäht; immerhin aber steht fest, dass die deutsche Besatzungsmacht überall Ruhe, Ordnung und erträgliche Lebensverhältnisse geschaffen hat, die von den Angloamerikanern nun völlig über den Haufen geworfen worden sind. Das alles nennen sie Freiheit von Not und Furcht. Aber wie soll man annehmen, daß zumal die Engländer in den besetzten deutschen Gebieten die Kraft und die Intelligenz besässen, mit den ausserordentlich schwierigen Verwaltungs- und Rationierungsproblemen fertig zu werden, wenn sie das nicht einmal im eigenen Lande vermögen. In England ist jetzt auch eine ausgesprochene Lebensmittelkrise ausgebrochen, die eine Art von Welterscheinung darstellt, von der die Feindländer nicht ausgenommen bleiben. Die Fleischration ist weiterhin heruntergesetzt worden, und zwar beträgt sie jetzt nur noch ein Drittel der amerikanischen Fleischration. Das britische Publikum ist darüber sehr empört, und die englischen Zeitungen geben dieser Empörung in sehr drastischen Redewendungen Ausdruck. Die Amerikaner kommen dabei moralisch sehr schlecht weg.

Nebenher läuft die politische Krise, die nun auch auf das innere Leben Englands übergegriffen hat. Churchill hatte versucht, mit seiner Rede vor dem konservativen Parteikongress Öl auf die Wogen zu giessen; in Wirklichkeit hat er Öl ins Feuer hineingegossen. Seine Rede wird von allen Seiten abgelehnt, und es wird ihm sowohl von der konservativen wie von der Labour-Party-Öffentlichkeit bescheinigt, dass er zwar als Kriegsführer noch hingehe, als Friedensführer aber fast von allen in Betracht kommenden Kreisen abgelehnt werde. Es besteht also kein Zweifel darüber, dass Churchill kurz nach Beendigung des Krieges in die Wüste geschickt werden wird. Es ist ja eine alte englische Erfahrung, dass Männer mit allzu grossen Machtvollkommenheiten zwar für den Krieg geduldet werden, im Frieden dann aber gleich abgeschüttelt werden müssen.

Zum grossen Pech hat Churchill sich auch noch einen Krach mit den Gewerkschaften angelacht, die er durch seine jüngste Rede ausserordentlich gereizt hat. Die Gewerkschaften fühlen sich von ihm betrogen. Sie glaubten, nach dem Kriege wieder Agitations- und Handlungsfreiheit zu erhalten; aber Churchill will ihnen eine solche nicht geben. Er ist doch im Grunde genommen der alte hartnäckige und sture Tory, der von der sozialen Frage nicht das mindeste versteht und deshalb in unser Jahrhundert hineinpasst wie die Faust in das Auge.

Auch in Frankreich ist nunmehr eine Kabinettskrise ausgebrochen, und zwar dadurch, daß die Kommunisten drohen, aus dem Kabinett auszutreten, wenn die Regierung die Verwaltung nicht von den sogenannten faschistischen Elementen reinigen würde. Es ist ja bekannt, dass die Kommunisten alles, was nicht kommunistisch ist, als faschistisch bezeichnen, und unter der Führung des Kampfes gegen den Faschismus rotten sie in allen Ländern, in denen sie irgendeinen Einfluss besitzen, die Kräfte aus, die der Bolschewisierung des Landes im Wege stehen. Viel robuster gehen die Sowjets natürlich in Bulgarien vor, da sie dort die absolute Gewalt besitzen. Hier ist jetzt wieder eine Serie von Massentodesurteilen gegen die Generäle der bulgarischen Armee durchgeführt worden. Nachdem die Politiker den Genickschuss empfangen haben, kommen nun die Militärs heran. Es wird niemand geschont werden, sosehr er auch in der Zeit, wo wir noch in Bulgarien standen, mit dem Bolschewismus geliebäugelt hat. Ebenfalls in

Rumänien denken die Sowjets nicht daran, den Engländern und Amerikanern irgendein Gehör zu schenken. Im Gegenteil, die »Prawda« greift nun in massivster Form die englische Presse an, weil sie sich für Radescu eingesetzt hat. Radescu wird als ein Oberfaschist schlimmster Sorte bezeichnet, der den Tod tausendmal verdient habe. Bei dieser Gelegenheit versetzen die Sowjets auch der in London befindlichen polnischen Exilregierung einige derbe Fußtritte. Arziszewski wird als ein verkommenes Luder geschildert. Die Polen in London sind nach der Darstellung der »Prawda« eine Bande verkommener Großagrarier, die vom polnischen Volke abgelehnt werde. Kurz und gut, es wird ein Tönchen angeschlagen, wie es sonst kaum unter Feinden, geschweige unter Bundesgenossen üblich ist.

Maniu ist jetzt auf Druck der Sowjets von der Führung der nationalzarinistischen Partei zurückgetreten. Maniu war derjenige, der seinerzeit den Verrat an Deutschland vorbereitete und organisierte. Er bekommt dafür jetzt die kängst verdiente Strafe.

In Finnland haben als in dem ersten kriegführenden Lande während des Krieges Wahlen stattgefunden. Diese Wahlen zeigen eindeutig ein starkes Ansteigen der Kommunisten. Die Wahlbeteiligung ist sehr dünn gewesen, und zwar vor allem aus bürgerlichen Kreisen. Die Sowjets haben offenbar vor den Wahllokalen einen starken Terror ausgeübt. Die Kommunisten erreichten 328 000 Stimmen gegen 334 000 der Sozialdemokraten. Damit also machen die Kommunisten den Sozialdemokraten, die bisher allmächtig in der finnischen Politik waren, die finnische Führung streitig. Es ist klar, dass die Kommunisten jetzt mit sehr derben Forderungen hervortreten werden. Interessant wird zu beobachten sein, wie die Angloamerikaner darauf reagieren. Jedenfalls aber steht fest, dass die Sowjets ihren ganzen Plan mit Finnlands Neuwahlen nicht verwirklichen konnten. Sie haben keine Baltenwahlen veranstaltet. Offenbar haben sie vor der englisch-amerikanischen Beobachtung zu grossen Respekt.

In Moskau wird jetzt sehr viel von einem bevorstehenden Vormarsch nach Berlin geredet. Aber ich nehme an, dass man versucht, uns damit wieder auf ein falsches Ziel zu lenken. Die sowjetischen Blätter behaupten, dass sie bald in die Reichshauptstadt einziehen würden, und dass damit der Krieg sein Ende finden werde. Allerdings müssen wir auf der anderen Seite sehr aufmerksam sein, denn die Ruhe an der Oder-Front ist natürlich nur eine scheinbare. Es steht doch ausser allem Zweifel, dass die Sowjets an dieser Front grosse Mengen an Truppen und Material zuführen und eines Tages doch losbrechen könnten.

Die Tschechen werden zunehmend frecher. Sie fühlen sich in der Rolle des Freiheitskämpfers. Sie wollen sich der ganzen feindlichen Welt, die jetzt ihr Haupt gegen uns erhebt, anschliessen. Allerdings wagen sie noch nicht, zur offenen Kriegsansage überzugehen; dazu sind die Tschechen bekanntlich zu gemütlich und zu feige.

Der Papst hat vor einer grossen Menge auf dem Petersplatz eine Rede gehalten. Bezeichnenderweise verliert er dabei kein Wort gegen denBolschewismus: dagegen wettert er gegen die Irrlehre von Nationalismus, Rasse und Blut. Offenbar schliesst der Papst beide Augen zu vor dem Überhandnehmen des Bolschewismus in ganz Europa. Er streckt sich nach der Decke und versucht, mit dem mächtigen Kreml wenigstens indirekt Tuchfühlung zu bekommen.

Der neue ungarische Gesandte in Berlin, Meczer, macht mir einen Antrittsbesuch. Meczer ist ein ausgeprägter, fanatischer Hungarist, der – wie er mir erzählt – Horthy bereits seit 40 Jahren kennt. Er schildert ihn als einen ausgesprochenen Opportunisten, der weder von der Kriegführung noch von der Politik viel verstehe, sich aber grossartig auf dem Gebiet der Korruption und des Hineinarbeitens in seine eigene Tasche betätige. Seine Familie sei durch und durch korrupt. Einen unheilvollen Einfluß habe auf ihn seine Frau ausgeübt. Seine Söhne seien richtige Bartypen, die die Budapester Gentry völlig verdorben hätten. Von der hungaristischen Bewegung erzählt mir der Gesandte Meczer, dass sie sich die grösste Mühe gebe, sich in dem Westteil Ungarns, der noch in ihrem Besitz sei, durchzusetzen, dass das augenblicklich aber ausserordentlich schwer wäre. Von den Magyaren sei gar nichts zu erwarten. Sie seien schon gestorben, bevor sie tot seien. Von den bolschewistischen Greueltaten in den wiedereroberten ungarischen Städten berichtet mir der Gesandte Meczer wahre Schauergeschichten, die einem das Blut in den Adern erstarren lassen. Er fügt hinzu, dass er darüber dem Berliner Nuntius eine Mitteilung habe zukommen lassen; der Nuntius habe aber nur die Achseln gezuckt. Es scheint also, dass der Berliner Nuntius ähnlich denkt wie der Papst, nämlich, man solle den Mächtigen nicht reizen und versuchen, sich nicht mit ihm anzulegen, gleichgültig, welch böses Handwerk er betreibt.

Wir haben mittags eine lange Sitzung des Berliner Verteidigungsrates. Der Berliner Obermeister Hahne, der als erster das Ritterkreuz zum Kriegsverdienstkreuz bekam, hat mir einen Brief über die Anlagen unserer Panzersperren geschrieben, der ausserordentlich instruktiv ist. Hahne plädiert in diesem Brief für eine Vereinfachung dieser Sperren, die – wie er meint – nach seinen Ratschlägen viel fester und sicherer gemacht werden könnten. Ich lasse diese Frage sorgsam überprüfen.

Ausserordentliche Schwierigkeiten bereitet uns das Problem der ausländischen Arbeiter in Berlin. Wir müssen versuchen, diese Arbeiter so lange hier zu behalten, als die Berliner Industrie überhaupt zu arbeiten in der Lage ist. Wir wollen ja, selbst wenn Berlin eingeschlossen wäre, wenigstens die Rüstungsindustrie weiterlaufen lassen. Andererseits aber zählt die Reichshauptstadt etwa 100 000 Ostarbeiter. Wenn die in die Hände der Sowjets fallen, so stellen sie nach drei, vier Tagen schon die gegen uns kämpfende bolschewistische Infanterie dar. Also müssen wir doch versuchen, wenigstens die Ostarbeiter im Fall der Fälle möglichst schnell in Sicherheit zu bringen.

Bürgermeister Steeg will das Vieh aus den Berliner Stadtgütern, die weiter nach dem Osten liegen, näher an die Stadt bringen. Das aber bereitet insofern Schwierigkeiten, als die Bevölkerung in der Mark daraus natürlich weitgehende Schlüsse ziehen wird, die im Augenblick denkbar unerwünscht sind.

Bei dem letzten Angriff auf Berlin sind zum ersten Male, wie ich schon erwähnte, unsere Düsenflugzeuge in einer Zahl von etwa 30 eingesetzt worden. Sie lassen den Feind etwas aufhorchen. Die Düsenflugzeuge haben einige 30 Abschüsse gezeitigt, was ja für den Anfang vielversprechend ist. Aber trotzdem ist natürlich der Angriff auf Berlin furchtbar. Wir zählen ca. 1000 Tote und 65 000 Obdachlose. Der Verkehr ruht in der Reichshauptstadt zum grossen Teil. Karawanen von Menschen ziehen zu Fuss in die Fabriken und Büros. Aber ich hoffe, dass ich den Verkehr doch schnell wieder wenigstens halbwegs in Gang bringe, da die Verkehrsstockungen zum grossen Teil auf den Ausfall von Elektrizität zurückzuführen sind. Also müssen wir hier mit der Arbeit beginnen.

Der letzte Luftangriff auf Würzburg hat, wie mir berichtet wird, fast die gesamte Innenstadt der schönen Main-Stadt vernichtet. Sämtliche Kulturbauten sind ein Raub der Flammen geworden. Die letzte schöne deutsche Stadt, die noch intakt war, ist also damit verlorengegangen. Man nimmt auf diese Weise einen wehmütigen Abschied von der vergangenen Zeit, die niemals wiederkehren wird. Eine Welt geht unter, aber wir haben alle den festen Glauben, dass aus dem Untergang der Welt eine neue Welt hervorgehen wird.

Sonst hat der Feind wieder Kassel, Hanau und das Ruhrgebiet angegriffen, in der Hauptsache Verkehrsziele, was uns ja auch bekanntlich am meisten Schaden zufügt.

Ein Bericht bestätigt mir aufs neue, dass die Luftwaffe einen Personal- und Materialluxus betreibt, der geradezu himmelschreiend ist. Bei den Überprüfungen der Luftwaffenkasernen und Kasinos findet man Zustände vor, die gar nicht mehr geschildert werden können. Ich kann immer nur wiederholen, dass hier der Wurm in unserem eigenen Gebälk sitzt. Hier gilt es also, mit der Reformarbeit anzusetzen.

Die Überwachung der Waffen- und Munitionstransporte wird jetzt von den verschiedensten Seiten durchgeführt, so dass dadurch die Gefahr, dass Waffen- und Munitonsmengen auf den Verschiebebahnhöfen liegenbleiben, auf ein Minimum reduziert worden ist.

Staatssekretär a. D. Mussehl schickt mir ein ausführliches Gutachten über seine Überprüfung des Auswärtigen Amtes. Dieses Gutachten legt dar, dass Ribbentrop sich im Auswärtigen Amt neben dem auswärtigen Dienst auch noch einen Propagandadienst aufgezogen hat, der personalmässig stärker besetzt ist als das Propagandaministerium selbst. Hier liegt die eigentliche Überbürokratisierung unseres auswärtigen Dienstes. Vor allem aber auch ist durch die Aufziehung eines Propagandadienstes im Auswärtigen Amt die Gefahr akut geworden, dass unsere Diplomaten sich mehr mit Propaganda beschäftigen, wovon sie nichts verstehen, und die Aussenpolitik in einem Umfange vernachlässigen, der für unsere Kriegführung von grösstem Nachteil geworden ist. Ich werde das Gutachten von Staatssekretär Mussehl dazu benutzen, an Ribbentrop sehr kategorische Forderungen auf Vereinfachung seines Amtes zu richten.

Bezüglich der propagandistischen Kleinarbeit werden mir jetzt eine ganze Reihe von brauchbaren Vorschlägen gemacht. Besonders wird diese Kleinarbeit jetzt bei unseren Westtruppen einzusetzen haben. Die Westtruppen befinden sich in einer sehr schlechten moralischen Verfassung, die zum Teil auch durch die kriegsmüde gewordene Bevölkerung genährt wird. Unheilvoll ist die These, dass man die Angloamerikaner doch ins Land hineinlassen solle, damit wenigstens der grösste Teil des Reichsgebietes nicht von den Sowjets besetzt würde. Diese These ist denkbar naiv und kindisch; aber sie wirkt doch auf primitive Gemüter, und deshalb müssen wir jetzt dagegen Stellung nehmen. Ich will eine grosszügige Propagandaaktion dagegen einleiten. Vor allem aber scheint es mir notwendig zu sein, die schweren Differenzen, die in der öffentlichen Meinung zwischen der Partei und der Wehrmacht entstanden sind, wieder auszugleichen. Es ist typisch deutsch, dass bei den starken Rückschlägen der letzten Zeit die Wehrmachtoffiziere die Schuld der Partei und die politischen Leiter die Schuld der Wehrmacht zuschieben. Einer wirft dem anderen Vernachlässigung seiner Pflichten und Feigheit vor. Es ist meines Erachtens aber jetzt nicht an der Zeit, Sündenböcke zu suchen, sondern mehr denn je stehen wir vor der Pflicht, einträchtig zusammenzuarbeiten und uns dem Feinde gegenüber keine Blösse zu geben. Wo Schuld und Verdienst liegen, das wird die spätere Geschichtsforschung festzustellen haben.

Am Abend kommen aus dem Brückenkopf bei Linz wieder unerfreuliche Nachrichten. Der Kampf dort ist sehr schwer geworden. Die Amerikaner haben sich bis 5 km über Königswinter vorboxen können. Im Mosel-Saar-Raum ergibt sich ein wüstes Hin und Her, aus dem sich vorläufig noch keine festen Linien herausgebildet haben. Unsere Truppen versuchen, den vorstossenden amerikanischen Panzerrudeln Pak-Riegel entgegenzustellen. Dadurch wird der Feind wenigstens vorerst auf seinem Wege nach Mainz hin aufgehalten. Östlich Merzig ist er bis St. Wendel vorgedrungen.Er steht damit also praktisch im Rücken unserer Saarfront. Gegenmassnahmen, die dagegen eingeleitet werden, sind vorläufig bescheidenen Charakters. In Koblenz finden immer noch Kämpfe statt. Dazu muss man wohl damit rechnen, dass die feindliche Großoffensive im Raum von Arnheim und Wesel in den nächsten Tagen wieder in voller Wucht losbrechen wird.

In Ungarn sind wir völlig zur Abwehr übergegangen. Nördlich des Velencz-Sees konnte der Feind wieder etwas Boden gewinnen. Von einer Offensive unserer Stossarmee ist nicht mehr die Rede. In Oberschlesien kämpfen unsere Truppen sich aus dem Kessel, den die Sowjets gebildet haben, durch. Schörner hat einige Gegenangriffe eingeleitet. Er behauptet, dass er sich damit durchsetzen wird, und erklärt, dass die Lage in Wirklichkeit sich besser darstelle, als sie optisch auf dem Kartenbild erscheine. In Breslau und im Brückenkopf von Stettin sind die feindlichen Angriffe bis auf einige kleine

Einbrüche zurückgewiesen worden.Dagegen wird die Lage in Danzig und Ostpreussen immer kritischer. Hier tobt die Großschlacht mit unverminderter Wucht weiter. Wir haben hier zwar keine schweren räumlichen Einbussen erlitten; aber unser Raum ist dort doch so eng geworden, dass wir uns das überhaupt nicht mehr leisten können.

Abends ruft Forster mich an, der zu einem Besuch nach Berlin gekommen ist. Er schildert mir die Lage im Danzig-Gotenhafener Raum ausserordentlich dramatisch. Er glaubt nicht, dass man sich dort noch lange halten kann. Sehr schwierig ist für ihn das Problem der Evakuierung geworden, da er auf rund 700 000 Menschen in Danzig sitzt, die er zwar ernähren, aber nicht mehr aus der Stadt heraustransportieren kann. Die Marine ist mit ihrem zusammengeschrumpften Fahrzeugbestand dazu nicht mehr in der Lage.

Der Führer hat eine Reihe von HJ Jungens empfangen, die sich in den Kämpfen an der Ostfront das Eiserne Kreuz geholt haben.Er hält vor ihnen eine ausserordentliche sympathische und aufmunternde Ansprache, die wir in einem Pressekommuniqué in die Öffentlichkeit weitergeben.

Sonst ist der Führer bis über die Ohren in der Arbeit an der Wiederherstellung fester Fronten vor allem im Westen.

Am Abend glauben wir, dass die Engländer uns diesmal von einem Mosquito-Angriff verschonen. Dafür aber kommt er nachts um 4 Uhr, was natürlich für eine Millionenstadt viel unangenehmer ist. Wenn die Engländer das von jetzt ab jede Nacht wiederholen wollen, dann werden sie die drei Millionen in Berlin in eine erhebliche Nervosität versetzen.

21. März 1945 *Mittwoch*

[S. 1-34, S. 10 in der Paginierung übersprungen]

Gestern:

Militärische Lage:

Im Osten lag der Schwerpunkt der Kampfhandlungen wiederum im schlesischen Raum sowie im Raum von Danzig und Ostpreußen.

Die in Neustadt i. Schl. eingedrungenen Bolschewisten stießen weiter nach Westen in Richtung auf Ziegenhals vor, wo sie in Gegenangriffen aufgehalten wurden. Auch aus Leobschütz nach Norden geführte Gegenangriffe hatten Erfolg und drängten den Feind zurück. Die eigenen Truppenteile zwischen Oppeln und Cosel kämpfen sich durch das vom Feind besetzte Gebiet zurück und verstärken die neue Sicherungslinie, die östlich Neisse, nordöstlich Ziegenhals, südlich Neustadt und östlich Leobschütz verläuft. Inzwischen hat der Feind in den letzten Tagen im Kampfraum von Oppeln und Ziegenhals ein Gelände von etwa 30 bis 40 km in der Tiefe und 50 bis 60 km in der Breite gewonnen. Heftige sowjetische Angriffe zwischen Neiße und Strehlen sowie gegen Breslau wurden abgewiesen. Auch bei Schwarzwasser wurden Angriffe der Sowjets zerschlagen. Der Feind verstärkt sich hier im Raum von Schrau und Rybnik. Gegen Glogau führte der Feind wiederholt schwere Angriffe, ohne irgend einen Erfolg zu erzielen. Im Abschnitt zwischen Frankfurt/O. und Küstrin lebte die örtliche Gefechtstätigkeit etwas auf. In schweren Angriffen gegen unsere Linie auf dem Ostufer der Oder bei Stettin konnte der Feind im Süden und Osten Einbrüche erzielen und bis an die

Bahn von Stettin nach Altdamm vordringen. Altdamm selbst wurde vom Feind besetzt. Auch Kolberg fiel jetzt in feindliche Hand. Gegen Gotenhafen und Danzig sowie insbesondere gegen den Restteil von Ostpreußen verstärkten die Sowjets ihre Angriffe, die mit großer Wucht, zahlreichen Panzern und besonders starkem Schlachtfliegereinsatz durchgeführt wurden. Westlich Gotenhafen konnten die Sowjets ihren Einbruchsraum etwas vertiefen; auch südwestlich von Danzig gelang ihnen ein kleinerer örtlicher Einbruch. Tiefere Einbrüche erzielte der Feind westlich und nordwestlich von Heiligenbeil, wo er nach 3 bis 4 km Bodengewinn in schwersten Kämpfen von unseren Stäben und Trossen aufgefangen wurde. Die Überlegenheit des Feindes sowohl in der Luft als auch artilleristisch ist hier so erdrückend, daß der Widerstand in diesem Abschnitt wohl nicht mehr allzulange aufrechterhalten werden kann. In Kurland setzte der Feind seine schweren Angriffe fort, wurde aber, bis auf geringfügige Einbrüche beiderseits Frauenburg, abgewiesen.

Im ungarischen Raum machte der eigene Angriff zwischen Plattensee und Drau südostwärts von Marczali einige Fortschritte in Richtung nach Süden. Die Feindangriffe gegen den Sio-Abschnitt scheiterten, ebenso der Angriff gegen den Brükkenkopf bei Aba. Der feindliche Brückenkopf über den Sarvitz-Kanal wurde beseitigt. Starke sowjetische Angriffe nordostwärts von Stuhlweißenburg führten zum Einbruch in die Stadt. Die fortgesetzten sowjetischen Angriffe zwischen Felsögalla und Stuhlweißenburg erzwangen die Zurücknahme der eigenen Front auf neue Linien.

An der Westfront griffen die Amerikaner aus ihrem Brückenkopf Linz heraus in Richtung nach Norden und Osten an. Längs des Rheins konnten sie bis hart nördlich Oberkassel vordringen, wo ein stärkerer Gegenangriff zur Abschneidung der eingedrungenen Panzerspitze im Gange ist. Östlich von Honnef gewann der Feind an mehreren Stellen Gelände und nahm einige Ortschaften auf der Ostseite der Autobahn in Besitz. Die Autobahn ist jetzt in einer Breite von 6 km um 2 bis

3 km überschritten.

Im Raum von Kreuznach drang der Feind weiter in Richtung auf Mainz vor und steht jetzt mit seinen Spitzen etwa 15 km südwestlich von Mainz, wo er die Straße Mainz-Alzey erreichte. Südlich von Kreuznach konnten die Amerikaner in Richtung Süden nur geringfügig Boden gewinnen. Aus den Räumen Kirn und Baumholder kam der Feind in Richtung Osten bis Meisenheim und Lauterecken vor. Im Abschnitt zwischen Kusel, St. Wendel und Saarlautern keine besonderen Ereignisse. Östlich von Saarbrücken wurden alle feindlichen Angriffe abgewiesen. Im Elsaß bezogen unsere Truppen zwischen Weißenburg und Lauterburg die Westwallstellungen. Weißenburg fiel in feindliche Hand. Die Angriffe gegen Lauterburg konnten abgewiesen werden.

Von der italienischen Front liegen keine besonderen Meldungen vor.

Die feindliche Lufttätigkeit im Osten war wieder äußerst stark, insbesondere im Raum Danzig-Braunsberg, wo 2800 Sowjetflugzeuge eingesetzt waren. Unsere Luftwaffe schoss 34 Feindmaschinen ab.

Im Westen herrschte lebhafte Tätigkeit feindlicher Jagdbomber und zweimotoriger Bomber im Frontraum und im rückwärtigen Frontgebiet.

Etwa 1300 amerikanische viermotorige Bomber, die von etwa 700 Jägern begleitet wurden, griffen Orte in Mittel- und Süddeutschland an, u.a. Jena, Zwickau, Plauen, Schwarzheide und Espenhain. Angriffe britischer Spezialkampfverbände richteten sich gegen Brückenziele und Viadukte im Raum Lage und Arnsberg. Etwa 150 britische viermotorige Bomber flogen Angriffe auf Verkehrs- und Industrieziele im Raum Bochum, Dortmund und Recklinghausen. Etwa 450 zweimotorige Bomber führten Angriffe auf Münster, Unna, Bad Wildungen, Siegen, Marburg, Giessen, Hanau, Darmstadt und Mannheim. Aus Italien flogen etwa 600 amerikanische viermotorige Bomber ein, die Industrie- und Verkehrsziele in Mühldorf, Passau und Landshut bombardierten. Etwa 150 Mosquitos waren zum üblichen Störangriff über Berlin. 70 britische viermotorige Bomber griffen Bruck a. d. Mur an. In der Nacht wurden 11 feindliche Flugzeuge abgeschossen.

Zum Angriff auf Berlin vom 18. werden noch folgende Zahlen bekannt: 227 Gefallene, 849 Verwundete, 450 Vermißte, 65 000 Obdachlose. Abgeworfen wurden 6000 Sprengbomben (davon 650 Langzeitzünder), 500 000 Stabbrand- und 3000 Flüssigkeitsbrandbomben.

*

Gauleiter Stöhr gibt mir telefonisch einen außerordentlich tragischen Bericht über die augenblickliche Lage im Saargebiet. Nach seiner Darstellung ist, wie ich auch selbst schon angenommen hatte, die Stimmung der Bevölkerung außerordentlich stark abgesunken, und mehr noch die der Wehrmacht. Die kämpfende Truppe zeige nur noch wenig Bereitschaft, die Verteidigungslinie zu halten, und das drücke natürlich außerordentlich auf die Haltung der Bevölkerung. Mit den an der Saarfront kommandierenden Generälen sei nichts mehr zu machen. Das einzige starke und feste Element stelle augenblicklich noch die politische Führerschaft der Partei dar; aber auch diese sei schon in gewisser Weise von der defaitistischen Stimmung angenagt. Ich kann leider Stöhr auf seine Frage, was er an neuen Argumenten für die Möglichkeit eines deutschen Sieges anzuführen in der Lage wäre, keine erschöpfende Antwort geben; ich kann ihm nur anraten, in der bisher von uns gewahrten propagandistischen Tendenz weiter fortzufahren. Ich richte ihn etwas auf, und er ist dann zum Schluss auch ganz zufrieden. Man muss sich vorstellen, dass das Saargebiet augenblicklich unter einem pausenlosen feindlichen Luftangriff steht, dass weder der Rundfunk noch der Drahtfunk noch funktionieren und die politische Führung auch nicht einmal mehr das nötige Papier hat, um überhaupt Flugblätter zu drucken. Die politische Führung kann hier nur noch mit improvisatorischen Mitteln arbeiten, die auch in ihrem Wirkungsumfang außerordentlich begrenzt sind.

Die Brücke von Remagen, die uns militärisch soviel Sorgen bereitet hat, ist jetzt Gegenstand einer ausgedehnten Polemik zwischen der westlichen Feindseite und uns. Die westliche Feindseite gibt jetzt zu, daß die Brücke nicht etwa von selbst eingestürzt, sondern durch die deutsche Luftwaffe zerstört worden ist. Das scheint mir auch der Fall zu sein. Sie ist so oft getroffen worden, daß sie zum Schluß nicht mehr hielt. Aber die Amerikaner betonen ausdrücklich, daß durch den Zusammensturz der Remagener Brücke keine Behinderung für ihre militärischen Operationen im Brückenkopf von Linz eingetreten sei, was auch vorläufig stimmen mag, denn die Amerikaner greifen weiterhin nach allen Seiten des Brückenkopfes unentwegt an.

Was wir von der englisch-amerikanischen Seite zu erwarten hätten, wenn wir den Krieg verlören, das wird jetzt in der englisch-amerikanischen Presse mit einer Unumwundenheit zugegeben, die geradezu verblüffend wirkt. Eine Bemerkung, dass Deutschland nur noch eine Mumie im Museum der Geschichte sein würde, muss noch als zahm bezeichnet werden. Der Haß und die Vernichtungswut des Feindes feiern Orgien wie noch nie. Schon aus diesem Grunde kann es für einen Mann von Ehre nur eine Schlussfolgerung daraus geben, nämlich, zu kämpfen, solange noch ein Atemzug in uns ist.

10 000 englische Wissenschaftler werden jetzt darin geschult, die gesamte deutsche Industrie zu zerstören. Das wird bereits amtlich vom britischen Arbeitsministerium zugegeben. Man kann die Engländer, die selbst sich in einer so desolaten Lage befinden, nur noch als Söhne des Chaos bezeichnen. Sie zerstören eine Welt, an der sie selbst teilhaben, ja, von der sie selbst unmittelbar in ihrem nationalen und individuellen Leben abhängig sind, und wissen nicht, zu welchen unheilvollen Folgen es führen würde, wenn es ihnen gelänge, diese Welt tatsächlich aus den Angeln zu heben. Diese Folgen zeigen sich heute schon in gewissem Umfange in der englischen Öffentlichkeit. Die englische Ernährungslage ist außerordentlich kri-

tisch geworden. Die Amerikaner sind – wie sie angeben – nicht mehr in der Lage, beispielsweise Fleisch nach England zu liefern, da sie sonst eine Kürzung ihrer eigenen Fleischrationen durchführen müssten, wozu Roosevelt offenbar nicht die geringste Lust verspürt. Er kann es sich im Augenblick nicht leisten, durch Einschränkungen in der Lebensmittelversorgung die abgesunkene amerikanische Moral noch weiter zu lädieren. Daraus ist in England eine ausgesprochene Krise entstanden, die von der Londoner Presse in einem herausfordernden Ton besprochen wird. »Economist« sagt sogar ein unmittelbar drohendes Chaos voraus, wenn die englische Regierung gezwungen sein würde, die Fleischrationen so weit herunterzusetzen, wie das augenblicklich geplant ist. Verschiedene englische Zeitungen gehen sogar schon so weit, als den Hauptfeind Englands in der kommenden Kriegsentwicklung nicht etwa Deutschland, sondern die drohende Ernährungskrise, um nicht zu sagen die drohende Hungersnot zu bezeichnen. Hier ist für uns wiederum eine Hoffnung, und zwar eine von gewissen Ausmassen, gegeben. Die Ernährungskrise nicht nur in England, sondern auch in den vom Feind besetzten Gebieten nimmt Formen an, die auf lange Zeit überhaupt unerträglich sind. Es muss also aus dieser Tatsache um so mehr Grund geschöpft werden zu einem weiteren Durchhalten für das deutsche Volk, gleichgültig an welcher Stelle und mit welchen Mitteln.

Die Sowjets machen sich diese Frage sehr viel einfacher. Sie deportieren in der schlimmsten Weise ganze Völkerschaften von einem Teil der Sowjetunion oder der von ihnen besetzten Gebiete in den anderen. Sie machen dabei auch mit ihren eigenen Völkerschaften nicht viel Federlesens. So erklären sie z. B. ganz kaltschnäuzig, dass die Völkerschaften, die in den Gebieten, die von uns besetzt waren, wohnten, nach Ostrussland deportiert werden würden, weil sie offenbar von der nationalsozialistischen Propaganda zu stark infiltriert worden seien. Wie würden diese Sowjets erst mit der deutschen Bevölkerung umspringen, wenn sie in ihre Hand fiele.

Stalin verfolgt immer noch die militärische Taktik, alles, was er an militärischer Kraft besitzt, ins Schaufenster zu legen und das Hinterland ziemlich unberührt zu lassen. Aus einem Bericht, den ich aus Bromberg erhalte, entnehme ich, dass die Rote Armee in Bromberg nur ganz geringe Truppenkontingente stehen hat. Dagegen geht der Strom an die Front unaufhaltsam weiter.

Hanke gibt einen ausserordentlich dramatischen und instruktiven Bericht aus Breslau. Man kann aus ihm entnehmen, daß Hanke mit seiner Aufgabe außerordentlich gewachsen ist. Er stellt heute den tatkräftigsten Typ des nationalsozialistischen Führers dar. Breslau ist durch den Kampf um die Stadt zu einem richtigen Ruinenfeld geworden; aber die Breslauer Festungsbereitschaft hat sich dieses zunutze gemacht und verteidigt jeden Steinhaufen mit einer verbissenen Wut. Die Sowjets lassen im Kampf um Breslau ausserordentlich viel Blut. Aus dem Brief von Hanke ist zu entnehmen, dass in der Verteidigung von Breslau mit einer ausserordentlichen Improvisationskunst gearbeitet wird. Hanke schreibt mir persönlich, dass ihm die Erfahrungen, die er im Kampf um Berlin gesammelt habe, jetzt sehr zunutze kämen.

Das finnische Wahlergebnis sieht so aus, daß die Sozialdemokraten 52 und die Kommunisten 51 Mandate errungen haben. Damit bilden die Kommunisten fast das Zünglein an der Waage. Eine Linksregierung aus Sozialdemokraten und Kommunisten ist nun in den Bereich der Möglichkeit gerückt, und die Sowjets haben damit ein Sprungbrett zur Erringung der gesamten innerfinnischen Macht errungen. Sie werden sicherlich nicht zögern, ihren Druck dahin auszuüben, dass dieses Linkskabinett möglichst bald zustandekommen wird. Paasikivi bietet sich auch schon als Chef dieser Linksregierung an. Er hat durch seine Rede am Tage vor der Wahl so deprimierend auf die bürgerlichen Kreise gewirkt, dass sie sich – zum grossen Teil der Wahl enthalten haben. Daraus ist der große Linkssieg zu erklären. Aber Paasikivi wird sich seines Ruhmes als Kerenski des finnischen Volkes nicht lange freuen. Auf ihn wartet in der Ferne schon der Genickschuss.

Die Schweiz hat nun fast alle wirtschaftlichen Beziehungen zu uns abgebrochen und sich ganz unter die Botmäßigkeit der USA-Wirtschaft gestellt. Der Wirtschaftsverkehr mit der Schweiz war sowieso schon auf ein Minimum zusammengeschrumpft.

Wir haben wieder eine tolle Serie von Luftangriffen auf das Reichsgebiet in den letzten 24 Stunden zu verzeichnen. Sie können im einzelnen gar nicht mehr registriert werden.

Ein trostloser Bericht liegt aus Würzburg vor. Bei dem letzten Terrorangriff auf die Stadt sind sämtliche Kulturdenkmäler und 85 Prozent des Wohnraumes zerstört worden. Dabei handelt es sich bei Würzburg um eine Stadt, die bisher überhaupt noch keinen feindlichen Luftangriff über sich ergehen lassen musste. Mit ihr sinkt sozusagen das letzte deutsche Kulturzentrum in Schutt und Asche. Wenn wir den Krieg einmal glück lich hinter uns gebracht haben, werden wir von vorn anfangen müssen. Von der alten Welt wird nicht viel übrigbleiben.

Wir haben durch unsere Massnahmen jetzt wenigstens so weit vorgesorgt, dass wir notdürftig auf Gasangriffe vorbereitet sind. Allerdings reichen die bisher erstellten Gasmasken nur dazu aus, etwa 35 Prozent der Bevölkerung auszustatten. Immerhin ist das besser als gar nichts. Im übrigen hat der Führer ja sowieso die Absicht, wenn der Feind den Gaskrieg eröffnete, mit drastischen Gegenmassnahmen zu reagieren.

Göring hat, wie die Joachimsthaler Zeitung mitteilt, für die Trecks einen Wisent geschossen und zur Verfügung gestellt. Dieser Bericht der Joachimsthaler Zeitung strotzt von psychologischen Fehlern und stellt so ungefähr den Höhepunkt der moralischen Verwirrung Görings und seiner Umgebung dar. Ich reiche diesen Bericht dem Führer ein und schreibe hinzu, er erinnere an jene bourbonische Prinzessin, die, als die Masse mit dem Ruf »Brot!« die Tuilerien stürmte, die naive Frage stellte: »Warum essen die Leute denn keinen Kuchen?« Der Führer macht sich diese Kommentierung zu eigen, und nimmt Göring außerordentlich scharf in der Lagebesprechung an und hat danach dann auch noch eine längere Unterredung mit ihm unter vier Augen. Man kann sich vorstellen, was er ihm in dieser Unterredung alles zum Vorwurf macht. Aber was nützt das! Die Öffentlichkeit erfährt davon nichts und sieht nur das Debakel der Luftwaffe und die Unfähigkeit Görings und seiner Mitarbeiter, mit diesem Debakel fertig zu werden. Der Führer wird nicht daran vorbeikommen, für die Luftwaffe einen neuen Oberbefehlshaber zu bestimmen. Es wird von verschiedenen Seiten Dönitz dafür vorgeschlagen, und ich hielte diesen Vorschlag gar nicht für so abwegig. Dönitz hat vor allem in der Wiederherstellung der Bewegungsfreiheit der U-Boot-Waffe gezeigt, dass er in der Lage ist, auch mit einer schweren technischen Krise fertig zu werden. Er ist ein solider und sauberer Arbeiter, und er würde sicherlich die Luftwaffe, wenn auch in verkleinertem Umfange, wieder auf die Beine stellen.

Was übrigens die Frage Göring anbetrifft, so habe ich die Absicht, dem Führer ein Kapitel aus Carlyle zuzuschicken, in dem berichtet wird, wie Friedrich der Grosse mit dem Prinzen von Preussen August Wilhelm umgesprungen ist, als er ihm die Zittauer Angelegenheit völlig verkorkst hatte. Friedrich hat über seinen eigenen Bruder und Thronfolger ein Strafgericht abgehalten, das geradezu vorbildlich ist. Auf seine Verwandtschaft hat er dabei nicht die geringste Rücksicht genommen. Und als August Wilhelm ihm drohte, er werde sich nach Dresden zurückziehen, gab er ihm nur kurz schriftlich zur Antwort, die nächste Eskorte nach Dresden gehe am selben Abend noch ab. August Wilhelm ist dann bekanntlich kurz danach in Gram gestorben, ohne dass Friedrich sich irgendwie dadurch beirren oder in seinem Gewissen belasten ließ. Das nenne ich friederizianisch. So müssten wir handeln, um mit den offenbaren Versagern in der Partei oder im Staatsleben bezw. in der Wehrmacht fertig zu werden. Jedenfalls hat das lange Zögern Göring gegenüber die Nation in schwerstes Unglück geführt.

Ich reiche jetzt dem Führer eine Denkschrift über die Reform der Luftwaffe ein. Die Luftwaffe hat heute nur noch einen beschränkten Aktionsradius und erhält dafür einen Apparat von einer Grösse, die in keinem Verhältnis zu den gestellten Aufgaben steht. Die Möglichkeiten der Luftwaffe sind außerordentlich begrenzt; also muss man auch den Apparat damit in Übereinstimmung bringen. Die Luftwaffe verfügt heute noch über 1 ½ Millionen Menschen. Ich glaube, ein Kontingent von 3- bis 400000 würde hier völlig genügen, zumal auch grosse Teile der Flak an die Front abgegeben worden sind und die zurückbleibende Flak nur noch über wenig Munitionsvorräte verfügt.

Ich habe lange Gaubesprechungen über die Führung der Reichshauptstadt, die natürlich bei dieser angespannten Lage immer mehr Schwierigkeiten macht. Vor allem der letzte Luftangriff ist beileibe noch nicht überwunden. Wir liegen, was den Verkehr anlangt, noch sehr am Boden, und es bedarf der härtesten Anstrengungen, um wenigstens das Verkehrssystem, die Grundlage eines normalisierten Lebens in der Reichshauptstadt, wieder in Ordnung zu bringen.

Müller-Oslo ist jetzt auf meine Anordnung nach Berlin gekommen, um sich von mir in sein neues Amt als propagandistische Führungskraft im Westen einweisen zu lassen. Er soll zu Kesselring delegiert werden, und er erhält für diesen Posten von mir ausgiebige Vollmachten. Seine Aufgabe wird darin bestehen, die abgesunkene Moral unserer Truppen im Westen wieder zu heben und dafür alle Propagandamittel und Möglichkeiten zum Ansatz zu bringen. Ich halte Müller für den Mann, der diese Aufgabe mit Energie und Initiative lösen kann.

Die Entwicklung im Westen selbst ist im Laufe des Tages ungefähr in der gleichen Richtung verlaufen wie bisher. Der Feind übt einen ausserordentlichen Druck in Richtung Kaiserslautern aus. Nordöstlich davon haben wir gehalten; sonst aber stehen die Amerikaner kurz vor Oppenheim. Die Lage im Saargebiet ist außerordentlich unklar. Man kann hier gar nicht mehr feststellen, wo eigentlich die Linien verlaufen; das heisst, es herrscht sozusagen eine wilde Sau. Der Westwall hat im grossen ganzen gehalten. Aber was nützt das, wenn er evtl. vom Rücken umfasst wird. Im Norden des Saargebietes herrscht ein wilder Bewegungskrieg. Fronten zeichnen sich hier noch in keiner Weise ab. Im grossen und ganzen kann man sagen, dass die ganze Entwicklung auf den Rhein zugeht. Die Lage im Brückenkopf Remagen hat sich weiter verschärft. Wir sind sowohl nach der nördlichen als nach der südlichen Seite erneut zurückgedrückt worden.

In Ungarn ist unser Angriff nun endgültig ins Wasser gefallen. Wir mussten hier nicht nur in die Verteidigung übergehen, sondern diese Verteidigung ist ausserordentlich schwach geworden und hat schon zu erheblichen Einbrüchen und Verlusten geführt. Die Stadt Stuhlweißenburg ist in den Besitz des Feindes übergegangen. Wir machen zwar Gegenangriff über Gegenangriff, aber diese Aktionen schlagen nicht durch. In Oberschlesien sind unsere Kräfte im grossen und ganzen aus den von den Sowjets durchgeführten Umklammerungen herausgeführt worden. Die Front hat notdürftig gehalten. Der Feind gruppiert wegen seiner schweren Verluste um; auch bei uns sind gewisse Umgruppierungen im Gange. Glogau wurde stärkstens anggegriffen, hat aber den Sturm ausgehalten. Auch in Stettin sind schwerste Angriffe zu verzeichnen. Der Stettiner Brückenkopf wird jetzt immer enger. Dasselbe ist von Westpreussen und Ostpreussen zu sagen. Die Einbrüche, die der Feind hier erzielt, wären zwar, hätten wir weite Räume zur Verfügung, nicht beachtlich; so aber drücken sie uns immer weiter auf die See zurück. Wir mussten sowohl in West- wie in Ostpreussen unsere letzten Reserven einsetzen, um mühsam eine feste Linie zusammenzuhalten. Auch in Kurland ist der Feind wieder zur Großoffensive übergegangen, aber hier hat er keine Erfolge erzielen können. Bemerkenswert ist, dass die Sowjets jetzt zwei Armeen aus dem pommerschen und ostpreussischen Raum herausgezogen und sie an die Oder-Front gegen Berlin geworfen haben. Man könnte also eigentlich annehmen, dass der Angriff auf die Reichshauptstadt nicht mehr allzu lange auf sich warten lassen wird. Wir werden uns hier also auf das beste vorsehen müssen, denn die Sowjets haben, nachdem nun Pommern in ihrem Besitz ist, ihre Flanke abgedeckt, und sie werden jetzt sicherlich dazu übergehen, den Sturm auf Berlin zu wagen.

22. März 1945 *Donnerstag*

[S. 1-62]

Gestern:

Militärische Lage:

An der Ostfront haben sich gegenüber dem Vortage keine wesentlichen Veränderungen ergeben.

In Ungarn wurden in einem eigenen größeren örtlichen Angriff vom Westteil des Plattensees aus nach Süden Stellungsverbesserungen erzielt und ein bei Marczali nach Westen vorspringender feindlicher Frontbogen abgeschnitten. Stärkere Angriffe des Feindes gegen unsere vorgetriebenen Stellungen von der Ostecke des Plattensees nach Süden am Malom-Kanal blieben vergeblich. Im feindlichen Einbruchsraum zwischen Felsögalla und Stuhlweißenburg verläuft die neue Linie jetzt südlich Stuhlweißenburg in Richtung Westen bis an die Ostausläufer des Bakony-Waldes, von hier aus nach Norden westlich an Hor vorbei bis Kisber, biegt hier nach Osten um bis Tovaros, wendet sich von hier aus nach Südosten bis einschliesslich Felsögalla und nimmt hier die alte Linie, die östlich von Dorog in den Gran einmündet, auf. Der Einbruch der Sowjets hat dem Feind auf etwa 30 km breiter Front einen Geländegewinn von 30 bis 40 km erbracht. Die Versuche der Bolschewisten, den Einbruchsraum weiter zu verbreitern und zu vertiefen, blieben erfolglos.

In der Slowakei gewannen die Bolschewisten bei Altsohl in Richtung auf Neusohl geringfügig an Boden.

Im schlesischen Raum kam es zwischen Leobschütz und Neisse auch gestern zu sehr lebhaften Kämpfen. Die eigene

Front wird durch die sich befehlsgemäß zurückkämpfenden deutschen Verbände laufend verstärkt. Alle sowjetischen Angriffe gegen unsere neue Linie wurden zerschlagen. Ebenso wurden die gestern etwas schwächeren Angriffe gegen Breslau und Glogau sämtlich abgewiesen. Auch im Raum von Schwarzwasser waren die feindlichen Angriffe schwächer und konnten glatt abgewiesen werden. An der anschließenden Front bis nach Stettin nichts von Bedeutung. An der Oderfront gegenüber von Stettin hielt der feindliche Druck an, so daß unsere Linie zur Einsparung von Kräften auf das Westufer der Oder bei Stettin zurückgenommen wurde.

Der Schwerpunkt der Kämpfe lag auch gestern im Raum von Gotenhafen-Danzig und im Westteil des Brückenkopfes von Ostpreußen. Im Abschnitt Danzig-Gotenhafen drang der Feind unter sehr starken Verlusten nur geringfügig weiter auf Gotenhafen vor, dagegen konnte er in gleichfalls sehr heftigen Angriffen den Brückenkopf Ostpreußen erheblich einengen. Braunsberg fiel in feindliche Hand. Die Linie verläuft jetzt etwa zwischen Braunsberg und Heiligenbeil nach Osten und biegt südlich von Heiligenbeil nach Nordosten um. Nördlich von Heiligenbeil gelang dem Feind ein tiefer Einbruch, der ihn fast bis an das Frische Haff heranbrachte; in einem zusammengefassten Gegenstoß konnte das verlorengegangene Gelände zurückerobert werden. In Kurland führte der Feind fast an der gesamten Front bataillons- und regimentsstarke Angriffe, deren Schwerpunkt wieder nordöstlich von Frauenburg lag. In einem konzentrischen Gegenangriff wurde ein Teil der über die Bahn Libau-Mitau vorgedrungenen feindlichen Spitzen abgeschnitten und vernichtet.

An der Westfront waren die Kämpfe im Brückenkopf Remagen auch gestern wieder sehr heftig. Der Feind greift mit starken Kräften ununterbrochen an, trifft aber auf erheblichen deutschen Widerstand. Trotzdem konnten die Amerikaner vor allem im Nord- und Südteil des Brückenkopfes weiter an Boden gewinnen. Oberkassel konnte vom Feind behauptet werden. Im Osten des Brückenkopfes gelangte er bis Oberpleis. Die Autobahn ist inzwischen auf einer Breite von 8 km um 4 bis 5 km überschritten. Im Süden stieß der Feind längs der Rheinstraße bis Rheinbrohl vor, wo eine eigene Kräftegruppe eingeschlossen ist. In Koblenz halten die schweren Straßenkämpfe an; wir haben hier noch einen Brückenkopf auf dem linken Rheinufer, der jetzt vom Feind angegriffen wird. Niederlahnstein lag unter starkem Artilleriefeuer. Die Straße von Mainz nach Alzey wurde vom Feind inzwischen auf breiter Front erreicht; über Alzey stieß er weiter nach Osten vor. Aus dem Raum Kreuznach wandte sich der Feind jetzt nach Norden und gelangte bis in die Nähe von Bingen. Drei in Bingen eingedrungene Feindpanzer wurden abgeschossen. Von Sobernheim und Weisenheim aus erreichte der Feind Kaiserslautern. In Kaiserslautern wird gekämpft. Westlich von Kaiserslautern erstreckt sich jetzt eine schmale Zunge bis nach Saarlautern und Saarbrücken, deren südliche Begrenzung der Westwall bildet. Südöstlich von St. Wendel wurden feindliche Teile eingeschlossen. Die Angriffe des Feindes gegen den Westwallabschnitt zwischen Saarbrücken, Zweibrücken, Weißenburg und Lauterburg blieben erfolglos.

In Italien war die örtliche Kampftätigkeit gestern etwas lebhafter.

Im Osten lag der Schwerpunkt der feindlichen Lufttätigkeit im Raum Danzig-Gotenhafen und Ostpreußen, wo zahlreiche sowjetische Schlachtflieger in die Kämpfe eingriffen. 17 Sowjetmaschinen wurden abgeschossen.

Die Einflüge ins Reichsgebiet waren auch gestern sehr lebhaft. Etwa 400 viermotorige britische Bomber führten einen Angriff auf den Verschiebebahnhof von Hamm sowie auf Industrie- und Verkehrsziele im Raum Recklinghausen. Ein schwächerer britischer Spezialverband von 30 Maschinen war im Raum Nienburg gegen Brückenziele eingesetzt. Angriffe werden nicht gemeldet, 550 amerikanische Bomber mit 500 Jägern als Begleitschutz griffen mit der Masse Industrie- und Verkehrsziele in Hemmingstedt an. Den ganzen Tag über herrschte über der gesamten westlichen Reichshälfte sehr lebhafte Tätigkeit von Jagdbombern, Tieffliegern und zweimotorigen Kampfverbänden mit dem Schwerpunkt Münsterland, Ruhrgebiet, Rhein-Main-Gebiet und Großraum Stuttgart. Aus Italien flogen, von rund 300 Jägern geschützt, etwa 600 viermotorige Bomber Angriffe gegen Wels, Wien und den Großraum von Wien. Teilverbände griffen Verkehrsziele in Amstetten, Wiener Neustadt und Klagenfurt an. Jäger und Flak erzielten bei den Tageseinflügen 20 Abschüsse.

In der Nacht führten 70 Mosquitos den Störangriff auf Berlin. 30 Mosquitos waren über Bremen, weitere 15 über Hemmingstedt. Ausserdem herrschte lebhafte Fernnachtjagdtätigkeit über der gesamten westlichen Reichshälfte. In der zweiten Nachthälfte griffen 400 britische viermotorige Bomber Industrieziele in Böhlen und Espenhain an; Bombenabwürfe erfolgten weiter in den Räumen Altenburg und Halle. In der Nacht erzielten Jäger und Flak 15 Abschüsse.

*

Die Feindseite sieht jetzt die Stadt Köln als Musterbeispiel ihrer Schwierigkeiten für die von ihr besetzten deutschen Westgebiete an. In der Tat scheinen sich dort auch erheblich widrige Umstände ergeben zu haben, die für die weitere Entwicklung sehr zu denken geben. So stellen zum Beispiel massgebende englische Beobachter bereits fest, dass die Gefahr bestehe, dass Deutschland zum Fieberherd Europas werde und den Erdteil auf Jahrzehnte nicht zur Ruhe kommen lassen werde. Wir werden schon alles hinzufügen, um diese Entwicklung vorwärtszutreiben, denn darin liegt für uns eine beachtliche Chance. Wir dürfen unseren Kontinent unter englisch-amerikanischer Führung niemals in sich konsolidieren lassen. Im Gegenteil, je schlechter es uns militärisch geht, um so eher werden die Völker des Kontinents erkennen, dass eine Neuordnung Europas nur unter deutscher Führung möglich ist.

Allmählich entwickelt sich auch in den feindbesetzten Gebieten eine ausserordentlich feindselige Haltung, so wie ich sie vorausgesehen und vorausgesagt habe. Die Bevölkerung musste erst einmal ausschlafen und von der Geissel des Luftkrieges befreit werden, um wieder zu sich selbst zurückzufinden. Aber nachdem sie nun die Schmach der Besetzung erkennt, nachdem die Lebensmittelrationen unter das Existenzminimum heruntersinken, wird sie nun allmählich gegen die Besatzungsmächte rebellisch. Dazu kommt jegliches Fehlen sanitärer Massnahmen, so dass in Köln bereits eine Typhusepidemie ausgebrochen ist, worüber die Angloamerikaner in ihren öffentlichen Organen fast triumphieren. Lediglich aus Sorge, dass ihre eigenen Soldaten angesteckt werden könnten – so sagen sie –, wollten sie einige Gegenmassnahmen treffen.

An dieser oder jener Stelle der Westfront ist immer noch eine ausserordentliche Härte unseres Widerstandes festzustellen, über die sich vor allem die Engländer ausserordentlich beklagen. Sie hatten geglaubt, dass sie nunmehr leicht über den Rhein in das Reichsgebiet hineinrutschen könnten. Nun stellen sie fest, dass davon heute gar keine Rede sein kann.

Was die Engländer und Amerikaner mit dem Rheinland eigentlich vorhaben, das erhellt aus ihren Äußerungen, dass sie die Absicht verfolgen, einen unabhängigen Rheinstaat zu bilden. Das heisst mit anderen Worten, sie wollen zu den Fehlern von 1918, 1919 und 1920 einen weiteren hinzufügen. Aber so, wie diese Versuche nach dem ersten Weltkrieg gescheitert sind, so werden sie auch in diesem zweiten Krieg scheitern, zumal das deutsche Volk jetzt in Berlin nicht von einer demokratisch-republikanisch-jüdischen, sondern von einer nationalsozialistischen Regierung geführt wird.

Aus Amerika kommen besorgniserregende Nachrichten des Inhalts, dass die Amerikaner unsere V-2-Waffe nachgebildet hätten und in der Lage wären, ab 1. April deutsches Gebiet damit zu beschiessen. Das fehlte uns noch. Dann würde auch das letzte Stück deutscher Arbeit, das wir in diesem Kriege geleistet haben, gegen uns selbst zuschlagen. Man kann sich vorstellen, wie ein Beschuss mit V-2 gegen deutsches Reichsgebiet auf die deutsche Bevölkerung wirken würde.

Mir ist eine längere Ausarbeitung über die gegenwärtige politische Stimmung in Amerika vorgelegt worden. Diese Ausarbeitung, die mir sehr viel Glaubwürdiges zu enthalten scheint, legt dar, dass die Amerikaner im grossen und ganzen am europäischen Kontinent völlig uninteressiert seien; sie wollten nur nicht, dass er unter einer Macht seine Einigung finde, weil sie dadurch eine ausserordentliche wirtschaftliche Konkurrenz befürchten. Politische Aspirationen verfolgen die Amerikaner in Europa nicht. Sie wollten einerseits kein starkes Deutschland, andererseits aber auch keine allzu starke Sowjetunion, und deshalb werde Amerika in dem Augenblick, in dem die Sowjetunion sich anschicken wolle, den europäischen Kontinent ganz unter ihre Botmässigkeit zu bringen, energisch dagegen Front machen. Die Reibungen der Amerikaner mit England seien sekundärer Natur. Sie fänden in der Presse einen viel stärkeren Widerhall, als sie eigentlich verdienten. Die Amerikaner hätten sich in den Kopf gesetzt, einen Weltfrieden auf der Basis des amerikanischen Wirtschaftsimperialismus herbeizuführen. Sie seien dabei von stark messianischen Aspirationen erfüllt, insbesondere auch Roosevelt selbst, der von seinen Juden aus durchsichtigen Zwecken in diese Richtung hingedrängt werde. Roosevelt habe seine Politik mit ausserordentlich geschickter Taktik durchgeführt und es dabei fertiggebracht, aus einem Friedenspräsidenten zu einem Kriegspräsidenten zu werden, ohne dass die Amerikaner ihn deswegen anklagten. Während des Krieges sei der amerikanische Nationalstolz ungeheuer gewachsen, vor allem, da die Amerikaner jetzt starke Militärkontingente in aller Welt zum Einsatz brächten, die auch beachtliche operative Erfolge errungen hätten. Der Bolschewismus stelle für die Amerikaner vorläufig wenigstens keine Gefahr dar; er werde als unamerikanisch empfunden und deshalb abgelehnt.

Anders in England. In England beginnt jetzt die Kommune sich doch ausserordentlich zu regen. Sie kann sich zwar nicht unter ihrem eigentlichen Namen öffentlich allzu stark betätigen; aber sie versucht auf Umwegen in die britischen Arbeitermassen hineinzukommen, und zwar, indem sie sich in die Gewerkschaften hineinschleicht. Eine ganze Reihe von Streiks in den letzten Wochen und Monaten seien ausgesprochen auf kommunistischen Einfluss zurückzuführen. Die Churchill-Rede vor dem konservativen Parteikongreß habe die Konservativen insofern beruhigt, als Churchill sich weitgehend gegen alle Sozialisierungspläne ausgesprochen habe. Churchill ist au fond doch ein ausgesprochener Tory, besonders in seiner Wirtschaftsauffassung. Er gerade ist vom Schicksal dazu verurteilt worden, den Bolschewismus in Europa in den Sattel zu setzen. In einer Unterhauserklärung muß Churchill die augenblickliche Lebensmittellage in England verteidigen. Er versucht, die gegen die Amerikaner erhobenen Vorwürfe in dieser Frage zu entkräften, kann aber nicht umhin, zuzugeben, daß ab April die Lebensmittellage für England sehr kritisch werden wird.

Aus Japan erfahre ich, dass die bisher durchgeführten amerikanischen Luftangriffe doch schon zu beachtlichen Erfolgen geführt haben. Zwar hätten die Japaner sich in ihrem Kriegspotential insofern unverwundbar gemacht, als sie ihre Rüstungsbetriebe weitgehend auf das Land dezentralisiert hätten; die Schäden allerdings, die die amerikanischen Luftangriffe in den zivilen Vierteln der japanischen Städte anrichten, seien jetzt schon sehr erheblich. In Japan scheint sich also eine ähnliche Entwicklung anzulassen, wie wir sie vor etwa zwei Jahren zu verzeichnen hatten. Hoffentlich werden die Japaner eher durch Schaden klug und treffen entsprechende Gegenmassnahmen.

Die Sowjets fahren in aller Ruhe fort, die Polen in das innere Russland zu deportieren. Sie nehmen dabei auf die Angloamerikaner nicht die geringste Rücksicht. Auch die augenblicklich in Moskau tagenden Besprechungen über eine Umbildung der polnischen Regierung haben bisher noch keinen Erfolg gezeitigt. Stalin hat also, wie wir das schon lange vermuteten, Churchill und Roosevelt in der Jaltaer Konferenz nur eine Geste gemacht. In Wirklichkeit denkt er nicht daran, an dem Lublin-Ausschuss auch nur irgendeine Korrektur vorzunehmen.

Nunmehr werden in Bukarest nach dem Sofioter Vorbild Blutprozesse gegen die nationale Führung durchgeführt. 250 Rumänen, die mit uns zusammengearbeitet haben, stehen vor dem Sondertribunal, unter ihnen auch Marschall Antonescu. Hoffentlich ist auch sein Namensvetter Mihail Antonescu dabei, denn wenn einer die Füsilierung verdient hat, dann er.

Die Sowjets verlangen jetzt auch in Finnland eine härtere Gerichtsbarkeit. Die finnischen sogenannten Kriegsverbrecher sind bisher immer noch verhältnismässig milde behandelt worden; aber der Kreml scheint jetzt dieses Tones satt zu sein.

Eine neue Nachricht kommt aus Moskau. Der Kreml hat seinen Nichtangriffs- und Freundschaftspakt mit der Türkei gekündigt. Die Begründung dazu ist ausserordentlich interessant und originell. Der Kreml erklärt, er habe zwar ein Interesse daran, mit der Türkei in einem konsolidierten Freundschaftsverhältnis zu leben; aber der Krieg habe die Verhältnisse geändert, und dementsprechend müsse auch das Verhältnis zwischen der Sowjetunion und der Türkei neugestaltet werden. Das heisst mit anderen Worten, dass Stalin jetzt den Augenblick für gekommen hält, seine Hand nach den Dardanellen auszustrecken. Die Türkei hat also keinen Vorteil davon gehabt, dass sie auf englisch-amerikanisches Geheiss uns den Krieg erklärt hat und damit als kriegführende Macht aufgetreten ist. Der Kreml hat sich dadurch nicht erweichen lassen.

Die Lage an der Ostfront macht im Augenblick einen etwas konsolidierteren Eindruck. Ich erfahre, dass Himmler nunmehr seine Heeresgruppe Weichsel abgeben will und soll. Ich hielte das auch für das allerbeste. Himmler hatte ja auch eigentlich nur die Aufgabe, das Loch im Bereich der Heeresgruppe Weichsel notdürftig zuzustopfen. Er hat sich leider dazu verführen lassen, nach militärischen Lorbeeren zu greifen, was ihm aber gründlich misslungen ist. Er kann sich auf diese Weise nur seinen guten politischen Namen verderben.

Im Luftkrieg haben wir bisher einschliesslich Dezember 353 000 Tote zu verzeichnen. Eine erschreckende Zahl, die noch furchtbarer wirkt, wenn man die 457 000 Verletzten hinzurechnet. Das ist ein Krieg neben dem Krieg, der manchmal grausigere Formen annimmt als der Krieg an der Front. Die Obdachlosen sind überhaupt nicht zu zählen. Das Reich ist durch den Luftkrieg in einen einzigen Trümmerhaufen verwandelt worden. Wir verzeichnen in den letzten 24 Stunden wieder eine tolle Serie von Luftangriffen, insbesondere auch auf den Westen des Reiches.

Mir liegt ein erschütternder Bericht von Gauleiter Hoffmann aus Westfalen-Süd vor. Er legt dar, dass praktisch in seinem Gau ein öffentliches Leben überhaupt nicht mehr möglich sei. Der Verkehr sei gelähmt, und man könne sich nicht mehr auf den Strassen bewegen. Die Wirtschaft liege darnieder. Kohlen würden nicht mehr gefördert und nicht mehr transportiert. Auch von der geringsten Abwehr sei weit und breit nichts mehr zu entdecken. Man könne sich vorstellen, welche Auswirkungen das auf die Moral der Bevölkerung ausübe. Hoffmann hat mit seinen Darlegungen ganz recht, wenn er meint, dass die Bevölkerung schon zufrieden wäre, wenn wenigstens eine Spur von Abwehr zu verzeichnen wäre. Aber auch das sei nicht der Fall. Die Denkschrift ist eine einzige Anklage gegen den Reichsmarschall und gegen die Luftwaffe. Sie wird jetzt auch dem Führer vorgelegt werden.

Mit Müller-Oslo habe ich eine lange Aussprache über seinen neuen Auftrag im Westen. Ich gebe ihm zur Durchführung des Auftrages alle Vollmachten, insbesondere die, unmittelbar die Reichspropagandaämter im gesamten Westen mit Weisungen zu versehen. Ich mache ihm klar, dass er auf grosse Hilsfmittel von seiten Berlins nicht zu rechnen habe. Er müsse sich mit Improvisationen zu helfen versuchen; aber das würde meines Erachtens der Propaganda, die er zu betreiben hat, eher zum Vorteil als zum Nachteil gereichen. Er hat ja auch durch seine Tätigkeit schon so viele Erfahrungen auf dem Gebiet, dass es ihm nicht schwerfallen dürfte, sich notdürftig zu behelfen. Müller geht mit grossem Elan an seine neue Aufgabe heran. Ich glaube, er wird sie meistern.

Mittags empfange ich 20 Hitler-Jungen, die bei den Kämpfen

im Osten das Eiserne Kreuz empfangen haben. Sie machen einen ausgezeichneten Eindruck. Ein Volk, das in einer solchen Zeit über eine solche Jugend verfügt, kann nach geschichtlichen Gesetzen nicht untergehen.

Die letzte Filmstatistik ist trotz aller Schwierigkeiten in den verschiedensten Gauen immer noch positiv ausgefallen. Man wundert sich darüber, dass das deutsche Volk noch Lust hat, überhaupt ins Kino zu gehen. Trotzdem aber ist das in grösstem Umfange der Fall.

Die militärische Entwicklung des Tages zeigt am Abend, dass wir praktisch das Saargebiet verloren haben. Unsere Truppen dort können nicht mehr gehalten werden und müssen nun zurückgezogen werden. Der Verlust des Saargebietes wird für uns wirtschaftlich natürlich schwerste Folgen nach sich ziehen. Wir verlieren damit fast das letzte intakte Kohlegebiet. Man muss sich vorstellen, was das für uns bedeutet. Auch die Situation im Brückenkopf von Linz ist jetzt ausgesprochen kritisch geworden. Die Amerikaner haben zwar keinen Durchbruch erreicht, aber sie drücken an allen Rändern des Brückenkopfes, und es droht immer die Gefahr, dass es ihnen gelingt, die Abwehrfront irgendwo zu durchbrechen.

Im Osten zeigt sich ein ewiges Hin und Her, ohne dass die Lage sich wesentlich geändert hätte.

Ich bin abends ein paar Stunden in der Reichskanzlei zu Besuch, um mich wieder einmal ausführlich mit dem Führer auszusprechen. Zuerst habe ich noch eine Unterredung mit Hewel, der mich über die augenblicklich vom Auswärtigen Amt betriebenen Versuche, mit irgendeiner Feindseite ins Gespräch zu kommen, unterrichtet. Der Versuch von Hesse in Stockholm ist bekanntlich völlig gescheitert. Hesse hat sich dabei reichlich ungeschickt benommen. Er hat mit den Engländern direkt nicht verhandelt, sondern nur mit ihm bekannten Schweden, die allerdings seine Meinung direkt den Engländern weitergegeben haben. Der englische Gesandte in Stockholm hatte die Absicht, sich direkt mit Hesse auszusprechen; dazu aber hat Hesse nicht den Mut gefunden. Interessant ist dabei, daß die Debatte um Hesse in England schon innerhalb von 24 Stunden völlig zum Verstummen gekommen ist, wahrscheinlich deshalb, weil Churchill augenblicklich ein Gerede über Frieden nicht gebrauchen kann angesichts der Kriegsmüdigkeit des ganzen englischen Volkes.

Augenblicklich befindet sich in Stockholm ein massgebender Mann der Sowjetunion, der den Wunsch zum Ausdruck gebracht hat, mit einem Deutschen ins Gespräch zu kommen. An sich brauchte man einer solchen Möglichkeit gegenüber nicht abgeneigt zu sein. Allerdings ist der augenblickliche Zeitpunkt denkbar schlecht gewählt. Aber ich meine doch, dass es gut wäre, wenigstens mit dem Vertreter der Sowjetunion zu sprechen. Aber der Führer will nicht. Der Führer meint, dass das augenblicklich ein Zeichen von Schwäche wäre, dem Feind in diesem Punkte entgegenzukommen. Ich bin indes der Auffassung, daß der Feind sowieso weiss, dass wir schwach sind, und dass wir ihm das nicht eigens noch durch Verhandlungsbereitschaft zu beweisen brauchen. Aber der Führer lässt sich nicht dazu erweichen. Er meint, ein Gespräch mit einem führenden Sowjetvertreter würde die Engländer und Amerikaner nur ermuntern, Stalin noch weiter entgegenzukommen, und die Unterhandlungen würden mit einer völligen Pleite enden. Mag sein, dass der Führer recht hat. Er hat in diesen Dingen ja immer ein gutes Gefühl, und man kann sich ihm dabei völlig anvertrauen. Aber es ist doch schade, dass wir in dieser kritischen Situation weiter abwarten müssen, ohne zu wissen, wohin die militärische Entwicklung in den nächsten zwei, drei Wochen treiben wird.

Ich mache Hewel gegenüber keinen Hehl daraus, dass es hauptsächlich die Schuld Ribbentrops ist, dass wir in eine solche Situation hineingeraten sind. Er hätte dem Führer schon viel früher solche Vorschläge in aller Dringlichkeit machen müssen, und zwar in einem Zeitpunkt, in dem wir noch etwas in die Waagschale der Verhandlungen hineinzuwerfen hatten. Ribbentrop aber hat sich in seiner Sturheit verkrampft. Er hat unter seinen Kollegen keine Bundesgenossen gesucht und gefunden, und infolgedessen ist er mit seinen Vorstössen beim Führer nicht gelandet, und er hat bei der ersten Ablehnung schon die Fahne gestrichen.

Hewel äussert sich ausserordentlich kritisch über die Führung der deutschen Luftwaffe. Das, was er in diesem Punkte vorzubringen hat, ist bekannt und bietet nichts Neues. Aber er ist sehr unglücklich darüber, dass der Führer nicht dazu zu bewegen ist, in der Führung der deutschen Luftwaffe etwas zu ändern. Das kann ja auch in der Tat nur beklagt werden, denn schon die psychologischen Auswirkungen einer Personalveränderung in der Führung der Luftwaffe würden auf die Luftwaffe ungeheuer gross sein.

Ich habe dann eine zweistündige Unterredung mit dem Führer, der mir nach all den Strapazen und Aufregungen der letzten Tage einen sehr müden und abgekämpften Eindruck macht. Aber er hält sich haltungsmässig vorzüglich. Er ist allen seinen Mitarbeitern ein leuchtendes Vorbild der inneren Standhaftigkeit. Man hat den Eindruck, dass ihn im wesentlichen nur noch sein eiserner Wille aufrechterhält. Das macht auf denjenigen, der jahrelang mit ihm umgeht, einen direkt ergreifenden Eindruck.

Der Führer ist über die militärische Entwicklung etwas verzweifelt. Insbesondere hatte er geglaubt, dass wir im Westen nicht in eine so ausserordentliche Kalamität hineinkommen würden. Er sagt mir, daß der Lauf der Dinge ihn sehr alteriert habe. Ich komme sogar mit meinen geschichtlichen Beispielen bei ihm diesmal nicht so recht durch.

Was den Westen anlangt, so gibt der Führer jetzt unumwunden zu, dass das Saargebiet praktisch nicht mehr zu halten sei und dass wir es nunmehr räumen müssten. Kesselring sei zu spät eingesetzt worden, und er habe am Lauf der Dinge nicht mehr viel ändern können. Der Führer meint, dass im Westen trotz des 20. Juli immer noch eine gewisse Verratsclique tätig sei. So nur sei es zu erklären, dass das so ausserordentlich stark befestigte Bunkergebiet von Trier fast kampflos in die Hand des Feindes gefallen sei. Ich bestreite das. Ich glaube, der

Führer macht sich die Erklärung solcher Vorgänge zu leicht. Ich glaube, es ist vielmehr darauf zurückzuführen, dass unsere Truppen und auch ihre Führer nicht mehr kämpfen wollen, dass sie den Mut verloren haben, weil sie die feindliche Luftüberlegenheit jeden Tag und jede Nacht in so deprimierender Weise zu verspüren bekommen, dass sie keine Aussichten des Sieges mehr sehen. Der Führer ist demgegenüber der Meinung, dass gewisse militärische Führer immer noch mit dem Plan spielen, mit den Westalliierten zusammen gegen die Sowjets zu gehen, und dass sie durch ihre Nachgiebigkeit eine Verwirklichung dieses Planes zu erstreben versuchen. So blödsinnig und absurd dieser Plan auch anzumuten scheint, immerhin könnte es möglich sein, dass er in den politisch nicht geschulten Köpfen unserer führenden Militärs doch einen Platz gefunden hätte.

Die Führung im Westen unter Rundstedt ist ausgesprochen schlecht gewesen. Rundstedt ist zu alt und zu unbeweglich. Der Führer wollte ihn auch eigentlich schon vor Monaten von seinem Amt entfernen und Kesselring an seine Stelle setzen: aber Kesselring hatte damals unglücklicherweise einen Autounfall, der ihn für Wochen aus der praktischen Führung herausriss. Model wollte der Führer nicht anstelle von Rundstedt einsetzen, weil er ihm doch noch etwas zu jäh und sprunghaft erscheint, was ja auch tatsächlich der Fall ist.

Ich halte dem Führer vor, dass die militärische Entwicklung im Westen, so wie sie sich jetzt anlässt, unter keinen Umständen weitergehen kann. Wenn es beispielsweise den Amerikanern gelingt, den Brückenkopf von Linz zu sprengen, so geraten wir in eine tragische Entwicklung hinein. Der Führer hat gegen diesen ständig sich wiederholenden Versuch des Feindes alles angesetzt, was er überhaupt zur Verfügung hat. Er glaubt auch, daß es Model gelingen werde, mit der Sache fertig zu werden. Jedenfalls könne mehr, als getan worden sei, nicht mehr getan werden. Aber der Führer ist selbst etwas zweifelhaft geworden, ob der Brückenkopf auf die Dauer gehalten werden könne. Die Amerikaner erlitten zwar ausserordentlich schwere Verluste; aber sie könnten sich das zur Zeit noch leisten. Man schaudert vor dem Gedanken, daß die Pflichtvergessenheit einiger Offiziere zu einer solchen Gefahr geführt hat, und um so mehr ist es berechtigt, dass sie von einem Standgericht zum Tode verurteilt und füsiliert wurden.

Ich stelle dem Führer in aller Eindringlichkeit vor, dass unsere Truppe im Westen nicht mehr richtig kämpft. Ihre Moral hat stark gelitten, und infolgedessen hat sie nicht mehr den Elan zum Widerstand, der in dieser kritischen Situation dringendst notwendig wäre. Auch die Moral der Bevölkerung ist natürlich auf das stärkste abgesunken, wenn sie nicht gar den Nullpunkt erreicht hat. Selbstverständlich würde sie sich in dem Augenblick wieder heben, wenn wir im Westen irgendeinen militärischen Erfolg zu verzeichnen hätten. Das Volk will nun am düsteren Horizont des gegenwärtigen Kriegsgeschehens wenigstens ein blaues Fleckchen Himmel sehen. Aber das ist augenblicklich nirgendwo zu entdecken.

In den vom Feind besetzten Gebieten hat sich bereits ein gewisser Stimmungsumschwung bemerkbar gemacht, und zwar in dem Augenblick, in dem die harten und grausamen Tatsachen zum Vorschein kommen. Der Hunger hat hier bereits Einkehr gehalten. Die Amerikaner sind gar nicht in der Lage, das Rationierungsproblem nach unserem Muster weiter fortzusetzen, weil dahinter immer ein System der Verwaltung und der Strafen stehen muss, das die Amerikaner gar nicht durchhalten können. Infolgedessen macht sich jetzt schon das Schieberwesen bemerkbar, und zwar in einem stärksten Gegensatz zu der Ordnung, die wir auf dem Lebensmittelmarkt bisher innegehalten haben.

Für die beste Meldung der letzten Zeit hält der Führer die, dass Roosevelt auf der Jaltaer Konferenz Stalin das Zugeständnis gemacht hat, die deutschen Gefangenen aus dem Westen als Arbeitssklaven in die Sowjetunion überführen zu lassen. Solche und ähnliche Meldungen würden sicherlich dazu beitragen, die Kampfmoral unserer Truppen zu heben, denn wir müssen ja irgendwo im Westen stehen bleiben. Es ist ganz unerträglich, dass die Bewegung im Westen weiterhin flüssig bleibt. Wenn wir jetzt das Saargebiet verlieren, so wird uns nichts anderes übrigbleiben, als insgesamt die Reihenfront als Ziel anzustreben; aber hier liegt wieder der elende Brückenkopf von Linz als Hindernis vor diesem Ziel.

Wir kommen immer wieder auf denselben Ausgangspunkt unseres Gesprächs zurück. Unsere ganze militärische Not ist auf die feindliche Luftüberlegenheit zurückzuführen. Es ist praktisch im Reich eine geordnete Führung nicht mehr möglich. Wir verfügen nicht mehr über Verkehrs- und Nachrichtenverbindungen. Nicht nur unsere Städte, sondern auch unsere Industrie ist zum grössten Teil kaputtgeschlagen. Die Folge davon ist ein tiefer Einbruch in die deutsche Kriegsmoral. Die Menschen in den Westprovinzen kommen überhaupt nicht mehr zum Schlafen und werden deshalb nervös, hysterisch und gereizt. Man kann sich die Folgen davon an den fünf Fingern ausrechnen. Kurz und gut, die Lage ist ziemlich unerträglich geworden, und wir müssen deshalb alles daransetzen, wenigstens auf einem Gebiet unserer militärischen Führung wieder zu irgendeinem, wenn auch bescheidenen Erfolg zu kommen und das Volk wieder in die Reihe zu bringen.

Damit komme ich dem Führer gegenüber wieder ausführlich auf das Problem des Luftkrieges zu sprechen. Der Führer hat eben eine Unterredung mit Oberst Baumbach gehabt und sich von ihm Vortrag über unsere neuen Düsenflugzeuge halten lassen. Der Führer setzt jetzt auf die Düsenflugzeuge als Jäger ausserordentliche Hoffnungen. Er bezeichnet sie geradezu als Maschinen des deutschen Schicksals. Er glaubt, dass es möglich sein würde, mit den Düsenflugzeugen die Luftüberlegenheit des Feindes wenigstens defensiv zu brechen. Aber auch er fügt hinzu, dass sie hoffentlich nicht zu spät kommen. Es ist kurz vor zwölf, wenn der Zeiger nicht schon über die zwölfte Stunde hinweggerutscht ist.

Alles, was der Führer über die Luftwaffe vorbringt, ist eine einzige Anklage gegen Göring. Aber trotzdem kann er sich zu einer Entscheidung seiner Person gegenüber nicht aufraffen.

Infolgedessen sind seine Anklagen durchaus unbefriedigend, da sie zu keiner Folgerung führen. Ich sage ihm das auch ganz offen. Das Volk weiss ja gar nicht, wie der Führer über die Luftwaffe denkt. Infolgedessen bleiben auch seine Beschwerden gegen die Luftwaffe ohne jeden psychologischen Wert. Aber der Führer bleibt in seinem Standpunkt unerbittlich. Es gelingt mir nicht, ihn auch nur im geringsten zu erweichen. Er hält vorläufig an Göring fest, obwohl er ihn menschlich und in seiner sachlichen Arbeit auf das schärfste verurteilt, so wie ich ein absprechendes Urteil gegen einen Mitarbeiter aus seiner Umgebung noch nie vernommen habe. Seine Kritik bewegt sich in den schärfsten Formen; aber, wie gesagt, eine Folgerung wird daraus vorläufig nicht gezogen. Ich halte dem Führer vor, wie Friedrich der Grosse in solchen Fällen gehandelt hat, wie er seinen Bruder und den preussischen Thronfolger August Wilhelm behandelte, als er seine Zittauer Armee in desolatem Zustande zurückführte. Aber auch dieses Beispiel bleibt auf den Führer ohne Eindruck. Er sagt, dass die Verhältnisse im Siebenjährigen Krieg anders gewesen seien als heute und dass er sich in der gegenwärtigen Kriegsphase eine so weitgehende Personalveränderung nicht leisten könne. Ausserdem habe er niemanden zur Verfügung, der Göring zu ersetzen in der Lage wäre. Auch das stimmt nicht. Wir haben mindestens ein Dutzend Männer, die es auf jeden Fall besser machen, als Göring es gegenwärtig macht.

Der Führer kommt mir gegenüber auch auf die leidige Angelegenheit der für die Evakuierten geschossenen Göringschen Wisente zu sprechen. Diese Angelegenheit hat sehr viel Staub aufgewirbelt und Göring große Ungelegenheiten geschaffen. Aber auch sie hat nicht dazu gedient, die Sache weiter ins Rollen zu bringen. Wie der Führer menschlich über Göring denkt, das braucht gar nicht mehr betont zu werden. Er ist jetzt wieder mit zwei Sonderzügen nach dem Obersalzberg zum Besuch seiner Frau gefahren. Schrecklich, zu denken, dass der verantwortliche Mann der deutschen Luftwaffe jetzt Zeit findet, seinen persönlichen Angelegenheiten nachzugehen.

Schärfstes Urteil fällt der Führer gegen den persönlichen Referenten Görings, Gritzbach, dem er jedes psychologische Feingefühl abspricht, und gegen den Arzt von Göring, Ondarza, der ein ausgesprochener Beau und Friseurtyp ist und den ich nicht fünf Minuten in meiner Umgebung dulden könnte.

Was der Führer sagt, ist alles richtig. Aber immer wieder muss betont werden, dass daraus kein Effekt entspringt, weil keine Konsequenzen daraus gezogen werden.

Die Unterredung mit Oberst Baumbach hat den Führer sehr ermuntert. Er setzt jetzt die grössten Hoffnungen auf die neuen Düsenflugzeuge. In diesem Monat werden davon schon 500 und im nächsten Monat 1000 produziert. Die Flugplätze dazu werden unter Ansatz grösster Kräfte hergestellt. Auch das muss der Führer alles persönlich anordnen, da Göring sich darum kaum mehr kümmert. Immer wieder kreist das Denken des Führers um die Frage, ob diese Flugzeuge, wenn sie wirklich durchschlagen sollten, nicht zu spät kommen werden. Der Feind zeigt sich in seinem Luftkrieg völlig unerbittlich. Er geht aufs Ganze, schont kein Material, aber weitgehend sein Personal. Die moralischen Folgen des Luftkrieges liegen auf der Hand, und zwar nicht nur bei der Zivilbevölkerung, sondern auch bei der Truppe der Luftwaffe. Die Versäumnisse, die Göring sich hat zuschulden kommen lassen, zerstören zuerst seinen eigenen Wehrmachtsteil.

Was der Führer in dieser Beziehung vorbringt, ist mir alles bekannt. Es sind die altbekannten Klagen, die immer wieder in der Feststellung ausmünden, dass Göring gänzlich unzulänglich und unfähig ist, dass man aber keinen Nachfolger für ihn findet, und hätte man ihn, keinen Nachfolger für ihn ernennen kann. Ich mache den Vorschlag, Dönitz an seine Stelle zu setzen; aber der Führer glaubt, dass Dönitz so viel mit der U-Boot-Waffe zu tun habe, dass er sich obendrein noch um die Luftwaffe nicht kümmern könne.

Ich trage dem Führer einige Beispiele über den übertriebenen Luxus bei der Luftwaffe vor. Unsere Jäger sind durch diesen Luxus völlig verwöhnt worden. Sie haben mehr im

Kasino als im Unterrichtsbetrieb gesessen und sind deshalb durch Wohlleben feige und unbrauchbar geworden. Der Führer meint, dass unsere Kampfflieger für die neuen Düsenflugzeuge besser geeignet seien, da sie mehr am Feind gewesen wären als unsere Jäger. Aber dass Leute wie Baumbach, die bisher in so scharfer Opposition gegen die Führung der Luftwaffe standen, ihre Hoffnungen auf die Düsenflugzeuge setzen, hat den Führer sehr in seiner Meinung gefestigt. Ein glücklicher Umstand bei den neuen Düsenflugzeugen ist ja der, dass sie kein hochwertiges Benzin brauchen, sondern fast mit Schmutzwasser fliegen. Infolgedessen werden wir mit der Brennstoff-Frage schon fertig werden. Es wäre ja eine innere Logik in der technischen Entwicklung der Luftwaffe, dass die Benzinflugzeuge in ihrer Geschwindigkeit nicht mehr weiter gesteigert werden könnten und nunmehr der neue Typ der Düsenflugzeuge die Geschwindigkeit gleich um 200 Kilometer nach vorn treibt.

Sehr geärgert hat den Führer der Umstand, dass unsere Jäger jetzt auch das gute Wetter als Grund des Nichtaufsteigens vorschieben. Sie haben jetzt immer neue Ausflüchte, um nicht an den Feind gehen zu müssen. Das ist eben darauf zurückzuführen, dass die ganze Waffe korrupt ist, und zwar ist sie korrupt, weil ihr Chef korrupt ist.

Ich rase innerlich, wenn ich mir vorstelle, dass es trotz aller guten Gründe und Argumente nicht möglich ist, den Führer dazu zu bringen, hier eine Änderung vorzunehmen. Aber was soll ich tun? Ich kann nicht mehr machen als unermüdlich auf den Führer einreden und ihm meine Kritik vor Augen führen. Innerlich stehe ich hier in einem schweren [Gewissens]konflikt. Ich weiss genau, dass die Luftwaffe [unter] Göring keine Renaissance erleben kann. Ich weiss ebenso genau, dass die Luftwaffe zum Verlust des Krieges und Untergang des deutschen Volkes führen würde, wenn sie so gehalten wird, wie sie augenblicklich gehalten wird; ich weiss genau, dass unsere Fronten nicht mehr verteidigt werden können, wenn wir die Luft nicht reinfegen [*11 Zeilen unleserlich]* auch Sepp Dietrich gehört nicht zur ersten Klasse. Er ist ein guter Truppenführer, aber keineswegs ein Stratege.

Der Führer ist mit der von uns betriebenen antibolschewistischen Propaganda ausserordentlich zufrieden. Sie hat ja bis jetzt auch schon die Wirkung erzielt, dass unsere Truppen im Osten sich wieder in einer verhältnismäßig guten Form befinden.

Mein Vorschlag, die Front im rückwärtigen Gebiet durch unsere Ersatzeinheiten auspolstern zu lassen, hat beim Führer durchschlagend gewirkt. Er hat jetzt schon Anordnung gegeben, die ganzen rückwärtigen Gebiete mit Ersatzeinheiten auszustatten, die schon im Anrollen sind. Damit ist eine meiner Ideen zur totalen Kriegführung hundertprozentig durchgeführt worden.

Ich erzähle dem Führer von seinem Besuch bei der 9. Armee und dem Bericht, den Hauptmann Krüger mir darüber erstattet hat. Dem Führer gefällt dieser Bericht sehr. Auch erzähle ich ihm von dem Besuch der Hitler-Jungen mit dem E. K., die morgens bei mir angetreten sind. Auch der Führer hatte von diesen Jungen einen sehr tiefen und wohltuenden Eindruck.

Was die politische Lage anlangt, so steht der Führer nach wie vor auf dem Standpunkt, dass dieses Jahr die Wende des Krieges eintreten wird, so oder so. Die feindliche Koalition wird unter allen Umständen zerbrechen; es handelt sich nur darum, ob sie zerbricht, bevor wir an der Erde liegen, oder erst dann, wenn wir schon an der Erde liegen. Wir müssen also unter allen Umständen dafür sorgen, dass ein militärisches Desaster bis zu diesem Zeitpunkt vermieden wird.

Das Vorgehen der Sowjets gegen die Türkei hat dem Führer wieder einige Hoffnungen gemacht, denn sicherlich ist dieses Vorgehen sehr gegen den Willen der Engländer, wenn nicht auch der Amerikaner durchgeführt worden.

In England selbst ist man augenblicklich mit einer ausserordentlichen Lebensmittelkrise beschäftigt, was auch darauf hindeutet, dass die innerbritischen Verhältnisse viel schlechter sind, als wir im allgemeinen annehmen. Die Engländer werden nicht nur von den Sowjets, sondern auch von den Amerikanern übers Ohr gehauen. So hat der Führer beispielsweise erfahren, daß Franco die Absicht habe, Japan den Krieg zu erklären, um damit Amerika gegenüber eine gute Figur zu machen. Franco sehe innerlich bereits die Karte Englands für verloren an und setze jetzt mehr auf die USA.

Was das zu erhoffende Auseinanderbrechen der feindlichen Koalition anbetrifft, so glaubt der Führer, dass es eher von Stalin als von Churchill und Roosevelt ausgeht. Stalin sei ein ausgesprochener Realist, und deshalb sei auch mit ihm von unserer Seite aus am ehesten etwas zu machen. Der Führer ist sogar geneigt anzunehmen, dass die Konferenz von San Francisco überhaupt nicht stattfinden werde. Der Konflikt im Feindlager werde sich bis dahin schon so verdickt haben, dass man es nicht wagen werde, mit solchen Gegensätzen an die Öffentlichkeit zu treten. Ich halte diese Meinung zwar für eine Illusion – ich glaube, dass die Konferenz von San Francisco doch stattfinden wird –; allerdings wäre es möglich, dass sie mit einem riesigen Desaster endete.

Bei all diesen politischen Gesprächen kehren wir immer wieder an unseren Ausgangspunkt zurück, nämlich: Wir müssen an den Fronten stehen bleiben, nach Möglichkeit sogar einen Erfolg haben, um mit der Feindseite ins Gespräch kommen zu können. Voraussetzung dafür aber ist, dass wir unsere Luft wieder reinfegen. Das gibt der Führer zu; nur die letzte Voraussetzung, die bestreitet er, nämlich, dass die Luft nur reingefegt werden könne, wenn wir einen neuen Oberbefehlshaber der Luftwaffe besitzen.

Speer kommt zum Schluss zu unserer Unterredung hinzu. Er ist im Westen gewesen und erzählt von dort schaurige Dinge. Es ist nicht mehr möglich, im Westen über die Landstrassen zu fahren, ohne von Jagdbombern angegriffen zu werden. Die feindliche Luftüberlegenheit ist so, daß wir uns auf unseren eigenen Landstrassen selbst mit dem Auto nicht einmal mehr bewegen können.

Während der Unterredung mit dem Führer greifen englische

Mosquitos wieder die Reichshauptstadt an.

Als ich zu Hause ankomme, liegt das Haus gänzlich in Dunkelheit. Es ist wieder eine Lichtzufuhrleitung zerschlagen worden. Ein düsterer und etwas melancholischer Abend. Magda ist nach Dresden gefahren, um Frau von Arent zu besuchen. Man kann in solchen Stunden ganz deprimiert werden, vor allem, wenn ich mir immer wieder die Frage vorlege: Was soll ich tun, um das, was ich für richtig erkannt habe, nun tatsächlich auch durchzusetzen? Ich fühle in mir eine grosse moralische und nationale Verpflichtung auch dem deutschen Volke gegenüber, da ich einer der wenigen bin, die heute überhaupt noch das Ohr des Führers besitzen. Eine solche Möglichkeit muss nach allen Richtungen hin ausgenutzt werden. Aber mehr, als ich das tue, kann man es überhaupt nicht tuen.

Ich habe heute dem Führer gegenüber wieder ganz offene Worte gefunden, wie ich sie sonst selten in meinem Leben zu ihm gesprochen habe. Aber, wie gesagt, ein Erfolg ist im Augenblick noch nicht zu erkennen.

23. März 1945 *Freitag*

[S. 1-29, S. 9 und 17 in der Paginierung übersprungen]

Gestern:

Militärische Lage:

An der Ostfront lag der Schwerpunkt der Kämpfe in Ungarn, im Raum Danzig, bei Heiligenbeil und in Kurland.

In Ungarn verstärkten die Bolschewisten ihre Einbrüche und erweiterten ihre Angriffsabschnitte. An der Ostecke des Plattensees konnte der Feind die Eisenbahn Siofok-Stuhlweißenburg erreichen. Westlich von Stuhlweißenburg und zwischen Stuhlweißenburg und Hor gewann der Feind etwa 10 km Boden im Bakony-Wald. Nördlich von Kisber überschritt er die Bahn Kisber-Komorn und erreichte nördlich von Tovaros die Bahn und Straße von Raab nach Budapest. Südlich der Donau griffen die Sowjets unsere vorgeschobenen Stellungen an und nahmen Gran. Nördlich der Donau konnten sie sich auf dem Westufer des Gran festsetzen.

In der Slowakei gelang dem Feind südlich von Neusohl ein etwa 2 km tiefer Einbruch.

Die neue Frontlinie zwischen Leobschütz und Neisse erfuhr eine weitere Verstärkung. Angriffe gegen die neue Linie wurden abgewiesen, ebenso die Angriffe gegen Breslau und Glogau.

Beiderseits Frankfurt/O. führten die Sowjets Aufklärungsvorstöße, die ergebnislos blieben.

Die Angriffe des Feindes gegen Danzig-Gotenhafen und gegen Heiligenbeil, die wieder mit starker Schlachtfliegerunterstützung geführt wurden, waren auch gestern außerordentlich schwer. Die Verluste sind auf beiden Seiten beträchtlich. Auch gestern konnte der Feind die beiden Brückenköpfe durch örtliche Einbrüche von 1 bis 1½ km Tiefe weiter zusammendrängen.

In Kurland verstärkte der Feind seine Großangriffe beiderseits Frauenburg. Hier waren zur Unterstützung der Erdtruppen etwa 1000 sowjetische Maschinen eingesetzt. Alle Angriffe konnten indes im wesentlichen abgewiesen werden.

Im Westen konnten die Amerikaner ihren Rheinbrückenkopf nach Norden und Süden sowie nach Osten hin wiederum etwas ausdehnen. Im Norden gelangte der Feind über Oberkassel hinaus bis in die Gegend von Siegburg. In der Höhe östlich von Remagen konnten sie bis in das Wiedbachtal vorstoßen. Die über die Wied vorgedrungenen Feindteile wurden sofort wieder zurückgeworfen. Im Süden des Brückenkopfes erzielte der Feind einen kleineren Einbruch in Richtung auf Neuwied; etwa 6 km nordwestlich von Neuwied wurde er aufgefangen. Es wird jetzt vermutet, daß der Feind vom Brükkenkopf aus weiter nach Norden hin an das Ruhrgebiet vorzustoßen beabsichtigt und in Verbindung damit nördlich des Ruhrgebietes Luftlandungen durchführen wird. Auch Luftlandungen im Erftgebiet werden für möglich gehalten.

Der Schwerpunkt der Kämpfe lag auch gestern im Gebiet Rheinhessen, wo der Feind erhebliche Geländegewinne erzielte. In Bingen wird noch gekämpft. In Mainz ist der Feind in die westlichen Vororte eingedrungen. Weiter südlich bestand bei Oppenheim noch ein deutscher Brückenkopf, der jetzt eingedrückt wurde. Nierstein fiel in feindliche Hand. In Worms finden Straßenkämpfe statt. Über Frankenthal vorstoßend drang der Feind in Oppau in das Hydrierwerk ein. Er steht in Ludwigshafen in den westlichen Vororten, wo er vor einem neu errichteten deutschen Sperriegel aufgefangen wurde. In Neustadt und in Bad Dürkheim finden ebenfalls Häuserkämpfe statt. Nach bisher noch nicht bestätigten Meldungen sollen sich schwache Panzerspitzen in Annweiler befinden. Unser weit nach Westen vorspringender schmaler

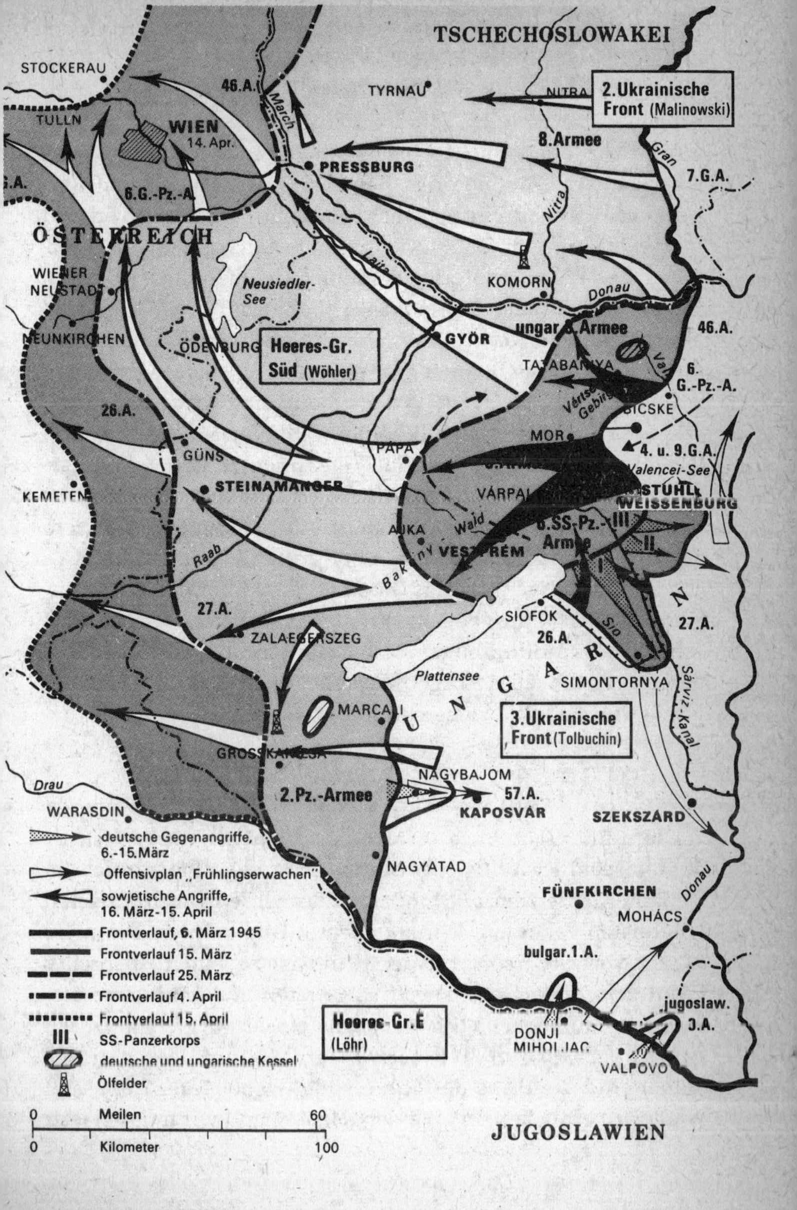

TSCHECHOSLOWAKEI
STOCKERAU
TULLN
46.A.
March
TYRNAU
NITRA
2.Ukrainische Front (Malinowski)
WIEN
14. Apr.
8.Armee
PRESSBURG
Gran
7.G.A.
6.G.-Pz.-A.
ÖSTERREICH
Nitra
WIENER NEUSTADT
Neusiedler-See
KOMORN
Donau
NEUNKIRCHEN
ÖDENBURG
Heeres-Gr. Süd (Wöhler)
GYÖR
46.A.
TATABANYA
6. G.-Pz.-A.
26.A.
Vértes Gebirge
BICSKE
MOR
4. u. 9.G.A.
GÜNS
PAPA
Valencei-See
KEMETEN
STEINAMANGER
VÁRPALOTA
STUHLWEISSENBURG
AJKA
Wald
6.SS-Pz.-Armee
Raab
Bakony
VESZPRÉM
27.A.
SIOFOK
26.A.
27.A.
ZALAEGERSZEG
Plattensee
UNGARN
SIMONTORNYA
MARCALI
3.Ukrainische Front (Tolbuchin)
Sárviz-Kanal
GROSSKANIZSA
NAGYBAJOM
Drau
2.Pz.-Armee
57.A.
KAPOSVÁR
WARASDIN
SZEKSZÁRD
deutsche Gegenangriffe, 6.-15.März
Offensivplan „Frühlingserwachen"
sowjetische Angriffe, 16. März-15. April
NAGYATAD
Frontverlauf, 6. März 1945
Frontverlauf 15. März
Frontverlauf 25. März
Frontverlauf 4. April
Frontverlauf 15. April
FÜNFKIRCHEN
Donau
MOHÁCS
bulgar.1.A.
jugoslaw. 3.A.
Heeres-Gr. E (Löhr)
SS-Panzerkorps
deutsche und ungarische Kessel
Ölfelder
DONJI MIHOLJAC
VALPOVO
Meilen
0
60
0
Kilometer
100
JUGOSLAWIEN

Frontzipfel, der sich bis Saarlautern und Saarbrücken erstreckte, wird befehlsgemäß zurückgenommen.

In Italien fanden keine besonderen Kampfhandlungen statt.

Die Lufttätigkeit des Feindes war sowohl an den Fronten als auch über dem Reichsgebiet sehr umfangreich. Etwa 1100 amerikanische viermotorige Bomber griffen Plauen und Reichenbach i. V. an. Ein schwächerer englischer Kampfverband führte Angriffe im Raum Bremen und Münster. Am Nachmittag griffen 250 viermotorige Bomber Ziele im Raum Rheine an. 120 amerikanische viermotorige Bomber führten Angriffe gegen Mülheim/Ruhr. Aus Italien flogen etwa 600 amerikanische viermotorige Bomber zu Angriffen auf Wien, Graz, Bruck a. d. Mur und Villach ein. Weitere Bombenabwürfe im bayerischen Raum. Den ganzen Tag über waren etwa [*Ziffern unleserlich*] zweimotorige Bomber und Jäger über der gesamten westlichen Reichshälfte mit Angriffen vornehmlich auf Verkehrsziele [*fast 4 Zeilen unleserlich*] Mosquitos waren über Bremen. 200 britische viermotorige Bomber griffen Hamburg an, etwa 150 britische viermotorige Bomber den Raum Witten-Langendreer. 31 »Sturmvögel« erzielten 11 Abschüsse. Die Flak schoß 20 Feindflugzeuge ab. In der Nacht waren 28 Jäger eingesetzt, die sechs Abschüsse erzielten. Die Flak schoß in der Nacht vier Feindflugzeuge ab.

*

Die militärische Lage sowohl im Osten wie im Westen ist ausserordentlich kritisch geworden, und zwar hat sie sich im Verlaufe der letzten 24 Stunden weiter wesentlich zu unseren Ungunsten verändert. Wir kommen in Ungarn nicht nur nicht weiter vorwärts, sondern der Feind ist zu einem in breiter Front gelagerten Gegenangriff angetreten und hat unsere bisherigen räumlichen Erfolge zum grossen Teil illusorisch gemacht. Er ist zum Teil bereits darüber hinweggeschritten. Damit sind die Pläne des Führers, das Donau-Ufer insgesamt wieder zu erreichen, ins Wasser gefallen, und wir müssen jetzt die grösste Obacht geben, dass uns unsere rumänischen Ölquellen nicht obendrein noch verlorengehen. Das wäre für die deutsche Kriegführung von unheilvollsten Folgen.

Im Raum von Berlin sind die Sowjets jetzt zu einem zwar örtlichen, doch ausserordentlich heftigen Angriff angetreten, bei dem sie versuchen, unseren Brückenkopf Küstrin abzuschneiden. Infolgedessen kann ich meinen eigentlich geplanten Besuch beim 51. Korps nicht durchführen. General Busse bittet darum, diesen Besuch auf die nächste Woche zu verschieben, da in dem Kampfraum, dem ich meinen Besuch abstatten wollte, augenblicklich dicke Luft herrscht und jeder Offizier dringend gebraucht wird.

Was den Westen anlangt, so ist die Lage im Brückenkopf ausserordentlich bedrohlich geworden. Trotz unserer in grossem Stil angelaufenen Gegenmassnahmen drücken die Amerikaner den Brückenkopf nach allen Seiten ständig weiter aus. Unsere Gegenmassnahmen können deshalb nicht zum Zuge kommen, weil unsere Linien unter einem pausenlosen Beschuss der feindlichen Jagdbomber stehen. Also auch hier trägt die Luftwaffe wieder die Schuld an der ausserordentlichen Krise, in der wir uns augenblicklich befinden. Es besteht die Gefahr, dass es den Amerikanern gelingt, den Brückenkopf zu sprengen, und man kann sich vorstellen, welche Konsequenzen daraus für uns entstehen würden. Es wird sich dann der ganze hier angesammelte Materialeiter über das umliegende Gelände ergiessen. Wir würden in einem solchen Falle nicht mehr in der Lage sein, die feindlichen Panzerspitzen zum Stehen zu bringen. Es hängt also alles davon ab, ob den Amerikanern, die bisher nur taktische Erfolge erzielen konnten, ein Durchbruch gelingt. Natürlich wird von unserer Seite alles gemacht, um das zu verhindern, aber die Kräftelage ist so, dass die Entwicklung auf Spitz und Kopf steht, von der Lage im Rhein-Saargebiet gar nicht zu sprechen. Hier kämpfen sich unsere Truppen verzweifelt zurück, da sie sonst Gefahr laufen, völlig abgeschnitten zu werden. Die Städte, die jetzt im OKW-Bericht genannt werden, standen vor vierzehn Tagen auch in den kühnsten Phantasien überhaupt nicht zur Debatte, ein Beweis dafür, wie ausserordentlich kritisch sich die Entwicklung im Westen für uns angelassen hat. Man kann verstehen, dass die angloamerikanische Feindseite jetzt auf der Höhe des Triumphes ist. Reuter meldet bereits, dass das Finale des Krieges angebrochen sei. So schnell allerdings [schiessen] die Preussen nicht, und es ist auch nicht wahr, daß die Flüchtlingskarawanen, die angeblich aus dem Westen nach dem Osten und aus dem Osten nach dem Westen eilen, unsere militärischen Bewegungen so sehr behinderten, dass wir gar nicht mehr in der Lage sind, überhaupt Dispositionen zu treffen. Das hat ganz andere Gründe. Sie liegen in der Hauptsache in dem völlig zerschlagenen Verkehrssystem insbesondere im Westen, das es praktisch unmöglich macht, noch Truppen auf der Eisenbahn mit halbwegs zuverlässigem Fahrplan zu transportieren. Ob den Amerikanern – wie sie meinen – die Schlacht bei Remagen dazu verhelfen wird, wirklich das rechte Rheinufer in breitem Umfange zu gewinnen, das hängt – wie gesagt – von einer Reihe von weiteren Eventualitäten ab. Jedenfalls ist hier eine ausserordentliche Hartnäckigkeit unseres Widerstandes zu verspüren. Model ist selbst an Ort und Stelle, um die Operationen zu leiten.

Die westliche Feindseite ist sich jetzt auch klar darüber, dass von einem moralischen Zusammenbruch des deutschen Volkes oder der deutschen Front vorläufig nicht geredet werden kann.

Meine Kriegspropaganda wird jetzt in London unverhohlen gerühmt. Man sagt, sie stelle das Vorbildlichste dar, was heute in den Kriegsanstrengungen überhaupt noch zu verzeichnen sei. Darauf müsse es in der Hauptsache zurückgeführt werden, dass der deutsche Widerstand, wenn auch in verkleinerter und abgeschwächter Form, heute noch so in Erscheinung trete.

Im Hinterland der angloamerikanischen Front sieht es natürlich wüst aus. Von den deutschen Gebieten hört man vorläufig noch nicht viel, da der Feind darüber eine Nachrichtensperre verhängt hat. Aber man kann sich ungefähr vorstellen, wie sich die Dinge hier anlassen, wenn man die Nachrichten aus Frankreich liest. Das französische Volk steht glatt vor dem Hungertod. Grosse Demonstrationszüge bewegen sich durch alle Städte, die gegen die Regierung, andererseits aber auch gegen die angloamerikanische Besatzung Protest einlegen. Aber was hilft das. Wenn kein Brot [vorhanden ist, können sie noch so viel demonstrieren, wie sie wollen;] sie werden doch nicht vor den Folgen des Brotmangels gerettet werden können.

Auch in England hat jetzt die Lebensmittelkrise sehr ernste Formen angenommen. Die englische öffentliche Meinung rast wegen der bevorstehenden Kürzungen der dem englischen Volke versprochenen Rationen. Die Rede Churchills im Unterhaus hat in keiner Weise den öffentlichen Unmut abmildern können. Im Gegenteil, er ergeht sich in heftigen Anklagen insbesondere gegen die Amerikaner wegen ihrer Rücksichtslosigkeit in der Frage der Verschiffung von Lebensmitteln von den USA nach England.

Die politische Lage in der feindlichen Koalition entwickelt sich ganz nach unseren Wünschen. Eden muß im Unterhaus zugeben, dass San Francisco für die feindliche Koalition die letzte Chance biete. Würde diese Chance nicht ausgenutzt, dann müsste die Welt in einem Chaos versinken. Es ist interessant, dass Eden in dieser Rede zugibt, dass Englands Politik seit jeher und auch heute noch das Ziel verfolge, in Europa niemals eine Macht zur Herrschaft gelangen zu lassen. Aus diesem Grunde hat natürlich auch England 1939 den Krieg erklärt. Man kann nur nicht verstehen, wie es sich heute das Überhandnehmen der sowjetischen Vorherrschaft in weiten Teilen Europas widerspruchslos gefallen lässt. Eden muss jetzt auch zugeben, dass Grossbritannien jetzt nicht mehr die Herrschaft über die Meere besitzt. Es kann Churchill dafür danken, dass es diese verloren hat, denn die Zunahme der amerikanischen Vorherrschaft auf den Ozeanen ist ja letztlich diesem unseligen Krieg zu verdanken, in den Churchill das englische Empire hineingeführt hat. Die Folgen dieses Krieges in allen Ländern – auch in England – werden von Eden sehr drastisch dargestellt. Überhaupt kann man konstatieren, dass in der englischen öffentlichen Meinung eine Art von Weltkatastrophenstimmung ausgebrochen ist. Eine reine Freude über die militärischen Erfolge im Westen kommt nicht auf.

Roosevelt weigert sich in einer Pressekonferenz, sich auf irgendein Datum des Sieges festzulegen. Offenbar hat unser harter Widerstand im Westen, der jetzt an verschiedenen Stellen wieder in Erscheinung tritt, doch sehr viel zu denken gegeben.

In den USA ist ein starkes Anwachsen des Antisemitismus zu verzeichnen. Die Juden klagen darüber Stein und Bein. Es wird sogar behauptet, dass in bestimmten Teilen der Vereinigten Staaten eine Kritik an der Achsenpolitik gänzlich unerwünscht sei. Roosevelt hat hier nicht viel zu bestellen. Der Isolationismus erhebt wieder sein Haupt. Auch Oberst Lindbergh beginne erneut, politisch aktiv zu werden.

Die USA und England sollen angeblich auf den Kreml einen Druck in der Frage der Verhandlungen über die polnische Regierung ausüben. Der Kreml zeigt sich in dieser Angelegenheit ausserordentlich hartleibig und weigert sich sogar, dem englisch-amerikanischen Vorschlag nachzugeben. Mikolajczyk in den Lublin-Ausschuss aufzunehmen. Stalin stellt Roosevelt und Churchill auf eine sehr harte Probe; aber nach der gegenwärtigen Kriegslage kann er sich das offenbar leisten.

Auch in der Frage der Kündigung des Türkenvertrages ist der Kreml, wie in London zugegeben wird, ohne vorherige Inkenntnissetzung der Engländer vorgegangen. Es wird jetzt kein Hehl mehr daraus gemacht, dass der Kreml die Absicht hat, mit der Kündigung des Türkenvertrages auch die Dardanellenfrage aufzurollen. Die Türkei hat also keinerlei Vorteile dadurch gehabt, dass sie Deutschland den Krieg erklärte. Auch in dieser Frage nutzt Stalin die Gunst der Stunde aus. Er weiss sehr genau, dass sie in absehbarer Zeit nicht mehr so günstig sein wird.

Die Engländer haben sich nun doch dazu aufgeschwungen, die Mörder von Lord Moyne hinrichten zu lassen. Das Judentum ist darüber sehr empört. Es hat hier eine Niederlage erlitten, denn vorher glaubte es, sich stark machen zu können, diese Hinrichtung zu verhindern.

Als Kuriosum verdient am Rande vermerkt zu werden, dass bei den grossen Schauprozessen in Sofia zwei Geistliche weinerlich erklärt haben, dass sie damals bei der Öffnung der Gräber von Katyn dabeigewesen und von uns gezwungen worden seien, Erklärungen zu unseren Gunsten und gegen die Sowjets abzugeben. Das ist eine feige, dummdreiste Lüge, aber was tut der Mensch und nicht auch der Geistliche für sein liebes Leben.

Graf Krosigk legt mir in einem Brief ausführlich auseinander, dass wir jetzt eine positivere und erfolgversprechendere Russlandpolitik betreiben müssten. Wir *[3 Zeilen unleserlich]* Graf Krosigk ist in dieser Frage ausserordentlich naiv. Wenn er wüsste, welche Kämpfe ich in der Russland-Politik schon durchgestanden habe und wie *[4 Zeilen unleserlich]* in Zürich zu einem politischen Streitfall erster Klasse gemacht. Die bürgerliche Schweiz ist dadurch sehr alteriert worden. Sie beginnt nun langsam einzusehen, dass von einer demokratischen Geistesfreiheit unter dem Druck der Strasse nicht mehr die Rede sein kann.

Es verlohnt sich kaum noch, jeden Tag die Serie von Luftangriffen zu verzeichnen, die Stunde um Stunde in das Reichsgebiet hereinprasselt. Eine Abwehr ist praktisch kaum verspürbar. Man kann sich vorstellen, welche Folgen das in der öffentlichen Meinung nach sich zieht.

Der Führer hat jetzt wiederum kategorisch den Befehl gegeben dass die vom Feind bedrohten Westgebiete zu räumen seien. Praktisch ist dieser Befehl überhaupt nicht durchführbar, denn die Menschen gehen einfach nicht weg, und Kräfte, sie dazu zu zwingen, stehen uns nicht zur Verfügung. Es findet sich niemand, weder im Innenministerium noch in der Parteikanzlei, der den Mut hat, das dem Führer in aller Offenheit darzulegen. Und so lässt man das Problem dahinschleppen, das heißt, man tritt auf der Stelle und fügt damit der Staatsautorität natürlich erneut einen schweren Prestigeverlust zu.

Die Lage in Danzig ist ziemlich schauderhaft geworden. Diewerge berichtet mir darüber sehr ausführlich. Danzig beherbergt eine ungeheure Menge von Flüchtlingen, und der Raum, der dafür zur Verfügung steht, wird natürlich immer kleiner. Forster hat rechtzeitig gewarnt, so viele Ostpreussen nach Danzig hineinzubringen; aber es stand uns keine andere Möglichkeit offen, die Menschen aus Ostpreussen überhaupt zu evakuieren.

Ich bin mit meinen Herren an der Arbeit, eine grundlegende Reform des Heeres-Sanitätswesens durchzuführen. Bei der Zusammenschrumpfung unserer Wehrmachteinheiten sind die auf jede Einheit entfallenden Ärzte in ihrer Zahl völlig unberührt geblieben. Infolgedessen hat die Wehrmacht einen Überschuss an Ärzten zu verzeichnen, während das zivile Leben unter einem grossen Ärztemangel leidet. Wir werden deshalb dazu übergehen, Ärzte aus der Wehrmacht in [beacht]lichem Umfange zur Entlassung zu bringen. Die Ärzte in der Wehrmacht selbst müssen nun [nach Vorschlag] von Professor Ratschow in Kursen weiter ausgebildet werden. Sie setzen sich zum grossen Teil aus Medizinstudenten oder Assistenzärzten zusammen, die natürlich über eine weitgehende Ärztepraxis nicht verfügen.

Da mein Besuch an der Oder-Front wegen der militärischen Entwicklung im Küstriner Raum nicht stattfinden kann, habe ich einen Tag frei zum Aufarbeiten all der vielen aufgelaufenen Vorlagen, die bisher unerledigt geblieben sind.

Abends ruft mich General Busse an und teilt mir mit, dass der erste Tag im Küstriner Raum ganz befriedigend verlaufen sei. Er hoffe, dass er mit den sowjetischen Abschneidungsversuchen fertig werden würde. Aber man muss die nächsten Tage noch abwarten, um zu sehen, wie diese Entwicklung sich weiter anlässt.

Im übrigen haben wir am Abend in Berlin wieder unseren gewohnten Mosquito-Angriff, der allerdings diesmal etwas gnädiger abläuft, als das in letzter Zeit immer der Fall war.

24. März 1945 *Sonnabend*

[S. 1-32]

Gestern:

Militärische Lage:

An der Ostfront lagen die Schwerpunkte der Kampfhandlungen wieder in Ungarn, in Schlesien, im Raum Danzig-Gotenhafen und bei Heiligenbeil.

In Ungarn konnte der Feind im Abschnitt zwischen Kisber und Veszprem bis an die Ostausläufer des Bakony-Waldes vordringen. Er steht jetzt östlich von Veszprem. Eigene Gegenangriffe zwischen Kisber und Tovaros drängten die feindlichen Linien etwas zurück. Konzentrische Angriffe richteten die Sowjets gegen den Frontbogen südlich der Donau, der von Tovaros südlich Bannida und Felsögalla bis in die Gegend von Gran verlief. Sie nahmen Bannida und Felsögalla und drängten den Frontbogen in Richtung auf die Donau etwas zurück.

In der Slowakei setzte der Feind seine schwerpunktmässig zusammengefassten örtlichen Angriffe zwischen Altsohl und Neusohl fort. Die Lage blieb im wesentlichen unverändert.

In Schlesien traten die Sowjets im Abschnitt Bauerwitz-Leobschütz-Neustadt i. Schl. zum Großangriff auf das Gebiet Mährisch-Ostrau an. Alle Angriffe konnten indes unter außerordentlich hohen Menschen- und Materialverlusten des Feindes – allein in diesem Abschnitt wurden gestern 143 Sowjetpanzer abgeschossen – zurückgewiesen werden, so daß am ersten Tag des feindlichen Großangriffs auf der ganzen Linie ein voller Abwehrerfolg erzielt wurde. Mit einer Ausweitung der sowjetischen Angriffe aus dem Raum Schwarzwasser heraus ist zu rechnen. Bisher kam es hier lediglich zu regimentsstarken Angriffen, die sämtlich abgewiesen wurden. Die Angriffe des Feindes gegen Breslau und Glogau scheiterten erneut.

Nordwestlich und südwestlich von Küstrin traten die Bolschewisten gestern aus ihrem Brückenkopf heraus zum Angriff an, um Küstrin abzuschneiden und die Besatzung zu vernichten. Auf sowjetischer Seite wurden sechs Schützendivisionen (rund 20 000 Mann) und zwei Panzerbrigaden (etwa 70 Panzer) in den Kampf geführt. 55 Feindpanzer wurden abgeschossen. Der Zugang nach Küstrin konnte weiterhin offengehalten werden.

Im Raum Danzig-Gotenhafen und bei Heiligenbeil setzte der Feind seine Angriffe verstärkt fort. Während bei Heiligenbeil alle Angriffe erfolglos blieben, konnte der Feind zwischen Gotenhafen und Zoppot die Danziger Bucht erreichen. Außerdem erzielte er einen Einbruch bis an den Westrand von Oliva. Alle anderen Angriffe gegen den Frontbogen um Danzig-Gotenhafen wurden unter blutigen Verlusten der Sowjets abgewiesen.

Im Samland lassen die Truppenmassierungen des Feindes auf bevorstehende Angriffe schließen.

In Kurland errangen unsere Truppen gegen die wieder mit sehr starken Kräften angreifenden Bolschewisten einen vollen Abwehrerfolg. Eine sowjetische Division wurde abgeschnitten und geht ihrer Vernichtung entgegen.

An der Westfront setzten die Amerikaner ihre schweren Angriffe im Brückenkopf Remagen fort, ohne diesen gestern weiter ausdehnen zu können. Im Norden kamen sie lediglich bis hart südlich Siegburg, wo am Südrand des Ortes Kämpfe im Gange sind. Im Süden des Brückenkopfes hatte der Feind ebenfalls nur geringe örtliche Erfolge bei Leutesdorf. Nach Osten hin drang der Feind gestern nicht weiter vor.

In Mainz sind die Amerikaner in die Stadt eingedrungen. Sie haben nunmehr das Rheinufer von Koblenz bis nördlich Ludwigshafen in ihrer Hand. Am Westrand von Ludwigshafen sind *[8 Zeilen unleserlich]* so daß der größte Teil des Pfälzer Waldes einschließlich Pirmasens noch in unserer Hand ist. Die im Saargebiet stehenden Truppen, die sich befehlsgemäß abgesetzt haben, sind inzwischen mit der Masse auch des Materials in den eigenen Linien im Raum des Pfälzer Waldes eingetroffen. Westlich von Pirmasens verläuft die neue Frontlinie längs des Westwalles bis Lauterburg. Angriffe gegen diese Westwallstellung wurden sämtlich abgewiesen.

Im Norden der Westfront sollen nach verschiedenen Meldungen die Luftlande-Divisionen Montgomerys absprungbereit sein.

Von der italienischen Front keine besonderen Meldungen.

Die feindliche Lufttätigkeit im östlichen Frontgebiet war wieder sehr lebhaft. Insgesamt wurden gestern 33 Sowjetflugzeuge abgeschossen. Auch über dem westlichen Frontgebiet herrschte sehr rege Tätigkeit feindlicher Tiefflieger, Jagdbomber und zweimotoriger Kampfmaschinen.

Ins Reichsgebiet flogen, von etwa 700 Jägern geschützt, 1200 amerikanische viermotorige Bomber zusammen mit mehreren englischen Kampfverbänden – insgesamt etwa 550 viermotorigen Maschinen mit 400 Jägern als Begleitschutz – in das Münsterland, Ruhrgebiet und den Raum von Siegen ein. U. a. wurden bei den Tageseinflügen Düsseldorf, Duisburg, Gelsenkirchen, Essen, Bochum, Hildesheim, Bremen und Oldenburg angegriffen.

Aus Italien flogen etwa 600 viermotorige Bomber in zwei Gruppen ein. Die erste Gruppe führte einen Angriff auf Wien mit vereinzelten Bombenabwürfen auf Graz. Die zweite Gruppe griff Schwarzheide und Lauterburg an. In der Nacht richteten sich Störangriffe gegen Berlin und Paderborn. In der Deutschen Bucht verminte der Feind. Etwa 100 britische Bomber griffen von Italien kommend Villach an.

Bei Tage wurden durch Jäger 15 und durch die Flak 23 Abschüsse erzielt. In der Nacht ein Abschuß durch Jäger, drei weitere durch die Flak.

*

Die Engländer machen sich von der Betrauung Kesselrings eine etwas naive Vorstellung. Sie glauben, er habe vom Führer den Auftrag erhalten, die deutsche Kapitulation vorzubereiten. Das Gegenteil ist natürlich der Fall. Kesselring wird allerdings zur Bereinigung der Verhältnisse im Westen eine längere Zeit und vor allem Truppen und Waffen nötig haben. So wie die Dinge jetzt liegen, ist es nahezu ein Ding der Unmöglichkeit, im Westen wieder zu einer absolut festen und stabilen Front zu kommen.

Wie schnell die Feindseite arbeitet, ist daraus zu ersehen, dass jetzt bereits die englisch-amerikanischen Bomberverbände von den deutschen Flugplätzen gestartet werden. Unser Rückzug ist ja auch so schnell gegangen, dass wir kaum etwas zerstören konnten. Der Feind war in der Lage, unsere gesamten Einrichtungen auch auf den Flugplätzen in gebrauchsfertigem Zustande zu nehmen.

»Rottet das deutsche Volk aus!«, lautet wieder neuerdings die Parole, die aus England uns entgegenschallt, »Und zwar möglichst schnell, und auch die Frauen und Kinder!«. Die englischen Kriegshetzer sind immer noch nicht zur Vernunft gekommen. Ich glaube, sie wären in der Lage, die ganze Welt in Brand zu stecken, um ihr Ziel der Vernichtung des deutschen Volkes zu erreichen. Dass unterdes das englische Empire in seinen Fugen zittert und über kurz oder lang in schwerste Bedrängnis geraten wird, das interessiert diese britischen Jingos nicht. Die Kündigung des russisch-türkischen Paktes beispielsweise müsste eigentlich für die englische Politik ein Alarmsignal erster Klasse sein; in Wirklichkeit aber meldet sich die Londoner Presse in dieser Frage kaum zu Wort. Hier und da weist eine am Rande liegende Zeitschrift darauf hin, dass die Dardanellen einen neuen Zankapfel zwischen den Sowjets und den Angloamerikanern hergeben könnten; aber Stalin wird sich dadurch wenig beirren lassen. Mit bittersüssem Lächeln geben die Engländer sogar zu, dass sie nicht einmal vorher orientiert worden seien, dass der Kreml die Absicht habe, den sowjetisch-türkischen Pakt aufzukündigen.

In Ankara hat man nur wenig Dank für den Beitritt zum Lager der Feindmächte gegen uns geerntet. Man ist sich jetzt klar darüber, dass die Sowjets über kurz oder lang die Dardanellen-Frage mit aller Gründlichkeit aufrollen werden; ja, die Sowjets lassen bereits die Öffentlichkeit durch ihre Kanäle wissen, dass sie die Absicht haben, überhaupt alle Verträge, die bis zum Jahre 1925 mit der Sowjetunion abgeschlossen worden seien, zu kündigen oder zu annullieren, da sie dem gegenwärtigen Machtstand und dem Stand der militärischen Dinge nicht mehr entsprächen.

Ribbentrop gibt auf seinem sogenannten Mittwoch-Empfang eine Erklärung zur Frage der Aufkündigung des türkisch-sowjetischen Paktes. Diese Erklärung ist von einer entwaffnenden Bedeutungslosigkeit. Sie enthält nur vier, fünf Sätze, die schon seit Tagen in jeder deutschen Zeitung zu lesen standen. Das Auswärtige Amt tut so, als sei mit dieser Erklärung eine Sensation verbunden, und zwar deshalb, weil Ribbentrop in pythischen Worten hinzugefügt hat, dass die Türken Deutschland nicht der Aggression beschuldigen sollten, sonst würden sie ihrer durch entsprechendes Material selbst überführt werden. Ribbentrop benimmt sich heute so, als wenn er noch der Außenminister der transzendentalen Macht des Weltalls wäre. In Wirklichkeit nimmt von seiner Erklärung kein Mensch Notiz, und sie findet auch in der internationalen Presse nicht den geringsten Widerhall.

Wichtiger sind schon einige Stimmen der merkantilen Zeitschriftenpresse in England. So schreibt zum Beispiel der »Economist«, dass die Dardanellen einen empfindlichen Punkt für England darstellten, und fügt an anderer Stelle hinzu, dass die gegen Deutschland geschmiedeten Hass- und Vernichtungspläne keine Substanz besässen. Es sei nicht möglich, das Rheinland beispielsweise vom Reich abzutrennen. Das Reich müsse eine Einheit bleiben, wenn Europa überhaupt wieder konsolidiert werden solle.

Es verdient nur am Rande bemerkt zu werden, dass einige wenige Stimmen in London vernehmbar werden, die erklären, dass die Kluft zwischen Moskau und dem Westen unüberbrückbar werde, wenn Moskau sich nicht bereit finden lasse, in der Polen-Frage nachzugeben. Die Konferenz von San Francisco sei dazu der letzte Termin. Diese Konferenz wird wahrscheinlich entweder gar nicht stattfinden oder auslaufen wie das Hornberger Schiessen. Schon allein die Tatsache, dass 5000 Delegierte sich dazu versammeln, ist Beweis genug dafür, dass nichts Respektables dabei herauskommen wird.

Wir wollen nunmehr eine stärkere Propaganda gegen das Seydlitz-Komitee starten, insbesondere bei den Soldaten der Ostfront. Dieses Komitee macht sich wieder bemerkbar. Es tritt immer dann in Erscheinung, wenn der deutsche Widerstand an der Front härter wird. Sobald aber die Sowjets ins Marschieren kommen, werden die Seydlitz-Generäle wie ausgepresste Zitronenschalen zu Boden geworfen. Es handelt sich bei diesen Generälen um typische Bürger, die dem Bolschewismus gegenüber überhaupt völlig schimmerlos sind. Genau wie der finnische Ministerpräsident Paasikivi, der in einem Interview in der englischen Presse ausdrücklich bestreitet, dass die finnischen Wahlen unter Sowjetdruck gestanden hätten. Er behauptet, daß in Finnland völlige Ruhe und Prosperität herrsche und dass das Land einer aussichtsreichen Zukunft entgegengehe. Dem Mann ist nicht zu helfen. Er wird wahrscheinlich erst das Wesen des Bolschewismus endgültig verstehen lernen, wenn er in das Genick geschossen wird.

Roosevelt hat Flynn als Sondergesandten zum Papst gesandt. Offenbar will Roosevelt die katholische Kirche für sich gewinnen. Der Papst soll nach der Konferenz von Jalta sehr ungehalten den Angloamerikanern gegenüber gewesen sein. Aber es könnten hier auch noch andere Überlegungen mitspielen. Die Amerikaner sind im Hintergrunde eifrig tätig, nicht nur die Sowjets, sondern auch die Engländer aus dem internationalen Spiel mehr und mehr herauszueskamotieren. Das scheint auch der spanische Staatschef Franco gemerkt zu haben, und er verfolgt offenbar die Absicht, an der Seite der USA in den Krieg gegen Japan einzutreten. Aus diesem Grunde hat er eine ausserordentlich scharfe Protestnote an Tokio gerichtet wegen der Behandlung spanischer Bürger auf den Philippinen. Franco versucht auf jede nur erdenkliche Weise, sich in das grosse Spiel einzumischen, und nachdem ihm das mit England misslungen ist, England ausserdem augenblicklich auch zu wenig Macht besitzt, um ihm den nötigen Schutz angedeihen zu lassen, unternimmt er nunmehr einen erneuten Versuch mit den Vereinigten Staaten.

Die Angloamerikaner haben wieder furchtbar aus der Luft gewütet. Die Serie von schrecklichen Angriffen auf das Reichsgebiet hört nicht auf. Die schöne Stadt Hildesheim ist bei einem einzigen englischen Terrorangriff ein einziges Trümmerwrack geworden. Mir wird berichtet, daß die Stadt 40 000 Obdachlose aufzuweisen habe. Wahrscheinlich hat sich dort eine neue Katastrophe abgespielt.

Parbel berichtet mir von einer Reise nach dem Westen, die er zusammen mit Stuckart und Klopfer unternommen hat und bei der eine Reihe von Zusammenkünften mit den westlichen Gauleitern stattgefunden haben. Bei diesen Besprechungen ist von Stuckart festgestellt worden, dass wir jetzt etwa 19 Millionen Umquartierte zählen. Die Gauleiter im Westen bestreiten energisch, dass eine weitere Evakuierung überhaupt möglich sei, und sehen sich ausserstande, den entsprechenden Befehl des Führers auszuführen. Sie sind froh, wenn sie Soldaten und Waffen und die nötigsten Rüstungsgüter zurückbringen. Ausserordentlich verhängnisvoll ist auch das Problem der ausländischen Arbeiter. Lässt man sie in den vom Feind besetzten Gebieten, so werden die westlichen Arbeiter gleich zu Infanterieregimentern zusammengestellt und die Ostarbeiter in die Rüstungsindustrien hineingesteckt. Wir vermehren dadurch das militärische und wirtschaftliche Kriegspotential des Feindes in einer fast unerträglichen Weise. Ausserordentlich kritisch ist im Westen die Ernährungslage geworden. Viele Städte sind schon seit Tagen oder seit Wochen ohne Brot. Man kann sich vorstellen, welche Folgen auch psychologischer Art das nach sich zieht. Sehr harter Kritik begegnet bei den westlichen

Gauleitern die Reichsbahn. Sie ist in einen so verzweifelten Zustand hineingeraten, dass sie nicht einmal mehr in der Lage ist, das notwendigste Rüstungsgut zu transportieren. Die Dezentralisation unserer Rüstungsindustrie, die infolge des Luftkrieges vorgenommen worden ist, wird jetzt unsere Achillesferse, da die Reichsbahn nicht mehr in der Lage ist, die für unsere Waffen benötigten Einzelteile an die gewünschte Stelle zu bringen. Die Partei stellt sich bereit, hier helfend einzugreifen, und wehrt sich dagegen, dass Speer Hunderttausende untätiger Menschen im Westen herumsitzen hat, die auf feindliche Luftangriffe warten sollen, um die Verkehrsschäden wieder zu beheben. Die Partei ist der Meinung, dass das durch die örtliche Bevölkerung ebenso gut, wenn nicht besser und schneller geschehen könnte. Bei der Reichsbahn fällt erschwerend ins Gewicht, dass ihre Führung von einer gewissen Resignation erfüllt ist. Der Apparat ist zu alt und zu unbeweglich, um den neuen schrecklichen Bedingungen noch Rechnung zu tragen. Der Luftkrieg ist im Westen das A und O. Immer wieder wird betont, dass, wenn wir dem Feind auch nur eine halbwegs nennenswerte Abwehr entgegenzustellen hätten, das Problem des Haltens einer Verteidigungslinie leicht gelöst werden könnte. Die Bevölkerung hat in den von den Angloamerikanern besetzten Gebieten, wie die Gauleiter offen zugeben, vielfach weisse Fahnen gehisst. Das ist aber darauf zurückzuführen, dass sie nicht noch den letzten Rest ihrer Häuser und Wohnungen verlieren wollte. Von Kapitulation zwar spricht im Augenblick auch im Westen niemand; aber jeder möchte, dass, wenn der Krieg schon in seine Nähe

Von einer ähnlichen Stimmungslage berichten die Reichspropagandaämter aus dem gesamten Reichsgebiet. Der Glaube an den Sieg sei in den meisten Teilen des deutschen Volkes endgültig dahin. Man frage sich, ob eine Gegenoffensive im Osten überhaupt noch möglich sei. Für die Chancen unserer Luftverteidigung gibt man gar nichts mehr. Gegen den Reichsmarschall sei ein ausgesprochener Haß festzustellen. Von seiner ehemaligen Popularität sei nicht das geringste übriggeblieben. Aber die Kritik wage sich jetzt auch an die Gesamtführung und leider auch an die Person des Führers selbst heran. Zwar tue das Volk noch alles, um der Führung bei der weiteren Fortsetzung des Krieges zu helfen – keiner lasse es an Arbeit und an Kampfesmut fehlen –; aber Hoffnung auf ein glückliches Ende des Krieges bestehe fast nirgendwo mehr. Es ist übrigens bezeichnend, dass die Flüchtlinge aus dem Osten eine bessere Haltung zur Schau tragen als die aus dem Westen. Die aus dem Westen sind zu stark von Luftangriffen mitgenommen, als dass ihre Moral noch völlig intakt sein könnte.

In der ganzen Bevölkerung ist die Sorge um die Ernährung vorherrschend. Man erwartet weitere, sehr harte Rationierungseinschränkungen, und zwar für die nächste Zeit.

Die Feindagitation beginnt sich im deutschen Volke unliebsam bemerkbar zu machen. Die angloamerikanischen Flugblätter werden nicht mehr achtlos beiseitegelegt, sondern aufmerksam gelesen, und auch die englischen Sender finden ein sehr dankbares Publikum. Demgegenüber hat unsere Propaganda einen schweren Stand, sich durchzusetzen.

Ich vernehme mit Freude, dass meine Rede in Görlitz in weitesten Teilen des Volkes einen tiefen Eindruck hinterlassen hat.

Ich stelle nunmehr unsere Propaganda wieder mehr auf Kleinarbeit um. Ich bespreche mich zu diesem Zwecke mit meinen Propagandamitarbeitern in der Partei und im Staat. U. a. wollen wir eine Reihe von Weissagungen, die im Volke augenblicklich eine grosse Rolle spielen, publizieren. Auch soll die Klebezettel- und Kettenbrief-Propaganda weiter intensiviert werden. Was tut man nicht alles in dieser kritischen Zeit, um das Volk bei guter Stimmung zu halten!

Auch aus den bei mir eingelaufenen Briefen ist eine tiefe Apathie und Resignation festzustellen. Auch hier ist überall von der Führungskrise ganz offen die Rede. Göring, Ley und Ribbentrop erfreuen sich der ausgesprochenen Ablehnung aller Briefschreiber. Leider wird jetzt auch der Führer mehr und mehr bei kritischen Ausstellungen genannt. Wenn ich in den an mich gerichteten Briefen etwas besser davonkomme, so darf man das nicht überschätzen. Das ist alles relativ zu sehen. Ich glaube auch, dass meine eigene Arbeit heute nicht mehr absolut durchschlagend ist. Verhängnisvoll erscheint mir die Tatsache, dass nun die Kritik weder vor der Person des Führers haltmacht noch vor der nationalsozialistischen Idee und der nationalsozialistischen Bewegung. Auch viele Parteigenossen fangen jetzt an, wankend zu werden. Alle Rückschläge werden einhellig auf die Luftüberlegenheit der Angloamerikaner zurückgeführt. Mit den Sowjets wollte man schon fertig werden, wenn man wenigstens in der Luft wieder klare Luft schaffte. Die veröffentlichten sowjetischen Greueltaten haben allüberall Wut und Rache hervorgerufen. Die Tatsache, dass wir nunmehr auch die politischen Krisenstoffe im Feindlager in unserer Presse und im Rundfunk zu Wort kommen lassen, beginnt sich allmählich positiv auszuwirken. Hier sieht das Volk wenigstens einen kleinen blauen Flecken von Hoffnung am verdüsterten Horizont erscheinen.

Ich habe eine längere Unterredung mit General von Gottberg über die schnellere Einziehung der von mir freigestellten u.k.-Kräfte aus Wehrmacht, Rüstung, Reichsbahn usw. General von Gottberg glaubt, dass er dieser Kalamität durch neue Erlasse beikommen könnte. Das bestreite ich energisch. Erlasse haben wir genug. Was uns fehlt, das sind energische Männer, die an Ort und Stelle gleich zu Taten schreiten. Ich fordere deshalb von Gottberg auf, einen Mann in meinen Stab für den totalen Kriegseinsatz zu delegieren, der von mir unmittelbar Aufträge empfangen kann, und im übrigen den Verbindungsmann zu allen Gauleitern zu bestellen, damit die von den Gauleitern freigestellten Frontkräfte insbesondere aus der Wehrmacht möglichst schnell auch an die Front gebracht werden können.

General Reymann berichtet mir, dass die Durchführung der von mir vorgeschlagenen Auspolsterung der hinter der Front gelegenen 50-km-Zone durch Ersatzeinheiten für Berlin insofern eine unangenehme Auswirkung habe, als nunmehr die in

Berlin stationierten Schulen mit ihren Waffen nach dem Osten abgehen sollen. Das werde ich nach Möglichkeit zu verhindern suchen, denn Berlin ist ja eine Frontstadt im ausgesprochenen Sinne des Wortes, und wenn man uns die Führungskräfte hier wegnimmt, dann können wir nicht einmal den Volkssturm mehr ausbilden, geschweige, dass wir für den Ernstfall Soldaten und Waffen zur Verfügung haben.

In einem neuen Leitartikel trage ich noch einmal in einer beruhigenden Weise und mit einer absolut sicheren und souveränen Tendenz die Argumente vor, die dem deutschen Volke noch Hoffnung auf den Sieg verleihen können.

Abends haben wir wieder unseren regulären Mosquito-Angriff.

Ich habe in den letzten Tagen das Buch von Thomas Carlyle über Friedrich den Großen gelesen. Diese Biographie ist ausserordentlich lehrreich und erhebend. Carlyle ist ein glühender Verehrer Friedrichs des Großen, und er schildert sein Leben wie ein Heldenepos. Aus dieser Schilderung kann man wieder ersehen, in welche kritischen Lagen der grosse preussische König manchmal gesteckt hat und mit welch einer souveränen inneren Gelassenheit und welch einem bewundernswerten Stoizismus er sie immer gemeistert hat. Auch er glaubte manchmal an seinem guten Stern verzweifeln zu sollen; aber wie es meistens in der Geschichte so ist, so ging auch ihm in der dunkelsten Stunde ein heller Stern auf, und Preussen wurde gerettet in einer Situation, in der er schon fast alle Hoffnung aufgegeben hatte. Aus welchem Grunde sollten wir nicht auf eine ähnliche wunderbare Wendung der Dinge hoffen können!

25. März 1945 *Sonntag*

[S. 1-30]

Gestern:

Militärische Lage:

Im Osten lag der Schwerpunkt der Kämpfe wieder im ungarischen Raum, in Schlesien, im Raum von Küstrin und in den Brückenköpfen von West- und Ostpreußen.

Nördlich des Plattensees drangen die Bolschewisten über Veszprem etwa 10 km weiter nach Westen vor. Die Angriffe gegen unsere Stellung südlich von *[1 Wort unleserlich]* scheiterten. Zwischen Dorog und Tovaros engte der Feind unseren Brückenkopf auf dem Südufer der Donau in heftigen Angriffen ein, während wir den kleinen Gran-Brückenkopf des Feindes weiter zusammendrängten.

In der Slowakei lebte die Kampftätigkeit auf. Westlich von Neusohl und westlich von Briesen gewannen die Bolschewisten geringfügig an Boden.

In Schlesien setzte der Feind seine Großangriffe zwischen Bauerwitz-Leobschütz bis in die Gegend von Neisse mit stärksten Kräften fort. Unsere Verbände errangen einen vollen Abwehrerfolg, wiesen alle Angriffe bis auf geringfügige Einbrüche ab und vernichteten 112 Panzer. Die Angriffe gegen Breslau waren etwas schwächer; dagegen lebte das Artilleriefeuer wieder auf. In der Stadt entstanden mehrere Brände. Im Kampfabschnitt Küstrin zog der Feind neue Verstärkungen heran, nachdem er gleich am ersten Kampftag außerordentlich hohe Verluste gehabt hat. Trotz der herangeführten neuen Kräfte ließ die Angriffswucht gestern etwas nach. In diesem

Kampfabschnitt wurden am Vortage 116 und gestern 66 Sowjetpanzer abgeschossen. In Anbetracht des starken Menschen- und Materialeinsatzes der Sowjets waren die vom Feind erzielten Erfolge außerordentlich gering. Er konnte seine beiden Brückenköpfe nordwestlich und südwestlich von Küstrin nur um einige 100 Meter ausweiten. Zwischen den beiden Brückenköpfen war dem Feind auf einer Breite von etwa 500 m die Verbindung gelungen. OKH meldet, dass der Zugang nach Küstrin wiederhergestellt sei.

Außerordentlich stark waren wieder die Angriffe des Feindes gegen Danzig und Heiligenbeil. Nördlich von Gotenhafen gelangte der Feind bis an den nördlichen Stadtrand. Zoppot ging in seinen Besitz über. Alle anderen Angriffe wurden unter erheblichen Verlusten für den Feind zerschlagen. Auch die Angriffe gegen Heiligenbeil scheiterten sämtlich.

In Kurland setzten die Sowjets ihre Durchbruchsversuche bei Frauenburg und im Abschnitt zwischen Frauenburg und Mitau ergebnislos fort. Sie erzielten lediglich geringfügige örtliche Einbrüche, die zum Teil in Gegenstößen wieder bereinigt wurden.

Im Westen haben die Angloamerikaner an der gesamten Front den Generalangriff begonnen. Nach stärkstem Artilleriefeuer und schweren Bombenschlägen überschritt der Feind in der Nacht beiderseits Wesel den Rhein und bildete auf dem rechten Flußufer einen Brückenkopf. Im Brückenkopf von Linz, der sich jetzt im Süden bis Neuwied und im Norden bis an den Unterlauf der Sieg erstreckt, halten die schweren Angriffe ebenfalls ununterbrochen an, ohne daß der Feind den Brückenkopf wesentlich erweitern konnte. Die Siegfront liegt unter stärkstem feindlichen Artilleriefeuer.

Bei Freiweinheim – zwischen Mainz und Bingen – nebelt der Feind sich ein. In Mainz dauern die heftigen Straßenkämpfe an.

Bei Oppenheim setzten die Amerikaner schwere Panzer über den Rhein und stießen in den Raum Groß-Gerau und westlich von Darmstadt vor. Groß-Gerau wurde von ihnen besetzt. Eigene Eingreifreserven sind im Anrollen.

In Ludwigshafen drang der Feind in den Stadtkern ein und stieß weiter südlich bis Speyer vor, das in seine Hand fiel. Von Landau nach Süden vordringend, gelangte der Feind bis in die Gegend östlich Bergzabern und steht damit im Rücken des Westwalles. Von unseren Truppen im Pfälzer Wald sind drei Divisionen bereits durch die feindlichen Linien durchgestoßen und haben eine neue Auffangfront gebildet, die etwa von der Straße südlich Speyer-Landau begrenzt wird und dann von Landau nach Süden den Westwall erreicht. Die noch im Gebiet des Pfälzer Waldes befindlichen deutschen Kräfte werden wahrscheinlich durchkommen können, da der Feind hier noch nicht allzu stark ist.

Von der italienischen Front liegen keine neuen Meldungen vor.

Im östlichen Frontraum herrschte auf beiden Seiten starke Lufttätigkeit. Auch gestern wurden wieder mehrere Kraftfahrzeuge, Panzer usw. aus der Luft abgeschossen und 34 Sowjetflugzeuge zum Absturz gebracht.

Im westlichen Frontraum war die Tätigkeit der feindlichen Jagdbomber, Tiefflieger und zweimotorigen Kampfverbände entsprechend den Kampfhandlungen auf der Erde sehr lebhaft.

Ins Reichsgebiet flogen 1100 amerikanische viermotorige Bomber mit Jagdschutz sowie zwei schwächere Bomberverbände zu Angriffen mit Schwerpunkt Münsterland und Rhein-Main-Gebiet ein. 600 amerikanische viermotorige Bomber aus Italien griffen die Räume Groß-Wien, Schwarzheide und Ruhland an. Ein kleiner Verband von etwa 50 Bombern war über dem Raum von Innsbruck. Vormittags flogen sowjetische Kampf- und Schlachtflieger bis in die Gegend von Bernau und Eberswalde. Am Tage wurden 18 Feindflugzeuge abgeschossen.

In der Nacht erfolgte der übliche Störangriff auf Berlin, wo drei Mosquitos abgeschossen wurden. Stärkere nächtliche Störtätigkeit zur Vortäuschung von Kampfverbänden. Außerdem waren 110 Fernnachtjäger unterwegs.

Bei den Tagesangriffen wurden u. a. Bremen, der Raum Bocholt, Münster, Osnabrück, Rheine, Dinslaken, Hagen und zahlreiche Orte im Ruhrgebiet angegriffen. Spezialverbände griffen eine Weserbrücke im Raum Nienburg an und beschädigten sie.

*

Die militärische Lage im Westen ist in ein ausserordentlich kritisches, fast tödlich erscheinendes Stadium hineingeraten. Nicht nur, daß Patton in Richtung auf Darmstadt einen neuen Rheinübergang erzwungen hat, nunmehr sind auch die Engländer und Kanadier zum entscheidenden Großangriff am Niederrhein angetreten und haben hier bereits einen Überraschungserfolg erzielt. Sie konnten den Rhein auf breiter Front überschreiten; ausserdem haben sie Fallschirmtruppen angesetzt und versuchen mit dieser zusammengefassten Streitmacht, nördlich des Ruhrgebietes vorzudringen. Es ist nicht zu bestreiten, dass damit für uns eine außerordentlich kritische Situation entstanden ist. Es stimmt zwar nicht, was das Hauptquartier Pattons behauptet, dass seine Truppen auf keinen Widerstand stossen, ebensowenig wie die Kanadier und Engländer ohne Widerstand nördlich des Ruhrgebietes vorstossen können; immerhin aber hat der Feind jetzt drei außerordentlich gefährliche Brückenköpfe östlich des Rheins, und er wird sicherlich bestrebt sein, von hier aus, insbesondere von dem Brückenkopf Montgomerys und dem Remagener Brückenkopf aus, das Ruhrgebiet nach beiden Seiten zu umfassen. Außerdem ist noch der gefährliche Vorstoss in Richtung Darmstadt zu verzeichnen, der unseren dortigen Raum in eine ausserordentlich kritische Situation hineinbringt. Es entsteht nun die Frage, ob der Rhein zu halten sein wird. Damit ist der Krieg im Westen in seine entscheidende Phase eingetreten. Es hängt nunmehr von der Widerstandskraft und Moral unserer Soldaten und von der Schnelligkeit unserer Zuführungen ab, ob diese entscheidende Kriegsphase im Westen von uns halbwegs gewonnen werden kann. Die Schlacht am Niederrhein scheint mir im Augenblick die bedeutendste zu sein. Die Engländer und Kanadier haben ja in der Reserve gestanden und sicherlich eine Unmenge von Material angehäuft. Ihre Divisionen befinden sich in bester Verfassung und werden sicherlich alles daransetzen, hier zu einem entscheidenden Erfolg zu kommen.

In London spricht man bereits von der letzten Schlacht dieses Krieges, die nunmehr angebrochen sei. Man will unter allen Umständen in wenigen Wochen Schluss machen, vor allem, da die kritische politische Entwicklung des Krieges nunmehr der westlichen Feindseite ausserordentlich viel Kopfschmerzen bereitet. Man sucht über diese Entwicklung durch militärische Erfolge hinwegzukommen. Man vergleicht Kesselring mit Groener am Ende des ersten Weltkrieges oder mit Weygand in der entscheidenden Phase der Schlacht um Frankreich im Jahre 1940. Man gibt auch offen zu, dass man die Absicht habe, das Ruhrgebiet nicht frontal zu nehmen, sondern es von beiden Seiten zu umfassen. Das Absetzen von Luftlandetruppen wird als Racheakt für Arnheim gekennzeichnet. Es wäre schön, wenn es uns gelänge, dieses Unternehmen genauso zu zerschlagen wie das von Arnheim.

Montgomery wendet sich nach altem Brauch mit einem pompösen, an Zynismus nicht mehr zu überbietenden Appell an seine Truppen. Er hat im Geiste den Rhein völlig überschritten und ist in die norddeutsche Tiefebene vorgedrungen. Er spricht von der letzten Runde des Krieges, die nun angebrochen sei, und bemerkt mit einer Schnoddrigkeit ohnegleichen, daß es interessant sei, festzustellen, wie lange das deutsche Volk die pausenlosen Luftbombardements noch aushalten könne. Im übrigen wünscht er seinen Truppen Weidmannsheil in Deutschland. Dieser Montgomery ist ein Kerl ohne Gehirn; aber nicht nur das, er besitzt auch nicht die geringste Regung eines männlichen Herzens. Wenn die Engländer sich seit jeher soviel auf ihre kämpferische Fariness einbilden – in diesem Kriege beweisen sie, dass sie davon auch nicht eine Spur besitzen.

Am Abend teilen die Engländer mit, daß es ihnen gelungen sei, den Rhein in breiter Front zu überschreiten. Die Luftlandetruppen hätten nur geringen Widerstand gefunden. Es sei also anzunehmen, dass ihre Operation bereits gelungen sei. Churchill befindet sich bei Montgomery. Das lässt dieser alte Verbrecher sich nicht nehmen, bei so einer entscheidenden Aktion mit dabei zu sein und das grosse Wort zu führen.

Die britischen Bomber haben in den letzten Tagen Den Haag angegriffen und dort furchtbare Verwüstungen und Menschenopfer hervorgerufen. Die britische Regierung redet sich nun darauf hinaus, dass das ein Irrtum gewesen sei. Als wir Rotterdam aus ausgesprochen militärischen Zwecken bombardieren mussten, haben die Engländer daraus ein Riesengeschrei gemacht, und von diesem Bombardement leiteten sie die moralische Berechtigung ab, das Deutsche Reich kurz und klein zu schlagen. Wenn sie dagegen eine friedliche Stadt bombardieren, so ist das auf einen Irrtum zurückzuführen.

In den Vereinigten Staaten macht sich eine sehr interessante Entwicklung bemerkbar, nämlich, dass man immer mehr dafür plädiert, Deutschland mildere Friedensbedingungen aufzuerlegen, und hinzufügt, dass Roosevelt fürchte, dass sonst das deutsche Volk ein Geschwür am Leibe Europas, ja, der ganzen Menscheit werden würde. Roosevelt sieht sich zu einem solchen Vorgehen auch insofern veranlasst, als der USA-Senat ihm nun doch sehr starke Schwierigkeiten bezüglich seiner aussen- und weltpolitischen Bindungen macht. Es wird jetzt schon in aller Form in Senatskreisen erklärt, dass eine Zweidrittelmehrheit für die in Jalta gefassten aussenpolitischen Beschlüsse nicht zu finden sein werde.

In Tokio stellt man die von den Spaniern behaupteten Greueltaten an spanischen Staatsbürgern auf den Philippinen sehr energisch in Abrede. Ich glaube auch, dass nichts daran sein wird. Franco hat eine ihm günstig erscheinende Gelegenheit ergriffen, um sich, nachdem er bei den Engländern nicht gelandet ist, auf die Seite der Amerikaner hinüberzuschlagen. Die Japaner begründen auch das Verfahren Francos mit USA-Treibereien.

In Calabrien und Apulien sind schwere kommunistische Unruhen ausgebrochen. Die Regierung Bonomi ist nicht in der Lage, damit fertig zu werden. Sie ist eine der unfähigsten und machtlosesten Regierungen, die wir heute in ganz Europa verzeichnen. Aber den Engländern und Amerikanern ist es ja bekanntlich sehr angenehm, in den von ihnen besetzten Ländern möglichst ohnmächtige Regierungen zu besitzen.

In London ist man ausserordentlich bestürzt über die nunmehr vom Kreml inaugurierte Dardanellen-Politik. Die Blätter erklären mit allem Ernst, dass nun das Mittelmeer kein britisches Idyll mehr darstelle und dass England sich darauf gefasst machen müsse, um die Herrschaft im Mittelmeer nunmehr, nachdem Italien ausgeschaltet sei, mit den Sowjets in Konkurrenz zu treten. In Ankara ist man natürlich ausserordentlich nervös geworden. Man weiss, dass, wenn die Sowjets massiv werden, man ihnen nichts Nennenswertes entgegenzusetzen hat.

Mittags ist Gauleiter Koch bei mir zu Besuch, um mir Vortrag zu halten über die Lage in Ostpreussen. Unsere dortigen Divisionen kämpfen mit einer Bravour ohnegleichen; aber sie werden sich doch auf die Dauer nicht halten können, weil es ihnen an Material und auch an Lebensmitteln fehlt. Die Artilleriemunition ist so knapp geworden, dass die einzelnen Geschütze am Tage im Höchstfalle drei bis vier Schuss abgeben können. Im Samland dagegen steht die Situation etwas günstiger. Hier hat man mehr Operationsraum zur Verfügung. Koch plädiert deshalb dafür, daß die im Restteil Ostpreussens operierenden Divisionen nach dem Samland und zum Schutze von Königsberg übergeführt werden, da sie sich dort auf eine viel längere Zeit halten könnten.

Die Partei hat in Königsberg sehr umfangreiche Verteidigungsmassnahmen getroffen, die zum Teil auch für uns in Berlin vorbildlich sein können. Ich schicke deshalb den Parteigenossen Hartung von der Gauleitung mit nach Königsberg, damit er dort an Ort und Stelle diese Verteidigungsanlagen studiert, um daraus Lehren für unsere Berliner Verteidigungsanlagen zu ziehen.

Koch behauptet, dass die Sowjets in Ostpreussen ausserordentlich hohe Verluste erleiden. Er spricht sogar von einer Million Toten, die sie bisher zu verzeichnen hätten. Ich halte diese Zahl für reichlich übertrieben; immerhin aber ist anzunehmen, dass Stalin für die Eroberung Ostpreussens schwer Federn lassen muss. Überhaupt muss es ja im Augenblick die Generaltendenz unserer Kriegführung sein, dem Feind so schwere Blutopfer wie nur möglich abzuzwingen.

Der Festungskommandant von Königsberg ist ein General Lasch, über den Koch sehr klagt. Er trage seinen Namen zu Recht. Aber Koch hat sich selbst um die Vorbereitung der Verteidigungsbereitschaft sehr bekümmert; und es ist wohl anzunehmen, dass, wenn der Kampf um Königsberg unmittelbar beginnt, die Sowjets hier auf einen erbitterten Widerstand stossen werden.

Wir haben wieder eine tolle Luftangriffsserie während der vergangenen 24 Stunden zu verzeichnen. Wiederum waren besonders das Ruhrgebiet und Bremen an der Reihe.

Einen furchtbaren Bericht erhalte ich aus Hildesheim. Diese schöne alte Stadt ist dem Erdboden gleichgemacht. Im Luftkrieg ist kein Ende abzusehen. Unsere neuen Jäger kommen zu spät, und sie treten dazu heute erst in einer so geringen Anzahl auf, daß die von ihnen erzielten Erfolge nicht zu Buch schlagen.

Mittags haben wir auch auf Berlin wieder einen schweren Bombenangriff, und zwar auf Lankwitz, Marienfelde und Mariendorf. Hier werden vor allem die Industrieanlagen, und zwar Stock & Co., Askania und Siemens angegriffen. Die Schäden, die hier angerichtet werden, sind sehr erheblich, vor allem für unsere Berliner Rüstungsproduktion. Man weiss kaum noch, wo eigentlich unsere schweren Waffen produziert werden können. Der Bahnhof von Mariendorf ist dem Erdboden gleichgemacht worden. Hier sind viele Verschüttete zu verzeichnen. Auch die Verkehrsschäden, die durch diesen Angriff von 250 amerikanischen Bombern angerichtet werden, werden uns sicherlich eine ganze Zeit lang schwer zu schaffen machen. Dabei waren wir gerade im Begriff, die am vergangenen Sonntag angerichteten Schäden so langsam zu überwinden. Der Verkehrssektor ist augenblicklich am schlimmsten dran. Er leidet enorm, auch durch die abendlichen Mosquito-Angriffe. Immer wieder werden dort wichtigste Strecken unterbrochen und dadurch das ganze Verkehrswesen der Reichshauptstadt auf die Dauer ausserordentlich verengt.

Die für das Wochenende vorliegende Berliner Verteidigungsbilanz ist leider etwas abgesunken. Aus der Reichshauptstadt sind beachtliche Truppenkräfte mit ihren Waffen herausgezogen worden. Ausserdem sind die fertiggestellten oder noch zu fertigenden schweren Waffen in den einzelnen Produktionsstätten abgesunken, und zwar, weil sie am Monatsende meistens abgeliefert werden müssen. Aber ich hoffe, dass das in der nächsten Woche besser werden wird.

Ich bin jetzt dabei, zusammen mit der Organisation von Obergruppenführer Gottberg die Einziehungen der freigestellten u.k.-Kräfte wesentlich schneller durchzuführen. Es soll jetzt auch eine Überprüfung der OT und des Reichsarbeitsdienstes vorgenommen werden. Man hofft, daß diese grössere Ergebnisse zeitigen wird, denn diese beiden Organisationen enthalten noch starke Kontingente von u.k.-Gestellten.

Wir haben in Berlin eine zweitägige Überprüfung der Urlauberzüge durchgeführt, um nach Deserteuren zu fahnden. Das Ergebnis ist unverhältnismäßig gering. Es entspricht also nicht den Tatsachen, daß sich in der Reichshauptstadt – wie vielfach behauptet wurde – Tausende von Deserteuren herumtrieben.

Die Nationalsozialistische Führungsorganisation wird nun unter eine festere Regie gestellt. General Reinecke hat sich doch als zu alt und zuwenig wendig erwiesen. Er wird deshalb von dem Posten des Führers der NSFO abberufen. Die Führung der NSFO soll jetzt seitens der Parteikanzlei selbst durchgeführt werden. Die NS-Führungsoffiziere erhalten unter ihrem jeweiligen Kommandeur grössere Vollmachten und bleiben dem Ia nicht mehr unter-, sondern werden ihm gleichgestellt. Damit ist ein lange von der NSFO ersehntes Ziel nun glücklich erreicht. Aber leider kommt auch diese Entwicklung reichlich spät, und man möchte manchmal auf den Gedanken kommen, dass sie sogar zu spät kommt.

Graf Krosigk schreibt mir wiederum einen Brief über die gegenwärtige Kriegslage. Die Dinge, die er mir in diesem Brief mitteilt, habe ich mir bereits seit Monaten, wenn nicht seit Jahren an den Schuhsohlen abgelaufen. Es ist reichlich naiv, wenn Graf Krosigk meint, dass diese Dinge mir unbekannt seien. Wenn er beispielsweise sagt, dass wir schnell machen müssten, um mit der einen oder anderen Feindseite zu einem Ergebnis zu kommen, so ist das ja meine Rede seit 70! Er sieht unsere Hauptbedrängnis im Luftkrieg und in der Bedrohung aus dem Osten. Er glaubt, dass sich als Vermittler zwischen dem Westen und uns am besten Professor Burckhardt aus der Schweiz oder der portugiesische Ministerpräsident Salazar eigneten. Aber von einer Vermittlungsmöglichkeit ist ja vorläufig nicht das geringste zu entdecken, und Graf Krosigk sieht die Dinge doch etwas zu einfach, wenn er glaubt, dass man nur einen solchen Wunsch zum Ausdruck zu bringen brauchte, um gleich schon mit den Engländern oder Amerikanern im Gespräch zu sein. Im Augenblick ist die militärische Entwicklung so im Vordergrund stehend, dass von einer politischen Entwicklung des Krieges kaum die Rede ist. Solange es uns nicht gelingt, die Fronten halbwegs zu stabilisieren, kann auch nicht davon gesprochen werden, dass politisch dem Kriege eine Wende gegeben werden kann.

Ich lasse mir abends jetzt keine Abendlage mehr durchgeben, weil die Nachrichtenverbindungen nach Berlin so ungenau geworden sind, daß man am Abend kein klares Bild mehr erhält. Die einlaufenden Nachrichten verwirren nur. Es genügt völlig, wenn man sich am Mittag einen umfassenden Lagebericht zum Vortrag bringen lässt. Im übrigen kann man ungefähr schon aus der Tonart der feindlichen Presse entnehmen, wie die Dinge tatsächlich stehen. Und im Augenblick stehen sie das Gegenteil von gut.

Am Abend haben wir wieder den regulären Mosquito-

Angriff. Allmählich wird er einem zur Gewohnheit. Aber das ist eine Gewohnheit, die sehr viel Nervosität, um nicht zu sagen Hysterie in der ganzen Öffentlichkeit hervorruft.

26. März 1945 *Montag*

[S. 1-21]

Gestern:

Militärische Lage:

In Fortsetzung der Großoffensive am Niederrhein setzten die Anglo-Amerikaner bisher insgesamt ein bis zwei Luftlande-Divisionen ein, die mit der Masse im Raum Dorsten-Dinslaken-Kirchhellen abgesetzt wurden. Nebenlandungen fanden ferner an der Straße von Bocholt nach Wesel, und zwar bei Bocholt-Dingden und südlich davon, statt. Zur Abwehr dieser Kräfte ist eine Spezialkampfgruppe und eine Panzer-Division im Angriff. Eine weitere Division ist im Anmarsch. Nach stärkstem Artilleriefeuerkampf erweiterte der Feind seinen Brückenkopf beiderseits Rees. Bisher gelang ihm der Bau von drei Behelfsbrücken bei Rees, Wesel und Xanten. In erfolgreich geführten Gegenangriffen wurde der Gegner beiderseits Wesel zurückgedrückt. In Wesel finden Strassenkämpfe statt. Der Feind drang mit Panzern in Dinslaken ein.

Im Brückenkopf von Remagen wurde der Versuch des Feindes, seinen Brückenkopf nach Osten auszuweiten, in wechselvollen Kämpfen verhindert, während es dem Gegner in zum Teil nächtlich geführten Angriffen gelang, seinen Brückenkopf nach Südosten bis nach Engers östlich Neuwied auszuweiten.

Im Brückenkopf Oppenheim, den der Gegner sowohl nach Osten und Süden erweitern konnte, sind inzwischen vier Kriegsbrücken fertiggestellt, von denen eine durch Gegenmaßnahmen beschädigt wurde. Der Feind drang in Groß-Gerau ein, griff von dort weiter nach Südosten an und steht bei

Kesselborn. In Gegenangriffen wurde Dornheim zurückerobert. Panzerspitzen des Gegners stehen abgeriegelt an der Straße von Darmstadt vor Griesheim, in Ehrenfelden, Guttlau und von dort im Angriff auf Schollbrücken.

In Ludwigshafen dauern die erbitterten Häuser- und Strassenkämpfe an. Speyer ging nach hartem Kampf verloren. Germersheim wird vom Feind konzentrisch angegriffen, ebenso der eigene, Karlsruhe vorgelagerte Brückenkopf. – In Fortsetzung seiner Angriffe im ungarischen Raum konnte der Feind weiter nach Westen und Südwesten Raum gewinnen und tiefer in den Bakony-Wald eindringen. Die sowjetischen Angriffe nach Norden gegen die Donau ostwärts Komorn blieben erfolglos.

In der Slowakei konnte südwestlich Neusohl der Gegner im Angriff etwas Boden gewinnen. In Fortsetzung der Großangriffe im Raume Leobschütz und Neisse führte der Feind starke örtliche Fesselungsangriffe auf Sohrau, die bis auf geringfügige *[1 Wort unleserlich]* abgegrenzt wurden. In Sohrau selbst konnte der Gegner eindringen. Im Kampfraum Leobschütz und Neisse scheiterten fast ausnahmslos auch gestern bei neuen sowjetischen Panzerverlusten alle Feindangriffe an einer etwas zurückgenommenen eigenen Linie. Durch diese Frontverlegung fielen Neisse und Leobschütz nach schweren Kämpfen in Feindeshand. Breslau und Glogau wehrten starke Angriffe ab.

Gegen Küstrin geführte Angriffe von Norden wurden abgewehrt. Feindliche Truppenkonzentrationen an der Oder, in den Räumen von Königsberg und Zehden.

Im westpreußischen sowie im ostpreußischen Raum hat sich die Lage infolge dauernder Munitionsverknappung verschärft. Von Südwesten konnte der Feind in den äusseren Verteidigungsring von Gotenhafen eindringen und Oliva in seinen Besitz bringen. Angriffe bei Praust wurden abgewiesen. Im ostpreußischen Raum wurden alle Angriffe abgewehrt, bis auf einen schwerpunktmäßig geführten Stoß, durch den die Sowjets in Heiligenbeil eindringen konnten. 143 sowjetische

Panzer wurden in diesen beiden Räumen abgeschossen.

An der kurländischen Front scheiterten alle Feindangriffe bis auf einige inzwischen abgeriegelte Einbrüche. Gegenangriffe sind noch im Gange.

Von der italienischen Front lagen noch keine Meldungen vor.

Am Vormittag flogen 800 Bomber und 2000 Jagdflugzeuge in Nord-, West- und Südwestdeutschland ein. Angegriffen wurden in der Hauptsache Verkehrsziele. Außerdem flogen aus dem Westen 1100 amerikanische Bomber ein, die Angriffe auf insgesamt 11 Fliegerhorste durchführten. Aus dem Süden flogen ca. 650 Bomber ein. 40 dieser Maschinen führten einen Angriff auf Budweis. 250 Maschinen griffen Berlin an, wo insbesondere die Stadtteile Marienfelde, Tempelhof, Steglitz und Mariendorf betroffen wurden. Weitere Angriffe auf Neuburg a.d. Donau, Riem bei München und Lindau. 86 zweimotorige Bomber führten Angriffe auf Garmisch, Innsbruck und Orte am Brenner. 250 britische Kampfflugzeuge griffen Essen, Bochum, Gelsenkirchen, Duisburg und Wesel an, 300 englische Kampfflugzeuge Verkehrs- und Industrieziele in den Räumen Bochum, Recklinghausen, Herne und Hattingen. Nachmittags griffen 400 amerikanische Flugzeuge hauptsächlich Verkehrsanlagen im Raum von Kassel und Fliegerhorste an. Abends führten 80 Mosquitos den üblichen Störangriff auf Berlin durch.

Bei den gestrigen Luftkämpfen an den Fronten und über dem Reichsgebiet wurden nach bisherigen Meldungen mindestens 65 Feindflugzeuge abgeschossen.

*

In London fühlt man sich ganz auf der Höhe der Situation. Man glaubt, dass, nachdem der Niederrhein überschritten ist, nunmehr der Krieg bald sein Ende finden werde. Churchill befindet sich selbst im Hauptquartier von Montgomery, und triumphierend berichten die englischen Kriegsberichterstatter, dass er eine Fahrt auf dem Rhein in einem Motorboot gemacht habe. Das passt ganz zu Churchill. Er schaut sich, wie die englischen Blätter mitteilen, durch ein Fernglas die Zerstörungen im Raum von Wesel an. Wahrscheinlich wird er sich noch sehr viel darauf einbilden. Er wird einmal als der Vernichter des europäischen Kontinents in die Geschichte eingehen.

In einer Botschaft wendet er sich an die Truppen Montgomerys. Diese Botschaft strotzt von Heuchelei und englischem Cant. Er behauptet, dass der Rheinübergang nur mit Gottes Hilfe möglich gewesen sei, und verspricht dem englischen Volk einen baldigen Frieden. Man kann sich vorstellen, dass die britische Öffentlichkeit sich daraufhin in einem wahren Siegesrausch befindet. Sie glaubt, dass die Entscheidung unmittelbar bevorstehe. Auch die Öffentlichkeit der Vereinigten Staaten stimmt mit der Englands in dieser Meinung überein. Allerdings giesst Montgomery einige Tropfen Wermut in diesen Becher der Freude. Er warnt die englischen Soldaten vor der deutschen Bevölkerung. Sie führe Böses im Schilde, und es ist ihr nicht zu trauen.

Wenn auch die Lage im Westen mehr als bedrohlich ist und man im Augenblick noch nicht ersehen kann, wie und wo wir uns festsetzen können, so besteht für mich doch kein Zweifel daran, daß es uns gelingen wird, den Engländern und Amerikanern auf ihrem Marsch nach dem Osten irgendwo wieder eine Barrikade entgegenzusetzen. Es ist vielleicht für uns ganz vorteilhaft, dass die englisch-amerikanische Führung sich in ihrer Öffentlichkeit auf ein so kurzfristig gesetztes Ziel festlegt; umso grösser wird die Enttäuschung sein, wenn der Krieg im Westen an irgendeinem Punkt wieder ins Stocken kommt.

Die neutrale öffentliche Meinung schwenkt jetzt unter dem Druck der militärischen Ereignisse natürlich ganz auf die englisch-amerikanische Seite ein. Wie sicher die Angloamerikaner sich fühlen, mag daraus ersehen werden, dass sie jetzt schon mit allem Zynismus dem deutschen Volke mitteilen, dass unter ihrer Herrschaft mindestens ein bis zwei Jahre lang jeden Tag 5000 Deutsche Hungers sterben müssen.

Die Lage im Westen ist vorläufig noch gar nicht übersichtlich. Besonders beim Niederrheinübergang ergibt sich noch ein ziemliches Hin und Her, und auch unsere Gegenmassnahmen sind noch nicht so weit angelaufen, als dass man ein Urteil darüber abgeben könnte, ob sie überhaupt zum Zuge kommen werden. Irgendwo müssen wir ja den Feind wieder zum Stehen bringen, und es ist natürlich eine sehr heillose Angelegenheit, dass uns das am Rhein allem Anschein nach nicht gelungen ist. Auch das ist wieder auf die katastrophale Luftüberlegenheit des Feindes zurückzuführen. Er schlägt einfach ein Gebiet, das er militärisch erobern will, durch massierte Luftangriffe so darnieder, daß dort praktisch ein Widerstand überhaupt nicht mehr möglich ist.

Erfreulich ist, dass wir jetzt wenigstens Tag für Tag etwa 40 bis 50 Abschüsse zu verzeichnen haben. Das ist auf unsere neuen Jäger zurückzuführen; aber sie werden erst in so kleinen Mengen angesetzt, dass sie wirklich zu Buch schlagende Erfolge noch nicht verzeichnen können.

Einige Sorge bereitet den Engländern das Vorfinden des europäischen Kontinents in einem so desolaten Zustand. Besonders Beobachter der Labour-Party klagen darüber, dass ihnen statt eines blühenden Kontinents ein abgestorbener Körper in die Hände fiele. Man beginnt jetzt in der englischen Öffentlichkeit nach und nach einzusehen, dass, selbst wenn die Angloamerikaner über uns den Sieg davontrügen, dieser ein Pyrrhus-Sieg werden würde.

Es ist ein neuer scharfer Protest der Spanier in Japan erhoben worden. Die Engländer behaupten, dass die Spanier die Absicht haben, ihre diplomatischen Beziehungen mit Japan zu brechen. Jedenfalls ist die Entwicklung an einem kritischen Punkt angelangt. Die Engländer sollten sich darüber nicht so sehr freuen, denn die Nutznießer einer solchen Entwicklung wären bestimmt nicht sie, sondern höchstens die Amerikaner.

Die endgültigen Wahlergebnisse aus Finnland besagen, dass die Sozialdemokraten zusammen mit den Kommunisten 821 000 und die bürgerlichen Parteien 829 000 Stimmen erzielt haben. Damit ist der Ruck nach links zwar nicht so stark geworden, wie man anfangs vermutet hatte, immerhin aber so bedeutend, dass – auch abgesehen von dem Druck der sowjetischen Besatzung – die finnische Politik nicht gegen links gerichtet werden kann. Es steht für jeden Kenner der Entwicklung fest, dass Finnland nun mehr und mehr auf die kommunistische Seite und damit auch in eine Ostorientierung hinüberrutschen wird. Jedenfalls scheint es für die Westmächte völlig verloren zu sein.

Wenn kein Krieg wäre, so würde man an diesem Sonntag den Beginn des Frühlings feiern. Eine wunderbar erquickende Sonne strahlt vom Firmament; aber angesichts der allgemeinen Lage kann das nur aufreizend wirken, besonders dadurch, dass schon in der Frühe in Berlin Fliegeralarm gegeben wird. Es sind wieder sehr starke Bomberverbände unterwegs, von denen man anfangs annimmt, dass sie Berlin besuchen werden. Aber diesmal bleibt die Reichshauptstadt verschont.

Die Luftangriffsserie der letzten 24 Stunden ist wieder schaudererregend. Diesmal haben die Angloamerikaner vor allem unsere Flugplätze als Ziel ausgesucht; offenbar bereiten ihnen unsere Düsenjäger auch heute schon einige Sorgen. Daneben greifen sie Verkehrsziele im Westen und im Süden an. Unser Reichsbahnverkehr ist völlig ins Stocken gekommen. Es gibt Gebiete, in denen nicht ein einziger Zug mehr fährt; und wo die Züge fahren, da können sie sich nur nachts und im Schneckentempo bewegen.

Ich habe den ganzen Tag über eine Unmenge von Arbeit zu erledigen, so dass ich kaum dazu komme, mir darüber klarzuwerden, dass Sonntag und dass ein herrlicher Frühlingstag ist. Die Sorgen nehmen von Tag zu Tag überhand, vor allem über die Frontlage. Man fragt sich mehr und mehr, wo die Entwicklung denn einmal einen festen Punkt erreichen soll.

Am Abend ist die Lage im Westen nicht übersichtlicher geworden. Zwar haben die Engländer bei ihren Angriffen östlich des Niederrheins keine erheblichen Fortschritte gemacht; aber die Amerikaner haben doch einen sehr gefährlichen Vorstoss in Richtung Dinslaken unternommen. Ausserdem ist es ihnen gelungen, ihren Brückenkopf in Richtung Darmstadt so zu erweitern, dass sie an der Stadt vorbei fast bis Aschaffenburg vordringen konnten. Dieser Angriff kommt völlig überraschend. Wenn man ihn sich an der Karte anschaut, dann kann einen einigermassen das Grausen fassen. Im Führer-Hauptquartier versucht man gegen diesen Vorstoss einzusetzen, was wir überhaupt noch zum Einsatz in der Hand haben. Aber infolge der desolaten Verkehrsverbindungen werden unsere Zuführungen vermutlich zu spät kommen.

In Ungarn sind die Sowjets jetzt wieder über den Gran vorgegangen. Die Situation dort ist prekär geworden. Die Kämpfe in Oberschlesien sind weiterhin sehr hart, ebenso in West- und in Ostpreussen. Durchschlagende Erfolge allerdings haben die Sowjets dabei nicht erringen können.

Naumann hat einen zweitägigen Besuch in Tölz und München gemacht. Er berichtet mir über die dortige Stimmung. Es werden überall dieselben Fragen gestellt, nämlich, wann endlich der Führer in der obersten Reichsführung die vom ganzen Volk geforderten Personalumbesetzungen vornehmen wird. Die Kritik richtet sich, wie allgemein bekannt, in der Hauptsache gegen Göring und Ribbentrop. Da der Führer sich konstant weigert, hier Änderungen vorzunehmen, entwickelt sich daraus allmählich nicht nur eine Führungs-, sondern eine ausgesprochene Führer-Krise. In Augsburg hat Dr. Naumann erfahren, dass dort 100 Me 262, also unsere wertvollsten und kostbarsten neuen Flugzeuge, durch die feindlichen Bombenangriffe am Boden zerstört worden sind. Man kann sich vorstellen, wie das auf die Arbeiter wirkt, die Tag und Nacht arbeiten, um das Ihre dazu beizutragen, den deutschen Himmel wieder vom Feind freizufegen. Die Luftwaffe ist nicht einmal mehr in der Lage, die allerelementarsten Voraussetzungen zu schaffen. Ändern kann man das nicht durch Reform an ihrer Organisation, sondern nur durch eine grundlegende Reform an Haupt und Gliedern.

Ich habe dem Führer einen längeren Brief über die Reform

der Luftwaffe in organisatorischer Beziehung geschrieben. Der Führer erklärt sich mit den von mir gemachten zehn Vorschlägen einverstanden und gibt mir entsprechende Vollmachten. Mit diesen Vollmachten habe ich die Möglichkeit, die Luftwaffe in ihrer ganzen Organisation so zu vereinfachen, dass wirklich ihr wasserkopfartiges Gebilde beseitigt werden kann. Ich werde diese Aufgabe mit größter Schnelligkeit zu erledigen versuchen. Trotzdem bin ich der Überzeugung, dass das allein nicht genügt. Es kommt nicht nur darauf an, dass man eine Aufgabe durchführt, sondern auch, in welchem Geiste sie durchgeführt wird.

27. März 1945 *Dienstag*

[S. 1-31]

Gestern:

Militärische Lage:

Im ungarischen Raum gelangten die Sowjets bis an den Westrand des Bakony-Waldes in der Gegend zwischen Papa und Dewecser. Gegen Komorn und gegen die Donau geführte Angriffe wurden abgewiesen. Auch an der slowakischen Grenze trat der Feind bei Leva zum Angriff an und bildete drei Brückenköpfe über den Gran. Einer von diesen Brückenköpfen wurde sofort zerschlagen, der zweite eingeengt; den dritten Brückenkopf konnten die Sowjets nach Süden ausdehnen.

Im Raum von Mährisch-Ostrau gelang dem Feind bei Schrau ein etwa 4 km tiefer Einbruch, der abgeriegelt wurde. An den Schwerpunkten der Angriffsfront zwischen Ratibor und Neisse wurden sämtliche sowjetischen Angriffe zum Teil in Gegenangriffen unter Abschuß von 101 (von 200 angreifenden) Sowjetpanzern abgewiesen. Ein schwerpunktmäßig zusammengefasster örtlicher Angriff des Feindes bei Strehlen brachte den Feind in den Besitz dieses Ortes. Breslau wehrte heftige Angriffe von Nordosten und Südwesten unter Abriegelung geringfügiger Einbrüche ab.

Im Raum von Küstrin ließ die feindliche Angriffstätigkeit nach. Zur Zeit wird die Altstadt Küstrins durch Artilleriefeuer beschossen. Verstärkt hat sich die Aufklärungstätigkeit gegen unsere Brückenköpfe bei Zehden und Pölitz.

Im Raum Westpreußen konnte der Feind in schweren Kämpfen etwas tiefer in den inneren Verteidigungsring von Gotenhafen eindringen. In Oliva wird noch gekämpft. Bei Praust konnte der Feind etwas Gelände in Richtung Danzig gewinnen. Die schweren Kämpfe in Ostpreußen dauern weiterhin an. Auch gestern wurde bei Heiligenbeil wieder ein Abwehrerfolg erzielt. Die im Raum von Heiligenbeil stehenden deutschen Truppen sollen jetzt in den Raum von Königsberg-Samland abtransportiert werden.

An der Kurland-Front wurde an den bekannten Brennpunkten wiederum ein voller Abwehrerfolg erzielt.

Die Schlacht am Niederrhein, in deren Verlauf bisher rund zwei feindliche Luftlandedivisionen – mit dem Schwerpunkt im Raum von Bocholt und Dinslaken – abgesetzt wurden, hat am zweiten Tag kein günstiges Bild gewonnen. Durch starke deutsche Gegenangriffe wurden die bei Bocholt und südlich davon gelandeten Feindkräfte nach Westen und Südwesten in Richtung Rhein abgedrängt. Die Bemühungen des Feindes, seine Brückenköpfe beiderseits Rees, bei Xanten und bei Wesel zu erweitern, hatten gestern nur geringen Erfolg. Beiderseits Wesel wurde der Feind auf den Rhein zurückgedrängt, aus *[2 Zeilen unleserlich]* im Raum Dinslaken-Kirchkapellen-Castrop gelandete feindliche Luftlandedivision hat Verbindung mit den aus Dinslaken nach Nordosten vorgehenden Kräften aufnehmen können. Es wird vermutet, daß der Feind, der von den sechs ihm zur Verfügung stehenden Luftlandedivisionen bisher zwei eingesetzt hat, Luftlandungen nur im frontnahen Raum durchzuführen beabsichtigt.

An der ganzen Front von Duisburg bis Köln keine besonderen Vorkommnisse.

Im Brückenkopf Remagen gelang es dem Gegner nicht, nach Norden die Sieg zu überschreiten. Auch in Richtung Nordosten und Osten konnte er seinen Brückenkopf nicht weiter ausdehnen. Nur im Süden und Südosten gelangen ihm kleinere Geländegewinne. Im großen und ganzen aber ist die Lage im Brückenkopf unverändert.

Neue Überquerungen des Rheins fanden statt im Raum zwischen Braubach, Boppard und St. Goarshausen. Bei Braubach stieß der Feind bis nach Oberlahnstein vor. Bei Boppard wurde er in der Rheinschleife abgeriegelt, bei St. Goarshausen im Gegenangriff über den Rhein zurückgeworfen. Eine Ausweitung der feindlichen Flußforcierungen nach Norden und Osten hin ist noch nicht erfolgt.

Am kritischsten ist die Lage bei Darmstadt, wo der Feind am Vortage den Rhein überquert hatte und bis Groß-Gerau bezw. westlich Darmstadt vorgestoßen war. An den Übersetzstellen sind inzwischen auf drei Behelfsbrücken stärkere Panzerkräfte nachgeführt worden, die gestern aus dem Brückenkopf heraus zum Angriff antraten und die verhältnismäßig schwache Abwehrfront durchbrachen. Sie drängten unsere Kräfte nach Norden und Süden ab, wo Abriegelungsfronten errichtet wurden. Nach Osten stieß der Feind mit Panzerspitzen bis Aschaffenburg vor, wo er auf der unbeschädigten Brücke den Main überschritt. Eine andere Panzerspitze überschritt auf der halbzerstörten Brücke bei Hanau den Main. Man vermutet, daß der Feind von hier aus nach Norden eindrehen wird.

Weiter südlich ist die Lage gekennzeichnet durch schwere Kämpfe im Brückenkopf vor Karlsruhe.

Von der italienischen Front liegen keine besonderen Meldungen vor.

Die Lufttätigkeit an der Ostfront war gestern auf beiden Seiten sehr lebhaft. 45 Sowjetflugzeuge wurden im Luftkampf abgeschossen.

Im Westen war eine beschränkte Anzahl eigener Jäger zur Tieffliegerbekämpfung eingesetzt.

Ins Reichsgebiet flogen am Tage starke britische und amerikanische viermotorige Verbände unter Jagdschutz von Westen und Süden her einen Angriff auf Industrie- und Verkehrsziele sowie die Stadtgebiete von Hannover, Münster und Osnabrück. Von Süden griffen 650 *[1 Wort unleserlich]* viermotorige Bomber mit der Masse Industrie- und Verkehrsziele sowie den Flugplatz von *[1 Wort unleserlich]* an. Endgültige Luftlagemeldungen, insbesondere über Abschußzahlen, liegen bis jetzt noch nicht vor.

Die kritischste Entwicklung im Westen liegt ohne Zweifel im Raum des Mains und bei Aschaffenburg. Hier ist den Amerikanern ein Überraschungsvorstoss gelungen, und zwar tief in unser Hinterland hinein, woraus für uns eine ausserordentlich prekäre Situation entstanden ist. Wir versuchen zwar, mit allen uns zur Verfügung stehenden Mitteln dieser Situation Herr zu werden; aber diese Mittel sind sehr begrenzt, so dass den Amerikanern wahrscheinlich vorläufig noch eine starke Bewegungsfreiheit überlassen bleibt. Das könnte zu unangenehmsten Weiterungen führen, denn so tiefe Einbrüche in das Hinterland hinein treffen meistens sowohl die Bevölkerung als auch die wenigen noch vorhandenen Wehrmachtkontingente völlig unerwartet und haben entsprechende Folgen. Dagegen ist die Entwicklung bei den Luftlandeeinheiten sowohl der Engländer wie der Amerikaner für den Feind nicht so angenehm. Besonders die Engländer haben ausserordentlich schwere Verluste. Bisher ist es weder ihnen noch den Amerikanern gelungen, eine Verbindung mit ihren Landtruppen in ihren Brückenköpfen herzustellen. Aber auch hier ist die Situation doch sehr prekär, und man muss wohl erwarten, dass ihnen diese Verbindung früher oder später gelingen wird. Unsere Truppen leisten in diesem Raum einen sehr harten Widerstand. Aber wir sind arme Leute und können dem Feind immer nur begrenzte Mittel und Möglichkeiten entgegensetzen. Infolgedessen ist sowohl im Norden des östlichen Rheingebietes wie im Süden die Entwicklung durchaus flüssig, was natürlich auch im heutigen OKW-Bericht zum Ausdruck kommt, mit entsprechender Schockwirkung im ganzen Volke. Diese Schockwirkung ist nach der deutlichen Sprache, die wir in unseren amtlichen Berichten sprechen, gar nicht mehr zu vermeiden. Sie zieht schon sehr starke weitere Einbrüche in der Kriegsmoral sowohl der Truppe wie auch der Zivilbevölkerung nach sich.

Darüber berichtet mir im einzelnen Slesina. Er schildert mir die Deroute an der Saar-Front, die wahrhaft schrecklich gewesen ist. Es ist bekanntlich den Amerikanern gelungen, unsere

Saar-Front im Rücken zu fassen. Die im Westwall kämpfende Armee wurde zu spät zurückgezogen und ist zum großen Teil in die Hand des Feindes gefallen. Die Moral bei den Soldaten war dementsprechend. Aber noch schlimmer war es bei der Zivilbevölkerung, die sich vielfach den Soldaten entgegengestellt und sie an der Verteidigung gehindert hat. Zum grossen Teil sind auch die im Hinterland aufgebauten Panzersperren kampflos vom Feind genommen worden. Ich werfe Slesina vor, dass sich im Westen nicht ein einziges Symbol des Widerstandes herauskristallisiert hat, wie beispielsweise im Osten Breslau oder Königsberg. Er erklärt das damit, daß die westliche Bevölkerung durch die monate- und jahrelang andauernden feindlichen Luftangriffe so zermürbt worden sei, dass sie lieber ein Ende mit Schrecken als einen Schrecken ohne Ende wolle. Ich glaube, es hängt wohl auch damit zusammen, dass die westliche Bevölkerung von Natur aus nicht so widerstandsfähig ist wie die östliche. Sie liegt doch näher an Frankreich, dem überzivilisierten Land Europas, während die östliche Bevölkerung näher an Polen und Rußland liegt, den primitiveren Ländern Europas. Immerhin ist es bemerkenswert, dass die Entwicklung im Westen so sehr viel ungünstiger verläuft als im Osten. Jetzt werden wahrscheinlich auch nicht mehr mir gegenüber Argumente gebraucht wie noch vor einigen Wochen, dass unser Austritt aus der Genfer Konvention einen Zusammenbruch der Moral unserer Truppen im Westen zur Folge haben würde. Ich glaube, wenn wir in bezug auf die Behandlung der Kriegsgefangenen radikaler vorgegangen wären, würden sich nicht so viele deutsche Soldaten und auch Offiziere in die englisch-amerikanische Kriegsgefangenschaft begeben, wie das heute der Fall ist. Im gegenwärtigen Zeitpunkt hat der Feind im Westen leichtes Spiel. Weder die Soldaten noch die Zivilbevölkerung stellen ihm einen organisierten und tapferen Widerstand entgegen, so dass vor allem die Amerikaner im Gelände kreuz und quer herumfahren können. Angesichts dieser Lage ist es natürlich reine Theorie, wenn der Führer weiterhin seine Räumungsbefehle aufrechterhält. Praktisch sind solche Räumungen überhaupt nicht durchzuführen. Die Bevölkerung geht einfach nicht weg, und genügend Machtmittel stehen uns in diesem Raum nicht zur Verfügung, um eine Räumung zu erzwingen. Wenigstens ist es in den meisten besetzten Gebieten gelungen, die Wehrpflichtigen – vor allem die Jugend – zurückzuführen, die sich in diesem ausserordentlichen militärischen Dilemma immer noch am besten hält. Ich sehe in den Räumungsbefehlen des Führers den Anlass einer sehr starken Autoritätseinbusse; denn Befehle, die praktisch gar nicht durchgeführt werden können, schaden eher dem Befehlsgeber, als dass sie ihm nutzten. Immerhin aber hat der Führer noch im Grundsatz recht, denn jedes Menschen, Material- oder Wirtschaftspotential, das wir dem Feind in die Hand fallen lassen, richtet sich in kürzester Frist gegen uns selbst.

Ich betonte schon, dass es vor allem dem feindlichen Luftterror zuzuschreiben ist, dass die westliche Bevölkerung einen derartig müden Eindruck macht. Im Westen und Südwesten des Landes gibt es kaum noch alarmfreie Zeiten; die Bevölkerung sitzt Tag und Nacht in den Luftschutzbunkern, die mehr und mehr zu Asylen des Defaitismus geworden sind. Freie Zeiten, in denen man sich auf der Strasse bewegen kann, gibt es überhaupt nicht mehr. Vielfach nimmt die Bevölkerung den Luftkrieg wie eine Art von bösem Naturereignis hin, auf dessen Abschluss man wartet, ohne zu wissen, wie er herbeigeführt werden könnte.

Im allgemeinen kann man sagen, daß die Haltung der Zivilbevölkerung etwas besser ist als die der Truppe. Aber eine schlechte Moral bei der Truppe wirkt sich ja immer in der nachhaltigsten Weise auch bei der Zivilbevölkerung aus. Unsere Gauleiter sind im Westen wohl auch nicht ganz auf der Höhe der Situation. Zum Teil sind sie überaltert – wie z.B. Murr oder Sprenger –, und sie haben längst resigniert. Hier hätten schon vor Jahren Personalveränderungen notgetan, denn Männer zwischen 60 und 70 Jahren sind den furchtbaren Anforderungen, die jetzt an die nationalsozialistische Führungsschicht gestellt werden, nicht mehr gewachsen.

Ich bin jetzt dabei, in großem Stile die sogenannte Aktion Werwolf zu organisieren. Die Werwolf-Aktion hat sich zum Ziel gesetzt, in den feindbesetzten Gebieten Partisanengruppen zu organisieren. Viel Vorbereitung ist dafür noch nicht getroffen. Das ist darauf zurückzuführen, dass die militärische Entwicklung im Westen so abrupt vor sich gegangen ist, dass wir überhaupt keine Zeit dazu fanden. Im allgemeinen aber ist es ja auch in den ehemals von uns besetzten feindlichen Gebieten so gewesen, dass die Partisanentätigkeit erst nach einer gewissen Zeit anlief, dann aber auch sprungartig in die Höhe stieg. Ich will für unsere Werwolf-Organisation sowohl einen Sender freistellen als auch eine Zeitung herausgeben lassen, und zwar soll das ganz offen geschehen. Wir wollen hier nicht hinter dem Berg halten und etwa Geheimarbeit betreiben. Im Gegenteil, der Feind soll ganz genau wissen, was wir planen und was wir tun.

Im Feindlager fühlt man sich natürlich auf der Höhe des Triumphes infolge der militärischen Erfolge, die die Angloamerikaner im Westen erzielen. Die Sowjets allerdings nehmen davon kaum Notiz und machen sie in ihren Zeitungen mit ein paar Zeilen ab.

Die Amerikaner haben augenblicklich sehr ernste Stahlsorgen. Sie hatten sich zu früh auf ein Kriegsende eingestellt und müssen jetzt ihre Rüstungsproduktion wieder neu anlaufen lassen. Ich nehme an, dass auch die gegenwärtige militärische Krise im Westen à la longue uns einige Vorteile bringen wird insofern, als der Feind sich nun wiederum auf ein sehr schnelles Kriegsende vorbereitet, das wir mit allen Mitteln zu verhindern bestrebt sein müssen. Die politische Krise wird unterdes weiterlaufen. Die Sowjets haben beispielsweise für die Konferenz von San Francisco fünf Stimmen für die Sowjetunion beantragt; das heisst, sie wollen ihre Konkurrenten in der Koalition überstimmen. Die Verhandlungen in Moskau über die Umbildung der polnischen Regierung gehen nur sehr schleppend vor sich. Die Sowjets sollen gedroht haben, dass, wenn die Angloamerikaner forderten, den Lublin-Ausschuss grundlegend zu verändern, sie einfach die San Francisco-Konferenz torpedieren wollten. In Finnland wird jetzt Mannerheim auf den Aussterbe-Etat gesetzt. Die schwedischen Meldungen gehen dahin, dass er nach den Ergebnissen der letzten Wahl kaltgestellt werden solle. Paasikivi werde sein Nachfolger sein. Mit Paasikivi können die Sowjets besser umspringen als mit Mannerheim. Er ist der typische Salonbolschewist, ein feiger, haltloser Bürger, der keinen anderen Ehrgeiz hat, als für Finnland die Rolle des Kerenski zu spielen.

Es wirkt angesichts der sowjetischen Treibereien in allen Ländern Europas fast wie ein schlechter Witz, wenn die »Prawda« ausgerechnet in diesem Zeitpunkt den sowjetischen Mustermenschen proklamiert. Dieser sowjetische Mustermensch zeichne sich durch Großmut und Einfachheit aus. Von diesem Großmut können heute Millionen gequälter Menschen in Europa ein Liedchen singen. Aber Papier ist geduldig, und es nimmt auch das widerlichste Judengequatsche widerspruchslos auf, wie dieses Beispiel wieder einmal beweist.

Ich habe mittags den kroatischen Gesandten bei mir zu einem längeren Besuch. Ich gebe mir die grösste Mühe, ihn wieder etwas aufzurichten. Er ist durch die militärischen Ereignisse natürlich sehr angeschlagen. Bei ihm handelt es sich immerhin noch um eine revolutionäre Persönlichkeit. Es wäre interessant, zu erfahren, wie augenblicklich der japanische Botschafter Oshima denkt, denn seine nach Tokio gesandten Berichte sind ja durch die letzte Kriegsentwicklung völlig widerlegt worden.

Die Angloamerikaner haben in den letzten 24 Stunden vor allem Osnabrück und Fulda angegriffen. In diesen Städten ist nicht mehr viel zu zerstören; sie sind fast nur noch Trümmerhaufen. Die Arbeit, die die feindlichen Luftwaffen jetzt leisten, richtet sich vor allem gegen unsere Industrie und Verkehrsziele, wo sie uns allerdings erheblichen Schaden zufügen können.

Gauleiter Sauckel wendet sich an mich mit einem Protest

gegen eine weitere Belegung des thüringischen Raumes mit Evakuierten. Dabei ist Thüringen noch gar nicht so stark belegt wie eine Reihe anderer Gaue. Wir müssen jetzt in dem uns noch verbleibenden Teil des Reiches immer enger zusammenrücken, zumal, wenn die Räumungsbefehle des Führers für den Westen auch nur zum Teil durchgeführt werden.

In Berlin werden die Kohlenvorräte immer knapper. Ruhrkohle kommt praktisch nicht mehr herein. Es soll jetzt versucht werden, aus den mitteldeutschen Kohlevorkommen einiges für Berlin abzuzweigen, denn Berlin führt heute praktisch 80 Prozent des Rüstungsnotprogramms durch. Deshalb schon ist es erforderlich, dass die Kohlenversorgung in Berlin auf dem laufenden gehalten wird. Nachdem wir praktisch aus dem Saar- und aus dem Ruhrgebiet nichts mehr erhalten, sind unsere Kohlevorkommen ausserordentlich eng und schmal geworden. Dagegen kann man auch mit Notmassnahmen nicht mehr viel erreichen. Ein Glück nur, dass jetzt ein warmes Frühlingswetter eingetreten ist, so daß die Bevölkerung nicht so stark unter Kälte zu leiden hat.

Aus Berlin sind eine Reihe von Ausbildungseinheiten an die Ostfront abgegeben worden. Dadurch ist die Berliner Verteidigungskapazität sehr stark abgesunken, zumal diese Einheiten auch ihre Waffen mitgenommen haben. Ich werde versuchen, weitere Ersatzeinheiten aus dem Reich nach der Reichshauptstadt überführen zu lassen.

Ein sehr ernstes Problem ist für uns die Frage, was wir mit der Bevölkerung vor und hinter der Hauptkampflinie in Berlin anfangen wollen, wenn der Feind tatsächlich an der Oder-Front einmal durchbricht. Wir müssen für alle Eventualfälle einen Evakuierungsplan ausarbeiten und sehen, ihn im Fall der Fälle improvisatorisch durchzuführen. Der Führer hat seine Genehmigung dazu gegeben, dass die Ostwestachse als Flugplatz eingerichtet wird. Allerdings soll der Tiergarten nicht niedergeschlagen werden. Der Führer meint, dass die Achse selbst als Lande- und Startplatz genügen müsste. Die Luftwaffe möchte natürlich am liebsten den ganzen Tiergarten niederhacken. Sie macht sich die Sache immer furchtbar einfach. Vor allem ist es aufreizend, im Gespräch mit Luftwaffenoffizieren den Luftkrieg in einer Art und Weise dargestellt zu sehen, als wenn die Luftwaffe damit überhaupt nichts mehr zu tun hat.

Der Tag ist angefüllt mit schwersten Sorgen. Ein dramatischer Bericht nach dem anderen wird mir erstattet, und in jedem dieser Berichte werden mir eine Fülle von prekärsten Fragen aufgebürdet. Das wunderbare Frühlingswetter wirkt in dieser Atmosphäre geradezu aufreizend. Man möchte am liebsten die Blendläden schliessen und sich in seine vier Wände verkriechen. – Abends wird die neue Wochenschau vorgeführt. Sie bringt aus dem Westen wahrhaft erschütternde Bilder, die wir gar nicht an die Öffentlichkeit bringen können. Die Sprengung beispielsweise der Rheinbrücken bei Köln macht einem direkt das Herz schwer. Zu sehen, daß unsere schönen Städte des linken Rheins jetzt von unserer eigenen Artillerie bombardiert werden, bereitet die tiefsten Seelenqualen.

Abends spät bekomme ich einen Anruf von Müller aus dem Hauptquartier von Kesselring. Müller hat im Laufe des Tages zwei ausführliche Besprechungen mit Kesselring gehabt. Kesselring macht sich jetzt doch sehr ernste Sorgen um die Auflösungserscheinungen unmittelbar an der Front, besonders im Hanau-Frankfurter Raum. Hier geht die Bevölkerung mit weissen Fahnen den Amerikanern entgegen; zum Teil erniedrigen sich Frauen sogar so weit, daß sie die Amerikaner begrüssen und umarmen. Die Truppe will angesichts dieser Umstände nicht mehr kämpfen und zieht sich entweder widerstandslos zurück oder begibt sich in die Gefangenschaft des Feindes. Kesselring sieht hier den eigentlichen Grund unserer mangelnden Verteidigungskraft. Er meint, dass die Situation nun reif dazu sei, daß der Führer unmittelbar das Wort ergreife. Ich halte das auch für notwendig. In einer so ernsten Situation kann die Nation nicht ohne Appell von höchster Stelle bleiben. Eine Ansprache des Führers über den Rundfunk käme heute einer gewonnenen Schlacht gleich. Ich setzte mich noch abends spät mit General Burgdorf in Verbindung und bitte ihn, dem Führer diese Angelegenheit in meinem Auftrage noch im Laufe der Nacht zum Vortrag zu bringen. Ich hoffe, dass Burgdorf einen Erfolg erreichen wird. Als England seine kritische Kriegsstunde erlebte, wandte Churchill sich in einer grossartigen Ansprache an die englische Nation und brachte sie wieder auf Vordermann. Das gleiche war beim Sowjetvolk der Fall, an das Stalin mit der Parole »Lieber stehend sterben als kniend leben« mit grösstem Erfolg appellierte. Jetzt, da wir eine ähnliche, wenn nicht noch viel schlimmere Situation durchzustehen haben, muss auch das gleiche bei uns der Fall sein. Burgdorf verschliesst sich meinen Argumenten nicht. Er wird diese Frage mit allem Ernst und Nachdruck dem Führer zum Vortrag bringen. Ich hoffe, dass er dabei Erfolg haben wird.

28. März 1945 *Mittwoch*

[S. 1-68 (+ S. 51a)]

Gestern:

Militärische Lage:

Im ungarischen Kampfraum verlagerten sich die harten Abwehrkämpfe südlich der Donau an den Marczal-Kanal, südwestlich von Papa und an die untere Raab. Alle Angriffe gegen den Raum von Komorn und gegen unsere Brückenköpfe an der Donau wurden abgewiesen. Nördlich der Granmündung konnte der Feind zwei kleine Brückenköpfe bilden. Seinen Brückenkopf bei Leva dehnte er nach Osten, Südosten und Süden etwas weiter aus.

Bei Neusohl verlagerten sich die Kämpfe mehr in das Gebirge nordostwärts Neusohl, nachdem die Stadt selbst alle Angriffe abgewehrt hat.

Im Raum von Mährisch-Ostrau ist der Feind bestrebt, von Sohrau und Leobschütz aus tiefer in das Industriegebiet einzudringen. Auch gestern wurden alle feindlichen Angriffe – zum Teil in verkürzten Linien – abgewehrt; nur bei Joslau, das in feindliche Hand fiel, gelang dem Gegner ein kleiner Einbruch. Der Schwerpunkt der Kampfhandlungen lag wieder im Raum südlich von Neisse, wo sämtliche Angriffe des Feindes abgewiesen werden konnten. Auch die sehr starken sowjetischen Angriffe von Süden her gegen Breslau scheiterten; lediglich einige völlig zerstörte Häuserblocks wurden aufgegeben. Bei Forst und Guben wurden sowjetische Truppenkonzentrationen festgestellt, die auf örtliche Angriffsunternehmen schliessen lassen. Küstrin lag gestern unter heftigem Artilleriefeuer, ausserdem wurde die Stadt sechsmal aus der Luft bombardiert sowie gleichzeitig sehr heftig von Norden, Osten und Süden erfolglos angegriffen. Auch die Angriffe des Feindes gegen unsere Brückenköpfe bei Zehden und Pölitz scheiterten. Im Raum Danzig-Gotenhafen drangen die Sowjets nun auch von Westen und Südwesten an den äusseren Verteidigungsring von Danzig heran. Südostwärts von Praust erzielten die Sowjets einen kleineren Einbruch in Richtung Gottswalde. Die Danziger Hafenanlagen werden befehlsgemäß gesprengt. Im Brückenkopf von Heiligenbeil, der unter stärkstem Artilleriefeuer liegt, kämpft sich die Truppe mit der blanken Waffe zu den Schiffen durch, um nach Pillau abtransportiert zu werden.

An der gesamten kurländischen Front wurde zum Teil in Gegenangriffen ein voller Abwehrerfolg erzielt.

In der Schlacht am Niederrhein hat sich die Lage gegenüber dem Vortage nicht wesentlich verändert. Heftige Angriffe des Feindes nördlich von Rees wurden an der Bahnlinie Emmerich-Wesel abgewehrt. Eine weitere Ausdehnung des Brückenkopfes südlich von Rees konnte verhindert werden. Teile von Luftlandetruppen, die ostwärts Rees abgesetzt worden waren, sind aus dem Raum Hamminkeln nach Norden und Nordwesten zum Angriff angetreten. Deutsche Abwehrkräfte sind in der Zuführung begriffen. Bei Wesel gelang dem Feind ein tieferer Einbruch beiderseits der Bahnlinie nach Dorsten; seit dem Vortage hat der Feind hier etwa 8 bis 9 km Boden gewonnen. Der Einbruch ist inzwischen abgeriegelt worden. Die Masse der Luftlandetruppen, die in den Waldgebieten nördlich und nordöstlich von Dinslaken abgesetzt worden waren, konnten sich mit den bei Dinslaken über den Rhein gegangenen Kräften vereinigen. Sie griffen in Richtung Osten an, wurden dann aber etwa 12 km westlich von Dorsten an einer in Richtung Süden über Kirchhellen verlaufenden neuen Sperrlinie aufgefangen und zum Teil abgewehrt. Dem Feind ist also eine wesentliche Ausweitung der Brückenkopfe gelungen; ein Durchbruch konnte verhindert werden. Der kritische Punkt liegt nach wie vor nördlich und nordöstlich von Dinslaken.

Im Brückenkopf von Remagen wurde den ganzen Tag über heftig gekämpft. An der Sieg und an den deutschen Brückenköpfen an der Sieg scheiterten sämtliche Feindangriffe. In Richtung Osten konnte der Feind seinen Brückenkopf weiter ausdehnen. Feindliche Spitzen gelangten bis in den Raum von Altenkirchen, wo sie zum Stehen gebracht wurden. In Richtung Südosten gelangte der Feind bis Höhr-Grenzhausen.

Zwischen Braubach und Kaub versuchte der Gegner, seine Brückenköpfe zu erweitern und den Rhein zu überqueren. Bei Braubach in Richtung Oberlahnstein vordringender Feind wurde abgeriegelt. Bei Boppard steht der Gegner nach wie vor abgeriegelt in der Rheinschleife. Bei St. Goarshausen, nördlich davon und bei Oberwesel scheiterten feindliche Übersetzversuche. Dagegen gelang es dem Feind bei Kaub, Truppen über den Rhein zu führen.

Von Darmstadt aus nach Norden vorstoßend, konnten feindliche Panzerkräfte unsere Sicherungsstellungen durchbrechen. Sie stießen weiter in Richtung Nordosten vor und drangen in Offenbach ein. Am Südrand von Frankfurt/Main sind schwere Kämpfe im Gange. Bei Hanau stieß der Feind den Main entlang nach Süden vor und nahm Groß-Steinheim. Im Raum von Seligenstadt ist die Lage ungeklärt. Bei Aschaffenburg über den Main vorgestoßener Feind wurde bei Schweinheim abgewehrt. Nördlich von Worms wurden die Versuche des Feindes, den Brückenkopf weiter auszudehnen, in Gegenangriffen verhindert.

Von der italienischen Front liegen keine besonderen Meldungen vor.

An der Ostfront herrschte gestern starke feindliche Lufttätigkeit. Im Mittelabschnitt griffen 885 sowjetische Flugzeuge in den Kampf ein. Die Festungen Breslau und Glogau wurden aus der Luft versorgt. Im Osten hatten die deutschen Schlachtflieger wiederum gute Erfolge zu verzeichnen.

Bei der Abwehr eines feindlichen Luftangriffs auf ein deutsches Geleit in den norwegischen Gewässern wurden durch unsere Jäger sieben feindliche Flugzeuge abgeschossen und der Angriffsverband zersprengt.

Im Westen war die feindliche Lufttätigkeit aus Wettergründen geringer. 450 amerikanische viermotorige Bomber griffen mit der Masse Plauen an, von Süden her flogen 800 viermotorige Bomber mit starkem Jagdschutz Angriffe im südwestdeutschen Raum. 20 Sowjetflugzeuge waren am Tage im Großraum von Berlin und warfen mehrere Sprengbomben auf den Bahnhof Fredersdorf. Außerdem führten sie Bordwaffenangriffe in Kaulsdorf. 600 Bomber griffen mit der Masse Wiener Neustadt an. Nördlich von Wien fiel der größte Teil der abgeworfenen Bomben auf freies Feld. In der Nacht führten 70 Mosquitos den Störangriff auf Berlin durch.

Die Flak erzielte drei Abschüsse. In der Nacht wurde über Berlin ein Mosquito-Flugzeug abgeschossen.

*

Die Engländer und insbesondere die Amerikaner verfolgen augenblicklich an der Westfront ganz grosse Pläne, insbesondere General Patton, der sich durch eine Reihe gewagtester Vorstöße schon seit Beginn der Offensive bemerkbar gemacht hat und jetzt besonders in Fahrt ist. Er lässt erklären, dass er fast nirgendwo mehr eine feste Verteidigung finde und infolgedessen frei in unserem Lande herumfahren könne. Das ist auch in der Tat der Fall. Insbesondere der amerikanische Vorstoss in die Main-Gegend hat uns in die ärgste Verwirrung hineingebracht. Praktisch haben wir hier kaum noch Ersatzeinheiten zur Verfügung. Wir müssen jetzt schon auf die Junkerschule in Tölz zurückgreifen, um wenigstens notdürftig die gröbsten Löcher zu flicken. Aber Patton kann auch nicht, wie er will. Er muss auf Nachschub warten, denn so große Raumgewinne, wie er sie in den letzten acht Tagen erzielt hat, gehen auf die Dauer natürlich an die Substanz heran, und das scheint heute schon bei ihm in gewissem Umfange der Fall zu sein. Jedenfalls hat der amerikanische Vorstoss im Süden der Westfront und die englische Überquerung des Niederrhein-

Gebiets in London eine Art von Siegesrausch hervorgerufen. Jeder Engländer ist jetzt davon überzeugt, dass der Krieg in einigen Wochen, vielleicht in einigen Tagen schon zu Ende ist. Man rechnet spätestens mit Mitte April. Montgomery hat durch seine ständigen Attacken gegen die Öffentlichkeit eine derartige Stimmung hervorgebracht. Sie könnte uns unter Umständen in den kommenden Wochen von grossem Vorteil werden. Aber auch Eisenhower, der sonst immer sehr zurückhaltend urteilt, lässt sich von der allgemeinen Hypnose mitreißen und meint, dass es bis Berlin keinen Stopp mehr geben werde. Da allerdings haben wir noch ein entscheidendes Wort mitzusprechen.

Ich bin jetzt dabei, eine sehr stark gefärbte anti-angloamerikanische Propaganda in der deutschen Presse und im deutschen Rundfunk durchzuführen. Wir haben die Angloamerikaner bisher in unserer Propaganda viel zu glimpflich behandelt und uns nur auf das von ihnen herausgegebene Nachrichtenmaterial gestützt. Infolgedessen ist die Moral im Westen nicht etwa besser, sondern schlechter geworden. Es ist uns durch unsere Greuelkampagne gegen die Bolschewisten gelungen, unsere Front im Osten wieder zu befestigen sowie auch die Zivilbevölkerung in absolute Abwehrbereitschaft zu versetzen. Dass das im Westen nicht gelungen ist, ist hauptsächlich darauf zurückzuführen, dass grosse Teile der deutschen Bevölkerung und auch unsere Truppe meinen, dass die Angloamerikaner mit ihnen glimpflicher verfahren würden. Das mag auch in den äusseren Methoden stimmen; in der Sache selbst steht das westliche Lager uns viel feindlicher gegenüber als das Ostlager. Wir müssen jetzt ein neues System der Propaganda durchführen, das mehr in Einzelheiten geht, mehr Details schildert und damit wieder an den Feind herankommt. Unsere bisherige Propaganda hat, wie die Tatsachen beweisen, beim deutschen Volke ihre Wirkung verfehlt.

Auch die englischen Blätter freuen sich jetzt darüber, dass die deutsche Moral rapide im Absinken ist. Die »Daily Mail« ist darüber ausserordentlich verwundert. Sie hatte geglaubt, dass die deutsche Haltung intakter ist, als sie sich tatsächlich zeigt.

Die Engländer behaupten, dass die Angloamerikaner seit dem 1. März 300 000 Gefangene gemacht hätten. Diese Zahl scheint mir reichlich übertrieben zu sein; aber in der Tat haben sich sehr viele Einheiten von uns in die Gefangenschaft begeben, ohne dass dazu eine dringende Notwendigkeit gegeben gewesen wäre. Richtig wäre es gewesen, wenn wir seinerzeit nach dem Bombenangriff auf Dresden aus der Genfer Konvention ausgetreten wären. Alle Schlaumeier in der Regierung haben sich dagegen ausgesprochen. Jetzt hat sich mein Standpunkt wieder als richtig erwiesen.

Auch die an allen Stellen stattgefundenen Rheinübergänge wirken auf der angloamerikanischen Seite fast wie ein unerwartetes Wunder. Man hatte geglaubt, hier auf einen viel harteren Widerstand zu stossen. Aber unsere starken Ausfälle auf dem linken Rheinufer haben natürlich die Reihen unserer Divisionen ausserordentlich gelichtet.

Abends erklärt Eisenhower, dass unsere Hauptverteidigungslinie durchbrochen sei. Man werde jetzt direkt auf Berlin marschieren. Aber ich glaube nicht, daß die Angloamerikaner diesen Versuch machen werden. Sie werden sicherlich zuerst andere, näher liegende Ziele in Angriff nehmen. Das wird auch verschiedentlich schon von anderer Seite erklärt. Man habe beispielsweise Leipzig oder Kassel aufs Korn genommen. Kurz und gut, die feindliche Nachrichtenpolitik ist durchaus nicht einheitlich ausgerichtet, und für unsere Kriegführung kann praktisch daraus nichts entnommen werden.

Jetzt aber zeigen sich allmählich auch in vermehrtem Umfange die politischen Sorgen, die die Angloamerikaner durch einen von ihnen gewünschten und für bald erwarteten deutschen Zusammenbruch haben. Man befürchtet, dass die Folgen dieses Zusammenbruchs nicht nur für das Reich, sondern für ganz Europa und für das westliche Feindlager verheerend sein könnten. Europa sei ein einziges Ruinenfeld geworden. Es stehe vor einer völligen Katastrophe. Aber trotzdem beharrt man im westlichen Feindlager darauf, dass das Reich bedingungslos kapitulieren müsse. Eine Reihe von massgebenden Engländern ziehen eine traurige politische und wirtschaftliche Bilanz dieses Krieges. Sie geben unumwunden zu, dass England fast alles verloren habe, dass es keine Großmacht mehr darstelle und dass dieser Krieg als das unglücklichste Ereignis in der englischen Geschichte bezeichnet werden könne.

Dafür ist Churchill verantwortlich. Er wird auch im Unterhaus gestellt, und zwar über eventuelle Friedensmöglichkeiten mit dem Reich. Er antwortet darauf ausweichend, jedenfalls sehr reserviert.

In London hat sich eine ausgemachte Sieges- und Friedensstimmung breitgemacht. Ich glaube, wenn es uns gelingt – und das muss ja gelingen –, wieder eine feste Verteidigungslinie, sei es wo auch immer, aufzurichten, dann wird das englische Barometer schnell wieder unter Null heruntersinken. Churchill ist schon so in Siegerlaune, dass er nunmehr die Arbeiter und die Gewerkschaften auf das zynischste brüskiert. Er empfängt ihre Vertreter nicht einmal. Er glaubt, es nicht mehr nötig zu haben, und wirft nun all seine Versprechungen, die er der Arbeiterschaft im Verlaufe dieses Krieges vor allem in seinen für England kritischsten Perioden gemacht hat, rücksichtslos über Bord.

Lloyd George ist im Alter von 82 Jahren gestorben. Er spielte in der englischen Politik überhaupt keine Rolle mehr. Churchill wird, wenn er diesen Krieg überlebt, ein ähnliches Schicksal erleiden. Die Engländer gehen nicht sehr dankbar mit den Männern um, die für sie die Kriege führen.

In der Türkei hat sich eine sehr starke Unsicherheit bemerkbar gemacht. Man ist in Ankara ungewiss darüber, was Moskau eigentlich mit der Kündigung des sowjetisch-türkischen Paktes will. Die Sowjetpresse greift nun die Türkei ausserordentlich massiv an. Man vermutet in türkischen Kreisen, dass diese Angriffe mehr England als der Türkei gelten. Die sowjetische Politik der Türkei gegenüber trägt ja auch einen typisch antibritischen Charakter. Auch die Entscheidung in der Frage der Dardanellen soll in San Francisco fallen. Was man sich nicht alles für San Francisco vorgenommen hat! Dabei steht es noch nicht einmal fest, ob diese Konferenz überhaupt stattfinden und ob ein sowjetischer Vertreter daran teilnehmen wird.

Ich bekomme aus Stuhlweißenburg schauderhafte Berichte über die dort von den Sowjets begangenen Greueltaten. Diese stellen die aus den deutschen Ostgauen vorliegenden noch in den Schatten. Im Raum von Stuhlweißenburg gefundene Tagebücher gefallener sowjetischer Soldaten zeigen doch, dass die sowjetische Truppe ausserordentlich kriegsmüde ist. Auch dort möchte man lieber heute als morgen, dass der Kanonenlärm zum Schweigen gebracht wird. Im übrigen sind die Sowjetsoldaten von einer geradezu grotesken Naivität. Sie kommen sich vor als die großen Welterretter, und man merkt, dass die bolschewistische Propaganda ihnen einen Überwertigkeitskomplex eingeimpft hat, der zu den abstrusesten Blüten führt. Im übrigen ist jeder Sowjetsoldat darauf gedrillt worden, Rache an Deutschland zu nehmen. Das tut er ja auch in vollstem Umfange. Sehr geklagt wird in den Tagebüchern über das Partisanenunwesen im sowjetischen Hinterland, das in der Tat der Roten Armee ausserordentlich viel zu schaffen macht.

Conti hat jetzt an die deutschen Ärzte einen Erlass herausgegeben, der die Erlaubnis gibt, Schwangerschaftsunterbrechungen durchzuführen bei Frauen, die von Bolschewisten vergewaltigt worden sind. Dieses Problem wird jetzt in Zukunft eine ziemlich erhebliche Rolle spielen, zumal eine Unmenge deutscher Frauen von Sowjetsoldaten auch mit Geschlechtskrankheiten angesteckt worden sind.

Plauen ist aus der Luft sehr schwer angegriffen worden. Vor allem das Stadtzentrum wurde fast gänzlich vernichtet. Auch sonst haben wir aus der Luft heraus wieder sehr viel Leid erfahren. Allerdings fliegen die Engländer jetzt nachts nicht mehr ein, wahrscheinlich wegen des ausserordentlich hellen Mondwetters.

Ich halte mittags einen Appell im Ministerium ab. Der Appell findet im Theatersaal statt, der fast nur noch aus den Außenwänden besteht. Ich richte an meine Mitarbeiter die eindringliche Aufforderung, sich gerade in der jetzigen kritischen Lage als Vorbilder der mannhaften Gesinnung zu zeigen.

Dr. Ley, der soeben von einer Reise nach Wien und nach Niederdonau zurückkommt, macht mir einen Besuch, um mir Bericht zu erstatten. Er ist ziemlich k.o. Die letzten Ereignisse insbesondere im Westen haben ihn völlig aus der Fassung gebracht. Ich treffe ihn zum ersten Male ohne Mut. Vor vier Tagen noch hat er im »Angriff« geschrieben, daß die Krise im Westen eine Gesundungskur sei. Diese Behauptung hat in der Öffentlichkeit erhebliches Aufsehen erregt. Ich halte ihm das vor. Jetzt möchte er nichts mehr davon wissen. Er will zum Führer hingehen und sich von ihm die Erlaubnis erbitten, ein Freikorps aus tapferen Parteigenossen aufzustellen. Dieses Freikorps würde sicherlich eine wilde Horde, und ich weiss schon von vornherein, dass der Führer schon aus diesem Grunde seine Erlaubnis nicht dazu geben wird. Sonst sind die Vorschläge, die Ley zur Behebung unserer Notlage vorbringt, ausserordentlich naiv, wenn sie auch von einer guten Gesinnung zeugen. Ley ist unter den Einwirkungen der letzten Ereignisse etwas hysterisch geworden. Man sieht auch daran, dass es sich bei ihm nicht um eine von Natur aus starke Persönlichkeit handelt. Er ist nur stark, wenn dazu eine äussere Veranlassung gegeben ist. Im übrigen schwankt er wie ein Rohr im Winde, wenn ernste und kritische Zeiten kommen.

Der Führer beharrt auf seinem Befehl der totalen Räumung der vom Feind bedrohten Westgebiete und der totalen Zerstörung unserer Industrie. Dieser Befehl kann nach einstimmiger Aussage aller westlichen Gauleiter praktisch gar nicht durchgeführt werden. Wie sollte das beispielsweise jetzt im Würzburger Raum der Fall sein, in den die Amerikaner ganz unerwartet und plötzlich hineindringen? Wer sollte hier die Bevölkerung wegführen, wie sollte sie weggeführt werden, und wer sollte die Industrie zerstören, und wie sollte das gemacht werden? Wir bewegen uns in unserer Kriegführung heute schon in mancher Beziehung im luftleeren Raum. Wir geben in Berlin Befehle, die unten praktisch überhaupt nicht mehr ankommen, geschweige dass sie durchgeführt werden können. Ich sehe darin die Gefahr eines ausserordentlichen Autoritätsschwundes.

Unser Rationierungssystem wird jetzt zum ersten Mal elastischer gestaltet, das heisst, das Volk bekommt Lebensmittelkarten, auf die bestimmte Lebensmittelarten abgerufen werden. Nur die Grundlebensmittel wie Fett, Fleisch und Brot bleiben im grossen ganzen unverändert.

Krosigk hat nunmehr seinen Entwurf zur Steuerreform ausgearbeitet. Dieser Entwurf ist mir zu unsozial. Er basiert in der Hauptsache auf Verbrauchsteuern; dagegen sind Einkommensteuern nicht mit in Betracht gezogen worden. Verbrauchsteuern aber treffen fast nur die breiten Massen und sind deshalb bei ihnen ausserordentlich unbeliebt. Sie stellen ja auch eine starke Ungerechtigkeit dar, die wir uns im gegenwärtigen Zeitpunkt nicht leisten können. Es werden deshalb gegen den Krosigkschen Entwurf sehr starke Widerstände geltend gemacht.

Mittags läßt der Führer mich zu einer längeren Besprechung in die Reichskanzlei herüberrufen. Ich kann kurz vorher noch mit General Burgdorf sprechen. Auch General Burgdorf ist ziemlich niedergedrückt. Er sieht im Augenblick keine Möglichkeit, den Angloamerikanern im Main-Raum etwas entgegenzustellen. Von allen Seiten wird jetzt nach der Politik als der Rettung geschrien. Das ist eine schwächliche Ausrede, denn selbstverständlich können wir politisch nichts machen, wenn wir militärisch in einer so desolaten Lage sind. Dass die Amerikaner bis Würzburg vorrücken konnten, ist natürlich eine ausgemachte Schweinerei, aber wohl auch in der Hauptsache darauf zurückzuführen, dass die Truppe nicht mehr kämpft, und dass die Zivilbevölkerung die entsprechenden Massnahmen der Verteidigungsbereitschaft allzu sehr versäumt hat. Ley hat das auch mir gegenüber ausdrücklich betont. Er meint, wenn alle Gaue in ihrem Verteidigungswillen so eingestellt gewesen wären wie z.B. der Gau Berlin, dann hätten Ereignisse wie die im Main-Raum sich gar nicht abspielen können.

Was die Lage im Main-Raum anlangt, so will man sich hier vorläufig einmal mit Behelfsmitteln zu retten versuchen. Aber nicht nur dort, sondern auch im ungarischen Raum ist die Lage sehr kritisch geworden. Wir laufen hier evtl. Gefahr, unser wichtiges Ölgebiet zu verlieren. Unsere SS-Verbände haben sich hier miserabel gehalten. Auch die Leibstandarte ist ja nicht mehr die alte Leibstandarte, denn ihr Führermaterial und ihre Mannschaft ist gefallen. Die Leibstandarte trägt nur noch dem Namen nach ihren Ehrentitel. Aber trotzdem hat der Führer entschieden, dass den SS-Verbänden gegenüber ein Exempel statuiert werden soll. Himmler ist in seinem Auftrage nach Ungarn geflogen, um diesen Verbänden die Ärmelstreifen zu nehmen. Das wird natürlich für Sepp Dietrich die schlimmste Schmach sein, die man sich überhaupt nur denken kann. Die Generäle des Heeres freuen sich diebisch, dass nun die Konkurrenz von einem derartigen Schlag betroffen wird. Die SS-Verbände haben in Ungarn nicht nur ihre Offensive nicht durchführen können, sondern sie sind zurückgegangen und zum Teil ausgerissen. Das schlechte Menschenmaterial macht sich hier in der unangenehmsten Weise bemerkbar. Sepp Dietrich ist direkt zu bedauern, aber auch Himmler, der ihm gegenüber als keine Kriegsauszeichnung tragender Chef der SS diese harte Massnahme durchführen muss, während Sepp Dietrich die Brillanten trägt. Aber was noch viel schlimmer ist, das ist, dass unser Ölgebiet nun stark gefährdet ist. Da muss alles getan werden, um wenigstens diese Basis unserer Kriegführung zu erhalten.

Im Garten der Reichskanzlei sieht es wüst aus. Dort liegt Trümmerhaufen neben Trümmerhaufen. Die Bunkeranlagen des Führers werden augenblicklich verstärkt. Der Führer ist fest entschlossen, vorläufig, auch wenn es kritisch würde, in Berlin zu bleiben. In der militärischen Umgebung des Führers herrscht eine Art von Untergangsstimmung, ein Beweis dafür, dass der Führer nur schwächere Charaktere um sich versammelt hat, auf die er sich im Notfalle nicht verlassen kann. Die SS-Führer tragen eine gute Haltung zur Schau. Günsche meldet sich bei mir als Verteidigungskommandant für das Regierungsviertel. Ich glaube, dass ich mich auf ihn verlassen kann.

In Berlin sind wir natürlich fieberhaft an der Arbeit, unsere Verteidigungsbereitschaft zu vermehren. Allerdings werden diese Bestrebungen auf immer härtere Proben gestellt. Nicht nur, dass uns jetzt die Ersatzeinheiten von Berlin weggeholt worden sind, nun müssen wir auch starke Teile unserer Berliner Flak abgeben, im ganzen 15 schwere Batterien, die jetzt an die Oder-Front kommen. Ich will versuchen, wenigstens einen Teil davon für die Reichshauptstadt zu retten.

Ich habe dann die vom Führer gewünschte ausgiebige Aussprache mit ihm. Wir halten diese Aussprache auf einem Spaziergang durch den Garten der Reichskanzlei. Gott sei Dank befindet sich der Führer in einer guten körperlichen Verfassung, was bei ihm ja immer der Fall ist, wenn es kritisch wird. Auch in dieser Beziehung ist er geradezu bewundernswert. Nur bemerke ich mit Wehmut, dass er immer stärker gebeugt geht; aber er trägt dabei doch eine durchaus gelassene Miene zur Schau, was ja auch der gegenwärtigen Situation nur würdig ist. Trotzdem merke ich, dass er in einer ausserordentlichen Spannung lebt. Vor allem haben die letzten Ereignisse an der Front ihm hart zugesetzt. Wir gehen eine Stunde über die Terrasse vor seinem Arbeitszimmer spazieren, und dabei nehme ich die Gelegenheit wahr, ihm meine Auffassung von der Lage darzulegen. Ich trage ihm vor, dass im Angesicht der ausserordentlich kritischen Frontlage die Moral sowohl in der Heimat wie auch bei der Truppe ausserordentlich abgesunken sei. Es müsste uns gelingen, irgendwo wieder Halt zu gebieten, da sonst die Gefahr besteht, dass die gesamte Westfront ins Rutschen kommt. Ich halte jetzt die Gelegenheit für gegeben, dass der Führer sich in einer Rundfunkansprache – sie braucht nicht über zehn oder fünfzehn Minuten lang zu sein –

an die Nation, und zwar sowohl an die Heimat wie an die Front wendet. Ich führe als Beispiele Churchill in der englischen und Stalin in der sowjetischen Krise an. Auch sie haben dort die richtigen Worte gefunden, um ihre Völker wieder aufzumuntern. Wir haben so auch früher im Kampf der Partei gehandelt. Niemals hat die Partei eine schwere Krise durchgemacht, ohne dass der Führer sich persönlich an sie gewandt hätte, um sie wieder auf Vordermann zu bringen. Jetzt ist auch die Stunde gekommen, dass der Führer dem Volk ein Signal geben muss. Ich bin bereit und entschlossen, eine große Propagandakampagne daraus zu entfalten. Aber die Parole muss vom Führer gegeben werden. Ich charakterisiere dem Führer ungefähr den Inhalt seiner Rede, so wie ich sie mir denke. Entscheidend bei all seinen Argumenten muss sein, dass das Volk ein Wort von ihm vernimmt, an das es sich festklammern kann. Im übrigen kann der Führer *[halbe Zeile unleserlich]* keine allzu großen Hoffnun- *[h. Z. u.]* doch noch eini- *[h. Z. u.]*, die in der gegenwärtigen Zwangs- *[h. Z. u.]* genannt werden können.

Der Führer ist im Grundsatz mit meinen Vorschlägen einverstanden. Er meint, dass die Moral der Heimat an sich nicht schlecht sei. Die Moral der Heimat sei nur von der schlechten Moral der Front angesteckt worden. An sich habe die Heimat die schwersten Schläge gelassen über sich ergehen lassen; aber in dem Augenblick, in dem sie mit der Front in Berührung kam, sei sie in ihrer Gesinnung abgesunken. Der Führer ist immer noch der Ansicht, dass die kritische Entwicklung im Westen das Ergebnis eines Verrats von oben sei. In Trier habe dieselbe Armee versagt, die auch schon bei Avranches versagt habe. Sie sei zwar in der Führung reformiert worden, aber der alte Geist stecke noch in ihr. Sonst wäre es nicht zu erklären, dass ein so festes Bunkersystem wie das um Trier herum kampflos preisgegeben wurde. Dieses Bunkerfeld wurde preisgegeben mit Begründungen, die heute geradezu kindisch klingen: man wolle im offenen Feld kämpfen, weil man sich dort besser entfalten könne, und ähnliches. Diese Gründe sind im Ernst vorgebracht worden. Heute kann man feststellen, wie abwegig sie waren. Der Führer befindet sich in einer Raserei diesem Verrat gegenüber. Aber er weiss im Augenblick noch nicht, von welcher Stelle dieser Verrat ausgeübt wurde. Er glaubt, vom Hauptquartier des Oberbefehlshabers im Westen. Aber auch hier kann man wieder feststellen, dass der Führer mit seinen Erkenntnissen zwar richtig liegt, dass er aber nur selten daraus die richtigen Folgerungen zieht. Es entspricht den Tatsachen, dass die kritische Entwicklung im Westen eigentlich mit dem Verlust des Trierer Bunkerfeldes begonnen hat. Daraus entstand der Übergang über den Rhein bei Remagen. Der Übergang bei Remagen aber ist auch wieder das Ergebnis entweder eines Verrats oder einer schimpflichen Pflichtvergessenheit. Allein der Brückenkopf über den Niederrhein ist kämpferisch richtig bestellt, ein Beweis dafür, dass wo unsere Truppe Widerstand leistet, die Angloamerikaner durchaus nicht marschieren können, wie sie wollen. Die anderen Brückenköpfe befinden sich zum grossen Teil nicht mehr unter unserer Kontrolle. Mag nun der Grund ein Mangel an Moral oder ein effektiver Verrat sein, jedenfalls ist jetzt nicht mehr der Zeitpunkt, die Gründe zu untersuchen, sondern die Tatsachen zu registrieren, denn die Nation befindet sich im Zustande der höchsten Gefahr, und wir müssen dementsprechend handeln. Dass der Feind bis Würzburg vordringen konnte, ist dem Führer geradezu unerklärlich. Er will jetzt versuchen, eine Unmasse von Einheiten, die uns noch in den Kasernen zur Verfügung stehen, dagegenzuwerfen, auch von Seiten der Luftwaffe soviel einzusetzen, als überhaupt eingesetzt werden kann. Aber es dauert natürlich eine Zeit, bis diese Massnahmen nun anfangen, effektiv zu werden. Unterdes erleiden wir grauenhafte Verluste an Raum, dementsprechend an Bevölkerung und an Kriegspotential. Es ist die Frage, ob wir das in der weiteren Fortsetzung des Krieges überhaupt noch aufholen können. Ich habe den Eindruck, dass der Führer das im Augenblick etwas zu leicht nimmt. Jedenfalls mir gegenüber tut er das; innerlich wird er sicherlich anders denken.

Die Betrauung Kesselrings ist zu spät gekommen. Er hätte

vor einigen Monaten anstelle von Rundstedt eingesetzt werden müssen. Model ist zwar ein ausgezeichneter Truppenführer, aber eine Kleinigkeit zu intellektuell. Jedenfalls handelt es sich bei ihm um einen fanatischen Anhänger des Führers und um einen richtigen Nationalsozialisten.

Immer wieder betone ich dem Führer gegenüber, dass wir irgendwo haltmachen müssen, wenn wir überhaupt noch des Krieges Herr werden wollen. Ich bin skeptisch, ob uns das in den nächsten Tagen gelingen wird. Der Führer hat recht, wenn er erklärt, dass die Moral der Truppe und die Moral der Heimat in Wechselwirkung zueinander stehen. Aber ist es richtig, dass die Truppe vielfach die Heimat in ihrer schlechten Moral angesteckt hat und die Truppe eine schlechte Moral hat, weil sie nicht nationalsozialistisch erzogen worden ist.

Es freut mich sehr, daß der Führer auch mir gegenüber betont, dass ich der einzige gewesen sei, der in der Frage des Austritts aus der Genfer Konvention recht behalten habe. Alle anderen hätten dagegengesprochen. Aber es handelt sich bei diesen doch um wild gewordene Bürger, die keine revolutionäre Kriegführung verstehen und deshalb auch nicht dafür eintreten können. Es ist geradezu tragisch, den Führer, der ein Revolutionär grössten Formats ist, von so mittelmässigen Leuten umgeben zu sehen. Er hat sich eine militärische Umgebung ausgewählt, die unter jeder Kritik ist. Er bezeichnet jetzt selbst die Keitel und Jodl als Papis, die müde und verbraucht seien und in der gegenwärtigen Notlage keine Entschlüsse grossen Formats zum Vortrag brächten. Die einzigen Truppenführer, die dem modernen Volkskrieg entsprechen, sind Model und Schörner. Model ist, wie gesagt, ein intellektueller Typ, Schörner ein Typ aus dem Gefühl und aus dem Herzen heraus. Er hat zweifellos die grössten operativen Erfolge errungen. Damit ist aber auch die Serie grosser Heerführer bei uns erschöpft. Auch die SS hat keine besonders markanten Strategen hervorgebracht. Es ist auch Himmler nicht gelungen, einen solchen in seinen Reihen ausfindig zu machen. Sie sind gute Draufgänger, aber nicht von grösstem Format.

Ich lege dem Führer im einzelnen dar, dass wir im Jahre 1934 leider versäumt hätten, die Wehrmacht zu reformieren, als wir eine Gelegenheit dazu hatten. Das, was Röhm wollte, war natürlich an sich richtig, nur konnte es von einem Homosexuellen und Anarchisten praktisch nicht durchgeführt werden. Wäre Röhm eine integre und erstklassige Persönlichkeit gewesen, so wären wahrscheinlich am 30. Juni eher einige hundert Generäle als einige hundert SA-Führer erschossen worden. Es liegt eine tiefe Tragik in dieser ganzen Entwicklung, und heute bekommen wir ihre Auswirkungen zu verspüren. Damals wäre die Stunde reif gewesen, die Reichswehr zu revolutionieren. Diese Stunde konnte nach Lage der Dinge vom Führer nicht erfasst werden. Es ist die Frage, ob wir das, was wir damals versäumten, heute überhaupt noch nachholen können. Ich zweifle sehr daran. Jedenfalls aber muss der Versuch dahin unternommen werden. Allerdings können wir uns jetzt auf Massnahmen auf weite Sicht nicht einlassen, sondern wir müssen das tun, was die Stunde gebietet, und dazu erscheint mir am notwendigsten die von mir vom Führer verlangte Rede. Der Führer will zuerst nicht recht, und zwar deshalb, weil er im Augenblick nichts Positives vorbringen kann. Aber ich dringe doch so auf ihn ein, daß er sich zum Schluss mit meinem Vorschlag einverstanden erklärt. Ich darf auch in diesem Punkte nicht nachlassen. Es ist meine nationale Pflicht, darauf zu dringen, daß der Führer dem Volke nun die Parole für seinen Lebenskampf gibt. Ich betone dem Führer gegenüber, dass 15 Minuten im Rundfunk völlig genügen würden. Ich weiss, dass diese Rede sehr schwer sein wird. Aber es wird dem Führer ja doch möglich sein, auch eine Reihe von positiven Faktoren anzuführen, insbesondere, was die vermutliche weitere Entwicklung des Luftkrieges anlangt. Hier nun hegt der Führer eine starke Hoffnung, und zwar in bezug auf unsere neuen Jagdflugzeuge. Er teilt mir noch einmal den ganzen Entwicklungsgang der Luftwaffe mit, den ich ja kenne, weil er ihn schon öfter dargelegt hat. Die Krise in der Luftwaffe ist ausgesprochen technischer Art, und Göring trägt daran die

Schuld. Aber der Führer ist heute doch leichter geneigt, Göring etwas zu entlasten, weil Göring, wie er sagt, technisch nicht genügend vorgebildet sei, um diese Entwicklung rechtzeitig vorauszusehen. Er ist auch von seinem Generalstab nach Strich und Faden belogen worden. Jetzt versucht dieser Luftwaffengeneralstab, auch den Führer zu belügen, so z.B. in bezug auf die Schnelligkeit des neuen Jägers, wobei ihm ganz falsche Zahlen angegeben worden sind. Aber der Führer will jetzt jede Lüge ihm gegenüber in wichtigen militärischen Dingen mit der härtesten Strafe belegen. Er greift brutal ein, auch in die Organisation der Luftwaffe.

Kammler hat nunmehr die Überführung der neuen Jäger von der Fabrik auf den Flugplatz und die Gestellung der neuen Flugplätze im Auftrage des Führers in seine Hand genommen. Er bekommt dafür vom Führer grösste Vollmachten. Göring hat sich, wenn auch knurrend, damit einverstanden erklärt. Aber es bleibt ihm ja nichts anderes übrig. Flugplätze, Maschinen und Öl, das ist jetzt die Frage der Fragen. Die bisherigen Erfolge unserer neuen Jäger sind durchaus erfreulich. Wenn die Jäger in grösserer Anzahl am Himmel erscheinen werden, so könnte es möglich sein, dass wir ihn wieder frei fegen würden. Aber es ist, wie der Führer ausdrücklich betont, zwei Sekunden vor zwölf. Es könnte uns höchstens gelingen, in der letzten Schrecksekunde die Dinge noch einmal zu wenden. Aber hier liegt die eigentliche Entscheidung. Die Ursache unseres militärischen Verfalls ist im feindlichen Luftterror zu suchen. Also müssen wir mit unseren neuen militärischen Massnahmen bei der Luftwaffe beginnen.

Der Führer ist, wie ich schon betonte, jetzt eher geneigt, Göring eine gewisse Entschuldigung zuzubilligen. Ich halte das für absolut untunlich. Es ist geradezu lachhaft, einem Mann, der das Reich in eine derartig tödliche Krise gebracht hat, jetzt noch Verständnis entgegenzubringen. Er trägt die Schuld an unserem Verfall, und er muß schon aus historischen Gründen daraus die Konsequenz ziehen. Dass er sich seines Handelns nicht bewusst gewesen ist, spielt dabei gar keine

Rolle. Das fehlte auch noch, dass er bewusst das Reich in diese Todesgefahr hineingeführt hätte.

Auf die neuen Jäger werden jetzt statt unserer Jäger unsere Kampfflieger gesetzt. Sie sind braver, anständiger und nicht so verzärtelt. Der Führer klammert sich mit all seinen Hoffnungen an den Einsatz dieser neuen Düsenflugzeuge. Der Feind hat ihnen nichts Wesentliches entgegenzusetzen, da die Düsenflugzeuge ja von England wegen der Brennstofffrage nicht bis in den deutschen Raum operieren können. Darüber hinaus ist der Führer entschlossen, die Luftwaffe von Grund auf zu reformieren. Er ist mit meinem Reformprogramm durchaus einverstanden. Er hält die Moral unserer Luftwaffe nicht für so schlecht, dass sie nicht mehr zu reparieren wäre. Unsere Jäger sind nur in ihrer Moral stark abgesunken, weil sie auf denkbar schlechten Maschinen fliegen mussten, mit denen sie dem Feind haushoch unterlegen waren. Aber auch Speer trägt mit die Schuld daran, dass wir diese alten und unbrauchbaren, technisch dem Feind nicht gewachsenen Maschinen weiter produziert haben, ohne dass wir daraus irgendwelchen Nutzen ziehen konnten. Der Führer hält Saur Speer gegenüber für die stärkere Persönlichkeit. Saur ist ein harter Steher, der einen Auftrag, der ihm erteilt worden ist, wenn nötig mit Gewalt durchzieht. Er steht in einem gewissen Gegensatz zu Speer. Speer ist mehr eine Künstlernatur. Er besitzt zwar ein starkes Organisationstalent, ist aber politisch zu unerfahren und zu ungeschult, als dass er in dieser kritischen Zeit absolut verlässlich wäre. Der Führer ist sehr ungehalten über die letzten Ausführungen, die Speer ihm gemacht hat. Speer hat sich von seinen Industriellen beeinflussen lassen und redet immer wieder davon, dass er nicht seine Hand dazu bieten wolle, dem deutschen Volke den Lebensfaden abzuschneiden. Das sollten dann unsere Gegner tun. Er wolle dafür nicht die Verantwortung übernehmen. Der Führer erklärt demgegenüber, dass wir die Verantwortung sowieso zu tragen hätten und dass es jetzt darauf ankomme, den Kampf um das Leben unseres Volkes zu einem erfolgreichen Abschluss zu bringen, und dabei taktische

Fragen nur eine untergeordnete Rolle spielten. Der Führer hat die Absicht, Speer im Laufe des Nachmittags zu sich kommen zu lassen und ihn vor eine sehr ernste Alternative zu stellen. Entweder muss er sich den Prinzipien der gegenwärtigen Kriegführung einfügen, oder der Führer will auf seine Mitarbeit verzichten. Er sagt in starker Verbitterung, er wolle lieber in einem Befehlsheim sitzen oder unter die Erde kriechen, als sich Paläste bauen lassen von einem Mitarbeiter, der in der kritischen Phase versagt. Der Führer wird Speer gegenüber ausserordentlich massiv. Ich glaube, dass Speer in den nächsten Tagen bei ihm kein leichtes Spiel haben wird. Vor allem will der Führer den Redereien von Speer ein Ende machen, die ausgesprochen defaitistischen Charakter tragen. Speer ist ja auch einer derjenigen gewesen, die gegen den Austritt aus der Genfer Konvention plädiert haben. Allerdings war auch Bormann dabei. Bormann ist im Augenblick auch nicht von bester Art. Er hat insbesondere in der Frage der Radikalisierung unseres Krieges nicht das gehalten, was ich mir eigentlich von ihm versprochen hatte. Wie ich schon betonte, handelt es sich bei diesen Leuten um halbe Bürger. Sie denken zwar, aber sie handeln nicht revolutionär. Jetzt aber müssen die Revolutionäre an die Führung gebracht werden. Ich betone das dem Führer gegenüber; aber der Führer sagt mir, er habe deren nur in geringem Umfange zur Verfügung. Auch unsere Gauleiter im Westen haben sich ja vielfach als völlig schwach erwiesen. Ich bin über das kämpferische Versagen des Westens sehr niedergedrückt. Dass Köln beispielsweise in einer Stunde kapitulierte, ist geradezu beschämend. Der Führer schiebt die Schuld daran auf die Wehrmacht, aber selbstverständlich hat auch die politische Führung einen grossen Teil der Schuld mit zu tragen. Wie sticht dagegen Hanke in Breslau ab! Der Führer nennt ihn den Nettelbeck dieses Krieges, was er ja auch tatsächlich verdient. Auch der Rückfall der Luftwaffe ist auf die bürgerlichen Elemente in ihr zurückzuführen. Göring ist ja auch mehr bürgerlich als revolutionär.

Aber das sind nur Fragen am Rande. Heute kann man diese

grundsätzlichen Probleme nicht aufrollen; man muss schon froh sein, wenn man sich von einem Tag in den anderen hineinwurstelt. Richtig ist allerdings, dass der Führer unter allen Umständen dafür sorgen will, dass Speer den Händen der ihn beeinflussenden Industrie entwunden wird. Er darf nicht mehr ein Spielball der ihn umgebenden Wirtschaftskreise sein. Richtig ist auch, dass der Führer entscheidet, dass wir dem Feind nichts an Kriegspotential zurücklassen, denn es würde sonst in kürzester Frist gegen uns eingesetzt werden. Es ist ein ausgesprochener Quatsch, zu behaupten, dass wir für die Zerstörung des Kriegspotentials keine Verantwortung übernehmen dürften. Die Geschichte wird uns freisprechen, wenn wir den Krieg gewinnen. Sie wird uns diesen Freispruch versagen, wenn wir ihn verlören, gleichgültig, aus welchen Gründen das eine oder das andere geschähe. Wir haben die Verantwortung zu tragen und müssen uns dessen auch würdig erweisen.

Der Führer spricht schon von einer eventuellen Nachfolgeschaft Speers durch Saur, was meines Erachtens ausserordentlich bezeichnend ist. Damit ist die Lage für Speer sehr kritisch geworden. Jedenfalls will ich ihn darauf aufmerksam machen. Es wäre gut, wenn der Führer seine harten Massnahmen, die er jetzt beispielsweise gegen Speer vorhat oder die er gegen die kämpfende SS durchführt, auch der Luftwaffe gegenüber Platz greifen ließe. Hier sind sie am notwendigsten. Es wäre zu wünschen, daß der Führer nicht nur richtige Erkenntnisse fasste und sie zum Vortrag brächte, sondern dass er daraus auch die richtigen Schlüsse zöge. Darin unterscheidet er sich meines Erachtens in starker Weise von Friedrich II., der in seinen Massnahmen ja so rücksichtslos gegen Hoch und Niedrig vorging, dass er vielfach dadurch sogar bei der Truppe und bei seiner Generalität Hass und Ablehnung hervorrief. Man könnte bei dieser Aussprache mit dem Führer immer sagen: »Ja, Du hast recht. Alles ist richtig, was Du sagst. Aber wo bleiben die Taten?«

Es ist geradezu bewundernswert, wie der Führer in diesem

Frontdilemma immer und unentwegt auf seinen guten Stern vertraut. Man hat manchmal den Eindruck, als lebte er in den Wolken. Aber er ist ja schon so oft wie ein Deus ex machina aus den Wolken herniedergestiegen. Er ist nach wie vor überzeugt, da die politische Krise im Feindlager uns zu den grössten Hoffnungen berechtigt, sowenig wir auch im Augenblick davon sprechen könnten. Mich schmerzt es sehr, daß er augenblicklich nicht dazu zu bewegen ist, etwas dafür zu tun, dass die politische Krise im Feindlager weiter gedeiht. Er macht kein Personalrevirement, weder in der Reichsregierung noch in der Diplomatie. Göring bleibt, Ribbentrop bleibt. Alle Versager – abgesehen von der zweiten Garnitur – werden gehalten, und es wäre meines Erachtens doch so notwendig, gerade hier einen Personalwechsel vorzunehmen, weil er ja auch von ausschlaggebender Bedeutung für die Moral unseres Volkes wäre. Ich dränge und dränge; aber ich kann den Führer nicht von der Notwendigkeit der von mir vorgeschlagenen Massnahmen überzeugen. Ich muss also wieder meine Absichten bis zum nächsten Male vertagen.

Was den Osten anlangt, so ist der Führer mit Ausnahme von Ungarn mit der Entwicklung zufrieden. Schörner hält gut. Er hat hervorragende Abwehrerfolge erzielt, die zu großen Hoffnungen berechtigen. Allerdings ist die Lage in Ungarn schauderhaft geworden. Hier sind wir in eine ernste Krise hineingeraten, die – wie gesagt – die Gefahr des Verlustes der ungarischen Ölgebiete heraufbeschwört. Der Führer ist sehr ungehalten darüber, dass Sepp Dietrich ihn beschwindelt hat. Er hat große Einheiten seiner 6. Armee in der Heimat belassen, um sie als Ersatzeinheiten bei seiner Rückkehr zur Verfügung zu haben, und ist infolgedessen statt mit 70 000 mit 40 000 Mann angetreten. Das machte sich natürlich sofort bei seiner Offensive bemerkbar. Der Führer will ihn sehr energisch zur Verantwortung ziehen. Sepp Dietrich hat sich also nach der Darstellung des Führers die Zahlenschwindeleien der Wehrmacht sehr schnell angewöhnt. Der Führer hat Himmler nach Ungarn geschickt, um dort nach dem Rechten zu sehen und die entsprechenden Strafmassnahmen durchzuführen. Immerhin aber steht fest, dass der Angriff unserer Waffen-SS-Verbände in einen feindlichen Angriff hineingestossen ist, und wäre er nicht durchgeführt worden, so hätten wir heute schon längst die Ölgebiete verloren. Auch in Ungarn hängt jetzt alles am seidenen Faden. Der Führer meint, dass wir hier stehen bleiben müssten, wenn wir nicht überhaupt den Boden unter den Füssen verlieren wollten. Aber die militärische Entwicklung ist ja so gelaufen, dass die Hoffnungen von heute schon vielfach die Theorien von morgen wurden. Der Führer sieht, wie ich schon betonte, im Prinzip alles richtig; aber er zieht keine Schlüsse. Es ist ein wahrer Jammer, dass er keine Umgebung besitzt, die seine Erkenntnisse in Taten ummünzt. Heute ist es ja auch schon reichlich spät, um aus Erkenntnissen Taten zu machen; aber es wäre noch viel zu unternehmen, wenn die richtigen Männer an der richtigen Stelle ständen. Ich will und will es nicht einsehen, dass es zu spät sein soll, und ich bin auch fest davon überzeugt, dass sich in der kritischen Minute ein Ausweg finden wird. Jedenfalls tut der Führer heute, was er überhaupt tun kann. Das Schicksal muss dann entscheiden. Allerdings muss hier hinzugefügt werden, dass die Handlungen des Führers mehr auf das Materielle und nicht auf das Personelle ausgerichtet sind. Dadurch kommt es, dass er mit seinen Mitarbeitern immer mehr in Konflikt gerät. Jetzt sind beispielsweise auch Himmler und Sepp Dietrich stark in Misskredit geraten. Wohin soll das führen? Was bleibt dann zum Schluss noch übrig? Wenn ich mir vorstelle, dass Himmler jetzt den SS-Verbänden die Ärmelbänder nimmt, dann wird mir einigermassen grau vor Augen. Das wird bei der SS einen richtigen Schock auslösen. Ich mache mir auch ernsthafte Sorgen um Sepp Dietrich, der natürlich eine solche Schmach nicht ohne weiteres auf sich sitzen lassen wird.

Ich dränge noch einmal beim Führer auf eine baldige Rede. Ich lasse seinen Einwänden gegenüber nicht locker. Ich berichte von meinem Ministeriumsappell am Morgen, der im ganzen Hause zu einer Auffrischung der Stimmung und Haltung geführt hat, wie ich mir das selbst nicht vorgestellt hatte. Ich weise noch einmal auf die Handlungsweise von Churchill und Stalin in den kritischen Notlagen ihrer Länder hin. Der Führer sieht das auch völlig ein und ist nun fest entschlossen, so bald wie möglich seine Rede zu halten. Ich fordere seine Umgebung auf, nun weiter in ihn zu dringen, damit er das auch tatsächlich tut.

Der Führer ist bei dieser Unterredung mir gegenüber von einer Aufgeschlossenheit wie selten. Ich bin sehr glücklich darüber, dass ich sein volles und uneingeschränktes Vertrauen besitze. Ich möchte ihm so gerne in all seinen Sorgen und Nöten helfen; aber meine Möglichkeiten sind ja auch begrenzt. Jedenfalls will ich alles daransetzen, um ihm wenigstens von meiner Seite aus keine besonderen Sorgen zu bereiten. Jetzt kommt es darauf an, dass wir in der Führung und in der Gefolgschaft kämpfen, halten und stehen bleiben. Es muss revolutionär gedacht und vor allem revolutionär gehandelt werden. Es ist die Stunde gekommen, um die letzten bürgerlichen Eierschalen abzustossen. Halbheiten können jetzt nicht mehr helfen. Jetzt ist die Stunde der ganzen Männer und der ganzen Handlungen gekommen. Wenn auch die Lage schauderhaft ist, so kann sie doch unter Aufbietung unserer Kraft noch gemeistert werden.

Unterdes wartet schon die militärische Lage auf den Führer. Guderian schaut schon dauernd durch das Fenster herein. Er macht einen etwas müden und zappeligen Eindruck. Die anderen schlappen Figuren werden den Führer auch nicht in seiner Standhaftigkeit bestärken. Aber Gott sei Dank hat er davon so viel auf eine natürliche Weise, dass er einer Stärkung durch andere nicht bedarf.

Ich bestimme noch einmal Schaub und Albrecht, nunmehr beim Führer weiterhin tätig zu bleiben, dass nach Möglichkeit die Rede in den nächsten 24 Stunden noch diktiert wird. Alle versprechen mir, ihr Bestes zu tun, weil sie auch davon überzeugt sind, dass jetzt eine Führer-Rede wie Balsam auf eine Wunde wirken wird. Also will ich das Beste hoffen, daß mein

Besuch wenigstens dies Ergebnis gezeitigt hat. In den anderen Fragen werde ich natürlich weiterbohren, soviel ich überhaupt noch kann. Am Ende werde ich doch zum Erfolg kommen.

Zu Hause finde ich einen Berg von Arbeit vor. Aber ein Berg von Arbeit ist heute immer ein Berg von Sorgen. Angenehme Nachrichten erhält man fast gar nicht mehr. Dabei herrscht draussen ein penetrant schönes Frühlingswetter. Singende Volkssturmbataillone ziehen an meinem Fenster vorbei. Wenigstens in Berlin wird die Verteidigung weiter organisiert, und ich bin auch fest entschlossen, wenn es hier zum Letzten kommt, dem Feind eine Schlacht zu liefern, wie sie einzig in der Geschichte dieses Krieges dastehen soll. Welche starken Gegensätze stürmen heute nicht täglich auf ein labiles Gemüt ein! Manchmal glaubt man, dass man die Eindrücke des Tages überwunden habe; manchmal legt man sich doch die Frage vor, wohin das alles noch führen soll.

Magda ist nach Schwanenwerder gefahren, um die Übersiedlung unserer Kinder nach dort vorzubereiten. Aber sie hat sich leider wieder etwas übernommen und liegt nun krank zu Bett. Das fehlte mir auch noch.

Abends nach dem Mosquito-Angriff durchblättere ich eine Reihe von Privatpapieren, die noch aus der Kampfzeit in den Panzerschränken übriggeblieben sind. Diese Lektüre erweckt für mich eine Unsumme von wehmütigen Erinnerungen. Sie wirken fast wie ein Gruss aus vergangenen schönen Zeiten, die niemals wiederkehren werden.

29. März 1945 *Donnerstag*

[S. 1-33, S. 9 und 10 in der Paginierung übersprungen]

Gestern:

Militärische Lage:

In Ungarn erreichten die Sowjets auf breiter Front nach Westen angreifend den Raab-Abschnitt. Weiter südlich gelangten sie bis an die Bahnlinie zum Plattensee. Alle Angriffe gegen den Komorn-Brückenkopf wurden bis auf einen geringfügigen Einbruch abgeriegelt. Ein weiter östlich davon befindlicher eigener starker Brückenkopf wurde auf das Nordufer der Donau zurückgenommen. Die Angriffe der Sowjets am unteren Gran wurden abgewehrt. Bei Leva konnten die Bolschewisten ihren am Vortage erzielten Einbruch um etwa 10 km vertiefen und mit den Angriffsspitzen die nach Süden über Neuhäusel nach Komorn führende Bahn erreichen.

Sehr heftig waren wieder die Kämpfe im Raum von Mährisch-Ostrau; ein Einbruch gelang dem Feind jedoch nur bei Joslau. Die Angriffe im Raum von Leobschütz und Neisse wurden unter Abschuß von 85 Sowjetpanzern sämtlich abgewehrt. Auch die Angriffe bei Strehlen scheiterten.

Im Abschnitt von Küstrin ist ein eigener Angriff zur Öffnung des Zugangs nach Küstrin im Gange und hat auch schon zu Anfangserfolgen geführt. Der Angriff wird weiter fortgesetzt. Starke feindliche Angriffe gegen unseren Brückenkopf von Zehden scheiterten bis auf einen geringfügigen Einbruch. Die Angriffe gegen den Brückenkopf von Pölitz wurden sämtlich abgewiesen.

Im Raum von Danzig konnte der Feind in Fortsetzung seiner

Angriffe tiefer in den inneren Verteidigungsring der Stadt eindringen. Östlich von Danzig wurde das Gelände von uns unter Wasser gesetzt. Bei Heiligenbeil sollen, bisher unbestätigten Meldungen zufolge, die deutschen Kräfte auf der Landzunge von Belga nach Pillau übergeführt worden sein.

An der Kurland-Front blieb die Lage unverändert.

In der Schlacht am Niederrhein konnten die Anglo-Amerikaner gestern im gesamten Kampfraum keine wesentlichen Fortschritte erzielen, zum Teil war die Situation durch deutsche Gegenangriffe gekennzeichnet.

Im einzelnen: Der Gegner nahm Millingen und Brünen. Südöstlich von Brünen wurde der Feind in Gegenangriffen beiderseits des Weseler Waldes zurückgedrückt. Zwischen Gahlen und Kirchhellen überschritt der Feind die Straße nach Sterkrade, außerdem in den späten Abendstunden auch die Straße südlich Kirchhellen. Bei Dinslaken trat der Gegner mit starken Kräften nach Südosten zum Angriff an und erreichte bei Hausterbruch die Reichsautobahn. Aus dem holländischen Raum werden 2 Panzerdivisionen herangeführt, die, wenn sie nicht zu sehr durch die feindliche Luftwaffe behindert werden, eine wesentliche Verstärkung der eigenen Linien bilden werden. Sollte die Heranführung infolge starker Gegenwirkung durch die feindliche Luftwaffe nicht möglich sein, so werden die bisherigen Linien auf die Dauer nicht gehalten werden können.

Im Abschnitt zwischen Sieg und Lahn stieß der Feind aus seinem Einbruchsraum bei Limburg bis Arnstein und nach Osten in Richtung auf Bad Nauheim und Hesselbach vor.

Aus den Brückenköpfen von St. Goar und Kaub gelangte der Feind bis Miehlen, Nastätten und Grebenroth.

Die Stoßrichtung von Limburg aus auf der Reichsautobahn nach Süden, ostwärts an Wiesbaden vorbei, hat offenbar zum Ziel, eine Verbindung mit dem westlich von Frankfurt/Main über den Main gegangenen Stoßkeil herzustellen und dadurch Wiesbaden und Teile des Mitteltaunus abzuschneiden.

In Frankfurt/Main wird am Hauptbahnhof gekämpft, west-

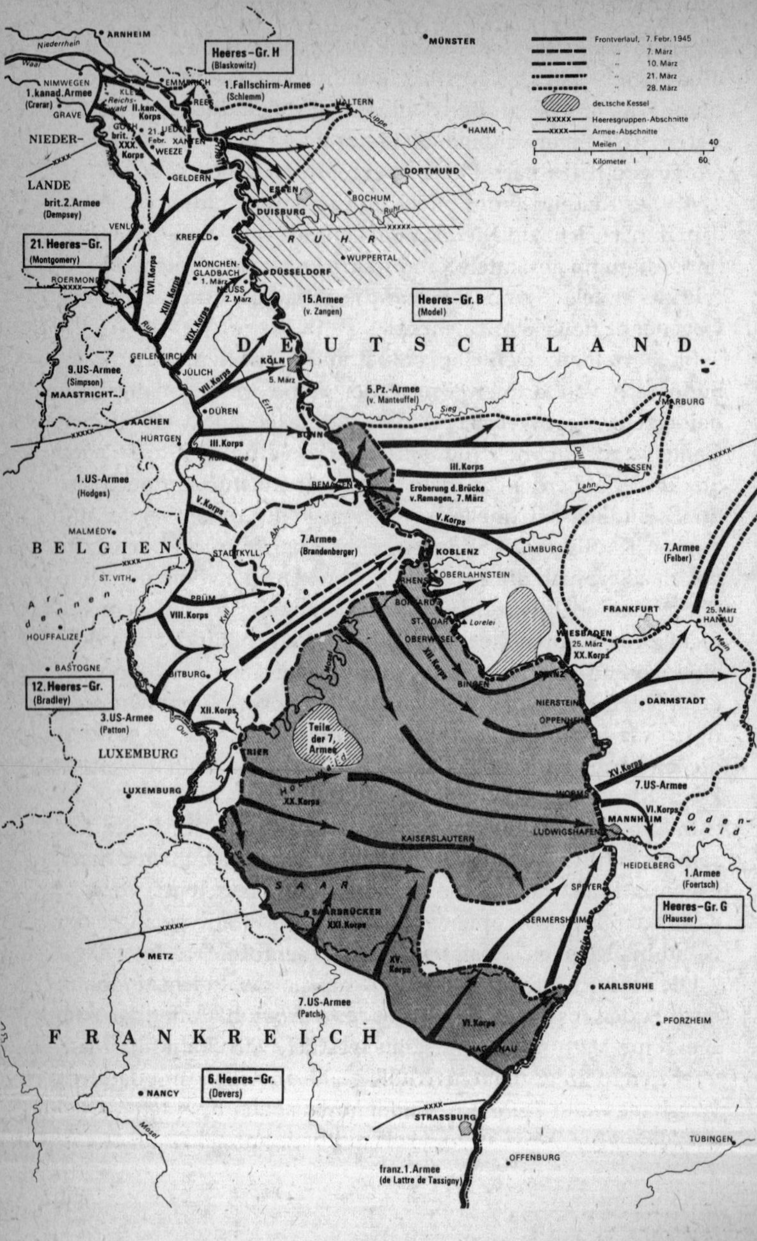

Frontverlauf, 7. Febr. 1945
7. März
10. März
21. März
28. März
deutsche Kessel
Heeresgruppen-Abschnitte
Armee-Abschnitte
Meilen
Kilometer
0
40
0
60
ARNHEIM
Niederrhein
Waal
Heeres-Gr. H
(Blaskowitz)
MÜNSTER
NIMWEGEN
1.kanad.Armee
(Crerar)
GRAVE
KLEVE
Reichswald
II.kan. Korps
EMMERICH
REES
1.Fallschirm-Armee
(Schlemm)
HALTERN
Lippe
HAMM
NIEDER-
LANDE
brit. XXX. Korps
21. Febr.
XANTEN
WEEZE
GELDERN
WESEL
DORTMUND
ESSEN
BOCHUM
DUISBURG
Ruhr
brit.2.Armee
(Dempsey)
VENLO
KREFELD
R U H R
21. Heeres-Gr.
(Montgomery)
XVI. Korps
XIII. Korps
MÖNCHEN-GLADBACH
1. März
NEUSS
2. März
DÜSSELDORF
WUPPERTAL
ROERMOND
XIX. Korps
15.Armee
(v. Zangen)
Heeres-Gr. B
(Model)
Rur
D E U T S C H L A N D
GEILENKIRCHEN
9.US-Armee
(Simpson)
JÜLICH
VII. Korps
KÖLN
5. März
MAASTRICHT
5.Pz.-Armee
(v. Manteuffel)
Erft
Sieg
MARBURG
DÜREN
AACHEN
HÜRTGEN
III. Korps
BONN
III. Korps
GIESSEN
Dill
1.US-Armee
(Hodges)
REMAGEN
Eroberung d. Brücke v. Remagen, 7. März
Lahn
V. Korps
V. Korps
Ahr
MALMÉDY
B E L G I E N
STADTKYLL
7.Armee
(Brandenberger)
KOBLENZ
LIMBURG
7.Armee
(Felber)
ST. VITH
OBERLAHNSTEIN
RHENS
PRÜM
BOPPARD
Lorelei
A r d e n n e n
VIII. Korps
Kyll
ST. GOAR
OBERWESEL
FRANKFURT
WIESBADEN
25. März
HANAU
25. März
HOUFFALIZE
XII. Korps
XX. Korps
Main
BASTOGNE
BITBURG
Mosel
BINGEN
MAINZ
12. Heeres-Gr.
(Bradley)
XII. Korps
NIERSTEIN
DARMSTADT
3.US-Armee
(Patton)
Our
OPPENHEIM
LUXEMBURG
TRIER
Teile der 7. Armee
XV. Korps
7.US-Armee
LUXEMBURG
XX. Korps
WORMS
VI. Korps
MANNHEIM
O d e n w a l d
LUDWIGSHAFEN
KAISERSLAUTERN
HEIDELBERG
Saar
S A A R
1.Armee
(Foertsch)
SPEYER
SAARBRÜCKEN
XXI. Korps
Heeres-Gr. G
(Hausser)
GERMERSHEIM
METZ
XV. Korps
Rhein
KARLSRUHE
7.US-Armee
(Patch)
VI. Korps
PFORZHEIM
F R A N K R E I C H
HAGENAU
6. Heeres-Gr.
(Devers)
NANCY
STRASSBURG
Mosel
TÜBINGEN
OFFENBURG
franz.1.Armee
(de Lattre de Tassigny)

lich von Frankfurt/Main überschritt der Gegner den Main. Bei Hanau sind eigene Gegenangriffe im Gange. Auch bei Krotzenburg überschritt der Feind den Main und nahe Alzenau und Hörstein. Zu wechselvollen Kämpfen kam es bei Aschaffenburg und Schweinheim. Hier konnte der Feind nicht weiter vordringen. Über Lohr stieß er bis Gemünden vor, schwenkte dann nach Norden ein und griff von dort aus weiter in Richtung Osten an. – Von der italienischen Front nichts Neues.

In den Mittagsstunden flogen drei mittelschwere Kampfverbände nach Nordwestdeutschland ein. Bombenabwürfe auf Bremen und Bremen-Farge. 300 Kampfflugzeuge flogen nach Westdeutschland ein. Bombenabwürfe auf Unna, Hamm, Münster und Kamen. Nachmittags warfen 200 Bomber mit Jagdschutz Bomben im Raum Paderborn und Bielefeld. 60 Mosquitos führten in den Abendstunden den Störangriff auf Berlin.

*

Morgens läuft bei uns ein Bericht aus Würzburg ein, der etwas hoffnungsvoller klingt. Die Gauleitung teilt mit, dass man dort völlig der Lage Herr sei und dass auch Aschaffenburg wieder vom Feind freigekämpft worden wäre. Unser Reichspropagandaamtsleiter Dr. Fischer hat sich besonders liebevoll derjenigen angenommen, die beim Herannahen des Feindes weisse Fahnen gehisst haben. Sie werden im Gau Mainfranken einer rabiaten Behandlung unterworfen, die sie auch verdienen. Jedenfalls müssen wir jetzt in diesem Punkt sehr viel strenger vorgehen, als wir das leider im Rheinland getan haben, da sich sonst diese Art von Defaitismus wie eine Seuche ausbreitet.

Es sind in den Räumen, in die die Amerikaner eingebrochen sind, nun Panzervernichtungskorps von uns eingesetzt worden, die schon eine gute Arbeit geleistet haben. Allerdings haben sie es nicht verhindern können, dass der Feind auch in den letzten 24 Stunden wieder ausserordentlich an Boden gewonnen hat. Es kann also keine Rede davon sein, daß der in

England und in den USA grassierende Überoptimismus etwa ins Abflauen gekommen wäre. Ganz im Gegenteil, man tut so, als sei der Krieg bereits gewonnen, als finde man auf deutschem Boden überhaupt keinen Widerstand mehr und stehe das deutsche Volk kurz vor dem Zusammenbruch.

Es mag schon richtig sein, wenn die amerikanischen Presseagenturen erklären, dass die Inbesitznahme der Main-Brükken auf Verrat zurückzuführen sei. In der Tat gibt es an unserer Westfront führende Elemente, die so schnell wie möglich im Westen Schluss machen möchten und infolgedessen Eisenhower direkt oder indirekt in die Hände arbeiten.

Dieser treibt augenblicklich eine ausserordentlich geschickte Nachrichtenpolitik, die uns erhebliche Schwierigkeiten bereitet. Jeden Tag wechselt er in den Erklärungen seines Hauptquartiers das vermutliche Ziel seines Vormarsches, so dass wir aus den offiziellen feindlichen Nachrichten für uns nichts Nennenswertes entnehmen können. Ausserdem haben die Amerikaner sich auf unsere Frankfurter Welle gesetzt und versuchen nun, mit dem deutschen Volke dasselbe Spiel zu treiben, das wir bei unserer Westoffensive im Sommer 1940 mit den Franzosen gespielt haben. Sie bringen fast Stunde um Stunde falsche Nachrichten über Einnahme von Städten und Dörfern und führen dadurch die deutsche Öffentlichkeit in die größte Verwirrung. Ich habe nunmehr angeordnet, dass sich ein Soldatensender auf unsere aufgegebene Frankfurter Welle setzt und seinerseits konkrete Meldungen herausgibt und die Falschmeldungen des Feindes dementiert. Davon verspreche ich mir eine wohltuende Gegenwirkung. Auch lasse ich nunmehr die amerikanischen Falschmeldungen durch Meldungen durch den offiziellen deutschen Rundfunk widerlegen, die zusammen mit den Luftlagemeldungen ausgegeben werden.

Eisenhower ist in seinen Prognosen etwas vorsichtiger als seine Kriegsberichterstatter. Er erklärt, daß der Krieg im Westen durchaus noch nicht abgeschrieben werden dürfe, dass der Westfeind auf einer bedingungslosen Kapitulation beharre und dass infolgedessen noch mit einem harten deutschen Widerstand gerechnet werden müsse. Seine Berichterstatter stellen ihm als Ziel, Nord- und Süddeutschland voneinander zu trennen. Würde ihm das gelingen, so erklären sie, so hätte er damit praktisch den Krieg gewonnen. Allerdings gibt er vor der englisch-amerikanischen Öffentlichkeit zu bedenken, dass er ausserordentliche Nachschubschwierigkeiten zu überwinden hat, was ja auch sicherlich der Fall sein wird, und dass er seinen Stoss nicht unmittelbar gegen Berlin richte.

Bisher haben die Angloamerikaner an der Westfront, wie Eisenhower erklärt, 250 000 Gefangene gemacht. Eine beschämende Zahl, die einem die Röte ins Gesicht treibt. Hätte man meinem damaligen Vorschlag Folge geleistet und wäre aus der Genfer Konvention ausgetreten, so hätten sich diese Dinge sicherlich ganz anders entwickelt. Auch würde der Empfang der Bevölkerung für die Angloamerikaner wesentlich anders ausfallen, als das heute leider der Fall ist. Sie können zum Beispiel berichten, dass die Bevölkerung in Limburg die Amerikaner mit Freudenkundgebungen und Blumen aufgenommen habe. Ich glaube zwar, dass diese Berichte stark übertrieben sind, wie überhaupt alle Berichte – auch die unseren –, die aus dem Westen eintreffen; immerhin aber scheint es nicht so zu sein, daß die Limburger die Amerikaner mit Steinen beworfen haben. Der Kampf gegen die feindlichen Besatzungsbehörden fängt erfahrungsgemäss erst dann an, wenn die Bevölkerung sich in ihrer Haltung wieder etwas gefasst hat.

Erfreulich ist die Meldung, dass der von den Angloamerikanern in Aachen eingesetzte Bürgermeister Oppenhoff in der Nacht vom Dienstag zum Mittwoch von drei deutschen Partisanen erschossen worden ist. Ich glaube, daß den Bürgermeister Vogelsang von Rheydt in den nächsten Tagen dasselbe Schicksal treffen wird. Trotzdem bin ich mit der Arbeit unserer Werwolf-Organisation nicht zufrieden. Sie läuft erst sehr langsam an, und es scheint nicht der richtige Druck dahinter zu stehen. Ich werde beim nächsten Vortrag beim Führer evtl. versuchen, mir selbst diese Organisation anzueignen. Ich würde ihr einen anderen Schwung verleihen, als sie ihn bisher besitzt.

Die offiziellen englischen und amerikanischen Stellen sehen im Augenblick keine Veranlassung, gegen den ins Kraut geschossenen Überoptimismus zu Felde zu ziehen. Sie machen die Siegespsychose nicht nur mit, sondern sie stützen sie offiziell. So zum Beispiel berichtet Reuter, dass das britische Kriegskabinett Befehl bekommen habe, sich für die Ostertage für eine deutsche Kapitulation in Bereitschaft zu halten und nicht auf Urlaub zu gehen. Dasselbe wird aus den USA mitgeteilt. Roosevelt habe auch seine Minister in Alarmbereitschaft für den Sieg gesetzt. Der Pferdefuss kommt gleich dahinter zum Vorschein, wenn er hinzufügt, dass die Vorbereitungen für San Francisco eingestellt werden sollen. Das ist nämlich der springende Punkt. Am 25. April soll die Konferenz in San Francisco beginnen, und sie wird vor unlösbaren Fragen auf der ganzen Linie stehen. Die Angloamerikaner möchten natürlich nach Möglichkeit für diese Konferenz, auch wenn sie nicht stattfindet, mit einer kompletten deutschen Kapitulation aufwarten können, da sie dann einen erheblich stärkeren Druck auf den Kreml ausüben können. Hier wäre für uns wieder eine starke politische Chance gegeben. Jedenfalls müssen wir jetzt alles versuchen, um die Panikpropaganda des Feindes zu neutralisieren, die nicht nur über feindliche Sender, sondern mit allen anderen Mitteln der Propaganda betrieben wird. Meine Gegenmassnahmen beginnen sich im Laufe des Tages schon auszuwirken. Jedenfalls kann keine Rede mehr davon sein, dass die Meldungen des Senders Frankfurt weiterhin einen grösseren Hörerkreis finden. Es ist fast beängstigend mit anzusehen, wie die Feindseite uns mit unseren eigenen Waffen schlägt. Das ist aber nur darauf zurückzuführen, dass sie eben ein grösseres Potential besitzt und es rücksichtsloser als wir ausnutzt.

Der Wiederaufbau einer neuen Front im Westen ist natürlich mit stärksten Schwierigkeiten verbunden, da unsere Truppenbestände durch Ausfälle an Toten, Verwundeten und vor allem Gefangenen ausserordentlich stark gelichtet sind. Wir müssen uns, wie vor einigen Wochen im Osten, so jetzt im Westen mit

Alarmeinheiten zu behelfen versuchen.

Im englischen Unterhaus hat, wie ich schon betonte, eine Debatte über den Frieden stattgefunden. Ein Abgeordneter der unabhängigen Arbeiterpartei hat Churchill aufgefordert, möglichst bald mit dem Schiessen ein Ende zu machen. Churchill hat darauf nur zur Antwort gegeben: »Das klingt sehr gut, und das gefällt mir sehr.« Ein wahrhaft sibyllinischer Ausspruch, mit dem weder nach dieser noch nach jener Seite irgend etwas anzufangen ist.

Die katholische Presse in England, vor allem der »Catholic Herald«, spricht jetzt eine ziemlich massive Sprache gegen den Bolschewismus. Der »Catholic Herald« plädiert im ganzen für unsere Thesen. Er erklärt, daß der Nationalsozialismus besser und erträglicher sei als der Bolschewismus und daß es ohne Krieg möglich gewesen wäre, ihn von seinen Kinderkrankheiten zu heilen. Jedenfalls müsse er als das kleinere Übel angesehen werden. Bei diesen Auslassungen merkt man die regelnde Hand des Vatikans.

Auch die amerikanische Presse, an der Spitze sogar der jüdische Journalist Lippman, erklärt jetzt, dass Deutschland praktisch nicht zu zerstören sei, daß man dem deutschen Volke einen gewissen Lebensstandard auch nach seiner Niederlage zubilligen müsse, kurz und gut, daß die Morgenthau-Pläne nichts mehr als graue Theorie darstellten.

Die Amerikaner sind augenblicklich dabei, der Welt ihre ausserordentlich schwierige Ernährungslage vor Augen zu führen. Sie wollen damit die schaurige Tatsache begründen, dass sie die von ihnen angeblich befreiten Völker glatt verhungern lassen. In zynischer Redewendung wird hinzugefügt, dass eben hundert Millionen Menschen durch den Krieg dem Hunger nahegebracht würden. Das Tagesgericht der Alliierten für Europa sei der Hunger. Für uns ist es nur ein magerer Trost, dabei aus feindlichem Munde zu erfahren, dass die deutsche Besatzungspolitik in den Westländern wesentlich besser gewesen sei als die, die heute die Westalliierten betreiben.

Die Engländer stellen den Sowjets ein Schlachtschiff und die

Amerikaner ihnen einen Kreuzer zur Verfügung. So tief also sind die grossen traditionellen Seemächte gesunken, dass sie ihrem jetzigen Erbfeind sogar eine Komplettierung seiner Seemacht aus eigenen Beständen zufügen.

Von der Ostlage ist nur zu berichten, dass die Krise in Ungarn sich weiterhin ausserordentlich verschärft hat. Unsere dort kämpfenden SS-Divisionen scheinen keinen Halt mehr zu finden. Jetzt ist – was der Führer unter allen Umständen vermeiden wollte – das Ölgebiet ernsthaft gefährdet.

Es ist Roosevelt nunmehr gelungen, auch Argentinien als letzten südamerikanischen Staat in den Krieg hineinzuziehen. Die Begründung für die argentinische Kriegserklärung ist mehr als dünn. Man wendet sich gegen Japan als Hauptfeind Südamerikas und fügt hinzu, dass auch Deutschland der Krieg erklärt werden müsse, da Deutschland mit Japan verbündet sei.

Interessant ist eine Meldung, die aus dem Hauptquartier des Duce an uns gelangt, des Inhalts, der Papst lege grössten Wert darauf, möglichst bald die deutschen Friedensbedingungen für eine eventuelle Verhandlung mit den Westalliierten zu erfahren. Der Führer weigert sich, dieser Aufforderung Folge zu leisten. Er bezeichnet diese Meldung als absoluten Quatsch. Es könne im Augenblick und bei der gegenwärtigen Frontlage von Friedensverhandlungen überhaupt nicht die Rede sein. Damit hat der Führer absolut recht. So sehr ich auch immer dafür gewesen bin, die Dinge nicht auf die Spitze zu treiben und zu sehen, auf irgendeine Weise aus dem Kriege herauszukommen, jetzt müssen wir erst die Front im Westen wieder zum Stehen bringen.

In den letzten 24 Stunden ist der Luftkrieg nicht ganz so schlimm gewesen wie in den Tagen und Wochen vorher. Die Engländer haben unsere U-Boot-Werft »Valentin« bei Bremen bombardiert und mit ihren neuen schweren Bomben sogar die 4,5 Meter starke Betondecke durchschlagen. Offenbar ist die Westseite doch durch das Wiederaufleben unseres U-Boot-Krieges stark beeindruckt. Amerikanische Bomber sind in den letzten 24 Stunden nicht aufgestiegen, sondern nur englische.

Im übrigen haben sie Verkehrsanlagen angegriffen, was ja augenblicklich auch für die Westmächte das Notwendigste ist. Mittags haben wir wieder einen Luftangriff auf Berlin, allerdings nur von 600 amerikanischen Bombern. Es werden vor allem die Industrieanlagen in Siemensstadt und in Marienfelde bombardiert. Hier wird uns mit Teppichabwürfen aufgewartet, die für die Industrieanlagen sehr schlimm sind. Daimler-Benz wird für etwa drei bis vier Wochen ausfallen, ein schmerzlicher Verlust. Aber der Angriff auf die Reichshauptstadt ist nicht ganz so schlimm gewesen, wie ich anfangs angenommen hatte. Wir haben etwa 80 Tote zu verzeichnen. Die Obdachlosenzahl ist sehr gering, da Wohnviertel nur in bescheidenem Umfange getroffen worden sind.

Bedauerlich ist, dass Berlin immer stärker seine Verteidigungskraft verliert. Nachdem man uns die Ersatzeinheiten für die Front abgezogen hat, werden nun auch in grösserem Umfange Flakeinheiten, diesmal 14 schwere Batterien, von Berlin weggenommen und an die Front geschickt. Wenn das so weitergeht, so haben alle meine Massnahmen zur Erhöhung der Verteidigungsbereitschaft der Reichshauptstadt nicht viel Zweck, denn mit Volkssturm allein kann auch Berlin nicht gehalten werden. Ich werde doch versuchen, wenigstens einen gewissen Umfang unserer rein militärischen Verteidigungsbereitschaft aufrechtzuerhalten, denn ich rechne nach wie vor in nächster oder näherer Zukunft mit einer ernsten Bedrohung der Reichshauptstadt.

In der Frage des neuen Steuerprogramms ist, wie ja zu erwarten war, keine Einigung erzielt worden. Das Reichsfinanzministerium beharrt auf seiner Verbrauchsteuer. Diese unsoziale Steuer darf und kann nicht angenommen werden. Wir müssen zu einer Erhöhung der Einkommensteuer kommen und werden sicherlich auch mit ihr das gewünschte Ergebnis erreichen. Jedenfalls darf man sich durch den Druck der Industrie- und Handelskreise nicht auf die falsche Bahn lenken lassen.

Mittags habe ich einen längeren Besuch von Gauleiter Hildebrandt aus Mecklenburg. Er trägt mir alle mir bekannten Sorgen vor über die Frontlage, über die innere Lage, über die Stimmung usw. Ich kann ihm nur dasselbe sagen, was ich so vielen Gauleitern in der letzten Zeit gesagt habe. Jedenfalls erreiche ich es, dass er wesentlich gestärkt und ermutigt wieder an seine Arbeit zurückkehrt. Erfreulich ist seine Mitteilung, dass die Ernährungslage von Mecklenburg aus gesehen doch wesentlich besser ist, als wir bisher vermutet hatten. Mecklenburg verfügt noch über starke Reservebestände. Sie sind allerdings einigermaßen angegriffen worden durch die Riesentrecks, die sich durch den Gau bewegt haben. Sie werden auf über vier Millionen geschätzt. Mecklenburg mit seinen 900 000 Einwohnern zählt jetzt 1 700 000 Evakuierte, das heisst, es hat eine fast 100prozentige Überbelegung. Man kann sich vorstellen, wie sich das in diesem wohnungsarmen Land auswirkt. Aber das sind immerhin noch die geringeren Sorgen. Ein Agrargau wie Mecklenburg wird damit schon fertig werden. Was bedeutet das auch gegenüber den Sorgen, die heute unsere Gauleiter im Westen zu meistern haben.

Dr. Ley ist beim Führer gewesen und hat ihm die Frage der Begründung eines Freikorps vorgetragen. Das Freikorps soll den Namen »Freikorps Adolf Hitler« tragen und soll die Aktivisten zu Panzerbekämpfungsverbänden zusammenfassen, die nur mit Panzerfaust, Sturmgewehr und Fahrrad ausgestattet sind. An sich ist der Gedanke gut; aber ich halte nicht viel davon, dass der Führer Dr. Ley mit der Führung eines solchen Freikorps betraut. Dr. Ley hat sich durch seine letzten Artikel in der Öffentlichkeit auch den letzten Kredit verscherzt. Er spricht dort über die Front und über den Luftkrieg, allerdings mit einem so laxen Zynismus, dass man nur das Schaudern bekommen kann. Ley will mich in der Frage der Begründung des Freikorps noch sprechen. Ich werde ihm ganz unverhohlen meine Meinung zum Ausdruck bringen. Jedenfalls muss der Freikorpsgedanke der Öffentlichkeit gegenüber besser und fundierter abgestützt werden, als das allein durch seine Person möglich ist.

Die Panikmeldungen des Feindes nehmen im Laufe des Tages immer mehr zu. Ich dränge auf den Führer, nun möglichst bald seine Rede über den Rundfunk zu halten. Sie ist jetzt so notwendig wie das tägliche Brot. Nur eine Rede des Führers kann das Volk wieder in Reih und Glied bringen. Aber ich glaube auch, dass das durch eine solche Rede absolut möglich ist. Das Volk hat augenblicklich etwas die Nerven verloren. Das aber ist nicht das schlimmste aller Übel. Sobald es wieder in Ordnung ist, wird die Lage an der Front sich auch schnell wieder festigen.

Am Abend sortiere ich wieder alte Papiere aus und finde dabei eine Unmenge von Reminiszenzen aus der Kampfzeit der Bewegung, die mich sehr hoffnungsvoll stimmen. Auch damals haben wir manchmal kurz vor dem Ruin gestanden; aber immer ist es uns gelungen, auch die misslichsten Situationen am Ende zu einem Erfolg zu bringen. Das wird auch in diesem Falle wieder der Fall sein.

30. März 1945 *Freitag*

[S. 1-37]

Gestern:

Militärische Lage:

In Ungarn setzten die Bolschewisten mit starken Kräften ihren Angriff in Richtung Westen fort. Sie überschritten an mehreren Stellen die Raab und drangen in den Südteil der gleichnamigen Stadt ein. Feindliche Angriffsspitzen stehen bei Corna und Sarvar. Zwischen Raab–Abschnitt und Plattensee wurden die Angriffe des Feindes in einer Sperrlinie aufgefangen, die in Richtung Südosten bis an den Westzipfel des Plattensees verläuft. Am gesamten Gran–Abschnitt drängte der Feind in Fortsetzung seiner Angriffe die deutschen Truppen auf eine Linie zurück, die sich nordostwärts Neuhäusel nach Norden erstreckt. Neue Angrifffe gegen diese Linie wurden zum Teil abgewehrt, zum Teil führten sie zu örtlichen Einbrüchen. In unseren Brückenkopf von Komorn konnte der Feind etwas tiefer eindringen. Außerdem erweiterte er seine Angriffsfront am Gran nunmehr auch in den slowakischen Raum hinein. Im Angriff beiderseits Königsburg gelangen ihm zwei kleinere Einbrüche. Bei Neusohl blieb die Lage im allgemeinen unverändert. Neu ist ein örtlicher Schwerpunktangriff nördlich der Hohen Tatra, wo der Feind mit vier bis fünf Divisionen antrat und einen tieferen Einbruch erzielte. Bataillonsstarke Angriffe der Sowjets im Raum zwischen Bielitz und Ratibor wurden abgewehrt. Auch an den Brennpunkten der Abwehrschlacht im schlesischen Raum—bei Ratibor, Leobschütz, Ziegenhals und Neisse—wurde gestern wieder ein voller Abwehrerfolg erzielt. Breslau wehrte feindliche Angriffe erfolgreich ab. Küstrin wurde gestern ausserordentlich heftig von Norden, Osten und Süden angegriffen. Der Feind drang in die Altstadt ein. Die Besatzung hat 70 Prozent ihres Offizierbestandes verloren, hohe Mannschaftsverluste davongetragen und ihre schweren Waffen eingebüsst. Der Kampf in der Altstadt wird jedoch fortgesetzt. Unser Angriff von Westen gegen Küstrin hat weitere Stellungsverbesserungen erbracht. Vom Brückenkopf Zehden bis Stettin verstärkte feindliche Aufklärungstätigkeit. Starke sowjetische Angriffe gegen den Brückenkopf Pölitz erzwangen die Räumung des Werkes von Pölitz.

In Gotenhafen und Danzig drang der Feind ein. Restteile der Besatzung halten sich im Ostteil der beiden Städte. Die Reste der 4. Armee, die bei Heiligenbeil wochenlang in schweren Kämpfen gestanden haben, sind nun nach heldenmütigem Widerstand mit ihrem Kommandeur nach Pillau übergeführt worden.

An der Kurland–Front erzielten unsere Truppen wiederum einen vollen Abwehrerfolg. Nur unmittelbar ostwärts Frauenburg gelang dem Feind ein Einbruch, der jedoch in der Tiefe des Hauptkampffeldes aufgefangen wurde.

An der Westfront nahm der Feind im holländischen Kampfraum den Ort Mechelen. Ob es sich hier bereits um den Beginn des Angriffs der 1. kanadischen Armee handelt, ist noch nicht zu übersehen.

In der Schlacht am Niederrhein drang der Feind südlich von Rees bis Anholt vor. Aus dem Raum Dingden nach Norden vorstossend gelangten feindliche Angriffsspitzen bis an den Südrand von Bocholt. Weiter östlich konnte der Gegner in heftigen Kämpfen nach Wegnahme von Raesfeld nach Norden vorstossend Borken in Besitz nehmen. Auch Dorsten ging in feindliche Hand über. Aus dem Munxer Wald schob sich der Gegner in heftigen Kämpfen an Gladbeck heran. Im Vorstoss nach Süden nahm er Hamborn.

Zwischen Sieg und Lahn wurde die eigene Sperrstellung nach Norden bis Betzdorf verlagert. An der Dill verläuft die

Hauptlinie bei Butzbach und Herborn. Der Hauptangriff des Feindes erfolgte gestern zwischen Herborn und Wetzlar nach Osten. Hier stiess er über Giessen hinaus vor und befindet sich mit einer Vorausabteilung im Vorgehen auf Marburg. Nach Inbesitznahme von Giessen versucht der Gegner, sich fächerförmig nach Norden, Nordosten, Osten, Südosten und Süden auszudehnen.

In der Schlacht um Frankfurt/M. dauern die heftigen Strassenkämpfe weiter an. Feindliche Panzer drangen aus Hanau nach Norden bis Kilianstetten vor, offenbar mit dem Ziel, eine Verbindung mit den von Giessen aus nach Süden vordringenden Verbänden herzustellen. Südlich von Hanau wurde der aus dem Brückenkopf Kahlwies–Alzenau antretende Feind im Gegenangriff zurückgeworfen. Die über den Raum von Lohr vorgestoßenen Feindteile wurden vernichtet.

Aus dem Brückenkopf nördlich von Mannheim drängte der Feind weiter gegen die Bergstrasse und erreichte von Norden Weinheim sowie östlich von Mannheim–Heddesheim und Wallstadt. An der Bahnlinie Weinheim–Ladenburg ist der Aufbau einer eigenen Linie im Gange. Im allgemeinen wurden die Angriffe des Feindes in diesem Kampfraum am Westhang des Odenwaldes aufgefangen.

Von der italienischen Front liegen keine neuen Nachrichten vor.

An der Ostfront herrschte gestern sehr lebhafte feindliche Lufttätigkeit. So waren im Abschnitt Mitte 1300 sowjetische Flugzeuge eingesetzt. Der eigene Schlachtfliegereinsatz, insbesondere im Süden und in der Mitte, hatte wieder gute Erfolge bei der Bekämpfung feindlicher Panzer. 11 sowjetische Flugzeuge wurden abgeschossen.

An der Westfront war die Lufttätigkeit wegen ungünstigen Wetters geringer.

Ins Reichsgebiet flogen am Tage 900 amerikanische viermotorige Bomber mit Jagdschutz ein, die in zwei Gruppen Industrieziele und das Stadtgebiet von Berlin und Hannover angriffen. Beide Angriffe werden als mittelschwer bezeichnet.

Abschussmeldungen unserer Jäger liegen bisher noch nicht vor. Die Flak erzielte vier Abschüsse. Etwa 40 Fortress–Maschinen warfen zahlreiche Sprengbomben auf Minden ab. Weitere Sprengbombenabwürfe auf den Fliegerhorst Stendal. Nachts fanden keine Einflüge in das Reichsgebiet statt. Auch die Angriffsserie der Mosquitos auf Berlin wurde gestern zum ersten Male unterbrochen.

*

Die militärische Lage im Westen wird in der Hauptsache durch das Absinken der Moral der Zivilbevölkerung wie bei der Truppe gekennzeichnet. Dieses Absinken bedeutet für uns eine große Gefahr, denn ein Volk und eine Truppe, die nicht mehr zu kämpfen bereit sind, werden auch durch noch so große Zuführungen an Waffen und an Soldaten nicht mehr gerettet werden können. In Siegburg beispielsweise hat eine Frauendemonstration zur Stadtkommandantur stattgefunden, die die Niederlegung der Waffen und die Kapitulation verlangte. Grohé bestreitet zwar in einem Funkspruch, dass diese Frauendemonstration erhebliche Ausmasse angenommen hätte und behauptet, dass der OB West sie künstlich aufbauschte; immerhin aber besteht die Tatsache, dass solche Vorgänge, wenn auch in kleinerem als dem dargestellten Umfang, stattgefunden haben. Auch der Bericht, den Oberstleutnant Balzer mir nach seiner Rückkehr vom Westen über die dortige Lage gibt, entspricht dieser allgemeinen Tendenz. Der Bericht geht davon aus, dass im Westen eine Demoralisation grössten Stils eingesetzt hat, dass ein riesiges Heer von Versprengten sich nach dem Osten bewege, dass die Züge nach dem Osten von Soldaten mit Waffen überfüllt seien, dass von festem Zusammenhalt überhaupt nicht mehr gesprochen werden könne, dass nur hin und wieder Trupps von Volkssturm nach Westen marschierten, während die regularen Truppen ihren Weg nach dem Osten nehmen. Das ist natürlich ausserordentlich bedrohlich und gibt zu den stärksten Sorgen

Anlass. Ich bin zwar davon überzeugt, dass es uns gelingen wird, die wild durcheinanderwogenden Haufen wieder in eine halbwegige Ordnung zurückzubringen; aber wir können uns ja leider, nachdem der Krieg schon so weit in deutsches Land hineingetragen worden ist, grosse Gebietsaufgaben, die mit solchen Vorgängen immer verbunden zu sein pflegen, nicht mehr leisten. Die Amerikaner behaupten bereits, dass sie 240 km vor Berlin ständen. Das entspricht zwar nicht den Tatsachen, aber ich glaube, dass sie versuchen, mit solchen Nachrichten unsere Aufgaben auf eine falsche Richtung zu lenken. Das ist auch daraus ersichtlich, daßs Montgomery in seiner Erklärung betont, er wolle möglicherweise bis zur Reichshauptstadt vorstossen. In Wirklichkeit habe ich den Eindruck, als wenn das Ziel des Feindes Prag wäre. Wir werden ihm zwar bis zu diesem Ziel noch eine Unmenge von Widerstand entgegensetzen können, immerhin aber scheint mir festzustehen, dass die Angloamerikaner die Absicht haben, vor den Sowjets im Protektorat anzulangen.

Besonders zäher Widerstand wird von unseren Fallschirmtruppen im Kampfraum von Wesel geleistet. Hier ist tatsächlich noch von einer festen Widerstandslinie zu sprechen.

Die übertriebenen militärischen Erfolgsnachrichten aus dem Westen haben im Feindlager einen richtigen Taumel des Entzückens hervorgerufen. Man kann sogar in den Vereinigten Staaten von einem wahren Chaos sprechen. Eine Börsenhausse in deutschen Papieren ist eingetreten. Man verspricht sich in den Kreisen der Wallstreet Riesengeschäfte mit dem niedergeschlagenen und verwüsteten europäischen Kontinent.

Vor allem werden die Kapitulations- und Friedensgespräche über Stockholm in die internationale Öffentlichkeit hineingeschleudert. Ich habe an sich nicht viel dagegen einzuwenden, denn wenn es uns gelingt, wieder eine feste Verteidigungslinie aufzubauen, so wird das Erwachen auf der Feindseite um so grausamer sein. Und psychologische Rückschläge dieser Art wirken sich, wie meine Erfahrungen beim deutschen Volke dartun, ausserordentlich unangenehm aus. Es ist auch gut, dass steif und fest auf der Feindseite behauptet wird, Eisenhower habe bereits in Berchtesgaden die Kapitulation mit dem Führer unterschrieben. Wir geben kaum Mühe, solche Gerüchte zu widerlegen, denn sie widerlegen sich ja durch die Tatsachen selbst.

Was den Kampfraum Wesel anlangt, so verteidigen sich hier unsere Fallschirmsoldaten, wie die Feindzeitungen erklären, wie die fechtenden Wahnsinnigen. Die Fallschirm-Division verfügen über eine ausgezeichnete Moral. Sie sind das einzige heute noch brauchbare Ergebnis der Luftwaffenführung.

In London ist man in der Verbreitung der militärischen Erfolgsnachrichten etwas vorsichtiger als in den Vereinigten Staaten, wenn man auch hier weit über das Ziel hinausschiesst. So wird z. B. behauptet, dass der Feind sich bereits in Nürnberg oder in Leipzig oder direkt auf dem Vormarsch nach Dresden befinde.

Geradezu beschämend ist eine Meldung, daß der Bürgermeister von Mannheim die Kapitulation der Stadt telefonisch bei den Amerikanern angemeldet habe. Das ist ein ganz neuer Ton in der Kriegführung, den wir bisher nicht gewohnt waren. Es ist überhaupt so, dass die Moral im Westen doch noch schlechter ist als seinerzeit im Osten. Ich glaube, das ist in der Hauptsache darauf zurückzuführen, dass unsere Soldaten wie unsere Zivilbevölkerung sich seitens der Angloamerikaner eine humanere Behandlung erwarten als seitens der Bolschewisten. Wären wir damals auf meinen Vorschlag, rechtzeitig aus der Genfer Konvention auszutreten, eingegangen, so würden die Dinge vermutlich anders liegen.

Abends bekomme ich von Gerland Nachricht, daß 400 feindliche Fahrzeuge, in der Hauptsache gepanzerte, bis Korbach durchgedrungen sind. Es ist also auch in diesem Kampfraum noch in keiner Weise von einem aktiven Widerstand die Rede. Wir müssen vermutlich noch acht oder 14 Tage warten, bis dieser effektiv in Erscheinung tritt.

Jetzt ist natürlich die grosse Zeit für die Kriegshetzer auf der Feindseite gekommen. Vansittart erklärt rund heraus, dass die

Frage der Kriegsverbrecher nur eine Frage des Platzes des Galgens und der Länge des Strickes sei. Dieser verrückte Amokläufer kann immer noch in England das Wort ergreifen, ohne dass ihn ein Vernünftiger zur Ordnung ruft.

Mir wird ein Essay Churchills über den Führer aus dem Jahre 1935 vorgelegt. Dieses Essay ist ausserordentlich charakteristisch für Churchill. Er zeigt darin eine grossss Bewunderung für die Persönlichkeit und die Leistungen des Führers, sagt allerdings voraus, dass es von seinen weiteren Massnahmen – auf 1935 übersetzt – abhängen werde, ob er seinen geschichtlichen Ruf behalten könnte.

In England ist es durchaus nicht so, dass die Öffentlichkeit in Wonne schwimmt. Im Gegenteil, unser aussenpolitischer Lagebericht betont immer, dass die Skepsis über die gegenwärtige Kriegsentwicklung vom Adel, von der Geistlichkeit und von den militärischen Führungskreisen jetzt langsam auch auf den Mittelstand übergreife. Man sehe die Zukunft des britischen Empire aufs äusserste gefährdet, wenngleich andererseits festgestellt werden müsse, dass Churchill immer noch der Herr der Situation sei. Man habe sich mit ihm auf den Standpunkt geeinigt, dass zuerst die deutsche Gefahr beseitigt werden müsse, ehe man an eine Beseitigung der bolschewistischen Gefahr herantreten könne. Das scheint mir auch augenblicklich die These der amerikanischen Kriegführung zu sein. Jedenfalls können wir aus den Zersetzungserscheinungen im Feindlager im Augenblick nicht viel Nutzen erhoffen.

Die Japaner in Berlin sind sehr defaitistisch geworden, auch die innerhalb der Botschaft. Trotzdem muntern sie uns zu weiterem Widerstand auf, nach der alten Regel, jeder Feind, den wir töten, braucht nicht mehr von den Japanern getötet zu werden.

Die chaotische Entwicklung in den übrigen Teilen Europas schreitet mit Riesenschritten fort. Von überall kommen Hunger- und Pestilenznachrichten; ja, die Engländer sagen liebenswürdigerweise dem europäischen Erdteil den schwarzen Tod und die Pest für die nähere und weitere Zukunft voraus.

Der englische Labour-Abgeordnete Greenwood gibt ein äusserst düsteres Bild der kommenden Ereignisse in den einzelnen europäischen Ländern. Diese zeichnen sich schon in deutlichen Umrissen ab. In Lyon hat eine Hungerdemonstration von 100 000 Menschen stattgefunden, die sich direkt gegen de Gaulle richtete. De Gaulle wird massiv wegen seiner Ernährungspolitik angegriffen. Sein Regime scheint ernstlich gefährdet zu sein. Man spricht bereits von dem jetzigen Aussenminister Bidault als seinem vermutlichen Nachfolger. Bidault ist ein engagierter Englandfreund, und ich nehme an, dass bei der gegenwärtigen Entwicklung in Frankreich die Engländer ein massgebendes Wort mitsprechen.

In den Vereinigten Staaten wird jetzt eine schärfere Tonart in der Frage Rumänien angeschlagen. Allerdings reagieren die Sowjets im Augenblick noch nicht im geringsten darauf. Aber die Amerikaner denken wohl, dass sie sich auf Grund ihrer militärischen Erfolge im Westen einen Vorstoss gegen die Sowjets augenblicklich leisten können.

Mikolajczyk stellt Bedingungen für seine Rückkehr nach Polen.

Diese Bedingungen sind natürlich für den Kreml gänzlich unannehmbar. Er verlangt, daß der NKWD aus Polen zurückgezogen wird, dass freie Wahlen unter Aufsicht der alliierten Mächte stattfinden sollen – kurz und gut, daß alles das, was der Kreml bisher mit Polen bereits eingeleitet oder geplant hat, wieder rückgängig gemacht wird. Stalin wird sicherlich nur ein Grinsen auf diese Forderungen zur Antwort geben.

Das Seydlitz-Komitee arbeitet im Auftrage des Kremls nunmehr auch im neutralen Ausland. Mir liegen Propagandaschriften vor, die dieser Verrätergeneral beispielsweise in Schweden verbreitet. Die Argumentation, die er in seinen Auslassungen anwendet, ist geradezu naiv. Man könnte sich sämtliche Haare ausraufen über die politische Stupidität, die hier zutage tritt. Aber ich glaube, es handelt sich dabei mehr um Dummheit als um Verrat.

Die Bolschewisierung in Finnland hat jetzt nach dem letzten

Wahlergebnis ein etwas beschleunigtes Tempo angenommen. Mannerheim sitzt zwar noch im Amt, aber er hat anscheinend nicht mehr viel zu sagen, und die Sowjets werden ihn sicherlich in kurzer Zeit aus seinem Posten entfernen.

Der bisherige italienische Botschafter in Berlin, Anfuso, ist zum Staatssekretär für das Auswärtige ernannt worden. Anfusio ist eine etwas schillernde Persönlichkeit. Von richtigen Faschisten wird er als zweite Garnitur Badoglios bezeichnet. Allerdings brauchen wir uns über ihn keine besonderen Sorgen zu machen. Der Faschismus und die sozialfaschistische Republik sind so ohnmächtig, dass es ziemlich gleichgültig ist, wer die einzelnen Ministerposten im Kabinett Mussolinis einnimmt.

Am vergangenen Tage ist neben Berlin vor allem Hannover angegriffen worden. Beide Angriffe können als mittelschwer bezeichnet werden. In der Nacht blieb das Reichsgebiet feindfrei. Zum ersten Male seit 35 Tagen ist Berlin nicht mit einem Mosquito-Angriff bedacht worden. Das ruft in der Bevölkerung der Reichshauptstadt eine Art von positiver Enttäuschung hervor. Jeder hatte natürlich erwartet, dass, als die Mosquitos am Abend nicht kamen, sie in der Nacht kommen würden. Aber sie sind wahrscheinlich aus Wettergründen ausgeblieben.

Ich beschäftige mich jetzt sehr mit der sogenannten Aktion Werwolf. Die Aktion Werwolf soll unsere Partisanentätigkeit in den feindbesetzen Gebieten aktivieren. Diese Partisanentätigkeit ist noch in keiner Wiese richtig angelaufen. Nur hier und da sind einzelne sichtbare Akte zu verzeichnen, wie z. B. die Erschiessung des von den Amerikanern eingesetzten Bürgermeisters von Aachen; aber eine systematische Tätigkeit ist vorläufig noch nicht sichtbar geworden. Ich würde gerne die Führung dieser Partisanentätigkeit in meine Hand nehmen und werde mir evtl. vom Führer dazu die nötigen Vollmachten erbitten. Für die Aktion Werwolf werde ich sowohl eine Zeitung gründen wie auch einen Rundfunksender mit starken Strahlungsanlagen zur Verfügung stellen, die beide denselben

Namen tragen. In Zeitung und Sender werde ich eine ausgesprochen revolutionäre Sprache führen lassen, ohne Rücksicht auf innen- oder aussenpolitische Hemmungen. Die Werwolf-Aktion soll für die gegenwärtige Kriegslage das werden, was der »Angriff« in unserer Kampfzeit nicht nur für den Kampf um Berlin, sondern für den Kampf um das Reich gewesen ist, nämlich eine Sammlungsstätte für alle Aktivisten, die mit dem kompromisslerischen Kurs nicht einverstanden sind.

Dr. Ley macht mir mittags einen Besuch, um mir im einzelnen die Pläne des »Freikorps Adolf Hitler« vorzutragen. Ich habe dabei mit ihm einen erheblichen Krach. So wie Dr. Ley sich die Aufziehung des Freikorps vorstellt, geht es nicht. Er hat sich vom Führer einen Erlass unterschreiben lassen, nach dem alle Aktivisten von Partei und Volkssturm in dieses Freikorps eintreten sollen. Würde das tatsächlich der Fall sein, so verlöre beispielsweise in Berlin und in vielen anderen Gauen der Volkssturm überhaupt sein Rückgrat, und er würde militärisch von gar keinem Wert mehr sein. Außerdem scheint mir die Organisation des Freikorps, die Dr. Ley plant, auf sehr schwachen Füssen zu stehen. Dr. Ley geht mit einer grossen Begeisterung ans Werk; aber man weiss ja, wie schnell bei ihm eine solche Begeisterung verflacht und abebbt. Er ist eine Strohfeuernatur, und man muss unter allen Umständen dafür sorgen, daß die von ihm geplante Sammlung der Aktivisten in eine seriöse und ernsthafte Form gekleidet wird. Ausserdem fürchte ich auch, dass er persönlich nicht genug Namen besitzt, um die Aktivisten zum letzten Einsatz zu bewegen. Ich gebe ihm das alles in ganz unverblümter Form zu bedenken. Übrigens teilt auch Reichsleiter Bormann meine Einwendungen. Dr. Ley verspricht mir, die Erlasse, die er herausgeben will, noch einmal umzuarbeiten, und abends haben wir erneut eine Besprechung. Die umgearbeiteten Erlasse, die er dabei vorlegt, entsprechen ungefähr dem, was ich mir unter einem zu gründenden Freikorps vorstelle. Die Ausrufung des Freikorps soll nicht über den Rundfunk für die gesamte Öffentlichkeit stattfinden, sondern ich will sie in meinem täglichen

Rundruf an die Gauleiter vornehmen. Die Gauleiter selbst sind schon in der Lage, die für das Freikorps geforderten 10 000 Aktivisten insgesamt für das Reichsgebiet bereitzustellen.

Etwa 30 der besten Redner der Partei schicke ich nach dem Westen, damit sie mit darauf wirken, die Moral von Truppe und Zivilbevölkerung wieder in Ordnung zu bringen. Ich versammle sie vor ihrer Abreise um mich, um ihnen Weisungen und Richtlinien für ihre rednerische Tätigkeit zu geben. Entscheidend ist, dass wir jetzt wieder improvisatorisch zu arbeiten lernen. Die bisher in unserem Besitz befindlichen grossen technischen Möglichkeiten der Propaganda wie Rundfunk, Drahtfunk, Presse usw. sind zum grössten Teil im Westen ausgefallen. Man muss jetzt wieder von Mann zu Mann sprechen, um Erfolg erzielen zu können.

Mit Staatsrat Tietjen von der Berliner Staatsoper bespreche ich einige Theaterpersonalien. Die Künstler der Berliner Staatsoper haben sich zum grossen Teil aus Berlin verdünnisiert und führen mit den ihnen per Postanweisung übermittelten hohen Gagen ein parasitäres Drohnenleben in Oberbayern oder Tirol. Ich werde entsprechende Massnahmen dagegen treffen. Überhaupt bin ich mit der politischen Haltung unserer Künstler sehr unzufrieden. Aber man kann von ihnen wohl auch keine tapfere Gesinnung erwarten. Sie sind eben Künstler, das heißt, in politischen Dingen völlig unbelastet, um nicht zu sagen charakterlos.

Mir wird ein umfangreiches Material zur Einleitung einer astrologischen oder spiritistischen Propaganda vorgelegt, u. a. auch das sogenannte Horoskop der deutschen Republik vom 9. November 1918, wie auch das Horoskop des Führers. Beide Horoskope stimmen in einer frappierenden Weise überein. Ich kann verstehen, dass der Führer die Beschäftigung mit solchen unkontrollierbaren Dingen verboten hat. Immerhin ist es interessant, dass sowohl das Republik-Horoskop wie das Horoskop des Führers für die zweite Hälfte des Monats April eine Erleichterung unserer militärischen Entwicklung prophezeit; dagegen wird diese Entwicklung sich für Mai, Juni und Juli weiter verschärfen, während angeblich Mitte August die Kriegshandlungen eingestellt werden sollen. Gebe Gott, dass das der Fall wäre. Es ständen uns dann zwar noch einige schwere Monate bevor; immerhin aber, wenn man gewiß wäre, daß die schlimme Zeit des Krieges noch in diesem Jahre ein Ende fände, dann liessen sich diese Monate wesentlich leichter ertragen, als das tatsächlich der Fall sein wird. Für mich sind solche astrologischen Weissagungen ohne jeden Belang; aber ich habe doch die Absicht, sie für eine anonyme und getarnte Propaganda in der Öffentlichkeit zu benutzen, denn in dieser kritischen Zeit greifen die meisten Menschen nach jedem, wenn auch noch so schwachen Rettungsanker.

Abends kommen wieder alarmierende Nachrichten aus dem Westen. Der Feind ist nördlich Marburg bis Winterberg vorgestossen; er steht bei Fulda. Er hat seinen Einbruchsraum bei Giessen wesentlich ausgeweitet. Uns stehen reguläre Truppen, die wir ihm entgegenwerfen können, im Augenblick nicht zur Verfügung. Wir arbeiten augenblicklich fast ausschliesslich mit Alarmeinheiten. Aber das haben wir ja vor einigen Wochen im Osten auch mit grösstem Erfolg getan. Unsere Fallschirmdivisionen im Kampfraum von Wesel halten sich gut. Dort kann noch von einem wirklichen zweiseitigen Krieg gesprochen werden.

Im Osten ist vor allem die weitere Entwicklung in Ungarn ausserordentlich kritisch und unangenehm. Dagegen ist es Schörner gelungen, auch die schwersten sowjetischen Angriffe im oberschlesischen Raum wieder abzuschlagen. In Küstrin kämpft unsere Besatzung noch am Stadtrand, ebenso in Danzig und Gotenhafen. In Kurland haben unsere tapferen Divisionen wieder alle feindlichen Durchbruchsversuche zunichte gemacht. Im ganzen gesehen handelt es sich natürlich um eine entsetzliche Lage; wenn man sie nur nach militärischen Gesichtspunkten nach dem Kartenbild beurteilt, dann könnte man einigermassen die Nerven verlieren. Aber der Krieg ist ja nicht nur eine militärische, sondern auch eine politische Erscheinung, und seine Entwicklung hängt von zuvielen

Imponderabilien ab, als dass man sie in den kritischen Phasen halbwegs genau voraussagen könnte. Vor allem die Lehren der Geschichte, die ja unverkennbar sind, und die unseren Standpunkt von heute durchaus rechtfertigen, geben uns in der gegenwärtigen Kriegsphase einen sicheren Halt.

Das kommt mir auch wieder zum Bewusstsein, als ich abends plötzlich einen telefonischen Anruf aus Breslau bekomme. Es ist Hanke gelungen, sich auf einem Wege, den er mir nicht näher schildern kann, eine Telefonleitung nach Berlin zu besorgen. Er äussert sich in diesem Telefongespräch ausserordentlich hoffnungsvoll, ist guter Dinge und betont, dass er Breslau noch auf eine unabsehbare Zeit halten könne. Hanke ist tatsächlich nach seiner politischen Haltung wie nach seinem Charakter unser bester Gauleiter. Wenn unsere Gauleiter im Westen so handelten, wie er handelt, dann würde vermutlich die Lage dort wesentlich anders sein, als sie in Tatsache ist.

Die englischen Mosquitos kommen diesmal mitten in der Nacht und reissen die Millionenbevölkerung der Reichshauptstadt aus ihrer wohlverdienten Ruhe heraus. Es wäre sehr unangenehm, wenn die Engländer in Zukunft diese Prozedur des Nachtangriffs von Mosquitos beibehalten würden. Dann wäre von einer geregelten Nachtruhe in Berlin vorläufig nicht mehr die Rede.

31. März 1945 *Samstag*

[S. 1–46]

Gestern:

Militärische Lage:

Im Osten lag der Schwerpunkt der Kämpfe im ungarischen Raum und im Gebiet von Mährisch–Ostrau.

In Ungarn griffen die Sowjets unsere vorgeschobenen Stellungen westlich Kaposvar an und erzielten einige Einbrüche. An der Nordwestecke des Plattensees wurde der Feind bei Keszthely aufgefangen. Zwischen Keszthely und Steinamanger durchbrachen die Bolschewisten unsere Sperrstellungen und drangen bis Zalaegerszeg vor. Diese kombinierten Angriffe richten sich gegen das Ölgebiet von Nagy Kanizsa. An der ungarisch–deutschen Grenze drang der Feind in Steinamanger und Güns ein und erreichte längs der Bahn Raab–Wiener Neustadt den Ort Kaposvar. Seine Angriffe gegen Raab scheiterten. Nordöstlich von Raab konnte der Feind den Fluss überschreiten und einige Kilometer donauaufwärts vordringen. Gegen unsere Stellungen an der Neutra zwischen Komorn, Neuhäusel und Neutra führte der Feind ebenfalls heftige Angriffe. Nördlich von Neuhäusel konnte er einige tiefere Einbrüche erzielen. Im slowakischen Bergland zwischen Neutra und Neusohl führten die Bolschewisten ebenfalls heftige Angriffe und erzielten Einbrüche. Der Zusammenhang der eigenen Front blieb aber gewahrt.

Im Kampf um Mährisch Ostrau setzten die Bolschewisten ihre ununterbrochenen Angriffe wiederum ergebnislos fort. Nur zwischen Ratibor und Jägerndorf gelangen ihnen einige

Einbrüche, die teilweise in Gegenstössen bereinigt wurden. In eigenen Unternehmungen verbesserten wir südlich Breslau unsere Stellungen. Die Besatzung von Küstrin wurde weiter eingeengt. Die Funkverbindung ist zur Zeit unterbrochen. An der Oder–Front bis Stettin erneuerte der Feind seine Übersetzversuche nicht. In Danzig leisten noch einige Kampfgruppen Widerstand. In Kurland griffen die Sowjets weiter heftig an und erzielten an der Straße Mitau–Frauenburg örtliche Einbrüche. Durch den Fortfall der Ostseehäfen ist die Versorgung Kurlands erheblich erschwert worden.

Am Niederrhein erzielten die englisch-kanadischen Verbände weitere Fortschritte und drangen über Bocholt in Richtung der holländischen Grenze nach Norden und über Borken bis in die Mitte zwischen Borken und Coesfeld vor. Längs der Bahn Dorsten–Coesfeld erreichten sie Groß–Reken, etwa 15 km südwestlich Coesfeld. Längs der Straße Wesel–Münster drangen feindliche Panzerspitzen in Dülmen ein und näherten sich über Haltern nach Osten vorstoßend Lüdenhausen. Aus Dorsten und Gladbeck gewannen vordringende feindliche Kräfte den Raum nordwestlich und südwestlich Recklinghausen. An der Rhein-Sieg-Front keine Veränderungen. Die starke amerikanische Kräftegruppe im Raum Marburg–Biedenkopf zieht laufend Verstärkungen nach und wendet sich hauptsächlich nach Norden. Die Spitzen haben Winterberg, Brilon und Audorf erreicht. Sie drangen über Korbach in Richtung Arolsen und über Sachsenhausen nach Nordosten vor. Aus Frankenberg gelangten Feindkräfte bis in die Gegend von Bad Wildungen. Die Autobahnhochbrücke über die Werra bei Hannoversch-Münden wurde gesprengt. Aus dem Raum Marburg drang der Feind bis Kirchhain vor, aus dem Raum Giessen über Grünberg und Ulrichstein bis Lauterbach. Dieser Vorstoss richtet sich gegen Fulda. Von Hanau aus drangen feindliche Kräfte nach Nordost bis in den Raum von Nidda und von Osten bis westlich Gelnhausen. Von Aschaffenburg nach Süden vordringender Feind gelangte bis in die Gegend von Klingenberg. Hier wurde eine eigene Sperrlinie errichtet, die sich etwa von Klingenberg östlich Michelstadt, Oberbach, Neckarsteinach, Schriesheim, nördlich Heidelberg bis Altrip an den Rhein erstreckt. Zwischen Heidelberg und Mannheim durchbrach der Feind unseren Abwehrriegel und überschritt den Neckar.

Von der italienischen Front keine besonderen Meldungen.

Wetterbedingt war gestern die feindliche Lufttätigkeit sowohl im Frontraum als auch im Reichsgebiet gering. Etwa 150 Britenbomber flogen Angriffe im Raum Salzgitter. Nächtlicher Störangriff auf Berlin.

*

Die westliche Feindseite ist jetzt der Meinung, daß das geringe Wiederaufleben unseres Widerstandes im Westen den letzten Versuch Kesselrings darstelle, die deutsche Katastrophe zu vermeiden. Die Fortschritte der Angloamerikaner allerdings seien über Erwarten gross, so dass Kesselrings Bestrebungen von keinem Erfolg begleitet sein könnten. Ein organisierter Widerstand sei nicht mehr festzustellen; im Gegenteil, die angloamerikanischen Panzer könnten im Gelände herumfahren, wie sie wollten. Im grossen und ganzen stimmt das auch, mit Ausnahme vom Niederrheingebiet, wo unsere Fallschirmjäger noch einen fanatischen Widerstand leisten, mit dem Montgomery bis zur Stunde noch in keiner Weise fertig geworden ist.

Es ist klar, dass angesichts dieser Lage im Westen die Sorge über den U-Boot-Krieg in England und Amerika langsam im Schwinden ist. Man hatte sich in letzter Zeit erheblich über das Wiederauftauchen unserer U-Boote auf den Ozeanen alteriert; jetzt aber ist man der Meinung, dass diese Gefahr nicht mehr in Frage kommt.

Der belgische Aussenminister Spaak redet vor dem Sozialistenkongress des Landes und erklärt, dass Belgien an einer Zerstückelung des Reiches kein Interesse habe. Spaak hat offenbar kalte Füsse bekommen, denn er fügt hinzu, dass, wolle man vom Reich beispielsweise das Rheinland ablösen, das der Grund zum nächsten, dritten Weltkrieg sein werde.

Der Streit im Feindlager um die kommende Konferenz von San Francisco hat schon erhebliche Ausmasse angenommen, vor allem wegen der Stimmenzahl. Der Kreml verlangt für die Sowjetunion drei Stimmen, und zwar für verschiedene Teile des Sowjetreiches. Die Sowjets haben offenbar die Absicht, damit die Angloamerikaner in die Ecke zu manövrieren. Sie sind von der Konferenz von San Francisco überhaupt nicht angetan. Sie wissen, daß dort Entscheidungen fallen müssen, und zwar über die Fragen, die in Jalta vertagt worden sind. Für die Umbildung der polnischen Regierung ist in Moskau immer noch keine Entscheidung gefallen. Der Kreml zieht die Sache über Gebühr lange hin, und es taucht nun das Problem auf, wie die polnische Regierung in San Francisco überhaupt vertreten sein soll. Es wäre ja die groteskeste Groteske, wenn Polen, das diesen Krieg überhaupt begonnen hat, in San Francisco weder Sitz noch Stimme erhalten würde. In Moskau hat man natürlich alles Interesse daran, die Sache weiter hinzuschleppen, ohne es dabei zu einem offenen Konflikt mit Roosevelt und Churchill kommen zu lassen. Aber die Amerikaner lassen sich doch nicht für dumm verkaufen. Sie erklären, dass sie bis zum Beginn der San-Francisco-Konferenz Klarheit über das polnische Problem haben müssten. Die Polen müssten unter allen Umständen in San Francisco vertreten sein. Sollte also eine Lösung bis dahin nicht gefunden werden, so könnte daraus eine cause célèbre für das Koalitionsverhältnis unserer Feinde entstehen.

Die katholische Presse in England fährt fort, den Bolschewismus scharf zu attackieren, an der Spitze der »Catholic Herald«. Er führt eine Sprache, wie sie besser auch die deutsche Presse nicht führen könnte. Ich nehme an, daß diese massive Kritik auf Anweisung des Vatikans getrieben wird.

Das ist ein schauderhafter Karfreitag, wie ich ihn in meinem Leben noch nicht erlebt habe. Von einer Feiertagsstimmung ist weit und breit nicht das geringste zu entdecken. Der einzige

Lichtblick ist darin zu sehen, dass in den letzten 24 Stunden der feindliche Luftkrieg etwas abgeflaut ist. Aber wir dürfen daran keine Hoffnungen knüpfen. Das ist nur auf die schlechte Wetterlage in England zurückzuführen.

Die Entwicklung im Westen gibt natürlich zu den allerstärksten Sorgen Anlass. Es ist Kesselring immer noch nicht gelungen, auch nur zur Andeutung einer Verteidigungslinie zu kommen. Wenn man das Kartenbild betrachtet, so könnte man den Eindruck gewinnen, dass es sich im Westen um den Beginn der Katastrophe handelt, und zwar ist das bedauerlichste an dieser Entwicklung, dass weder in der Zivilbevölkerung noch in der Truppe die zur weiteren Fortsetzung des Kampfes notwendige Kampfmoral vorhanden ist.

Ebenso besorgniserregend ist die Entwicklung in Ungarn. Hier werden wir bald vor der ernsten Frage stehen, ob wir das Ölgebiet überhaupt noch halten können. Jedenfalls sind die Sowjets schon über die deutsche Reichsgrenze vorgerückt. Die 6. Armee unter Sepp Dietrich also hat sich glatt von ihnen in die Pfanne schlagen lassen.

Speer war zweimal beim Führer, um mit ihm die Durchführung eines Notrüstungsprogramms zu besprechen. Dabei hat es eine sehr dramatische Auseinandersetzung über die politische Haltung Speers gegeben. Der Führer hat ihm ernste Vorwürfe gemacht, dass Speer sich zu stark von der Wirtschaft vor ihren Wagen spannen lasse und daß er Tendenzen vertrete, die mit der nationalsozialistischen Auffassung vom Kriege nicht in Übereinstimmung gebracht werden könnten. Speer gibt denn auch klein bei; immerhin aber erreicht er vom Führer, dass der letzte Erlass des Führers bezüglich der Zerstörung unserer Wirtschaftsgrundlagen in den von den Angloamerikanern besetzten Gebieten dahin abgemildert wird, dass auch eine Lähmung erlaubt ist, wenn sie zum gewünschten Ziel führt, und dass weder Zerstörung noch Lähmung von Industrie und Rüstungsgrundlagen gestattet ist, wenn die Rüstungsproduktion – wenn auch unter starken Gefahren – noch fortgesetzt werden kann.

Der Führer lässt mich mittags zu sich kommen, um mit mir noch einmal die Frage seiner Rede an das deutsche Volk zu besprechen. Ich habe den Eindruck, dass er im Augenblick nicht besondere Neigung dazu besitzt. Er erklärt mir, dass er für den Westen ausserordentlich grosszügige Massnahmen militärischer Art eingeleitet habe. Diese militärischen Massnahmen müssten aber zuerst in einigen Effekten sichtbar werden, bevor er vor das Volk hintreten könne. Im Augenblick sei davon noch nicht die Rede. Die Truppe könne auch nicht bezüglich ihrer Kampfmoral angespornt werden, solange sie keine Unterstützung durch neue Verbände und neue Waffen besitze. Im ganzen habe er etwa 160 Bataillone tadellos bewaffnet in den Westraum hineingeworfen. Diese seien im Anmarsch; aber er dauere noch ein paar Tage, bis sie in die Kämpfe eingreifen könnten. Das Kartenbild erweise ja, daß wir eine Reihe von tiefen Löchern an der Front verzeichneten, die nun notdürftig zugestopft werden müssten. Er sei mit einer wahrhaft titanischen Kraft daran, diese Arbeit durchzuführen, finde aber leider bei seinen militärischen Mitarbeitern nur eine begrenzte Unterstützung. Ich habe auch den Eindruck, daß der Führer in den letzten Tagen sich stark überarbeitet hat. Er hat beispielsweise während den vergangenen 24 Stunden nur zwei Stunden Schlaf gehabt. Das ist darauf zurückzuführen, dass der Führer keine Mitarbeiter besitzt, die ihm einen grossen Teil der Kleinarbeit abnehmen können. So musste er z.B. jetzt auch wieder Guderian in Urlaub schicken, weil er völlig hysterisch und zappelig geworden ist und infolgedessen mehr Unruhe als Ordnung stiftet. Anstelle von Guderian tritt General Krebs, der lange der Chef des Stabes bei Model gewesen ist. Krebs ist eine ausgezeichnete Persönlichkeit. Er war eine Zeitlang Militärattaché in Moskau, ist aber durch seine diplomatische Tätigkeit nicht verdorben worden. Ein besonders begabter Mitarbeiter Guderians ist General Wenck, der auch bei mir verschiedentlich zum Vortrag war. Leider hat er das letzte Mal, als er zur Erledigung der pommerschen Operationen zur Heeresgruppe Weichsel fuhr, durch einen Autounfall eine starke

Verletzung davongetragen, so dass er immer noch im Krankenhaus liegt. Model wäre natürlich auch eine Persönlichkeit, auf die man sich verlassen kann; aber er steht augenblicklich vor fast unlösbaren Aufgaben, da ihm die Truppe, die er zur Bewältigung der Westprobleme nötig hat, nicht zur Verfügung steht. Er kann deshalb auch auf die Dauer nicht halten, wenn ihm keine Reserven zugeführt werden. Kesselring – das betont der Führer wieder – ist zu spät nach dem Westen gekommen, und er konnte deshalb im Westen nicht eine feste Front wie in Italien aufbauen.

Der Führer betont mir gegenüber noch einmal, dass die Moral der Truppe und die Moral der Zivilbevölkerung eine wechselseitige Angelegenheit sei. Er wäre fest davon überzeugt, daß nicht die Zivilbevölkerung die Truppe, sondern daß die Truppe die Zivilbevölkerung mit ihrer schlechten Moral anstecke. Von der Truppe aus sei das Desastre im Westen ausgegangen, und zwar nicht vom gemeinen Mann, sondern von den Stäben und von den Offizieren. Trotzdem müssten wir jetzt mit allen Kräften versuchen, wieder eine neue Front aufzubauen, und dazu seien die geeigneten Massnahmen, wenn auch improvisatorischer Art, bereits eingeleitet. Furchtbar seien für uns natürlich die wirtschaftlichen Ausfälle, insbesondere an Kohle und Eisen. Erst hätten wir das oberschlesische Industriegebiet verloren; dann sei uns die Saar aus der Hand gewunden worden, und nun sei uns die Hälfte des Ruhrgebietes bereits verlustig gegangen.

Der Führer ist jetzt dabei, mit Speer eine Umstellung unserer Waffen vorzunehmen. Wir müssen uns jetzt auf eine Waffentechnik einrichten, die weniger Stahl und infolgedessen weniger Kohle beansprucht. Der Führer ist sehr ungehalten darüber, dass er diese Arbeit in der Hauptsache selbst machen muss. Auch im Rüstungsministerium finde er nicht die nötige Unterstützung. Speer sei doch nicht die starke Persönlichkeit, als die er sich früher immer ausgegeben habe, Saur überrage ihn sowohl an Energie wie auch an Improvisationskunst.

Hemmend in der Regenerationsarbeit für den Westen stellt

sich jetzt auch wieder die Wehrmachtgeneralität in den Weg. Unsere Wehrmachtgeneräle, besonders die, die den Führer umgeben, sind schwankende Rohre im Winde. Der Führer muss einen Grossteil seiner Kraft und seiner Zeit dafür aufbrauchen, sie jeden Tag mühsam wieder aufzurichten und ihnen Korsettstangen einzuziehen. Das ist, wie er mir gegenüber betont, eine wahre Herkules-Arbeit. Ich sehe auch, wie er unter dieser Arbeit schwer gelitten hat. Noch niemals war seine Hand so zitternd, wie ich es bei dieser Unterredung feststellen kann.

Ich halte den Führer dann ausführlich Vortrag über die von mir eingeleiteten Propagandamassnahmen für den Westen. Er ist sehr zufrieden mit den Nachrichten, die wir über die angloamerikanische Willkürherrschaft veröffentlicht haben. Auch meine Darlegungen über die Werwolf-Organisation und -Propaganda befriedigen ihn sehr. Es ist notwendig, daß wir jetzt den Angloamerikanern gegenüber eine härtere Sprache führen als bisher. Dadurch, dass wir uns in diesem Punkte zu stark zurückhielten, ist es überhaupt erst gekommen, dass die Angloamerikaner im deutschen Volke humaner eingeschätzt werden als die Sowjets.

Allerdings kann ich dem Führer nicht verschweigen, dass dieser Propaganda genauso von Dr. Dietrich grosse Schwierigkeiten entgegengesetzt werden wie seinerzeit der Greuelpropaganda dem Bolschewismus gegenüber. Ich lege dem Führer einige Beispiele vor, die ihn sehr zornig machen. Er entschliesst sich stehenden Fußes dazu, Dr. Dietrich sofort von seinem Amt zu beurlauben und Lorenz mit seiner Stellvertretung zu betrauen. Lorenz soll allerdings nicht das Amt des Reichspressechefs antreten, sondern nur Pressechef beim Führer selbst werden. Das wäre für mich eine grosse Erleichterung. Dr. Dietrich ist ein ausgesprochener Schwächling, der der augenblicklichen Krise nicht gewachsen ist. In dieser Zeit kann man nur starke Männer brauchen, vor allem solche, die blind das ausführen, was ihnen aufgetragen wird. Das ist bei Dr. Dietrich nicht der Fall. Ich zerreibe mich in meiner Arbeit an stehenden Fusses dazu, Dr. Dietrich sofort von seinem Amt zu beurlauben und Lorenz mit seiner Stellvertretungzu betrauen. Lorenz soll allerdings nicht das Amt des Reichspressechefs antreten, sondern nur Pressechef beim Führer selbst werden. Das wäre für mich eine grosse Erleichterung. Dr. Dietrich ist ein ausgesprochener Schwächling, der der augenblicklichen Krise nicht gewachsen ist. In dieser Zeit kann man nur starke Männer brauchen, vor allem solche, die blind das ausführen, was ihnen aufgetragen wird. Das ist bei Dr. Dietrich nicht der Fall. Ich zerreibe mich in meiner Arbeit an ihm genau so, wie der Führer sich an seiner Generalität zerreibt. Wie sollte ich mit Männern wie Dr. Dietrich auskommen können bei ihm genauso, wie der Führer sich an seiner Generalität zerreibt. Wie sollte ich mit Männern wie Dr. Dietrich auskommen können bei einer Propaganda, die – wie z. B. jetzt in der Werwolf-Aktion – ausserordentlich radikalisiert werden soll.

Der Führer hat einen Brief von Streicher bekommen des Inhalts, dass Streicher sich jetzt in der höchsten Notlage des Vaterlandes um eine Arbeit bewirbt, da er es nicht mehr auf seinem Hof aushalten könne. Der Führer fragt mich, wo man ihn vielleicht zum Ansatz bringen könne. Eventuell kann ich Streicher in der Werwolf-Arbeit brauchen; denn Streicher ist immerhin ein Mann, der grosse Energie besitzt. Er könnte dort Fünf-Minuten-Reden halten, die ich allerdings vorher genau überarbeiten muss. Ich werde mich mit Streicher in Verbindung setzen. Jedenfalls wäre der Führer glücklich, wenn ich Streicher eine Betätigung gäbe. Er verspürt ihm gegenüber eine gewisse innere Belastung, da Streicher ja doch ein Mann von Format ist, der nur einmal vom Wege abgeglitten ist. Jedenfalls betont der Führer, daß Streichers Artikel sicherlich besser sein würden als die von Dr. Ley.

In diesem Zusammenhang führe ich gegen die Artikel von Dr. Ley eine ziemlich scharfe Sprache. Vor allem betone ich dem Führer gegenüber, dass Dr. Ley sich immer darauf beruft, der Führer billige seine Artikel und halte sich für das Non plus ultra der journalistischen Überzeugungskraft. Der Führer erklärt lachend, dass er die Artikel von Dr. Ley nie gelesen habe, geschweige daß er ihm jemals erklärt hätte, dass er diese Artikel für gut halte. Ich schildere dem Führer den Inhalt der beiden letzten Artikel, des über Dresden und des über die Westlage, die sich in der öffentlichen Meinungsbildung geradezu katastrophal ausgewirkt habe. Der Führer gibt mir den Auftrag, in Zukunft diese Artikel scharf zu zensieren und dafür zu sorgen, daß Torheiten, wie sie letzthin verschiedentlich in den Leyschen Artikeln vorgekommen sind, nicht mehr zur Veröffentlichung gelangen. Im übrigen vertritt der Führer den Standpunkt, dass Dr. Ley ein ausgesprochener Fanatiker ist und dass man ihn mit gewissen Einschränkungen auch für

Aufgaben, die Fanatismus erfordern, zum Einsatz bringen könne. Deshalb habe er ihm auch die Aufziehung des neuen »Freikorps Adolf Hitler« übertragen. Jedenfalls würden unsere gesamten Massnahmen schon dahin führen, dass wir den Westen langsam hinkriegen werden.

Was die Moral anlangt, so bin ich fest davon überzeugt, wenn der Führer mir jetzt die Fessel des Reichspressechefs nimmt, dann kann ich auch wieder ausholen. Ich werde die Presseabteilung von renitenten und defaitistischen Elementen schnellstens säubern und kann dem Westen gegenüber eine Propaganda betreiben, die der dem Osten gegenüber nicht nachstehen soll. Die anti-angloamerikanische Propaganda ist jetzt das Gebot der Stunde. Nur wenn wir unserem Volke klarmachen können, dass die Engländer und die Amerikaner mit ihm nichts anderes vorhaben als die Bolschewisten, dann wird es dem Feind im Westen gegenüber eine andere Stellung einnehmen. Wenn es uns aber den Bolschewisten gegenüber gelungen ist, das deutsche Volk zu verhärten und mit Hass zu erfüllen, warum soll uns das den Angloamerikanern gegenüber nicht gelingen! Wir haben leider entgegen meinem Ratschlag den Fehler gemacht, nicht aus der Genfer Konvention auszutreten. Wäre das der Fall gewesen, so hätten sich sicherlich nicht so viele deutsche Soldaten bei den jetzigen Kämpfen im Westen in die englisch-amerikanische Gefangenschaft begeben, wie das leider der Fall gewesen ist. Der Führer gibt mir absolut recht. Er hat sich von Keitel, Bormann und Himmler beschwätzen lassen und das Notwendige und Zweckmässige nicht getan und angeordnet. Ich bin der einzige gewesen, der in diesem Punkte recht behalten hat, was der Führer auch unumwunden zugibt.

Im übrigen ist der Führer der Überzeugung, dass er in etwa acht bis zehn Tagen die Löcher im Westen wieder notdürftig zuflicken wird. Das »Freikorps Adolf Hitler« könne dann auch langsam in Erscheinung treten. Ich verspreche ihm, dass ich die Partisanentätigkeit in kürzester Frist in den besetzen Westgebieten in die Höhe bringen werde. Nachdem der Bürgermeister von Aachen niedergelegt worden ist, sollen jetzt der jüdische Polizeipräsident von Köln und der Bürgermeister von Reydt an die Reihe kommen. Jedenfalls bin ich der Überzeugung, dass er uns in nicht allzuferner Zeit gelingen wird, jeden deutschen Verräter auf der westlichen Feindseite zur Strecke zu bringen.

Was die Luftwaffe anlangt, so hat der Führer nunmehr SS-Obergruppenführer Kammler ausserordentlich grosse Vollmachten gegeben. Der Führer will in der Luftrüstung ein ganz kleines Programm durchführen, das aber mit aller Gewalt auch durchziehen. Er muss unter allen Umständen durchgehalten werden. Göring fühlt sich durch die an Kammler erteilten Vollmachten stark in die Ecke gestellt; aber daran kann man nichts mehr ändern. Der Führer wehrt sich gegen den Vorwurf, dass Kammler nicht früher eingesetzt worden ist. Kammler sei ihm erst bei der Organisation des Einsatzes unserer V-Waffen überhaupt bekannt geworden. Er sei der geeignete Mann, die Luftwaffe in ihrem kleineren Standard trotzdem zu aktivieren. Wir müssten jetzt nach dem Prinzip handeln, nach dem die Sowjets in ihrer grossen Kriegskrise gehandelt hätten, nämlich so primitiv wie möglich werden und aus der Not eine Tugend zu machen versuchen. Sollte sich die Luftwaffengeneralität gegen die Instruktionen von Kammler wenden, so will der Führer mit Kriegsgerichtsurteilen und Erschiessungen vorgehen. Jedenfalls ist er entschlossen, nunmehr in der Luftwaffe Ordnung zu schaffen. Ich glaube auch, dass ihm das gelingen wird, denn die Luftwaffengeneralität ist ja, genau wie die Heeresgeneralität, feige, und sobald sie den Herrn über sich verspürt, wird sie schon gehorchen.

Der Führer verspricht mir, baldigst seine Rede an das deutsche Volk zu halten. Aber, wie gesagt, erwartet er zuerst den Erfolg seiner Massnahmen im Westen. Ich bin etwas skeptisch, ob er tatsächlich in absehbarer Zeit sprechen will. Der Führer hat jetzt eine mir gänzlich unverständliche Scheu vor dem Mikrophon. Er weiss auch, dass es nicht richtig ist, dass er jetzt das Volk ohne Anspruch lässt; aber leider hat ihm der SD nach seiner letzten Rede mitgeteilt, daß das Volk daran kritisiert habe, er habe nichts wesentlich Neues gebracht. Und Neues kann er ja in der Tat dem Volke nicht mehr bringen. Es hat schon etwas für sich, wenn der Führer erklärt, dass er in einer Rede wenigstens irgend etwas bringen müsse; dieses stehe ihm aber im Augenblick nicht zur Verfügung. Ich erwidere allerdings andererseits darauf, dass das Volk wenigstens auf eine Parole warte. Eine Parole könne man auch in der jetzigen Notlage herausgeben. Kurz und gut, das Rede-Duell verläuft so, dass ich den Führer doch nicht dazu bewegen kann, sofort seine Rede auszuarbeiten. Aber er verspricht mir, das in den nächsten Tagen zu tun. Wenigstens aber bin ich bei dieser Besprechung Dr. Dietrich losgeworden, was ja für meine Arbeit eine wesentliche Erleichterung darstellt. Vor allem hat dem Führer sehr missfallen, dass Dr. Dietrich die von mir formulierte Nachricht über die Erschiessung des Bürgermeisters von Aachen korrigiert hat. Ich hatte dort von einem Nationalgericht gesprochen, das den Bürgermeister von Aachen zum Tode verurteilt habe; Dr. Dietrich hat diesen Passus aus eigener Machtvollkommenheit gestrichen mit der Einwendung, dass ein solches Nationalgericht nicht bestehe. O sancta simplicitas!

Glücklich ist der Führer darüber, dass ich eine Arbeitsmöglichkeit für Streicher suchen werde. Streicher liegt ihm doch sehr am Herzen, und er verdient es ja auch, in der jetzigen Zeit etwas stärker herausgestellt zu werden. Jedenfalls übertrifft er an Gesinnung viele von denen, die heute in den massgeblichsten Posten der Partei und des Staates tätig sind.

Die Lage im Osten bereitet dem Führer natürlich auch grosse Sorgen. Er ist der Meinung, dass sie zum grossen Teil von Guderian versaut worden sei. Guderian habe kein konsolidiertes Temperament. Er verliere die Nerven. Das habe er sowohl im Westen wie im Osten als Truppenführer gezeigt. Im Osten habe er sich im kritischen Winter 1941/42 einfach auf eigene Faust auf den Rückzug begeben und damit die ganze Front ins Wanken gebracht. Erst als Guderian zurückging, hätten auch

Küchler und Hoepner den Rückzug angetreten. Infolgedessen sei die grosse Krise im Osten im Winter 1941/42 auf das Schuldkonto von Guderian zu schreiben. Die Heeresgeneralität hat damals völlig die Nerven verloren. Sie stand zum ersten Mal vor einer Kriegskrise, während sie bis dahin nur Siege erfochten hatte, und nun war sie auch gleich entschlossen, bis an die Reichsgrenze zurückzugehen. Der Führer schildert mir noch einmal die dramatische Unterredung, die er damals mit Küchler gehabt hat. Küchler machte ihm den Vorschlag, die Truppe zurückzuführen, unter Zurücklassung des gesamten schweren Materials, wenn nötig, bis an die Reichsgrenze. Wäre das getan worden, so wäre schon im Winter 1941/42 wahrscheinlich der Krieg zu Ende gegangen.

In Ungarn spielt sich jetzt eine richtige Tragödie ab. Sepp Dietrich hat, wie ich schon das letzte Mal betonte, nur einen Teil seiner Truppen in Ungarn zum Einsatz gebracht und den Führer über seine Kopfstärke direkt angelogen. Er wollte Reserven im Reich zurücklassen für seinen nächsten Einsatz an der Oder-Front. Infolgedessen hat es ihm in Ungarn am nötigen Ersatz gefehlt. Der Führer ist über das Vorgehen von Sepp Dietrich tief gekränkt. Er hat auch Himmler darüber die schwersten Vorwürfe gemacht. Die Folge davon ist, wie ich schon betonte, dass Himmler den SS-Verbänden in Ungarn ihre Ärmelstreifen nimmt. Aber das nutzt ja nicht viel. Das angerichtete Unglück kann dadurch nicht wiedergutgemacht werden.

Der Führer ist nun auch der Meinung, daß Himmler keine operativen Fähigkeiten besitzt. Er ist zwar ein Tüftler, aber kein Feldherr. Es fehlt ihm völlig die großzügige Ader. Das hat er bei den Operationen in Pommern bewiesen, die durch sein kleinliches operatives Denken völlig verkorkst worden sind. Überhaupt ist der Führer der Meinung, daß aus der SS kein Feldherr von Format hervorgegangen sei. Weder Sepp Dietrich noch Hausser rechneten unter die grossen operativen Begabungen. Wirkliche Steher unter der Generalität seien nur Hube und Dietl gewesen; diese aber seien dem Führer leider durch

Flugzeugunglücke genommen worden. Was bleibt dann noch übrig? Schörner, der eine grosse Begabung ist und hervorragend arbeitet. Er bereitet seine Operationen sorgsam vor und schlägt auch mit geringen Mitteln immer wieder den Feind zurück. Er ist ein Mordskerl, und man kann sich blind auf ihn verlassen. Vor allem sagt er dem Führer die Wahrheit. Daß Sepp Dietrich das im Falle Ungarn nicht getan hat, hat den Führer schwer verbittert. Er spricht sogar von einer geschichtlichen Schuld, die Sepp Dietrich sich damit aufgeladen habe. Immerhin müssen wir evtl. damit rechnen, daß wir nunmehr das ungarische Ölgebiet verlieren. Es ist zwar noch nicht so weit, aber es kann so weit kommen. Wenn ich das Debakel in Pommern noch hinzurechne, so hat die Waffen-SS sich schon einiges in letzter Zeit auf den Buckel geladen. Himmlers Kredit ist deshalb beim Führer beachtlich gesunken. Auf der anderen Seite aber darf man natürlich nicht verkennen, dass wir im Augenblick von einer Kette von Unglück verfolgt sind. Dieses Unglück ist nicht nur auf unzulängliche Mitarbeiter des Führers zurückzuführen, sondern auch auf die Unzulänglichkeit der Mittel, die uns zur Verfügung stehen.

Der Führer würde schon gerne, wie er mir gegenüber betont, bessere Mitarbeiter ernennen, wenn er sie finden könnte. Aber sie stehen ihm, wie ich ja auch zugeben muss, nicht zur Verfügung. Beispielsweise sagt er mir, dass er natürlich gerne im Jahre 1922 mich als Propagandachef der Partei eingesetzt hätte, wenn er mich gekannt hätte; aber damals habe er von meiner Existenz keine Ahnung gehabt. Es wäre deshalb sehr billig zu fragen, warum ich nicht schon im Jahre 1922 die Propaganda der Partei geführt habe. Man könne erst im Umgang mit den Menschen die Menschen kennenlernen. Sicherlich würden sich innerhalb der Wehrmacht noch eine Reihe von operativen Begabungen befinden; aber es sei eben sehr schwer, dies herauszusuchen.

Es ist für mich direkt ergreifend, den Führer in einer so schlechten körperlichen Verfassung zu sehen. Er erzählt mir, dass er kaum noch schläft, dass er ununterbrochen in seine

Arbeit eingespannt ist und daß es ihn auf die Dauer völlig zermürbe, seine schwächlichen und charakterlosen Mitarbeiter immer wieder aufs neue aufzurichten. Ich kann mir schon vorstellen, dass das ein mühsames und sorgenvolles Werk ist. Der Führer tut mir richtig leid, wenn ich ihn so in seiner körperlichen und seelischen Verfassung betrachte. Aber trotzdem kann ich nicht von meiner Forderung ablassen, dass er möglichst bald zum Volke reden muss. Er muss dann eben für einen oder zwei Tage ein paar Besprechungen absetzen. Das wichtigeste ist, dass er jetzt das Volk wieder intakt bringt; das übrige werde ich dann schon tuen. Nachdem ich von Dr. Dietrich befreit bin, glaube ich, dass es mir in Kürze gelingen wir, die Presse wieder in eine feste Führung zu nehmen. Aber Voraussetzung dafür ist, dass der Führer ihr und dem ganzen deutschen Volke eine Parole gibt.

Der Führer ist bei dieser Unterredung zu mir ausserodentlich nett und entgegenkommend. Man merkt es ihm richtig an, dass er glücklich ist, wieder einmal mit einem Mann zu sprechen, der nicht bei jeder Krise umfällt.

Die Freude von Dr. Naumann über die Absetzung von Dr. Dietrich ist überhaupt nicht zu schildern. Dr. Dietrich war ja ein Fremdkörper in unserem Ministerium. Nun wird das Ministerium wieder auf eine einheitliche Führung ausgerichtet. Dr. Naumann bekommt von mir den Auftrag, dazu die nötigen Voraussetzungen zu schaffen.

Zu Hause habe ich den ganzen Karfreitag über zu schuften. Dass es Feiertag ist, bemerke ich überhaupt nicht. Der OKW-Bericht vom heutigen Tage schlägt eine scheussliche Tonart an. Man kann sich schon vorstellen, dass das deutsche Volk angesichts dieser Hiobsposten langsam den Mut verliert.

Am Abend hat sich im Westen nicht sehr viel räumlich geändert. Die feindlichen Spitzen sind bis in den Raum Brilon und Paderborn vorgedrungen und werden sich wahrscheinlich gegen die Weser richten. Im übrigen aber ist der Feind jetzt dabei, nachzuziehen. Unsere Gegenmassnahmen sollen schom im Laufe des Abends langsam anfangen anzulaufen. Allerdings kann man sich im Augenblick nicht viel davon versprechen. Was den Osten anlangt, so ist der Druck im ungarischen Raum auf die deutsche Grenze wieder stärker geworden. Der Feind hat die Grenze schon an einer Stelle überschritten und zwei österreichische Dörfer in seinen Besitz gebracht. Südlich des Plattensees halten wir noch, um nach Möglichkeit das Ölgebiet in unserem Besitz zu behalten. Ausserordentlich stark waren die sowjetischen Angriffe wieder im oberschlesischen Raum. Der Feind hat auch einige Einbrüche erzielt, die aber alle bereinigt werden konnten. Die Lage in Glogau ist infolge des starken feindlichen Luftwaffenansatzes etwas kritisch geworden. Die Besatzung von Küstrin hat sich mit 1000 Mann unter Führung von Reinefarth zu unseren Linien zurückgekämpft. Ausserordentlich kritisch ist die Lage im Raum von Gotenhafen und im Raum von Danzig. Ich fürchte, hier wird es wohl bald zu Ende gehen.

Ich bin bis in die späte Nacht dabei, die Voraussetzungen für eine Reform unserer Presseabteilung zu schaffen. Ich bekomme von Reichsleiter Bormann die Nachricht, daß der Führer eine dreiminütige Unterredung mit Dr. Dietrich gehabt habe, bei der Dr. Dietrich selbst und Sündermann kurzfristig beurlaubt wurden. Endlich habe ich damit freie Bahn für meine Arbeit. Ich werde die Gelegenheit ausnutzen und in der Presse fertige Tatsachen schaffen, die auch in spätere Zeit nicht mehr rückgängig gemacht werden können.

1. April 1945 *Sonntag*

[S. 1–38]

Gestern:

Militärische Lage:

An der Ostfront lag der Schwerpunkt der Kämpfe im ungarischen Raum. Zwischen Drau und dem Westzipfel des Plattensees griff der Feind frontal in Richtung auf Nagy Kanizsa an und erzielte einen tieferen Einbruch, der ihn bis auf 20 km an das Erdölgebiet heranführte. Gleichzeitig stiessen die Sowjets von Zalaegerszeg nach Süden und Südwesten vor, um das Erdölgebiet umfassend zu nehmen. Von Steinamanger und Güns aus wandte sich der Feind nach Nordwesten, erreichte westlich von Steinamanger die deutsche Grenze, die er nordwestlich von Güns überschritt. Feindliche Panzerspitzen gelangten bis Kirchschlag. Gleichzeitig stiess der Feind längs der Bahn Raab–Ödenburg–Wiener Neustadt weiter vor; er steht hier etwa 20 km östlich von Ödenburg. Über Raab, das in feindliche Hand fiel, gewannen die Sowjets etwa 10 km Boden in Richtung auf Pressburg. In unsere Auffangstellung an der Neutra konnte der Feind an mehreren Stellen einbrechen und bis über die Waag vordringen, wo er auf dem Westufer Brückköpfe bildete.

Ein weiterer Schwerpunkt liegt im Gebiet von Mährisch-Ostrau, wo der Feind auch gestern wieder mit starken Kräften und Panzerunterstützung angriff und zwischen Freistadt, Ratibor und Katscher örtliche Einbrüche erzielte. Ratibor und Katscher fielen in sowjetische Hand: Hart südlich der beiden Städte wurde der Feind abgeriegelt.

An der anschliessenden Front bis in die Gegend von Neisse wurden die heftigen Angriffe des Feindes sämtlich abgewiesen. Im Kampfraum um Breslau wurden eigene Stellungsverbesserungen erzielt. In Glogau drang der Feind nach schweren Kämpfen in die Stadtmitte ein. An der gesamten Oder-Front keine besonderen Kampfhandlungen. Auch aus dem Raum Danzig und Königsberg sind keine besonderen Ereignisse zu melden. In Kurland Fortsetzung der schweren sowjetischen Angriffe, ohne dass die Lage eine wesentliche Änderung erfuhr.

An der Westfront stehen unsere Verbände im englisch-kanadischen Abschnitt am Niederrhein in schweren Kämpfen mit dem vordringenden Feind. Von Norden und Osten her drangen die Engländer in Emmerich ein und griffen von da aus in Richtung auf die holländische Grenze an. Im Raum Bocholt keine wesentliche Veränderung der Lage. Die über Borken vorgedrungene Kampfgruppe drang weiter in Richtung Norden bis in den Raum von Stadtlohn vor. Eine andere Kampfgruppe nahm Coesfeld; hier sind eigene Gegenangriffe zur Einengung des Einbruchsraumes zwischen Coesfeld und Dülmen im Gange. Über Dülmen hinaus stiess der Feind etwa 5 km weiter in Richtung auf Münster vor; er steht jetzt etwa 25 km südwestlich von Münster. Zwischen Münster und Recklinghausen drangen die Engländer bei Lüdinghausen über den Dortmund-Ems-Kanal vor. Aus dem Raum Dorsten–Gladbeck in Richtung auf Buer–Recklinghausen angreifender Feind wurde abgewiesen; in Gegenangriffen konnten einige Ortschaften zurückerobert werden. Die deutsche Abwehrlinie verläuft am Nordrand des Ruhrgebietes, am Rhein entlang bis in die Gegend von Beuel und biegt dann längs der Sieg um bis in die Gegend von Siegen.

Im Einbruchsraum der Amerikaner, die aus dem Westerwald bis in die Räume Wetzlar–Gießen–Marburg vorgestoßen waren, zeichnen sich jetzt zwei Operationen ab. Ein Stoss des Feindes zielt nach Norden, um mit der englisch-kanadischen Gruppe etwa in der Gegend zwischen Hamm und Paderborn

Verbindung aufzunehmen; eine zweite Gruppe wendet sich nach Osten und rückt in Richtung Hersfeld–Fulda vor. Die nach Norden vordringenden Feindkräfte haben mit Teilen bei Brilon nach Westen eingedreht; der andere Teil stösst weiter nach Norden und Nordosten vor. Zwischen Brilon und Kassel steht der Feind etwa in der Gegend von Arolsen und Bad Wildungen. Aus dem Raum Marburg nach Osten vordringend soll, nach bisher noch unbestätigten Meldungen, der Feind Hersfeld erreicht haben. An der Autobahn bei Alsfeld sind stärkere feindliche Truppenkonzentrationen festgestellt worden. Der über Lauterbach in Richtung auf Fulda vorstossende Feind steht hart westlich Fulda.

Im Kampfraum von Hanau keine wesentlichen Veränderungen. Hier zeigt sich eine Verstärkung des deutschen Widerstandes. Zur Zeit steht der Feind in der Gegend von Gelnhausen. Auch bei Aschaffenburg konnte der Gegner keine weiteren Fortschritte erzielen. In Gegenangriffen wurde Schweinheim zurückerobert. Quer durch die Ostausläufer des Odenwaldes wurde eine Abwehrlinie errichtet, die sich von Klingenberg am Main über Miltenberg, Amorbach und Oberbach bis Neckarsteinach erstreckt. Bei Amorbach konnte der Feind diese Linie durchstossen und bis Walldürn und Buchen vordringen. Von Norden nach Süden angreifend drang er in Heidelberg ein. Zwischen Heidelberg und Mannheim überschritt er den Neckar und drang in Schwetzingen ein.

Von der italienischen Front liegen keine besonderen Meldungen vor.

Ins Reichsgebiet flogen am Tage 1300 amerikanische viermotorige Bomber ein, die Hafen- und Verkehrsanlagen von Hamburg, Bremen und Wilhelmshaven angriffen. Aus Italien einfliegend führten etwa 500 amerikanische viermotorige Bomber Angriffe auf Wien, Wiener Neustadt, Klagenfurt und Graz. »Sturmvögel« erzielten acht Abschüsse. In der Dunkelheit führten 60 Mosquitos einen Störangriff auf Berlin. 20 Mosquitos waren über Erfurt. Vier »Sturmvögel« schossen ohne eigene Verluste vier Mosquitos ab. Während der ganzen Nacht herrschte lebhafte Fernnachtjäger-Tätigkeit über der westlichen Reichshälfte.

*

In London fährt man weiter in der zweckbestimmten Alarmpropaganda dem deutschen Volk gegenüber fort. Man einigt sich auf die Behauptung, dass das Reich praktisch zu existieren aufgehört habe, dass von einer inneren Organisation in Deutschland nicht mehr die Rede sein könne und die Regierung alle Macht verloren hätte. Diese Taktik ist allzu durchsichtig, als dass sie auf die Dauer von Erfolg begleitet sein könnte. Sowohl die Engländer wie auch die Amerikaner setzen augenblicklich alles daran, bis zum 25. April, dem Beginn der Konferenz in San Francisco, in Europa auf irgendeine Weise Schluss zu machen, denn man ist sich sowohl in London wie in Washington klar darüber, dass in San Francisco die grossen politischen Krisenprobleme überhaupt erst beginnen, und man möchte uns nicht als lachende Dritte im Hintergrund stehen haben.

In der Tat sind die Vorgänge im Westen dazu angetan, dem Feind die Hoffnung zu geben, dass er uns militärisch bald überrunden könne. Gauleiter Wagner aus Karlsruhe gibt mir einen ausführlichen Bericht über die Lage in seinem Gaugebiet. Auch er beklagt sich bitter darüber, dass die Moral sowohl bei der Bevölkerung als auch bei der Truppe ausserordentlich abgesunken sei. Man schrecke jetzt auch nicht mehr vor einer scharfen Kritik am Führer zurück. Die Luftwaffe trage eigentlich die Schuld an dem deutschen Niedergang; aber es werde dem Führer zum Vorwurf gemacht, dass er hier nicht rechtzeitig durch Personalveränderungen Wandel geschaffen habe. Es sei zwar richtig, dass der Feind einen harten Bluteinsatz scheue; aber sobald ihm Widerstand entgegengesetzt werde, setze er seine Luftwaffe ein, die dann einfach das Feld des Widerstandes in eine Wüste verwandele. Die Angloamerikaner würden im Gegensatz zu den Sowjets – was ja auch hier schon längst bekannt ist – vom Volke nicht gefürchtet; im Gegenteil, grosse Teile des Volkes seien froh, wenn sie kämen, damit sie dadurch gegen die Sowjets geschützt seien. Das linksrheinische Volk hat in der Tat eine schlechte politische Haltung zur Schau getragen. Es ist durch die fortwährenden feindlichen Bombenangriffe demoralisiert worden und wirft sich nun den Angloamerikanern teils mit Begeisterung, teils aber doch ohne inneren Widerstand in die Arme. Zum Teil ist die Bevölkerung sogar – wenigstens an einzelnen Punkten – aktiv gegen die Truppe vorgegangen, wenn diese Widerstand leisten wollte, was natürlich auf die Truppe ausserordentlich deprimierend wirkt. In Wirklichkeit kann man natürlich heute im linksrheinischen Gebiet nicht mehr von einem irgendwie in Betracht kommenden Widerstand sprechen. Zwar halten sich noch hier und da einzelne Grüppchen; aber diese sind natürlich für die weitere Fortsetzung der militärischen Operationen ohne jeden Belang.

Auch Müller schickt mir im Auftrage vom Oberbefehlshaber West einen Bericht über die Moral der Zivilbevölkerung, der ausserordentlich alarmierend ist. Allerdings glaube ich, dass Müller sich beim OB West allzusehr von den Generalstabsoffizieren hat beeinflussen lassen. Er schiebt nämlich das ganze Desastre ausschliesslich auf die Zivilbevölkerung, was ja einer Taktik des Generalstabes entspricht, der das Heer und insbesondere sich selbst von der Schuld an den Vorgängen im Westen freisprechen will. Auch in dem Bericht von Müller wird betont, dass die Bevölkerung die Angloamerikaner mit weissen Fahnen empfange, und dass zum Teil sogar in den Dörfern und Städten eine Art von Begrüssungstaumel ihnen gegenüber festzustellen sei. Die Partei habe vorzeitig die Städte und Dörfer geräumt. Die Bevölkerung habe sich nun ans Plündern gemacht. Sie sei wehrlos der Panzerpanik ausgeliefert. Es werde sogar schon im Main-Gebiet von den Main-Franzosen gesprochen, die jetzt an die Stelle der Deutschen treten würden. Kurz und gut, man merkt diesem Bericht an, dass der Generalstab vom OB West jetzt alles daransetzt, die

Schuld auf die Bevölkerung zu schieben und das Heer und vor allem die Generalität reinzuwaschen. Ich gebe Müller auf seinen Bericht eine geharnischte Antwort, die er General Kesselring vorlegen soll. In dieser Antwort betone ich, dass die Moral der Bevölkerung immer erstklassig gewesen sei, solange der Feind nicht in Erscheinung getreten sei. So habe die Bevölkerung mit einer bravourösen Haltung alle Luftangriffe über sich ergehen lassen. Man könne es aber nicht für verwunderlich halten, wenn die Bevölkerung den Mut verliere, so sie zurückflutende desolate Heereshaufen immer wieder zu Gesicht bekomme, die die Waffen wegwürfen und keinen Widerstand mehr leisteten. Wie wenig die Truppe zu kämpfen bereit ist, sieht man auch daran, dass General Patton allein seit Beginn seiner Offensive 140 000 Gefangene gemacht hat, eine furchtbare Anklage gegen diejenigen, die entgegen meinem Ratschlag verhindert haben, dass wir aus der Genfer Konvention austreten. Patton spricht von 90 000 Toten. Diese Zahl stimmt nicht; sie ist weit übertrieben. Aber die Gefangenenzahl mag schon der Richtigkeit entsprechen. Es entspricht auch in keiner Weise den Tatsachen, wenn Patton von der grössten militärischen Leistung der Geschichte spricht. Wie kann schon von einer militärischen Leistung die Rede sein angesichts einer derartigen materiellen Übermacht und nach so furchtbaren Luftbombardements, die das Schlachtfeld in eine Wüste verwandeln und Stadt und Dorf in Trümmer legen.

Trotzdem bin ich der Meinung, dass in Westdeutschland langsam der Partisanenkrieg beginnen wird. Es sind dafür eine ganze Reihe von Anzeichen vorhanden. Auch die Engländer haben erhebliche Sorgen, dass sie nun im Hinterland durch unsere Freiheitskämpfer gefährdet werden. Im übrigen legen sie sich nunmehr ganz auf den nahen deutschen Zusammenbruch fest. Sie sind sogar entschlossen, ein fixes Datum für den alliierten Sieg zu proklamieren, gleichgültig ob wir noch Widerstand leisteten oder nicht. Sie wollen einfach den Krieg durch eine Ordre für beendet erklären. So leicht liegen die Dinge denn doch nicht, und die Engländer werden sich sehr täuschen, wenn sie glauben, dass eine solche Ordre auf uns irgendeinen Eindruck machte. Aber auch aus diesem Vorhaben mag man ersehen, wie eilig die Angloamerikaner es haben, den Krieg in Europa zu Ende zu führen. Die Meldungen, dass man in London bereits zu Siegesfeiern rüste, sind natürlich ausschliesslich auf unsere Mentalität berechnet.

Am Rande nur verdient bemerkt zu werden, dass man in London immer wieder betont, Deutschland gegenüber könne nur ein harter Frieden in Rechnung gezogen werden.

Hin und wieder wird in London der Befürchtung Ausdruck gegeben, dass unser Rückzug im Westen einem höheren Plan entspreche, und dass wir die Absicht hätten, unsere Truppenbestände im Westen mit denen im Osten zu vereinigen, um mit den Bolschewisten gemeinsame Sache gegen die Angloamerikaner zu machen. Daraus könnten erhebliche Konfliktmöglichkeiten entstehen, vor allem, wenn man bedenkt, dass nunmehr die politischen Kriesenstoffe in der feindlichen Koalition anfangen, ausserordentlich bedrohliche Ausmasse anzunehmen. Der »Manchester Guardian« stellt schon morgens fest, dass für die Konferenz in San Francisco nicht die geringste Einigung vorhanden sei. Stettinius muss unter dem Druck der öffentlichen Meinung ein in Jalta abgeschlossenes Geheimabkommen zugeben, nachdem Stalin vorerst einmal drei Stimmen für die Sowjetunion zugebilligt worden sind. Dieses Geheimabkommen findet in der USA-Öffentlichkeit die schärfste Kritik. Am Mittag kommt dann die sensationelle Meldung, dass unter Umständen die Konferenz von San Francisco vertagt werden solle. Stalin hat offenbar keine Lust, sich jetzt in lange Debatten mit den Angloamerikanern einzulassen. Er begründet das damit, dass Molotow nicht nach San Francisco geschickt werden könne, weil er zu dieser Zeit an sowjetischen Budgetberatungen teilnehmen müsse. Eine etwas zynische Erklärung, die sicherlich in London und Washington die entsprechende Wirkung nach sich ziehen wird. In London sucht man das Dilemma, das dadurch entstanden ist, damit zu erklären, daß man behauptet, Deutschland stehe unmittelbar vor der Kapitulation, und deshalb könne man jetzt eine Konferenz in San Francisco nicht stattfinden lassen. In Wirklichkeit sind natürlich die politischen Krisen im Feindlager der Grund für die wahrscheinliche Verschiebung der Konferenz von San Francisco. Man vermutet, dass Stalin die Absicht habe, für San Francisco 16 Stimmen zu verlangen, wodurch natürlich die ganze angloamerikanische Rechnung über den Haufen geworfen würde. Außerdem verzeichnen wir aus Moskau eine amtliche Meldung des Inhalts, dass der Kreml verlangt, dass der Lublin-Ausschuss, auch wenn er nicht umgebildet worden sei, als offizielle polnische Regierung nach San Francisco eingeladen werden müsse. Umgebildet werden kann er gar nicht, weil die Verhandlungen in Moskau von den Sowjets hingeschleppt werden. Diese Erklärung des Kremls löst in der angloamerikanischen öffentlichen Meinung einen wahren Schock aus. Sie ist in einer geharnischten Sprache gehalten und endet mit dem Satz, dass der Kreml eine schnelle Lösung dieses Problems erwartet. Mit anderen Worten, Stalin sieht jetzt den Augenblick für gekommen, den Angloamerikanern gegenüber eine schärfere Tonart anzuschlagen und die Krise in der feindlichen Koalition auf die Spitze zu treiben.

Bohle berichtet mir von dem Misserfolg, den Hesse in Stockholm erlitten habe. Hesse sei ein ausgesprochener Ribbentrop-Mann und geniesse vor allem in englischen politischen Kreisen nicht das geringste Vertrauen. Die Engländer wollten, wenn überhaupt schon mit den Deutschen, dann bestimmt nicht mit Ribbentrop verhandeln. Infolgedessen sei die Entsendung Hesses nach Stockholm ein ausgesprochener diplomatischer faux pas gewesen.

Im Osten ist augenblicklich die Entwicklung in Ungarn und an der österreichisch-ungarischen Grenze sehr besorgniserregend. Cerff, der soeben von der ungarischen Front zurückkommt, gibt mir einen Bericht über die dortigen Vorgänge. Er erklärt, dass die Offensive deshalb stecken geblieben sei , weil das Wetter denkbar schlecht gewesen sei. Die Angriffsoperationen hätten sich in einem durchaus versumpften Gelände abgespielt, so dass unsere Panzer sich einfach nicht vorbewegen konnten. Sepp Dietrich habe alles darangesetzt, um die Offensive weiter in Fluss zu halten; aber er sei doch wohl kein Befehlshaber einer Armee. Bestenfalls reiche es bei ihm zur Führung einer Division. Jedenfalls seien unsere Verluste ausserordentlich, und die 6. Armee könne eigentlich für kommende Operationen kaum in Rechnung gestellt werden. Das ist natürlich für Sepp Dietrich furchtbar. Man kann sich vorstellen, wie sehr er unter dieser Entwicklung leidet.

In der Luft haben wir wieder schwere Angriffe auf Graz, Hamburg, Bremen und Wilhelmshaven zu beklagen. Die feindlichen Bombengeschwader sind jetzt wieder ununterbrochen unterwegs und fügen uns den schwersten Schaden zu. Es sollen jetzt gegen diese Bombengeschwader alte deutsche Flugzeuge als Rammjäger eingesetzt werden. Diese Rammjäger haben die Aufgabe, sich in einem Totaleinsatz gegen die feindlichen Bomber zu werfen, wobei etwa mit 90 Prozent Verlust gerechnet wird. Der Rammjägereinsatz soll in acht bis zehn Tagen zum ersten Mal stattfinden. Man verspricht sich davon einen ausserordentlichen Erfolg. 50 bis 90 Prozent unserer Jäger haben sich als Freiwillige für diesen Einsatz gemeldet, ein Beweis dafür, dass die Moral unter unseren Jägern noch ausserordentlich hoch steht, wenn Göring auch immer wieder aus durchsichtigen Gründen das Gegenteil behauptet.

Gerhart Hauptmann hat uns eine ausserordentlich [*1 Wort unleserlich*] Erklärung zu den englisch-amerikanischen [Terror-]angriffen auf Dresden zur Verfügung gestellt. Er hat diese Angriffe selbst mitgemacht und spricht darüber in einer Sprache, wie sie dem ersten Dichter des Reiches wohl ansteht.

Ich bin jetzt an der Arbeit, den Werwolf-Sender zu organisieren. Er soll unter Slesina gestellt werden, der auf dem in Frage kommenden Gebiet schon im Saar-Kampf erhebliche Erfahrungen gesammelt hat. Prützmann ist mit seiner Vorbereitung für die Werwolf-Organisation noch nicht allzuweit. Es scheint mir auch, dass die Arbeit bei ihm nur allzu schleppend vor sich geht. Er beklagt sich darüber, daß die Bevölkerung in den westdeutschen feindbesetzten Gebieten sich vorläufig passiv verhalte und gegen die Partei stehe. Aber das ist kein Grund, die Arbeit so langsam vonstatten gehen zu lassen. Man müsste diese jetzt sehr energisch angreifen. Ich glaube, ihr durch unsere Propaganda in dem neu zu errichtenden Werwolf-Sender mächtige Impulse zu geben.

Die Berichte der Reichspropagandaämter und die Briefe, die bei mir einlaufen, sprechen natürlich eine sehr verzweifelte Sprache. Allgemein sind sie auf die Tendenz eingestellt, dass die Bevölkerung die Überzeugung vertrete, dass der Krieg verloren sei. Wir hätten durch die Verluste so weiter Gebiete keine Rüstungsbasis mehr, so dass eine Chance für uns nicht mehr gegeben sei. Vielfach stellen die Menschen sich schon die Frage, wie sie auf die beste und honorigste Weise dieses furchtbare Leben loswerden könnten. Hin und wieder werden zwar noch radikale Massnahmen verlangt, zum Beispiel – was immer wieder betont wird – Austritt aus der Genfer Konvention; aber auch davon verspricht man sich nicht mehr allzuviel. Im allgemeinen sind die guten Elemente vielfach mit der Frage beschäftigt, wie man anständig sterben könne.

Ein Bericht des Reichspropagandaamtsleiters von Hamburg, Rodde, über die Kritik an der Luftwaffe stellt die augenblickliche Einstellung der deutschen Bevölkerung der Luftwaffe und Göring gegenüber durchaus richtig dar. Vor allem wird in diesem Bericht wie in einer Vielzahl von Briefen die Frage aufgeworfen, warum man zwar bei der Nichtzerstörung der Remagener Rheinbrücke mit drakonischen Urteilen und ihren Vollstreckungen vorgegangen sei, die Verantwortlichen aber für die Katastrophe im Luftkrieg nicht in der gleichen Weise zur Rechenschaft gezogen würden. So verlange man z. B. Kriegsgericht und Todesurteil gegen Göring. Die Briefschreiber machen aus ihrer Meinung gar keinen Hehl mehr und scheuen sich auch gar nicht, unter die Briefe ihren Namen mit voller Adresse zu setzen.

Was die Entwicklung im Westen anlangt, so ist man im Volke der Überzeugung, dass hier etwas nicht gestimmt habe.

Man vermutet, dass Verrat im Spiele sei. Der Führer ist ja auch der Meinung, dass die Entwicklung im Trierer Raum, die eigentlich zum Zusammenbruch der Westfront geführt habe, auf andere Weise nicht erklärt werden könne.

Die schlechten Beispiele, die seitens der Partei geliefert werden, haben auf die Bevölkerung ausserordentlich abstossend gewirkt. Die Partei habe infolgedessen sehr an Kredit verloren. Dagegen setze das Volk, wenn überhaupt noch eine Hoffnung, dann diese nur auf den Führer. Allgemein erfülle die Bevölkerung noch gewissenhaft ihre Pflicht, kritisiere zwar viel an der Staats- und Parteiführung, halte die Entwicklung im Westen für schauderhaft, setze einige Hoffnung auf unseren Widerstand im Osten, sei aber sonst doch bereit, alles zu tun, was die Staatsführung von ihr verlange.

Die Ernährung fängt jetzt doch langsam an, ausserordentlich schwierig zu werden. Die letzten Kürzungen haben doch unsere Rationen so herabgesetzt, dass sie kaum zu einem Existenzminimum ausreichen. Man kann sich vorstellen, dass infolge all dieser schweren Schläge, die auf das Volk herniederprasseln, weit und breit eine Art von Fatalismus ausbricht. Die Menschen sehen dem kommenden Verhängnis wie einem unvermeidbaren Naturereignis entgegen.

Die dieswöchige Verteidigungsbilanz von Berlin ist verhältnismässig positiv ausgefallen. Es sind uns zwar beachtliche Truppenkontingente abgezogen worden, desto besser stehen wir aber an Waffen da. Vor allem die Anzahl der schweren Waffen ist sehr gestiegen. Eine sehr ernste Bedrohung erwächst uns für unsere Kohlebestände. Wir bekommen praktisch keine Kohlen mehr aus dem Ruhrgebiet heraus. Andere Versorgungsgebiete kommen für uns nicht in Frage, so dass wir nun zu radikalen Einschränkungen im Kohleverbrauch schreiten müssen. Insbesondere wird der Verkehr gedrosselt werden. Es dürfen in Zukunft nur diejenigen die Verkehrsmittel benutzen, die für eine kriegswichtige Arbeit eingesetzt sind.

Ich bin jetzt dabei, den Rundfunk von Grund auf zu reformieren. Er muss elastischer werden und sich mehr der augenblicklichen Kriegslage anpassen. Vor allem sollen die Nachrichtendienste radikalisiert werden. Dasselbe gilt für die Nachrichtendienste der Presse. Ich nehme wieder die Gelegenheit wahr, eine scharfe Attacke gegen die bürgerlichen Blätter in Berlin, insbesondere gegen die »DAZ«, zu reiten, die heute eine Sprache sprechen, als befänden wir uns auf einem Bockbierfest.

Dr. Dietrich hat nun seine Mitarbeiter davon unterrichtet, dass er auf Befehl des Führers für einige Wochen in Urlaub gehen soll. Allerdings bin ich nicht geneigt, mich damit zufriedenzustellen. Ich werde ein neues Statut für die Presseführung ausarbeiten lassen, in dem der Reichspressechef keinen Platz mehr findet. Im Laufe des Tages dramatisiert sich die Lage im Westen weiterhin. Beim Führer haben die militärischen Besprechungen über vier Stunden lang stattgefunden. Der Führer ist ausserordentlich verärgert darüber, dass die von ihm anbefohlenen Massnahmen noch immer nicht zu einer Erleichterung geführt haben. Er wendet sich in längeren persönlichen Telefongesprächen an die einzelnen Armeeführer im Westen und beschwört sie, alles daranzusetzen, irgendwo zum Widerstand zu kommen, und hält ihnen vor, worum es sich jetzt im großen Kriegsgeschehen handelt.

Die Verschlechterung, die festzustellen ist, ist sehr erheblich. Der Feind steht kurz vor Rheine, kurz vor Ahlen und südwestlich zwischen Münster und Hamm. Damit ist unser ganzes rheinisch-westfälisches Industriegebiet auf das ernsteste bedroht, ja zum Teil schon verloren. Südlich Lippstadt wendet der Feind sich in Richtung auf Soest, und ausserdem steht er 4 km vor Kassel. Es zeichnet sich jetzt ein geplanter Stoss auf den thüringischen Raum ab. Er marschiert in Richtung Meiningen, und auch dort findet er nur geringen Widerstand. Es sind zwar hier und da kleinere Erfolge durch unsere Eingreifverbände zu verzeichnen, die aber schlagen nicht zu Buch. In der kommenden Nacht sollen grössere Gegenoperationen anlaufen; aber man muss abwarten, ob sie zu irgendeiner nennenswerten Erleichterung führen werden.

Im Verlaufe der Besprechung über die Westlage hatte der Führer wieder einen dramatischen Zusammenstoss mit Göring. Göring hat sich wieder eine Reihe von Unregelmässigkeiten zuschulden kommen lassen, die nachgerade aufreizend wirken. Ich kann nicht verstehen, dass der Führer sich das so lange gefallen lässt.

Gott sei Dank sind die Einzelerfolge beim Einsatz unserer Me 262 sehr befriedigend. Wir können zwar vorläufig nur kleinere Zahlen der neuen Jäger zum Einsatz bringen; wo sie aber operieren, da haben sie beträchtliche Abschusserfolge.

Im ungarischen Raum hat der Feind einen weiteren Fortschritt zu verzeichnen, auch über die Reichsgrenze hinweg. Jetzt wird allmählich der Raum Niederdonau in eine ernste Gefahr kommen. Sonst ist die ganze Ostfront im grossen und ganzen beruhigt geblieben.

Die Zurücknahme unserer Truppen aus Küstrin ist nicht so verlaufen, wie der Führer sich das gedacht hatte. Gruppenführer Reinefarth, der dort den Oberbefehl hatte, ist auf Befehl des Führers von Himmler verhaftet worden. Es wird behauptet, dass er sich ohne Befehl abgesetzt habe.

Sündermann war am Nachmittag bei Dr. Naumann, um bei ihm um gut Wetter zu bitten. Er will, solange Dr. Dietrich in Urlaub geht, in meinem Auftrage die Presseführung durchführen. Ich lege auf seine Mitarbeit keinen Wert. Ich muss jetzt Männer von Format und von Charakter besitzen, die sich genau nach meinen Anweisungen richten und vor allem in Krisen Standfestigkeit besitzen. Das ist bei Sündermann in keiner Weise der Fall. Überhaupt habe ich die Absicht, jetzt unsere ganze Propaganda- und Nachrichtenpolitik besonders zu radikalisieren. Im gegenwärtigen Stadium des Krieges ist die härteste Sprache auch die beste Sprache.

2. April 1945 *Montag*

[S. 1–20, S. 21–45 (?) fehlen]

Gestern:

Militärische Lage:

An der Ostfront setzten die Sowjets ihre schweren Angriffe aus dem ungarischen und slowakischen Raum heraus fort. Zwischen der Westecke des Plattensees und der Drau nach Süden und der deutschen Grenze nach Westen wurde um das Erdölgebiet von Nagy Kanizsa eine eigene Abwehrstellung errichtet, gegen die die Bolschewisten vergeblich stark nachdrückten. Südwestlich Steinamanger erreichte der Feind die deutsche Grenze. Aus dem Einbruchsraum zwischen Güns und Ödenburg drangen die Bolschewisten bis 10 bis 20 km südlich und südöstlich Wiener Neustadt vor. Sie wurden hier in schweren Kämpfen von einer Fahnenjunkerschule aufgehalten. Zwischen Ödenburg und Neusiedlersee drang der Feind auf dem Westufer des Neusiedlersees bis Rust vor. Längs der slowakisch-ungarischen Grenze konnte er seinen Einbruch über die Neutra und die Waag in Richtung Pressburg weiter vertiefen; er steht hier etwa 40 km östlich von Pressburg. Im Kampf um Mährisch-Ostrau wurden die wiederholten schweren sowjetischen Angriffe unter Abschuss von 72 Panzern abgewiesen und in eigenen Gegenangriffen Stellungsverbesserungen erzielt, Angriffe gegen Breslau von Westen her scheiterten. Im Raum Bunzlau wurden sowjetische Truppenkonzentrationen beobachtet. In Kurland setzte der Feind seine Angriffe ohne Änderung der Lage fort.

Am Niederrhein hat sich die Lage insofern verschärft, als

der Feind in Vorstössen nach Norden und Nordwesten grössere Bewegungsfreiheit gewann und bis Dingden sowie in den Raum etwa 20 km südlich Rheine vorstossen konnte. Feindliche Angriffsspitzen erreichten die Bahn zwischen Hamm und Münster. Im Raum südlich Paderborn konnten die Amerikaner nur unerheblich vordringen. Sie wurden teilweise in Gegenangriffen wieder zurückgeworfen. Weiter südlich erreichten feindliche Kräfte das Gebiet 4 km westlich von Kassel. Über Hersfeld drang der Feind bis an die Werra in der Gegend von Vacha vor. Zwischen Fulda und Hersfeld wurde der Feind bei Schlitz in eigenen Angriffen zurückgeworfen. Aus dem Raum Gelnhausen drang der Feind an der Bahn Hanau–Fulda bis in die Gegend von Bad Orb vor. Feindliche Panzerspitzen drangen aus dem Raum Wertheim und dem Odenwald in die Umgebung von Würzburg und bis an die Tauber bei Tauberbischofsheim vor. Sie erreichten im Angriff nach Südosten den Jagstabschnitt und Mosbach. Im Neckarabschnitt besetzte der Feind Neckargemünd. Aus dem Raum Heidelberg versucht der Feind, die Oberrheinfront in Richtung Karlsruhe aufzurollen. Spitzen erreichten die Gegend von Wiesloch. Übersetzversuche bei Speyer wurden zerschlagen. Bei Germersheim konnte der Feind einen kleinen Brückenkopf auf dem rechten Rheinufer bilden.

Von der italienischen Front liegen keine besonderen Meldungen vor.

Starke amerikanische Kampfverbände griffen Brandenburg, Braunschweig, Halle und Städte in Thüringen an. Ein englischer Kampfverband griff Hamburg an. Aus Italien flogen etwa 500 amerikanische Bomber Angriffe gegen Linz und Villach. Ein schwächerer zweimotoriger Verband warf Bomben im Raum Innsbruck. Bisher 42 Abschüsse, meist viermotorige Bomber, durch Me 262. Nächtlicher Angriff von etwa 80 viermotorigen Bombern gegen Graz.

Das Urteil der Feindseite über die deutsche Kampfmoral fällt verschieden aus. Zum Teil wird davon gesprochen, dass unsere Soldaten noch einen fanatischen Widerstand leisten – das scheint vor allem im Niederrhein-Raum der Fall zu sein –, zum Teil aber auch ist davon die Rede, dass von einem Widerstand nichts mehr zu verspüren sei. Einige Städte benehmen sich sowohl im militärischen als auch im moralischen Widerstand ausgezeichnet. Unter diesen werden von der Feindseite insbesondere Aschaffenburg und Heidelberg hervorgehoben. In Heidelberg tritt die Bevölkerung den Amerikanern mit einer ausgesprochenen Feindseligkeit gegenüber.

Die Lage im Westen hat sich weiterhin ausserordentlich verschärft und muss im Augenblick als geradezu desolat angesehen werden. Der Feind hat nun auch im niederrheinischen Raum fast gänzliche Bewegungsfreiheit, so daß hier weitere ausserordentlich besorgniserregende Überraschungen zu erwarten sind. Es ist möglich, dass bis zum Abend das Ruhrgebiet von beiden Seiten eingeschlossen wird.

Kesselring ruft mich um die Mittagsstunde an und berichtet mir, dass wir vermutlich noch drei bis vier Tage warten müssen, bis unsere Gegenmassnahmen grösseren Stils anfangen zu laufen. Bis dahin können sich keine wesentlichen Veränderungen zu unseren Gunsten ergeben. Aber Kesselring ist trotzdem guten Mutes. Er beurteilt die Lage durchaus sicher und charaktervoll, und von Defaitismus ist auf seiner Seite nicht eine Spur zu bemerken. Er erklärt mir auch, daß die Haltung der Zivilbevölkerung sich unter der Einwirkung unserer Propaganda etwas gebessert habe. Müller mache seine Sache ausgezeichnet. Er habe ihm die grössten Vollmachten anvertraut, so dass er mit allen im westlichen Gebiet vorhandenen Propagandamitteln und -möglichkeiten operieren könne. Kesselring wird jetzt täglich mittags anrufen, um mir einen kurzen Situationsbericht zu übergeben. Ich habe den Eindruck, dass er durchaus Herr seines Generalstabes ist und sich nicht für dumm verkaufen lässt. Er hat auf Vorschlag von Müller Handzettel sowohl an die Truppe wie an die Zivilbevölkerung verteilen lassen. Die

Zivilbevölkerung beschwört auf diesen Handzetteln die Soldaten, weiter standzuhalten. Diese Zettel werden von der Jugend den Soldaten übergeben. Im übrigen hat er sich in einem Aufruf an die kämpfende Truppe gewandt und ihr in wenigen Sätzen klargemacht, worum es sich jetzt handelt, und warum sie unter allen Umständen standhalten müsse. Ich lege Kesselring die augenblickliche politische Entwicklung dar, die natürlich ausserordentlich interessiert. Alle unsere führenden Soldaten sind jetzt der Überzeugung, dass politische Mittel in Angriff genommen werden müssen, um der fast verzweifelt anmutenden militärischen Entwicklung Einhalt zu gebieten. Aber das ist leichter gesagt als getan, vor allem deshalb, weil wir ja auf unserer Seite einen diplomatischen Partner von Rang nicht zur Verfügung haben. Man kann Rippentrop im Ernst nicht als einen solchen ansehen.

Unsere Werwolf-Tätigkeit hat nun das Feindlager in erheblichen Schrecken versetzt. Man hat jetzt eine ausgesprochene Angst vor einem Partisanen-Deutschland, das – so wird auf der Feindseite vermutet – noch auf Jahre Europa in die grösste Unruhe versetzen könne. Trotzdem macht man keinerlei Anstalten, von den geradezu verrückten Vernichtungsplänen gegen Deutschland irgendwie Abstand zu nehmen. Man kündigt dem deutschen Volke insgesamt eine über Jahre sich hinziehende Hungerperiode an. Die Amerikaner ausgerechnet wollen seine Erzieher spielen, die deutschen Schulen schliessen und ihrerseits die Edukation des deutschen Volkes in ihre Hand nehmen. Ausserdem werde der Morgenthau-Plan durchgeführt, nach dem Deutschland in einen Kartoffelacker verwandelt werden soll, und zudem müsse auch das deutsche Volk noch seine wehrhafte Jugend als Arbeitssklaven in das feindliche Ausland zwangsdeportieren lassen und Reparationen bezahlen – kurz und gut, es kann sich jeder ausmalen, wie er am liebsten abgeschlachtet werden will. Wir leben in einer so verrückten Zeit, dass die menschliche Vernunft gänzlich ausser Kurs gesetzt worden ist. Sie kommt überhaupt nicht mehr zu Wort. Die zynischen Drohungen, die von der Feindseite gegen uns erhoben werden, spotten jeder Beschreibung. Sie sind weder fair noch entsprechen sie dem gesunden Menschenverstand. Aber was kümmert das die Roosevelt und Churchill. Sie fühlen sich auf der Höhe des militärischen Triumphes und glauben, auch auf Überlegungen der menschlichen Vernunft keine Rücksicht mehr nehmen zu brauchen.

Allerdings wird ihr Mütschen etwas gekühlt durch das Verhalten des Kremls. Die Engländer und Amerikaner haben die Anerkennung des Lubliner Ausschusses als reguläre polnische Regierung und seine Teilnahme an der Konferenz von San Francisco abgelehnt. Sie begründen das vor allem damit, dass Stalin sein Versprechen von Jalta, den Lubliner Ausschuss umbilden zu wollen, nicht eingehalten habe, ausserdem weder englisch-amerikanischen Pressevertretern noch der UNRRA den Zutritt in das polnische Gebiet gestatte. Stalin wird sicherlich dagegen mit einem scharfen Gegenzug antworten. Er hat ja schon am Tage vorher eine entsprechende TASS-Erklärung herausgegeben, die in der Sprache so massiv war, dass sie in England und Amerika nicht überhört werden konnte. Die USA sehen nun die Aussichtslosigkeit der für San Francisco geplanten Konferenz völlig ein und plädieren für eine Verschiebung. Sie wissen ganz genau, daß diese Konferenz zu einem grossen politischen Tohuwabohu führen würde, insbesondere, da die geforderte Dreierstimmenzahl der Sowjetunion, die auf der Konferenz von Jalta Stalin zugestanden worden ist, in der amerikanischen Öffentlichkeit einen Sturm der Entrüstung hervorgerufen hat. Roosevelt ist dadurch in eine ziemliche innerpolitische Klemme hineingeraten. Man nimmt ihm nicht so sehr die den Sowjets zugestandene Dreistimmenzahl übel, als die Geheimtuerei, mit der dieses taktische Manöver betrieben worden ist. Es wird jetzt in den amerikanischen Blättern ganz unverhüllt von einem Konflikt mit Stalin gesprochen, der sich wie ein düsterer Schatten über die Konferenz von San Francisco lege. Stalin habe nicht im geringsten die Absicht, in den Pazifik-Krieg irgendwie einzugreifen. Damit wäre unter Hinzurechnung der europäischen Konfliktstoffe der dritte

Weltkrieg in unmittelbare Nähe gerückt.

Diese Debatte wird sehr viel ernster in den Vereinigten Staaten als in England geführt. In England beschäftigt man sich augenblicklich mit Siegesjubel. Churchill hat ja auch alles Interesse daran, das Auge der englischen Öffentlichkeit von den ausserordentlich kritischen politischen Krisenstoffen abzulenken und es auf die militärischen Vorgänge zu konzentrieren. Immerhin ist die politische Krise so weit gediehen, dass schon daraus für uns hinreichend Grund erwächst, standhaft zu bleiben und nicht im geringsten den feindlichen Verlockungen, uns auf Feigheit und Kapitulation einzulassen, nachzugeben.

Die Sowjets versuchen jetzt auch ihrerseits, durch militärische Erfolge fertige Tatsachen zu schaffen. Wie die Anglo-Amerikaner im Westen vormarschieren, so marschieren sie im ungarischen Gebiet vor. Sie haben jetzt schon in beträchtlichem Umfange die österreichische Grenze überschritten und befinden sich auf dem Vormarsch nach Graz. Stalin soll für die Rote Armee das Ziel gesetzt haben, bis zum 25. April sowohl Wien wie Prag wie auch Berlin in ihren Besitz genommen zu haben. Wir können uns also für die nächsten Wochen weiterhin auf einiges gefasst machen. Von einer Abnahme der militärischen Krise ist vorläufig nicht im geringsten die Rede.

Was die Stadt Prag anlangt, so ist sie sowohl das Ziel der Anglo-Amerikaner wie auch das Ziel der Sowjets. Die Sowjets allerdings haben schon politisch das Terrain vorbereitet. Benesch war in den letzten Tagen in Moskau. Er stellt schon seine neue Regierung zusammen und steht auf dem Sprung, in das Gebiet von Böhmen und Mähren überzusiedeln. Er hat bereits Moskau verlassen. Dieser senile politische Globetrotter glaubt jetzt wieder vor der Erreichung seiner infernalischen Ziele zu stehen.

Das ist das traurigste Osterfest, das ich in meinem Leben erlebt habe. Den ganzen Tag über stürmen die sorgenerregenden Nachrichten von allen Ecken des Reiches auf mich ein.

Eine lange Serie von Luftangriffen hat in den letzten 24 Stunden im Reichsgebiet wieder furchtbare Verwüstungen angerichtet. Diesmal ist besonders die Stadt Brandenburg an der Reihe gewesen.

Ich habe eine ernste Auseinandersetzung mit Oberstleutnant Balzer, der in der letzten Zeit eine etwas defaitistische Haltung zur Schau getragen hat und mir erheblichen Ärger bereitet. Ich rufe ihn zur Ordnung und glaube, wenigstens in der nächsten Zeit über ihn nicht mehr zu klagen haben werde.

Durch beschleunigte Maßnahmen ist es jetzt endlich gelungen, den Sender Werwolf schon am Abend des ernsten Ostertages zum ersten Mal zu Gehör zu bringen. Der Sender sendet auf der alten Welle des Deutschlandsenders und besitzt eine beträchtliche Stärke. Das Programm für die erste Sendung wird mir in Einzelheiten vorgetragen, und ich selbst schreibe dazu einen ausserordentlich revolutionären Aufruf, in dem ich auf die reguläre Kriegführung und auf die Aussenpolitik des Krieges nicht die geringste Rücksicht nehme. Am Abend wird die Sendung über den Werwolf-Sender übertragen und dann zum Teil auch auf die regulären Sender des Reiches übernommen. Die Sendung macht einen ausgezeichneten Eindruck. Sie ist von einem revolutionären Geist erfüllt und wird sicherlich sehr viele Hörer finden. Ich werde die Werwolf-Sendungen jeden Abend durchführen, und ich hoffe, mit diesen Sendungen die Aktivisten zu einer festen Gemeinschaft im ganzen Reich zusammenzuschliessen. Es ist direkt erfrischend, einmal einen Ton zu vernehmen, wie er früher in der Kampfzeit üblich gewesen ist. Ich habe die Absicht, dem Sender und der Zeitung »Werwolf« im Kampf um die Freiheit des deutschen Volkes dieselbe Rolle zuzuerteilen, die ich seinerzeit der Zeitung »Der Angriff« im Kampf um die Macht zuerteilt habe. Ich glaube, damit auch dieselben Erfolge erzielen zu können. Der »Werwolf« wendet sich bewusst an die politische Minderheit der Unentwegten und Beharrlichen, die ja immer die eherne Spitze am bleiernen Keil des Volkes bilden. Die Sprache, die er spricht, ist der jetzigen Zeit durchaus angemessen und wird entsprechend auch auf [*hier fehlen vermutlich 25 Seiten der Eintragung vom 2.4.1945, s. S.492*]

3. April 1945 *Dienstag*

[S. 21–33, S. 1–20 fehlen]

endlich einmal zur Vernunft zu bringen.

Wie weit die Feindseite entschlossen ist zu gehen, mag man daraus ersehen, dass sie jetzt schon mit dem Gedanken spielt, in den von ihr besetzten Gebieten eine provisorische deutsche Regierung einzurichten. Wenn das der Fall wäre, so gerieten wir dadurch in erhebliche Schwierigkeiten, denn der Vertrauensschwund der Zivilbevölkerung ist augenblicklich sehr stark, und die Situation scheint mir deshalb für die Feindseite gegeben zu sein, uns eine Gegenregierung entgegenzustellen, mit der wir erheblich viel zu schaffen haben würden.

Ich weiss, dass die Werwolf-Bewegung im Augenblick noch nicht über grosse Aktivität verfügt. Trotzdem setze ich die Propaganda dafür energisch fort. Ich will auch die Organisation der Werwolf-Bewegung langsam in meine Hand überführen. Nicht nur, dass ich mich dafür für geeignet halte, sondern ich glaube auch, dass die Werwolf-Bewegung mit etwas Temperament und Enthusiasmus geführt werden muss. Sie darf nicht allein eine Frage der Organisation des SD sein. Mit Organisation ist jetzt nicht mehr viel zu schaffen. Dafür ist die Zeit schon viel zu weit fortgeschritten.

Von der Feindseite werden neue Hassprogramme veröffentlicht. So will man u.a. den gesamten deutschen Wald niederschlagen, um das Holz nach England zu überführen.

Der Zynismus auch der Amerikaner ist nicht mehr überbietbar. Sie haben in den Ruinen des Kölner Doms einen Dankgottesdienst veranstaltet, der mit dem gemeinsam gesungenen Lied »Gott segne Amerika« geendet hat. Welche Demütigungen müssen wir noch ertragen, bis für uns die Stunde der Erlösung kommt!

Allerdings haben die Amerikaner auf der anderen Seite auch ihre Sorgen. Die San Franciscoer Konferenz ist jetzt in ihren Erfolgsaussichten und sogar in ihrer Terminfestsetzung ausserordentlich umdüstert. Senator Vandenberg, der von Roosevelt zu einem seiner Delegierten für diese Konferenz ernannt worden ist, wendet sich in schärfster Weise gegen die Ansprüche Moskaus für die San Franciscoer Konferenz. Er hatte eine Unterredung mit Roosevelt, bei der Roosevelt endlich mit einigen der Geheimabmachungen von Jalta herausrückte. Diese Geheimabmachungen erregen weiterhin die amerikanische Öffentlichkeit auf das äusserste. Sie haben in den USA ein erhebliches Durcheinander des politischen Meinungsstreites hervorgerufen. Man will den schlechten Aussichten der Konferenz von San Francisco dadurch entgegenwirken, dass man ihr ein Fünfer-Treffen vorausgehen lässt. Auf diesem Fünfer-Treffen sollen sich die Außenminister der feindlichen Mächte treffen. Aber auch mit diesem Vorschlag ist Stalin in keiner Weise einverstanden. Die Dinge sind jetzt soweit gediehen, dass selbst die so seriöse »Times« von einer offenen Krise spricht. Sie wirft Stalin vor, dass er auf die Sicherheitsorganisation der Westmächte nicht eingehen wolle, dass er einem neuen Völkerbund ablehnend gegenüberstehe, dass er zweiseitige Verträge wünsche und damit der dritte Weltkrieg in nahe Sicht gerückt sei. Dadurch entständen, wie die »Times« darlegt, ausserordentliche Schwierigkeiten, die kaum überbrückt werden könnten.

In Moskau erklärt man ganz kaltschnäuzig, dass die drei Stimmen, die die Sowjetunion für die Konferenz von San Francisco verlangt habe, sowohl von Roosevelt als auch von Churchill auf der Konferenz von Jalta zugestanden worden seien. In Wirklichkeit also hat die Konferenz von Jalta sich wesentlich anders abgespielt, als uns in dem Kommuniqué darüber weiszumachen versucht worden ist. Die USA-Öffentlichkeit ist darüber ausserordentlich enttäuscht und greift in der massivsten Weise die Kreml-Politik an und macht Stalin für das ganze Dilemma verantwortlich.

Ich bin davon überzeugt, dass diese politischen Krisenstoffe sehr schnell zur Entzündung gebracht werden können, wenn sie nicht immer wieder durch die militärischen Erfolge der Feindseite überbrückt würden. Aber wie sollte das möglich sein angesichts der Tatsache, dass Roosevelt Tag für Tag neue Siegesmeldungen veröffentlichen kann. So sind jetzt beispielsweise die Amerikaner auf der Insel Okinawa gelandet. Sie haben allerdings dabei schwer Haare lassen müssen; aber was kümmert das sie. Sie verfügen über ein so ausreichendes Potential, dass sie sich Aderlasse dieser Art beliebig lange leisten können.

Auch der zweite Ostertag ist vom Morgen bis in die Nacht hinein mit Arbeit ausgefüllt. Wenn man nicht zum Fenster hinausschaute und die menschenleeren Strassen sähe, dann merkte man überhaupt nicht, dass Ostern gefeiert wird.

Gott sei Dank haben wir durch den Luftkrieg in den letzten 24 Stunden keine erhebliche Beeinträchtigung erfahren. Die Angloamerikaner sind vom englischen Mutterboden aus wegen Wettergründen nicht gestartet. Gleichgültig, welche Gründe dazu die Veranlassung gegeben haben, die Hauptsache ist, dass wir wenigstens 24 Stunden wieder einmal Ruhe gehabt haben.

Am Abend wird gemeldet, dass der Feind nun auch im Raum von Arnheim und Nimwegen zum Angriff angetreten ist. Er übt hier einen außerordentlich starken Druck aus, offenbar mit dem Ziel, unsere restliche holländische Position zum Einsturz zu bringen. Im westfälischen Raum ist er über Münster hinausgestossen; die Stadt Münster selbst allerdings hat er nicht einnehmen, sondern nur einschliessen können. Rheine hat sich bisher des feindlichen Ansturms erwehren können. Die Ruhr-Front hat im allgemeinen gehalten; aber Hamm ist in die Hand des Feindes gefallen. Soest ist durch einen Gegenangriff wieder zurückerobert worden. Dafür aber hat der Feind Siegen nehmen können. Unsere provisorisch aufgebaute Front im Teutoburger Wald hat im allgemeinen gehalten. In Kassel finden augenblicklich härteste Kämpfe statt. Hier wird Gerland sein Meisterstück abzulegen haben. Die Amerikaner sind von Eisenach aus nach Norden eingedreht und erstreben hier neue grössere Raumgewinne. Die Neckar-Front hat im allgemeinen gehalten. Erfreulich ist, daß auch von seiten der Wehrmacht zugegeben wird, dass die Gauleiter Hellmuth und Gerland sich grossartig benehmen. Sie organisieren Widerstand über Widerstand und schaffen damit in ihren Gauen eine wesentlich bessere Lage als in den anderen Westgauen. Von Gerland hatte ich das ohne weiteres erwartet; aber bei Hellmuth kann man sagen: Es wächst der Mensch mit seinen grösseren Zwekken. Hellmuth war sonst immer ein sehr zurückhaltender und bescheidener Gauleiter, dem man nicht allzuviel zutraute; aber jetzt sieht man doch, daß mehr in ihm steckt, als man geglaubt hatte.

Der amerikanische General Patton, der die ganze Angriffsoperation im rheinischen Gebiet geführt hat, stellt jetzt zum ersten Male fest, dass seine Blitzoffensive einen Stopp erfahren habe. Die deutschen Truppen leisteten einen rasenden Widerstand, und Raumgewinne wären jetzt nur in beschränktem Umfange zu verzeichnen.

Von Kassel kommt jetzt auch, wie seinerzeit von Mannheim, die Nachricht, dass die Stadt telefonisch ihre Kapitulation angeboten habe. Ich glaube nicht, dass das den Tatsachen entspricht. Es wird sich hier um eine Zwecknachricht handeln. Die Amerikaner wollen offenbar mit diesen telefonischen Kapitulationsangeboten Schule machen, um andere Städte zu bewegen, das üble Beispiel von Mannheim nachzuahmen.

Im Osten ist die Lage im ungarisch-österreichischen Raum insofern sehr prekär geworden, als es dem Feind gelungen ist, Wiener Neustadt in seine Hand zu bringen. Wir konnten seinen Vormarsch südlich Wien abriegeln. Erfreulich aber ist, dass es Schörner wiederum gelungen ist, den starken Ansturm der sowjetischen Kräfte im grossen ganzen abzuschlagen. Seine Front ist im Augenblick die intakteste, über die wir überhaupt verfügen. Auch in Breslau sind wieder alle feindlichen Angriffe abgewehrt worden. Hanke hat auf der Lagebesprechung beim Führer ein ausserordentliches Lob erfahren. Er verdient es auch. Er ist unter unseren kämpfenden Gauleitern die überragende Führernatur. Er setzt sich auch kämpferisch in einem Umfange ein, wie das bei den anderen Gauleitern leider nicht festgestellt werden kann. Bedrohlich für Berlin ist, dass der Feind im Kampfraum von Kottbus ausserordentliche Kräfte konzentriert. Es muss also erwartet werden, dass er von hier aus gegen uns zum Angriff antreten wird.

Die Abende verlaufen jetzt immer sehr arbeitsreich, aber auch sehr sorgenvoll. Zwei Tage lang hatten die Engländer Berlin nicht mit Mosquito-Angriffen bedacht, so dass man hoffen durfte, ihre letzten Verluste durch unsere Me 262 hätten sie etwas zurückhaltender gemacht. Aber an diesem Abend sind sie wieder um die reguläre Zeit da. Wir dürfen uns also nicht der Hoffnung schmeicheln, dass diese auch die Nerven verzehrenden Abendangriffe auf die Reichshauptstadt ein Ende gefunden haben.

4. April 1945 *Mittwoch*

[S. 1–42]

Gestern:

Militärische Lage:

An der Ostfront lag der Schwerpunkt wieder im ungarischen Raum, wo der feindliche Druck unvermindert anhält.

Um das Gebiet von Nagy Kanizsa wurde eine Abwehrstellung errichtet, die von der Mündung der Mur in die Drau am Westrand von Nagy Kanizsa in allgemeiner Richtung nach Norden bis in die Höhe des Plattensees verläuft und hier nach Westen abbiegt. Gegen diese neue Linie fühlte der Feind vor allem im Norden vor und drang auch an einzelnen Stellen in sie ein. Gleichzeitig versucht er, die Sperrstellung von Norden her zu umgehen.

Eine weitere Sperrlinie wurde südlich Steinamanger errichtet; sie verläuft in groben Zügen entlang der deutsch-ungarischen Grenze bis in die Gegend von Güns. In diesem Raum macht sich eine starke eigene Aktivität bemerkbar. An verschiedenen Stellen wurde der Feind wieder zurückgedrückt, so bei St. Gotthard an der Bahn von Steinamanger nach Graz und ebenso nördlich von Steinamanger.

Eine Sperrlinie besteht ferner im Semmeringgebiet, wo der Feind gestern nicht weiter vorkam. Dagegen konnte er südlich und südwestlich Wiener Neustadt weiter Boden gewinnen. Bei Neunkirchen überschritt er die Bahn Wien–Bruck–Graz, wurde dann aber aufgefangen. Wiener Neustadt fiel in feindliche Hand. Darüber hinaus drang der Feind etwa 10 bis 15 km nach Norden vor. Seine Spitzen stehen jetzt etwa 15 km nördlich und südwestlich von Wiener Neustadt. Die Abwehrfront um Wien herum wird als sehr stark bezeichnet. Vom Neusiedlersee aus nach Norden gelangte der Feind bis Mannersdorf; hier wurden die feindlichen Spitzen gefasst, abgeschnitten und vernichtet. Vom Nordrand des Neusiedlersees aus verläuft eine Riegelstellung bis zum Ostrand von Pressburg, am Ostrand der Kleinen Karpaten entlang, biegt bei Tyrnau nach Osten um und gewinnt dann Anschluss an die slowakische Front. Bei Tyrnau gelang den Sowjets ein örtlicher Einbruch, alle übrigen Angriffe gegen diese neue Linie wurden abgewiesen.

Der zweite Schwerpunkt der Kämpfe lag im Raum um Mährisch-Ostrau, wo der Feind seine heftigen Angriffe ununterbrochen fortsetzt. Aus dem Raum von Schwarzwasser gelang ihm ein tieferer Einbruch; bei Kreuzenort überschritt er die Bahnlinie Oppeln–Mährisch–Ostrau und wurde dann in stärkeren Gegenangriffen aufgefangen. Einen örtlichen Einbruch erzielten die Bolschewisten westlich von Ratibor. Sonst wurden alle Angriffe – zumeist in stärkeren eigenen Gegenangriffen – abgewiesen. Wie gemeldet wird, hat der Feind in diesem Raum die Masse seiner Panzerkräfte bisher noch nicht eingesetzt, so dass mit einer weiteren Verstärkung der Angriffe gerechnet werden muss. Heftige sowjetische Angriffe bei Ziegenhals und Neisse scheiterten sämtlich. In Breslau gelangen den Sowjets kleinere Einbrüche in einzelne Häuserblocks; sonst wurden sie überall abgewehrt.

An der gesamten Oder-Front bis Dievenow keine besonderen Kampfhandlungen.

Nördlich und östlich von Danzig griff der Feind die dort noch bestehenden einzelnen kleinen deutschen Brückenköpfe an, ohne dass die Lage eine wesentliche Veränderung erfuhr. Aus den Räumen Königsberg und Samland werden keine besonderen Kampfhandlungen gemeldet. In Kurland Fortsetzung der heftigen sowjetischen Angriffe ohne Änderung der Lage.

An der Westfront griff der Feind am Niederrhein sowohl

nach Norden als auch in Richtung Osten an. Aus dem Raum Enschede heraus erreichte er Nordhorn, den Westrand von Rheine, Ibbenbüren und Lengerich. Die beiderseits Bielefeld vorgestossenen Feindteile stiessen am Westrand des Teutoburger Waldes auf starken deutschen Widerstand und drangen nicht weiter vor. Ebenso wurden die von Norden her in Richtung auf Paderborn vordringenden feindlichen Kräfte in starken deutschen Gegenangriffen aufgehalten. Über Hamm, das in feindliche Hand fiel, drang der Gegner weiter in Richtung auf Soest vor. Soest selbst ist noch in unserem Besitz.

Im Bereich der Heeresgruppe B waren die Kämpfe besonders lebhaft an der Sieg-Front, wo die Amerikaner bei ihren Angriffen in Richtung Norden auf sehr starken deutschen Widerstand stiessen. Die Stadt Siegen ging allerdings verloren. Im Sauerland entwickelten sich heftige Kämpfe nordöstlich von Winterberg. Winterberg selbst wurde vom Feind besetzt. Südlich von Kassel drang der Feind bei Melsungen über die Fulda und stiess bis Eschwege vor. Zwischen Eschwege und Eisenach drangen feindliche Spitzen bei Kreuzburg über die Werra. Aus dem Raum Fulda, das vom Feind besetzt wurde, und der Rhön heraus stiessen feindliche Spitzen bis in die Gegend von Meiningen vor. Überall in diesem Gebiet befinden sich noch starke deutsche Truppenkontingente, die sich jetzt in Richtung Osten durchkämpfen. Im Kampfraum Aschaffenburg gelangte der Feind bis nach Lohr, wandte sich dann auf dem westlichen Main-Ufer nach Süden und überquerte den Main in Richtung Würzburg. Aus dem Kampfraum Bad Mergentheim drangen feindliche Spitzen bis an die Bahn Würzburg–Nürnberg, in der Gegend südlich Kitzingen, vor. Mergentheim fiel in Feindeshand. Im Neckarabschnitt erreichte der Gegner den Raum nördlich Heilbronn. – Bei Bruchsal sind heftige Kämpfe im Gange. Aus dem Brückenkopf Germersheim heraus drang der Gegner etwas weiter nach Süden vor.

An der italienischen Front fanden nur örtliche Kämpfe statt.

Im westlichen Kampfraum war die eigene Lufttätigkeit

gegen feindliche Panzeransammlungen und Kolonnen erfolgreich. Insgesamt wurden gestern elf Feindflugzeuge abgeschossen. Aus Italien eingeflogene Verbände warfen Bomben auf Graz, Krems und St. Pölten. Nachts waren 60 Mosquitos über Berlin, 20 über Magdeburg.

*

Bei unseren Gauleitern im Westen und im Osten ist eine Unsitte eingerissen derart, dass sie, nachdem sie ihren Gau verloren haben, sich in langen Denkschriften verteidigen und nachzuweisen versuchen, dass sie daran völlig unschuldig sind. So liegt jetzt wieder ein solches Exposé von Grohé vor. Es kann in keiner Weise überzeugend wirken. Grohé hat trotz pompösester Ankündigungen seinen Gau nicht verteidigt. Er hat ihn verlassen, bevor die Zivilbevölkerung abgeführt war, und will sich jetzt als grosser Held aufspielen.

Das Verhalten unserer Gau- und Kreisleiter im Westen hat zu einem starken Vertrauensschwund innerhalb der Bevölkerung geführt. Die Bevölkerung glaubte erwarten zu können, dass unsere Gauleiter in ihrem Gau kämpfen und, wenn nötig, in ihm fallen. Das ist in keinem Falle der Fall gewesen. Infolgedessen hat die Partei im Westen ziemlich ausgespielt.

Wenn Grohé sich über ausserordentlich unklare Befehlsverhältnisse innerhalb der Wehrmacht beklagt, so hätte er genügend Machtmittel gehabt, seinerseits hier helfend einzugreifen. Und dass zu wenig Soldaten zur Abwehr der feindlichen Offensive zur Verfügung standen, ist auch wohl mit seine Schuld, denn er hätte dabei mithelfen müssen, das Hinterland von Drückebergern auszukämmen. Auch hätte er genügend Machtmittel gehabt, um die vielen Rückzügler aufzufangen, was ja schon einmal am Rhein geschehen ist. Kurz und gut, es ist so, dass weder die Wehrmacht die Schuld der Partei noch die Partei die Schuld der Wehrmacht an diesem Desastre nachzuweisen vermag; beide tragen ein gerüttelt Maß davon auf ihrem Buckel.

Im übrigen ist der Feind über seine Erfolge jetzt etwas zurückhaltender geworden. Er zollt unseren Heerführern, die im Westen das Kommando innehaben, höchstes Lob, dass es ihnen gelingt, immer wieder einen organisierten Widerstand aufzubauen. Der erste geordnete Angriff, so berichtet man in London, sei jetzt zur Freikämpfung des Ruhrgebietes durchgeführt worden. Die Amerikaner hätten ihn zwar abwehren können, aber er sei von außerordentlicher Wucht getragen gewesen.

Eisenhower erlässt wieder einmal eine Proklamation an die Bevölkerung der besetzten und in Zukunft zu besetzenden Westgebiete. In dieser Proklamation ist keine neue Note zu entdecken. Eisenhower spielt sich als neuer Kaiser von Deutschland auf.

Im übrigen ist es durchaus nicht so, daß die gesamte Westbevölkerung sich dem Feind unterwirft. Im Gegenteil, die Westmächte berichten, daß die Gefängnisse voll seien von renitenten Elementen, mit denen die Besatzungsbehörden nicht fertig werden könnten. Allerdings scheint die Bevölkerung in Frankfurt sich ausserordentlich feige und unterwürfig gezeigt zu haben. Der Feind bringt darüber Berichte, die einem die Schamröte ins Gesicht treiben. Die Amerikaner seien bei ihrem Einzug mit großen Demonstrationen empfangen worden. Die Parole der Frankfurter laute: »Lasst uns küssen und gute Freunde sein!« Mit küssen werden die Amerikaner schon – besonders bei den Frankfurter Frauen – einverstanden sein; aber was das Gut-Freund-Sein anbelangt, so hat es damit noch eine lange Weile. Jedenfalls hat der Feind im Westen nur die Absicht, uns auszuplündern, das deutsche Volk auszuhungern und damit biologisch auszurotten. Aber immerhin kann es einem speiübel werden, wenn man solche Berichte liest. Aber wie kann einen das verwundern, wenn Sprenger, bevor der Feind überhaupt in Sicht war, aus Frankfurt abgehauen ist und die Stadt ihrem Schicksal überliess. Gegen eine solche Entwicklung kann man nur durch die Werwolf-Gesinnung ankommen. Ich habe deshalb die Absicht, die Werwolf-Gesinnung nicht nur im Werwolf-Rundfunksender, sondern auch in einer für den Werwolf neu zu gründenden deutschen Zeitung zu vertreten. Die Werwolf-Gesinnung wendet sich bewusst an eine etwa zehnprozentige Minderheit von Aktivisten im deutschen Volke. Diese Aktivisten werden aber, wenn sie sich wieder zu Wort melden, den grössten Teil des deutschen Volkes mit sich reissen.

Aus dem Gau Weser-Ems erhalte ich einen Bericht, der eine ähnliche Tendenz enthält wie die bisher aus dem Westen einlaufenden Berichte. Es ergibt sich im Gau Weser-Ems dasselbe Bild der Demoralisation. Die Soldaten gehen in losen Gruppen zusammen, werfen zum Teil ihre Waffen weg. Sie versauen in diesem an sich sehr sturen und widerstandsfähigen Gau auch noch in der Zivilbevölkerung die allgemeine Stimmung. Das Volk wird zum ersten Male hier stark in seiner Moral angeschlagen. Zum Teil beschäftigen sich diese Wehrmachtgruppen sogar mit Plündereien. Die Parole, die in diesen Gruppen herrscht, lautet: »Heim zu Muttern!« Besonders die Luftwaffe tut sich bei diesen desolaten Erscheinungen hervor, was ja immer wieder festgestellt werden muss. Der Volkssturm und die HJ hätten zwar die Verteidigungsanlagen besetzt; aber sie seien zum grossen Teil unbewaffnet, so dass von ihnen nicht allzuviel erhofft werden könne. Reichspropagandaamtsleiter Seiffe bittet dringend darum, ihm Feldgendarmeriekommandos zur Verfügung zu stellen, damit die desolaten zurückflutenden Soldatenhaufen aufgefangen werden können.

All diese Erscheinungen geben der englischen Öffentlichkeit die Hoffnung, dass das Reich sich in völliger Auflösung befinde. Man glaubt, daß man auf diese Weise zu einem schnellen und bequemen Sieg kommen könne. Man hält die deutsche Bevölkerung für absolut kapitulationsreif. Wenn auch die Regierung noch den Widerstand proklamiere und fortsetze, so würde er doch durch einen spontanen Akt der Zivilbevölkerung einfach illusorisch gemacht. Das deutsche Volk sei eben im Begriff, die Hakenkreuzfahnen mit den weissen Fahnen zu vertauschen, und die westliche Feindseite werde infolgedessen mit ihm ein leichtes Spiel haben. Soweit das zutrifft, ist das auf das eigene Verschulden unserer Partei- und Wehrmachtorgane zurückzuführen. Sie haben sich der gegenwärtigen Krise nicht gewachsen gezeigt. Aber ich hoffe doch, dass es mir gelingen wird, gleich wie vor einigen Wochen im Osten so auch im Westen die allgemeine Kriegsmoral wiederherzustellen, wenn auch unter stärksten Anstrengungen. Dazu dient mir vor allem eine nunmehr klar ausgerichtete Nachrichtenpolitik, die sich nicht nur auf die militärische Berichterstattung des Krieges beschränkt, sondern auch die politische stark in ihren Wirkungskreis hineinzieht.

Was die politische Krise des Krieges anlangt, so ist eine zunehmende Unzufriedenheit der USA-Öffentlichkeit vor allem gegenüber der Kreml-Politik festzustellen. Die Konferenz von San Francisco wird jetzt fast überall schon abgeschrieben. Man hofft, sie durch ein neues Dreiertreffen ersetzen zu können. Allerdings weiss man noch nicht, ob Stalin sich dazu bereit finden lässt. Stalin behandelt Roosevelt und Churchill wie dumme Jungen, und es ist nur zu hoffen, daß diese Art von Provokationen im westlichen Feindlager doch allmählich die Suppe zum Überlaufen bringen wird.

Was die Konferenz von San Francisco anlangt, so gehört sie jetzt schon zu den Angelegenheiten von gestern. Es wird auch vermutet, daß Churchill die Absicht habe, noch einmal zu einem Bittgesuch nach Moskau zu fliegen, um zu versuchen, Stalin zum Einlenken zu bewegen. Die politische Krise im Feindlager hängt in ihren Fortschritten von der Entwicklung der nächsten 14 Tage ab. Vor allem ist ein ausschlaggebendes Element dafür die Frage, ob es uns gelingt, den Widerstand im Westen halbwegs wieder zu organisieren.

Die Juden haben sich bereits für die Konferenz von San Francisco angemeldet. Charakteristisch ist, daß ihre Forderung vor allem dahin lautet, den Antisemitismus in der ganzen Welt zu verbieten. Das würde den Juden so in den Kram passen, dass, nachdem sie die schauderhaftesten Verbrechen gegen die Menschheit begangen haben, nun der Menschheit verboten werden sollte, darüber überhaupt nachzudenken.

Ich erhalte einen Bericht aus Königsberg über die Lage im dortigen Gebiet. Die von Kreisleiter Wagner hergestellte Einheit zwischen Partei und Wehrmacht ist durch das Eingreifen von Koch ziemlich zerschlagen worden. Kreisleiter Wagner hat eine Degradierung erfahren und steht jetzt auf einem untergeordneten Posten. Koch hat mit hemdsärmeligen Methoden die Dinge wieder an sich gerissen, wahrscheinlich aus Neid seinem Kreisleiter gegenüber. Er wendet jetzt in Königsberg dieselben Methoden an, mit denen er damals in der Ukraine so wenig Furore gemacht hat.

Im Protektorat herrscht augenblicklich noch Ruhe. Die Tschechen denken nicht daran, sich zur Partisanenbewegung zu schlagen. Allerdings erwartet die gesamte tschechische Öffentlichkeit die deutsche Niederlage Tag für Tag. Die Deutschen im Protektorat fragen sich verzweifelt, wann endlich die deutsche Führung sich auf sich selbst besinnt, wann sie aus den begangenen Fehlern lernen und offenbare Versager in der Führung rücksichtslos ausmerzen will. Diese Frage stellt man sich nicht nur unter den Deutschen im Protektorat, sondern im ganzen Reichsgebiet. Es ist fast lähmend zu beobachten, wie der Mangel an Entschlusskraft in Personalfragen in der Reichsführung sich langsam wie eine schleichende Krankheit des Missmuts im ganzen Volke fortsetzt.

Im Luftkrieg haben wir nur schwere Angriffe aus dem Süden zu beklagen. Aus dem britischen Mutterland wurden keine Angriffe geflogen, weil eine schlechte Wetterlage herrscht. So ist diesmal nur der österreichische Raum an der Reihe gewesen.

Ich bin jetzt unermüdlich an der Arbeit, um die deutsche Presse klar auf die Ziele unserer jetzigen Kriegspolitik auszurichten. Nachdem Dr. Dietrich das Feld geräumt hat, versucht nun Sündermann, sich in die Führung der Presse hineinzumischen. Aber das werde ich dadurch inhibieren, dass ich Sündermanns u.k.-Stellung aufheben lasse, damit er der Front zur Verfügung gestellt wird. Die deutsche Presse zeigt nunmehr ein durchaus kämpferisches Gesicht. Der Ernst der Situation wird nicht verschwiegen; aber es werden dem Leser auch die Argumente an die Hand gegeben, mit denen er seelisch mit der gegenwärtigen Situation fertig werden kann. Ich diktiere selbst eine Parole für die deutsche Presse, die für die nächste Zeit massgebend sein soll. Diese Parole hat folgenden Wortlaut:

»1.) Die gesamte deutsche Propaganda- und Nachrichtenpolitik hat heute ausschliesslich dem Zwecke zu dienen, die Widerstandskraft, die Kriegsanstrengungen und die Kampfmoral von Front und Heimat zu heben und zu steigern. Um dieses Ziel zu erreichen, sind alle Mittel direkter und indirekter Einwirkung auf Leser- und Hörerschaft einzuspannen. Alles, was diesem Zwecke schädlich sein kann oder ihm gegenüber sich auch nur passiv verhält, darf in diesen entscheidenden Tagen unseres Schicksalskampfes in Presse und Rundfunk keinen Platz mehr haben. Alles, was der Erreichung dieses großen Zieles nützt, ist mit Nachdruck zu fördern und muss von nun ab betont im Mittelpunkt unserer Nachrichtengebung stehen.

2.) Die Hauptaufgabe von Presse und Rundfunk ist es, dem deutschen Volke klarzumachen, dass die westliche Feindseite dieselben infamen Ziele und dieselben teuflischen Vernichtungspläne gegen das deutsche Volk im Schilde führt wie die östliche, und dass sie sich nur scheinbar zivilisierter Methoden bedient, um das deutsche Volk zu täuschen und Gimpel auf den Leim zu locken. Der brutale Luftkrieg der Angloamerikaner beweist zur Genüge die Bestialität des westlichen Feindes und macht klar, dass alle seine scheinbar versöhnlichen Phrasen nur Tarnungszwecken dienen, um das deutsche Volk in der hartnäckigen Verfechtung seines Lebensrechtes zu lähmen. Unsere Aufgabe ist es, immer wieder darauf hinzuweisen, dass Churchill und Roosevelt ebenso wie Stalin erbarmungslos und ohne Rücksicht ihre Vernichtungsabsichten verwirklichen würden, wenn das deutsche Volk jemals nachgeben und sich der feindlichen Unterjochung beugen würde.

3.) Heldentaten an der Front und in der Heimat sind wirkungsvoll herauszustellen und mit Kommentaren zu versehen. Sie dürfen nicht als Einzelbeispiele gewertet werden, sondern müssen Ansporn für alle und eine Aufforderung für die ganze Nation sein, diesen leuchtenden Vorbildern im Kampf um unsere Freiheit nachzueifern.

4.) Der Kulturteil unserer Zeitungen stellt kein bürgerliches Ruheplätzchen für kriegsmüde Zeitgenossen dar. Auch diese Sparte hat mit allen Mitteln der Hebung unserer nationalen Widerstandskraft und der Stärkung unserer Kriegsmoral zu dienen. Die besondere Aufgabe des Kulturschriftleiters ist es, in gehobener Sprache variiert dasselbe zum Ausdruck zu bringen, was im politischen Teil zum militärischen und politischen Kampf des Tages zu sagen ist. Seichte, intellektuelle Plätschereien, die so unberührt vom Kriege sind, als ob sich dieser »weit hinten in der Türkei« abspielte, haben in diesen Wochen keine Daseinsberechtigung mehr. Dem Kulturschriftleiter bieten sich gerade jetzt eine Fülle von Aufgaben und vielfältigen Möglichkeiten. Eine Behandlung der Clausewitzschen Schriften, Darstellungen über den Zweiten Punischen Krieg, Anmerkungen zu Mommsens Römischer Geschichte, Abhandlungen über die Briefe und Schriften Friedrichs des Grossen, die Lebensläufe grosser kämpferischer Genies aus der gesamten Menschheitsgeschichte, das sind nur einige wenige Andeutungen von neuen Aufgaben, die dem geforderten Zwecke dienlicher sind als harmlose unterhaltende Anekdoten ohne jeden politischen und moralischen Effekt.

5.) Auch der lokale Teil unserer Blätter hat sich diesen Erfordernissen unterzuordnen. Keine Massnahme von kommunaler oder örtlicher Bedeutung aus dem Partei-, Staats- oder Wehrmachtssektor darf dem Leser vorgesetzt werden, ohne ihm gleichzeitig mit aller Eindringlichkeit klarzumachen, dass unser Lebenskampf die Mobilisierung aller Kräfte und die Aufbietung aller menschlichen und moralischen Reserven verlangt. Jedes Opfer, das gerade jetzt auch im kleinen und im Alltag des Krieges verlangt werden muss, dient der Konzentration unserer Kräfte und der Erhöhung unseres Widerstandsvermögens und ist daher in diesem Sinne dem Leser zu erläutern.

6.) Der Anzeigenteil wird der besonderen Sorgfalt der Verleger anempfohlen. Aus ihm sind alle überkommenen unzeitgemässen Reste auszumerzen, die dem Geist der Zeit widersprechen könnten.«

Der Führer ist mit der Abfassung dieser Parole sehr einverstanden. Er ist der Überzeugung, dass es mir gelingen wird, die deutsche Pressepolitik nun in die richtige Fahrbahn hineinzubringen.

Ich verabschiede den bisherigen Leiter der Abteilung Deutsche Presse, Fischer, der auch zur Wehrmacht geht. Fischer ist sehr geknickt über die Entwicklung; aber ich mache ihm klar, dass ich nicht anders handeln konnte, als ich tatsächlich gehandelt habe.

Meister Hahne, der erste Träger des Ritterkreuzes zum Kriegsverdienstkreuz, führt mir auf einer erbeuteten Lafette ein neues Geschütz vor, das er aus in den Magazinen der Wehrmacht und in den Rüstungsproduktionsstätten noch vorhandenen Beständen in einer Anzahl von 200 Exemplaren für Berlin zusammenzimmern und zur Verfügung stellen kann. Hahne macht mir den Vorschlag, die Zeugämter der Wehrmacht sorgsam überprüfen zu lassen; es befänden sich dort noch eine Unmasse von Waffenteilen, die man zu neuen Waffen zusammenstellen könne. Es müsste eben jetzt improvisiert werden, um den starken Ausfall an Waffen in unserer Produktion halbwegs einzuholen. Dieser Ausfall an Waffen ist sehr ins Gewicht fallend. So ist beispielsweise die Produktion bei Alkett um 50 Prozent abgesunken und wird im nächsten Monat noch weiter absinken. Das ist ausserordentlich besorgniserregend, und wir müssen zu neuen Behelfsmitteln greifen, um der daraus erwachsenden Kalamität Herr zu werden.

Von Bormann laufen wieder eine Unmenge von neuen Erlassen und Verfügungen ein. Bormann hat aus der Parteikanzlei eine Papierkanzlei gemacht. Jeden Tag versendet er einen Berg von Briefen und Akten, die der heute im Kampf stehende Gauleiter praktisch nicht einmal mehr durchlesen kann. Zum

Teil handelt es sich dabei um durchaus nutzloses Zeug, das für den praktischen Kampf gar nicht verwertbar ist. Auch in der Partei verfügen wir nicht über eine klare, mitten im Volke stehende Führung.

Was unsere Lage im Westen anlangt, so haben wir im ganzen jetzt drei grössere Aktionen geplant, und zwar eine aus dem holländischen Raum in Richtung Hamm. Diese wird von Generaloberst Student geführt. General Bayerlein soll versuchen, sich aus dem Ruhrgebiet herauszukämpfen. Von der Aussenseite des Ruhrgebietes wird versucht, ihm einen Gegenangriff entgegenzuführen. In Thüringen wird aus den in den dortigen Raum strömenden Einheiten eine neue Armee unter Führung von General Schulz, dem bekannten Schwerterträger, zusammengestellt. Diese Armee soll dem Feind in die Flanke zu fallen und beachtliche Einheiten von ihm abzuschneiden versuchen. Hausser ist mittlerweile seines Kommandopostens enthoben worden. Er hat sich durchaus nicht bewährt. Obergruppenführer Steiner ist in den Wiener Raum entsandt worden. Er soll dort unter allen Umständen halten. Der Führer hat für die Verteidigung von Wien den bisher schärfsten Befehl im ganzen Kriege herausgegeben. Unsere Soldaten müssen hier Mann für Mann halten, und wer die Stellung verlässt, soll erschossen werden. Man hofft, dass man damit der kritischen Entwicklung im Wiener Raum Herr werden wird.

Schörner ist beim Führer ganz gross in Kredit. Er hat die Angriffe auf das Mährisch-Ostrauer Industriegebiet mit starker Bravour abgeschlagen. Schörner ist der hervorragendste unserer Heerführer. Guderian ist jetzt beim Führer ziemlich abgemeldet. Sowohl im Baranow- wie auch im ungarischen Raum hat er auf zu frühen Angriff gedrängt und damit unsere Operationen auf das stärkste gefährdet, ja, unmöglich gemacht. Deshalb hat der Führer ihn in Urlaub geschickt.

Im Westen fällt jetzt auch nach Meinung des Führers die Entscheidung. Der Führer treibt unermüdlich die Generalität an, Widerstand zu leisten und kein Mittel unversucht zu las-

4.4.45 Forts.

Von Bormann laufen wieder eine Unmenge von neuen Erlassen und Verfügungen ein. Bormann hat aus der Parteikanzlei eine Papierkanzlei gemacht. Jeden Tag versendet er einen Berg von Briefen und Akten, die der heute im Kampf stehende Gauleiter praktisch nicht einmal mehr durchlesen kann. Zum Teil handelt es sich dabei um durchaus nutzloses Zeug, das für den praktischen Kampf gar nicht verwertbar ist. Auch in der Partei verfügen wir nicht über eine klare, mitten im Volke stehende Führung.

Was unsere Lage im Westen anlangt, so haben wir im ganzen jetzt drei grössere Aktionen geplant, und zwar eine aus dem holländischen Raum in Richtung Hamm. Diese wird von Generaloberst Student geführt. General sen, um freie Truppeneinheiten nach dem Westen zu werfen. Er ruft fast täglich jeden einzelnen Armeeführer an und macht ihm klar, worum es jetzt geht und was seine Pflicht und Schuldigkeit ist. Es wäre meines Erachtens noch besser, wenn der Führer sich unmittelbar an das Volk wendete, denn von hier aus geht ja doch praktisch der Widerstand in der Urform aus. Und ist das Volk wieder einmal widerstandsfähig, dann werden auch die anderen alle wieder zu ihrer alten Form zurückfinden. Es fehlt heute im Volk sowohl wie in der kämpfenden Wehrmacht eine zündende Parole, die Mann und Frau wieder hochreisst. Diese zündende Parole kann nach Lage der Dinge nur vom Führer ausgegeben werden. Es ist deshalb falsch, wenn die Generäle glauben, dass ich anstelle des Führers reden sollte.

Die Situation ist so, dass ausschliesslich ein Wort des Führers die seelische Krise, in der das Volk augenblicklich lebt, beheben kann. Dass der Führer nicht redet, halte ich für ein grosses Manko. Auch wenn wir im Augenblick noch keinen Erfolg aufzuweisen haben, so könnte der Führer jetzt doch das Wort ergreifen, denn nicht nur bei Erfolgen soll man sprechen, sondern gerade auch bei Misserfolgen. Es ist augenblicklich sehr schwer, vom Führer Entscheidungen zu erlangen. Der Führer beschäftigt sich fast ausschliesslich mit der Lage im Westen und findet für andere Fragen kaum noch Zeit. Wenn es ihm allerdings gelingt, die Situation im Westen wieder halbwegs zu bereinigen, so hat er damit ja auch eine kriegsentscheidende Tat vollbracht.

Die Luftwaffe findet in der täglichen Lagebesprechung beim Führer die schärfste Kritik. Göring muß sich das Tag für Tag anhören, ohne das geringste dagegen einwenden zu können. Generaloberst Stumpff hat sich beispielsweise geweigert, sich für die neu geplanten Operationen im Westen Kesselring zu unterstellen. Der Führer hat ihn mit brüsken Worten zur Ordnung gerufen, indem er sagte, die Grössenverhältnisse zwischen Kesselring und Stumpff wären so wie zwischen ihm und Schaub.

Im Westen ist es natürlich sowohl jetzt noch als auch in der nächsten Zeit nur ein dauerndes Hängen und Würgen. Wir stehen in der kritischsten Gefahr dieses Krieges, und man hat manchmal den Eindruck, als erlebte das kämpfende deutsche Volk einen Schweissausbruch auf dem Höhepunkt der Kriegskrise, von dem der Nichtkenner nicht weiss, ob dieser Schweissausbruch zum Tode oder zur Gesundheit führen wird.

Sehr lange Verhandlungen hat der Führer mit Obergruppenführer Kammler gehabt, der jetzt einen Grossteil der Verantwortung für die Reform der Luftwaffe auf seinen Schultern trägt. Kammler macht sich ausgezeichnet, und man setzt auf ihn grosse Hoffnungen.

Was die Abendlage anlangt, so hat im Westen sich die Situation nur im Thüringer Raum verschlechtert. Der Feind ist hier bis Gotha vorgedrungen. Wir haben ihm augenblicklich nichts entgegenzusetzen, da wir unsere Offensivkräfte vorläufig noch nicht verschleißen wollen. Sauckel ist fieberhaft an der Arbeit, um seinen Gau in Verteidigungsbereitschaft zu setzen. Auch im Teutoburger Wald hat der Feind leichte Raumgewinne zu verzeichnen, die aber nicht von besonderer Bedeutung sind. Sonst schliesst er an der ganzen Westfront auf, so dass wir in den nächsten Wochen sicherlich wieder mit neuen Angriffen rechnen müssen.

Im Südosten hat der Feind sich näher an Wien herangeschoben. Hier ist man entschlossen, unter allen Umständen zu halten, koste es was es wolle. Schörner dagegen hat wiederum alle gegen seine Front durchgeführten Sowjetangriffe zurückgeschlagen, was ja tatsächlich eine Bravourleistung erster Klasse darstellt. Der Führer ist mit Schörners Kampfmethode ausserordentlich zufrieden. Schörner ist wohl der nächste Generalfeldmarschall, und er hat diese Rangerhöhung auch verdient.

Bei der Lagebesprechung an diesem Dienstag schimpft der Führer nicht mehr soviel über die Generalität. Er setzt jetzt alles daran, seine militärischen Mitarbeiter wieder hochzureissen, ihnen neuen Mut einzuflössen und sie mit Vertrauen für die weitere Entwicklung zu erfüllen. Er predigt unermüdlich Kampf- und Widerstandsgeist, so wie ich das jetzt in unserer Werwolf-Propaganda tue. Meine Tagesparole an die Presse ist ihm wiederum ein Anlass, der Generalität zu zeigen, wie so eine Aufgabe angefasst werden muss. Auch mit meiner Werwolf-Arbeit ist der Führer ausserordentlich zufrieden. Er sagt in der Lage, dass man es so machen müsse, um ein Volk nicht in die Verzweiflung hineinfallen zu lassen.

Ich diktiere abends wiederum einen neuen Aufruf an die Werwolf-Bewegung, in dem ich eine Sprache führe, wie sie früher in der guten Kampfzeit im »Angriff« geführt worden ist.

Wir haben abends zweimal in Berlin Alarm. Es ist also nicht an dem, dass der Feind uns nun in der Reichshauptstadt schonen will. Im Gegenteil; er hat wohl nur aus Wettergründen eine Pause eingelegt, und die Serie der Abendalarme in Berlin wird wohl vorläufig noch kein Aufhören finden.

[Eintragungen vom 5., 6. und 7. April 1945 fehlen]

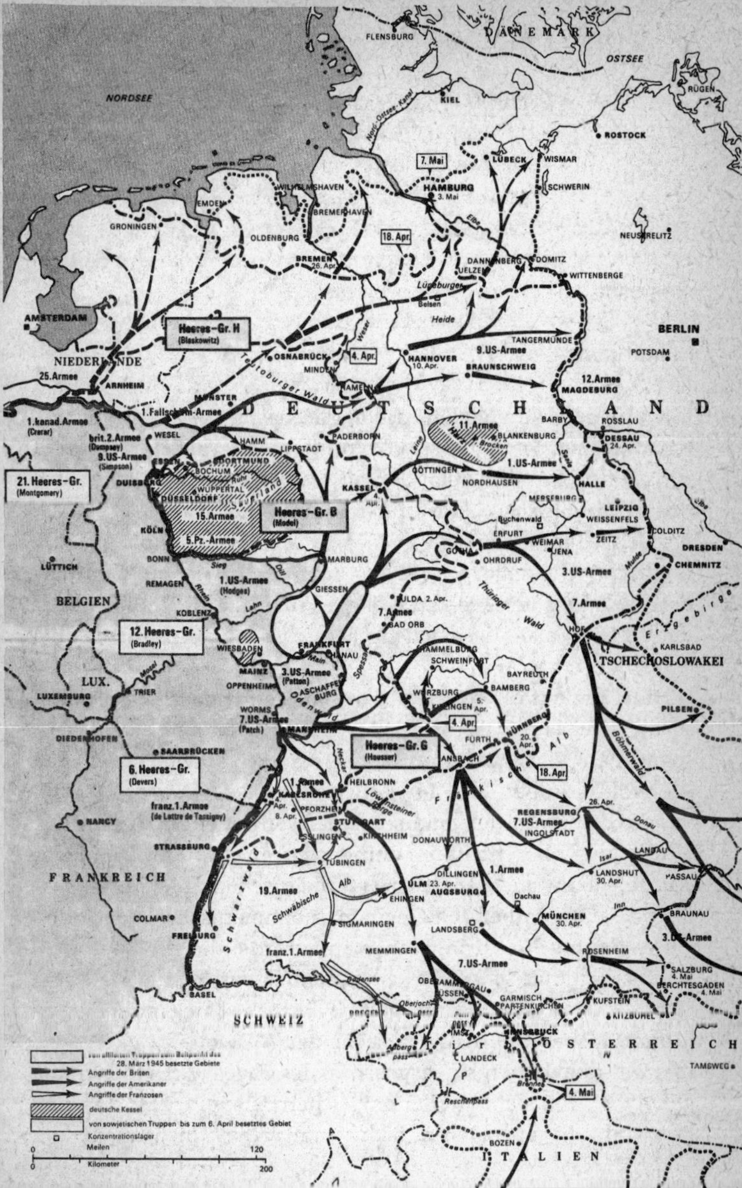

NORDSEE
OSTSEE
DÄNEMARK
FLENSBURG
KIEL
RÜGEN
ROSTOCK
LÜBECK
WISMAR
SCHWERIN
7. Mai
HAMBURG
3. Mai
WILHELMSHAVEN
EMDEN
BREMERHAVEN
GRONINGEN
OLDENBURG
BREMEN
26. Apr.
18. Apr.
NEUSTRELITZ
DANNENBERG
DOMITZ
UELZEN
WITTENBERGE
Belsen
Heide
AMSTERDAM
Heeres-Gr. H
(Blaskowitz)
BERLIN
TANGERMÜNDE
POTSDAM
NIEDERLANDE
OSNABRÜCK
4. Apr.
MINDEN
HANNOVER
10. Apr.
9.US-Armee
25.Armee
ARNHEIM
BRAUNSCHWEIG
12.Armee
MAGDEBURG
Teutoburger Wald
HAMELN
MÜNSTER
1.Fallschirm-Armee
DEUTSCHLAND
1.kanad.Armee
(Crerar)
WESEL
brit.2.Armee
(Dempsey)
9.US-Armee
(Simpson)
HAMM
LIPPSTADT
PADERBORN
11.Armee
Harz
Brocken
BLANKENBURG
BARBY
ROSSLAU
DESSAU
24. Apr.
21. Heeres-Gr.
(Montgomery)
ESSEN
DORTMUND
BOCHUM
DUISBURG
WUPPERTAL
DÜSSELDORF
Ruhr
Sauerland
GÖTTINGEN
1.US-Armee
NORDHAUSEN
HALLE
KASSEL
4. Apr.
MERSEBURG
Heeres-Gr. B
(Model)
15.Armee
LEIPZIG
WEISSENFELS
KÖLN
5.Pz.-Armee
Buchenwald
ERFURT
ZEITZ
COLDITZ
GOTHA
WEIMAR
JENA
BONN
Sieg
MARBURG
OHRDRUF
DRESDEN
CHEMNITZ
LÜTTICH
REMAGEN
1.US-Armee
(Hodges)
GIESSEN
Thüringer Wald
3.US-Armee
BELGIEN
Rhein
Lahn
FULDA 2. Apr.
7.Armee
BAD ORB
KOBLENZ
12. Heeres-Gr.
(Bradley)
WIESBADEN
FRANKFURT
HANAU
Main
HOF
Erzgebirge
KARLSBAD
TSCHECHOSLOWAKEI
HAMMELBURG
SCHWEINFURT
BAYREUTH
BAMBERG
LUX.
Mosel
TRIER
MAINZ
3.US-Armee
(Patton)
OPPENHEIM
ASCHAFFENBURG
Spessart
LUXEMBURG
WÜRZBURG
KITZINGEN
5. Apr.
WORMS
7.US-Armee
(Patch)
Odenwald
4. Apr
NÜRNBERG
20. Apr.
PILSEN
MANNHEIM
DIEDENHOFEN
Heeres-Gr. G
(Hausser)
FÜRTH
ANSBACH
Böhmerwald
SAARBRÜCKEN
Neckar
Fränkische Alb
18. Apr
6. Heeres-Gr.
(Devers)
1.Armee
HEILBRONN
KARLSRUHE
Löwensteiner Berge
franz.1.Armee
(de Lattre de Tassigny)
PFORZHEIM
8. Apr.
26. Apr.
REGENSBURG
7.US-Armee
INGOLSTADT
Donau
NANCY
STUTTGART
ESSLINGEN
KIRCHHEIM
DONAUWÖRTH
STRASSBURG
TÜBINGEN
Alb
Schwarzwald
LANDAU
FRANKREICH
DILLINGEN
1.Armee
LANDSHUT
30. Apr.
PASSAU
19.Armee
Schwäbische
ULM
23. Apr.
EHINGEN
AUGSBURG
Isar
Dachau
Inn
BRAUNAU
COLMAR
SIGMARINGEN
MÜNCHEN
30. Apr.
LANDSBERG
3.US-Armee
FREIBURG
franz.1.Armee
MEMMINGEN
ROSENHEIM
7.US-Armee
SALZBURG
4. Mai
BERCHTESGADEN
4. Mai
Bodensee
OBERAMMERGAU
FÜSSEN
GARMISCH PARTENKIRCHEN
KUFSTEIN
KITZBÜHEL
BASEL
SCHWEIZ
BREGENZ
INNSBRUCK
ÖSTERREICH
LANDECK
TAMSWEG
Brenner
4. Mai
Reschenpass
BOZEN
ITALIEN
28. März 1945 besetzte Gebiete
Angriffe der Briten
Angriffe der Amerikaner
Angriffe der Franzosen
deutsche Kessel
von sowjetischen Truppen bis zum 6. April besetztes Gebiet
Konzentrationslager
Meilen
0
120
Kilometer
0
200

8. April 1945 *Sonntag*

[S. 9–39, S. 1–8 fehlen]

Gestern:

Militärische Lage: Bl. 1-8.

Mit einem Male vollzieht die englische Presse einen völligen Kurswechsel. Sie ist jetzt voll von Bewunderung für die Führung und die Widerstandskraft des deutschen Volkes, für unsere militärischen Leistungen und für die hohe Moral, in der die deutsche Nation sich in diesem Schicksalskampf bewährt. Englische Generäle schreiben, dass es unfair sei, dem die Bewunderung versagen zu wollen. Vor allem die Zähigkeit des deutschen Volkes ist auch nach englischen Meldungen über jedes Lob erhaben.

Die Tätigkeit des Werwolf wird jetzt in englisch-amerikanischen Kreisen ausserordentlich ernst genommen, so ernst sogar, dass Eisenhower mit dem Gedanken spielen soll, gegen Werwolf-Gruppen Gas anwenden zu wollen. Das läge durchaus in der Linie der englisch-amerikanischen Kriegführung, würde uns aber nicht im mindesten erschüttern, denn wir würden dann auch englisch-amerikanischen Soldaten gegenüber zu entsprechenden Gegenmassnahmen schreiten.

Das Reuter-Büro bringt einen ausserordentlich interessanten politisch-militärischen Bericht, in dem es zum ersten Male eine richtige Analyse unserer gegenwärtigen Kriegspolitik vornimmt. Insbesondere die Tatsache der Werwolf-Tätigkeit wird hier aus dem lauten Kriegsgeschrei des Tages wirksam herausgehoben. Man sieht auf der englischen Seite ein, dass aus dem Werwolf ein ausserordentlich gefährliches Instrument der deutschen Widerstandskraft um jeden Preis und auf unabsehbare Sicht hinaus entstehen könnte.

Nichts fürchtet man in London mehr als das Sichherausbilden eines deutschen Chaos, wodurch eine europäische Befriedung ad calendas graecas vertagt werden müsse. Vor allem im Werwolf sieht man Anfänge zu einer solchen Entwicklung, die natürlich das ganze englisch-amerikanische Kriegskonzept verderben würde.

Das »Schwarze Korps« bringt einen sensationellen Artikel, der uns sicherlich sehr viel Schaden zufügen wird. In diesem Artikel wird offen davon gesprochen, dass militärisch für uns keine Möglichkeit mehr bestehe, standzuhalten, aber dass die Idee unter allen Umständen weiterleben werde. Dieser Artikel erregt natürlich erhebliches Aufsehen, vor allem, da er im »Schwarzen Korps« steht und somit sozusagen eine Meinungsäußerung des radikalen nationalsozialistischen Lagers darstellt. Es wird von Seiten der Redaktion des »Schwarzen Korps« behauptet, dass dieser Artikel irrtümlich in die Spalten des Blattes hineingeraten sei. Das aber glaube ich nicht. Ich bin vielmehr der Meinung, dass ein paar überintellektuelle Elemente hier einen Vorstoss ins Nirwana gewagt haben. Aber ich werde mit sehr brutalen Mitteln dagegen vorgehen.

Dr. Leys Leitartikel behandelte die Werwolf-Frage. Er war unmöglich und musste deshalb von mir zurückgewiesen werden. Dr. Ley lässt sich nun von seinem Pressemitarbeiter Kiehl über Nacht einen neuen Artikel schreiben, zum ersten Male einer, der unter seinem Namen erscheint und Hand und Fuss hat. Es wäre überhaupt zweckmässig, wenn Dr. Ley sich in Zukunft seine Artikel von seinen Mitarbeitern schreiben liesse; dann hätte man wenigstens Gewähr dafür, dass die gröbsten Absurditäten vermieden würden.

In Aachen haben die Amerikaner jetzt eine Gewerkschaft gegründet. Sie wollen damit Gimpel fangen, insbesondere unter den deutschen Arbeitern. Die Gründungsversammlung ist allerdings ziemlich sang- und klanglos verlaufen. Ganze 40 Männer und Frauen haben daran teilgenommen. Man kann nicht behaupten, dass das eine Repräsentation der Arbeiterschaft in den feindbesetzten Gebieten sei.

Graf Krosigk schreibt mir wieder einen dringenden Brief, in dem er mich bittet, dass ich auf den Führer einwirke, dass jetzt eine stärkere aussenpolitische Aktivität von uns durchgeführt würde. Er sieht die Kriegslage allerdings so drohend, dass er daraus den Schluss zieht, wir müssten unmittelbar handeln, wenn es nicht zu spät werden sollte.

Von Bohle erhalte ich Nachrichten über die diesbezügliche Aktivität des Auswärtigen Amtes in den neutralen Staaten. Das Auswärtige Amt ist jetzt sowohl in der Schweiz wie in Schweden als auch in Spanien aktiv geworden. Die Ergebnisse sind ziemlich niederschmetternd. Mit England ist augenblicklich überhaupt nichts zu machen. Die britische Politik unter Führung von Churchill zeigt sich als gänzlich intransigent. Churchill hat sich nun einmal in den Kopf gesetzt, das Deutsche Reich zu zerstören und das deutsche Volk zu vernichten. Hier öffnet sich also nicht das geringste Hintertürchen. Die Erkundigungen haben ergeben, daß eher etwas mit den USA zu machen ist, vorausgesetzt, dass man den USA wirtschaftliche Entfaltungsmöglichkeiten in Europa gibt. Roosevelt sei durchaus nicht so unzugänglich wie Churchill. Allerdings bedürfe es noch einer ganzen Reihe von Voraussetzungen, um mit den USA überhaupt ins Gespräch zu kommen. Am ergiebigsten zeigten sich die Vorfühler der Sowjetunion gegenüber. Allerdings verlange die Sowjetunion Ostpreussen, was natürlich eine unerfüllbare Forderung ist.

Das Auswärtige Amt hat in diesen Verhandlungen ziemlich ungeschickt operiert. Es bediente sich dabei alter routinierter Diplomaten, die natürlich denkbar ungeeignet sind, den nationalsozialistischen Standpunkt dem Feindlager klarzumachen. Aber was sollte man auch anders vom Auswärtigen Amt verlangen! Ribbentrop lässt Bilder von sich in den Zeitungen veröffentlichen, auf denen er im Schützengraben an der Oder-Front gezeigt wird. Jeder, der diese Bilder sieht, schliesst daraus ohne weiteres, dass der deutsche Außenminister jetzt

Wichtigeres zu tun habe, als sich an der Oder-Front herumzutreiben.

Die türkische Regierung bettelt jetzt um gut Wetter in Moskau. Die Erklärungen Saracoglus sind geradezu hündisch devot. Stalin wird ihm schon die entsprechende Antwort geben.

Überhaupt fühlt sich jetzt der Kreml auf der Höhe der Situation. Die Sowjets haben durch die Kündigung des Freundschaftspaktes mit Japan sich bei den USA eine gute Note verschafft. Das war ein ausserordentlich geschickter taktischer Zug Stalins, mit dem er der innerpolitischen Opposition gegen Roosevelt den Wind aus den Segeln nehmen will. Ausserdem hat er die Absicht, sich in den Ostasienkonflikt einzumischen, um dort, wenn die Zeit gekommen ist, im trüben zu fischen. Wie weit er jetzt geht, ist aus einem Artikel in der »Iswestija« zu entnehmen, in dem eine ausserordentlich scharfe Sprache gegen Japan und seine räuberische Politik gesprochen wird. So fängt das an, und man weiss dann meistens auch, wie es enden wird. Jedenfalls kann Roosevelt mit der Hilfe, die Stalin ihm augenblicklich angedeihen lässt, sehr zufrieden sein.

Smuts hat auf der in London tagenden Empire-Konferenz eine ausserordentlich düstere Rede gehalten. Er sieht in San Francisco die letzte Chance für die zivilisierte Menschheit gegeben. Wenn San Francisco scheiterte, dann würde das, was wir unter Kulturmenschheit verstehen, dem Untergang geweiht sein. Eine Menschheitskatastrophe von unvorstellbaren Ausmassen wäre dann die unausbleibliche Folge. Ein dritter Weltkrieg würde mit neuen, noch verheerenderen Waffen durchgeführt werden. Was dann von der Menschheit übrigbleiben würde, sei nicht mehr lebenswürdig und nicht mehr lebensfähig.

In Polen hat sich jetzt ein neuer Konflikt aufgetan, und zwar dadurch, daß die Sowjets 15 massgebende polnische Politiker verhaftet und verschleppt haben. Der NKWD hatte sie zu einer Verhandlung eingeladen und sie dann kurzerhand dingfest gemacht. In London und Washington ist man darüber ausserordentlich bestürzt. Das Reuter-Büro bringt darüber einen sehr offenherzigen Bericht.

Überhaupt kann man feststellen, dass Londoner und Washingtoner maßgebende Kreise über die imperiale Politik des Kremls ständig mehr beunruhigt werden. In London erklärt man schon, dass für die kommende Welt furchtbare Aussichten beständen, wenn der Kreml entschlossen sei, diese Politik fortzusetzen. Die militärischen Erfolge würden durch diese Aussichten völlig überschattet. Aber diese Überlegungen werden in Washington wenigstens vorläufig noch durch den geschickten Schachzug überdeckt, den Stalin Tokio gegenüber unternommen hat. Die Japaner sind darüber sehr bestürzt. Sie trösten sich zwar mit dem Gedanken, daß der japanisch-sowjetische Vertrag noch bis zum April 1946 laufe; aber das ist ein billiger Trost.

Im übrigen wendet die sowjetische Presse sich jetzt gegen die Gerüchte von Sonderfriedensverhandlungen zwischen Moskau und Berlin. Aber diese Auslassungen fallen doch milder aus, als man eigentlich annehmen dürfte. Auch hier will Stalin sich alle Türen offenhalten.

Die Entwicklung im ungarisch-österreichischen Raum verläuft weiterhin sehr unglücklich. Das Wegnehmen der Ärmelbänder für die ruhmbedeckten SS-Divisionen hat dort verheerend gewirkt. Eine ganze Reihe von SS-Führern haben sich vor Gram erschossen. Einem Ordonnanzoffizier des Führers, Kersten, der bei den Divisionen weilte, ist von den maßgebenden Männern dieser Divisionen mitgeteilt worden, dass Berlin jetzt für sie erledigt sei, dass sie sich für den Führer in Stücke schlagen lassen würden, dass sie, wo es ihnen befohlen würde, wieder zum Angriff antreten wollten, dass der Führer sie aber niemals wiedersehen werde. Das ist eine sehr tragische Sache, über die man Tränen vergiessen könnte. Ich bin sehr dafür, dass in unserer Kriegführung streng und hart vorgegangen wird, dann aber bitte nach allen Seiten. Die SS-Führer wollen und können es auch nicht verstehen, dass die schauderhaftesten Versager in der Luftwaffe, die schließlich zum Niederbrennen fast des ganzen Reichsgebietes geführt haben, nicht mit Strafe belegt werden, dass aber ein einziges Versagen dieser SS-Divisionen, die sonst nur Ruhm an ihre Fahnen hefteten, so grausam bestraft werden muss.

Wiederum kann die Luftwaffe die Misserfolge ihrer Bau- und Operationspolitik feststellen. Der Feind hat Leipzig, Halle und Gera ausserordentlich schwer angegriffen. In den Stadtgebieten sind Verwüstungen über Verwüstungen angerichtet worden. Man ist jetzt schon so weit gekommen, dass man diese Luftattacken überhaupt nicht mehr registriert. Die Luftkriegsnachrichten sind kaum noch übersehbar.

Zum ersten Male sollen jetzt unsere Rammjäger eingesetzt werden, und zwar schon im Laufe des Samstag, wenn das Wetter halbwegs günstig ist. Man verspricht sich von diesem Einsatz ausserordentlich grosse Erfolge. Aber wir wollen diese Erfolge zuerst einmal abwarten.

Die Evakuierung steht immer noch sehr kritisch. Im Westen ist sie praktisch gar nicht mehr durchführbar. Der Befehl des Führers ist, wie ich vorausgesehen hatte, gar nicht zu verwirklichen. Wie soll man auch Gebiete von der räumlichen Tiefe und von der Bevölkerungsdichte überhaupt noch leeren! Man weiss ja gar nicht mehr, wo man mit den Menschen hin soll. Infolgedessen wird das Evakuierungsproblem im Westen stillschweigend ad acta gelegt. Im Osten allerdings ist das etwas anderes. Es stehen noch starke Massen in dem verengten ostpreussischen Raum. Und nun kommt auch die Frage, ob Wien evakuiert werden soll oder nicht. Ich glaube, dass die Wiener Bevölkerung keinerlei Lust zeigt, sich aus der Stadt herauszubegeben.

In Berlin-Rahnsdorf haben zum ersten Male seit Beginn des Krieges kleinere Volksaufläufe stattgefunden. 200 Männer und Frauen haben zwei Bäckerläden gestürmt und sich dort die Brote genommen. Ich fasse gleich den Entschluss, mit brutalen Mitteln dagegen vorzugehen, denn solche Symptome einer inneren Schwäche und eines aufkeimenden Defaitismus dürfen unter keinen Umständen geduldet werden. Auch wenn die Lebensmittelversorgung augenblicklich nicht gerade vom besten ist, so ist es auf der anderen Seite ganz unmöglich, solche Vorgänge stillschweigend hinzunehmen, denn würden sie einmal Schule machen, dann wären wir sowieso verloren. Ich fordere deshalb, dass gegen die Rädelsführer dieses Auflaufes sofort das Berliner Standgericht zusammentritt.

Oberst Fett aus dem Stabe von Generalfeldmarschall Keitel hält mir Vortrag über die Aufstellung der sieben neuen Divisionen, die für unseren Angriff im thüringischen Raum angesetzt werden sollen. Es handelt sich um drei Divisionen, die der Arbeitsdienst aufstellt, und zwar in der Hauptsache Volksgrenadier-Divisionen. Ihre Bewaffnung ist verhältnismäßig noch gut, wenn sie auch über keine Panzer verfügen. Sie werden leicht beweglich gemacht und verfügen in der Hauptsache über Artillerie, über Sturmgewehre, über Karabiner, Maschinengewehre und Panzerfäuste. Es wäre schon einiges damit zu erreichen, vor allem, da es sich um ein ausgezeichnetes Menschenmaterial handelt. Das Gerippe dieser Divisionen wird von Offizieren der Junkerschulen gestellt. Qualitätsmässig nach der Menschenseite hin also kann man mit dem Material, aus dem diese Divisionen gebildet werden, schon zufrieden sein. Es kommt nur darauf an, ob diese Divisionen sich in der kurzen Zeit so zusammenleben werden, dass sie eine wirkliche Kampfeinheit bilden. Das muß nach der Lage der Dinge bezweifelt werden. Auf der anderen Seite aber hoffen wir, dass die rein menschliche Qualität der in diesen Divisionen versammelten Soldaten manches ausgleichen wird. In der Hauptsache werden die Gefolgschaften aus dem Jahrgang 1928 gebildet, der natürlich ausgezeichnet ist. Es handelt sich hier um ein Provisorium, das zum ersten Male probiert wird und natürlich starke Risiken in sich schliesst. Etwa am 20. April sollen die Divisionen einsatzfähig sein. Es ist also nicht an dem, wie der Führer meint, dass wir in den nächsten Tagen schon antreten können. Wir müssen uns schon noch etwa 14 Tage gedulden, und es besteht die Gefahr, dass der Feind bis dahin seine Flanken so abgeschirmt hat, dass diese Divisionen auf erheblichen Widerstand stoßen.

Die Verteidigungsbilanz der Reichshauptstadt ist in dieser Woche durchaus nicht, wie ich befürchtet hatte, wesentlich abgesunken. Sie hält sich im grossen und ganzen, wenn wir auch in einzelnen Posten starke Ausfälle zu verzeichnen haben, insbesondere auf dem Benzin- und auf dem Lebensmittelsektor, von Kohle ganz zu schweigen. Kohle läuft in Berlin nur in geringem Umfange ein. Infolgedessen ist jetzt die von mir geplante Einschränkung des Verkehrs und die Abdrosselung der Gaszufuhr für die privaten Haushalte durchgeführt worden. Die Eröffnung dieser bitteren Tatsachen hat natürlich in der Öffentlichkeit sehr starken Unwillen erregt; aber es bleibt mir nichts anderes übrig, als jetzt zu solchen Massnahmen zu greifen, um überhaupt noch zu halten, was zu halten ist.

Ich erlebe ein Wochenende voll von Sorgen, seelischen und materiellen Belastungen und wohl auch von Zweifeln. Am meisten bedrückt mich das Vorgehen des Führers gegen die SS-Divisionen, das natürlich für alle SS-Offiziere auch in meiner Umgebung ausserordentlich deprimierend wirkt. Man kann sich nicht vorstellen, in welcher Stimmung diese sich jetzt befinden. Ich möchte ihnen so gerne helfen: aber ich weiss auch nicht, was ich tun kann. Eventuell will ich doch einmal persönlich an den Führer herantreten, um ihn zu bitten, diese Massnahme etwas abzumildern.

Ich schreibe nachmittags einen Leitartikel unter der Überschrift »Widerstand um jeden Preis«. In diesem Leitartikel spreche ich eine radikale Sprache, so wie in meinem Aufruf zum »Werwolf«. Zum ersten Male trete ich darin aus meiner gemässigten Reserve etwas heraus. Es hat jetzt gar keinen Zweck mehr, um die Dinge herumzureden. Man muss sie mit Namen nennen, auch auf die Gefahr hin, dass das Ausland daraus vorerst einmal Nutzen für sich schöpft.

Bischof Galen von Münster ist von amerikanischen Journalisten interviewt worden. Er wendet sich jetzt mit einem Male scharf gegen den angloamerikanischen Feind und den von ihm ausgeübten Luftterror. Ausserdem befürchtet er für Deutschland eine zunehmende Bolschewisierung. Das hätte sich dieser Herr Bischof früher überlegen sollen. In einer Zeit, in der wir vor dieser Bolschewisierung warnten, hat er auf der anderen Seite gestanden. Er ist ein Chamäleon, oder besser gesagt ein westfälischer Dickkopf, der immer das Gegenteil von dem sagt, was die öffentliche Meinung darstellt.

Die Abendlage ist wenig erfreulich. Im Westen hat der Feind weiterhin seinen Vormarsch aufrechterhalten können. Er steht noch 15 km vor Hildesheim und stösst geradewegs auf Hannover vor. Außerdem ist er über Bückeburg hinaus vorgedrungen und befindet sich im Raum Minden. Damit geraten wir auch von der westlichen Seite aus langsam für Berlin in eine Bedrohung hinein. Südlich Verden hat der Feind die Richtung nach Bremen eingeschlagen. Er will unter allen Umständen eine grössere Hafenstadt in seinen Besitz bringen. Südlich des Harzes ist die Lage ziemlich unverändert. Dagegen ist der Feind in Thüringen bis Erfurt vorgedrungen und hat Suhl und Zella-Mehlis in seinen Besitz gebracht, was für unsere Rüstungsproduktion sehr bekümmernd ist. Er steht westlich Kitzingen und ist bis Uffenheim und fast bis Dinkelsbühl vorgedrungen. In diesem Raum hat er Luftlandetruppen abgesetzt, aber man hofft, damit fertig zu werden. Im Heilbronner Raum steht die Lage etwas günstiger und ebenso an der Ruhr, wo die Heeresgruppe von Model ausgezeichnet kämpft. Auch die Lage in Holland hat sich eine Kleinigkeit gefestigt.

Im Osten ist der kritische Punkt im Wiener Raum zu sehen. Der Feind ist südwestlich bis an das Wiener Stadtgebiet herangedrungen. Er steht vor St. Pölten. Der Südostteil von Wien befindet sich schon zum großen Teil in seinem Besitz. Schlimmer aber ist die politische Entwicklung, die sich infolgedessen in Wien angelassen hat. Es haben in der Stadt Aufruhraktionen in den ehemals roten Vororten stattgefunden, und zwar haben diese Ausmasse angenommen, dass Schirach sich in seiner Hilflosigkeit veranlasst gesehen hat, sich unter den Schutz der

Truppe zu begeben. Das ist so typisch Schirach. Erst lässt er die Dinge laufen, wie sie laufen, und dann flüchtet er sich zu den Soldaten. Ich habe nie etwas anderes von ihm erwartet. Auch hier zeigen sich die üblen Folgen des Mangels an Entschlusskraft beim Führer in der Personalpolitik. Schirach war schon seit langen Jahren überfällig zum Abbau; aber der Führer hat sich nicht dazu entschliessen können, ihn in die Wüste zu schicken. Jetzt müssen die härtesten Massnahmen getroffen werden, um die Dinge in Wien wieder zu bereinigen. Der Führer ist weiterhin entschlossen, die Stadt unter allen Umständen zu halten. Man darf natürlich die Vorgänge, die sich in Wien selbst abspielen, nicht allzusehr dramatisieren. Es handelt sich natürlich nur um Gesindel, das diese Aufstände veranstaltet, und dieses Gesindel muss zusammengeschossen werden. Aber so weit hätte es gar nicht zu kommen brauchen. Das beweist wieder in Berlin der Fall Rahnsdorf. Die Rädelsführer werden im Laufe des Nachmittags schon vom Volksgericht abgeurteilt. Drei werden zum Tode verurteilt, ein Mann und zwei Frauen. Bei einer Frau liegt der Fall wesentlich milder, so dass ich mich hier zu einer Begnadigung entschliesse. Die beiden anderen zum Tode Verurteilten lasse ich noch in der Nacht enthaupten. Von der Tatsache der Verurteilung und Liquidierung der beiden Rädelsführer lasse ich die Rahnsdorfer Bevölkerung durch Plakate unterrichten, und ich werde sie auch im Drahtfunk mit entsprechenden Kommentaren der Berliner Bevölkerung mitteilen. Ich glaube, dass das sehr ernüchternd wirken wird. Jedenfalls bin ich der Meinung, dass in der nächsten Zeit in Berlin keine Bäckerläden mehr geplündert werden. So muss man vorgehen, wenn man in einer Millionenstadt Ordnung halten will. Und die Ordnung ist die Voraussetzung der Fortsetzung unseres Widerstandes. – Sonst ist an der Ostfront nur eine unangenehme Entwicklung im Königsberger Raum zu verzeichnen. Hier hat der Feind tiefe Einbrüche erzielen können. – Im Laufe des Tages sind bei den feindlichen Einflügen unsere Rammjäger zum ersten Mal eingesetzt worden. Die Erfolge sind noch nicht ausgezählt worden; aber es scheint doch, dass sie nicht so hoch stehen, wie man eigentlich gewünscht hätte. Allerdings darf man nicht vergessen, dass es sich hier um einen ersten Versuch handelt und damit das Experiment noch nicht abgeschrieben zu werden braucht.

Magda ist von Schwanenwerder aus nach Berlin zu Besuch gekommen. Ein etwas melancholischer Abend, an dem eine böse Nachricht nach der anderen ins Haus hineinstürzt. Man stellt sich manchmal verzweifelt die Frage, wohin das führen soll. Der Führer muss eine Nervenkraft ohnegleichen aufwenden, um in dieser überkritischen Situation die Haltung zu bewahren. Aber ich habe doch die Hoffnung, dass er diese Situation meistern wird. Er hat es ja immer verstanden, mit einer souveränen Ruhe seinen Augenblick abzuwarten. Ist der Augenblick aber gekommen, dann pflegt er auch immer mit beiden Händen zuzugreifen.

9. April 1945 *Montag*

[S. 1–26]

Gestern:

Militärische Lage:

Im Osten lag der Schwerpunkt starker feindlicher Angriffe im Raum von Wien und bei Königsberg.

Im Raum von Wien hat sich die Lage wesentlich verschärft. Die Sowjets stiessen aus dem Raum Baden nach Nordwesten und Norden vor und erreichten bei Tulln die Donau. Stärkere sowjetische Kräfte drangen in die südlichen, westlichen und nördlichen Vororte von Wien ein. Der Ostbahnhof, das Arsenal und der Südbahnhof gingen verloren. Ostbahnhof und Arsenal wurden in eigenen Gegenangriffen wieder zurückgewonnen. Ein Teil der Bevölkerung der südlichen Vorstädte beteiligte sich auf Seiten der Sowjets am Kampf gegen die eigene Truppe.

Im Kampf um Königsberg griffen die Bolschewisten konzentrisch mit verstärkten Kräften an und drangen bis zum Hauptbahnhof vor. Sie erreichten den Pregel am Südufer in der Nähe der Mündung. Einbrüche am Ostrand wurden in Gegenangriffen beseitigt.

An der Oder-Front wurden zwei in Feindeshand befindliche Brücken vernichtet.

Sonst an der Ostfront keine besonderen Ereignisse.

An der Westfront hatte die feindliche Nordgruppe weiteren Geländegewinn. Feindliche Kräfte drangen über Rheine bis Schapen und Lengerich vor. Beim Angriff in Richtung Bremen erreichte der Gegner Twistringen, Vilsen und die Gegend westlich von Verden. Aus ihrem Brückenkopf auf dem Ostufer der Weser südlich Hameln drangen amerikanische Kräfte bis Elze und hart südlich Hildesheim vor.

Einen neuen Schwerpunkt bildete der Feind am Südrand des Thüringer Waldes, wo er mit stärkeren Kräften in Richtung Hildburghausen angriff. Er nahm Themar und Schleusingen. Aus dem Raum von Würzburg drangen die Amerikaner nach Nordosten in Richtung Schweinfurt und an der Strasse Würzburg–Nürnberg bis in die Gegend Iphofen vor. Durch eine Frontlücke südlich Mergentheim stiessen feindliche Panzerspitzen bis Crailsheim und Jagstheim vor. Flankenangriffe hiergegen sind im Gange. Im Raum Heilbronn–Karlsruhe hat sich die Lage nicht wesentlich geändert.

Gegen unsere Kräfte im Sauerland und Ruhrgebiet führte der Feind zwischen Oberhausen und Gelsenkirchen und besonders bei Soest heftige Angriffe, die ihm aber nur an einzelnen Stellen örtliche Erfolge brachten.

Starke amerikanische Bomberverbände griffen am Tage Nord- und Nordwestdeutschland an, u.a. Neumünster, Lüneburg, Uelzen, Schwerin und Güstrow. Bisher wurden sechs Abschüsse gemeldet. Weitere Erfolgsmeldungen stehen noch aus. Starke feindliche Jagdbombertätigkeit mit Schwerpunkt Weissenfels, Gera und Weimar. Etwa 500 amerikanische viermotorige Bomber, aus Italien einfliegend, führten Angriffe auf Innsbruck und Klagenfurt. In der Nacht griffen etwa 250 britische Bomber den Raum Espenhain an. Elf feindliche Flugzeuge wurden abgeschossen.

*

In London ist ein gewisser Stimmungsumschwung festzustellen, und zwar in der Hinsicht, dass man nicht mehr von einem unmittelbar bevorstehenden Ende des Krieges spricht, sondern sich auf eine noch weitere Fortsetzung der militärischen Operationen gefasst macht. Man ist aus dem Illusionismus der Ostertage, da man die deutsche Kapitulation Stunde um

Stunde erwartete, jäh erwacht. Man gibt sich jetzt wiederum und erneut drei Monate Zeit, in denen man das Deutsche Reich niedergeboxt haben will. Ich glaube, dass die englische öffentliche Meinung mit diesen immer wiederholten Terminfestsetzungen der englischen Führung durchaus unzufrieden ist. Man sieht, dass sich eine solche kurzfristige Propaganda auf die Dauer nicht rentiert. Sie macht ein Volk immer nur nervös.

Es liegen Erklärungen englisch-amerikanischer Journalisten, die in den besetzten Gebieten tätig sind, vor, die der Meinung Ausdruck geben, dass das deutsche Volk niemals kapitulieren werde. Einen Frieden mit Deutschlands Feinden könnten nur Hitler, Himmler oder Goebbels abschliessen. Diese aber seien in keiner Weise dazu bereit, wenn dieser Frieden nicht den Interessen des deutschen Volkes diene.

Die angloamerikanischen Kriegsberichterstatter finden jetzt allmählich in Deutschland eine Atmosphäre, wie sie sagen, erstickenden Hasses vor, was auf sie seinen Eindruck natürlich nicht verfehlt. Dazu kommt, dass in England die Nachkriegssorgen von Tag zu Tag wachsen. Das englische Volk ist ein Volk ohne Hoffnung geworden. Es ist von Churchill in diesen verhängnisvollen Krieg hineingetrieben worden und wird ihn, à la longue gesehen, auf jeden Fall verlieren, ob es nun den Sieg davonträgt oder nicht. Zudem hat es Europa in das furchtbarste Unglück hineingestürzt, und zwar nicht nur die ihm befeindeten, sondern auch die ihm befreundeten Länder. In der französischen Hauptstadt beispielsweise kommen jetzt die Zeitungen mit grossen Schlagzeilen heraus, dass Paris vor dem Hungertode steht. Die Verhältnisse in Frankreich scheinen jeder Beschreibung zu spotten. Wir brauchen zum Beweise dessen keine eigenen Berichte, sondern die englisch-amerikanischen Berichte sagen uns schon genug.

Eine traurige Nachricht kommt über UP aus Mühlhausen in Thüringen. Dort sind in den Salzbergwerken unsere gesamten Goldreserven in Höhe von hundert Tonnen und dazu noch ungeheure Kunstschätze, u.a. die Nofretete, in die Hand der Amerikaner gefallen. Ich habe immer dagegen plädiert, dass

Gold und die Kunstschätze von Berlin weggebracht würden; aber Funk hat sich trotz meiner Einwendungen nicht eines Besseren belehren lassen. Wahrscheinlich ist er von seinen Mitarbeitern und Ratgebern beschwatzt worden, die sich am liebsten in eine scheinbar gesicherte Provinz, d.h. Thüringen, absetzen wollten. Nun haben sie in einer sträflichen Pflichtvergessenheit die wertvollsten Besitztümer des deutschen Volkes in die Hand des Feindes fallen lassen. Ich erfahre auf Erkundigungen bei der Reichsbahn, dass man zwar etwas laxe Massnahmen ergriffen hat, um vor allem die Gold- und Kunstschätze aus Thüringen nach Berlin zu transportieren; das ist aber bezeichnenderweise durch die Ostertage verhindert worden. Man könnte sich sämtliche Haare ausraufen, wenn man sich vorstellt, dass die Reichsbahn Ostern macht und unterdes unser gesamter Goldvorrat vom Feind erbeutet wird. Wenn ich der Führer wäre, dann wüsste ich, was jetzt zu tun ist. Aber ich nehme an, dass die Verantwortlichen in keiner Weise zur Rechenschaft gezogen werden. In Deutschland kann man ja nachgerade machen, was man will. Die starke Hand fehlt, die gegen solche Verbrechen aus Pflichtversäumnis entsprechend eingreift.

Die japanische Hauptstadt Tokio ist von den amerikanischen Bombern wiederum schwer angegriffen worden. Es scheint so, dass diese Luftangriffe auf die japanische Moral sehr abträglich wirken, denn die Japaner sind jetzt sowohl den Sowjets als auch den Angloamerikanern gegenüber ausserordentlich kleinlaut geworden. Beispielsweise ist in einer japanischen Erklärung zu lesen, dass die Japaner den Sowjets nie etwas Böses zugefügt hätten, dass die Sowjets die Aufgabe hätten, Europa neu zu ordnen, während diese Aufgabe für Ostasien Japan zufalle. Sinnigerweise werden wir in dieser Rangordnung völlig vergessen. Ich habe den Eindruck, dass die Japaner etwas ihre traditionelle Ruhe und Sicherheit verloren haben.

Die neue japanische Regierung Suzuki wird aus ziemlich unbekannten Männern zusammengesetzt. Suzuki übernimmt vorläufig selbst noch das Aussenministerium; aber man vermutet, dass er in einigen Tagen die Aussenpolitik dem ehemaligen japanischen Botschafter in Berlin, Togo, anvertrauen wird. Togo gehört zu den weicheren Naturen, und von ihm ist von unserer Seite aus nichts zu erwarten. Die japanische Botschaft in Berlin gibt auch schon zu, dass die neue Regierung ein Kabinett des Abwägens, eventuell sogar des Abtastens sei. Man kann sich also, was die japanische Kriegspolitik anlangt, auf einiges gefasst machen. Es wäre die blutigste Ironie der Geschichte dieses Krieges, wenn uns am Ende auch noch Japan verlorenginge und wir dann ganz allein auf weiter Flur ständen.

Die erste Regierungserklärung Suzukis ist im allgemeinen stark und fest. Aber man kennt das ja. Auch Badoglio hat zuerst eine stramme Kriegsrede gehalten, um einige Wochen später uns den Dolch in den Rücken zu stossen. Deshalb muss man solchen Erklärungen gegenüber sehr misstrauisch sein. Solange die Handlungen des neuen japanischen Kabinetts nicht bekannt sind, will ich jedenfalls keine besonderen Hoffnungen schöpfen. Es scheint geboten zu sein, sehr auf der Wacht zu stehen, damit wir nicht eines Tages von unangenehmen Überraschungen überrumpelt werden.

Das Misstrauen in der Feindkoalition ist weiter im Wachsen begriffen. Der amerikanische Aussenminister Stettinius gibt sich die grösste Mühe, eine Lanze für die vor ihrer Eröffnung schon etwas in Verwirrung geratene Konferenz von San Francisco bezw. San Fiasko zu brechen. Er wendet sich in einer Rede in New York gegen die über diese Konferenz in San Francisco verbreiteten panikartigen Gerüchte und erklärt, dass die Schwierigkeiten, die zwischen den Alliierten aufgetaucht seien, zwar gross wären, dass diese aber überwunden werden müssten. Im übrigen proklamiert Stettinius für die feindliche Koalition ganz verschwommene Friedensziele, aus denen gar nichts zu machen ist. Der Konflikt zwischen den feindlichen Mächten hat sich hauptsächlich an der Frage der Entführung von 15 polnischen Untergrundführern entwickelt. Diese Untergrundführer sind praktisch überhaupt nicht mehr auffindbar.

In London und Washington ist ein Rätselraten im Gange, wohin die Sowjets diese polnischen Untergrundführer befördert haben. Es wird dem Verdacht Ausdruck gegeben, dass Moskau sich ihrer habhaft gemacht hat, um mit ihnen direkt unter Umgehung der Angloamerikaner zu verhandeln und eventuell ein tragbares Ergebnis der Verhandlungen zur Umbildung des Lubliner Sowjetausschusses zu erreichen. Damit wären dann die Engländer und Amerikaner in Polen völlig überspielt und ausgeschaltet.

Aus all diesen Meldungen kann man entnehmen, dass in der feindlichen Koalition einer vor dem anderen Angst und Misstrauen hat, und dass die stärkste Angst und das stärkste Misstrauen besonders den Sowjets gilt.

Die Sowjets haben durch ihre militärischen Erfolge im Wiener Raum wieder mächtig Oberwasser bekommen. Sie kämpfen jetzt in den Wiener Vorstädten und dringen langsam in das Zentrum vor. Die Wiener Vorstädte haben zum grossen Teil die Waffen zugunsten der Roten Armee erhoben, wodurch natürlich in Wien ziemlich desolate Zustände entstanden sind. Das haben wir von dem sogenannten Wiener Humor, der bei uns in Presse und Rundfunk sehr gegen meinen Willen immer verniedlicht und verherrlicht worden ist. Der Führer hat die Wiener schon richtig erkannt. Sie stellen ein widerwärtiges Pack dar, das aus einer Mischung zwischen Polen, Tschechen, Juden und Deutschen besteht. Ich glaube aber, daß die Wiener doch besser hätten im Zaume gehalten werden können, wenn dort eine anständige und vor allem eine energische politische Führung am Ruder gewesen wäre. Schirach war dazu nicht der geeignete Mann. Aber wie oft habe ich das gesagt, und wie oft bin ich dabei nicht gehört worden!

Die Angloamerikaner haben in den letzten 24 Stunden in der Hauptsache Flugplätze angegriffen, und zwar im mecklenburgischen, hamburgischen und holsteinischen Raum. Ausserdem führten sie einen Angriff gegen unser Hydrierwerk in Pöhlberg.

Der erste Einsatz unserer Rammjäger hat nicht zu dem Erfolg

geführt, den wir uns davon versprochen hatten. Das wird damit begründet, dass die feindlichen Bomberverbände nicht in grossen Pulks anflogen, so dass sie einzeln bekämpft werden mussten. Ausserdem waren unsere Rammjäger einem so starken Abwehrfeuer durch die feindlichen Jäger ausgesetzt, dass sie zum Rammen nur in wenigen Fällen gekommen sind. Aber man darf deshalb noch nicht den Mut sinken lassen. Es handelte sich hier um einen ersten Versuch, der in den nächsten Tagen noch einmal, hoffentlich mit besserem Erfolg, wiederholt werden soll.

Die Frontlage ist an diesem Tage wie nie. Wir haben Wien praktisch verloren. Der Feind hat tiefe Einbrüche in Königsberg erzielt. Die Angloamerikaner stehen nicht weit von Braunschweig und Bremen entfernt. Kurz und gut, wenn man sich die Landkarte betrachtet, so sieht man, dass das Reich heute einen schmalen Schlauch darstellt von Norwegen bis an den Comacchio-See. Die wichtigsten Gebiete für unsere Ernährung und für unser Rüstungspotential sind uns verlorengegangen. Der Führer muss jetzt so schnell wie möglich unsere Offensive im thüringischen Raum einleiten, damit wir überhaupt wieder Atem schöpfen können. Jedenfalls mit dem Potential, das wir heute noch zur Verfügung haben, behalten wir nicht lange mehr unsere Atemfreiheit.

Der Führer hat nunmehr Hanke den Deutschen Orden in Gold verliehen. Nach Hierl also ist Hanke der zweite Deutsche, der diesen Orden, wenn auch in einer geringeren Klasse erhält. Hanke ist, wie er mir telefonisch mitteilt, darüber sehr glücklich. Er beurteilt die Lage in Breslau ausserordentlich kritisch. Er weiss nicht, ob er sich noch lange halten kann. Jedenfalls ist ihm diese hohe Ehrung sehr zu gönnen. Er benimmt sich fabelhaft und trägt der Partei in seiner kämpferischen Gesinnung nur Ehre ein.

Der Fall von Rahnsdorf kann jetzt als völlig erledigt angesehen werden. Der dortige Kreisleiter hat in Rahnsdorf eine Versammlung unter freiem Himmel veranstaltet, in der er die drakonischen Urteile und ihre Vollstreckung gegen die Rädelsführer zur Mitteilung gebracht hat. Diese Urteile haben in der Rahnsdorfer Bevölkerung geradezu erlösend gewirkt. Ich bin nach wie vor der Überzeugung, dass die Berliner Bevölkerung für die Aufrechterhaltung der öffentlichen Ruhe und Ordnung immer zu haben sein wird. Die renitenten Elemente müssen zu Paaren getrieben werden. Damit erwirbt man sich erfahrungsgemäss stets die Sympathie der Ordnung liebenden Elemente, die im allgemeinen die weitaus überwiegende Mehrheit darstellen.

Am Abend wird in der Lagemeldung mitgeteilt, daß die Hauptkämpfe sich im niedersächsischen Raum abspielen. Der Feind steht jetzt westlich und südlich von Hannover. Hildesheim ist in seine Hand gefallen. Er drückt stark in Richtung auf Bremen und steht schon westlich von Verden a.d. Aller. Man versucht jetzt, durch in diese Räume geworfene Alarmeinheiten seinen wieder rasant gewordenen Vormarsch zu stoppen. Westlich und südlich Göttingen hat der Feind die Weser überschritten. Die Lage im thüringischen Raum ist im grossen und ganzen unverändert. Nur bei Hildburghausen sind die Amerikaner weiter vorwärtsgekommen. Schweinfurt ist bedroht. Der amerikanische Vorstoss über Würzburg hinaus wird von unseren Truppen vorläufig noch erfolgreich bekämpft. Die Amerikaner haben, wie aus allen Meldungen hervorgeht, enorme Verluste; aber sie können sich das im Augenblick noch leisten. Auch Pforzheim ist in die Hand des Feindes gefallen. Dagegen hält sich die holländische Stellung sehr gut. Hier wird von unseren Fallschirmjägern ein ausserordentlich tapferer und verbissener Widerstand geleistet.

Die Lage an der Ostfront wird in der Hauptsache durch die ausserordentlich harten Kämpfe um den Stadtkern von Wien gekennzeichnet. Die Sowjets konnten östlich von Wien die Donau überschreiten; im übrigen sind sie in Richtung auf St. Pölten vorgestoßen. Die Vorgänge in der Wiener Bevölkerung selbst sind weiterhin außerordentlich unerfreulich und verschärfen natürlich die Situation für unsere dort kämpfenden Einheiten. Das kann sich Schirach auf sein Konto schreiben. Er trägt die Verantwortung für die Haltung der Wiener Bevölkerung, und von dieser Verantwortung kann er nicht freigesprochen werden. Schörner hat bei Oderberg einen eigenen Angriff eingeleitet, um feindliche Bereitstellungen zu zerschlagen. Dieser Angriff hat gute Fortschritte zu verzeichnen. Der Feind hat in Breslau von allen Seiten erneut aufs härteste angegriffen, konnte aber im allgemeinen aufgehalten werden. Allerdings muss man sich jetzt langsam die Frage vorlegen, wie lange das noch möglich sein wird. Auch Königsberg wurde ausserordentlich scharf vom Feinde angegriffen. Hier konnten die Sowjets tiefere Einbrüche erzielen.

Wiederum ein sorgenvoller Abend, der nach der Unterbrechung der letzten Tage erneut von einem feindlichen Mosquito-Angriff auf die Reichshauptstadt gekennzeichnet wird. Man hat sich an diese Mosquito-Angriffe schon so gewöhnt, dass man sie sozusagen zum Tagesprogramm rechnet. Wenn dic Engländer an einem Abend einmal nicht nach der Reichshauptstadt kommen, dann fehlt der Berliner Bevölkerung etwas.

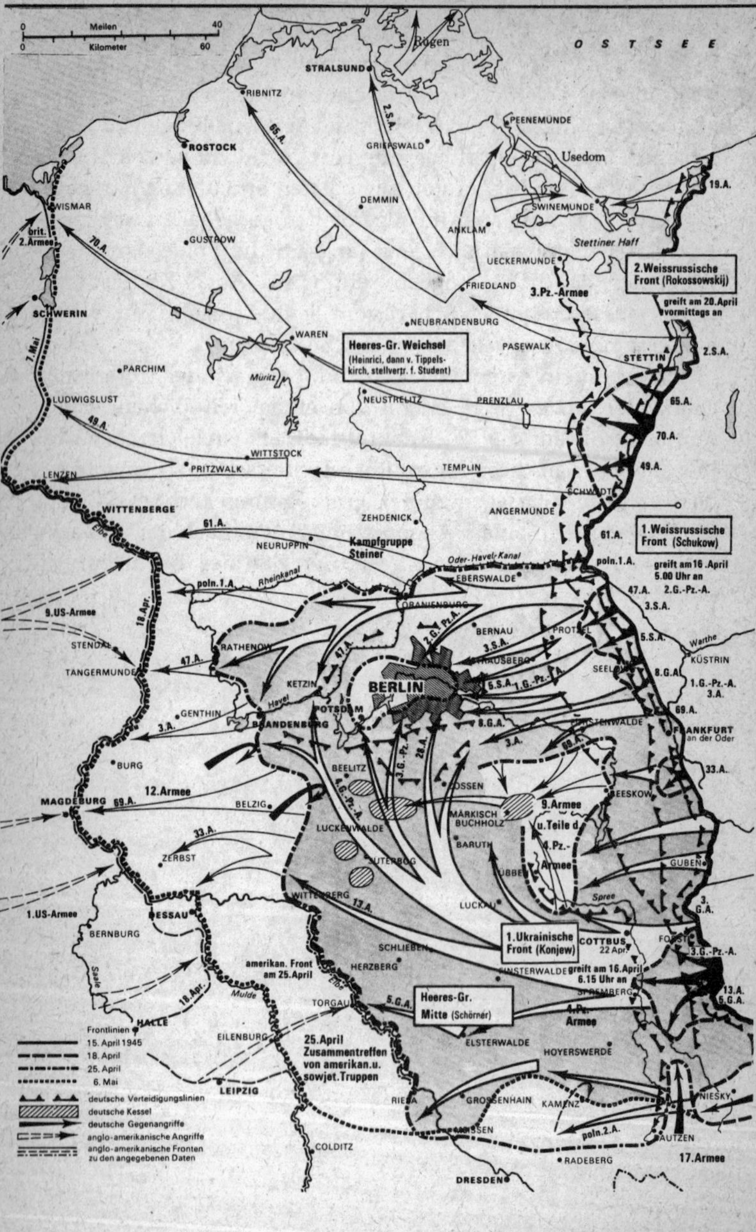

0 Meilen 40
0 Kilometer 60
OSTSEE
Rügen
STRALSUND
RIBNITZ
2.S.A.
65.A.
ROSTOCK
GRIEFSWALD
PEENEMÜNDE
Usedom
19.A.
DEMMIN
SWINEMÜNDE
WISMAR
brit. 2.Armee
70.A.
GUSTROW
ANKLAM
Stettiner Haff
UECKERMÜNDE
2.Weissrussische Front (Rokossowskij)
FRIEDLAND
3.Pz.-Armee
greift am 20.April vormittags an
SCHWERIN
NEUBRANDENBURG
WAREN
Heeres-Gr. Weichsel
(Heinrici, dann v. Tippelskirch, stellvertr. f. Student)
PASEWALK
STETTIN
2.S.A.
7.Mai
PARCHIM
Müritz
NEUSTRELITZ
PRENZLAU
65.A.
LUDWIGSLUST
49.A.
70.A.
WITTSTOCK
PRITZWALK
TEMPLIN
49.A.
LENZEN
SCHWEDT
WITTENBERGE
ANGERMÜNDE
ZEHDENICK
Elbe
61.A.
NEURUPPIN
Kampfgruppe Steiner
61.A.
1.Weissrussische Front (Schukow)
Oder-Havel-Kanal
poln.1.A.
greift am 16.April 5.00 Uhr an
poln.1.A.
Rheinkanal
EBERSWALDE
47.A.
2.G.-Pz.-A.
3.S.A.
9.US-Armee
18.Apr.
ORANIENBURG
2.G.-Pz.-A.
BERNAU
PROTZEL
5.S.A.
Warthe
STENDAL
RATHENOW
47.A.
3.S.A.
STRAUSBERG
KÜSTRIN
47.A.
SEELOW
8.G.A.
TANGERMÜNDE
KETZIN
BERLIN
5.S.A.
1.G.-Pz.-A.
1.G.-Pz.-A.
3.A.
Havel
69.A.
GENTHIN
POTSDAM
BRANDENBURG
8.G.A.
FÜRSTENWALDE
FRANKFURT an der Oder
3.A.
3.A.
69.A.
BURG
BEELITZ
3.G.-Pz.-A.
28.A.
33.A.
4.G.-Pz.-A.
ZOSSEN
BEESKOW
MAGDEBURG
69.A.
12.Armee
BELZIG
MÄRKISCH BUCHHOLZ
9.Armee u.Teile d. 4.Pz.-Armee
LUCKENWALDE
33.A.
BARUTH
ZERBST
JÜTERBOG
LÜBBEN
GUBEN
1.US-Armee
WITTENBERG
13.A.
Spree
3. G.A.
DESSAU
LUCKAU
BERNBURG
1.Ukrainische Front (Konjew)
COTTBUS 22 Apr.
FORST
SCHLIEBEN
3.G.-Pz.-A.
amerikan. Front am 25.April
HERZBERG
FINSTERWALDE
greift am 16.April 6.15 Uhr an
Saale
18.Apr.
Mulde
Elbe
13.A.
5.G.A.
SPREMBERG
TORGAU
5.G.A.
Heeres-Gr. Mitte (Schörner)
4.Pz. Armee
HALLE
Frontlinien
15. April 1945
18. April
25. April
6. Mai
deutsche Verteidigungslinien
deutsche Kessel
deutsche Gegenangriffe
anglo-amerikanische Angriffe
anglo-amerikanische Fronten zu den angegebenen Daten
EILENBURG
25.April Zusammentreffen von amerikan.u. sowjet.Truppen
ELSTERWALDE
HOYERSWERDE
LEIPZIG
RIESA
GROSSENHAIN
KAMENZ
NIESKY
MEISSEN
poln.2.A.
BAUTZEN
COLDITZ
RADEBERG
17.Armee
DRESDEN

10. April 1945 *Dienstag*

[S. 1–10 (nur »Militärische Lage«)]

Gestern:

Militärische Lage:

Der Schwerpunkt der Kämpfe an der Oderfront lag wieder im Wiener und Königsberger Raum.

In Wien erreichte der Feind über den Kahlenberg und Grinzing den Franz-Joseph-Bahnhof und die Gegend des Donau-Kanals. Auch im Westen der Stadt erzielte er einige Einbrüche. Ostwärts Mariabrunn, bei St.Veit und Mauer, an der Süd- und Südostfront von Wien, sind schwere Häuserkämpfe im Gange. Im Arsenal und Museumsgelände hatten die Bolschewisten nur unwesentlichen Bodengewinn. Bei Nussdorf übergesetzter Feind wurde zurückgeschlagen. Beiderseits der Bahn und Straße Wien–St. Pölten erreichten sowjetische Kräfte die Gegend 20 km östlich St.Pölten. Zwischen der Drau und dem Kampfraum von Wien führte der Feind zahlreiche örtliche Angriffe, die im allgemeinen abgewiesen wurden.

Auch zahlreiche feindliche Angriffe an der Protektoratsgrenze gegen den March-Abschnitt wurden im wesentlichen zerschlagen. Im Westteil der Slowakei in Richtung Norden geführte bolschewistische Angriffe erreichten den Grenzraum des Protektorats – in der Gegend von Holic–Trentschin.

Südlich von Ratibor wurde ein feindlicher Brückenkopf in eigenen Angriffen eingeengt, ein örtlicher Einbruch am Westrand von Breslau beseitigt.

An der Neisse- und Oder-Front keine besonderen Ereignisse.

Die feindliche Bewegung aus dem Raum Danzig nach Westen hält an. Man vermutet, daß die freiwerdenden sowjetischen Kräfte an die Stettiner bezw. Frankfurter Front übergeführt werden. Im Kampf um Königsberg konnte der Feind tiefere Einbrüche erzielen und die Verbindung mit Samland unterbrechen. Die Besatzung von Königsberg ist durch den von Westen, Osten und Norden vordringenden Feind auf engen Raum zusammengedrückt worden.

In Kurland keine besonderen Kampfhandlungen.

An der Westfront nahm der feindliche Druck in Ostholland zu. Gegen Deventer sind heftige Angriffe im Gange. Hier sind hauptsächlich kanadische Verbände eingesetzt. Nach Norden vorstossend erreichten feindliche Spitzen den Raum Almelo, Zwolle und Meppel. Aus dem Raum Lingen–Rheine werden keine besonderen Ereignisse gemeldet. Auch im Raum südlich von Bremen kamen die feindlichen Spitzen nur verhältnismässig wenig vor. Von Twistringen aus gelangten sie entlang der Bahn bis Bassum. Aus dem Raum zwischen Nienburg und Minden drang der Feind in Richtung Osten weiter auf Hannover vor, seine Spitzen stehen in der Gegend von Neustadt bei Wunstorf, Stadthagen und Bückeburg. Von Hildesheim aus nach Norden einschwenkend gelangten Feindkräfte in Richtung auf Lehrte bis südlich des Weser-Elbe-Kanals, so dass nunmehr ein Angriff von Westen und Süden gegen Hannover zu erwarten ist. Die feindlichen Spitzen stehen etwa 10 bis 15 km nördlich von Hildesheim bezw. 20 bis 30 km südlich Hannover. Eine andere Kräftegruppe ging südlich von Hildesheim weiter in Richtung Osten vor und erreichte zwischen Hildesheim und Salzgitter die Gegend von Bockenem. Andere feindliche Kräfte gelangten bis Alfeld, Kreiensen und Einbeck. Die Amerikaner drangen in Göttingen ein, wo lebhafte Kämpfe, insbesondere im Kasernenviertel, entbrannt sind. Bei Bad Sooden an der Werra setzte der Feind Fallschirmtruppen ein und bildete auf dem Ostufer einen Brückenkopf. Heftige Kämpfe sind hier im Gange. Im Raum Mühlhausen und Langensalza–Gotha keine Veränderung der Lage. Aus Friedrichsroda wurde der Feind im Gegenangriff wieder geworfen. Auch bei Tambach-Dietharz griffen wir an und fügten dem Gegner hohe Verluste zu. Von Hildburghausen aus dehnt sich der Feind fächerförmig aus; er erzielte hier aber nur verhältnismässig geringen Geländegewinn. Aus dem Raum nördlich Schweinfurt drang der Gegner über die Fränkische Saale bis Königshofen vor. Bei Schweinfurt selbst blieb die Lage unverändert. Östlich von Würzburg überschritten feindliche Kräfte bei Volkach den Main. Unsere Gegenangriffe gegen die nach Crailsheim vorgeprellten feindlichen Spitzen schreiten gut vorwärts. Eigene Truppen drangen in Crailsheim ein und stehen an der Strasse Crailsheim–Mergentheim in heftigen Kämpfen mit dem Feind. Südlich von Bretten drang der Feind über Mühlacker in Pforzheim ein.

Gegen die Heeresgruppe B (Ruhrgebiet, Sauerland–Rothaargebirge) führten die Amerikaner konzentrische Angriffe mit dem Schwerpunkt am Nordrand des Ruhrgebietes, an der Sieg-Front und am Rothaargebirge. Im Ruhrgebiet drang der Feind bis an den Nordrand von Oberhausen und bis Castrop-Rauxel vor. Auch in Richtung Dortmund gewann er etwas an Boden. Beiderseits Werl erreichte er die Bahn von Unna nach Soest. Hier wurde er in eigenen Gegenangriffen aufgefangen. Bei Hitdorf und zwischen Düsseldorf und Köln eingesetzte Feindkräfte wurden in Gegenangriffen vernichtet. An der Sieg-Front und im Rothaargebirge hatte der Feind nur geringen Geländegewinn und wurde in eigenen Gegenangriffen an vielen Stellen aufgehalten und geworfen. Allerdings wird gemeldet, daß die Munitionslage auf deutscher Seite schwierig geworden ist.

Von der italienischen Front werden keinerlei Kämpfe gemeldet.

Die feindliche Lufttätigkeit im Osten war besonders stark im Raum von Wien und bei Königsberg. Insgesamt wurden gestern 18 sowjetische Flugzeuge abgeschossen. Ins Reichsgebiet flogen etwa 1200 amerikanische viermot. Bomber zu Angriffen auf Industrie- und Verkehrsziele in Nord-, Mittel-

und Süddeutschland ein. 350 amerikanische viermot. Bomber operierten über Mittel- und Nordwestdeutschland, weitere 350 über Süd- und Südwestdeutschland. Angegriffen wurden u.a. Schleiz, Sondershausen, Stadtroda, der Raum Hannover–Hildesheim, Plauen, Halberstadt, Stendal, Hof, Eger sowie einige Fliegerhorste. Einzelne Bombenabwürfe in den Räumen Burg, Thale im Harz und Rathenow. Stärkere feindliche Jagdtätigkeit mit Schwerpunkt Nordhausen–Gera. Aus Italien einfliegend griffen 500 amerikanische viermot. Bomber Verkehrsziele im Raum Innsbruck–Bozen an. Ein schwacher sowjetischer Kampfverband flog einen Angriff auf Brünn. Die eigene Jagdabwehr trat nicht in Tätigkeit. Die Flak erzielte zwei Abschüsse.

Nachts herrschte über dem gesamten Reichsgebiet lebhafte feindliche Fernnachtjagd mit Bordwaffenangriffen auf Verkehrsziele. Einflug von zwei starken britischen viermot. Kampfverbänden unter Mosquito-Führung mit Angriffen gegen Hamburg, Lützkendorf und den Raum Bernburg. Mosquitoangriffe richteten sich gegen Lübeck, Travemünde, Dessau, Berlin und München. Im Laufe der Nacht wurden nach den bisherigen Meldungen 20 feindliche Flugzeuge abgeschossen.

SCHWEDEN
DÄNEMARK
OSTSEE
Litauen
OST-
PREUSSEN
Elbe
BREMEN
BERLIN
Oder
Neisse
Weichsel
WARSCHAU
POLEN
SOWJET-
UNION
Bug
DEUTSCHLAND
BONN
PRAG
NÜRNBERG
TSCHECHOSLOWAKEI
Donau
MÜNCHEN
WIEN
ÖSTERREICH
UNGARN
RUMÄNIEN
SCHWEIZ
Besatzungszonen der Alliierten
britisch
amerikanisch
französisch
sowjetisch
kontrolliert von Viermächte-Kommission
Grenzen Deutschlands von 1937
andere Vorkriegs-Grenzen
deutsche Gebiete besetzt von
Sowjet-Union
Polen
polnische u. sowjetische Grenzen von 1945
0 Meilen 2
0 Kilometer 3

Anhang

Dokumente

Aufruf Adolf Hitlers an die Berliner Bevölkerung vom 22. April 1945
(Veröffentlicht in der ersten Nummer der Flugblatt-Zeitung »Der Panzerbär« vom 23. April 1945)

Eine ernste Mahnung des Führers!
Merkt Euch!

Jeder, der Maßnahmen, die unsere Widerstandskraft schwächen, propagiert oder gar billigt, ist ein Verräter! Er ist augenblicklich zu erschießen oder zu erhängen! Das gilt auch dann, wenn angeblich solche Maßnahmen im Auftrage des Gauleiters Reichsminister Dr. Goebbels oder gar im Namen des Führers befohlen werden sollten.

Führerhauptquartier, den 22.4.1945 gez. Adolf Hitler

Brief von Dr. Joseph Goebbels an Harald Quandt vom 28. April 1945

Begonnen im Führerbunker 28. April 45

Mein lieber Harald!

Wir sitzen eingeschlossen im Führerbunker in der Reichskanzlei und kämpfen um unser Leben und um unsere Ehre. Wie dieser Kampf ausgehen wird, das weiß nur Gott allein. Ich aber weiß, daß wir nur mit Ehre und Ruhm lebend oder tot daraus hervorgehen werden. Ich glaube kaum, daß wir uns noch einmal wiedersehen werden. Darum sind das wahrscheinlich die letzten Zeilen, die Du von mir empfängst. Ich erwarte von Dir, daß Du, wenn Du diesen Krieg überstehst, Deiner Mutter und mir nur Ehre machen wirst. Es ist garnicht nötig, daß wir lebend da sind, um auf die Zukunft unseres Volkes einzuwirken. Du wirst unter Umständen der Einzige sein, der unsere Familientradition weiter fortführt. Tue es immer so, daß wir uns dessen nicht zu schämen brauchen. Deutschland wird diesen furchtbaren Krieg überstehen, aber nur dann, wenn unser Volk Beispiele vor Augen hat, an denen es sich wieder aufrichten kann. Ein solches Beispiel wollen wir geben. Du kannst stolz darauf sein, eine Mutter wie die Deine zu besitzen. Der Führer hat ihr gestern Abend das Goldene Parteiabzeichen, das er jahrelang an seinem Rock trug, gegeben, und sie hat es auch verdient. Du darfst in Zukunft nur eine Aufgabe kennen, Dich des schwersten Opfers, das wir zu bringen bereit und entschlossen sind, wert zu erweisen. Ich weiß, daß Du das tun wirst. Laß Dich nicht vom Lärm der Welt, der nun einsetzen wird, verwirren. Die Lügen, werden eines Tages in sich zusammenbrechen und über ihnen wieder die Wahrheit triumphieren. Es wird die Stunde sein, da wir über allem stehen, rein und makellos, so wie unser Glaube und Streben immer gewesen ist.

Leb' wohl, mein lieber Harald! Ob wir uns jemals wiedersehen werden, das steht bei Gott. Wenn nein, dann sei immer stolz darauf zu einer Familie zu gehören, die dem Führer und seiner reinen, heiligen Sache, auch im Unglück bis zum letzten Augenblick treu geblieben ist.

Alles Gute und meine herzlichsten Grüße Dein Papa

Brief von Magda Goebbels an Harald Quandt vom 28. April 1945

Geschrieben im Führerbunker den 28. April 1945.

Mein geliebter Sohn!

Nun sind wir schon 6 Tage hier im Führerbunker, Papa, Deine sechs kleinen Geschwister und ich, um unserem nationalsozialistischen Leben den einzig möglichen, ehrenvollen Abschluß zu geben. Ob Du diesen Brief erhältst, weiß ich nicht. Vielleicht gibt es doch eine menschliche Seele, die es mir ermöglicht, Dir meine letzten Grüße zu senden. Du sollst wissen, daß ich gegen den Willen Papas bei ihm geblieben bin, daß noch vorigen Sonntag der Führer mir helfen wollte, hier herauszukommen. Du kennst Deine Mutter – wir haben dasselbe Blut, es gab für mich keine Überlegung. Unsere herrliche Idee geht zu Grunde – mit ihr alles, was ich Schönes, Bewundernswertes, Edles und Gutes in meinem Leben gekannt habe. Die Welt, die nach dem Führer und dem Nationalsozialismus kommt, ist nicht mehr wert, darin zu leben, und deshalb habe ich auch die Kinder hierher mitgenommen. Sie sind zu schade für das nach uns kommende Leben, und ein gnädiger Gott wird mich verstehen, wenn ich selbst ihnen die Erlösung geben werde. Du wirst weiterleben, und ich habe die einzige Bitte an Dich: Vergiß nie, daß Du ein Deutscher bist, tue nie etwas, was gegen die Ehre ist, und sorge dafür, daß durch Dein Leben unser Tod nicht umsonst gewesen ist.

Die Kinder sind wunderbar. Ohne Hilfe helfen sie sich selbst in diesen mehr als primitiven Verhältnissen. Ob sie auf dem Boden schlafen, ob sie sich waschen können, ob sie zu essen haben und was – niemals ein Wort der Klage oder ein Weinen. Die Einschläge erschüttern den Bunker. Die Größeren beschützen die noch Kleineren, und ihre Anwesenheit hier ist schon dadurch ein Segen, daß sie dem Führer hin und wieder ein Lächeln abgewinnen.

Gestern abend hat der Führer sein Goldenes Parteiabzeichen abgenommen und mir angeheftet. Ich bin stolz und glücklich. Gott gebe, daß mir die Kraft bleibt, um das Letzte, Schwerste zu tun. Wir haben nur noch ein Ziel: Treue bis in den Tod dem Führer, und daß wir zusammen das Leben mit ihm beenden konnen, ist eine Gnade des Schicksals, mit der wir niemals zu rechnen wagten.

Harald, lieber Junge – ich gebe Dir das Beste noch auf den Weg, was das Leben mich gelehrt hat: Sei treu! Treu Dir selbst, treu den Menschen und treu Deinem Land gegenüber. In jeder und jeder Beziehung!

[Neuer Bogen]

Einen neuen Bogen anzufangen ist schwer. Wer weiß, ob ich ihn ausfüllen kann, aber ich möchte noch soviel Liebe Dir geben, soviel Kraft, und Dir jede Trauer über unseren Verlust nehmen. Sei stolz auf uns und versuche, uns in stolzer, freudiger Erinnerung zu behalten. Einmal muß jeder Mensch sterben, und ist es nicht schöner, ehrenvoll und tapfer kurz zu leben, als unter schmachvoller Bedingung ein langes Leben zu führen?

Der Brief soll raus – – – Hanna Reitsch nimmt ihn mit. Sie fliegt nochmals raus! Ich umarme Dich in innigster, herzlichster, mütterlichster Liebe!

Mein geliebter Sohn
Lebe für Deutschland!
Deine Mutter

Politisches Testament Adolf Hitlers vom 29. April 1945
ADOLF HITLER

Mein politisches Testament.

Seit ich 1914 als Freiwilliger meine bescheidene Kraft im ersten, dem Reich aufgezwungenen Weltkrieg einsetzte, sind nunmehr über dreißig Jahre vergangen.

In diesen drei Jahrzehnten haben mich bei all meinem Denken, Handeln und Leben nur die Liebe und Treue zu meinem Volk bewegt. Sie gaben mir die Kraft, schwerste Entschlüsse zu fassen, wie sie bisher noch keinem Sterblichen gestellt worden sind. Ich habe meine Zeit, meine Arbeitskraft und meine Gesundheit in diesen drei Jahrzehnten verbraucht.

Es ist unwahr, daß ich oder irgendjemand anderer in Deutschland den Krieg im Jahre 1939 gewollt haben. Er wurde gewollt und angestiftet ausschließlich von jenen internationalen Staatsmännern, die entweder jüdischer Herkunft waren oder für jüdische Interessen arbeiteten. Ich habe zuviele Angebote zur Rüstungsbeschränkung und Rüstungsbegrenzung gemacht, die die Nachwelt nicht auf alle Ewigkeit wegzuleugnen vermag, als daß die Verantwortung für den Ausbruch dieses Krieges auf mir lasten könnte. Ich habe weiter nie gewollt, daß nach dem ersten unseligen Weltkrieg ein zweiter gegen England oder gar gegen Amerika entsteht. Es werden Jahrhunderte vergehen, aber aus den Ruinen unserer Städte und Kunstdenkmäler wird sich der Haß gegen das, letzten Endes verantwortliche Volk immer wieder erneuern, dem wir das alles zu verdanken haben: Dem internationalen Judentum und seinen Helfern!

Ich habe noch drei Tage vor Ausbruch des deutsch-polnischen Krieges dem britischen Botschafter in Berlin eine Lösung der deutsch-polnischen Probleme vorgeschlagen – ähnlich der im Falle des Saargebietes unter internationaler Kontrolle. Auch dieses Angebot kann nicht weggeleugnet werden. Es wurde nur verworfen, weil die maßgebenden Kreise der englischen Politik den Krieg wünschten, teils der erhofften Geschäfte wegen, teils getrieben durch eine, vom internationalen Judentum veranstaltete Propaganda.

Ich habe aber auch keinen Zweifel darüber gelassen, daß, wenn die Völker Europas wieder nur als Aktienpakete dieser internationalen Geld- und Finanzverschwörer angesehen werden, dann auch jenes Volk mit zur Verantwortung gezogen werden wird, das der eigentlich Schuldige an diesem mörderischen Ringen ist: Das Judentum! Ich habe weiter keinen darüber im Unklaren gelassen, daß dieses Mal nicht nur Millionen Kinder von Europäern der arischen Völker verhungern werden, nicht nur Millionen erwachsener Männer den Tod erleiden und nicht nur Hunderttausende an Frauen und Kindern in den Städten verbrannt und zu Tode bombardiert werden dürften, ohne daß der eigentlich Schuldige, wenn auch durch humanere Mittel, seine Schuld zu büßen hat.

Nach einem sechsjährigen Kampf, der einst in die Geschichte trotz aller Rückschläge als ruhmvollste und tapferste Bekundung des Lebenswillens eines Volkes eingehen wird, kann ich mich nicht von der Stadt trennen, die die Hauptstadt dieses Reiches ist. Da die Kräfte zu gering sind, um dem feindlichen Ansturm gerade an dieser Stelle noch länger standzuhalten, der eigene Widerstand aber durch ebenso verblendete wie charakterlose Subjekte allmählich entwertet wird, möchte ich mein Schicksal mit jenem teilen, das Millionen anderer auch auf sich genommen haben, indem ich in dieser Stadt bleibe. Außerdem will ich nicht Feinden in die Hände fallen, die zur Erlustigung ihrer verhetzten Massen ein neues, von Juden arrangiertes Schauspiel benötigen.

Ich hatte mich daher entschlossen, in Berlin zu bleiben und dort aus freien Stücken in dem Augenblick den Tod zu wählen, in dem ich glaube, daß der Sitz des Führers und Kanzlers selbst nicht mehr gehalten werden kann. Ich sterbe mit freudigem Herzen angesichts der mir bewußten unermeßlichen Taten und Leistungen unserer Soldaten an der Front, unserer Frauen zuhause, den Leistungen unserer Bauern und Arbeiter und dem in der Geschichte einmaligen Einsatz unserer Jugend, die meinen Namen trägt.

Daß ich ihnen allen meinen aus tiefstem Herzen kommenden Dank ausspreche, ist ebenso selbstverständlich wie mein Wunsch, daß sie deshalb den Kampf unter keinen Umständen aufgeben mögen, sondern, ganz gleich wo immer, ihn gegen die Feinde des Vaterlandes weiterführen, getreu den Bekenntnissen eines großen Clausewitz. Aus dem Opfer unserer Soldaten und aus meiner eigenen Verbundenheit mit ihnen bis in den Tod, wird in der deutschen Geschichte so oder so einmal wieder der Samen aufgehen zur strahlenden Wiedergeburt der nationalsozialistischen Bewegung und damit zur Verwirklichung einer wahren Volksgemeinschaft.

Viele tapferste Männer und Frauen haben sich entschlossen, ihr Leben bis zuletzt an das meine zu binden. Ich habe sie gebeten und ihnen endlich befohlen, dies nicht zu tun, sondern am weiteren Kampf der Nation teilzunehmen. Die Führer der Armeen, der Marine und der Luftwaffe bitte ich, mit äußersten Mitteln den Widerstandsgeist unserer Soldaten im nationalsozialistischen Sinne zu verstärken unter dem besonderen Hinweis darauf, daß auch ich selbst, als der Gründer und Schöpfer dieser Bewegung, den Tod dem feigen Absetzen oder gar einer Kapitulation vorgezogen habe.

Möge es dereinst zum Ehrbegriff des deutschen Offiziers gehören – so wie dies in unserer Marine schon der Fall ist – daß die Übergabe einer Landschaft oder einer Stadt unmöglich ist und daß vor allem die Führer hier mit leuchtendem Beispiel voranzugehen haben in treuester Pflichterfüllung bis in den Tod.

Zweiter Teil des politischen Testaments.

Ich stoße vor meinem Tode den früheren Reichsmarschall Hermann *Göring* aus der Partei aus und entziehe ihm alle Rechte, die sich aus dem Erlaß vom 29. Juni 1941 sowie aus meiner Reichstagserklärung vom 1. September 1939 ergeben könnten. Ich ernenne an Stelle dessen den Großadmiral *Dönitz* zum Reichspräsidenten und Obersten Befehlshaber der Wehrmacht.

Ich stoße vor meinem Tode den früheren Reichsführer-SS und Reichsminister des Innern, Heinrich *Himmler* aus der Partei sowie aus allen Staatsämtern aus. Ich ernenne an seiner Stelle den Gauleiter Karl *Hanke* zum Reichsführer-SS und Chef der deutschen Polizei und den Gauleiter Paul *Giesler* zum Reichsminister des Innern.

Göring und Himmler haben durch geheime Verhandlungen mit dem Feinde, die sie ohne mein Wissen und gegen meinen Willen abhielten, sowie durch den Versuch, entgegen dem Gesetz, die Macht im Staate an sich zu reißen, dem Lande und dem gesamten Volk unabsehbaren Schaden zugefügt, gänzlich abgesehen von der Treulosigkeit gegenüber meiner Person.

Um dem deutschen Volk eine aus ehrenhaften Männern zusammengesetzte Regierung zu geben, die die Verpflichtung erfüllt, den Krieg mit allen Mitteln weiter fortzusetzen, ernenne ich als Führer der Nation folgende Mitglieder des neuen Kabinetts:

Reichspräsident: *Dönitz*
Reichskanzler: *Dr. Goebbels*
Parteiminister: *Bormann*
Außenminister: *Seyß-Inquart*
Innenminister: Gauleiter *Giesler*
Kriegsminister: *Dönitz*
Oberbefehlshaber des Heeres: *Schörner*
Oberbefehlshaber der Kriegsmarine: *Dönitz*
Oberbefehlshaber der Luftwaffe: *Greim*
Reichsführer-SS und Chef der Deutschen Polizei: Gauleiter *Hanke*
Wirtschaft: *Funk*
Landwirtschaft: *Backe*
Justiz: *Thierack*
Kultus: *Dr. Scheel*
Propaganda: *Dr. Naumann*
Finanzen: *Schwerin-Crossigk*
Arbeit: *Dr. Hupfauer*
Rüstung: *Saur*
Leiter der Deutschen Arbeitsfront und Mitglied des Reichskabinetts: Reichsminister *Dr. Ley*.

Obwohl sich eine Anzahl dieser Männer, wie Martin Bormann, Dr. Goebbels usw. einschließlich ihrer Frauen, aus freiem Willen zu mir gefunden haben und unter keinen Umständen die Hauptstadt des Reiches verlassen wollten, sondern bereit waren, mit mir hier unterzugehen, muß ich sie doch bitten, meiner Aufforderung zu gehorchen und in diesem Falle das Interesse der Nation über ihr eigenes Gefühl zu stellen. Sie werden mir durch ihre Arbeit und ihre Treue als Gefährten nach dem Tode ebenso nahestehen, wie ich hoffe, daß mein Geist unter ihnen weilen und sie stets begleiten wird. Mögen sie hart sein, aber niemals ungerecht, mögen sie vor allem nie die Furcht zum Ratgeber ihres Handelns erheben und die Ehre der Nation über alles stellen, was es auf Erden gibt. Mögen sie sich endlich dessen bewußt sein, daß unsere Aufgabe, des Ausbaus eines nationalsozialistischen Staates die Arbeit kommender Jahrhunderte darstellt, die jeden einzelnen verpflichtet, immer dem gemeinsamen Interesse zu dienen und seine eigenen Vorteile demgegenüber zurückzustellen. Von allen Deutschen, allen Nationalsozialisten, Männern und Frauen und allen Soldaten der Wehrmacht verlange ich, daß sie der neuen Regierung und ihren Präsidenten treu und gehorsam sein werden bis in den Tod.

Vor allem verpflichte ich die Führung der Nation und die Gefolgschaft zur peinlichen Einhaltung der Rassegesetze und zum unbarmherzigen Widerstand gegen den Weltvergifter aller Völker, das internationale Judentum.

Gegeben zu Berlin, den 29. April 1945, 4.00 Uhr

Adolf Hitler

Als Zeuge:
Dr. Joseph Goebbels
Martin Bormann
Wilhelm Burgdorf
Hans Krebs

Zusatz zum Testament Adolf Hitlers von Dr. Joseph Goebbels vom 29. April 1945

Der Führer hat mir den Befehl gegeben, im Falle des Zusammenbruchs der Verteidigung der Reichshauptstadt Berlin zu verlassen und als führendes Mitglied an einer von ihm ernannten Regierung teilzunehmen.

Zum erstenmal im meinem Leben muß ich mich kategorisch weigern, einem Befehl des Führers Folge zu leisten. Meine Frau und meine Kinder schließen sich dieser Weigerung an. Im anderen Falle würde ich mir selbst – abgesehen davon, daß wir es aus menschlichen Gründen und solchen der persönlichen Treue niemals über das Herz bringen könnten, den Führer in seiner schwersten Stunde allein zu lassen – für mein ganzes ferneres Leben als ein ehrloser Abtrünnling und gemeiner Schuft vorkommen, der mit der Achtung vor sich selbst auch die Achtung seines Volkes verlöre, die die Voraussetzung eines weiteren Dienstes meiner Person an der Zukunftgestaltung der Deutschen Nation und des Deutschen Reiches bilden müßte.

In dem Delirium von Verrat, das in diesen kritischen Tagen des Krieges den Führer umgibt, muß es wenigstens einige geben, die bedingungslos und bis zum Tode zu ihm halten, auch wenn das einem formalen, sachlich noch so begründeten Befehl, den er in seinem politischen Testament zum Ausdruck bringt, widerspricht.

Ich glaube, damit dem deutschen Volk für seine Zukunft den besten Dienst zu erweisen, denn für die kommenden schweren Zeiten sind Vorbilder noch wichtiger als Männer. Männer werden sich immer finden, die der Nation den Weg ins Freie zeigen. Aber eine Neubildung unseres völkisch-nationalen Lebens wäre unmöglich, wenn sie sich nicht auf der Grundlage klarer und jedem verständlicher Vorbilder entwickelte. Aus diesem Grunde bringe ich mit meiner Frau und im Namen meiner Kinder, die zu jung sind, um sich selbst äußern zu können, die sich aber, wenn sie das nötige Alter dazu besäßen, vorbehaltlos dieser Entscheidung anschließen würden, meinen unverrückbaren Entschluß zum Ausdruck, die Reichshauptstadt, auch wenn sie fällt, nicht zu verlassen und eher an der Seite des Führers ein Leben zu beenden, das für mich persönlich keinen Wert mehr besitzt, wenn ich es nicht im Dienst für den Führer und an seiner Seite zum Einsatz bringen kann.

Gegeben zu Berlin, den 29. April 1945, 5.30 Uhr.

Dr. Goebbels

Amtliche deutsche Mitteilung über den Tod Hitlers vom 1. Mai 1945 (Rundfunkmeldung)

Aus dem Führerhauptquartier wird gemeldet, daß unser Führer Adolf Hitler heute nachmittag in seinem Befehlsstand in der Reichskanzlei, bis zum letzten Atemzug gegen den Bolschewismus kämpfend, für Deutschland gefallen ist. Am 30. April hat der Führer den Großadmiral Dönitz zu seinem Nachfolger ernannt.

Rundfunkansprache des Großadmirals Dönitz an das deutsche Volk vom 1. Mai 1945

Deutsche Männer und Frauen, Soldaten der deutschen Wehrmacht!

Unser Führer, Adolf Hitler, ist gefallen. In tiefster Trauer und Ehrfurcht verneigt sich das deutsche Volk. Frühzeitig hatte er die furchtbare Gefahr des Bolschewismus erkannt und diesem Ringen sein Dasein geweiht. Am Ende dieses seines Kampfes und seines unbeirrbaren, geraden Lebensweges steht sein Heldentod in der Hauptstadt des Deutschen Reiches. Sein Leben war ein einziger Dienst für Deutschland. Sein Einsatz im Kampf gegen die bolschewistische Sturmflut galt darüber hinaus Europa und der gesamten Kulturwelt.

Der Führer hat mich zu seinem Nachfolger bestimmt. Im Bewußtsein der Verantwortung übernehme ich die Führung des deutschen Volkes in dieser schicksalsschweren Stunde. Meine erste Aufgabe ist es, deutsche Menschen vor der Vernichtung durch den vordrängenden bolschewistischen Feind zu retten. Nur für diesen Zweck geht der militärische Kampf weiter. Soweit und solange die Erreichung dieses Ziels durch die Briten und Amerikaner behindert wird, werden wir uns auch gegen sie weiter verteidigen und weiterkämpfen müssen. Die Anglo-Amerikaner setzen dann den Krieg nicht mehr für ihre eigenen Völker, sondern allein für die Ausbreitung des Bolschewismus in Europa fort.

Was das deutsche Volk in dem Ringen dieses Krieges kämpfend vollbrachte und in der Heimat ertragen hat, ist geschichtlich einmalig. In der kommenden Notzeit unseres Volkes werde ich bestrebt sein, unseren tapferen Frauen, Männern und Kindern, soweit dies in meiner Macht steht, erträgliche Lebensbedingungen zu schaffen. Zu alledem brauche ich eure Hilfe. Schenkt mir euer Vertrauen, denn euer Weg ist auch mein Weg. Haltet Ordnung und Disziplin in Stadt und Land aufrecht, tue jeder an seiner Stelle seine Pflicht! Nur so werden wir die Leiden, die die kommende Zeit jedem einzelnen von uns bringen wird, mildern und den Zusammenbruch verhindern. Wenn wir tun, was in unseren Kräften steht, wird auch der Herrgott nach so viel Leid und Opfern uns nicht verlassen.

Aufruf von Generalfeldmarschall Schörner an die Soldaten der Heeresgruppe Mitte vom 5. Mai 1945

Der Oberbefehlshaber
der Heeresgruppe Mitte H. Qu., den 5. Mai 1945

Soldaten der Heeresgruppe Mitte!
Nach sechsjährigem harten Kampf ist es der Übermacht unserer Feinde gelungen, einen Teil unserer Fronten zum Einsturz zu bringen; allein die Front der südlichen Heeresgruppen der Ostfront steht noch ungebrochen. Dies ist Eurer Tapferkeit und Standhaftigkeit zu danken.

Der Krieg geht seinem Ende zu. Entsprechend dem Befehl des vom Führer berufenen Staatsführers und Obersten Befehlshabers der deutschen Wehrmacht, Großadmiral Dönitz, gilt es solange weiterzukämpfen, bis wertvollste deutsche Menschen geborgen sind.

Nach Erfüllung dieser Aufgabe ist es meine Absicht, Euch,

meine Soldaten, geschlossen und in stolzer Haltung in die Heimat zurückzuführen. Diese hehre Aufgabe der Führung kann nur mit einer gehorsamen und schlagkräftigen Truppe durchgeführt werden. Wir dürfen in diesen schwersten Tagen unseres Reiches die Nerven nicht verlieren und nicht feige werden, vor allem dürfen wir nicht auf die vom Feind raffiniert ausgestreuten Parolen hören. Wir müssen das Vertrauen zu unserer Führung haben, daß sie auch in dieser Lage das Richtige tut.

Sechs lange Jahre haben wir zusammengehalten und dem Feind getrotzt. In den letzten Wochen dürfen wir der Welt kein Bild der Auflösung bieten und die jetzt angebahnten Verhandlungen dadurch zerschlagen. Jede unerlaubte Entfernung, jeder Versuch, aus eigener Kraft den Weg in die Heimat zu finden, ist ehrloser Verrat am Kameraden, an unserem Volk und muß entsprechend geahndet werden.

Unsere Disziplin und unsere Waffen in der Hand sind für uns das Unterpfand, anständig und tapfer aus diesem Kriege zu gehen. Unsere Ehre und der Heldentod so vieler unserer Kameraden verpflichten uns dazu. Nur wer sich selbst aufgibt, ist wirklich verloren.

Soldaten meiner Heeresgruppe!

Wir haben so manche schwere Krise an manchem Frontabschnitt des Ostens gemeistert. Ihr könnt das Vertrauen zu mir haben, daß ich Euch auch aus dieser Krise herausführe; und ich habe das Vertrauen zu Euch, daß Ihr zu Volk, Staat und Staatsführer steht.

Aber zusammenstehen müssen wir und trotz einiger Verräter und Feiglinge unsere letzte Kraft in der letzten Stunde dieses Krieges für die Erfüllung unseres Auftrages einsetzen. Nur eiserner Zusammenhalt, unerschütterlicher Widerstandswille und eine stets geschlossene Front führen uns gerade und erst recht auf dem Boden des Protektorates in die Heimat.

Schörner
Generalfeldmarschall

Wortlaut der Kapitulationsurkunde vom 8. Mai 1945

1. Wir Endesunterzeichneten nehmen im Namen des deutschen Oberkommandos die bedingungslose Kapitulation aller unserer Streitkräfte zu Lande, zu See und in der Luft sowie aller der Streitkräfte, die sich gegenwärtig unter deutschem Kommando befinden, vor dem Oberkommando der Roten Armee und gleichzeitig vor dem Oberkommando der alliierten Expeditionsstreitkräfte an.
2. Das deutsche Oberkommando erläßt sofort an alle deutschen Befehlshaber der Land-, See- und Luftstreitkräfte und aller Streitkräfte, die unter deutschem Kommando stehen, die Befehle, die Kriegshandlungen am 8. Mai 1945, um 23 Uhr 01 Minute, einzustellen, an den Orten zu verbleiben, wo sie zu dieser Zeit stehen, sich vollständig zu entwaffnen, alle ihre Waffen und alles Heeresgut den örtlichen alliierten Kommandeuren oder den von den Vertretern des alliierten Oberkommandos bestimmten Offizieren zu übergeben, die Dampfer, Schiffe und Flugzeuge, ihre Motoren, Rümpfe und Ausrüstungen, sowie Maschinen, Waffen, Apparate und überhaupt alle militärischen Mittel zur Kriegführung weder zu zerstören noch zu beschädigen.
3. Das deutsche Oberkommando bestimmt sofort entsprechende Kommandeure und stellt die Erfüllung aller weiterer Befehle sicher, die vom Oberkommando der Roten Armee und vom Oberkommando der alliierten Expeditionsstreitkräfte erlassen werden.
4. Diese Urkunde wird kein Hindernis sein, sie gegen eine andere Generalurkunde über die Kapitulation auszutauschen, die von den Vereinten Nationen oder in ihrem Namen festgelegt und auf Deutschland und die deutschen Streitkräfte im ganzen angewendet werden kann.
5. Im Falle, wenn das deutsche Oberkommando oder irgendwelche unter seinem Kommando stehenden Streitkräfte nicht entsprechend dieser Urkunde über die Kapitulation handeln werden, wird das Oberkommando der Roten

Armee sowie das Oberkommando der alliierten Expeditionsstreitkräfte solche Strafmaßnahmen oder andere Handlungen vornehmen, die sie für notwendig halten.

6. Diese Urkunde ist in russischer, englischer und deutscher Sprache ausgestellt. Nur der russische und der englische Text sind maßgebend.

Unterschrieben am 8. Mai 1945 in Berlin.

gez. Keitel, Friedeburg, Stumpff.

Zugegen waren:

Im Auftrage des Oberkommandos der Roten Armee
Marschall der Sowjetarmee G. Schukow.
Im Auftrage des Oberkommandos der Expeditionsstreitkräfte
der Alliierten
Hauptmarschall der Luftwaffe Tedder.

Bei der Unterzeichnung waren ferner als Zeugen zugegen:
Der Kommandierende der strategischen Luftstreitkräfte
der Vereinigten Staaten von Amerika
Spaatz.

Der Oberkommandierende der französischen Armee
General de Lattre-Tassigny.

Nachwort
Zur Geschichte der Goebbels-Tagebücher

Bis zum 8. Juli 1941 hat Goebbels seine Tagebucheintragungen mit der Hand geschrieben. Vom 9. Juli an nahm der »Stenograph zur Verfügung des Ministers« das anhand von Notizzetteln sehr rasch gesprochene Tagebuchdiktat entgegen, übertrug es auf einer »Continental« mit besonders großen Typen in Maschinenschrift (mit einer Kopie, beide Blätter von derselben Papierqualität) und sorgte für sichere Verwahrung.

Vom 9. Juli 1941 an beginnen die Eintragungen, die wie die handschriftlichen Tagebücher immer die Ereignisse des Vortages festhalten, mit der »militärischen Lage«, welcher der Vortrag des Verbindungsoffiziers des OKW zugrunde lag. Dieser Vortrag fand jeden Vormittag im engsten Kreis im Arbeitszimmer des Ministers, gelegentlich und gegen Kriegsende sogar stets in Gegenwart des Stenographen, statt und unterschied sich von der anschließend in der Ministerkonferenz mitgeteilten »Lage« durch eine ungeschminktere Darstellung. Verfasser der in diesem Buch wiedergegebenen militärischen Lagen sind also der Verbindungsoffizier des OKW und der Stenograph.

Die Diktate des Ministers wurden wortwörtlich niedergeschrieben. Sie waren als Rohmaterial für spätere Arbeiten gedacht und bedurften deshalb nicht der endgültigen Form. Goebbels hat, laut Aussage seiner beiden Stenographen, sich die Niederschriften seiner Tagebuchdiktate niemals vorlegen lassen, also auch keine Korrekturen angebracht. Hieraus erklären sich manche Flüchtigkeiten, die der Autor bei Durchsehen für eine Veröffentlichung aller Wahrscheinlichkeit nach beseitigt hätte. Für den heutigen Leser ist es von besonderem Wert und wohl auch von besonderem Reiz, daß er dem wortgewaltigsten Mann aus der Führungsgruppe des Dritten Reichs gewissermaßen zuhören kann, wie er ins unreine diktiert. Man wird wohl vermuten dürfen, daß ein die eigenen Diktate mit dem Bleistift lesender Goebbels aus der bourbonischen Prinzessin, die dem nach Brot jammernden Volk Kuchen zu essen empfiehlt, wieder die habsburgische Prinzessin Marie-Antoinette gemacht hätte, die mit einem Bourbonen vermählt war.

Gegen Kriegsende befanden sich die zu großen Stapeln angewachsenen Tagebuchdiktate zusammen mit den schwarzen Wachstuchheften der handschriftlichen Tagebücher in Panzerschränken im Reichspropagandaministerium. Als man sich in den letzten Kriegsmonaten in verschiedenen Behörden an die »Mikrokopierung« der wichtigsten Akten machte, erhielt der Stenograph Richard Otte, der die Tagebücher verwahrte, den Auftrag, die Mikrokopierung der Goebbelsschen Tagebücher zu leiten und zu kontrollieren. Um diese Zeit war der ständige Tagebuchstenograph Otto Jacobs. Anders als Otte, der 1938 zunächst zeitweilig zu Stenographendiensten beim Minister und zur Protokollierung von Konferenzen aus dem Deutschen Nachrichtenbüro (DNB) zum Reichsministerium für Volksaufklärung und Propaganda abgestellt und 1941 schließlich im Range eines Regierungsrats als »Stenograph zur Verfügung des Ministers« übernommen wurde, hat der 1941 ebenfalls zum Ministerium abgestellte Jacobs seine berufliche Bindung mit dem Deutschen Nachrichtenbüro in jenen Jahren beibehalten. Otte und Jacobs waren später lange Jahre in der Bundesrepublik als Parlaments- und Verhandlungsstenographen tätig, Otte zunächst im Niedersächsischen Landtag, dann bis 1971 im Deutschen Bundestag. Jacobs war bis 1974 der leitende Parlamentsstenograph der Hamburger Bürgerschaft.

Otte und Jacobs arbeiteten im Ministerium bis zum 22. April 1945, jenem Sonntag, an dem die Familie Goebbels in den Bunker der Reichskanzlei zog. Jacobs erinnert sich, bis zum 22. April Tagebuchdiktat aufgenommen und übertragen zu haben. Außer den hier zum ersten Mal vorgelegten Niederschriften sind jedoch die übrigen Tagebuchaufzeichnungen aus dem

Jahre 1945 als verschollen zu betrachten.

Otte und Jacobs haben sich gründlich mit dem in diesem Band erstmals veröffentlichten Material beschäftigt. Jacobs erkannte seine damalige Schreibweise wieder, etwa die Bevorzugung von »ss« gegenüber »ß«, und Otte erkannte in Vermerken für die mikrokopierende Photographin seine Handschrift. Beiden Herren verdankt der Verlag hilfreiche Hinweise bei der Verifizierung schwer lesbarer Textstellen.

Mikrokopiert wurde damals, laut jenen Vermerken, auf »Platten«, mit denen man jeweils 45 DIN-A4-Blätter aufnehmen konnte, jeweils 5 Reihen von je 9 Blättern. Das hier vorgelegte Bruchstück beginnt mit der Seite 52 des Eintrags vom 28. Februar 1945, die oben links in Ottes Handschrift mit »41« beziffert ist. Man darf vermuten, daß bei der Mikrokopie-

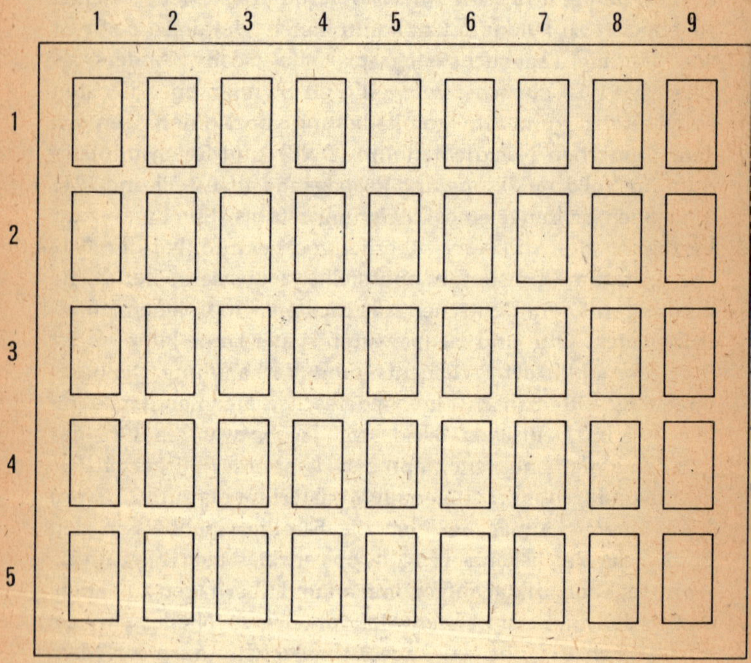

rung die Seite 1 des Eintrags vom 1. Januar 1945 die Ziffer 1 erhielt, daß also die Tagebucheintragungen der 40 Platten aus den 59 Tagen der ersten beiden Monate des Jahres 1945 durchschnittlich etwa 30 Seiten stark waren (40 × 45 = 1800; 1800 : 59 ≈ 30.). Das entspricht dem Umfang der hier veröffentlichten Diktate.

Ob die erste hier wiedergegebene Eintragung auf den 27. oder den 28. Februar zu datieren ist, war zunächst ungewiß; denn die nächste Ziffer (42), die bei der üblichen Menge von 45 Blatt je Platte erst 38 Seiten nach der Seite 59 kommen müßte, findet sich schon auf Seite 1 vom 1. März. Die Platte 41 hätte also noch eine 37 Seiten lange Eintragung eines weiteren Tages enthalten können. Aus dem Tagebuch von Hitlers Diener Linge war jedoch zu ersehen, daß Goebbels am 27. Februar um 18.45 Uhr zu Hitler kam. Da alle Eintragungen der Goebbelsschen Tagebücher sich auf den jeweils vorhergegangenen Tag beziehen, stammen die Seiten 52–59 aller Wahrscheinlichkeit nach vom 28. Februar.

Die Kenntnis der Platten-Prozedur erlaubt auch den Schluß, daß die verschollene Platte 70 mit Teilen der Aufzeichnungen vom 2. und 3. April die 25 restlichen Seiten (S. 21–45) vom 2. April und die ersten 20 Seiten vom 3. April enthielt (25 + 20 = 1 Platte).

Man hat bisher weder die Originale noch die Platten der Diktatniederschriften aus dem Jahre 1945 gefunden. Die hier vorgelegte Veröffentlichung wurde erstellt aufgrund einer Filmkopie auf perforiertem Mikrofilm-Material vom Typ ORWO S NP 15, das aus der DDR stammt. Diese Kopie ist ein Teil des umfangreichen Materials, das der Journalist Erwin Fischer dem Verlag Hoffmann und Campe im Oktober 1972 angeboten und kurz darauf zum Zwecke der Veröffentlichung übergeben hat.

Teile von Goebbels' Tagebüchern sind bereits im Druck erschienen. Goebbels selbst hat nach der »Machtergreifung« (30. Januar 1933) Auszüge aus seinen Tagebüchern der Jahre 1932 und 1933 zu dem Buch *Vom Kaiserhof zur Reichskanzlei*

(München 1934) arrangiert. Bald nach dem Krieg gab der amerikanische Journalist Louis P. Lochner eine Auswahl aus Tagebuch-Bruchstücken der Jahre 1942 und 1943 heraus, die – und zwar die Originale – bei oder nach Kriegsende in Berlin auf reichlich abenteuerliche Weise der amerikanischen Besatzungsmacht bekannt wurden und von ihr sichergestellt werden konnten (Joseph Goebbels, *Tagebücher aus den Jahren 1942/43*, Zürich 1948).

Der deutsche Historiker Helmut Heiber legte im Jahre 1960 in den Veröffentlichungen des Instituts für Zeitgeschichte eine kommentierte Ausgabe von Bruchstücken der handschriftlichen Tagebuchaufzeichnungen 1925/26 vor.

Die Originale der Aufzeichnungen aus den Jahren 1942 und 1943 sowie 1925 und 1926 befinden sich in der Hoover Institution in Stanford/Kalifornien. Photokopien davon verwahrt das Institut für Zeitgeschichte in München, das auch einen kleinen Bestand von bisher unveröffentlichten Originalen aus den Jahren 1942 und 1943 besitzt, die zum Teil im Filmmaterial des Verlags wiederkehren.

Es ist aus der Literatur bekannt und wurde und wird von überlebenden Mitarbeitern bestätigt, daß Goebbels seine Tagebücher, die er mit erstaunlicher Regelmäßigkeit führte, für seinen wertvollsten Besitz hielt. Die gewissenhafte Mikrokopierung beweist überdies, daß er sie erhalten wissen wollte.

Einer der beiden letzten Pressereferenten von Goebbels, Wilfred von Oven, behauptet in seinen Tagebüchern *(Mit Goebbels bis zum Ende*, 2 Bde., Buenos Aires 1948/50, einbändige Neuauflage unter dem Titel *Finale Furioso*, Tübingen 1974), es seien mehrere photographische Kopien der Tagebücher hergestellt und an verschiedenen Orten vergraben worden. Otte korrigierte diese – wohl nach Gerüchten rekonstruierte – Behauptung folgendermaßen: »Ich habe nur eine Mikrokopie der Tagebücher hergestellt, eben das Negativ auf Platten. Die Anfertigung eines Positivs (Kontaktabzug), das noch weniger Raum zur Unterbringung erfordert hätte als die Platten, wünschte der Minister nicht. Die Originale sollten, als die Lage in Berlin kritisch wurde, in die ›Alpenfestung‹ gebracht werden. Sie wurden, nachdem sie mikrokopiert waren, in Metallbehältern (›Offizierskisten‹) verpackt und vermutlich (dafür war ich nicht zuständig) in die Reichskanzlei gebracht. Zum Transport in die ›Alpenfestung‹ ist es wohl nicht mehr gekommen, weil durch die Begegnung der Amerikaner und Russen an der Elbe der Weg nach Bayern abgeschnitten wurde.«

Wilfred von Oven datiert die Vergrabungsaktion einige Tage vor dem 18. April 1945. Otte erinnert sich, daß eine Offizierskiste mit den photographischen Platten, welche die Mikrokopierung enthielt, etwa Mitte April in seinem Beisein im Walde zwischen Michendorf und Caputh, unweit der Autobahn, etwa einen Meter tief vergraben wurde. Eine Anfang der 60er Jahre unternommene, ausgedehnte Suchaktion, die dieser Offizierskiste galt, blieb ohne Ergebnis.

Die russische Historikerin Jelena Rshewskaja berichtet in ihrem Buch *Hitlers Ende ohne Mythos* (Deutscher Militärverlag, Berlin [DDR] 1967), daß sie als Dolmetscherin eines Sonderkommandos in den ersten Tagen des Mai 1945 im Bunker der Reichskanzlei »unzählige Schriftstücke und Dokumente sichten« mußte, darunter auch Tagebücher von Goebbels. »Einer unserer bedeutendsten Funde«, so schreibt sie, »waren Goebbels' Tagebücher, ein Dutzend dicke Hefte, gedrängt mit steilen Buchstaben beschrieben, die eng aufeinandersitzen – schwer zu lesen. Die ersten Hefte bezogen sich auf das Jahr 1932, als die Faschisten noch nicht an der Macht waren, das letzte endete Mitte 1941 … ich schrieb eine kurze Inhaltsangabe, und dann wurden sie weggeschickt, an den Stab der Front.«

Der heute in der Bundesrepublik lebende polnische Historiker Juliusz Stroynowski berichtete dem Verlag, er sei im Jahre 1967 im Archiv des russischen Verteidigungsministeriums auf mehrere gebündelte Mappen gestoßen, die Goebbels' Tagebücher enthielten. Im Zusammenhang mit seinen Forschungsarbeiten habe er Einblick in dieses Material nehmen können. Fotokopien davon habe er jedoch nicht erhalten.

Leser von Albert Speers *Spandauer Tagebüchern* werden in

diesem Band vielleicht nach jenem »letzten Tagebucheintrag von Goebbels« suchen, den Speer am 13. Mai 1947 abgeschrieben und zitiert hat. Speer fand diese Aufzeichnung, wie er dankenswerterweise mitteilte, in den *Nürnberger Nachrichten* vom 6. Mai 1947, wo sie ohne Quellenangabe abgedruckt war. Es handelt sich jedoch nicht um ein Zitat von Joseph Goebbels, sondern um eine Fiktion. Die Zeitung brachte damals eine wortgetreue Wiedergabe aus dem Buch *Wie konnte es geschehen – Auszüge aus den Tagebüchern und Bekenntnissen eines Kriegsverbrechers* von Max Fechner (J.H.W. Dietz Nachf. GmbH, Berlin 1946). Der Autor, zeitweise mit Walter Ulbricht stellvertretender Vorsitzender der SED, schrieb in seinem Nachwort zu diesen fingierten Aufzeichnungen des Dr. Joseph Goebbels: »So hätte er schreiben müssen, wenn er ehrlich gewesen wäre. Er war aber ein Großlügner und blieb es bis zum Gift. Wir haben ihm deshalb die Feder aus der Hand genommen.«

Dem Verlag liegen Kopien von fast 16000 Seiten der Tagebücher aus den Jahren 1924 bis 1945 sowie weiteres schriftliches Material aus dem Nachlaß von Goebbels vor. Mehr als 4000 Seiten sind mit der Hand geschrieben, mehr als 11000 Seiten mit der Maschine. Der Gesamtumfang entspricht ungefähr 20000 Seiten der in diesem Buch im Faksimile wiedergegebenen Tagebuchblätter.

In dem den Tagebucheintragungen des vorliegenden Bandes folgenden Anhang ist eine Auswahl von Dokumenten aus den Tagen zusammengestellt, für die Eintragungen von Goebbels nicht mehr zur Verfügung stehen. Die Zeittafel ist über den Tod von Hitler und Goebbels bis zum Ende des Deutschen Reiches fortgeführt.

Mit der Herausgabe dieses ersten Bandes verbindet der Verlag die Hoffnung, daß auch noch andere Besitzer und Eigentümer von Originalen und Kopien dazu beitragen, die schriftliche Hinterlassenschaft von Dr. Joseph Goebbels möglichst zu vervollständigen und dem Verlag weiteres Material für seine Publikation dieser Aufzeichnungen zugänglich zu machen.

Peter Stadelmayer

Zeittafel

1. Januar: Deutscher Entsatzvorstoß auf Budapest von Komorn aus
7. Januar: Zweiter deutscher Entsatzvorstoß auf Budapest vom Plattensee aus
11. Januar: Waffenstillstand in Griechenland
12. Januar: Die sowjetische 1. Ukrainische Front (Konjew) stößt aus dem Brükkenkopf Baranow vor und durchbricht die deutschen Abwehrstellungen
13. Januar: Die sowjetische 3. Weißrussische Front (Tschernjachowski) geht bei Pillkallen (Ostpreußen) zur Offensive vor
14. Januar: Die sowjetische 1. Weißrussische Front (Schukow) durchbricht in Polen die deutschen Abwehrstellungen. – Die sowjetische 2. Weißrussische Front (Rokossowski) ergreift aus dem Narew-Brückenkopf heraus die Offensive in Richtung Elbing
15. Januar: Eine weitere sowjetische Offensive findet in Richtung Krakau statt
17. Januar: Sowjetische Einheiten erobern Tschenstochau. – Die Deutschen räumen Warschau
18. Januar: Krakau von den Deutschen geräumt. Die sowjetische 2. Weißrussische Front (Rokossowski) setzt zum Durchbruch an. – Dritter deutscher Entsatzvorstoß am Plattensee auf Budapest
19. Januar: Die sowjetische 1. Weißrussische Front (Schukow) erobert Lodz
21. Januar: Die sowjetische 1. Ukrainische Front (Konjew) bricht in Schlesien ein
22. Januar: Sowjetische Truppen erobern Insterburg und Allenstein
23. Januar: Beginn der Räumung Ostpreußens und der Danziger Bucht auf dem Seewege
24. Januar: Rückzug der Deutschen in der Slowakei. – Die sowjetische 1. Ukrainische Front (Konjew) erobert Oppeln und Gleiwitz. Himmler wird Oberbefehlshaber der Heeresgruppe Weichsel. – Sowjetische Vorstöße bei Libau (Kurland) werden abgewiesen
26. Januar: Sowjetische Einheiten schneiden die Landverbindungen nach Ostpreußen ab. – Sowjetische Truppen erobern Kattowitz
27. Januar: Die Deutschen räumen das oberschlesische Industriegebiet
30. Januar: Sowjetische Einheiten bilden Brückenköpfe bei Küstrin
2. Februar: Ekuador erklärt Deutschland den Krieg
3. Februar: Amerikanischer Luftangriff auf Berlin
4. Februar: Beginn der Konferenz von Jalta zwischen Stalin, Roosevelt und Churchill
7. Februar: Die Besatzung von Thorn kämpft sich zu den deutschen Linien durch
8. Februar: Die sowjetische 1. Ukrainische Front (Konjew) stößt aus dem Raum von Steinau und Leubus an der Oder gegen die deutschen Verteidigungsstellungen vor. – Die 1. Kanadische Armee (Crerar) beginnt eine Offensive aus

dem Raum von Nimwegen. – Paraguay erklärt Deutschland den Krieg
10. Februar: Die Vorstöße der sowjetischen 2. Weißrussischen Front (Rokossowski) werden in Hinterpommern zum Stehen gebracht. Die Besatzung von Elbing kämpft sich zu den deutschen Linien durch. – Liegnitz von sowjetischen Truppen erobert. – Die Reste der deutsch-ungarischen Besatzung von Budapest kapitulieren
12. Februar: Beendigung der Jalta-Konferenz: Koordinierung der militärischen Operationen, Aufteilung Deutschlands in Besatzungszonen, Bildung eines alliierten Kontrollrats, Festlegung einer Konferenz zur Gründung der »Vereinten Nationen«, Einigung über eine polnische Regierung und die polnisch-sowjetische Westgrenze. – Peru erklärt Deutschland den Krieg
13. Februar: Britisch-amerikanischer Luftangriff auf Dresden (wiederholt am 14. Februar); Verwüstung der Innenstadt, Zahl der Todesopfer amtlich auf 60 000 geschätzt
15. Februar: Breslau eingeschlossen. – Uruguay erklärt Deutschland den Krieg
16. Februar: Beginn eines deutschen Gegenangriffs bei Stargard in Pommern (eingestellt am 18. Februar). – Venezuela erklärt Deutschland den Krieg
19. Februar: Deutsche Truppen stellen in Ostpreußen die Landverbindung zwischen Pillau und Königsberg her. – Himmler nimmt mit dem Präsidenten des Internationalen Roten Kreuzes, Graf Folke Bernadotte, Kontakte auf, um die Möglichkeiten eines Separatfriedens mit den Westmächten zu erkunden
23. Februar: Sowjetische Einheiten erobern Posen. – Die 9. amerikanische Armee (Simpson) eröffnet eine Offensive aus ihren Brückenköpfen an der Roer. – Die Türkei erklärt Deutschland den Krieg
24. Februar: Sowjetischer Durchbruch in Hinterpommern. – Ägypten erklärt Deutschland den Krieg
27. Februar: Der rumänische König Michael I. wird gezwungen, in Bukarest eine kommunistische Regierung unter Petru Groza zu ernennen
1. März: Beginn eines deutschen Gegenangriffs in Niederschlesien, der zur Wiedereroberung von Lauban und Striegau führt
3. März: Die amerikanische 3. Armee (Patton) besetzt Trier. – Kanadische Truppen besetzen Xanten
5. März: Graudenz kapituliert
6. März: Beginn einer deutschen Offensive am Plattensee in Ungarn
7. März: Die amerikanische 1. Armee (Hodges) erobert Köln und dringt bei Remagen auf das Ostufer des Rheins vor
8. März: Beginn von Geheimverhandlungen in der Schweiz zwischen Vertretern des alliierten Oberkommandos und der deutschen Italienarmee über die Kapitulation der deutschen Truppen in Italien
9. März: Schwerer amerikanischer Luftangriff auf Tokio
10. März: Generalfeldmarschall Kesselring übernimmt den Oberbefehl im Westen (für Generalfeldmarschall von Rundstedt). – Die deutschen Truppen räumen Wesel
13. März: Beginn einer sowjetischen Offensive im Raum von Heiligenbeil (Ostpreußen). Königsberg wird von der Landverbindung abgeschnitten
15. März: Die sowjetische 1. Ukrainische Front (Konjew) beginnt eine Offensive im Raum von Ratibor (Oberschlesien). – Die deutschen Offensivvorstöße in Ungarn werden abgebrochen
16. März: Die sowjetische 2. Ukrainische Front und die 3. Ukrainische Front (Tolbuchin) treten in Ungarn zur Gegenoffensive an

17. März: Die amerikanische 3. Armee (Patton) erobert Koblenz
18. März: Kolberg von sowjetischen Truppen erobert. – Beginn sowjetischer Angriffe in Kurland
19. März: Hitler erläßt den Befehl »Verbrannte Erde« zur Zerstörung sämtlicher Industrie- und Versorgungsanlagen im Reichsgebiet
20. März: Beginn einer Offensive der Tito-Partisanen in Dalmatien
22. März: Die amerikanische 3. Armee (Patton) überschreitet den Rhein bei Oppenheim und stößt nach Osten vor. – Die deutschen Truppen räumen die letzten Brückenköpfe an der Drau bei Siklos
23. März: Sowjetische Truppen durchbrechen die deutschen Verteidigungsstellungen bei Gotenhafen (Gdingen) und Danzig. – Britische, kanadische und amerikanische Truppen stoßen von Venlo aus über den Rhein vor und besetzen Wesel
25. März: Amerikanische Truppen erreichen Germersheim, Ludwigshafen und Worms
26 März: Die amerikanische 1. Armee (Hodges) durchquert den Westerwald.– Die amerikanische 3. Armee (Patton) besetzt Darmstadt und erreicht den Main
27. März: Argentinien erklärt Deutschland den Krieg
28. März: Gotenhafen (Gdingen) von sowjetischen Truppen erobert. – Generaloberst Guderian wird von Hitler »beurlaubt«. Mit der Wahrnehmung der Geschäfte des Generalstabes des Heeres wird General Krebs beauftragt
29. März: Rückzug der deutschen Truppen auf der Frischen Nehrung. – Amerikanische Truppen besetzen Frankfurt am Main
30. März: Danzig von sowjetischen Truppen erobert. – Britische Einheiten besetzen Emmerich und Bocholt
1. April: Beginn der Evakuierung der Halbinsel Hela durch deutsche Seestreitkräfte. – Truppen der amerikanischen 1. Armee (Hodges) treffen mit Einheiten der amerikanischen 9. Armee (Simpson) im Raum von Lippstadt zusammen. – Der Hauptteil der Streitkräfte der deutschen Heeresgruppe B (Model) im Ruhrgebiet eingeschlossen. – Die 1. französische Armee (de Lattre de Tassigny) geht bei Philippsburg über den Rhein
2. April: Sowjetische Truppen besetzen das ungarische Ölgebiet von Nagy Kanisza
3. April: Münster von amerikanisch-britischen Truppen besetzt
4. April: Sowjetische Truppen besetzen Preßburg (Bratislava) in der Slowakei. – Die letzten deutschen Truppen ziehen sich aus Ungarn zurück
5. April: Die sowjetische 3. Ukrainische Front (Tolbuchin) setzt zum Angriff auf Wien an. – Ende des V-2-Einsatzes im Westen
6. April: Die sowjetische 3. Weißrussische Front (Wassilewski) stößt zum Frischen Haff vor. – Die amerikanische 9. Armee (Simpson) erobert Hamm. – Tito-Partisanen besetzen Sarajewo
9. April: Die Besatzung von Königsberg kapituliert. – Beginn einer amerikanisch-britischen Großoffensive in Oberitalien
10. April: Die amerikanische 9. Armee (Simpson) besetzt Essen und Hannover. – Der Schwere Kreuzer »Admiral Scheer« wird in Kiel von britischen Bombern versenkt
12. April: Präsident Roosevelt stirbt an einem Gehirnschlag. Nachfolger Harry S. Truman
13. April: Wien von sowjetischen Truppen erobert

14. April: Amerikanische Angriffe spalten die deutschen Streitkräfte im Ruhrgebiet
15. April: Zerschlagung eines sowjetischen Brückenkopfes bei Magdeburg. – Beginn einer sowjetischen Offensive auf das Industriegebiet von Mährisch-Ostrau. – St. Pölten von sowjetischen Truppen besetzt
16. April: Die sowjetische 1. Ukrainische Front (Schukow) und die 1. Weißrussische Front (Konjew) treten an der Neiße und aus den Oderbrückenköpfen zum Sturm auf Berlin an. – Die im östlichen Ruhrkessel befindlichen deutschen Truppen geben den Widerstand auf. – Britische Bomber versenken in Swinemünde den Schweren Kreuzer »Lützow«
17. April: Die restlichen deutschen Verbände im Ruhrgebiet kapitulieren (325 000 Gefangene)
18. April: Amerikanische Truppen erobern Magdeburg und besetzen Düsseldorf. – Die 3. amerikanische Armee (Patton) dringt in West-Böhmen ein. – Letzter britischer Luftangriff auf Berlin
19. April: Die Amerikaner besetzen Leipzig
20. April: Die sowjetische 2. Weißrussische Front (Rokossowski) setzt zur Eroberung von Vorpommern und Mecklenburg an. – Sowjetische Artillerie beginnt mit dem Beschuß von Berlin
21. April: Sowjetische Truppen besetzen Bautzen und Cottbus
22. April: Die 1. französische Armee (de Lattre de Tassigny) besetzt Stuttgart
23. April: Britische Truppen stoßen auf Hamburg-Harburg vor. Französische Truppen besetzen Müllheim/Baden. – Hitler entläßt Göring aus allen Ämtern
24. April: Deutsche Truppen bei Frankfurt a. d. Oder eingekesselt. Andere deutsche Verbände brechen bei Beelitz durch und ziehen sich über die Elbe zurück. – Amerikanisch-französische Truppen besetzen Ulm. – In Italien erobern die Briten Ferrara, die Amerikaner La Spezia. – Himmler läßt dem Grafen Bernadotte in Lübeck ein Kapitulationsangebot an die Westmächte zugehen
25. April: Der Einkesselungsring um Berlin wird geschlossen. – Pillau in Ostpreußen von den sowjetischen Truppen erobert. – Amerikanische und sowjetische Truppen begegnen sich bei Torgau an der Elbe. – Amerikanische und britische Truppen überschreiten den Po in Oberitalien und besetzen Mantua, Reggio und Parma. – Beginn der Konferenz von San Francisco zur Erörterung der »Charta der Vereinten Nationen«
26. April: Sowjetische Truppen besetzen Brünn und Stettin. – Amerikanische Einheiten besetzen Bremen
27. April: In Wien wird eine provisorische österreichische Regierung unter Karl Renner gebildet. – Französische Einheiten besetzen Ventimiglia und Bordighera an der französisch-italienischen Grenze. – Amerikanische Truppen besetzen Genua
28. April: Ein deutscher Entsatzvorstoß (Wenck) auf Berlin muß abgebrochen werden. – Die Amerikaner erobern Augsburg. – Mussolini wird mit einigen Gefolgsleuten bei Dongo an der Schweizer Grenze von italienischen Partisanen gefangengenommen und am nächsten Tage erschossen
29. April: Die deutsche Italien-Armee (v. Vietinghoff) kapituliert vor den alliierten Streitkräften (Alexander). – Französische Truppen besetzen Friedrichshafen am Bodensee. – Hitler heiratet Eva Braun, unterschreibt sein »politisches« und sein privates Testament, ernennt Großadmiral Dönitz zum Reichspräsidenten und Goebbels zum Reichskanzler

30. April: Hitler begeht im Bunker der Reichskanzlei Selbstmord. – Die Amerikaner besetzen München und Turin. – Tito-Partisanen dringen in Triest ein. – Deutsche U-Boote versenkten seit Januar 1945 rund 90 000 BRT

1. Mai: Großadmiral Dönitz übernimmt gemäß Hitlers Testament die Staatsführung. – Selbstmord von Goebbels und seiner Frau nach Tötung ihrer sechs Kinder. – Tito-Partisanen besetzen den größten Teil des Gebietes von Triest, Görz und Istrien

2. Mai: Die restliche Besatzung von Berlin kapituliert. Die Sowjets besetzen Rostock. – Britische Einheiten treffen bei Wismar mit sowjetischen Truppen zusammen

3. Mai: Britische Einheiten rücken in Hamburg ein, amerikanische in Innsbruck

4. Mai: Die deutschen Streitkräfte in Holland, Nordwestdeutschland und Dänemark kapitulieren vor Feldmarschall Montgomery

5. Mai: Der von Dönitz zum Außenminister ernannte Graf Schwerin von Krosigk bildet in Flensburg eine geschäftsführende Reichsregierung. – Aufstand tschechischer Widerstandsgruppen in Prag

6. Mai: Beginn einer sowjetischen Großoffensive gegen die Reste der deutschen Heeresgruppe Mitte (Schörner) in Böhmen. Die Amerikaner erobern Pilsen und stellen ihren Vormarsch ein. – Kapitulation Breslaus

7. Mai: Die Amerikaner räumen die Elbbrückenköpfe. – Britische Einheiten besetzen Wilhelmshaven, Cuxhaven und Emden. – Generaloberst Jodl unterzeichnet die Gesamtkapitulation der Wehrmacht in Reims

8. Mai: Sowjetische Einheiten besetzen Dresden

9. Mai: Generalfeldmarschall Keitel wiederholt die Unterzeichnung der Gesamtkapitulation im sowjetischen Hauptquartier Karlshorst bei Berlin

10. Mai: Sowjetische Einheiten besetzen Prag

11. Mai: Das tschechoslowakische Exilkabinett kehrt aus London nach Prag zurück

14. Mai: Helgoland von britischen Truppen besetzt

23. Mai: Verhaftung der Regierung Dönitz und der Mitglieder des Oberkommandos der Wehrmacht in Flensburg. – Himmler begeht Selbstmord. – Das niederländische Exilkabinett tritt im Haag zusammen

31. Mai: Die amerikanische Militärregierung befiehlt kraft Gesetzes die Auflösung der NSDAP

5. Juni: Die alliierten Oberkommandierenden (Schukow, Eisenhower, Montgomery, de Lattre de Tassigny) erlassen in Berlin eine Erklärung, in der die Übernahme der Regierungsgewalt in Deutschland durch die den Kontrollrat bildenden alliierten Militärgouverneure verkündet wird

9. Juni: Zwischen Jugoslawien, den USA und Großbritannien wird ein Abkommen über eine zeitweilige Militärverwaltung in der italienischen Provinz Venezia Giulia geschlossen. Die jugoslawischen Einheiten räumen Triest und Pola

10. Juni: In der sowjetischen Besatzungszone Deutschlands werden Parteien wieder zugelassen

26. Juni: Die Konferenz von San Francisco wird mit der Unterzeichnung der Charta der Vereinten Nationen abgeschlossen. – Die polnische Regierung verkündet die »Aussiedlung« der Deutschen aus den Gebieten östlich der Oder-Neiße-Linie

28. Juni: Bildung einer kommunistischen Regierung der nationalen Einheit in Warschau

1. Juli: Beginn der Räumung der sowjetischen Besatzungszone durch amerikanische und britische Truppen. – Die Sowjets besetzen die entsprechenden Teile Brandenburgs, Sachsens, Thüringens und Mecklenburgs. Amerikanische und britische Einheiten ziehen in die Westsektoren Berlins ein

7. Juli: Die Alliierten unterzeichnen ein Abkommen über die Viermächteverwaltung Berlins. – Das Saargebiet wird der französischen Verwaltung unterstellt

11. Juli: In Berlin findet die erste Sitzung der Alliierten Kommandantur statt

17. Juli: Beginn der Potsdamer Konferenz zwischen Truman, Stalin und Churchill (später Attlee)

2. August: Ende der Konferenz von Potsdam. Beschlossen werden die Einrichtung eines Kontrollrats, die Festsetzung von Reparationen und Demontagen, die Überlassung der deutschen Ostgebiete bis zur Oder-Neiße an Polen zur »Verwaltung«. Ein endgültiger Friedensvertrag mit Deutschland wird bis zur Bildung einer Zentralregierung zurückgestellt

Abkürzungsverzeichnis

DAF	Deutsche Arbeitsfront
DAZ	Deutsche Allgemeine Zeitung
Flak	Flugabwehrkanone
He	Flugzeugtypen nach Konstrukteur Heinkel
HJ	Hitlerjugend
Ju	Flugzeugtypen nach Konstrukteur Junkers
k.v.	kriegsverwendungsfähig
Me	Flugzeugtypen nach Konstrukteur Messerschmitt
NKWD	Narodnij Kommissariat Wnutrennych Djel (Volkskommissariat für Innere Angelegenheiten)
NSDAP	Nationalsozialistische Deutsche Arbeiterpartei
NSFO	Nationalsozialistische Führungsorganisation
NSKK	Nationalsozialistisches Kraftfahr-Korps
OB	Oberbefehlshaber
OKH	Oberkommando des Heeres
OKW	Oberkommando der Wehrmacht
OT	Organisation Todt
Pak	Panzerabwehrkanone
RMVP	Reichsministerium für Volksaufklärung und Propaganda
SD	Sicherheitsdienst
SP	Sicherheitspolizei
Ta	Flugzeugtypen nach Konstrukteur Tank
TASS	Telegrafnoje Agenstwo Sowjetskowo Sojusa (staatliche sowjetische Nachrichtenagentur)
u.k.	unabkömmlich (für den Kriegsdienst)
UNRRA	United Nations Relief and Rehabilitation Administration (Hilfsorganisation zur Unterstützung der

	Flüchtlinge und Verschleppten in den von den Alliierten besetzten Gebieten)
UP	United Press (Nachrichtenagentur)
V_1/V_2	Raketengeschosse (V für Vergeltung)
WPr	Abteilung Wehrmachtpropaganda im OKW

Orts- und Sachregister

Personenregister

Kartenverzeichnis

Quellenhinweise

Für die Überlassung von Bildvorlagen und die Einräumung der Wiedergaberechte dankt der Verlag: Camera Press, London: 13; Bildarchiv Preußischer Kulturbesitz, Berlin: 2, 10, 12, 14, 16; Bilderdienst Süddeutscher Verlag, München: 3, 4, 7, 17, 18, (S. M.), 19; Jakob Tiefenthäler, München: 6; Ullstein Bilderdienst, Berlin: 1, 5 (E. A.), 8 (Pabel), 9 (E. A.), 15 (Wünsch), Peter Wickmann, London: 11.

Der Abdruck der Karten (© Richard Natkiel) aus dem Band »Der große Atlas zum II. Weltkrieg« erfolgt mit Genehmigung des Verlags Weidenfeld and Nicolson, London, und des Südwest Verlags, München.

Als Vorlage für die Zeittafel diente die von Dr. Ernst Schraepler erstellte Zeittafel in »Der 2. Weltkrieg«, erschienen im Bertelsmann Lexikon-Verlag, Gütersloh, der die Wiedergabe freundlicherweise gestattete.

Besonderer Dank gilt Frau Inge Quandt von Halem, die den authentischen Text der beiden Briefe an Harald Quandt zur Verfügung stellte.

Nachbemerkung

Die Genehmigung zur Veröffentlichung dieser Tagebücher ist mir nicht leicht gefallen. In den letzten Jahren des Krieges hat Dr. Goebbels in der Eile der täglichen Arbeit die Impressionen des Augenblickes den Stenographen rasch diktiert, nicht korrigiert oder durchgesehen, ja nicht einmal gelesen. Die Tagebücher waren von ihm niemals zur Veröffentlichung gedacht, sondern nur eine Materialsammlung. Kurz vor seinem Tod hat er verordnet, sie zu vernichten.

Ich setze mich über die letzte Verfügung des Autors hinweg, weil ich der Meinung bin, daß selbst dieser »unziselierte« Goebbels auf die eindrucksvollste Weise den letzten Akt der Tragödie eines Volkes und eines Helden wiedergibt. Mein historisches Gewissen ließ mir keine andere Wahl.

Dieses Dokument ist eigentlich ein Tagebuch im wörtlichen Sinn, das einzige echte Tagebuch vielleicht, im Gegensatz zu den anderen gleich benannten Dokumenten, die von ihren Autoren mehrfach durchgesehen und überprüft werden, mit dem Ziel, sich im Licht der späteren Zeit zu rechtfertigen.

Warum besteht das Tagebuch 1945 nur aus 38 Tagen? Der Zustand in Berlin nach dem 1. Mai 1945 kann es erklären. Die Tatsache, daß dieses Dokument 28 Jahre Gott weiß wo und in welchen Händen gewesen ist, kann auch eine Rolle gespielt haben. Auf jeden Fall bin auch ich überzeugt, daß das, was hier veröffentlicht ist, echt ist.

Das Vorwort von Rolf Hochhuth habe ich nicht zu verantworten. Ich betrachte es als nicht objektiv und wenig elegant. Der Leser soll aber wissen, daß ich – um die Herausgabe nicht zu gefährden, damit der Autor nun zu Wort kommen kann –

von der mir zur Verfügung stehenden Möglichkeit, den Abdruck des Vorworts zu verhindern, schweren Herzens keinen Gebrauch gemacht habe.

François Genoud
Inhaber der Werknutzungsrechte an den Werken
von Dr. Joseph Goebbels

ZEITGESCHICHTE

In dieser Taschenbuchreihe erschien als Band mit der Bestellnummer 65002:

Harry Wilde

DIE REICHSKANZLEI 1933 – 1945

Mit Verwunderung und Furcht blickte die Welt 1939 auf die neue, monumentale Reichskanzlei. Am Ende des Krieges wird sie zur letzten Bastion des deutschen Reiches und zum letzten Schlupfwinkel Hitlers.
Nach jahrelangem Studium zahlreicher Dokumente und einer Fülle von Interviews mit den überlebenden Beteiligten untersucht der Autor die Hintergründe der politischen Entscheidungen Hitlers und seiner Gegenspieler. Im Mittelpunkt seiner ebenso spannenden wie informativen Schilderung steht die Reichskanzlei, die Schaltzentrale des nationalsozialistischen Regimes. Ihre Geschichte von 1933–1945 ist zugleich eine Geschichte des Dritten Reiches. Das damalige Geschehen wird mit Detailkenntnis, historischem Wissen und erzählerischem Können anschaulich dargestellt: Machtergreifung, Reichstagsbrand, Ermächtigungsgesetz, Röhm-Putsch, der Anschluß Österreichs, das Münchner Abkommen – bis zur Katastrophe des Zweiten Weltkriegs.
Der hilfreiche Anhang umfaßt eine Zeittafel, Kurzbiographien, die Reichskabinette von 1919 bis 1945 und die Wahlergebnisse von 1919–1933.